세주 완역
논어집주대전

이 도서의 국립중앙도서관 출판시도서목록(CIP)은 e-CIP홈페이지(http://www.nl.go.kr/ecip)와 국가자료공동목록시스템(http://www.nl.go.kr/kolisnet)에서 이용하실 수 있습니다.(CIP제어번호: CIP2011005749)

세주 완역
논어집주대전

동양철학의 향연 3

| 이인서원 기획   김동인 지정민 옮김 |

한울
아카데미

일러두기

1. 대전 편집자의 주석 번역은 < >로 표시했다.
2. 편집자 주석 중 글자의 음만을 보여주는 것은 번역하지 않았다. 단, 음과 함께 의미의 해석이 있을 때는 번역했다.
3. 인용된 구절은 " "로 구분했다. 단, 앞에 나온 구절을 재인용하거나 요약·변형한 것은 ' '로 구분했다.
4. 번역에서 글자를 설명할 때는 글자에 ' '를 넣고 그 뒤에 자를 붙여 썼다.
   예: '학' 자는 배운다는 뜻이다.
5. 책이름은 『 』, 편명은 「 」, 장은 < >로 표시했다.
6. 번역문에는 한자를 쓰지 않는 것을 원칙으로 했다. 단, 꼭 필요한 경우에는 ( ) 속에 병기했다.
7. 역자주는 달지 않았다. 단, 꼭 필요한 경우에는 [ ] 안에 넣어서 역자의 의견임을 밝혔다.
8. 본문에는 없으나 어조를 부드럽게 하거나 이해를 돕기 위해 첨가하는 말은 누가 보아도 이론의 여지가 없는 경우에만 ( ) 속에 넣고, 역자와 견해를 달리할 수 있는 경우로 판단되면 역자주로 취급해 [ ] 안에 넣었다.
9. 인용된 구절의 출전을 밝히는 경우에도 ( ) 속에 넣었다.
10. 원문의 끊어 읽기는 주어와 술어를 띄우는 것을 원칙으로 했으며, 그 외에는 특별한 규칙이 없다. 단, 해석을 하는 데 띄우는 것이 편리하다고 생각되면 띄웠고, 주어와 술어가 짧은 구절은 붙여 쓰기도 했다.
11. 曰·謂·所謂·說·言 등의 말하다라는 뜻이 있는 동사는 주어와 띄우지 않았다. 단, '무엇에 대해 말하다'로 해석될 때는 주어와 띄우고, 무엇 앞에 붙였다.
    예: 공자가 위령공에 대해 말하다 – 孔子 謂衛靈公
    소위는 '이른바 무엇'으로 해석할 수 있으면 무엇 앞에 붙였고, '누가 말한 바'로 해석할 때는 누가 뒤에 붙였다.
    예: 소위 인이란 – 所謂仁, 정자가 말한 바 – 程子所謂

해제

　1414(영락 12)년 명 성조는 11월 송대 이후 주희(朱熹)를 비롯한 여러 성리학자들의 경전 연구를 종합하기 위해, 행재한림원학사(行在翰林院學士) 호광(胡廣)과 시강(侍講) 양영(楊榮), 김유자(金幼孜)에게 『오경대전(五經大全)』·『사서대전(四書大全)』·『성리대전(性理大全)』의 편찬을 명했다. 그 결과 이듬해인 1415(영락 13)년 9월에 편집 작업이 완료되었고, 그 후 성조가 친히 서문을 붙이고 예부에 명해 간행·반포케 했다. 편찬사업에 참여한 사람은 호광·양영·김유자와 한림편수(翰林編修) 섭시중(葉時中) 등 42명이었다(『사고전서총목제요(四庫全書總目提要)』 권5 예부(禮部) 「역류(易類)」 〈주역대전(周易大全)〉조).

　대전 편찬의 총책임자인 호광(1370~1418)은 현재 강서성에 속한 길수(吉水)에서 태어났다. 자는 광대(光大)이고, 시호는 문목(文穆)이며, 저서로는 『호문목집(胡文穆集)』이 있다. 그는 1400(건문 2)년 진사에 등제했고, 그 뒤 한림수찬(翰林修撰)·문연각대학사(文淵閣大學士)·좌춘방대학사(左春坊大學士)·예부상서(禮部尙書) 등을 역임했으며, 명대 초반 관학의 확립 과정에서 중요한 역할을 담당했다.

　『사서대전』은 주희의 『사서집주(四書集註)』를 본주로 하고, 진덕수(眞德秀)의 『사서집편(四書集編)』, 축수(祝洙)의 『사서부록(四書附錄)』, 채모(蔡模)의 『사서집소(四書集疏)』, 조순손(趙順孫)의 『사서찬소(四書纂疏)』, 오진자(吳眞子)의 『사서집성(四書集成)』, 진력(陳櫟)의 『사서발명(四書發明)』, 호병문(胡炳文)의 『사서통(四書通)』, 예사의(倪士毅)의 『사서집석(四書輯釋)』 등 사서 주해자 146명의 주요 학설을 편집해 세주로 정리한 것이다. 이 중에 특히 예사의의 『사서집석』은 『사서대전』 편찬의 기본 참고주석서였다. 『사고전서총목제요』 〈사서대전〉조에서 『사서대전』은 예사의의 『사서집석』을 약간 수정·보완했다고 나오며, 이 점은 고염무(顧炎武)의 『일지록(日知錄)』에서도 확인할 수 있다.

이렇게 해서 완성된 편찬본들은 명 영락제 이전에 만들어진 주석들을 망라했다는 의미에서 '대전(大全, Grand Code)'이라고 불린다. 이때 편찬·간행된 『오경대전』·『사서대전』·『성리대전』 등 대전본 경서는 성리학을 관학으로서 확고히 자리 잡게 했으며, 이후 과거를 비롯한 모든 국가적 차원의 학술활동에서 교과서로서의 기능을 수행했다.

대전본 경서가 우리나라에 처음 들어온 것은 편찬작업이 완료된 1415(영락 13)년으로부터 4년 후인 1419(세종 1)년 12월이었다. 세종조에 세 번에 걸쳐 대전본 경서가 들어왔으며, 이때 새로운 활자본을 만들어 인쇄·보급한 이래 여러 차례에 걸쳐 국가가 주도해 간행했다.

『논어집주대전』은 『사서대전』의 일부로서 『논어』의 편수에 따라 20권 13책으로 간행되었으며, 주희 전후 100여 명의 송·원대 유학자들의 주석들이 담겨 있다. 중국본 『사서대전』의 『논어집주대전』이 20권 13책인 것에 비해, 조선 후기에 간행된 『논어집주대전』은 20권 7책으로 구성되어 있다. 이 판본의 권말에는 1434(세종 16)년에 갑인자(甲寅字)를 제작한 이래 1772(영조 48)년의 임진자(壬辰字), 1777(정조 1)년의 정유자(丁酉字) 등을 주조해 사용한 연혁을 밝힌 글이 수록되어 있다.

본 국역작업에서는 1793(정조 7)년에 간행된 정유자본을 기본으로 삼으면서 문연각본 『사고전서(四庫全書)』의 『논어집주대전』과 그 원문을 비교·검토했다. 대체로 정유자본이 문연각본보다 오자가 적게 나오는데, 이는 오랜 기간 수차례 간행되면서 여러 유학자들의 교정을 거쳤기 때문으로 보인다. 정유자본과 문연각본을 비교해 글자가 서로 다르면 전체 뜻과 맥락에 맞는 쪽으로 글자를 교정했다.

차례

해제   5

先進第十一

11.1-1	子曰 先進於禮樂 野人也 後進於禮樂 君子也	19
11.1-2	如用之 則吾 從先進	20
11.2-1	子曰 從我於陳蔡者 皆不及門也	22
11.2-2	德行 顏淵 閔子騫 冉伯牛 仲弓 言語 宰我 子貢 政事 冉有 季路 文學 子游 子夏	22
11.3	子曰 回也 非助我者也 於吾言 無所不說	26
11.4	子曰 孝哉 閔子騫 人 不間於其父母昆弟之言	28
11.5	南容 三復白圭 孔子 以其兄之子 妻之	31
11.6	季康子問 弟子 孰爲好學 孔子對曰 有顏回者 好學 不幸短命 死矣 今也則亡	33
11.7-1	顏淵死 顏路 請子之車以爲之椁	34
11.7-2	子曰 才不才 亦各言其子也 鯉也死 有棺而無椁 吾不徒行以爲之椁 以吾從大夫之後 不可徒行也	34
11.8	顏淵死 子曰 噫 天喪予 天喪予	38
11.9-1	顏淵死 子 哭之慟 從者曰 子慟矣	40
11.9-2	曰 有慟乎	40
11.9-3	非夫人之爲慟 而誰爲	40
11.10-1	顏淵死 門人 欲厚葬之 子曰 不可	42
11.10-2	門人 厚葬之	43
11.10-3	子曰 回也 視予猶父也 予 不得視猶子也 非我也 夫二三子也	43
11.11	季路 問事鬼神 子曰 未能事人 焉能事鬼 敢問死 曰 未知生 焉知死	45
11.12-1	閔子 侍側 誾誾如也 子路 行行如也 冉有子貢 侃侃如也 子 樂	52
11.12-2	若由也 不得其死然	54
11.13-1	魯人 爲長府	57
11.13-2	閔子騫曰 仍舊貫 如之何 何必改作	57
11.13-3	子曰 夫人不言 言必有中	58
11.14-1	子曰 由之瑟 奚爲於丘之門	60
11.14-2	門人 不敬子路 子曰 由也 升堂矣 未入於室也	60
11.15-1	子貢問 師與商也 孰賢 子曰 師也過 商也不及	63
11.15-2	曰 然則師愈與	64
11.15-3	子曰 過猶不及	65
11.16-1	季氏 富於周公 而求也 爲之聚斂 而附益之	67
11.16-2	子曰 非吾徒也 小子 鳴鼓而攻之 可也	67
11.17-1	柴也愚	72

7

11.17-2	參也魯	73
11.17-3	師也辟	75
11.17-4	由也喭	75
11.18-1	子曰 回也 其庶乎 屢空	79
11.18-2	賜 不受命而貨殖焉 億則屢中	80
11.19	子張 問善人之道 子曰 不踐迹 亦不入於室	85
11.20	子曰 論篤 是與 君子者乎 色莊者乎	88
11.21	子路問 聞斯行諸 子曰 有父兄在 如之何其聞斯行之 冉有問 聞斯行諸 子曰 聞斯行之 公西華曰 由也 問斯行諸 子曰 有父兄在 求也 問聞斯行諸 子曰 聞斯行之 赤也 惑敢問 子曰 求也退 故 進之 由也兼人 故 退之	90
11.22	子 畏於匡 顏淵後 子曰 吾 以女爲死矣 曰 子在 回 何敢死	92
11.23-1	季子然問 仲由冉求 可謂大臣與	97
11.23-2	子曰 吾 以子爲異之問 曾由與求之問	97
11.23-3	所謂大臣者 以道事君 不可 則止	98
11.23-4	今 由與求也 可謂具臣矣	99
11.23-5	曰 然則從之者與	99
11.23-6	子曰 弒父與君 亦不從也	99
11.24-1	子路 使子羔爲費宰	104
11.24-2	子曰 賊夫人之子	104
11.24-3	子路曰 有民人焉 有社稷焉 何必讀書 然後爲學	105
11.24-4	子曰 是故 惡夫佞者	105
11.25-1	子路 曾皙 冉有 公西華 侍坐	109
11.25-2	子曰 以吾一日長乎爾 毋吾以也	109
11.25-3	居則曰 不吾知也 如或知爾 則何以哉	109
11.25-4	子路 率爾而對曰 千乘之國 攝乎大國之間 加之以師旅 因之以饑饉 由也 爲之比及三年 可使有勇 且知方也 夫子 哂之	110
11.25-5	求 爾何如 對曰 方六七十 如五六十 求也 爲之比及三年 可使足民 如其禮樂 以俟君子	111
11.25-6	赤 爾何如 對曰 非曰能之 願學焉 宗廟之事 如會同 端章甫 願爲小相焉	112
11.25-7	點 爾何如 鼓瑟希 鏗爾 舍瑟而作 對曰 異乎三子者之撰 子曰 何傷乎 亦各言其志也 曰 莫春者 春服旣成 冠者五六人 童子六七人 浴乎沂 風乎舞雩 詠而歸 夫子 喟然嘆曰 吾與點也	115
11.25-8	三子者出 曾皙後 曾皙曰 夫三子者之言 何如 子曰 亦各言其志也已矣 曰 夫子 何哂由也	125
11.25-9	曰 爲國以禮 其言不讓 是故 哂之	126
11.25-10	唯求 則非邦也與 安見方六七十如五六十 而非邦也者	126
11.25-11	唯赤 則非邦也與 宗廟會同 非諸侯而何 赤也 爲之小 孰能爲之大	127

顏淵第十二

12.1-1	顏淵 問仁 子曰 克己復禮 爲仁 一日克己復禮 天下歸仁焉 爲仁由己 而由人乎哉	139
12.1-2	顏淵曰 請問其目 子曰 非禮勿視 非禮勿聽 非禮勿言 非禮勿動 顏淵曰 回雖不敏 請事斯語矣	150
12.2-1	仲弓問仁 子曰 出門如見大賓 使民如承大祭 己所不欲 勿施於人 在邦無怨 在家無怨 仲弓曰 雍雖不敏 請事斯語矣	170
12.3-1	司馬牛 問仁	180
12.3-2	子曰 仁者 其言也訒	180
12.3-3	曰 其言也訒 斯謂之仁矣乎 子曰 爲之難 言之得無訒乎	182
12.4-1	司馬牛 問君子 子曰 君子 不憂不懼	186
12.4-2	曰 不憂不懼 斯謂之君子矣乎 子曰 內省不疚 夫何憂何懼	186
12.5-1	司馬牛憂曰 人 皆有兄弟 我 獨亡	189
12.5-2	子夏曰 商聞之矣	189
12.5-3	死生有命 富貴在天	190
12.5-4	君子 敬而無失 與人恭而有禮 四海之內 皆兄弟也 君子 何患乎無兄弟也	190
12.6	子張 問明 子曰 浸潤之譖 膚受之愬 不行焉 可謂明也已矣 浸潤之譖 膚受之愬 不行焉 可謂遠也已矣	194
12.7-1	子貢 問政 子曰 足食 足兵 民 信之矣	198
12.7-2	子貢曰 必不得已而去 於斯三者 何先 曰 去兵	198
12.7-3	子貢曰 必不得已而去 於斯二者 何先 曰 去食 自古皆有死 民無信 不立	199
12.8-1	棘子成曰 君子 質而已矣 何以文爲	204
12.8-2	子貢曰 惜乎 夫子之說 君子也 駟不及舌	204
12.8-3	文猶質也 質猶文也 虎豹之鞟 猶犬羊之鞟	205
12.9-1	哀公 問於有若曰 年饑 用不足 如之何	208
12.9-2	有若對曰 盍徹乎	208
12.9-3	曰 二 吾猶不足 如之何其徹也	210
12.9-4	對曰 百姓足 君孰與不足 百姓不足 君孰與足	210
12.10-1	子張 問崇德辨惑 子曰 主忠信 徙義 崇德也	215
12.10-2	愛之 欲其生 惡之 欲其死 旣欲其生 又欲其死 是惑也	217
12.10-3	誠不以富 亦祇以異	218
12.11-1	齊景公 問政於孔子	220
12.11-2	孔子對曰 君君 臣臣 父父 子子	220
12.11-3	公曰 善哉 信如君不君 臣不臣 父不父 子不子 雖有粟 吾得而食諸	224
12.12-1	子曰 片言可以折獄者 其由也與	228
12.12-2	子路 無宿諾	229
12.13	子曰 聽訟 吾猶人也 必也 使無訟乎	232
12.14	子張 問政 子曰 居之無倦 行之以忠	234
12.15	子曰 博學於文 約之以禮 亦可以弗畔矣夫	237
12.16	子曰 君子 成人之美 不成人之惡 小人 反是	238

12.17	季康子 問政於孔子 孔子對曰 政者 正也 子帥以正 孰敢不正	240
12.18	季康子 患盜 問於孔子 孔子對曰 苟子之不欲 雖賞之 不竊	242
12.19	季康子 問政於孔子 曰 如殺無道 以就有道 何如 孔子對曰 子爲政 焉用殺 子欲善 而民善矣 君子之德 風 小人之德 草 草上之風 必偃	245
12.20-1	子張問 士 何如 斯可謂之達矣	248
12.20-2	子曰 何哉 爾所謂達者	248
12.20-3	子張對曰 在邦必聞 在家必聞	249
12.20-4	子曰 是 聞也 非達也	249
12.20-5	夫達也者 質直而好義 察言而觀色 慮以下人 在邦必達 在家必達	250
12.20-6	夫聞也者 色取仁 而行違 居之不疑 在邦必聞 在家必聞	252
12.21-1	樊遲 從遊於舞雩之下 曰 敢問崇德 脩慝 辨惑	257
12.21-2	子曰 善哉 問	257
12.21-3	先事後得 非崇德與 攻其惡 無攻人之惡 非脩慝與 一朝之忿 忘其身 以及其親 非惑與	258
12.22-1	樊遲 問仁 子曰 愛人 問知 子曰 知人	263
12.22-2	樊遲 未達	263
12.22-3	子曰 擧直錯諸枉 能使枉者直	264
12.22-4	樊遲退 見子夏曰 鄉也 吾 見於夫子 而問知 子曰 擧直錯諸枉 能使枉者直 何謂也	265
12.22-5	子夏曰 富哉 言乎	266
12.22-6	舜有天下 選於衆 擧皋陶 不仁者 遠矣 湯有天下 選於衆 擧伊尹 不仁者 遠矣	266
12.23	子貢 問友 子曰 忠告而善道之 不可 則止 無自辱焉	270
12.24	曾子曰 君子 以文會友 以友輔仁	272

子路第十三

13.1-1	子路 問政 子曰 先之 勞之	277
13.1-2	請益 曰 無倦	278
13.2-1	仲弓 爲季氏宰 問政 子曰 先有司 赦小過 擧賢才	280
13.2-2	曰 焉知賢才而擧之 曰 擧爾所知 爾所不知 人其舍諸	281
13.3-1	子路曰 衛君 待子而爲政 子 將奚先	285
13.3-2	子曰 必也正名乎	285
13.3-3	子路曰 有是哉 子之迂也 奚其正	286
13.3-4	子曰 野哉 由也 君子 於其所不知 蓋闕如也	287
13.3-5	名不正 則言不順 言不順 則事不成	287
13.3-6	事不成 則禮樂不興 禮樂不興 則刑罰不中 刑罰不中 則民 無所措手足	289
13.3-7	故 君子 名之 必可言也 言之 必可行也 君子 於其言 無所苟而已矣	290
13.4-1	樊遲 請學稼 子曰 吾 不如老農 請學爲圃 曰 吾 不如老圃	295
13.4-2	樊遲出 子曰 小人哉 樊須也	295
13.4-3	上好禮 則民莫敢不敬 上好義 則民莫敢不服 上好信 則民莫敢不用情 夫如是 則四方之民 襁負其子而至矣 焉用稼	296

13.5	子曰 誦詩三百 授之以政 不達 使於四方 不能專對 雖多亦奚以爲	299
13.6	子曰 其身正 不令而行 其身不正 雖令不從	303
13.7	子曰 魯衛之政 兄弟也	304
13.8	子謂 衛公子荊 善居室 始有 曰 苟合矣 少有 曰 苟完矣 富有 曰 苟美矣	305
13.9-1	子 適衛 冉有 僕	308
13.9-2	子曰 庶矣哉	308
13.9-3	冉有曰 旣庶矣 又何加焉 曰 富之	308
13.9-4	曰 旣富矣 又何加焉 曰 教之	309
13.10	子曰 苟有用我者 朞月而已 可也 三年 有成	314
13.11	子曰 善人 爲邦百年 亦可以勝殘去殺矣 誠哉 是言也	316
13.12	子曰 如有王者 必世而後仁	319
13.13	子曰 苟正其身矣 於從政乎 何有 不能正其身 如正人何	322
13.14	冉子 退朝 子曰 何晏也 對曰 有政 子曰 其事也 如有政 雖不吾以 吾 其與聞之	323
13.15-1	定公問 一言而可以興邦 有諸 孔子對曰 言 不可以若是其幾也	326
13.15-2	人之言曰 爲君難 爲臣不易	326
13.15-3	如知爲君之難也 不幾乎一言而興邦乎	326
13.15-4	曰 一言而喪邦 有諸 孔子對曰 言 不可以若是其幾也 人之言曰 予 無樂乎爲君 唯其言而莫予違也	327
13.15-5	如其善而莫之違也 不亦善乎 如不善而莫之違也 不幾乎一言而喪邦乎	328
13.16-1	葉公 問政	330
13.16-2	子曰 近者說 遠者來	330
13.17	子夏 爲莒父宰 問政 子曰 無欲速 無見小利 欲速 則不達 見小利 則大事不成	332
13.18-1	葉公 語孔子曰 吾黨 有直躬者 其父攘羊 而子證之	335
13.18-2	孔子曰 吾黨之直者 異於是 父爲子隱 子爲父隱 直在其中矣	335
13.19	樊遲 問仁 子曰 居處恭 執事敬 與人忠 雖之夷狄 不可棄也	339
13.20-1	子貢問曰 何如 斯可謂之士矣 子曰 行己有恥 使於四方 不辱君命 可謂士矣	344
13.20-2	曰 敢問其次 曰 宗族 稱孝焉 鄕黨 稱弟焉	345
13.20-3	曰 敢問其次 曰 言必信 行必果 硜硜然小人哉 抑亦可以爲次矣	346
13.20-4	曰 今之從政者 何如 子曰 噫 斗筲之人 何足算也	348
13.21	子曰 不得中行而與之 必也狂狷乎 狂者 進取 狷者 有所不爲也	350
13.22-1	子曰 南人有言曰 人而無恒 不可以作巫醫 善夫	354
13.22-2	不恒其德 或承之羞	355
13.22-3	子曰 不占而已矣	355
13.23	子曰 君子 和而不同 小人 同而不和	357
13.24	子貢問曰 鄕人 皆好之 何如 子曰 未可也 鄕人 皆惡之 何如 子曰 未可也 不如鄕人之善者好之 其不善者惡之	360
13.25	子曰 君子 易事而難說也 說之不以道 不說也 及其使人也 器之 小人 難事而易說也 說之雖不以道 說也 及其使人也 求備焉	363

13.26	子曰 君子 泰而不驕 小人 驕而不泰	366
13.27	子曰 剛 毅 木 訥 近仁	368
13.28	子路問曰 何如 斯可謂之士矣 子曰 切切 偲偲 怡怡如也 可謂士矣 朋友 切切偲偲 兄弟 怡怡	370
13.29	子曰 善人 教民七年 亦可以卽戎矣	373
13.30	子曰 以不教民戰 是謂棄之	376

憲問第十四

14.1	憲 問恥 子曰 邦有道 穀 邦無道 穀 恥也	381
14.2-1	克伐怨欲 不行焉 可以爲仁矣	384
14.2-2	子曰 可以爲難矣 仁則吾不知也	385
14.3	子曰 士而懷居 不足以爲士矣	391
14.4	子曰 邦有道 危言危行 邦無道 危行言孫	393
14.5	子曰 有德者 必有言 有言者 不必有德 仁者 必有勇 勇者 不必有仁	395
14.6	南宮适 問於孔子 羿善射 奡盪舟 俱不得其死 然 禹稷 躬稼而有天下 夫子不答 南宮适出 子曰 君子哉 若人 尚德哉 若人	397
14.7	子曰 君子而不仁者 有矣夫 未有小人而仁者也	401
14.8	子曰 愛之 能勿勞乎 忠焉 能勿誨乎	403
14.9	子曰 爲命 裨諶 草創之 世叔 討論之 行人子羽 修飾之 東里子產 潤色之	405
14.10-1	或問子產 子曰 惠人也	409
14.10-2	問子西 曰 彼哉彼哉	410
14.10-3	問管仲 曰 人也 奪伯氏駢邑三百 飯疏食 沒齒無怨言	413
14.11	子曰 貧而無怨 難 富而無驕 易	417
14.12	子曰 孟公綽 爲趙魏老則優 不可以爲滕薛大夫	419
14.13-1	子路 問成人 子曰 若臧武仲之知 公綽之不欲 卞莊子之勇 冉求之藝 文之以禮樂 亦可以爲成人矣	422
14.13-2	曰 今之成人者 何必然 見利思義 見危授命 久要不忘 平生之言 亦可以爲成人矣	425
14.14-1	子 問公叔文子於公明賈 曰 信乎夫子 不言 不笑 不取乎	429
14.14-2	公明賈對曰 以告者 過也 夫子 時然後言 人 不厭其言 樂 然後笑 人 不厭其笑 義 然後取 人 不厭其取 子曰 其然 豈其然乎	429
14.15	子曰 臧武仲 以防 求爲後於魯 雖曰不要君 吾 不信也	433
14.16-1	子曰 晉文公 譎而不正 齊桓公 正而不譎	436
14.17-1	子路曰 桓公 殺公子糾 召忽死之 管仲不死 曰未仁乎	441
14.17-2	子曰 桓公 九合諸侯 不以兵車 管仲之力也 如其仁 如其仁	444
14.18-1	子貢曰 管仲 非仁者與 桓公 殺公子糾 不能死 又相之	448
14.18-2	子曰 管仲 相桓公 霸諸侯 一匡天下 民 到于今 受其賜 微管仲 吾 其被髮左衽矣	448
14.18-3	豈若匹夫匹婦之爲諒也 自經於溝瀆而莫之知也	450
14.19-1	公叔文子之臣大夫僎 與文子 同升諸公	455

14.19-2	子聞之曰 可以爲文矣	455
14.20-1	子言 衛靈公之無道也 康子曰 夫如是 奚而不喪	458
14.20-2	孔子曰 仲叔圉 治賓客 祝鮀 治宗廟 王孫賈 治軍旅 夫如是 奚其喪	458
14.21	子曰 其言之不怍 則爲之也難	461
14.22-1	陳成子 弑簡公	462
14.22-2	孔子 沐浴而朝 告於哀公曰 陳恒 弑其君 請討之朝	462
14.22-3	公曰 告夫三子	463
14.22-4	孔子曰 以吾從大夫之後 不敢不告也 君曰 告夫三子者	464
14.22-5	之三子告 不可 孔子曰 以吾從大夫之後 不敢不告也	464
14.23	子路 問事君 子曰 勿欺也 而犯之	469
14.24	子曰 君子上達 小人下達	471
14.25	子曰 古之學者 爲己 今之學者 爲人	473
14.26-1	蘧伯玉 使人於孔子	476
14.26-2	孔子 與之坐 而問焉曰 夫子何爲 對曰 夫子 欲寡其過而未能也 使者出 子曰 使乎使乎	476
14.27	子曰 不在其位 不謀其政	480
14.28	曾子曰 君子 思 不出其位	481
14.29	子曰 君子 恥其言 而過其行	483
14.30-1	子曰 君子道者 三 我無能焉 仁者不憂 知者不惑 勇者不懼	485
14.30-2	子貢曰 夫子 自道也	485
14.31	子貢 方人 子曰 賜也 賢乎哉 夫我則不暇	487
14.32	子曰 不患人之不己知 患其不能也	489
14.33	子曰 不逆詐 不億不信 抑亦先覺者 是賢乎	491
14.34-1	微生畝 謂孔子曰 丘 何爲是栖栖者與 無乃爲佞乎	494
14.34-2	孔子曰 非敢爲佞也 疾固也	494
14.35	子曰 驥 不稱其力 稱其德也	496
14.36-1	或曰 以德報怨 何如	498
14.36-2	子曰 何以報德	498
14.36-3	以直報怨 以德報德	499
14.37-1	子曰 莫我知也夫	503
14.37-2	子貢曰 何爲其莫知子也 子曰 不怨天 不尤人 下學而上達 知我者 其天乎	503
14.38-1	公伯寮 愬子路於季孫 子服景伯 以告曰 夫子 固有惑志於公伯寮 吾力 猶能肆諸市朝	511
14.38-2	子曰 道之將行也與 命也 道之將廢也與 命也 公伯寮 其如命何	512
14.39-1	子曰 賢者 辟世	515
14.39-2	其次 辟地	515
14.39-3	其次 辟色	515
14.39-4	其次 辟言	516
14.40	子曰 作者 七人矣	518

14.41	子路 宿於石門 晨門曰 奚自 子路曰 自孔氏 曰 是知其不可 而爲之者與	519
14.42-1	子 擊磬於衛 有荷蕢 而過孔氏之門者 曰 有心哉 擊磬乎	521
14.42-2	旣而曰 鄙哉 硜硜乎 莫己知也 斯已而已矣 深則厲 淺則揭	522
14.42-3	子曰 果哉 末之難矣	522
14.43-1	子張曰 書云 高宗 諒陰三年不言 何謂也	524
14.43-2	子曰 何必高宗 古之人 皆然 君薨 百官 總己 以聽於冢宰三年	525
14.44	子曰 上好禮 則民易使也	527
14.45	子路 問君子 子曰 修己以敬 曰 如斯而已乎 曰 修己以安人 曰 如斯而已乎 曰 修己以安百姓 修己以安百姓 堯舜 其猶病諸	528
14.46	原壤 夷俟 子曰 幼而不孫弟 長而無述焉 老而不死 是爲賊 以杖叩其脛	533
14.47-1	闕黨童子 將命 或問之曰 益者與	536
14.47-2	子曰 吾 見其居於位也 見其與先生竝行也 非求益者也 欲速成者也	536

衛靈公第十五

15.1-1	衛靈公 問陳於孔子 孔子對曰 俎豆之事 則嘗聞之矣 軍旅之事 未之學也 明日遂行	541
15.1-2	在陳絶糧 從者病 莫能興	543
15.1-3	子路慍見曰 君子 亦有窮乎 子曰 君子 固窮 小人 窮斯濫矣	544
15.2-1	子曰 賜也 女 以予爲多學而識之者與	547
15.2-2	對曰 然 非與	547
15.2-3	曰 非也 予 一以貫之	548
15.3	子曰 由 知德者 鮮矣	556
15.4	子曰 無爲而治者 其舜也與 夫何爲哉 恭己正南面而已矣	558
15.5-1	子張 問行	560
15.5-2	子曰 言忠信 行篤敬 雖蠻貊之邦 行矣 言不忠信 行不篤敬 雖州里 行乎哉	560
15.5-3	立 則見其參於前也 在輿 則見其倚於衡也 夫然後行	562
15.5-4	子張 書諸紳	564
15.6-1	子曰 直哉 史魚 邦有道 如矢 邦無道 如矢	568
15.6-2	君子哉 蘧伯玉 邦有道 則仕 邦無道 則可卷而懷之	569
15.7	子曰 可與言而不與之言 失人 不可與言而與之言 失言 知者 不失人 亦不失言	572
15.8	子曰 志士 仁人 無求生以害仁 有殺身以成仁	573
15.9	子貢 問爲仁 子曰 工欲善其事 必先利其器 居是邦也 事其大夫之賢者 友其士之仁者	579
15.10-1	顔淵 問爲邦	582
15.10-2	子曰 行夏之時	582
15.10-3	乘殷之輅	586
15.10-4	服周之冕	588
15.10-5	樂則韶舞	590
15.10-6	放鄭聲 遠佞人 鄭聲淫 佞人殆	591
15.11	子曰 人無遠慮 必有近憂	597

15.12	子曰 已矣乎 吾 未見好德如好色者也	599
15.13	子曰 臧文仲 其竊位者與 知柳下惠之賢 而不與立也	600
15.14	子曰 躬自厚 而薄責於人 則遠怨矣	602
15.15	子曰 不曰如之何如之何者 吾 末如之何也已矣	603
15.16	子曰 群居終日 言不及義 好行小慧 難矣哉	604
15.17	子曰 君子 義以爲質 禮以行之 孫以出之 信以成之 君子哉	606
15.18	子曰 君子 病無能焉 不病人之不己知也	611
15.19	子曰 君子 疾沒世而名不稱焉	612
15.20	子曰 君子 求諸己 小人 求諸人	614
15.21	子曰 君子 矜而不爭 群而不黨	616
15.22	子曰 君子 不以言擧人 不以人廢言	618
15.23	子貢問曰 有一言而可以終身行之者乎 子曰 其恕乎 己所不欲 勿施於人	619
15.24-1	子曰 吾之於人也 誰毀 誰譽 如有所譽者 其有所試矣	622
15.24-2	斯民也 三代之所以直道而行也	624
15.25	子曰 吾 猶及史之闕文也 有馬者 借人乘之 今 亡矣夫	628
15.26	子曰 巧言亂德 小不忍 則亂大謀	631
15.27	子曰 衆惡之 必察焉 衆好之 必察焉	633
15.28	子曰 人能弘道 非道弘人	635
15.29	子曰 過而不改 是謂過矣	637
15.30	子曰 吾 嘗終日不食 終夜不寢以思 無益 不如學也	638
15.31	子曰 君子謀道 不謀食 耕也 餒在其中矣 學也 祿在其中矣 君子 憂道 不憂貧	640
15.32-1	子曰 知及之 仁不能守之 雖得之 必失之	643
15.32-2	知及之 仁能守之 不莊以涖之 則民不敬	644
15.32-3	知及之 仁能守之 莊以涖之 動之不以禮 未善也	645
15.33	子曰 君子 不可小知 而可大受也 小人 不可大受 而可小知也	650
15.34	子曰 民之於仁也 甚於水火 水火 吾 見蹈而死者矣 未見蹈仁而死者也	652
15.35	子曰 當仁 不讓於師	654
15.36	子曰 君子 貞而不諒	657
15.37	子曰 事君 敬其事 而後其食	659
15.38	子曰 有教無類	661
15.39	子曰 道不同 不相爲謀	663
15.40	子曰 辭 達而已矣	664
15.41-1	師冕見 及階 子曰 階也 及席 子曰 席也 皆坐 子告之曰 某在斯 某在斯	665
15.41-2	師冕出 子張問曰 與師言之道與	666
15.41-3	子曰 然 固相師之道也	666

별호색인	671
인용 학자 소개	673

先進第十一

【집주】

此篇 多評弟子賢否 凡二十五章

이 편은 제자들의 현명함과 그렇지 못함을 평한 것이 많다. 모두 25장이다.

【세주】

厚齋馮氏曰 此篇 多評弟子賢否 故 以次於夫子言動之後

후재 풍씨가 말했다. 이 편은 제자들의 현명함과 그렇지 못함을 평한 것이 많다. 그러므로 공자의 언동(을 기록한 10편) 다음에 두었다.

○ 趙氏曰 評其賢 則能者勸 評其否 則不能者勉 無非教也 然 此篇 稱賢者 三倍於否 亦足以見賢之衆矣

조씨가 말했다. 현명하다고 평해주시면 능한 자는 장려되고, 그렇지 못하다고 평해주시면 능하지 못한 자는 격려되니 가르침이 아닌 것이 없다. 그러나 이 편은 현명하다고 칭찬한 자가 그렇지 못한 자에 비해 세 배나 되니 역시 현명한 자가 많음을 보여주기에 족하다.

【집주】

胡氏曰 此篇 記閔子騫言行去聲者四而其一 直稱閔子 疑閔氏門人所記也

호씨가 말했다. 이 편에서 민자건의 언행을 기록한 것이 넷인데 그중 하나는 곧바로 민자라 칭했으니 아마도 민씨의 문인이 기록한 것이 아닌가 싶다.

11.1-1　　子曰 先進於禮樂 野人也 後進於禮樂 君子也
　　　　　공자께서 말씀하셨다. 예악에 있어서 선배인 (옛)사람들
　　　　　을 야인이라 하고 후배인 (지금) 사람들을 군자라 하지만,

【집주】

先進後進 猶言前輩後輩 野人 謂郊外之民 君子 謂賢士大夫也 程子
曰 先進於禮樂 文質得宜 今 反謂之質朴 而以爲野人 後進之於禮樂
文過其質 今 反謂之彬彬 而以爲君子 蓋 周末文勝 故 時人之言如此
不自知其過於文也

'선진', '후진'은 선배, 후배라는 말과 같다. '야인'은 교외의 백성을 말한다. '군자'는 현명한 사대부를 말한다. 정자가 말했다. 예악에 있어서 선배(옛사람)들은 문과 질이 마땅함을 얻었지만 지금 (그 선배들을) 거꾸로 질박하다고 하면서 야인이라 여기고, 예악에 있어서 후배(지금 사람들)들은 문이 그 질을 넘는데도 지금 (그 후배들을) 거꾸로 빈빈하다고 하면서 군자로 여긴다. 대개 주나라 말기에 문이 지나쳤던 까닭에, 당시 사람들은 이처럼 말하면서 스스로는 문에 지나치다는 것을 알지 못했다.

【세주】

朱子曰 禮樂 只是一箇禮樂 用得自不同 如升降揖遜 古人 只是誠實行許多
威儀 後人 便弄好看 古人 只正容謹節 後人 便近於巧言令色 如古樂 雖不
可得而見 只如誠實底人 彈琴 便雍容平淡 自是好聽 若弄手弄脚 撰出無限
不好底聲音 只是繁碎耳

주자가 말했다. 예악은 하나의 예악일 뿐이지만 쓰는 것(방식)은 각각 다르다. 예컨대 (계단을) 오르내리고 읍하여 사양하는 것의 경우, 옛사람들은 단지 수많은 의례를 성실하게 행했을 뿐이지만 뒷사람들은 무턱대고 보기 좋게 하려 한다. 옛사람들은 단지 모습을 바로하고 절도 있게 삼갔지만 뒷사람들은 교언영색에 가깝다. 옛 음악의 경우 비록 얻어 볼 수는 없지만, 단지 성실한 사람이 거문고를 타면 곧 모습이 온화하고 평담해 응당 듣기 좋지만, 만약 손을 놀리고 다리를 놀려 끝없이 좋지 않은 소리를 지어내면 단지 번쇄할 따름인 것과 마찬가지일 것이다.

○問 此禮樂 還說宗廟朝廷以至州閭鄕黨之禮樂 曰 也不止是這般禮樂 凡

日用之間 一禮一樂 皆是禮樂 只管文勝去 如何合殺 須有箇變轉道理

물었다. 이 예악이란 종묘 조정으로부터 주려 향당(평민이 거주하는 지방)까지의 예악을 말하는 것 아닙니까? 답했다. 또한 그런 예악에만 한정되는 것이 아니다. 무릇 일상생활에서의 예 하나, 음악 하나가 모두 예악이다. 다만 문이 지나치니 어떻게 (그 지나침을) 감소시켜야 할지, 모름지기 변화시킬 방법이 있어야 한다.

11.1-2　如用之 則吾從先進
만약 쓴다면 나는 선배들을 따르겠다.

【집주】
用之 謂用禮樂 孔子旣述時人之言 又自言其如此 蓋欲損過以就中也

쓴다는 것은 예악을 쓴다는 말이다. 공자께서는 먼저 당시 사람들의 말을 기술하시고 또 스스로 이처럼 말씀하셨으니 대개 지나친 것을 덜어 적정하게 하시고자 한 것이다.

【세주】
慶源輔氏曰 時俗 易得逐流而狥末 聖人 常欲損過以就中 聖人之所以轉移時俗者 其過化存神之妙 雖未易窺測 至於損過就中之用 則有不可易者

경원 보씨가 말했다. 세상의 풍속은 시류를 좇고 말단을 좇기 쉽다. 성인께서는 항상 지나친 것을 덜어 적정하게 하시고자 하셨다. 성인께서 당시 풍속을 바꾸고자 하신 것에 관해, '지나가면 교화되고 마음 두시면 신령스러운' 오묘함(성인의 존재만으로도 이루어지는 교화)은 비록 쉽게 엿볼 수 있는 것이 아니지만, 지나친 것을 덜어 적정하게 하시고자 한 일(성인의 실천적 활동)에도 쉽게 여길 수 없는 것이 있다.

○問 孔子從先進 是夫子無取於文也 然 周監於二代 郁郁乎文 夫子又從之 何耶 潛室陳氏曰 從先進 是夫子欲復文武周公之舊 卽從周也 文 必以周公之舊 方可從 周末 文弊 已不足爲文矣 從周者 三代損益之勢當然 從先進者 周末文弊救之當然 竝行不悖

물었다. 공자께서 선배들을 따르겠다고 하는 것은 공자께서 문을 취하지 않으시겠다는 뜻입니다. 그러나 '주는 2대를 본받았으니 빛나도다, 그 문이여'(『논어』3,

「팔일」14장)'라 하시고 공자께서 또 그것을 따르겠다고 하신 것은 왜입니까? 잠실 진씨가 답했다. '선배들을 따르겠다'는 것은 공자께서 문왕과 무왕과 주공의 옛것을 회복하시고자 한 것이니 곧 주를 따르는 것이다. 문은 반드시 주공의 옛것이어야 비로소 따를 수 있다. 주나라 말에는 문의 폐단이 (지나쳐) 이미 문이라 하기 부족했다. 주를 따르겠다는 것은 (주나라의 예악이) 3대를 덜고 더한 형세이니 당연한 것이고, 선배들을 따르겠다는 것은 주나라 말기의 문의 폐단을 구제하시려는 것이니 당연한 것이다. (둘은) 같이 행해도 서로 모순되지 않는다.

○ 問 夫子 用禮樂而從先進 是欲崇質耶 抑欲文質之得中耶 雙峯饒氏曰 聖人之道 無適不中 用禮樂而從先進 在當時 則爲崇質 在理則爲適中

물었다. 공자께서 예악을 쓸 때 선배들을 따르겠다고 하신 것은 질을 숭상하고자 하신 것입니까? 아니면 문질의 중정함을 바라신 것입니까? 쌍봉 요씨가 답했다. 성인의 도는 적중하지 않은 경우가 없다. 예악을 쓸 때 선배들을 따르겠다고 하신 것은 당시로 보아서는 질을 숭상한 것이 되고, 이치상으로는 적중한 것이 된다.

○ 新安陳氏曰 文武周公 監夏殷之禮 而損益之 夫子稱曰 郁郁乎文 蓋 謂其文質得中 卽彬彬之文也 此 周盛時之文 卽先進之所從事者 此章 從先進之云 正是厭周末之文過其質 而欲從周盛時之文質得中 與從周之言 初不相妨 而可互相發 從周 正是欲從先進耳

신안 진씨가 말했다. 문왕과 무왕과 주공은 하나라와 은나라의 예를 본받아 덜고 더했으니 공자께서는 (그 주나라의 예를) '빛나도다, 그 문이여'라 하셨다. 대개 그 문과 질이 중정함을 얻은 것을 말하는 것이니, 곧 빈빈한(빛나는) 문이다. 이는 주나라 전성기의 문이니 곧 선배들이 종사한 것(예악)이다. 이 장에서 선배들을 따르겠다고 하신 것은 바로 주나라 말의 '문이 질을 넘어선' 것을 싫어하고 주나라 전성기의 '문과 질이 중정함을 얻은' 것을 따르고자 하신 것이니, '주를 따르겠다'는 말씀과 애초부터 서로 모순되지 않고 서로를 밝혀줄 수 있다. 주를 따르겠다는 것은 바로 선배들을 따르고자 하신 것일 뿐이다.

11.2-1 子曰 從我於陳蔡者 皆不及門也 從去聲

공자께서 말씀하셨다. 진나라 채나라에서 나를 따르던 자들은 모두 (지금) 문하에 이르지 못했다.

【집주】
孔子嘗厄於陳蔡之間 弟子多從之者 此時皆不在門 故孔子思之 蓋不忘其相從於患難去聲之中也

공자께서 일찍이 진나라와 채나라 사이에서 곤액을 당하셨을 때 제자들 중에 따른 자가 많았는데 이때에는 모두 문하에 없었다. 그런 까닭에 공자께서 그들을 추억하셨다. 대개 환란 중에 서로 같이하던 것을 잊지 못하신 것이다.

11.2-2 德行 顔淵 閔子騫 冉伯牛 仲弓 言語 宰我 子貢 政事 冉有 季路 文學 子游 子夏

덕행(에 뛰어난 자)은 안연, 민자건, 염백우, 중궁이고, 언어는 재아, 자공이고, 정사는 염유, 계로이고, 문학은 자유, 자하이다.

【집주】
弟子 因孔子之言 記此十人

제자들이 공자의 말씀에 근거해서 이 열 사람을 기록한 것인데,

【세주】
問 何以知其爲弟子所記 朱子曰 吳氏例云 凡稱名者 夫子之辭 或弟子師前相謂之辭 稱字者 弟子自相謂之辭 或弟子門人之辭 或以此章 盡爲夫子所言者 考之不審也

물었다. 어떻게 제자들이 기록한 것인지 알 수 있습니까? 주자가 답했다. 오씨가

예를 들어 말하기를, 무릇 이름을 부른 것은 공자의 (직접적인) 말씀이거나 혹은 제자들이 스승 앞에서 서로를 부르는 말이고, 자를 부른 것은 제자들이 자기들끼리 서로를 부르는 말이거나 혹은 제자들의 문인의 말이라 했다. 혹자는 이 장이 모두 공자께서 (직접) 말씀하신 것이라고 하지만, 이는 잘 살피지 못한 것이다.

【집주】

而幷目其所長 分爲四科 孔子敎人 各因其材 於此可見

그 장점을 아울러 항목화해 4과로 나누었다. 공자께서 사람을 가르치심에 각기 그 재질에 근거해 하셨음을 여기서 볼 수 있다.

【세주】

朱子曰 德者 行之本 君子 以成德爲行 言德 則行在其中 德行 是兼內外貫本末 全體底物事 那三件 各是一物 見於用者也

주자가 말했다. 덕이란 행의 근본이니 군자는 덕을 이루는 것을 행[행동의 표준, 목표]으로 삼는다. 덕이라 하면 행은 그 안에 포함된다. 덕행은 내외를 겸하고 본말을 관통하는 전체로서의 물건이고, 그 (나머지) 셋은 각각 하나의 물건으로서 쓰임(활동의 분야)에 드러난 것이다.

○問 德行 不知可兼言語政事文學否 曰 當就逐項上看 如顔子之德行 固可以備 若他人 固有有德行而短於才者

물었다. 덕행은 언어와 정사와 문학을 겸할 수 있는 것인지 모르겠습니다. 답했다. 마땅히 항목에 따라 (구분해) 보아야 한다. 안자의 덕행 같은 경우는 당연히 (그 모두를) 갖출 수 있다. 다른 사람의 경우는 당연히 덕행은 있지만 재주는 짧은 경우가 있다.

○問 四科之目 曰 德行者 潛心體道 默契於中 篤志力行 不言而信者也 言語者 善爲辭令也 政事者 達於爲國治民之事者也 文學者 學於詩書禮樂之文 而能言其意者也 夫子敎人 使各因其所長 以入於道 然 其序 則必以德行爲先 誠以躬行實造 具體聖人 學之所貴 尤在於此 非若三者 各爲一事之長而已也

4과의 항목에 대해 물었다. 답했다. 덕행자(덕행에 뛰어난 자)는 마음을 잠그고 도를 체현해 중정함에 말없이 맞으며 의지가 독실하고 힘써 행해 말하지 않아도 믿을 수 있는 자이다. 언어자(언어에 뛰어난 자)는 말을 잘하는 자이다. 정사자는 나라를 다스리고 백성을 다스리는 일에 뛰어난 자이다. 문학자는 시서예악의 문을 배워 그 뜻을 잘 말하는 자이다. 공자께서는 사람을 가르치심에 각각의 장점에 근거해 도로 들어가도록 하셨다. 그러나 그 순서는 반드시 덕행을 먼저로 해야 한다. 진정 궁행 실천함으로써 성인(의 도)을 구현하는 것, 배움에서 귀한 것은 더욱 여기(덕행)에 있으니 (나머지) 세 가지가 각각 하나의 일에 있어서의 장점일 뿐인 것과는 같지 않다.

○ 勉齋黃氏曰 四科之目 因其所得而稱之 擧其最優者 爲言也

면재 황씨가 말했다. 4과의 항목은 그 얻은(성취한) 바에 따라 붙인 것으로, 가장 뛰어난 것(그 사람이 가장 뛰어난 분야)을 들어 말한 것이다.

○ 雙峯饒氏曰 聖門之敎 有大綱領 有小條目 小條目 如長於政事者 與言政事 長於文學者 與言文學 是也 如今人能文者 告之以作文之法 曉事者 告之以處事之法 此 是各因其材 然 本領不正 能文者 無緣做得好文章 曉事者 無緣做得好政事 又須示之以大綱領 使之治心脩身 從本領上做將來

쌍봉 요씨가 말했다. 성인 문하의 가르침은 대강령(대원칙)이 있고 소조목(세부적 항목)이 있다. 소조목은 예컨대 정사에 장점이 있는 자는 더불어 정사에 대해 말하고 문학에 장점이 있는 자는 더불어 문학에 대해 말하는 것이 그것이다. 예컨대 요즈음 글에 능한 자에게는 글 짓는 방법을 알려주고 일에 밝은 자에게는 일을 처리하는 방법을 알려주는 것과 같다. 이는 그 재질에 따르는 것이다. 그러나 본령(근본이 되는 원칙, 곧 대강령)이 바르지 않으면 글을 잘하는 자가 좋은 문장을 지을 수 있을 리 없고, 일에 밝은 자가 좋은 정사를 해낼 수 있을 리 없다. (그러니) 또한 모름지기 대강령을 보여주어 마음을 다스리고 몸을 닦아 앞으로 본령으로부터(본령에 입각해) 해나가게 해야 한다.

【집주】

○ 程子曰 四科 乃從夫子於陳蔡者爾 門人之賢者 固不止此 曾子傳道而不與焉預焉 故 知十哲 世俗論也

정자가 말했다. 4과(에 언급된 제자들)는 진나라 채나라에서 공자를 따른 자들일 뿐이다. 문인 중에 현명한 자가 본디 이에 그치지 않는다. 증자는 도를 전했지만 (여기에는) 끼지 못했다. 따라서 10철이란 세속의 논의임을 알 수 있다.

【세주】

慶源輔氏曰 夫子之門 如此十人者 固高矣 然 受業身通者 凡七十人 則豈獨此十人 可名爲哲哉 故 程子 引曾子以爲證 而斷十哲爲世俗之論 所以敎

學者 使求於聖人之門 不止此十人也

경원 보씨가 말했다. 공자의 문하에서, 이 열 사람 같은 경우는 본디 (그 경지가) 높다. 그러나 가르침을 받아 몸으로 통한 자는 모두 70인이니 어찌 다만 이 열 사람만 철인이라 이름할 수 있으리오. 그런 까닭에 정자는 증자를 끌어대 증거로 삼아 10철이 세속의 논의임을 단언했으니, (정자의 이 말은) 배우는 자가 성인의 문하에서 구해야 할 것이 이 열 사람에 그치지 않음을 가르치려 한 것이다.

○新安陳氏曰 曾子 晳之子 是時 尚少 不得與陳蔡之從 故 不在列 又如有若 雖賢 亦以不從此行 而不在列焉

신안 진씨가 말했다. 증자는 (증)석의 아들로, 이때 아직 어려 진나라 채나라에서 (공자를) 따랐던 무리에 끼지는 못했다. 그래서 (이름이) 명단에 들지 못했다. 또 유약의 경우도 비록 현명하기는 하지만 또한 이 여행에 따라가지 않았으므로 명단에 들지 못했다.

○雲峯胡氏曰 德行 卽孟子所謂 有成德者 言語 政事 文學 卽孟子所謂 有達才者 然 孟子 於成德之上 有如時雨化之者 集註所謂 顏曾 是也 於此 見論語四科 不過門人所記 而孟子五敎 又能發門人之所未發

운봉 호씨가 말했다. 덕행(에 뛰어난 자)이란 곧 맹자가 말한 성덕(완성된 덕)이 있는 자이고, 언어 정사 문학이란 곧 맹자가 말한 뛰어난 재주가 있는 자이다. 그러나 맹자는 성덕보다 높은 단계에 '때맞추어 오는 비에 변화한 자'를 두었으니 집주에서 말한 안자와 증자가 그것이다. 여기서『논어』의 4과가 문인들이 기록한 것에 불과하고, 맹자의 '5교(공자의 다섯 종류의 가르침)'가 문인들이 밝히지 못한 것을 능히 밝힌 것임을 알 수 있다.

11.3 子曰 回也 非助我者也 於吾言 無所不說音悅

공자께서 말씀하셨다. (안)회는 나를 돕는 자가 아니다.
내 말에 대해 기뻐하지 않는 것이 없구나.

【집주】
助我 若子夏之起予 因疑問而有以相長上聲也 顔子於聖人之言 默識心通釋悅字 無所疑問釋非助字 故 夫子云然 其辭若有憾焉 其實 乃深喜之

나를 돕는다는 것은 예컨대 '자하가 나를 일으킨다'라 하신 것처럼 질문을 함으로 말미암아 (사제 간에) 서로 성장시키는 것이다. 안자는 성인의 말씀에 대해 말없이 깨닫고 마음으로 통하여〈'열' 자를 해석한 것이다.〉의문을 가진 바가 없었다.〈'돕지 않는다'는 말을 해석한 것이다.〉그러므로 공자께서 그렇게 말씀하신 것은 그 말투가 마치 유감이 있는 것 같지만, 기실 깊이 기뻐하신 것이다.

○胡氏曰 夫子之於回 豈眞以助我望之 蓋 聖人之謙德 又以深贊顔氏云爾

호씨가 말했다. 공자께서 안회에 대해 어찌 진정으로 자기를 도울 것을 바라셨으리오. 대개 성인의 겸손한 덕이고 또 그로써 안씨를 깊이 칭찬해 말씀하셨을 뿐이다.

【세주】
慶源輔氏曰 聖人之心 義理昭融 固不因人之問而後有所知 亦不以人之不問而遂有所疑 顧豈有待於學者之助哉 然 疑而問 問而益得以發其精微 若子夏之起予 則亦不能無也

경원 보씨가 말했다. 성인의 마음은 의리에 환하게 밝으니 본디 다른 사람의 질문으로 말미암은 다음에야 알게 되는 것이 아니고, 또 다른 사람이 묻지 않는다고 마침내 의문을 가지게 되는 것도 아니다. 생각건대, 어찌 배우는 자의 도움을 기다리시겠는가. 그러나 의문이 있어 묻고, 물으면 더욱 그 정미한 것을 드러낼 수 있으니, '자하가 나를 일으킴' 같은 일이 또한 없을 수 없다.

○胡氏曰 以非助我而言 似有不足於顔子之意 謂其無所不說 則凡精凡粗

若巨若細 莫不懽然領受 而略無毫髮之疑矣

호씨가 말했다. '나를 돕지 않는다'라고 말씀하신 것은 마치 안자에 대해 불만족하신 뜻이 있는 것 같지만, '기뻐하지 않는 것이 없다'라 하셨으니, (안자는) 모든 정밀한 것과 거친 것, 큰 것과 작은 것 모두를 기쁘게 받아들이지 않은 것이 없었고 약간의 털끝만 한 의문도 없었다.

○ 厚齋馮氏曰 夫子 固無待於助 然 於事物之理 因人之疑問 而遂得以發明之 是 亦助也

후재 풍씨가 말했다. 공자께서는 본디 도움을 기다리실 필요가 없지만 그러나 사물의 이치에 대해서는 다른 사람의 의문으로 말미암아 마침내 밝혀 드러내실 수 있었으니 이 또한 도움이다.

○ 新安陳氏曰 如終日不違 語之不惰 皆無所不說之驗

신안 진씨가 말했다. 예컨대 '종일토록 어기지 않았다'(『논어』2, 「위정」9장)', '말해주면 게으리하지 않는다'(『논어』9, 「자한」19장) 같은 것은 모두 '기뻐하지 않는 것이 없음'의 증거이다.

11.4 子曰 孝哉 閔子騫 人 不閒於其父母昆弟之言 閒
去聲

공자께서 말씀하셨다. 효성스럽구나, 민자건이여. 남들이 그 부모나 형제의 말에 이론이 없구나.

【집주】
胡氏曰 父母兄弟 稱其孝友 人皆信之 無異辭者 蓋其孝友之實 有以積於中 而著於外 故 夫子嘆而美之

호씨가 말했다. 부모 형제가 그 효도와 우애를 칭찬하는데 사람들이 모두 믿어 다른 말이 없는 것은 대개 그 효도와 우애의 실질이 마음속에 쌓인 것이 있어 밖으로 드러났기 때문이다. 그런 까닭에 공자께서 탄복해 칭찬하셨다.

【세주】
吳氏曰 夫子於弟子 未嘗稱字 此 或集語者之誤

오씨가 말했다. 공자께서는 제자에 대해 (이름을 부르시지) 자를 부르신 적이 없었다. 이는 (민자건이라 부르신 것은) 혹시 말씀을 모은 자의 잘못인 듯하다.

○勉齋黃氏曰 父母昆弟之言 或出於私情 人 無所非間於其言 是爲公論 夫子 所以 稱之

면재 황씨가 말했다. 부모와 형제의 말은 혹 사사로운 정에서 나온 것일 수 있는데, 사람들이 그 말에 대해 비난하거나 이론을 제기하는 바가 없다면 이는 곧 공론이다. 공자께서는 그래서 칭찬하셨다.

○慶源輔氏曰 父母昆弟 稱其孝友者 固有之矣 然 或溺於愛 蔽於私 則誠否 未可知也 至於人皆信之 無有間言 則誠著而德彰矣

경원 보씨가 말했다. 부모 형제가 그 효도와 우애를 칭찬하는 경우는 원래 있다. 그러나 혹은 사랑에 빠져, 혹은 사사로움에 가려져 (그런 경우가 있으니) 그 진실 여부는 알 수 없다. 남들이 모두 믿어 이론이 없으면 참됨이 드러나고 덕이 드러난 것이다.

○胡氏曰 按韓詩外傳 閔子 早喪母 父 再娶生二子 繼母 獨以蘆花衣子騫

父 覺之 欲逐其妻 子騫曰 母在 一子寒 母去 三子單 母得免逐 其母聞之
待之均平 遂成慈母 今誦其言 藹然惻怛之意 溢於詞表 故 內則有以孚其家
外則有以孚於人 自內及外 無有異詞也

호씨가 말했다. 『한시외전』을 살펴보면, 민자는 일찍이 어머니를 여의고 아버지가 재혼해 두 아들을 낳았는데 계모가 갈대꽃으로 만든 옷을 오직 자건에게만 입혔다. 아버지가 그것을 깨닫고 그 처를 쫓아내려 하자 자건이 '어머니가 있으면 한 아들이 춥고 어머니가 떠나면 세 아들이 외롭습니다'라 하니 어머니가 쫓겨나는 것을 면했다. 그 어머니가 듣고 공평하게 대해 마침내 자애로운 어머니가 되었다. 지금 그 말을 읊어보니 온화하고 측은한 뜻이 말의 표면에 넘친다. 그런 까닭에 안으로는 그 집안에서 믿음이 있고 밖으로는 남들에게 믿음이 있어 안에서부터 밖에까지 다른 말이 없었던 것이다.

○雲峯胡氏曰 孔門 豈獨閔子爲孝 而夫子獨稱之 他人之孝 處人倫之常 閔
子之孝 處人倫之變 處變而不失其常 此 夫子 所以稱之歟

운봉 호씨가 말했다. 공자의 문하에 어찌 홀로 민자만이 효도를 했으리오. 그런데도 공자께서는 오직 그만을 칭찬하셨다. 다른 사람들의 효도는 인륜의 통상적인 경우이지만(보통의 부모 자식 관계에서 이루어진 것이지만) 민자의 효는 인륜의 변칙적인 경우인데도 변칙적 사태에 처해 그 보편성을 잃지 않았다. 이것이 공자께서 칭찬하신 이유이리라.

○新安陳氏曰 夫子 惟稱其孝 集註 兼及於友者 蓋 友于兄弟 就昆弟之言
見其友也 詩曰 兄弟旣翕 和樂且耽 子曰 父母其順矣乎 蓋 孝友一理 孝者
必友 不友 則非孝矣 只觀三子單之語 友之實 可見 間字 不必訓非 只訓別
異 自明白 外人稱之 不異於父母兄弟之言 非孝友之實 積中著外 能如是乎
夫孝 德之本也 人之行 莫大於孝 閔子 以德行稱亞於顔子 宜哉

신안 진씨가 말했다. 공자께서는 다만 그 효를 칭찬하셨을 뿐인데 집주에서는 우애를 겸해 언급했다. 대개 형제에게 우애가 있었다함은 '곤제(형제)'라는 말에서 그 우애를 볼 수 있기 때문이다. 『시경』(「소아 녹명」〈상체〉)에서는 '형제가 화합하니 화락하고 또 기쁘다'라 했고 또 공자께서는 (이 시에 대해 말씀하시기를) '부모가 편안할 것이다'라 하셨다(『중용』 15장). 대개 효도와 우애는 하나의 이치이니, 효도하는 사람은 반드시 우애하고, 우애하지 않으면 효도가 아니다. 단지 '세 아들이 외롭다'라는 말만 보더라도 그 우애의 실상을 알 수 있다. '간' 자는 꼭 비난한다는 뜻으로 해석할 필요는 없다. 다만 '다른 말'이라고 해석하는 것이 (해석상) 더욱 명백하다. 바깥 사람들이 말하는 것이 부모 형제의 말과 다르지 않은 것, 효도와 우애의 실질이 마음속에 쌓여 겉으로 드러난 자가 아니라면 이 같을 수 있으랴. 무릇 효는 덕의 근본이다. 사람의 품행은 효보다 큰 것이 없다. 민자가 덕행으로 안자에 버금간다고 칭해진 것은 마땅하도다.

11.5 南容 三復白圭 孔子 以其兄之子 妻之 三妻並去聲

남용이 백규의 시를 세 번 반복하니 공자께서 형의 딸로 처를 삼게 하셨다.

【집주】

詩 大雅 抑之篇曰 白圭之玷丁忝丁念二反 尚可磨也 斯言之玷 不可爲也 南容 一日三復此言 事見形甸反家語 蓋 深有意於謹言也

『시경』, 「대아(탕)」〈억〉편에 "흰 옥의 흠은 오히려 갈아낼 수 있지만 이 말의 흠은 그럴 수 없다"라 했다. 남용이 하루에 이 말을 세 번 반복했다. 이 일은 『(공자)가어』에 나온다. 대개 말 삼가기에 깊이 뜻을 둔 것이다.

【세주】

家語 弟子行篇云 獨居思仁 公言仁義 其於詩也 則一日三復白圭之玷 是 宮縚之行也 孔子 信其能仁 以爲異士

『(공자)가어』, 「제자행」편에 다음과 같이 말했다. 홀로 있음에는 인을 생각하고 공적으로는 인의를 말했다. 시의 경우에는 하루에 '백규의 흠'이라는 시를 세 번 반복했다. 이것이 궁도(남용)의 행실이다. 공자께서는 그 능히 인을 행할 수 있음을 믿으시고 특이한 선비라고 여기셨다.

○朱子曰 南容三復白圭 不是一旦讀此 乃是日日讀之 玩味此詩 而欲謹於言行也

주자가 말했다. 남용이 백규의 시를 세 번 반복한 것은 하루만 이를 읽은 것이 아니라 매일매일 읽어 이 시를 감상해 언행에 삼가고자 한 것이다.

【집주】

此 邦有道 所以不廢 邦無道 所以免禍 故 孔子 以兄子妻之

이것이 나라에 도가 있으면 버려지지 않고 나라에 도가 없으면 화를 면하게 되는 까닭이다. 그래서 공자께서는 형의 딸로 처를 삼게 하셨다.

【세주】

此 是合公冶長篇子謂南容章 解之

이는 「공야장」편의 〈자위남용〉장(1장)과 합쳐 해석한 것이다.

【집주】

○ 范氏曰 言者 行去聲下同之表 行者 言之實 未有易去聲其言 而能謹於行者 南容 欲謹其言如此 則必能謹其行矣

범씨가 말했다. 말이란 행동의 겉(표현)이며 행동은 말의 실질이다. 말을 쉽게 하면서 행동을 삼갈 수 있는 자는 없다. 남용은 말 삼가기를 이처럼 하려 했으니 반드시 그 행동을 삼갈 수 있었을 것이다.

【세주】

雙峯饒氏曰 表 與裏對 實 與華對 言爲表 而行爲裏 行爲實 而言爲華 各擧其一 以互見 免於刑戮 只是不以輕言妄動取禍 若當言而言 雖箕子之囚 比干之死 豈容苟免

쌍봉 요씨가 말했다. 표(겉)는 안과 대응되고 실(실질)은 화(겉모양)와 대응된다. 말이 겉이면 행은 안이 되고 행이 실질이면 말은 겉모양이 된다. 각각 그 하나를 들면 (나머지 대응되는 하나도) 서로 드러난다. 형륙(사법적 처벌)을 면한다는 것은 다만 경솔히 말하고 망령되이 행동해 화를 부르지는 않는다는 것일 뿐이다. 마땅히 말해야 하면 말해야지, (그 때문에) 비록 기자처럼 갇히거나 비간처럼 죽는다 하더라도 어찌 (말하지 않고) 구차히 면할 수 있으리오.

11.6 季康子問 弟子 孰爲好學 孔子對曰 有顔回者 好學 不幸短命 死矣 今也則亡

계강자가 물었다. 제자 중에 누가 호학합니까? 공자께서 답하셨다. 안회라는 자가 있어 호학했는데 불행히도 단명하여 죽었습니다. 지금은 (호학하는 자가) 없습니다.

【집주】

范氏曰 哀公康子 問同 而對有詳略者 臣之告君 不可不盡 若康子者 必待其能問 乃告之 此 敎誨之道也

범씨가 말했다. 애공과 강자의 질문은 같은데 그 대답에는 상세하고 소략함의 차이가 있는 것은 신하가 임금에게 고할 때는 상세히 다 말하지 않을 수 없기 때문이다. 강자의 경우는 반드시 질문할 수 있을 때를 기다려 알려주셨으니, 이는 가르침의 방법이다.

【세주】

詳見雍也篇 不遷怒章

「옹야」편 〈불천로〉장(2장)에 자세히 나온다.

○ 慶源輔氏曰 聖人一言之間 輕重之等 則有截然不可亂者

경원 보씨가 말했다. 성인의 말씀 하나 중에도 경중의 차등이 있으니 자른 듯이 확연해 어지럽힐 수 없는 것이 있다.

11.7-1 顔淵死 顔路 請子之車以爲之槨

안연이 죽자 안로가 공자의 마차로 곽을 마련하기를 청했다.

【집주】

顔路 淵之父 名無繇音由 少去聲孔子六歲 孔子始敎 而受學焉 槨 外棺也 請爲槨 欲賣車以買槨也

안로는 안연의 아버지로 이름은 무유이고 공자보다 여섯 살 적었다. 공자께서 처음 가르치실 때 배웠다. '곽'은 바깥 관(관을 보호하는 덧널)이다. 곽을 마련하기를 청했다는 것은 마차를 팔아 곽을 사자는 것이다.

11.7-2 子曰 才不才 亦各言其子也 鯉也死 有棺而無槨 吾不徒行以爲之槨 以吾從大夫之後 不可徒行也

공자께서 말씀하셨다. 재주가 있든 재주가 없든 역시 각자 제 아들이라 말한다. 이가 죽었을 때 관은 있었지만 곽은 없었다. (그때) 나는 (마차를 팔아) 곽을 마련하고 걸어가지는 않았다. 내가 대부의 말석에 속하기에 걸어갈 수는 없었기 때문이다.

【집주】

鯉 孔子之子伯魚也 先去聲孔子卒 言鯉之才 雖不及顔淵 然 己與顔路 以父視之 則皆子也 孔子 時已致仕 尙從大夫之列 言後 謙辭

'이'는 공자의 아들 백어이다. 공자보다 먼저 죽었다. '이의 재주가 비록 안연에게 미치지 못하나 나와 안로가 아버지라는 점에서 보면 모두 (각자의) 아들이다'라는 말씀이다. 공자께서는 당시에 이미 은퇴하셨지만 아직도 대부의 반열에 계셨다. '(대부의) 뒤(말석)'라 말씀하신 것은 겸손의 말씀이다.

【세주】

問 以弟子之年考之 則回之死 先於鯉 故 有以鯉也爲夫子之設言者 信乎 朱子曰 以人情言之 不應如此 且王肅 信家語最篤 而亦以此爲年數之錯誤 今 安得固守而必信之乎

물었다. 제자들의 나이로 살펴보건대 회(안연)가 죽은 것은 이보다 먼저입니다. 그러므로 '이가 (죽었을 때)'라는 말씀은 공자의 가설적인 말씀이라 하는 자가 있는데, 믿을 만합니까? 주자가 답했다. 인정으로 말하자면 응당 이와 같지는 않을 것이다. 또 왕숙은 『공자가어』를 가장 독실하게 믿었지만 (그럼에도 불구하고) 또한 이는(『공자가어』의 이 기사는) 햇수의 착오라고 생각했다. 지금 어찌 (『공자가어』의 기사를) 고수해 꼭 믿겠는가?

○南軒張氏曰 聖人 正大之情 天地之情也 鯉 雖不可以竝淵 然 在己 則子也 無椁 則亦已矣 淵 雖賢 而父之葬子也 亦稱家之有無而已 又何必强爲之椁乎 夫子 視淵固猶子也 不得舍車於鯉 則亦不得舍車於淵矣

남헌 장씨가 말했다. 성인의 바르고 큰 정(마음)은 천지의 정(마음)이다. 이는 비록 안연과 나란히 할 수는 없지만 그러나 자신으로서는 아들이다. 곽이 없으면 또한 (그것으로) 그만이다. 안연이 비록 현명하나 아버지가 아들을 장사지냄에 또한 집안의 (재산) 유무에 맞출 뿐이다. 또 어찌 꼭 억지로 곽을 마련하리오. 공자께서는 안연 보기를 본디 아들처럼 하셨으니, 이의 경우에 마차를 버릴 수 없으셨으니 또한 안연의 경우에도 마차를 버릴 수 없으셨다.

○厚齋馮氏曰 伯魚 聞詩聞禮 未爲不才 視子淵 則才不及耳 唯自言其子 故曰 不才

후재 풍씨가 말했다. 백어는 시를 듣고 예를 들었으니 재주가 없는 것은 아니고 안연에 비해 보았을 때 재주가 미치지 못했을 뿐이다. 단지 자기가 자기 아들을 말하는 것이기 때문에 재주가 없다고 하셨을 뿐이다.

【집주】

○ 胡氏曰 孔子 遇舊館人之喪 嘗脫驂以賻音附之矣

호씨가 말했다. 공자께서는 옛 여관 주인의 상을 만나자 참마(곁말, 즉 예비용 말)를 끌러 부의로 내신 적이 있는데,

【세주】

禮 檀弓篇 孔子之衛 遇舊館人之喪 入而哭之哀 使子貢說驂音脫參而賻之 騑

馬 曰驂 賻 助也 助喪用也

『예기』, 「단궁(상)」편에 보면 다음과 같이 나와 있다. 공자께서 위나라에 가셨을 때 옛 여관 주인의 상을 만나셨다. 들어가 슬프게 곡하시고 자공으로 하여금 참마를 끌러 부의하게 하셨다. 〈배마(곁말)를 '참'이라 한다. '부'는 돕는 것이니 상의 비용에 보태는 것이다.〉

【집주】

今 乃不許顏路之請 何邪俗作耶 葬 可以無槨 驂 可以脫而復扶又反求 大夫 不可以徒行 命車 不可以與人 而鬻余六反諸市也

지금 안로의 청은 허락하지 않으신 것은 왜인가? 장례에는 곽이 없어도 되고 곁말은 끌러 주어도 다시 구할 수 있지만, 대부는 걸어갈 수 없고 명차(임금의 명으로 받은 마차)는 남에게 주어 장에 내다 팔 수 없기 때문이다.

【세주】

王制曰 命服命車 不粥與鬻同於市

(『예기』)「왕제」편에 "명복과 명차는 장에 내다 팔지 않는다"라 했다.

○問 命車 朱子曰 記禮云 大夫 賜命車

'명차'에 대해 물었다. 주자가 답했다. 예에 관한 기록에 '대부에게는 명차를 내린다'라 했다.

【집주】

且爲去聲所識窮乏者 得我 而勉強上聲以副其意 豈誠心與直道哉 或者以爲君子行禮 視吾之有無而已此 蘇氏說 夫平聲君子之用財 視義之可否 豈獨視有無而已哉

또 (내가) 알고 있는 궁핍한 자가 내 덕을 보게 하려고 억지로 그 뜻에 부응하는 것이 어찌 참된 마음이고 곧은 도이겠는가? 혹자는 군자가 예를 행함에 자신이 (재산이) 있는지 없는지를 볼 뿐이라 했지만, 〈이는 소씨의 설이다.〉 무릇 군자가 재물을 씀에 의에 옳은지 그른지를 보는 것이지, 어찌 단지 있고 없고만을 볼 뿐이겠는가?

【세주】

慶源輔氏曰 葬之禮 槨周於棺 宜也 然 貧不能具 則槨亦可廢 車之制 驂參

於服 宜也 然 欲輓而用 則驂或可脫 義之所可 則脫驂以賻舊館人而不吝
義不可 則於顏淵之厚 而不從其父爲椁之請 此 可見聖人處事之權衡

경원 보씨가 말했다. 장례의 예절에서, 곽으로 관을 두르는 것이 마땅하지만 그러나 가난해서 갖출 수 없으면 곽은 또한 없어도 된다. 마차의 제도에서, 곁말을 복마(수레를 끄는 말)에 참여시키는 것이 마땅하지만 그러나 손봐 쓰고 싶으면 곁말은 혹 끌러도 된다. 의리상 가능한 것이면 곁말을 끌러 옛 여관 주인에게 부의하고 아까워하지 않으시지만 의리상 불가한 것은 안연처럼 두터운 사이라도 그 아버지의 '곽을 마련하자'는 청을 따르지 않으셨으니, 여기서 성인의 일 처리의 (판단)기준을 볼 수 있다.

11.8 顔淵死 子曰 噫 天喪予 天喪予 喪去聲

안연이 죽자 공자께서 말씀하셨다. 아아, 하늘이 나를 버리는구나, 하늘이 나를 버리는구나.

【집주】

噫 傷痛聲 悼道無傳 若天喪己也

'희'는 가슴 아파 내는 소리이다. (안연이 죽어) 도가 전해지지 못하니 마치 하늘이 나를 버리는 것과 같다고 슬퍼하신 것이다.

【세주】

勉齋黃氏曰 顔子在 則夫子 雖亡而不亡 以道存也 顔子死 則夫子雖存 道固無傳 終亦必亡而已矣 故 以顔子之死 而爲己之喪也

면재 황씨가 말했다. 안자가 살아 있으면 공자께서 돌아가시더라도 돌아가신 것이 아니니, 도가 보존되기 때문이다. 안자가 죽으면 공자께서 살아계시더라도 진정 도는 전해지지 않아 마침내 반드시 없어질 뿐이다. 그런 까닭에 안자의 죽음을 자신의 죽음으로 여기신 것이다.

○新安陳氏曰 夫子之道 賴顔子以傳者也 顔子在 則道有傳 孔子 他日雖死而不死 顔子死 則道無傳 孔子 今日雖未亡而已亡 故 不謂天喪回 而曰 天喪予 良可悲矣

신안 진씨가 말했다. 공자의 도는 안자에 의뢰해 전해지는 것이다. 안자가 살아 있으면 도가 전해지니, 공자께서 나중에 비록 돌아가시더라도 돌아가시지 않은 것이다. 안자가 죽으면 도가 전해지지 않으니 공자가 지금 아직 돌아가시지 않았더라도 이미 돌아가신 것이다. 그러므로 '하늘이 안회를 버렸다'라 하지 않고 '하늘이 나를 버렸다'라 하셨다. 진정 비통해할 만하다.

○洪氏曰 孔顔 一體也 回 何敢死 子在 故也 天喪予 回死 故也

홍씨가 말했다. 공자와 안자는 한몸이다. '회가 어찌 감히 죽겠습니까?(본 편 22장)'라 한 것은 공자께서 살아계셨기 때문이다. '하늘이 나를 버리는구나'라 하신 것은 안회가 죽었기 때문이다.

○雲峯胡氏曰 夫子 上接文王之傳 則曰 天將喪斯文 下失顏淵之傳 則曰 天喪予 然則道統之絶續 皆天也

운봉 호씨가 말했다. 공자께서는 위로는 문왕의 전함을 이어받으시어 '하늘이 장차 이 문을 없애려 하신다면('논어』9, 「자한」 5장)'이라 하셨고, 아래로는 안연의 전함을 잃으시어 '하늘이 나를 버리는구나'라 하셨으니, 도통의 끊어짐과 이어짐은 모두 하늘(이 정하는 것)이다.

11.9-1 顔淵死 子 哭之慟 從者曰 子慟矣 從 去聲

안연이 죽자 공자께서 통곡하셨다. 종자가 말했다. "선생님께서 통곡하셨다."

【집주】
慟 哀過也

'통'은 지나치게 슬퍼하는 것이다.

11.9-2 曰 有慟乎

말씀하셨다. (내가) 통곡했느냐?

【집주】
哀傷之至 不自知也

지극히 슬프고 아파 스스로 알지 못하신 것이다.

11.9-3 非夫人之爲慟 而誰爲 夫 音扶 爲 去聲

저 사람을 위해 통곡하지 않으면 누구를 위해 그리하리오.

【집주】
夫人 謂顔淵 言其死可惜 哭之宜慟 非他人之比也

'부인(저 사람)'이란 안연을 말한다. 그 죽음이 안타까워할 만하므로 마땅히 통곡하는 것이니 다른 사람에 비할 수는 없다는 말씀이다.

○ 胡氏曰 痛惜之至 施當其可 皆性情之正也

호씨가 말했다. 아파하고 안타까워함이 지극하셨고, 마땅히 그리할 만한 데에 그리하셨으니, (이는) 모두 성정의 올바름이다.

【세주】

勉齋黃氏曰 以夫子之聖 而得顏淵 蓋 將相與講明斯道 以示天下後世 其爲助 大矣 不幸而短命死焉 夫子 安得不興喪予之嘆 而不自知其爲慟耶

면재 황씨가 말했다. 공자의 성스러움으로 안연을 얻으셨으니 대개 장차 서로 더불어 이 도를 강명하여 천하 후세에 보인다면 그 도움됨은 크다. 불행히 단명하여 죽었으니 공자께서 어찌 '하늘이 나를 버리는구나'라는 탄식을 하지 않으실 수 있으며 저도 모르게 통곡하지 않으실 수 있으랴.

○新安陳氏曰 觀不自知其慟 若過也 然 哭顏淵而慟 非過也 其哀之發而中節者歟

신안 진씨가 말했다. 스스로 통곡하는 줄 모르셨다는 것을 보면 지나친 것 같지만, 그러나 안연을 조상해 통곡하신 것은 지나친 것이 아니다. 그 슬픔이 표현된 것으로 절도에 맞은 것이리라.

11.10-1 顏淵死 門人欲厚葬之 子曰 不可

안연이 죽자 (그의) 문인들이 후하게 장례를 치르고자 했다. 공자께서 말씀하셨다. 불가하다.

【집주】

喪具 稱去聲家之有無

상례에서의 기물은 집안의 (재산의) 유무에 걸맞게 한다.

【세주】

禮 檀弓篇 子游 問喪具 夫子曰 稱家之有無

(『예기』)「단궁」편에 "자유가 상례의 기물에 대해 묻자 공자께서 답하시기를 '집안의 유무에 걸맞게 한다'라 하셨다"라고 나와 있다.

【집주】

貧而厚葬 不循理也 故 夫子止之

가난한데 후하게 장례를 치르는 것은 이치를 따르지 않는 것이다. 그런 까닭에 공자께서 막으셨다.

【세주】

朱子曰 門人 謂回之門人

주자가 말했다. 문인이란 안회의 문인을 말한다.

○潛室陳氏曰 喪禮 固有分 亦須兼稱貧富 固有分雖得爲 而貧不能擧禮者 故云 稱家之有無 分不得爲者 不在此限 孟子 不得 不可以爲悅 無財 不可以爲悅 兩言最盡

잠실 진씨가 말했다. 상례에는 본디 분수(신분에 따른 제한)가 있고 또 반드시 빈부(의 형편)에도 맞아야 한다. 비록 분수로는 할 수 있지만 가난해서 예를 다할 수 없는 경우가 있으니, 그래서 집안의 유무에 맞춘다고 한다. 분수상 할 수 없는 경우는 이에 해당되지 않는다(부유하더라도 할 수 없다). 맹자가 '(신분상) 할 수 없으면 흡족하게 해서는 안 되고, 재산이 없어도 흡족하게 해서는 안 된다(『맹자』4,

「공손추 하」 7장)'라 한 두 마디 말이 가장 완전하다.

11.10-2 門人厚葬之
문인들이 후하게 장례를 치렀다.

【집주】
蓋 顔路 聽之
대개 안로가 허락한 것이다.

【세주】
新安陳氏曰 蓋 疑辭 以請車爲椁觀之 疑顔路聽之也
신안 진씨가 말했다. '개'는 의심하는 말이다. 마차를 팔아 곽을 마련하자는 청으로 미루어보건대 아마도 안로가 허락했을 것이다.

11.10-3 子曰 回也 視予猶父也 予 不得視猶子也 非我也 夫二三子也
공자께서 말씀하셨다. 안회는 나를 아버지처럼 보았는데 내가 (안회를) 아들처럼 보지 못하게 된 것은 나 때문이 아니라 너희 몇몇 때문이다.

【집주】
嘆不得如葬鯉之得宜 以責門人也
이(공자의 아들)처럼 마땅한 방식의 장례를 얻지 못했음을 탄식하시어 문인들을 책하신 것이다.

【세주】

○ 南軒張氏曰 顔子 在聖門 門人 莫先焉 故 於其喪 門人 記夫子所以處之者甚詳 仁之至 義之盡也

남헌 장씨가 말했다. 안자는 성인의 문하에서 (가장 뛰어나) 문인들 중에 앞서는 자가 없었다. 그런 까닭에 그 상에 문인들이 공자의 대처 방식을 매우 상세하게 기록했으니, (공자의 방식은) 인의 지극함이요, 의의 완전함이다.

○ 勉齋黃氏曰 門人 欲厚葬 尊賢之情也 子曰不可 安貧之義也 蓋 不以情勝義 所謂愛人以德而不以姑息也 喪予之嘆 有慟之哀 非厚於顔子也 爲道也 請車却之 厚葬責之 非薄於顔子也 爲道也 聖人之心 無適非道也

면재 황씨가 말했다. 문인들이 후하게 장례를 치르려 한 것은 현인을 받들려는 정이다. 공자께서 불가하다고 하신 것은 가난을 편히 여기는 의로움이다. 대개 정이 의로움을 이기지 않았으니, 소위 사람을 덕으로 사랑하지 고식(무조건적 관대함)으로 사랑하지 않은 것이다. '나를 버리는구나'라는 탄식, 통곡하는 애통함은 안자에게 후해서가 아니라 도 때문이다. 마차를 팔자는 청을 거절하신 것, 후하게 장례 치른 것을 책하신 것은 안자에게 박해서가 아니라 도 때문이다. 성인의 마음은 어디를 가든 도 아님이 없다.

○ 慶源輔氏曰 此 與請車弗從 事異而理同 顔路 請車爲椁 溺於愛也 夫子 不遂許之 裁以義也 夫子 責門人之厚葬 蔽以理也 顔路 從而聽之 牽於私也 聖庸之所以分 天理人欲之間而已

경원 보씨가 말했다. 이 일과 마차를 팔자는 청을 따르지 않은 일은 일은 다르지만 그 이치는 같다. 안로가 마차를 팔아 곽을 마련하자는 것은 사랑에 빠진 것이고, 공자께서 마침내 허락하지 않으신 것은 의로써 재단하신 것이다. 공자께서 문인들의 후한 장례를 책하신 것은 이치로 판단하신 것이고 안로가 따르기로 허락한 것은 사사로운 정에 이끌린 것이다. 성인과 보통 사람이 구분되는 까닭은 천리와 인욕의 차이일 뿐이다.

○ 雲峯胡氏曰 無臣而爲有臣 非理也 豈所以葬夫子 家貧而厚葬 非理也 豈所以葬顔子

운봉 호씨가 말했다. 가신이 없으면서도 가신이 있는 것처럼 하는 것은 이치가 아니다. 어찌 공자를 장사지내는 (마땅한) 방식이겠는가. 집이 가난한데도 후하게 장례 치르는 것은 이치가 아니다. 어찌 안자를 장사지내는 방식이겠는가.

11.11 季路 問事鬼神 子曰 未能事人 焉能事鬼 敢問死 曰 未知生 焉知死 焉於虔反

계로(자로)가 귀신 섬기는 일을 물었다. 공자께서 답하셨다. 사람을 섬기지 못하면서 어찌 귀신을 섬길 수 있으랴. (자로가 물었다.) 감히 죽음에 대해 여쭙니다. 답하셨다. 삶을 모르면서 어찌 죽음을 알리오.

【집주】

問事鬼神 蓋 求所以奉祭祀之意 而死者 人之所必有 不可不知 皆切問也 然 非誠敬足以事人 則必不能事神 非原始而知所以生 則必不能反終而知所以死

귀신 섬기는 것을 물은 것은 대개 제사 모심의 의미를 알려 한 것이고, 죽음은 사람이 반드시 겪는 것이니 알지 않을 수 없는 것으로, 모두 절실한 질문이다. 그러나 성경(참됨과 경건함)이 사람을 섬기기에 족하지 않으면 결코 귀신을 섬길 수 없다. 처음으로 거슬러 올라가 삶의 소이(삶이 무엇인지)를 알지 못하면 결코 마지막으로 돌아가 죽음의 소이(죽음이 무엇인지)를 알 수 없다.

【세주】

朱子曰 反 只是推轉來 謂推原於始 却折轉來看其終 原字 反字 皆就人說 反 如回頭之意

주자가 말했다. '반'은 단지 미루어 뒤집는 것으로, '처음을 찾는 것'을 미루어 꺾어 뒤집어 그 마지막을 보는 것이다. '원' 자와 '반' 자는 모두 사람에 관한 말로, '반'은 '머리를 돌린다'는 말과 같은 뜻이다.

○ 慶源輔氏曰 死生者 氣之聚散耳 倘不能推原其始 而知氣聚故生 必不能反要於終 而知氣散故死也

경원 보씨가 말했다. 죽음과 삶은 기가 모이고 흩어지는 것일 뿐이다. 만일 처음으로 거슬러 올라가 기가 모인 까닭에 산다는 것을 알지 못하면 결코 마지막으로 돌아가 기가 흩어진 까닭에 죽는다는 것을 알 수 없다.

○新安陳氏曰 深意 在二所以字 易繫辭曰 原始反終 故 知死生之說

신안 진씨가 말했다. 깊은 뜻은 두 '소이(까닭)' 자에 있다. 『역』의 「계사(상)전」(4장)에 "처음으로 거슬러 올라가고 마지막으로 돌아간다. 그런 까닭에 삶과 죽음의 이론을 안다"라 했다.

【집주】

蓋 幽明始終 初無二理 但學之有序 不可躐等 故 夫子告之如此

대개 유명(이승과 저승)과 시종(처음과 마지막)에는 애초부터 두 가지 이치가 없다(같은 이치이다). 단, 배움에는 순서가 있어 단계를 뛰어넘을 수는 없는 까닭에 공자께서 이처럼 알려주셨다.

【세주】

覺軒蔡氏曰 夫子 以未能對焉能 以未知對焉知 正欲子路 循其序而不躐等也

각헌 채씨가 말했다. 공자께서는 '미능(하지 못하면서)'으로 '언능(어찌 할 수 있으랴)'에 대응시키시고 '미지(알지 못하면서)'로 '언지(어찌 알 수 있으랴)'에 대응시키셨으니, 바로 자로가 그 순서에 따르고 단계를 뛰어넘지 않기를 바라신 것이다.

○新安陳氏曰 由明而幽 由始而終 則爲有序 未能事人 而先欲事神 未知生 而先欲知死 則爲躐等

신안 진씨가 말했다. 이승으로부터 저승으로, 처음으로부터 마지막으로 나아가면 순서가 있는 것이다. 사람을 섬기지 못하면서 먼저 귀신을 섬기려 하고 삶을 알지 못하면서 먼저 죽음을 알려는 것은 엽등(단계를 뛰어넘음)이다.

【집주】

○程子曰 晝夜者 死生之道也 知生之道 則知死之道

정자가 말했다. 낮과 밤은 죽음과 삶의 도이다. 삶의 도를 알면 죽음의 도를 안다.

【세주】

易 繫辭曰 通乎晝夜之道而知 朱子本義曰 通 猶兼也 晝夜 卽幽明死生鬼神之謂

『역』, 「계사(상)전」(4장)에 "낮과 밤의 도에 (두루) 통해 안다"라 했고, (이 구절에 대한) 『주자본의』(주희의 『주역본의』)에 " '통'은 겸하는 것이다. 낮과 밤은 곧 유명(저승과 이승), 사생(죽음과 삶), 귀신(사람 귀신과 천지 신령)을 말한다"라 했다.

【집주】
盡事人之道 則盡事鬼之道 死生人鬼 一而二 二而一者也

사람을 섬기는 도를 다하면 귀신을 섬기는 도를 다하는 것이다. 삶과 죽음, 사람과 귀신은 하나이면서 둘이고 둘이면서 하나인 것이다.

【세주】
問 一而二 二而一 是兼氣與理言之否 朱子曰 有是理 則有是氣 有是氣 則有是理 氣則二 理則一

물었다. 하나이면서 둘이고 둘이면서 하나라는 것은 기와 이를 겸하여 말한 것 아닙니까? 주자가 답했다. 이 이가 있으면 이 기가 있고 이 기가 있으면 이 이가 있다. 기는(기라는 면에서 보면) 둘이고 이는(이라는 면에서 보면) 하나이다.

○慶源輔氏曰 晝夜者 氣之明晦也 死生者 氣之聚散也 故 晝夜之道 卽死生之道也 明 則有晦 聚 則有散 理之自然也 一而二者 人鬼死生 雖是一理 而有幽明始終之不同 二而一者 雖有幽明始終之不同 而其理 則未嘗有二也

경원 보씨가 말했다. 낮과 밤은 기의 밝음과 어두움이다. 삶과 죽음은 기의 모임과 흩어짐이다. 그러므로 낮과 밤의 도는 곧 삶과 죽음의 도이다. 밝으면 어두움이 있고 모이면 흩어짐이 있는 것, 이는 이치가 원래 그러한 것이다. 하나이면서 둘이라는 것은 사람과 귀신, 삶과 죽음이 비록 하나의 이치이지만 유명과 시종이 같지 않다는 것이고, 둘이면서 하나라는 것은 비록 유명과 시종이 같지 않지만 그 이치는 일찍이 둘인 적이 없다는 것이다.

○潛室陳氏曰 死生人鬼 雖幽明之事 了不相關 然 天地間 不過陰陽聚散屈伸 聚則生 散則死 伸爲神 屈爲鬼 有聚必有散 有伸必有屈 理一 而分則殊 分殊 而理則一 非微昧 不可究詰之事也

잠실 진씨가 말했다. 삶과 죽음, 사람과 귀신은 비록 유명(저승과 이승)의 일이어서 전혀 서로 상관이 없는 것 같지만, 그러나 천지간에 음과 양(의 기)이 모이고 흩어지고 굽어지고 펴지는 것에 불과하다. 모이면 살고 흩어지면 죽고, 펴지면 신이 되고 굽어지면 귀가 된다. 모임이 있으면 반드시 흩어짐이 있고 펴짐이 있으면 반드시 굽어짐이 있다. 이는 하나이지만 나뉘면 달라진다. 나뉘면 달라지지만 이는 하나이다. (사람과 귀신, 이승과 저승 같은 문제는) 아득해서 알기 어려운 일이거나 그렇지 않으면 연구하고 따질 수 없는 일이다.

【집주】
或言 夫子 不告子路 不知此 乃所以深告之也

혹자는 '공자께서 자로에게 알려주지 않으셨다'라 하는데, (이는) 이것이 곧 깊이 알려주신 것임을 알지 못한 것이다.

【세주】
新安陳氏曰 告之 以所當先能先知者 是卽所以深告之

신안 진씨가 말했다. 마땅히 먼저 하고 먼저 알아야 할 것을 알려주신 것, 이는 곧 깊이 알려주신 것이다.

○朱子曰 事人事鬼 以心言 知生知死 以理言

주자가 말했다. 사람을 섬기고 귀신을 섬긴다는 것은 마음에 관한 말이고 삶을 알고 죽음을 안다는 것은 이치에 관한 말이다.

○人 且從分明處理會去 如事君親 盡誠敬之心 卽移此心 以事鬼神 則祭如在 祭神如神在 人 受天所賦許多道理 自然完具無欠闕 須盡得這道理 到那死時 乃知生理已盡 亦安於死而無愧矣

사람은 또 분명한 곳으로부터 이해해나가야 한다. 예컨대 임금이나 어버이를 섬김에 참되고 경건한 마음을 다하고, 곧 이 마음을 옮겨 귀신을 섬긴다. 그리하면 제사에는 (마치 제사 받는 분이) 계신 듯이 하고 신을 제사지낼 때는 마치 신이 계신 듯이 한다(『논어』3, 「팔일」12장). 사람은 하늘이 부여한 허다한 도리를 받아 저절로 완비되어 흠결이 없으니 모름지기 이 도리를 다해야 한다. (그리하면) 죽을 때에 이르러서는 드디어 삶의 이치가 이미 다했음을 알아 또한 죽음을 편히 여기고 부끄러움이 없게 된다.

○事人 如出則事公卿 入則事父兄 事其所當事者 事鬼亦然 苟非其鬼 而事之 則諂矣

사람을 섬긴다는 것은 예컨대 나가면 공경을 섬기고 들어오면 부형을 섬기는 것처럼 마땅히 섬겨야 할 사람을 섬기는 것이다. 귀신을 섬기는 것 또한 마찬가지이다. 만약 그 귀신(섬겨 마땅한 귀신)이 아닌데 섬기는 것은 아첨이다.

○問 未知生 焉知死 曰 氣聚則生 氣散則死 才說破 則人便都理會得 然
須知道人生有多少道理 自稟五常之性以來 所以父子有親君臣有義者 須要
一一盡得這生底道理 則死底道理 皆可知矣

'삶을 알지 못하면서 어찌 죽음을 알리오'라는 구절에 대해 물었다. 답했다. 기가 모이면 살고 기가 흩어지면 죽는다. (이는) 설명해주기만 하면 사람들이 모두 이해할 수 있다. 그러나 인생에는 꽤나 많은 도리들이 있음을 반드시 알아야만 한다. 5상의 본성을 품부받았다는 것을 비롯해 부자유친 군신유의의 이유에 이르기까지 모름지기 하나하나 이 삶의 도리를 다 깨달으면 죽음의 도리도 모두 알 수 있다.

○問 天地之化 雖生生不窮 然而有聚 必有散 有生 必有死 能原始而知其
聚而生 則必知其後必散而死 能知其生也 得於氣化之日 初無精神 寄寓於
太虛之中 則知其死也 與氣而俱散 無復更有形象 尙留於冥漠之內 曰 死
便是都散了

물었다. 천지의 조화는 비록 태어나고 태어나 끝이 없지만 그러나 모임이 있으면 반드시 흩어짐이 있고 삶이 있으면 반드시 죽음이 있습니다. 처음으로 거슬러 올라가 모이면 산다는 것을 알면 그 뒤에는 반드시 흩어져 죽는다는 것을 틀림없이 알게 됩니다. '삶(태어남)은 기가 변하는 날에 얻은 것으로 애초에는 정신(영혼)이 없이 태허의 가운데 깃들어 있다'는 것을 알 수 있으면, '그 죽음도 기와 더불어 흩어지는 것으로 다시는 형상도 없이 오히려 어둡고 아득한 곳에 머무른다'는 것을 알 수 있습니다. 답했다. 죽음은 곧 완전히 흩어져 버리는 것이다.

○盡愛親敬長貴貴尊賢之道 則事鬼之心 不外乎此矣 知乾坤變化萬物受命
之理 則生之有死 可得而推矣 夫子之言 固所以深曉子路 然 學不躐等 於
此 亦可見矣

애친(부모 사랑) 경장(어른 섬김) 귀귀(존귀한 이를 섬김) 존현(현명한 이를 받듦)의 도를 다하면 귀신을 섬기는 마음 (또한) 이 밖에 있지 않다. 건곤의 변화와 만물이 명을 받는 이치를 알면 삶에 죽음이 있음을 미루어 알 수 있다. 공자의 말씀은 본디 자로를 깊이 깨우쳐주시려는 것이지만, 그러나 배움에 단계를 뛰어넘지 않아야 한다는 것 또한 여기서 알 수 있다.

○天道流行 發育萬物 人得之以有生 氣之淸者 爲氣 知覺運動 陽之爲也
氣之濁者 爲質 形體 陰之爲也 氣曰魂 體曰魄 高誘 注淮南子曰 魂者 陽之
神 魄者 陰之神 以其主乎形氣 故曰 神 人所以生 精氣聚也 人只有許多氣

須有箇盡時 盡 則魂氣歸於天 形魄歸於地 而死矣 人將死時 熱氣上出 所
謂魂升 下體漸冷 所謂魄降也 此 所以有生必有死 有始必有終也 夫聚散者
氣也 若理 則泊在氣上 初不是凝結別爲一物 但 人分上合當恁地 便是理
不可以聚散言也 然 人死 氣雖終歸於散 亦未便散盡 故 祭祀有感格之理
先祖世次遠者 氣之有無 不可知 然 奉祭祀者 旣是他子孫 畢竟只是一氣
所以 可感通 然 已散者 不復聚 釋氏却謂 人死爲鬼 鬼復爲人 如此 則天地
間 常只是許多來來去去 更不由他造化生生 必無是理也 至伯有爲厲 伊川
云 別是一般道理 爲其人氣 未盡而强死 自是能爲厲 如子産 爲之立後 使
有所歸 遂不爲厲 亦可謂知鬼神之情狀矣

천도가 유행하여 만물을 발육하니 사람이 이를 얻어 삶이 있다. 기 가운데 맑은 것은 기가 되어 지각하고 운동하니 양의 작용이다. 기 가운데 탁한 것은 질이 되어 육체를 형성하니 음의 작용이다. 기는 혼이라 하고 체는 백이라 한다. 고유가 『회남자』를 주석하면서 "혼이란 양의 신이며 백이란 음의 신이다. 형(육체)과 기를 주재하므로 신이라 한다"라 했다. 사람이 사는 것은 정기가 모였기 때문이다. 사람은 다만 여러 가지 기가 있어 모름지기 (그 기가) 다할 때가 있다. 다하면 혼의 기는 하늘로 돌아가고 형체의 백은 땅으로 돌아가 죽는다. 사람이 죽을 때 열기는 위로 나가니 이른바 '혼이 올라감'이다. 하체로부터 점차 식으니 이른바 '백이 내려감'이다. 이것이 삶이 있으면 반드시 죽음이 있고 처음이 있으면 반드시 마지막이 있는 이유이다. 무릇 모이고 흩어지는 것은 기이다. 이의 경우는 기 위에 머물러 있지만 애초에 뭉쳐 다른 하나의 물건(구체적 형상을 지닌 존재물)으로 존재하는 것은 아니다. 단, 사람으로서 마땅히 그리해야 하는 것, 그것이 곧 이이니 모이고 흩어지고 한다고 말할 수는 없다. 그러나 사람이 죽으면 기는 비록 마침내 흩어지는 것으로 귀결되지만 또한 완전히 흩어져버리는 것은 아니다. 그러므로 제사에는 감통하는 이치가 있다. 세대가 오래된 선조는 그 기의 유무를 알 수 없지만 제사를 모시는 자가 그의 자손이라면 필경은 (조상과) 같은 기이기 때문에 감통할 수 있다. 그러나 이미 흩어진 것은 다시는 모이지 않는다. 석씨(부처)는 '사람이 죽으면 귀신이 되고 귀신은 다시 사람이 된다'라 했는데, 그렇다면 천지간에 항상 다만 허다한 것이 오고 오가고 가고(살고 죽고, 다시 또 살고 죽고) 해서 다시는 그 조화생생(하늘의 조화로 태어나고 또 태어남)으로 말미암지 못하니, 결코 이런 이치(부처가 말한 윤회의 이치)는 없다. 백유가 악귀가 되었다는 것에 대해 이천은 "보통의 이치는 아니다. 그 사람의 기가 다하지 않았는데도 억지로 죽으면 본디 악귀가 될 수 있다. 자산이 그를 위해 후사를 세워 돌아갈 곳이 있게 하니 드디어 악귀가 되지 않았다"라 했으니, (이천은) 또한 귀신의 정상(실상)을 알았다 할 만하다.

○雙峯饒氏曰 未能事人 焉能事鬼 如人有箇父母活在這裏 尙不會奉事得 死後 如何會奉事

쌍봉 요씨가 말했다. 사람을 섬기지 못하면서 어찌 귀신을 섬길 수 있으랴. 만약 어떤 사람이 부모가 여기 살아계시는데 오히려 받들어 섬기지 못한다면 죽은 다음에 어찌 받들어 섬길 수 있으랴.

○蔡氏曰 事人事鬼 以所能之事言 知生知死 以所知之理言

채씨가 말했다. 사람을 섬기고 귀신을 섬긴다는 것은 할 수 있는(실천의 대상이 되는) 일에 관한 말이고, 삶을 알고 죽음을 안다는 것은 알 수 있는(앎의 대상이 되는) 이치에 관한 말이다.

11.12-1 閔子侍側 誾誾如也 子路 行行如也 冉有子貢 侃侃如也 子樂 誾侃音義見前篇 行胡浪反 樂音洛

민자는 (공자를) 곁에서 모시고 있을 때 공손했고(공손하면서도 할 말을 했고), 자로는 강경했고(강경하게 할 말을 했고), 염유와 자공은 강직했다(강직하게 할 말을 했다). 공자께서 즐거워하셨다.

【집주】

行行 剛强之貌 子樂者 樂得英才而教育之

'항항'은 굳세고 강한 모습이다. 공자께서 즐거워하셨다는 것은 영재를 얻어 교육하는 것을 즐거워하신 것이다.

【세주】

朱子曰 誾誾者 外和內剛 德氣深厚 所謂和悅而諍者也 侃侃 則和順不足 而剛直稍外見矣 前篇之訓 固亦如此

주자가 말했다. '은은'이란 외유내강하고 덕의 기상이 심후한 것이니 소위 '화락하되 따지는 것'이다. '간간'은 화순함이 부족하여 강직함이 약간 겉으로 드러나는 것이다. 전편(10편 2장)의 해설도 본디 또한 이와 같다.

○冉有子貢 侃侃如也 侃侃 剛直之貌 以二子氣象觀之 賜之達 求之藝 皆是有才底人 大凡 人有才 便自暴露 便自然有這般氣象 閔子 純於孝 自然有誾誾氣象

'염유자공 간간여야(염유와 자공은 강직했다)'라 할 때의 '간간'은 강직한 모습이다. 두 사람의 기상으로 보면 사(자공)의 통달함, 구(염유)의 예능 등, 모두 재주 있는 사람들이다. 대개 사람이 재주가 있으면 곧 저절로 드러나고 또 자연히 이러한 기상이 있다. 민자는 효도에 완전했으므로 자연히 공손한 기상이 있었다.

○誾誾 是深沈底 侃侃 是發露圭角底 行行 是發露得粗底

'은은'은 깊이 잠긴 것이고(조용하면서 비판적이고), '간간'은 뾰족한 각이 드러난 것이고(예리하게 비판적이고), '항항'은 거친 것이 드러난 것이다(거칠게 비판적이다).

○問 誾誾行行侃侃 皆是剛正之意 如冉求 平日自是箇退遜之人 如何也解
有此意思 曰 三子 皆意思大同小異 求 賜 則微見其意 子路 則全體發在外
閔子 則又全不外見 然 此意思 亦自在三子者 皆有疑必問 有懷必吐 無有
遮覆含糊之意

물었다. 은은, 항항, 간간은 모두 굳세고 바르다는 뜻입니다. 염구의 경우는 평소에 본디 겸손한 사람인데 어떻게 이런 생각이 있었다고 해석할 수 있습니까? 답했다. 세 사람은 모두 그 생각(굳세고 바름)이 대동소이하다. 염구와 자공의 경우는 그 뜻을 약간만 드러냈고 자로는 모두 다 겉으로 드러냈고, 민자는 겉으로는 전혀 드러내지 않았다. 그러나 그런 생각은 또한 본디 세 사람에게 다 있었다. 모두 의문이 있으면 반드시 물었고, 생각한 것이 있으면 반드시 토로해, 숨기거나 가리고 얼버무리려는 생각이 없었다.

○蔡氏曰 此章 當以侍側時爲主 以觀四子氣象 四子 皆無柔佞之失 惟和
悅而諍者 得事上之宜 剛直 則施於敵己以下爲宜 剛強 則施於上下 皆不當
矣 動容各適時中之謂禮 觀四子侍師之禮 可知其得失矣 禮失其宜 則凶悔
吝之象 可由之而見 子路 侍夫子 行行如此 於他人 可知

채씨가 말했다. 이 장은 곁에 모시게 되었을 때를 위주로 한 것이다. 네 사람의 기상을 보면 네 사람은 모두 굽히고 아첨하는 잘못은 없었다. 다만 화열하면서도 할 말은 하는 것이 윗사람을 모시는 마땅함을 얻은 것이다. 강직하게 말하는 것은 자신과 대등한 사람이나 그 이하에 대해 그리하는 것이 마땅하다. 윗사람이나 아랫사람 누구에게라도 강경하게 말하는 것은 모두 부당하다. 움직일 때나 고요히 있을 때나 각각 때에 맞는 것을 예라고 하는데, 네 사람의 스승 모시는 예를 보면 그 득실을 알 수 있다. 예가 그 마땅함을 잃으면 흉 회 린의 조짐[길흉회린 중에 좋은 조짐인 길을 제외한 세 조짐, 즉 흉하거나 후회스러운 일]이 그로 말미암아 나타날 수 있다. 자로가 공자를 모시면서 이처럼 강경하게 했으니 다른 사람에게는 어찌했을지 알 만하다.

○問 於行行者 有何樂 雙峯饒氏曰 樂字 終難說 所以 集註 以爲或是曰字
之誤 朱子釋經之法 到疑處 且先就本文解 後面却說破

물었다. 강경하게 말하는 자에 대해 무슨 즐거움이 있었겠습니까? 쌍봉 요씨가 답했다. '낙' 자는 종내 설명하기 어렵다. 그래서 집주에서는 혹시 '왈' 자의 잘못이 아닌가 생각했다. 주자의 경전 해석하는 법도는 의심스러운 곳에 이르면 또 먼저 본문대로 해석하고 그 뒤에 다시 완전히 설명한다.

11.12-2　若由也 不得其死然

(공자께서 말씀하셨다.) 유(자로) 같은 자는 그 (올바른) 죽음을 얻지 못할 것 같다.

【집주】

尹氏曰 子路剛强 有不得其死之理 故 因以戒之 其後 子路 卒死於衛 孔悝音恢之難去聲

윤씨가 말했다. 자로는 강경해서 그 죽음을 얻지 못할 가능성이 있었다. 그래서 그 때문에 경계하셨다. 그 후 자로는 졸지에 위나라 공회의 난에 죽었다.

【세주】

○左傳 哀公十五年 衛 孔圉孔文子 取太子蒯聵之姊孔伯姬 生悝 太子 自戚入 適伯姬氏 旣食 孔伯姬 杖戈而先 太子與五人介被甲也 輿豭從之 豭 豚也 欲用以盟 迫孔悝於廁 强盟之 孔氏專政 故 劫悝欲令逐輒 遂劫以登臺 欒寧 聞亂 使告季子子路也 時爲孔氏邑宰 召獲 奉衛侯輒來奔 季子將入 遇子羔將出 子羔 衛大夫 高柴 孔子弟子 將出奔 曰 門已閉矣 季子曰 吾姑至焉 子羔曰 弗及 言政不及子 不踐其難 季子曰 食焉 不辟避同其難 子羔遂出 子路入 及門 有使者出 乃入曰 太子 焉用孔悝 雖殺之 必或繼之 且曰 太子無勇 若燔臺半 必舍孔叔 太子 聞之懼 下石乞盂 黶 敵子路 二人 太子之黨 以戈擊之斷纓 子路曰 君子死 冠不免 結纓而死

『(춘추)좌전』에 다음과 같이 나와 있다. 애공 15년 위나라 공어〈공문자〉가 태자 괴외의 누나〈공백희〉에게 장가들어 회를 낳았다. 태자는 척에서 들어와 백희에게 갔다. 밥을 다 먹고 공백희가 창을 들고 앞장서고 태자와 다섯 사람이 갑옷을 입고 〈'개'는 갑옷을 입는 것이다.〉 수퇘지를 수레에 싣고 그 뒤를 따랐다. 〈'가'는 돼지이다. 그것을 맹약하는 데 쓰려 했다.〉 공회를 측간에서 겁박해 억지로 맹약을 맺었다. 〈공씨가 정권을 잡고 있었기 때문에 공회를 겁박해 첩(괴외의 아들, 당시의 위나라 제후)을 몰아내려 한 것이다.〉 마침내 (공회와 여러 신하들을) 겁박해 대 위로 오르게 했다. 난녕이 난의 소식을 듣고 사람을 시켜 계자〈자로이다. 그때 공씨의 읍재였다.〉에게 알렸다. 소획은 위군 첩을 모시고 도망 나왔다. 계자가 들어가려 할 때 자고가 나오려는 것을 마주쳤는데, 〈자고는〉 위나라 대부 고시인데 공자의 제자이다. 도망처 나가려 했다.〉 "문이 이미 닫혔다"라 했다. 계자가 "내가 잠시 가보겠다"라 하자 자고가 "미치지 않으니 〈정치는 자신이 관여할 문제가 아니라는 말이다.〉 그 어려움을 겪을 필요가 없다"라 했다. 계자가 "(봉록을) 먹었으면 그 어려움을 피하지 않는 것이다"라 했다. 자고는 마침내 나갔고, 자로는 들어가 문에 다다르자 사자가 나오고 있었다. 이에 들어가 "태자는 어찌 공회를 이용하십니까? 비록 (공회를) 죽이더라도 반드시 뒤를 이을 자가 있을 것입니다"라 했다. 또 "태자는 용기가 없다. 만약 대를 불지른다면 반도 안 타 반드시 공숙을 놓아줄 것이다"라 했다. 태자가 듣고 두려워 석걸과 우염을 〈두 사람은 태자의 패이다.〉 내려 보내 자로에게 대항하게 했다. 창으로 쳐 갓끈을 잘랐다. 자로가 "군자는 죽어도 관을 벗을 수 없다"라 하고 갓끈을 묶고 죽었다.

【집주】
洪氏曰 漢書 引此句 上有曰字 或云 上文樂字 卽曰字之誤

홍씨가 말했다.『한서』에 이 구절을 인용했는데 위(이 구절 앞쪽)에 '왈' 자가 있고, 혹자는 말하기를 윗글의 '낙' 자는 곧 '왈' 자의 잘못이라 했다.

【세주】
朱子曰 然者 未定之辭 聖人 雖謂其不得其死 使子路能變其氣習 亦必有以處此

주가가 말했다. '연(그러함)'이란 확실하지 않다는 말이다. 비록 성인께서 그 죽음을 얻지 못할 것이라 하셨지만 만약 자로가 그 기습(기질과 습관)을 변화시킬 수 있었다면 또한 반드시 이에 대처할 방법이 있었을 것이다.

○問 由之死 疑其甚不明於大義 豈有子拒父 如是之逆 而可以仕之乎 曰 然 仲由之死也 有些沒緊要 然 誤處 不在致死之時 乃在於委質之始

물었다. 유(자로)의 죽음은 대의에 매우 밝지 못한 것 같습니다. 어찌 아들이 아버지를 거부하는 이런 패역이 있는데 그(첩, 즉 출공)에게 벼슬할 수 있습니까? 답했다. 그렇다. 중유(자로)의 죽음은 약간 중요하지 않은 점(옳지 않은 점)이 있다. 그러나 잘못된 점은 죽음에 이르렀을 때에 있는 것이 아니라 애초에 (공회에게) 몸을 맡겨 벼슬을 했다는 점에 있다.

○子路 爲人麤 於精微處 多未達 其事孔悝 蓋 其心 不以出公爲非 故也 何以見得他如此 如衛君待子爲政 夫子 欲先正名 他遂以爲迂 可見他不以出公爲非 故 其事悝 蓋 自以爲善而爲之 而不知其爲非義也

자로는 사람됨이 거칠어 정미한 곳에 대해서는 미달한 점이 많았다. 공회를 섬긴 일은 대개 그 마음이 출공(첩이 위군이 된 것)이 잘못이 아니라고 생각했기 때문이다. 어찌 그(자로)가 그러했는지 알 수 있는가? 예컨대 위군이 공자를 모시고 정치를 하려 했을 때 공자께서는 먼저 정명(이름을 바로잡음)을 하시려 했는데 그 (자로)는 마침내 우활하다고 여겼으니 그가 출공이 잘못이 아니라고 생각했음을 알 수 있다. 그러므로 공회를 섬긴 것은 대개 스스로는 선이라고 여겨 한 것으로, 그것이 의가 아님을 알지 못했던 것이다.

○南軒張氏曰 孔悝 被劫 子路死之 若不可謂之不得其死 然 其從孔悝 始擇之不善 不幾於不得其死乎 若比干 可謂得其死矣 然則求生害仁者 謂之不得其生 可也 子路 雖不得其死 與此類 固不可同日語矣

남헌 장씨가 말했다. 공회가 겁박되어 자로가 그 때문에 죽었으니 그 (올바른) 죽음을 얻지 못했다고 말할 수는 없는 것 같지만, 그러나 공회를 따른 것은 애초에 불선을 선택한 것이니 그 죽음을 얻지 못한 것에 거의 가깝지 않겠는가? 비간의 경우는 그 죽음을 얻었다고 할 수 있다. 그러니 삶을 구해 인을 해치는 자는 그 (올바른) 삶을 얻지 못했다고 말할 수 있고, 자로는 비록 그 죽음을 얻지는 못했으나 이런 무리들(올바른 삶을 얻지 못한 자들)과는 본디 같은 날 말할 수 없다(같은 수준으로 비교할 수 없다).

○新安陳氏曰 夫子 初謂由不得其死然 只如平常說 死非正命之謂 未說到不得死所處 先儒云 感慨殺身者 易 從容就義者 難 此 是後來處死之得失 使子路能因夫子警之 而變其粗厲之氣習 使夫子之言不中 上也 若能審義而仕 以義而死 則死得其所 雖不幸中夫子之言 而無負於夫子之敎 不可謂之不得其死矣 而子路 終不能也 惜哉

신안 진씨가 말했다. 공자께서 애초에 '유는 그 죽음을 얻지 못할 것 같다'라 하셨을 때는 다만 예사말처럼 제 명에 죽지 못할 것이라고 말씀하신 것이지 (올바른) 죽을 곳을 얻지 못할 것이라고 말씀하신 것은 아니다. 선유들이 말하기를 분개해서 살신하는(자신을 죽이는) 것은 쉽고 조용히 의로 나아가는 것은 어렵다 했는데 이는 미래에 죽음에 처할 때의 옳고 그름을 말한 것이다. 만약 자로가 공자께서 경계하신 것으로 말미암아 그 거친 기질을 고칠 수 있어 공자의 말씀이 맞지 않았다면 제일 좋았겠지만, 만약 능히 의를 헤아려 벼슬하고 의롭게 죽었다면 그 죽음은 마땅한 바를 얻은 것으로, 비록 불행히 공자의 말씀이 맞았다 하더라도 공자의 가르침을 저버리지는 않은 것이 되니, (그런 경우라면) 그 죽음을 얻지 못했다고는 할 수 없으리라. 그런데도 자로는 종내 그러지 못했으니, 안타깝도다.

11.13-1 魯人 爲長府

노나라 사람들이 장부(창고)를 고쳤다.

【집주】

長府 藏去聲名 藏如字貨財 曰府 爲 蓋 改作之

'장부'는 창고 이름이다. 재화를 보관하는 곳을 '부'라 한다. '위'는 대개 고쳐 지었다는 것이다.

11.13-2 閔子騫曰 仍舊貫 如之何 何必改作

민자건이 말했다. 옛것을 이으면 어떻겠습니까? 왜 하필 고쳐 짓겠습니까?

【집주】

仍 因也 貫 事也 王氏名安石字介甫臨川人曰 改作 勞民傷財 在於得已 則不如仍舊貫之善

'잉'은 잇는 것이다. '관'은 일이다. 왕씨〈이름은 안석이고 자는 개보이다. 임천 사람이다.〉가 말했다. 고쳐 지으면 백성을 고달프게 하고 재물에 손실이 있으니, 그만둘 수 있는 경우라면 (고쳐 짓는 것이) 옛것을 이어받는 것의 좋음만 못하다.

【세주】

南軒張氏曰 先儒謂 長府爲藏貨財之府 貨財之府 無故而改爲 得無示人以崇利聚斂之意乎 故 閔子 以爲當仍舊貫 而不必改也

남헌 장씨가 말했다. 선유들은 장부가 재화를 보관하는 창고라고 했다. 재화 창고를 이유 없이 고쳐 짓는다면 사람들에게 이익을 숭상하고 착취하려는 의사를 보여주는 것이 아닐 수 있으랴? 그래서 민자는 마땅히 옛것을 이어받아야지, 꼭 고칠 필요는 없다고 생각했다.

○慶源輔氏曰 古人改作 必不得已者也 改作府藏 意必有可已而不已者 故子騫 以是諷之

경원 보씨가 말했다. 옛사람들이 고쳐 지은 것은 반드시 어쩔 수 없어서 그리한 것이다. 창고를 고쳐 짓는 것은 아마도 틀림없이 그만둘 수 있는데도 그만두지 않으려는 것이었으리라. 그래서 자건이 이로써 풍간했다.

11.13-3 子曰 夫人不言 言必有中 夫音扶 中去聲

공자께서 말씀하셨다. 저 사람은 말을 하지 않지만, 말하기만 하면 반드시 (이치에) 들어맞는다.

【집주】

言不妄發 發 必當去聲理 惟有德者 能之

말을 함부로 하지는 않지만 말하면 반드시 이치에 맞는 것은 오직 유덕자만이 할 수 있다.

【세주】

南軒張氏曰 有中 中於理也

남헌 장씨가 말했다. '유중(들어맞는다)'은 이치에 맞는다는 말이다.

○雙峯饒氏曰 觀此章 可見閔子誾誾之氣象 始言仍舊貫如之何 辭氣雍容 似有商量未決之意 此 和悅意也 繼之曰 何必改作 則有確乎不可易者 此 諍之意也 長府之不必改作 人或能言之 夫子所以稱之者 不特取其言之當理 亦喜其言之發而中節 所謂有德之言也

쌍봉 요씨가 말했다. 이 장을 보면 민자의 은은한(공손하면서도 할 말은 하는) 기상을 볼 수 있다. 처음 말은 '옛것을 이어받으면 어떻겠습니까'라 했으니, 어조가 화평하여 아직 완전히 판단해 결론짓지는 않았다는 뜻이 있는 것으로, 이는 화열(온화하고 공손함)한 뜻이 있다. 이어 말하기를 '왜 하필 고쳐 짓겠습니까'라 했으니 확고해서 바꿀 수 없는 것이 있었다. 이는 간쟁하는(할 말은 하는) 뜻이 있다. 장부를 꼭 고쳐 지을 필요가 없다는 것은 혹 다른 사람도 말할 수 있는 것인데도 공자께서 그것을 칭찬하신 것은, 단지 그 말이 이치에 합당하다는 점만이 아니라 또한 말이 나오면 절도에 맞는다는 점을 기뻐하신 것이니, 소위 '유덕자의 말'이다.

○ 新安陳氏曰 左傳 昭公二十五年 公 居於長府 卽此長府也 改作之事 經傳不載 使因閔子而止 則仁人之言 其利溥矣 閔子 本不尙言語 而言必有中 惟有德者 能有言也 專事言語者 其言 未必雍容簡當如此

신안 진씨가 말했다. 『(춘추)좌전』에 보면 "소공 25년에 공이 장부에 거처했다"라 했는데, 바로 이 장부이다. 고쳐 지은 일은 경전에 실려 있지 않은데, 만약 민자 때문에 그만둔 것이라면 인인의 말씀은 그 이익이 크다(는 하나의 사례가 된다). 민자는 본디 언어를 숭상하지 않았지만 말하면 반드시 들어맞았으니 오직 유덕자만이 능히 말할 수 있다(는 하나의 사례가 된다). 오로지 언어만을 일삼는 자는 그 말이 화평하고 간략하고 마땅하기가 꼭 이와 같을 수는 없다.

11.14-1 子曰 由之瑟 奚爲於丘之門

공자께서 말씀하셨다. 유(자로)가 거문고를 어찌 나의 문(집)에서 타는가?

【집주】

程子曰 言其聲之不和 與己不同也 家語云 子路鼓瑟 有北鄙殺伐之聲 蓋 其氣質剛勇 而不足於中和 故 其發於聲者 如此

정자가 말했다. 그 소리가 조화롭지 않아 자신과 맞지 않는다는 말씀이다. 『(공자)가어』에 말하기를 "자로가 거문고를 타니 북변의 살벌한 소리가 있다"라 했다. 대개 그 기질이 굳세고 용감하지만 중화[중정한 조화로움]에는 부족했던 까닭에 소리로 드러난 것이 이와 같았다.

【세주】

覺軒蔡氏曰 按說苑 子路鼓瑟 有北鄙之聲 孔子曰 南者 生育之鄉 北者 殺伐之地 故 舜造南風之聲 其興也 勃然 紂 爲北鄙之聲 其廢也 忽然 家語辨樂解篇 子路鼓瑟一段 與此小異

각헌 채씨가 말했다. 『설원』을 살펴보건대, (다음과 같이 나와 있다.) 자로가 거문고를 타니 북변의 소리가 있었다. 공자께서 말씀하시기를 "남쪽은 생육의 고장이고 북쪽은 살벌의 땅이다. 그러므로 순은 남풍의 소리를 지었으니 그 일어남은 성대하다. 주는 북변의 소리를 했으니 그 망함은 홀연하다"라 하셨다. 『(공자)가어』의 「변악해」편에는 자로가 거문고 타는 것에 관한 한 문단이 있는데, 이와 조금 다르다.

11.14-2 門人 不敬子路 子曰 由也 升堂矣 未入於室也

문인들이 자로에게 불경하자 공자께서 말씀하셨다. 유는 당에는 올랐다. 아직 방에는 들어가지 못했지만.

【집주】

門人 以夫子之言 遂不敬子路 故 夫子釋之 升堂入室 喩入道之次第 言子路之學 已造(조)到反乎正大高明之域 特未深入精微之奧耳 未可以一事之失 而遽忽之也

문인들이 공자의 말씀 때문에 드디어 자로에게 불경하니, 그런 까닭에 공자께서 해명하셨다. 승당(당에 오름)과 입실(방에 들어감)은 도로 들어가는 단계를 비유한 것으로, 자로의 학문은 이미 정대하고 고명한 영역에 도달했고 다만 아직 정밀하고 심오한 영역에는 깊이 들어가지 못했을 뿐이므로 하나의 일의 잘못 때문에 성급히 홀대해서는 안 된다는 말씀이다.

【세주】

南軒張氏曰 由入室言 則升堂爲未至 由宮墻之外望 則升堂大有間矣 聖人斯言 非特以言子路 亦使門人知學之有序也

남헌 장씨가 말했다. 입실이라는 말씀으로 보면 승당은 아직 지극하지는 못한 것이고, 담장 밖에서 바라보는 입장에서 보면 승당은 (그에 비해) 큰 차이가 있다. 성인의 이 말씀은 단지 자로에 대해 말씀하신 것일 뿐만이 아니라 또한 문인들로 하여금 배움에 순서가 있음을 알게 하신 것이다.

○慶源輔氏曰 子路 剛明 而麤率之氣 未除 觀其勇於行義 欲車裘共敝 及程子謂 其達却便是堯舜氣象 則其升堂可知 至於以正名爲迂 而不知食輒之食爲非義之類 是未入室之驗也

경원 보씨가 말했다. 자로는 굳세고 밝았지만 거칠고 경솔한 기운은 없애지 못했다. 의를 행하는 데 용감했고 마차와 갖옷을 낡도록 (친구들과) 같이 쓰려 했다는 것을 보고, 또 정자가 말한 '만약 완성된다면 곧 요순의 기상이다'라는 말을 보면 그 승당을 알 수 있다. 정명을 우활하다고 여긴 것이나 첩(위 출공)의 봉록을 먹는 것이 의가 아님을 몰랐다는 등의 일은 아직 입실하지는 못했다는 증거이다.

○雲峯胡氏曰 正大高明 形容堂字 精微之奧 形容室字 精矣 未入於室 是子路已學 而未深入精微之奧 亦不入於室 是善人未學 而不能入聖人之室者也

운봉 호씨가 말했다. 정대하고 고명하다는 것은 '당' 자를 형용한 것이고 정밀하고 심오한 영역이라는 것은 '실' 자를 형용한 것이니, (그 형용이) 정밀하다. 방에 (아직) 들어가지 못했다는 것은 자로가 이미 배웠으나 아직 정밀하고 심오한 영역에는 들어가지 못했다는 것이다. '또한 방에 (아예) 들어가지 못한다(본 편 19장)'는 것은 선인(타고난 기질이 선한 사람)도 배우지 않으면 성인의 방으로 들어갈 수 없다는 것이다.

11.15-1 子貢問 師與商也 孰賢 子曰 師也過 商也不及

자공이 물었다. 사(자장)와 상(자하)은 누가 더 현명합니까? 공자께서 답하셨다. 사는 넘치고 상은 모자란다.

【집주】

子張 才高意廣 而好去聲爲苟難

자장은 재주가 높고 뜻이 넓었지만 구차하게 어려운 일 하기를 좋아했다.

【세주】

荀子曰 君子行 不貴苟難

순자가 말했다. 군자의 행함은 구차하게 어려운 (일 하는) 것을 귀히 여기지 않는다(『순자』3, 「불구」편).

【집주】

故 常過中 子夏 篤信謹守 而規模狹隘 故 常不及

그러므로 항상 중용을 넘어섰다. 자하는 독실히 믿고 삼가 지켰지만 규모(학문의 범위)가 좁았다. 그러므로 항상 모자랐다.

【세주】

雙峯饒氏曰 觀答問交一章 及曾子稱其堂堂 可見子張才高意廣 觀令尹子文陳文子之事 可見其好爲苟難 觀先傳後倦章 可見子夏 能篤信聖人之教 而謹守之 觀可者與之 不可者拒之之言 可見其規模狹隘

쌍봉 요씨가 말했다. 친구 사귐에 대해 묻고 답한 장(『논어』19,「자장」3장)과 증자가 그 당당함을 칭찬한 것(『논어』19,「자장」16장)을 보면 자장이 재주가 높고 뜻이 넓었음을 알 수 있다. 영윤자문과 진문자의 일(『논어』5,「공야장」18장)을 보면 구차하게 어려운 일 하기를 좋아했다는 것을 알 수 있다. '선전후권(무엇을 먼저라 여겨 전하고 무엇을 나중이라 여겨 게을리하랴,『논어』19,「자장」12장)'장을 보면 자하가 성인의 가르침을 독실히 믿어 삼가 지킬 수 있었음을 알 수 있다. '(사귀어도) 될 만한 자는 함께하고 안될 자는 거부한다(『논어』19,「자장」3장)'는 말을 보면 그 규모가 좁았음을 알 수 있다.

○朱子曰 二子 合下資質 是這模樣 子張 常要將大話 蓋將去 子夏 便規規
謹守 看論語中所載子張說話 及夫子告子張處 如多聞闕疑 多見闕殆之類
如子張自說 我之大賢歟 於人何所不容 我之不賢歟 人 將拒我 如之何其拒
人也 此說話 固是好 只是他地位 未說得這般話 這 是大賢以上聖人之事
他 便把來蓋去 其疎曠 多如此 孔子 告子夏 如云 無爲小人儒 又云 無欲速
無見小利 如子夏自言 可者與之 其不可者拒之 小子當灑掃應對進退之類
可見 二子晚年進德 雖不可知 然 子張之語 終有慷慨激揚之氣 子夏 終是
謹守規矩也

주자가 말했다. 두 사람은 본디 자질이 이런 모습이었다. 자장은 항상 거창한 이야기를 가지고 대충 해나갔다. 자하는 고지식하게 삼가 지켰다. 『논어』가운데 실려 있는 자장의 이야기와 공자께서 자장에게 알려주신 곳을 보면, 예컨대 '많이 듣되 의심스러운 것은 빼고 많이 보되 위태로운 것은 뺀다'(『논어』2,「위정」18장)' 같은 곳이나 자장이 스스로 말한 '내가 대현이라면 남들에게 어찌 받아들여지지 않으랴. 내가 현명치 못하면 남이 장차 나를 거부할 것이니, 어찌 (내가 먼저) 남을 거부하랴'(『논어』19,「자장」3장)' 같은 말들을 보면 이 이야기는 진정 좋기는 하지만, 다만 그의 경지는 이런 이야기를 할 만하지 못했다. 이는 대현 이상 성인의 일인데, 그는 (성인의 일을) 가지고 대충 해나가려 했으니 그 소략하고 공허한 것이 이처럼 많았다. 공자께서 자하에게 알려주신 '소인유가 되지 말라'(『논어』6,「옹야」11장)', 또 '빨리하려 하지 말고, 작은 이익을 바라지 말라'(『논어』13,「자로」17장)' 같은 말씀이나 자하 스스로 말한 '(사귀어도) 될 만한 사람은 함께하고 안될 사람은 거부한다', '(자하의) 제자들이 쇄소 응대 진퇴를 함'(『논어』19,「자장」12장)' 같은 말들을 보면 (자하의 모자람을) 알 수 있다. 두 사람의 만년의 덕의 진보는 (어디까지 도달했는지) 알 수 없지만 자장의 말은 끝내 강개하고 격앙한 기운이 있었고 자하는 끝내 법도를 삼가 지키기만 했다.

11.15-2 曰 然則師愈與平聲

(자공이) 말했다. 그렇다면 사가 더 낫습니까?

【집주】

愈 猶勝也

'유'는 나은 것이다.

11.15-3 子曰 過猶不及

공자께서 답하셨다. 넘치는 것은 모자라는 것과 마찬가지이다.

【집주】

道 以中庸爲至 賢知去聲之過 雖若勝於愚不肖之不及 然 其失中 則一也

도에 있어서는 중용이 지극한 것이 된다. 현명함과 지혜로움이 넘치는 것이 비록 어리석고 못난 사람의 모자람보다는 나은 것 같지만 그러나 중용을 잃었다는 점에서는 마찬가지이다.

【세주】

慶源輔氏曰 子貢所謂 然則師愈與者 以才質言也 夫子所謂 過猶不及者 以義理言也 以才質論之 則賢智之過 雖若勝於愚不肖之不及 以義理言之 則過與不及 皆爲失中 而於道 均爲未至也

경원 보씨가 말했다. 자공이 말한 '그렇다면 사가 더 낫습니까?'라는 말은 재질에 관한 말이고, 공자께서 말씀하신 '넘치는 것은 모자라는 것과 같다'라는 말씀은 의리에 관한 말이다. 재질로써 논하자면 현명함과 지혜로움이 넘치는 것이 어리석고 못난 사람의 모자람보다는 비록 나은 것 같지만, 의리로써 말하자면 넘침과 모자람은 모두 중용을 잃은 것이어서 도에 있어서는 똑같이 지극하지 못한 것이 된다.

【집주】

○ 尹氏曰 中庸之爲德也 其至矣乎 夫音扶過與不及 均也 差之毫釐 繆以千里 故 聖人之敎 抑其過引其不及 歸於中道而已

윤씨가 말했다. 중용의 덕 됨은 지극하도다. 무릇 넘침과 모자람은 마찬가지이다. 털끝만 한 차이가 (결과적으로는) 천 리나 어그러지게 한다. 그러므로 성인의 가르침은 그 넘치는 것을 억누르고 모자라는 것을 끌어 중도로 돌아가게 할 뿐이다.

【세주】

慶源輔氏曰 過不及 生乎氣稟之偏 中 則指義理之當然處言也 差之毫釐 卽謂過與不及也 初焉 毫釐過乎中 與不及乎中耳 過而不知所以自抑 則過者愈過 不及乎中 而不知所以自勉 則不及者愈不及 積之至久 則相去 不啻千里矣

경원 보씨가 말했다. 넘침과 모자람은 기질의 치우침에서 생긴다. '중(중용)'이란 의리상 당연한 것을 가리켜 하는 말이다. '털끝만 한 차이'란 넘침과 모자람을 말한다. 처음에는 중용에 털끝만큼 넘치고 모자라는 것일 뿐이지만, 넘치면서도 스스로 억누를 줄 모른다면 넘침은 더욱 넘치게 되고, 중용에 모자라면서도 스스로 노력할 줄 모르면 모자람은 더욱더 모자라게 된다. (그것이) 쌓여 오래되면 그 거리가 천 리만 되는 것이 아니다.

○新安陳氏曰 集註 不過引中庸賢知愚不肖之說 以發明過猶不及之旨 非指子夏爲愚不肖也 正文之意 只言過不及均失中耳 聖人之敎以下 本文 未有此意 說聖人造就二子 而欲歸之中道 乃此章言外意

신안 진씨가 말했다. 집주는 『중용』(4장)의 현명하고 지혜로운 자와 어리석고 못난 자의 설을 인용해 넘치는 것이 모자라는 것과 같다는 의미를 밝힌 것에 불과하지, 자하를 가리켜 어리석고 못났다는 것이 아니다. 정문(경문)의 뜻은 단지 넘침과 모자람이 모두 중용을 잃은 것임을 말한 것일 뿐이다. (집주의 윤씨의 말에서) '성인의 가르침' 이하의 구절은, 본문(경문)에는 이런 뜻이 없지만, 성인께서 두 사람을 완성시켜 중도로 돌아가게 하시려 한 것이라고 설명했는데, 이는 곧 이 장의 언외의 뜻이다.

11.16-1 季氏 富於周公 而求也 爲之聚斂 而附益之 爲去聲

계씨는 주공보다 더 부유했는데 구(염유)가 그를 위해 세금을 (심하게) 걷어 더 늘려주었다.

【집주】

周公以王室至親 武王之弟 成王之叔父 有大功位冢宰其富宜矣季氏以諸侯之卿而富過之 非攘奪其君 刻剝其民 何以得此 冉求爲季氏宰 又爲去聲之急賦稅以益其富

주공은 왕실의 지친⟨무왕의 동생이고 성왕의 숙부이다.⟩으로서 큰 공이 있었고 지위가 총재였으니 그 부는 당연하다. 계씨는 제후의 경으로서 부가 그것(주공의 부)을 넘었으니 임금의 것을 빼앗고 백성을 쥐어짜지 않았다면 어찌 그것을 얻었으리오. 염구는 계씨의 재(가신)가 되고 또 그를 위해 세금을 급히 걷어 그 부를 늘려주었다.

11.16-2 子曰 非吾徒也 小子鳴鼓而攻之 可也

공자께서 말씀하셨다. (구는) 우리 무리가 아니다. 너희들은 북을 울려 공격하는 것이 옳다.

【집주】

非吾徒 絶之也 小子鳴鼓而攻之 使門人聲其罪以責之也 聖人之惡去聲黨惡而害民也如此 然 師嚴而友親 故 已絶之而猶使門人正之 又見其愛人之無已也

'우리 무리가 아니다'라는 말은 끊으셨다는 말이다. '너희들은 북을 울려 공격하라'라는 말은 문인들로 하여금 그 죄를 성토해 꾸짖게 하셨다는 말이다. 성인께서 악인과 무리지어 백성에게 해를 끼치는 것을 싫어하심이 이와 같다. 그러나 스승은 엄하지만 친구는 친밀하니 그런 까닭에 이미 끊으시고도 오히려 문인들로 하여금 바로잡게 하셨으니 또한 사람을 끝없이 사랑하심을 볼 수 있다.

【세주】

慶源輔氏曰 師道尊嚴 而朋友親暱 理 固然也 聖人愛人 終無已 天地之心也 雖絶之 而猶不忘乎愛 雖不忘乎愛 而事之當絶者 又不但已 此 仁之至義之盡也

경원 보씨가 말했다. 스승의 도는 존엄하지만 붕우는 친밀한 것은 이치가 본디 그러한 것이다. 성인께서 사람을 사랑하시는 것은 종내 끝이 없으셨으니 천지의 마음이시다. 비록 끊으셨지만 오히려 사랑하기를 잊지 않으셨고, 비록 사랑하기를 잊지 않으셨지만 마땅히 끊어야 하는 일은 또 그만두지 않으셨으니 이는 인의 지극함이고 의의 완전함이다.

○ 新安陳氏曰 泛觀鳴鼓攻之 似是惟罪責棄絶之耳 集註謂 猶使門人正救之 於嚴厲之義氣中 有愛厚之仁意焉 孔子之心 微朱子 其孰能知哉

신안 진씨가 말했다. '북을 울려 공격하라'는 말씀은, 대충 보면 오직 죄를 꾸짖어 끊고 버릴 뿐인 것처럼 보이지만, 집주에서는 오히려 문인들로 하여금 바로잡아 구제하게 하셨으니 엄격한 의리의 기상 중에서도 사랑하고 두터이 하는 인의 뜻이 있다고 했다. 공자의 마음을 주자가 없었다면 누가 능히 알았으리오.

【집주】

○ 范氏曰 冉有 以政事之才 施於季氏 故 爲不善 至於如此 由其心術不明 不能反求諸身 而以仕爲急 故也

범씨가 말했다. 염유는 정사의 재주를 계씨에게 베풀었던 까닭에 불선을 행한 것이 이와 같은 지경에 이르렀다. (이는) 그 심술(마음 씀)이 밝지 않아 자신에게 돌이켜 구하지 못하고(자신의 내부에서 가치를 찾지 못하고) 벼슬하는 것을 급무로 여겼기 때문이다.

【세주】

新安陳氏曰 使能反身脩德 則知吾身自有良貴 而不急於仕矣

신안 진씨가 말했다. 만약 자신에게 돌이켜 덕을 닦을 수 있었다면 내 몸에 본디 양귀(본연의 고귀함)가 있다는 것을 깨달아 벼슬하는 데 급급하지 않았을 것이다.

○ 朱子曰 人最怕資質弱 若求之徒 却是自扶不起 如云 可使足民 而反爲季氏聚斂 故 范氏謂 其心術不明 他 這所在 都不自知 他 只緣以仕爲急 故 從季氏 見他所爲如此 又拔不出 一向從其惡

주자가 말했다. 사람은 자질이 빈약한 것이 가장 골치 아프다. 구와 같은 무리의 경우는 본디 붙들어주어도 일어나지 못한다(도와주어도 소용이 없다). 백성을 풍족하게 할 수 있다고 말하고서도(본 편 25장) 거꾸로 계씨를 위해 세금을 심하게 걷었으니 그런 까닭에 범씨는 그 심술이 밝지 못하다고 했다. 그는 이것이 있음(자신의 내부에 가치가 존재함)을 스스로 전혀 깨닫지 못했고, 그는 다만 벼슬하는 것을 급하게 여겼기 때문에 계씨를 따랐다. 그의 행위가 이와 같았음을 보면, 또 빠져나오지 못하고 내내 그(계씨의) 악을 따랐으리라.

○問 冉求 學於夫子 於門弟子中 亦可謂明達者 今乃爲季氏聚斂 何耶 曰 冉求之失 不待聚斂而後見 自其仕於季氏 則已失之矣 當是時 達官重任 皆爲公族之世官 其下 則尺地一民 皆非君之有 士唯不仕 則已 仕 則未有不仕於大夫者也 使求仕於季氏 能勸之黜其强僭 而忠於公室 則庶乎小貞之吉矣 今乃反爲之聚斂 是使權臣愈强 而公室愈不振也 故 孟子 以無改於其德 而賦粟倍他日 言之 蓋 不自知其學之未至 而以從仕爲士之常 是以 流糜而至此耳 曰 然則夫子 曷不於其仕季氏而責之也 曰 聖人 以不仕無義 而猶望之以小貞之吉也

물었다. 염구는 공자께 배웠고 또 문하의 제자 중에는 밝게 깨달은 자라 할 수 있는데 지금 계씨를 위해 세금을 심하게 걷은 것은 왜입니까? 답했다. 염구의 잘못은 세금을 심하게 걷은 일이 있은 다음에야 드러난 것이 아니다. 계씨에게 벼슬한 것부터 이미 잘못이다. 이 당시에 높은 관직과 중요한 임무는 모두 공족(제후의 친족)의 세습직이 되었고, 그 아래로는 한 치의 땅이나 한 사람의 백성도 모두 임금(제후 자신)의 소유가 아니었다. 선비가 벼슬하지 않으면 그만이지만 벼슬한 경우는 대부에게 (그의 가신으로) 벼슬하지 않는 자가 없었다. 만약 구가 계씨에게 벼슬하면서 그(계씨의) 강포함과 참람함을 몰아내고 공실에 충성하도록 권할 수 있었다면 거의 '소정지길(조금씩 바로잡으면 길함)'이다. 그런데 지금 거꾸로 그를 위해 세금을 심하게 걷었으니 이는 권신을 더욱 강하게 하고 공실을 더욱 부진하게 한 것이다. 그러므로 맹자는 이에 대해 '그 덕을 고치지 못하고 세금을 다른 때보다 두 배로 걷었다(『맹자』7, 「이루 상」 14장)'라고 말했다. 대개 스스로 그 배움이 아직 지극하지 못한 줄 모르고 벼슬하는 것을 선비의 통상적인 일로 여겼기에 잘못으로 흘러 이에 이르렀을 뿐이다. 물었다. 그렇다면 왜 공자께서는 계씨에게 벼슬한 것을 꾸짖지 않으셨습니까? 답했다. 성인께서는 벼슬하지 않는 것은 옳지 않다고 생각하셨기에 오히려 '소정지길'을 기대하셨다.

○問 以季氏之富 而求也爲之聚斂 曰 不問季氏貧富 若季氏雖富 而取於民有制 亦何害 此 必有非所當取而取之者 故 夫子 如此說

물었다. 계씨의 부 때문에 구가 그를 위해 세금을 걷은 것입니까? 답했다. 계씨의 빈부는 따질 필요가 없다. 만약 계씨가 비록 부유하더라도 백성에게 걷는 것이 제도가 있었다면 무슨 문제가 있으리오. 이는 필시 마땅히 걷어야 하는 것이 아닌데도 걷은 것이 있었던 까닭에 공자께서 이처럼 말씀하셨을 것이다.

○南軒張氏曰 冉有 旣爲季氏之臣 所當正救其非 使之由於法度 今旣不能正 而又順其所爲 私門益以封殖 則公室 益以衰弱 此 求之所以得罪於聖門 爲深也 原求所以至此 蓋 不能如閔子見幾而作 因循陵遲 而不自知也

남헌 장씨가 말했다. 염유는 이미 계씨의 신하가 되었으니 마땅히 그 잘못을 구제해 법도로 말미암도록 해야 하는 것인데도 지금 이미 바로잡지도 못하고 또 그 행위에 순종했으니 개인의 가문(계씨)은 더욱 번성하고 공실은 더욱 쇠약해졌다. 이것이 구가 성인의 문하에서 깊이 죄를 얻은 이유이다. 구가 이런 지경에 이른 이유를 찾아보면, 대개 민자처럼 기미를 보고 일어나지도 못했고, 하던 대로 미적대면서 스스로는 (자신이 죄를 짓고 있음을) 깨닫지 못했다는 데 있다.

○勉齋黃氏曰 聚斂 已自不是 況季氏 以諸侯之卿 而富過於周公 則本富强矣 今又聚斂以附益之 則非義之中 又非義矣 聖人 所以 惡之深也

면재 황씨가 말했다. 세금을 심하게 걷는 것은 이미 그 자체로 잘못이다. 하물며 계씨는 제후의 경으로서 그 부가 주공을 넘으니, 본디 부강한 것인데도 지금 또 세금을 심하게 걷어서 더욱 늘려주었으니 옳지 않은 중에 또 더욱 옳지 않은 것이다. 성인께서는 그래서 깊이 미워하셨다.

○厚齋馮氏曰 按國語 季康子 欲以田賦 使冉求訪諸孔子 孔子曰 若季氏 行而法 則有周公之籍矣 若欲犯法 則苟而賦 又何訪焉 季氏 卒用田賦 左傳哀公十一年 亦載此事 所謂富於周公者 此也 夫季氏 欲變周公之法以自富 其心 猶不安於君子之論 而使冉有問之 冉有 自止 可也 不然 聞孔子之言 以反命而力止之 可也 又不然 去之 可也 今不惟不能諫止 而不能去 反爲之 宣力而不辭 此 夫子 所以切責之也

후재 풍씨가 말했다. 『국어』를 살펴보면, 계강자는 전부(토지에 근거한 세금)를 시행하고 싶어 염구로 하여금 공자를 방문토록 했다. 공자께서는 "만약 계씨가 법으로 삼아 행하려 한다면 주공의 법이 있다. 만약 법도를 범하고 싶다면 그냥 전부를 시행하면 되지 무엇 때문에 방문하는가?"라 하셨다. 계씨가 마침내 전부를 시행했다. 〈『춘추』좌전』 애공 11년에도 이 일이 실려 있다.〉 이른바 '주공보다 부유하다'는 것이 이것이다. 무릇 계씨는 주공의 법을 바꾸어 스스로 부유해지려 했지만 그 마음에는 아직도 군자의 논의에 불안한 바가 있어 염유를 시켜 물어본 것이다. 염유는 스스로 (계씨가) 그만두게 하는 것이 옳았다. 그렇지 못했으면 공자의 말씀을 듣고 돌아가 보고해 힘써 그만두게 하는 것이 옳았다. 또 그렇지 못했으면 떠나는 것이 옳았다. 지금 그만두도록 간하지도 못했을 뿐만 아니라 떠나지도 못하고 거꾸로 그를 위해 힘쓰기를 사양하지 않았으니 이것이 공자께서 깊이 질책하신 이유이다.

○雲峯胡氏曰 春秋 於爲長府 不書 必閔子諫止之力 於此事 書曰 用田賦 其爲冉有阿附之罪 明矣 朱子 以冉求之失 不徒見於聚斂 而已見於仕季氏之初 然則閔子之得 豈不在於辭費宰之初歟

운봉 호씨가 말했다.『춘추』에는 장부(창고)를 고친 일에 대해서는 기록하지 않았으니 틀림없이 민자가 간쟁해 그만두게 한 덕분이고, 이 일에 대해서는 기록하기를 '전부의 제도를 시행했다'라 했으니 그것이 염유의 아부의 죄임은 명확하다. 주자는 염구의 잘못이 단지 세금을 심하게 걷은 일에서만 드러나는 것이 아니고, 이미 애당초 계씨에게 벼슬한 것에서도 드러난다고 했다. 그러니 민자가 잘한 것이 어찌 애당초 비읍의 읍재 자리를 사양한 데 있지 않으랴.

11.17-1 柴也愚
시(자고)는 어리석고

【집주】

柴孔子弟子姓高字子羔衞人愚者知去聲不足而厚有餘家語記其足不履影啓蟄不殺方長上聲不折執親之喪泣血三年未嘗見齒徧反齒見齒笑也避難去聲而行不徑不竇可以見其爲人矣

시는 공자의 제자로 성은 고이고 자는 자고이다. 〈위나라 사람이다.〉 어리석다는 것은 지혜는 부족하지만 두터움은 남는다는 것이다. 『(공자)가어』에 "그 발은 (남의) 그림자를 밟지 않고, (땅에서) 막 깨어 나온 벌레를 죽이지 않고, 이제 막 자라는 초목을 꺾지 않고, 부모의 상을 치름에 피눈물을 흘리기를 3년 동안 하면서 이를 보인 적이 없었고, 〈('현치'란) 이를 드러내고 웃는 것이다.〉 난을 피해 도망가면서도 지름길로 가지 않고 구멍으로 기지 않았다"라고 기록되어 있으니 그 사람됨을 알 수 있다.

【세주】

家語 弟子行篇 高柴 自見孔子 出入於戶 未嘗越履 往來過之 足不履影 啓蟄不殺 方長不折 執親之喪 泣血三年 未嘗見齒 是 高柴之行也

『(공자)가어』, 「제자행」편에 다음과 같이 나와 있다. 고시는 공자를 뵌 후부터는 문을 출입할 때 (남의) 신발을 넘지 않았고, 왕래해 지나갈 때 발로 그림자를 밟지 않았고, 땅에서 깨어 나온 벌레를 죽이지 않았고, 이제 막 자라는 것을 꺾지 않았고, 부모의 상을 치름에 피눈물을 흘리기를 3년 동안 하면서 이를 보인 적이 없었다. 이것이 고시의 행동이다.

○致思篇 蒯聵之亂 季羔逃之 走郭門 守門者曰 彼有缺 季羔曰 君子不踰 又曰 彼有竇 季羔曰 君子不隧 隧 從竇出 又曰 於此有室 季羔 乃入焉

(『(공자)가어』) 「치사」편에 다음과 같이 나와 있다. 괴외의 난에 계고(자고)가 도망쳐 성곽의 문으로 달려갔는데 문 지키는 자가 "저기 틈이 있다"라 하자 계고가 말했다. "군자는 (담을) 넘지 않는다." (문 지키는 자가) 또 말하기를 "저기 구멍이 있다"라 하자 계고가 말했다. "군자는 구멍을 기지 않는다." 〈'수'는 구멍을 따라 나가는 것이다.〉 또 말하기를 "여기 방이 있다"라 하자 이에 계고가 들어갔다.

○朱子曰 不徑不竇 只安平無事時 可也 若當有寇盜患難 如何專守此 以殘其軀 此 柴所以爲愚 觀聖人微服過宋 只守不徑不竇之說不得 然 子羔 也是守得定 若更學到通變處 儘好 正緣他學有未盡處

주자가 말했다. 지름길로 가지 않고 구멍으로 기지 않는 것은 다만 무사평안할 때는 괜찮지만 만약 도적이나 환난을 만났을 때라면 어찌 오로지 이를 지켜 제 몸뚱이를 상하게 하겠는가? 이것이 시가 어리석은 이유이다. 성인께서 미복으로 송나라를 지나가신 일을 보면 '지름길로 가지 않고 구멍으로 기지 않는다'는 말은 지킬 수 없는 것일 뿐이다. 그러나 자고는 역시 꼭 지킬 사람이다. 만약 또 배움이 통변처(변칙적 사태를 만나 적의하게 처리할 수 있는 수준)에 도달했다면 제일 좋겠지만 (그렇지 못한 것은) 바로 그가 배움에 미진한 곳이 있었기 때문이다.

○柴 也是箇謹厚底人 不曾見得道理 故曰 愚

시는 또한 근후한 사람이지만 일찍이 도리를 알지 못했으므로 어리석다고 하셨다.

11.17-2 參也魯

삼(증삼)은 노둔하고

【집주】

魯鈍也 程子曰 參也 竟以魯得之 又曰 曾子之學 誠篤而已 聖門學者 聰明才辨 不爲不多 而卒傳其道 乃質魯之人爾 故 學以誠實爲貴也 尹氏曰 曾子之才魯 故 其學也確克角反 所以 能深造七到反乎道也

'노'는 둔한 것이다. 정자가 말했다. 삼은 마침내 노둔함 때문에 (도를) 얻었다. 또 말했다. 증자의 학문은 독실한 성실함일 뿐이다. 성인 문하의 배우는 자들 중, 총명하고 재주 있고 말 잘하는 자가 많지 않은 것은 아니지만 마침내 그 도를 전한 것은 곧 질박하고 노둔한 사람(즉, 증자)이었다. 그러므로 배움은 성실함을 귀히 여긴다. 윤씨가 말했다. 증자는 재주가 노둔했던 까닭에 그 학문은 확실했다. 그래서 능히 도에 깊이 도달할 수 있었던 것이다.

【세주】

朱子曰 曾子 魯鈍難曉 只是他不肯放過 直是捱得到透徹了 方住 不似別人

只略綽見得些小了 便休 今一樣敏底 見得容易 又不能堅守 鈍底 捱得到略曉得處 便說道理止此 更不深求 惟曾子 不肯放舍 若這事看未透 直是捱得到盡處 所以 竟得之

주자가 말했다. 증자는 노둔해 깨닫기가 어려웠다. 다만 그는 그냥 내버려두고 지나가려 하지 않고 진정으로 힘들여 투철하게 된 다음에야 비로소 그쳤으니, 다른 사람들이 단지 대충 약간 알게 되면 곧 그만두는 것과는 달랐다. 지금 명민한 듯한 사람은 쉽게 깨닫지만 또 견고하게 지키지는 못한다. 노둔한 사람은 힘들여 대충 깨달은 단계에 이르면 곧 '도리가 이에 그친다'라고 하면서 다시 깊이 구하지는 않는다. 오직 증자만이 내버려두려 하지 않았으니 만약 이 일을 투철하게 알지 못했으면 진정으로 힘들여 완전한 곳에 이르렀다. 그래서 마침내 (도를) 얻었다.

○ 緣他質魯鈍 不便理會得 故 著工夫 遂見得透徹 若理會不得 便放下了 如何得通透 終於魯而已

그의 자질이 노둔했기에 곧 이해하지는 못했다. 그런 까닭에 공부에 힘써 드디어 투철하게 알았다. 만약 이해하지 못했는데 곧 내버려두면 어떻게 투철하게 통할 수 있겠는가? 끝내 노둔할 뿐이다.

○ 若是魯鈍者 却能守其心專一 明達者 每事要入一分 半上落下 多不專一

이처럼 노둔한 자가 오히려 능히 그 마음을 전일하게 지킬 수 있다. 명달자(밝게 깨달은 자, 즉 총명한 자)는 매사에 한 푼어치가 들어오면 반쯤 올라갔다가 도로 떨어져(중도에 그만두어) 전일하지 못한 경우가 많다.

○ 曾子 遲鈍 直辛苦而後得之

증자는 느리고 둔해서 진정 괴로움을 겪은 후에야 얻었다(깨달았다).

○ 問 參也魯 魯 却似有不及之意 曰 魯 自與不及不相似 魯 是質朴渾厚意思 只是鈍 不及底 恰似一箇物事 欠了些子

물었다. '삼은 노둔하다'는 말에서 '노(노둔함)'란 오히려 미치지 못한다는 뜻이 있는 것 같습니다. 답했다. 노둔하다는 것은 미치지 못한다는 것과는 서로 비슷하지 않다. '노'는 질박하고 혼후하다는 뜻이니 단지 둔한 것일 뿐이다. 미치지 못한다는 것은 흡사 어떤 물건이 무엇인가 약간 모자라는 것과 같다.

○慶源輔氏曰 遲鈍者 不能便明了 須用工夫 方透 聰明者 所見雖快 所造則淺 方涉其藩 而自謂入其奧者 多矣 曾子之資 魯鈍 初若難入 而求之不敢有易心 故 其誠篤而無始終作輟之殊 所以 其造 反深也

경원 보씨가 말했다. 느리고 둔한 자는 곧 명료할 수는 없으니 모름지기 공부를 해야 비로소 투철해진다. 총명한 자는 견해가 비록 명쾌하나 도달한 것(성취)은 얕으니, 바야흐로 겨우 변두리에 발을 들여놓고서는 스스로는 아랫목(심오한 경지)에 들어갔다고 말하는 경우가 많다. 증자의 자질은 노둔해서 처음에는 마치 들어가기 어려운 듯해도 (끝까지) 구해서 감히 소홀히 하는 마음을 가지지 않았다. 그런 까닭에 독실하게 성실해 처음과 끝, 활동과 중지의 차이가 없었다(시종여일했다). 그래서 그 성취는 오히려 깊었다.

11.17-3 師也辟 辟 婢亦反
사(자장)는 편벽하고

【집주】

辟 便平聲辟也 謂習於容止 少誠實也

'벽'은 편벽(한쪽으로 치우침)된 것이다. 용모와 동작에 익숙하지만 성실함이 모자란 것을 말한다.

【세주】

慶源輔氏曰 子張 務外 留意於容儀

경원 보씨가 말했다. 자장은 밖에 힘써 용모에 신경을 썼다.

11.17-4 由也喭 喭 五旦反
유(자로)는 조야하다.

【집주】

喭 粗俗也 傳去聲稱喭者 謂俗論也

'언'은 조잡하고 속된 것이다. (여기에서의 의미와 달리) 전(경의 해석서)에 '언'이라고 한 것은 논의가 속됨을 뜻한다.

【세주】

慶源輔氏曰 由 粗俗 夫子 嘗以爲野

경원 보씨가 말했다. 유는 조잡하고 속되어 공자께서 일찍이 조야하다 하셨다.

【집주】

○ **楊氏曰 四者 性之偏 語音御之 使知自勵也**

양씨가 말했다. 네 가지는 성의 편벽함이니, 말씀해주시어 스스로 노력할 것을 알게 하신 것이다.

【세주】

南軒張氏曰 愚 則專而有所不通 魯 則質而有所不敏 辟 則文煩 喭 則氣俗 此 皆其氣稟之偏 夫子言之 使之因所偏 矯厲而擴充也

남헌 장씨가 말했다. 어리석으면 전일하지만 통하지 못하는 것이 있고, 노둔하면 질박하지만 명민하지 못한 것이 있고, 편벽되면 겉치레가 번다하고, 속되면 기상이 비속하다. 이는 모두 기질의 치우침이다. 공자께서 말씀해주신 것은 그 치우침에 근거해 나쁜 것을 고치고 (덕을) 확충하도록 하신 것이다.

○ **問 柴愚 參魯 師辟 由喭 此 乃生質之偏 如此 夫子言之 所以欲四子克其偏而歸於全也 然 參 竟得道統之傳 何也 勉齋黃氏曰 愚者 暗 辟者 少誠實 喭者 粗俗 若夫魯 則質厚而已 未嘗不明 未嘗不誠實 未嘗粗俗 比之三子 已爭些 況質厚者 爲之難 一爲之 則確實下工 直用力到底 如弘毅 如易簀 等處 皆可見 安得不傳道耶**

물었다. 시는 어리석고 삼은 노둔하고 사는 편벽하고 유는 속된 것, 이는 타고난 자질의 치우침이 이와 같은 것입니다. 공자께서 말씀해주신 것은 네 사람이 그 치우침을 극복하고 온전함으로 돌아가기를 바라셨기 때문입니다. 그러나 삼만이 마침내 도통의 전수를 얻은 것은 어째서입니까? 면재 황씨가 답했다. 어리석은 자는 어둡고 편벽한 자는 성실함이 부족하고 속된 자는 조야하다. 노둔의 경우는 단지 질박하고 두터울 뿐이니, 일찍이 밝지 않은 적이 없고, 성실하지 않은 적이 없고, 조야한 적이 없다. 세 사람에 비한다면 꽤나 좀 다르다. 하물며 질박하고 두터운 자는 하기 어려워서 그렇지 한 번 하면 확실하게 노력하고 진정 끝까지 힘을 씀에랴. '홍의(군자는 넓고 굳세다는 증자의 말)'나 '역책(죽을 때 신분에 맞는 자리로 바꾼 증자의 행동)' 등에서 (이런 사실을) 모두 볼 수 있으니 어찌 도를 못 전할 수 있으랴.

○慶源輔氏曰 愚者 知不明 魯者 才不敏 便辟 則遺其內 粗俗 則略乎外 遺乎內 則誠不足 略乎外 則文飾不修 此 四子情質之偏也 夫子所以言者 欲使之自覺 以治其偏而歸於中耳

경원 보씨가 말했다. 어리석은 자는 지혜가 밝지 못하고 노둔한 자는 재주가 불민하고 편벽된 자는 안을 버려두고 조야한 자는 겉에 소홀하다. 안을 버려두면 성의가 부족하고 겉에 소홀하면 문채가 닦이지 않는다. 이는 네 사람의 정과 기질의 치우침이다. 공자께서 말씀하신 까닭은 그들로 하여금 스스로 깨달아 그 치우침을 다스려 중정함으로 돌아가기를 바라셨기 때문이다.

○厚齋馮氏曰 柴 參 近道 而柴 欠疏通 參 欠明敏 師 由 過中 而師 欠誠實 由 欠精密

후재 풍씨가 말했다. 시와 삼은 도에 가깝지만 시는 소통(융통성)이 부족하고 삼은 명민함이 부족하다. 사와 유는 중정함을 넘어섰는데, 사는 성실함이 부족하고 유는 정밀함이 부족하다.

○雙峯饒氏曰 四者 皆指其所偏 唯曾子 能於偏處用工 故 後來一貫之唯 至鈍反成至敏 問 偏於鈍者 如何用工 曰 人一 己百 人十 己千而已

쌍봉 요씨가 말했다. 네 가지는 모두 그 치우침을 지적한 것이다. 오직 증자만이 치우친 곳에 대해 힘써 노력할 수 있었던 까닭에 나중에 일관의 대답(공자가 나의 도는 일관된 것이라 하자 증자가 '예라 대답한 일)을 했으니, 지극한 노둔함이 거꾸로 지극한 명민함이 되었다. 물었다. 노둔함에 치우친 자는 어떻게 노력해야 합니까? 답했다. 남이 한 번 하면 나는 백 번 하고, 남이 열 번 하면 나는 천 번 할 뿐이다.

【집주】
吳氏曰 此章之首 脫子曰二字 甚是 或疑下章子曰 當在此章之首 而通爲一章

오씨가 말했다. 이 장의 첫 부분에 '자왈' 두 글자가 빠졌다. 〈매우 옳다.〉 혹자가 의심하기를 "다음 장의 '자왈'을 마땅히 이 장의 첫 부분에 두어 (두 장을) 합쳐 하나의 장으로 해야 한다"라 했다.

【세주】
二章 語勢不類 恐非
두 장의 어조가 비슷하지 않으므로 (혹자의 말은) 아마도 틀린 것 같다.

11.18-1 子曰 回也 其庶乎 屢空

공자께서 말씀하셨다. (안)회는 거의 (도에) 가깝구나, 번번이 (쌀 궤가) 비었는데도.

【집주】

庶 近也 言近道也

'서'는 가깝다는 것이니, 도에 가깝다는 말씀이다.

【세주】

慶源輔氏曰 此 與易大傳 其殆庶幾乎 同

경원 보씨가 말했다. 이것('서')은 『주역대전』(「복괘」초9의 주)의 "기태서기호(그 위태로움에 거의 가깝다)"에서의 '서기'와 같은 뜻이다.

【집주】

屢空 數音朔至空匱也 不以貧窶郡狃反動心 而求富 故 屢至於空匱也 言其近道 又能安貧也

'누공'은 번번이 빈 궤에 이른다는 뜻이다. 가난 때문에 마음이 흔들려 부를 구하지는 않았기 때문에 번번이 빈 궤에 이른 것이다. 그(안회)가 도에 가깝고 또 능히 가난을 편안히 여겼다는 말씀이다.

【세주】

問 集註中 言近道又能安貧 又字 似作兩截 蓋 樂道 故 能安貧 而安貧 所以樂道也 朱子曰 世間 亦有質美而安貧者 皆以爲知道 可乎

물었다. 집주 중에 '도에 가깝고 또 능히 가난을 편안히 여겼다'라 했는데, '우(또)'자는 둘로 가르는 것 같습니다(사실상 같은 일인데 마치 두 가지의 다른 일인 것처럼 나누는 것 같습니다). 대개 도를 즐기는 까닭에 능히 가난을 편안히 여길 수 있고, 가난을 편안히 여기는 것은 도를 즐기는 방식입니다. 주자가 답했다. 세상에는 또한 그 자질이 아름다워서 가난을 편안히 여기는 자도 있는데 (이런 사람) 모두를 도를 안다고 하면 되겠는가?

○ 空 爲匱乏 其說 舊矣 何晏 始以爲虛中受道 蓋 出老莊之說 胡氏 嘗非之 謂聖人之言 未嘗有是 屢而有間 是頻復耳 方其不空之時 與庸人奚遠哉 且 下文 以子貢貨殖方之 尤見舊說之不可易也

"'공'은 궤가 비었다는 뜻"이라는 설은 옛 설이다. 하안이 처음으로 '공허한 가운데 도를 받아들인다'라고 해석했는데, 대개 노장의 설에서 나온 것이다. 호씨는 일찍이 이를 비판해 '성인의 말씀에는 일찍이 이런 것이 없다'고 했다. 번번이 그렇되 (그렇지 않은) 틈이 있다면 이는 자주 반복되는 것일 뿐이니 바야흐로 비지 않았을 때는 보통 사람과 어찌 큰 차이가 있겠는가? ['누(번번이)'라는 것은 계속 그렇다는 것이 아니라 어쩌다가 그렇지 않을 때도 있다는 것이다. 그렇다면 '누공'을 하안처럼 해석하면 공허한 가운데 도를 받아들이지 않을 때도 있다는 말이 된다. 그 경우 안자는 보통 사람과 다를 것이 없는 셈이다. 그러므로 하안의 해석은 잘못이다.] 또 아랫글에 자공이 돈을 불렸다는 것과 비교해보면 더욱 구설이 바꿀 수 없는 것임을 알 수 있다.

○ 潛室陳氏曰 簞瓢屢空 到此境界 不改其樂 是幾於樂天之事 以此說顏子 事理平實 與下文貨殖正相反 而地位峻絶

잠실 진씨가 말했다. 단표(한 바구니 밥과 한 바가지 물, 즉 안자의 가난)와 누공의 이 형편에 이르러서도 그 즐거움을 고치지 않은 것은 거의 낙천의 일에 가깝다. 이 말씀으로 안자가 사리에 평실(모나지 않고 실질적임)해 아랫글의 돈 불리는 일과 완전히 상반되고, 그 경지가 뛰어나다는 것을 설명하셨다.

11.18-2 賜 不受命而貨殖焉 億則屢中去聲

사(자공)는 천명을 받아들이지 않고 돈을 불렸고, 억측하면 번번이 맞힌다.

【집주】

命 謂天命

'명'은 천명을 말한다.

【세주】

天所賦貧富貴賤之命

하늘이 부여한 빈부귀천의 운명이다.

【집주】

貨殖 貨財生殖也

'화식'은 재물을 불리는 것이다.

【세주】

史記言 子貢好廢擧 與時轉貨賷 注云 廢擧 停貯也 與時 逐時也 物賤 則買而停貯 貴 則逐時轉易貨賣

『사기』에 말하기를 "자공은 폐거(매점)하기를 좋아했고 때맞추어 물건을 돈으로 바꾸었다〈주에 다음과 같이 말했다. '폐거는 쌓아두는 것이다.' '여시는 때를 좇는 것이다.' 물가가 싸면 사들여 쌓아두고 비싸면 때를 좇아 (물건을) 팔아 돈으로 바꾸었다.〉"라 했다.

【집주】

億 意度音鐸也 言子貢不如顔子之安貧樂音洛下同道

'억'은 생각해 헤아리는 것이다. 자공은 안자의 안빈낙도만 못하지만

【세주】

新安陳氏曰 貨殖 是不如其安貧 不受命 是不如其樂道

신안 진씨가 말했다. 돈을 불리는 것은 가난을 편안히 여기는 것보다 못하다. 명을 받아들이지 않는 것은 도를 즐기는 것보다 못하다.

【집주】

然 其才識之明 亦能料事 而多中也 程子曰 子貢之貨殖 非若後人之豐財 但 此心未忘耳 然 此 亦子貢少去聲時事 至聞性與天道 則不爲此矣

그러나 그 재주와 식견은 밝아 역시 일을 잘 헤아릴 수 있어서 많이 맞혔다는 말씀이다. 정자가 말했다. 자공이 돈을 불린 것은 후세인들이 재물을 불리는 것과는 다르다. 다만 이 마음(돈 불리려는 마음)을 잊지는 못했을 뿐이다. 그러나

이는 또한 자공이 젊었을 때의 일로, 성과 천도에 대해 들었을 때에 이르러서는 이런 일을 하지 않았다.

【세주】

程子曰 貨殖 便生計較 纔計較 便是不受命 不受命者 不能順受正命也

정자가 말했다. 돈을 불리면 곧 계산이 생긴다. 계산하기만 하면 곧 명을 받아들이지 않는 것이다. 명을 받아들이지 않는다는 것은 바른 명을 받아들이고 따르지 못하는 것이다.

○葉氏曰 或者 不喩 乃謂子貢眞好利者 夫樊遲學稼圃 夫子 猶以爲小人 豈有子貢而無一言以正之乎

섭씨가 말했다. 혹자는 깨닫지 못하고 자공이 진정 이익을 좋아하는 자라고 했다. 무릇 번지가 농사짓는 것을 배우려 했을 때도 공자께서는 오히려 소인이라고 말씀하셨는데, (만약 자공이 진정 이익을 좋아하는 소인이라면) 어찌 자공이라 해서 한마디 말씀으로 바로잡지 않으셨겠는가.

【집주】

○范氏曰 屢空者 簞食瓢飮屢絶 而不改其樂也 天下之物 豈有可動其中者哉 貧富在天 而子貢以貨殖爲心 則是 不能安受天命矣 其言而多中者 億而已 非窮理樂天者也

범씨가 말했다. 번번이 비었다는 것은 단사표음(한 바구니 밥과 한 바가지 물, 즉 극도로 빈약한 물자)도 번번이 끊어졌는데도 그 즐거움을 고치지 않았다는 것이니, 어찌 천하의 사물이 그 마음을 움직일 수 있겠는가? 빈부는 하늘에 달려 있는데 자공은 돈 불리는 것에 마음을 두었으니 이는 천명을 편안히 받아들이는 것이 아니다. 말해서 많이 맞힌 것은 억측일 뿐이지 이치를 궁구하고 하늘(의 명)을 즐긴 것은 아니다.

【세주】

慶源輔氏曰 不受命而貨殖 非樂天也 億則屢中 非窮理也 人 能樂天安命 則心與理一 自能發言中理 不待億度 若億而後中 雖其才識之明 亦幸而已 其曰屢中 則不中者 多矣

경원 보씨가 말했다. 명을 받아들이지 않고 돈을 불린 것은 하늘을 즐기는 것이 아니다. 억측해 번번이 맞힌 것은 이치를 궁구하는 것이 아니다. 사람이 능히 하늘을 즐기고 명을 편안히 여기면 마음과 이치가 하나가 되어 말을 하면 저절로 이치에 맞을 수 있으니 억측할 필요가 없다. 만약 억측한 뒤에 맞히면 비록 그 재주와 식견이 밝다 해도 역시 요행일 뿐이다. 번번이 맞힌다 했으니 맞히지 못한 것이 많다는 말이다.

【집주】
夫子嘗曰 賜不幸言而中 是使賜多言也 聖人之不貴言也 如是

공자께서 일찍이 말씀하시기를 "사는 불행히도 말을 하면 맞는다. 이것이 사로 하여금 말이 많게 한다"라 하셨다. 성인께서 말을 귀히 여기지 않으심이 이와 같다.

【세주】
左傳 定公十五年 邾隱公邾子益 來朝 子貢觀焉 邾子 執玉高 其容仰 公受玉卑 其容俯 子貢曰 以禮觀之 二君者 皆有死亡焉 夫禮 死生存亡之體也 將左右周旋進退俯仰 於是乎取之 朝祀喪戎 於是乎觀之 今正月相朝 而皆不度不合法度 心已亡矣 嘉事不體 何以能久 高仰 驕也 卑俯 替也 驕近亂 替近疾 君爲主 其先亡乎 此年 公薨 哀七年 師宵掠 以邾子益來 獻於亳社 夏五月壬申 公薨 仲尼曰 賜不幸言而中 是 使賜多言者也

『(춘추)좌전』에 다음과 같이 나와 있다. 정공 15년에 주의 은공〈주자익〉이 와 조알했다. 자공이 보니, 주자는 옥을 높이 들고 얼굴을 치켜들었고, 공(노의 정공)은 옥을 낮게 받고 얼굴을 숙였다. 자공이 말하기를 "예로 보건대, 두 임금은 모두 죽을 것이다. 무릇 예란 사생존망의 원리이다. 좌우주선진퇴부앙(좌우로 돌고 나아가고 물러나고 우르고 숙이고 함, 즉 의례상의 모든 동작)을 여기(예)서 취하고, 조사상융(조알하고 제사지내고 상을 치르고 군대를 움직임, 즉 모든 국가의례)을 여기서 본다. 이번 정월 서로 조알함에 모두 법도가 아니니 〈법도에 맞지 않으니〉 마음은 이미 없는 것이다. 경사스러운 일을 체현하지 못하니 어찌 오래가겠는가? 높이고 치켜드는 것은 교만한 것이고 낮추고 숙이는 것은 쇠약함이다. 교만함은 반란이 가까이 있고, 쇠약함은 질병이 가까이 있다. 임금(정공)이 주인이니 먼저 죽을 것이다"라 했다. 〈이해에 공이 죽었다. 애공 7년 군대가 밤에 쳐들어가 주자익을 잡아와 박사에 바쳤다.〉 하 5월 임신에 공이 죽었다. 중니께서 말씀하시기를 "사는 불행히도 말하면 맞는다. 이것이 사로 하여금 말이 많게 하는 것이다"라 하셨다.

○問 回也 其庶乎 屢空 大意 謂顏子不以貧窶動其心 故 聖人 見其於道庶幾 子貢 不知貧富之定命 而於貧富之間 不能無留情 故 聖人 見其平日所講

論者 多出億度而中 朱子曰 據文勢 也是如此 但 顔子 於道庶幾 却不在此
聖人 謂其如此 益見其好 子貢不受命 也在平日 聖人 亦不因其貨殖而言

물었다. '회는 거의 가깝구나, 번번이 비었는데도'라는 말의 대의는 안자가 가난
때문에 그 마음이 흔들리지 않았다는 것입니다. 그러므로 성인께서는 그가 도에
거의 가깝다는 것을 보이셨습니다. 자공은 빈부의 정해진 운명을 모르고 빈부 문
제에 대해 마음을 두지 않지는 못했습니다. 그러므로 성인께서는 그가 평소 강론
하는 것이 대부분 억측에서 나와 맞혔다는 것을 보이셨습니다. 주자가 답했다.
문세에 근거해보면 또한 그러하다. 단, 안자는 도에 거의 가깝기는 하지만 이(도)
에 있지는 않았다[도와 한몸이 된 것은 아니다]. 성인께서 이러하다고 말씀하시니
(도와 일치한다고 하지 않고 거의 가깝다고 말씀하시니), 그의 훌륭함이 더욱 드러
난다. 자공이 명을 받아들이지 않은 것은 또한 평소의 일이고, 성인께서도 또한
그가 돈을 불린 것 때문에 이 말씀을 하시지는 않았다.

○勉齋黃氏曰 夫子之論回賜 一 則言其得道之不同 二 則言其處貧富之有
異 蓋 擧兩事反覆言之 貨殖 則不如屢空 億中 則不如其庶也

면재 황씨가 말했다. 공자께서 회와 사에 대해 논하신 것은, 첫째, 도를 얻은 것
이 같지 않음을 말씀하신 것이고, 둘째, 빈부에 처하는 방식의 차이 있음을 말씀
하신 것이다. 대개 두 가지 일을 들어 반복해서 말씀하셨으니, '돈 불리기'는 '번
번이 빔'만 못하고, '억측해 맞힘'은 '거의 (도에) 가까움'만 못하다.

○雙峯饒氏曰 此章 與前章 不同 前章 是指氣質之偏 此章 是言二子造道
與用心之異 庶乎與億則屢中對 造道之異也 屢空與不受命貨殖對 用心之
異也 子貢 好方人 故 以顔子與之竝言 欲其以此自勵也

쌍봉 요씨가 말했다. 이 장은 앞 장과 다르다. 앞 장은 기질의 치우침을 지적한
것이고, 이 장은 두 사람의 도에 이른 것(도 성취의 수준)과 마음 씀의 차이를 말
한 것이다. '거의 가까움'과 '억측하면 번번이 맞힘'의 대비는 도에 이른 것의 차
이이다. '번번이 빔'과 '명을 받아들이지 않고 돈을 불림'의 대비는 마음 씀의 차
이이다. 자공은 사람 비교하기를 좋아했기 때문에 안자와 나란히 비교해 말씀하
심으로써 이로써 스스로 노력하기를 바라셨다.

11.19 子張 問善人之道 子曰 不踐迹 亦不入於室

자장이 선인의 도에 대해 물었다. 공자께서 답하셨다. 궤적을 밟지 않는다. [그러나, 그렇기 때문에] 역시 방에는 들지 못한다.

【집주】

善人 質美而未學者也 程子曰 踐迹 如言循途守轍 善人 雖不必踐舊迹 而自不爲惡 然 亦不能入聖人之室也

선인은 기질이 아름답지만 아직 배우지 않은 자이다. 정자가 말했다. 궤적을 밟는다는 것은 (마치의) 바퀴 자국을 지켜 길을 가는 것을 말한다. 선인은 비록 옛 궤적을 꼭 밟는 것은 아니지만 원래 악을 행하지는 않는다. 그러나 또한 성인의 방(성인의 심오한 학문의 영역)에는 들지 못한다.

○ 張子曰 善人 欲仁而未志於學者也 欲仁 故 雖不踐成法 亦不蹈於惡 有諸己也

장자가 말했다. 선인은 인하려 하지만 배움에 뜻을 두지는 않은 자이다. 인하려 하기에 비록 이루어진 규범을 밟지 않더라도 악에 빠지지는 않으니 자기 안에 보존된 것(선)이 있는 것이다.

【세주】

新安陳氏曰 孟子曰 有諸己之謂信 此 已是進信一步而說善人矣

신안 진씨가 말했다. 맹자가 말하기를 "자기 안에 보존된 것이 있는 것을 '신(믿음)'이라 한다(『맹자』14, 「진심 하」 25장)"라 했으니 이는 이미 신으로 한 걸음 나아가 선인을 설명한 것이다.

【집주】

由不學 故 無自而入聖人之室也

(그러나) 배우지 않기 때문에 성인의 방으로 들어갈 길이 없다.

【세주】

朱子曰 善人 是好底資質 不必踐元本子 亦不入於室 須是要學 方入聖賢之域

주자가 말했다. 선인은 좋은 자질이어서 꼭 표본을 밟을 필요는 없지만, 또한 방에 들어가지는 못한다. 모름지기 배워야만 비로소 성현의 영역에 들어갈 수 있다.

○問 善人之道 曰 如所謂雖曰未學吾必謂之學矣之類 又問 如太史公 贊文帝爲善人意思 也是 曰 然 只爲他 截斷只到這裏 不能做向上去 所以 說道不依樣子 也自不爲惡 只是不能入聖人之室

선인의 도에 관해 물었다. 답했다. 소위 '배우지 않았어도 나는 반드시 배웠다고 하겠다(『논어』1, 「학이」 7장)'라는 말과 마찬가지이다. 또 물었다. 예컨대 태사공(사마천)이 문제를 선인이라고 찬양한 것도 같은 뜻입니까? 답했다. 그렇다. 다만 그는 분명 단지 여기(선인의 경지)에는 도달했지만 향상해 나가지는 못했다. 그래서 표본에 의거하지 않아도 또 원래 악을 행하지는 않지만 단지 성인의 방에는 들어가지 못한다고 말하는 것이다.

○問 善人者 未能有諸己乎 南軒張氏曰 不能有之 則安得善 然 所謂有諸己者 則亦有淺深 故 善人 謂其不能有諸己 則不可 謂其盡夫有諸己之道 則亦未也

물었다. 선인인 사람은 자기 안에 (선을) 가지지 못합니까? 남헌 장씨가 답했다. 가지지 못했다면 어찌 선(선인)이라 할 수 있겠는가? 그러나 소위 자기 안에 가진다는 것 또한 얕고 깊은 (수준의) 차이가 있다. 그러므로 선인에 대해 자기 안에 가지지 못했다고 해서는 안 되겠지만 자기 안에 가지는 도리를 다했다고 하기에는 아직 아니다.

○慶源輔氏曰 質不美 則不可謂之善人 然 質美而好學 則進進不已 雖大與聖可以循至 又不止爲善人而已也

경원 보씨가 말했다. 기질이 아름답지 않으면 선인이라 할 수 없다. 그러나 기질이 아름다우면서 배움을 좋아하면 진보하고 진보해 그치지 않아, 비록 대인(위대한 이)이나 성인이라도 가히 순차적으로 이를 수 있으니 또한 선인이 되는 것으로만 그치지는 않는다.

○雙峯饒氏曰 上一句 是善人之所以爲善人 下一句 是善人之所以止於善人 所以不踐迹 以其天資之美也 所以不入室 不能進於聖賢之奧 以其無學

問之功也

쌍봉 요씨가 말했다. 위의 한 구절은 선인이 선인이 되는 까닭을 말한 것이고 아래의 한 구절은 선인이 선인에 그치는 까닭을 말한 것이다. 궤적을 밟지 않는 것은 선천적 자질이 아름답기 때문이고, 방에 들어가지 못하고 성현의 심오한 영역에 나아가지 못하는 것은 학문의 공이 없기 때문이다.

11.20 子曰 論篤 是與 君子者乎 色莊者乎 與 如字

공자께서 말씀하셨다. 논설이 독실하다는 이유로 인정한다면 (인정받은 그 사람이) 군자다운 자일까, 겉만 장엄한 자일까?

【집주】

言但以其言論篤實 而與之 則未知爲君子者乎 爲色莊者乎 言不可以言貌取人也

다만 그 언론이 독실하기 때문에 그를 인정한다면 (그가) 군자다운 자인지 겉모습만 장엄한 자인지는 아직 모르는 것이라는 말씀이니, 말과 외모로만 사람을 취해서는 안 된다는 말이다.

【세주】

言 指論字 貌 指色字

'언'은 '논' 자를 가리키고 '모'는 '색' 자를 가리킨다.

○程子曰 論篤 言之篤厚者也 取於人者 惟言之篤厚者是與 君子者乎 色莊者乎 未可知也 不可以論篤遂與之 必觀其行事 乃可也

정자가 말했다. '논독'은 말이 독실하고 두터운 자이다. 남에게서 인정받은 것이 오직 말이 독실한 것을 인정받은 것뿐이라면 군자다운 자인지 겉모습만 장엄한 자인지는 아직 알 수 없는 것이다. 논설이 독실하다고 해서 마침내 인정해서는 안 되고, 반드시 그 행사를 관찰해야 한다.

○雲峯胡氏曰 君子者 有德 必有言 中篤實 外自然篤實 色莊者 有言 不必有德 外篤實 中未必篤實

운봉 호씨가 말했다. 군자다운 자는 덕이 있으니 반드시 말이 있다(『논어』14, 「헌문」5장). 마음속이 독실하니 겉도 자연히 독실하다. 겉모습만 장엄한 자는 말은 있으나 꼭 덕이 있는 것은 아니다. 겉으로는 독실하지만 마음속이 꼭 독실한 것은 아니다.

○雙峯饒氏曰 上言論篤 下以論篤分君子與色莊 論篤 亦可謂之色莊乎 蓋色字 所該甚廣 凡形於外者 皆可謂之色 經傳中 有專指面色言者 色思溫

是也 有該貌而言者 巧言令色 是也 有該言貌而言者 此章色莊 是也 有該言貌行事而言者 色取仁 是也 問 色取仁 如何見得該行事而言 曰 居之似忠信 行之似廉潔 卽所謂色取仁也

쌍봉 요씨가 말했다. 앞에서는 '논독'이라 하고, 뒤에서는 '논독'을 가지고 군자자와 색장자를 나누었는데, '논독' 또한 색장이라고 할 수 있는가? 대개 '색' 자는 그 포함하는 범위가 매우 넓으니 겉으로 드러나는 모든 것을 다 색이라 할 수 있다. 경전 중에는 오직 안색만을 가리키는 경우가 있으니 '색사온(안색은 온화하게 할 것을 생각함,『논어』16,「계씨」10장)'이 그 예이다. 모습을 지적해 말하는 경우가 있으니 '교언영색(교묘한 말과 아부하는 낯빛,『논어』1,「학이」3장)'이 그 예이다. 말과 모습을 겸해 말하는 경우가 있으니 이 장의 '색장'이 그 예이다. 말과 모습과 행사를 겸해 말하는 경우가 있으니 '색취인(겉으로는 인을 취함,『논어』12,「안연」20장)'이 그 예이다. 물었다. '색취인'이 행사를 포함해 말하는 것인지 어찌 알 수 있습니까? 답했다. 거처함에는(집에 있을 때는) 충신한 척하고 행함에는(벼슬해 일을 행할 때는) 염결한 척하는 것이 곧 이른바 '색취인'이다.

11.21 子路問 聞斯行諸 子曰 有父兄在 如之何其聞斯行之 冉有問 聞斯行諸 子曰 聞斯行之 公西華曰 由也 問聞斯行諸 子曰 有父兄在 求也 問聞斯行諸 子曰 聞斯行之 赤也 惑敢問 子曰 求也退 故進之 由也兼人 故退之

자로가 물었다. 들은 것은 곧 행해야 합니까? 공자께서 답하셨다. 부형이 계신데 어찌 들은 것을 곧 행하겠느냐. 염유가 물었다. 들은 것은 곧 행해야 합니까? 공자께서 답하셨다. 들은 것은 곧 행해야 한다. 공서화가 말했다. 유(자로)가 들은 것은 곧 행해야 하느냐고 여쭈자 선생님께서는 부형이 계신다 하시고, 구(염유)가 들은 것은 곧 행해야 하느냐고 여쭈자 선생님께서는 들은 것은 곧 행해야 한다고 하셨습니다. 적(공서화 자신)은 의혹이 들어 감히 여쭙니다. 공자께서 답하셨다. 구는 물러나므로 나아가게 했고 유는 남을 이기려 하므로 물러나게 했다.

【집주】
兼人 謂勝人也 張敬夫曰 聞義 固當勇爲 然 有父兄在 則有不可得而專者 若不稟命而行 則反傷於義矣 子路 有聞未之能行唯恐有聞 則於所當爲 不患其不能爲矣 特患爲之之意或過 而於所當稟命者 有闕耳 若冉求之資稟 失之弱 不患其不稟命也 患其於所當爲者 逡巡畏縮 而爲之不勇耳 聖人 一進之 一退之 所以約之於義理之中 而使之無過不及之患也

'겸인'은 남을 이기는 것을 말한다. 장경부가 말했다. 의를 들으면 본디 마땅히 용감하게 행해야 하지만 그러나 부형이 계시면 마음대로 할 수 없는 것이 있다. 만약 품명(아뢰어 허락받음)하지 않고 행하면 오히려 의를 해치게 된다. 자로는 들은 것이 있는데 능히 행하지 못할까봐 듣는 것을 두려워했으니 마땅히 행해야 할 것에 대해 행하지 못할 우려는 없었고, 다만 행하려는 생각이 혹 지나쳐 마땅히 품명해야 하는 것을 빠뜨릴 우려가 있었을 뿐이다. 염구의 기질의 경우는 유약한 데서 잘못을 저지르므로 품명하지 않을 우려는 없었고, 마땅히 행해야 할 것에 대해서 뒷걸음치고 두리번거리고 두려워하고 위축되어 용감하게 행하지 못할 우려가 있었을 뿐이다. 성인께서 하나는 나아가게 하시고 하나는 물러나게 하신 것은 의리의 중정함으로 단속하시어 지나치거나 모자랄 우려가 없도록 하고자 하신 것이다.

【세주】

胡氏曰 勇於行者 使之有所稟命 則所行 必審 行之不勇者 不專勉其行 則愈流於退縮 專勉其行者 非不稟命於父兄 稟命 自其所必能 不待教之耳

호씨가 말했다. 행함에 용감한 자로 하여금 품명하는 바가 있도록 하면 그 행함은 반드시 신중해진다. 용감하게 행하지 못하는 자가 그 행하는 데 힘쓰는 것을 독자적으로 하지 못하면 더욱 물러서고 위축되는 데로 흐른다. 독자적으로 그 행함에 힘쓴다는 것이 부형에게 품명하지 않는다는 것은 아니다. (그런 자에 있어서) 품명하는 것은 원래 반드시 능한 바이니 (품명해야 함을 굳이) 가르칠 필요가 없을 뿐이다.

○新安陳氏曰 由求之問 未必同時 亦未必互問 問同答異 赤 偶見而疑之 非其能問 則聖人 造化二子之心 誰知之哉 前師商孰賢章 尹氏所謂 聖人之教 抑其過 引其不及 歸於中道之說 與此章參看 正可相發明云

신안 진씨가 말했다. 유와 구의 질문은 꼭 같은 때에 한 것은 아닌 것 같고 또 함께 여쭌 것도 아닌 것 같다. 질문은 같은데 답변이 다른 것을 적(공서화)이 우연히 보고 의심을 가졌던 것이다. (공서화처럼) 질문을 잘하는 자가 아니었다면 성인께서 두 사람의 마음을 (이치에 맞게) 만들려 하신 것임을 누가 알았으리오. 앞의 〈사상숙현〉장(본 편 16장)에서 윤씨가 말한 '성인의 가르침은 그 지나친 것은 억누르고 미치지 못하는 것은 끌어 중도로 귀결되게 하신다'는 설을 이 장과 서로 참고해보면 진정 (이 두 장이) 서로 밝혀줄 수 있다 하겠다.

11.22 子畏於匡 顔淵後 子曰吾以女爲死矣 曰子在回
何敢死 女音汝

공자께서 광 땅에서 경계하셨는데, 안연이 뒤쳐져 왔다. 공자께서 말씀하셨다. 나는 네가 죽은 줄 알았다. (안연이) 답했다. 선생님께서 살아계신데 회(안연 자신)가 어찌 감히 죽겠습니까?

【집주】

後 謂相失在後 何敢死 謂不赴鬪而必死也

'후(뒤쳐짐)'는 서로 헤어져 뒤에 있는 것을 말한다. '하감사(어찌 감히 죽겠습니까)'는 '싸우러 가 반드시 죽는 일'은 하지 않는다는 말이다.

【세주】

謝氏曰 敢 非不敢之敢 乃果敢之敢

사씨가 말했다. '감'은 '감히 하지 않는다'고 할 때의 '감'이 아니고 '과감하다'고 할 때의 '감'이다.

○ 鄭氏舜擧曰 回何敢死 則是死生不在匡人 而在子淵矣 蓋匡人之所欲加害者 在夫子 而不在子淵 故 子淵之死生 得自爲之也

정순거가 말했다. '회가 어찌 감히 죽겠습니까'라 했는데, 죽고 사는 것은 광인에 달려 있는 것이 아니라 자연(안연)에게 달려 있다는 것이다. 대개 광인이 해를 입히고자 한 것은 공자이지 자연이 아니다. 그러므로 자연이 죽고 사는 것은 (자연) 스스로 (결정)할 수 있는 것이었다.

【집주】

胡氏曰 先王之制 民 生於三 事之如一 惟其所在 則致死焉

호씨가 말했다. 선왕의 제도에, 사람은 셋에 의해 사니 (셋을) 하나같이 모신다. 오직 그 계심(셋의 생존)을 위해서는 죽음에 이른다.

【세주】

國語 晉語 欒共音恭子曰 民 生於三 事之如一 父生之 師敎之 君食音嗣之 非父不生 非食不長 非敎不知 生之族也 族 類也 謂君之養我 師之敎我 與生之恩 同類也 故 壹事之 唯其所在 則致死焉 在父爲父 在師爲師 在君爲君也 報生以死 報賜以力 人之道也

『국어(7)』, 「진어(1)」에 다음과 같이 나와 있다. 난공자가 말했다. 사람은 셋에 의해 사니 하나같이 모신다. 아버지는 낳아주시고 스승은 가르쳐주시고 임금은 먹여주신다. 아버지가 아니면 태어나지 못하고 먹여주지 않으면 자라지 못하고 가르쳐주지 않으면 알지 못하니 살리는 것은 마찬가지이다. 〈족은 같은 것이다. 임금이 나를 기르고 스승이 나를 가르치는 것은 낳아주신 은혜와 같은 것이라는 말이다.〉 그러므로 하나같이 모신다. 오직 그 계심을 위해서는 죽음에 이른다. 〈아버지가 계시면 아버지를 위하고, 스승이 계시면 스승을 위하고 임금이 계시면 임금을 위한대위해 죽는다.〉 죽음으로써 살리는 은혜에 보답하고 힘으로써 내려주신 은혜에 보답하는 것이 사람의 도리이다.

【집주】

況顏淵之於孔子 恩義兼盡 又非他人之爲師弟子者而已

황차 안연은 공자와의 관계에 있어서 은혜와 의리가 모두 완전했고, 또 다른 사람들의 사제 관계와는 같지 않았음에랴.

【세주】

慶源輔氏曰 顏淵之於孔子 蒙博約之敎 得聖道之傳 眞所謂受罔極之恩者 恩深 則義重矣 非他人爲師弟子之比

경원 보씨가 말했다. 안연은 공자와의 관계에 있어서 박약(박문약례)의 가르침을 입고 성스러운 도의 전수를 얻었으니 진정 소위 망극한 은혜를 받은 자이다. 은혜가 깊으면 의리는 무거워진다. 다른 사람들의 사제 관계에 비할 바가 아니다.

○雙峯饒氏曰 孔之於顏 敎愛兩極其至 義雖師生 恩猶父子 所以 爲恩義兼盡

쌍봉 요씨가 말했다. 공자께서는 안연에 대해 가르침과 사랑함 둘 다 그 지극함을 다하셨다. 의리상으로는 비록 사제 관계이지만 은혜로는 부자 관계와 마찬가지였으니 그런 까닭에 은혜와 의리가 모두 완전했다.

【집주】

卽夫子 不幸而遇難去聲 回 必捐生以赴之矣 捐生以赴之 幸而不死 則

必上告天子 下告方伯 請討以復讎 不但已也 夫子而在 則回 何爲而
不愛其死 以犯匡人之鋒乎

만약 공자께서 불행히 환란을 만났으면 회(안연)는 반드시 목숨을 바쳐 달려갔
을 것이다. 목숨을 바쳐 달려갔는데 요행히 죽지 않으면 반드시 위로는 천자께
고하고 아래로는 방백에 고해 토벌하기를 청해 원수를 갚고, 그저 가만있지는
않았을 것이다. 공자께서 살아계시면 회가 무엇하러 그 죽음(목숨)을 아끼지
않고 광인의 칼끝을 건드리리오.

【세주】

問 孔子 不幸而遇害於匡 則顏子死之 可乎 程子曰 今有二人 相與遠行 則
患難 有相死之道 況回於夫子乎 曰 親在 則可乎 曰 今有二人 相與搏虎 其
致心悉力 義所當然也 至於危急之際 顧曰 吾有親 則舍而去之 是 不義之
大者也 其可否 當預於未行之前 不當臨難而後言也 曰 父母存 不許友以死
則如此義何 曰 有可者 遠行搏虎之譬也 有不可者 如游俠之徒 以親旣亡
乃爲人報仇而殺身 則亂民也

물었다. 공자께서 불행히 광 땅에서 해를 입으셨다면 안연이 그 때문에 죽는 것
이 옳습니까? 정자가 답했다. 지금 두 사람이 같이 멀리 여행하는 경우, 환란을
만나면 같이 죽는 도리가 있다. 황차 회가 공자께 대해서이랴? 물었다. 부모가
계시는데도 (죽는 것이) 옳습니까? 답했다. 지금 두 사람이 같이 호랑이를 잡으려
했다면 마음을 다하고 힘을 다하는 것은 의리상 당연한 것이다. 그런데 위급한
때에 이르러서 오히려 '나는 부모가 계신다'라 하고 버리고 도망간다면 이는 불의
가운데 큰 것이다. 그 가부(같이 잡으러 가는 것이 옳은지 아닌지)는 마땅히 미리
가기 전에 따져야 하는 것이지, 환란에 임해서야 (비로소 그렇게) 말하는 것은 부
당하다. 물었다. 부모가 계시면 친구를 위해 죽는 것은 허용되지 않는다 했는데,
이 의리는 어찌합니까? 답했다. (친구를 위해 죽는 것이) 옳은 경우가 있으니, 멀
리 여행하는 것과 호랑이 잡는 것의 예가 그것이다. 옳지 않은 경우가 있으니, 예
컨대 유협(협객)의 무리가 부모가 이미 죽었다고 남을 위해 대신 원수를 갚아주
고 자신은 죽는 경우로(『사기』, 「유협열전」에 그 예가 나옴), 이는 난민(세상을 어
지럽히는 사람)이다.

○問 顏路在 顏子 許人以死 何也 朱子曰 事至此 只得死 此 與不許友以
死之意別 不許友以死 在未遇難之前 乃可如此處 已遇難 却如此說不得

물었다. 안로(안자의 아버지)가 살아 있는데도 안자가 남(여기서는 공자)을 위해
죽기를 허락한 것은 어째서입니까? 주자가 답했다. 일이 이에 이르면 죽을 수 있

을 뿐이다. 이 일은 친구를 위해 죽는 것이 허용되지 않는다는 뜻과는 다르다. 친구를 위해 죽는 것이 허용되지 않는다 함은 아직 환란을 만나기 전이라면 이처럼 처신할 수 있다는 것이고(친구를 위해 죽을 길로 나서지 말아야 하고), 이미 환란을 만났으면 이처럼(죽어서는 안 된다고) 말할 수는 없다.

○孔子 恐顏回遇害 故曰 吾以汝爲死矣 顏子答曰 子在 回何敢死者 謂孔子 旣得脫禍 吾 可以不死矣 若使孔子遇害 則顏子 只得以死救之也

공자께서는 안회가 해를 입었을까 걱정하셨기에 '나는 네가 죽은 줄 알았다'라 하셨다. 안자가 답하기를 '선생님께서 살아계신데 회가 감히 죽겠습니까'라 한 것은 공자께서 이미 화를 면하셨으니 나는 죽지 않아도 된다는 말이다. 만약 공자께서 해를 입는다면 안자는 단지 죽음으로써 구할 수 있을 뿐이다.

○慶源輔氏曰 孔子遇難 則顏子 有致死之義 孔子免焉 則顏淵 無致死之理 今 孔子旣免 而顏淵 相失在後 脫有不知而死 則非義矣 故 其旣來 而孔子 迎 謂之曰 吾以女爲死矣者 恐其誤也 而顏淵 遽復之曰 子在 回何敢死者 道其實也 其意 若相反 而實相承 顏淵之於孔子 雖曰未達一間 至此等語 殆相爲一矣

경원 보씨가 말했다. 공자께서 환란을 만나셨다면 안자에게는 죽을 의리가 있다. 공자께서 (환란을) 면하셨다면 안연으로서는 죽어야 할 까닭이 없다. 지금 공자께서 이미 면하셨고, 안연은 서로 헤어져 뒤쳐져 있다가 벗어나 (공자께서 면했는지) 모르고 죽는다면 의가 아니다. 그러므로 (안연이) 이미 돌아오자 공자께서 맞이해 그에게 말씀하시기를 '나는 네가 죽은 줄 알았다'라 하신 것은 그 오해(공자가 죽은 것으로 오인해 죽는 것)를 걱정하신 것이고, 안연이 급히 대답해 '선생님께서 살아계신데 회가 감히 죽겠습니까'라 한 것은 그 사실(오인해 죽지 않았음)을 말한 것이다. 그 (두 사람의 말의) 뜻이 서로 상반되는 듯하지만 실제로는 서로 이어받는 것이다. 안연이 공자보다 비록 한 칸 미달한다고 하지만 이런 말에 이르러서는 거의 서로 마찬가지이다.

○趙氏曰 死生 亦大矣 云何敢死 則不以死爲重 而以不輕於死爲重也

조씨가 말했다. 죽고 사는 것은 역시 중대하다. '어찌 감히 죽겠습니까'라 했으니 죽는 것을 중시하지 않고 가볍게 죽지 않는 것을 중시한 것이다.

○潛室陳氏曰 朋友 同遇患難 有相死之義 謂各盡其扶持救衛之道 無委棄之理 若死不死 則有幸不幸存焉 非必輕死求鬪謂之相死也

잠실 진씨가 말했다. 친구가 함께 환란을 만나면 같이 죽는 의리가 있다는 것은 각자 부축하고 구하고 지키는 도리를 다해야지 버리고 도망가는 이치는 없다는 말이다. 죽고 안 죽고는 행 불행에 달렸을 뿐이다(도리를 다했는데도 다행히 죽지 않거나 아니면 불행히 죽게 될 뿐이다). '꼭 죽음을 가벼이 여기고 싸우려 하는 것'이 '같이 죽는 것'은 아니다.

○吳氏曰 子在 回何敢死 則子不在 回何敢不死 甚明 子不在 非所當言也 故 言子在 以見意 讀者 第於句內 增二不字 而反正互觀之 則瞭然矣 顔子 以德行稱 而善於說辭如此 豈諸子所能及哉

오씨가 말했다. '선생님께서 살아계신데 회가 어찌 감히 죽겠습니까'라 했으니 (그 말이) '선생님께서 안 계시면 회가 어찌 감히 죽지 않겠습니까'라는 말임이 매우 분명하다. 선생님께서 안 계신다는 것은 마땅히 해야 할 말이 아니기 때문에 '선생님께서 살아계신데'라고 말함으로써 그 뜻을 드러내었다. (이 구절을) 읽는 자가 단지 구절 안에 '불' 자를 두 개 더 집어넣고 다시 바로 해(도로 빼고) 서로 비교해보면 명료해질 것이다. 안자는 덕행으로 칭해졌지만 말도 이처럼 잘했으니 어찌 여러 제자들이 미칠 수 있었으랴.

11.23-1 季子然問 仲由冉求 可謂大臣與平聲

계자연이 물었다. 중유와 염구는 대신이라 할 만합니까?

【집주】

子然 季氏子弟 自多其家得臣二子 故 問之

자연은 계씨의 자제로서, 자기 집안에서 두 사람을 신하로 얻은 것을 스스로 대단하다고 여긴 까닭에 (이런) 질문을 했다.

【세주】

慶源輔氏曰 二子 以聖門高弟 而仕於季氏 雖視顔閔爲慊 然 其德望才業 固非常人比 季氏之家 其必知所尊敬矣 故 子然 以此自多而致問也

경원 보씨가 말했다. 두 사람은 성인 문하의 높은 제자로서 계씨에게 벼슬했는데, 안자나 민자건에 비해 본다면 모자라지만 그러나 그 덕망과 능력은 본디 보통 사람에게 비할 바가 아니니 계씨의 집안에서는 (그 두 사람이) 존경받을 바임을 알았음에 틀림없다. 그런 까닭에 자연이 이로써 스스로 대단하다 여기고 질문을 하게 된 것이다.

11.23-2 子曰 吾 以子爲異之問 曾由與求之問

공자께서 답하셨다. 나는 그대가 특이한 질문을 하는 줄 알았다. 이제 유와 구에 대한 질문인가?

【집주】

異 非常也 曾 猶乃也 輕二子 以抑季然也

'이'는 비상함이다. '증'은 '내(이에)'와 같다. 두 사람을 가벼이 보심으로써 계연을 누르신 것이다.

【세주】

慶源輔氏曰 季然 自多其家得臣二子 而致問 則其言色之間 必有矜大之意

且大臣 旣非家臣所可當 而二子 又不足以盡大臣之道 故 特輕以抑之

경원 보씨가 말했다. 계연은 자기 집안에서 두 사람을 신하로 얻은 것을 스스로 대단하다고 여긴 까닭에 (이런) 질문을 했으니 필시 말이나 안색에 자랑하려는 마음이 있었을 것이다. 또 대신은 본디 가신이 해당될 수 있는 것이 아니고, 두 사람은 또 대신의 도를 다하기에는 부족한 사람인 까닭에 특히 가벼이 보심으로 써 그(자연)를 누르셨다.

11.23-3 所謂大臣者 以道事君 不可 則止

소위 대신이라고 하는 것은 도로써 임금을 섬기고 (그것이) 불가능하면 그만둔다.

【집주】

以道事君者 不從君之欲 不可則止者 必行己之志

'도로써 임금을 섬긴다'는 것은 임금이 원하는 대로만 따르지는 않는 것이고, '불가능하면 그만둔다'는 것은 반드시 자신의 뜻을 행하는 것이다.

【세주】

朱子曰 不可則止 謂不合則去

주자가 말했다. '불가능하면 그만둠'은 (도에) 합치하지 않으면 떠난다는 말이다.

○勉齋黃氏曰 以道事君 謂審出處之宜 盡責難之義 必守我之正道 而不容悅以苟順君之私欲也

면재 황씨가 말했다. '도로써 임금을 섬김'은 나서고 머무름(벼슬하러 나서거나 나서지 않음)의 마땅함을 잘 살피고, (임금에게) 어려운 일을 채근하는 도리를 다하고, 나의 바른 도를 반드시 지키고, 영합하고 아첨해 구차스레 임금의 사욕을 따르는 일을 하지 않는 것을 말한다.

11.23-4 今 由與求也 可謂具臣矣

지금 유와 구는 구신(머릿수 채우는 신하)이라 할 수 있다.

【집주】

具臣 謂備臣數而已

'구신'이란 신하의 숫자를 채우는 데 불과함을 말한다.

【세주】

勉齋黃氏曰 大臣者 異乎群臣 而超乎其上者也 具臣者 等乎群臣 而混乎其中者也

면재 황씨가 말했다. 대신이란 뭇 신하와는 달라 그 위로 뛰어난 자이다. 구신이란 뭇 신하와 같아 그 가운데 섞여 있는 자이다.

11.23-5 曰 然則從之者與平聲

그렇다면 따를 자입니까?

【집주】

意二子旣非大臣 則從季氏之所爲而已

'두 사람이 대신이 아니라면 계씨가 하는 일을 따를 자일 뿐이다'라고 생각한 것이다.

11.23-6 子曰 弑父與君 亦不從也

공자께서 말씀하셨다. 아버지와 임금을 시해하는 일은 또한 따르지 않을 것이다.

【집주】

言二子雖不足於大臣之道 然君臣之義 則聞之熟矣 弑逆大故 必不從之 蓋深許二子 以死難去聲不可奪之節 而又以陰折季氏不臣之心也

두 사람이 비록 대신의 도에는 부족하나 군신의 의리는 익히 들어, 시역이라는 큰 변고는 반드시 따르지 않을 것이라는 말씀이다. 대개 두 사람이 난에 죽어도 그 절개를 빼앗을 수는 없음을 깊이 인정하신 것이고 또 은근히 계씨의 신종하지 않는 마음을 꺾으신 것이다.

○ 尹氏曰 季氏 專權僭竊 二子 仕其家而不能正也 知其不可而不能止也 可謂具臣矣 是時 季氏 已有無君之心 故 自多其得人 意其可使從己也 故曰 弑父與君 亦不從也 其庶乎二子可免矣

윤씨가 말했다. 계씨는 권력을 오로지 하고 참람히 훔쳤는데 두 사람이 그 집에 벼슬하면서 (그 사태를) 바로잡을 수 없었고, (바로잡는 것이) 불가능하다는 것을 알면서도 그만둘 수 없었으니, 가히 구신(머릿수만 채우는 신하)이라 하겠다. 이때 계씨는 이미 임금을 업신여기는 마음이 있었기에 사람 얻은 것을 대단하게 여기고 (얻은 사람으로 하여금) 자신을 따르게 할 수 있다고 여겼다. 그래서 (공자께서는) '아버지와 임금을 시해하는 일은 또한 따르지 않을 것이다'라고 말씀하셨다. 아마도 두 사람은 [시해하는 일만큼은] 면할 수 있었으리라.

【세주】

問 孔子言 由求爲具臣 曰 弑父與君 亦不從也 由求 如是而已乎 龜山楊氏曰 弑父與君 言其大者 蓋 小者 不能不從 故也 若季氏 旅泰山伐顓臾 而不能救之之事 是已 又問 然則或許其升堂 且皆在政事之科 何也 曰 小事之失 亦未必皆從 但使弑父與君而下 或從一事 則不得爲不從 若弑父與君 則決不從矣 進此一等 便爲大臣 如孔明之事君 是也 故 孔明 雖當亂世而遇庸暗之主 一毫 亦不放過

물었다. 공자께서는 유와 구가 구신이라 하시고도 아버지와 임금을 시해하는 일은 따르지 않을 것이라 말씀하셨는데, 유와 구는 다만 이 정도일 뿐입니까? 구산 양씨가 답했다. '아버지와 임금을 시해하는 일'은 그 큰 것을 말한 것이고 대개 작은 것은 따르지 않을 수 없기 때문이다. 예컨대 계씨가 태산에서 여제사를 지내고 전유를 정벌할 때 그것을 막지 못한 일이 그 예이다. 또 물었다. 그렇다면 그들이 승당(학문의 높은 경지에 오름)했음을 인정하시고 또 모두 정사의 과(정사에 뛰어난 자들의 항목)에 두신 것은 무슨 까닭입니까? 답했다. 작은 잘못하는 일이라 해서 또한 모두 반드시 따르지는 않았다. 단, 설사 아버지와 임금을 시해하는 일보다 낮은(잘못이 작은) 일이라 하더라도 혹시 하나의 일이라도 따랐다면 따르지 않았다고는 할 수 없지만, 아버지와 임금을 시해하는 일만큼은 결코 따르지 않았을 것이다. 이보다 한 단계 진보하면 곧 대신이 되니, 공명이 임금을 모신 것이 그 예이다. 그러므로 공명은 비록 난세를 당해 용렬하고 어두운 군주를 만났지만 또한 터럭만큼도 아무렇게나 하지 않았다.

○問 仲由冉求 氣質不同 恐冉求 未必可保 仲由 終是不屈 朱子曰 不要論他氣質 只這君臣大義 他豈不知 聖人 也是知他必可保 然 死於禍難 是易事 死於不可奪之節 是難事 纔出門去事君 這身 已便不是自家底 所謂事君 能致其身 是也 如做一郡太守一邑之宰一尉之任 有盜賊之虞 這 不成休了 便當以死守之 亦未爲難 惟卒遇君臣大變利害之際 只爭些子 這 誠是難

물었다. 중유와 염구는 기질이 같지 않았으니, 아마도 염구는 꼭 (그런다고) 보장할 수는 없겠지만 중유는 끝내 굴하지 않았을 것입니다. 주자가 답했다. 그들의 기질을 논할 필요는 없다. 다만 이 군신의 대의를 그들이 어찌 몰랐겠는가? 성인께서도 또한 그들이 꼭 (그러할 것임을) 보장할 수 있음을 아셨다. 그러나 환란에 죽는 것은 쉬운 일이고 빼앗을 수 없는 절개를 위해 죽는 것은 어려운 일이다. 문을 나서 임금을 섬기러 가기만 하면 이 몸은 곧 이미 나의 것이 아니니, 소위 '임금을 섬김에 그 몸을 다할 수 있다'(『논어』1, 「학이」 7장)는 것이 그것이다. 예컨대 한 군의 태수나 한 읍의 읍재, 하나의 위관의 임무를 맡아 할 때 도적의 난이 있으면 이는 (맞서 싸우기를) 그만두어서는 안 되고 마땅히 죽음으로 지켜야 하는 것이지만 (그 일이) 또한 어려운 일은 아니다. 다만 졸지에 군신(관계)의 큰 변고나 이해가 걸려 있는 때를 만나는 것(만나서 목숨을 걸고 절개를 지키는 것), 단지 약간의 차이이기는 하지만, 이것이 진정으로 어려운 일이다.

○南軒張氏曰 弑君父不從 何必由求而能之 曾不知順從之臣 始也 惟利害之徇而已 履霜堅冰之不戒 馴習蹉跌 以至從人弑逆者 多矣 如苟彧劉穆之之徒 始從操裕 豈遂欲弑逆哉 惟其漸潰順長 而勢 卒至此耳 雖然 自弑逆以下 苟一事不道 而苟從之 皆爲失大臣事君之義 如由求 未免乎是也 至如他人 因循以陷於大惡 則由求 不至是也

남헌 장씨가 말했다. 임금과 아버지를 시해하는 일을 따르지 않는 것을 하필 유와 구라야 할 수 있으리오. (계자연이 따를 자인가를 물은 것은) 순종하는 신하인지 몰라서이다. 처음에는 단지 이해관계를 따를 뿐이었지만, 서리를 밟으면 단단한 얼음이 온다는 것(작은 잘못이 있으면 앞으로 큰 잘못을 저지름, 『주역』2, 「곤괘」〈초륙〉)은 경계하지 않은 채 그저 습관적으로 잘못을 저질러 남을 따라 시역에 이르는 경우가 많다. 예컨대 순욱과 유목지의 무리가 처음 조조와 유유를 따랐을 때야 어찌 마침내 시역하기를 원했겠는가? 단지 (나쁜 습관이) 점차 젖어들고 서서히 자라나 사세가 마침내 그 지경에 이르렀던 것뿐이다. 비록 그러하나 시역하는 일보다 낮은 일이라 해서 단 하나의 일도 말(간언)하지 않고 구차히 따른다면 모두 '대신이 임금을 섬기는 의리'를 잃은 것이 된다. 유와 구의 경우는 이것을 면하지 못했다. 다른 사람의 경우에는 습관적으로 따름으로써 대악에 빠지는데, 유와 구는 그 지경에 이르지는 않았다.

○胡氏曰 方子然 欲假由求以誇人 故 夫子 極言其失大臣之道 及其欲資由求以助己 故 夫子又言 其有人臣之節 應答之頃 可以沮僭竊扶綱常 眞聖人之言也

호씨가 말했다. 바야흐로 자연은 유과 구를 빌려 (좋은 인재를 얻었음을) 남에게 자랑하려 했기에 공자께서 그들이 대신의 도를 잃었음을 극언하셨고, 유와 구에 의존함으로써 (유와 구가) 자기(계씨가문)를 돕기를 바랐기 때문에 공자께서 또 신하로서의 절개가 있음을 말씀하셨다. 대답하시는 그 잠깐 사이에 참람히 훔치려는 마음을 막고 (윤리)강상을 붙들어 세울 수 있었으니 진정 성인의 말씀이다.

○厚齋馮氏曰 子然 季孫意如之子 意如 逐昭公者也 子然 習於其父之所爲 懷無君之心 久矣 今 得臣二子 故 問夫子 蓋 將君魯而以爲大臣也 旣抑之以具臣 及其以從之爲問 故 明以弑父與君不從 折之

후재 풍씨가 말했다. 자연은 계손의여의 아들인데, 의여는 소공을 축출한 자이다. 자연은 그 아버지의 소행에 전염되어 임금을 업신여기는 마음을 품은 지 오래되었다. 지금 두 사람을 신하로 얻었기에 공자께 여쭈었는데, 대개 장차 (자신이) 노나라 임금이 되어 대신으로 삼겠다는 것이다. 이미 (두 사람이) 구신이라고 누르시자 또 '따를 것인지'를 물었다. 그런 까닭에 아버지와 임금을 시해하는 일은 따르지 않을 것임을 명확히 하시어 (계자연의 뜻을) 꺾으셨다.

○新安陳氏曰 弑逆 非不可之大者歟 平常能不可則止者 於弑逆 必不從 未能不可則止者 未可保其必不從也 由求 於君臣大義 固熟聞之 但察之恐未精耳 觀由 仕於出公 未爲之死 求 於伐顓臾 惟知爲季氏子孫憂 於父子君臣之義 能精察之否乎 夫子 於此 實欲折季氏之不臣 故 許由求爲死節之臣耳

신안 진씨가 말했다. 시역은 해서는 안 될 일 중 큰 것이 아니겠는가. 평상시에 '(대신의 도를 다하는 것이) 불가능하면 그만두는 것'을 능히 할 수 있는 자라면 시역에 대해서는 반드시 따르지 않겠지만, '불가능하면 그만두는 것'을 능히 하지 못하는 자라면 반드시 따르지 않을 것임을 보장할 수는 없다. 유와 구는 군신의 대의에 관해 본디 익히 들었지만 다만 그것을 살피는 데는 아마도 정밀하지 못했을 뿐인 것 같다. 유가 출공에게 벼슬해 끝내 그를 위해 죽은 것과 구가 전유를 정벌할 때 오직 계씨 자손에게 근심거리가 된다는 것만 안 것을 보면, 부자 군신의 의리에 대해서 능히 정밀하게 살피지 못한 것이 아니겠는가? 공자께서는 이에 실로 계씨의 신종하지 않음을 꺾으려 하셨기에 유와 구가 죽음으로 절개를 지킬 신하임을 인정하셨을 따름이다.

11.24-1 子路使子羔爲費宰

자로가 자고를 비의 읍재가 되게 했다.

【집주】

子路 爲季氏宰而擧之也

자로는 계씨의 가재가 되어 그를 등용했다.

11.24-2 子曰 賊夫人之子 夫音扶 下同

공자께서 말씀하셨다. 남의 자식을 망치는구나.

【집주】

賊 害也 言子羔 質美而未學 遽使治民 適以害之

'적'은 해치는 것이다. 자고는 그 자질은 아름다우나 아직 배우지 않았으므로 성급히 백성을 다스리게 하면 그를 망치기 알맞다는 말씀이다.

【세주】

厚齋馮氏曰 成人 有其兄死而不爲衰者 聞子羔將爲成宰 遂爲衰 蓋 子羔 重厚有德 足以化民 子路 以費數畔難治 所以 特擧之 然 子羔 雖重厚有德 而未學 則理未明而用必窒 遽使之治數畔之邑 非所以全之也

후재 풍씨가 말했다. 어떤 '성' 지방 사람이 그 형이 죽었는데도 상복을 입지 않다가, 자고가 장차 '성'의 읍재로 온다는 말을 듣고는 마침내 상복을 입었다(『예기』 4,「단궁 하」). 대개 자고는 중후하고 유덕해 족히 백성을 화육할 수 있었다. 자로는 비읍이 번번이 반란을 일으켜 다스리기 어려운 까닭에 특별히 그를 거용했다. 그러나 자고가 비록 중후하고 유덕하지만 아직 배우지 않았으므로 이치에 밝지 못해 (이치의) 활용에도 반드시 막힐 것인데 성급히 번번이 반란을 일으키는 읍을 다스리게 한다면 그를 온전하게 하는 일이 아니다.

11.24-3 子路曰 有民人焉 有社稷焉 何必讀書 然後爲學

자로가 말했다. 백성이 있고 사직이 있는데 하필 책을 읽은 연후에야 배웠다 하겠습니까?

【집주】

言治民事神 皆所以爲學

백성을 다스리고 신을 모시는 것이 모두 배움이 되는 것이라는 말이다.

11.24-4 子曰 是故 惡夫佞者 惡去聲

공자께서 말씀하셨다. 이런 까닭에 말 잘하는 자를 미워한다.

【집주】

治民事神 固學者事 然 必學之已成 然後可仕以行其學 若初未嘗學而使之卽仕以爲學 其不至於慢神而虐民者 幾平聲希矣 子路之言 非其本意 但理屈詞窮 而取辨於口以禦人耳

백성을 다스리고 신을 모시는 것은 본디 배우는 자의 일이다. 그러나 반드시 배움이 완성된 연후에야 벼슬을 해 그 배운 바를 행할 수 있다. 만약 애초에 아직 배우지 않았는데 그로 하여금 곧 벼슬하게 해 (정치를) 배움으로 삼게 한다면 신(모시기)을 태만히 하고 백성을 학대하기에 이르지 않는 자가 거의 드물다. 자로의 말은 본의는 아니고, 다만 이치가 꿀리고 말이 궁해 구변으로 남을 막아보려는 것뿐이었다.

【세주】

本前焉用佞 禦人以口給 而言

앞의 '어찌 말재주를 쓰리오'라는 구절과 '구변으로 남을 막는다'라는 구절(『논어』

5, 「공야장」 5)을 본받아 말한 것이다.

【집주】
故 夫子不斥其非 而特惡其佞也

그런 까닭에 공자께서는 그 잘못을 (자로의 말이 잘못이라고) 물리치지 않으시고 다만 그 말 잘하는 것을 미워하셨다.

【세주】
朱子曰 佞 不是諂佞 是口快底人 事 不問是不是 臨時撰得話來也好 可見其佞

'영(말 잘함)'은 아첨하는 것이 아니라 입으로 시원하게 말하는 사람이다. 일이 옳은지 옳지 않은지는 따지지 않고 때에 따라 (맞추어) 말을 잘도 지어내니, 그 말 잘하는 것을 알 수 있다.

○ 子路 當初使子羔爲費宰 意本不是如此 只大言來答 孔子 故 惡其佞

자로가 애당초에 자고를 비의 읍재로 삼은 것은 그 뜻이 본디 이와 같은 것(정치를 배움으로 삼음)은 아니었다. 다만 큰소리쳐 대답한 까닭에 공자께서 그 말 잘하는 것을 미워하셨다.

【집주】
○ 范氏曰 古者學而後入政 未聞以政學者也

범씨가 말했다. 옛날에는 배운 다음에 정치에 입문했다. 정치를 배움으로 삼는다는 말은 들어본 적이 없다.

【세주】
左傳 襄公三十一年 子産曰 僑 聞學而後入政 未聞以政學者也

『(춘추)좌전』에 다음과 같이 나와 있다. 양공 31년(12월), 자산이 말했다. 교(자산 자신, 즉 나)는 배운 후에 정치에 입문한다고 들었지 정치를 배움으로 삼는다는 것은 들어본 적이 없다.

【집주】
蓋道之本 在於脩身而後及於治人 其說 具於方冊 讀而知之 然後能

行 何可以不讀書也 子路 乃欲使子羔以政爲學 失先後本末之序矣
不知其過 而以口給禦人 故 夫子 惡其佞也

대개 도의 근본은 수신에 있으니 (수신한) 후에 남을 다스리는 데 이른다. 그 설은 책에 갖추어져 있으니 (책을) 읽어 알게 된 연후에 능히 행할 수 있다. 어찌 책을 읽지 않을 수 있으랴. 자로는 자고로 하여금 정치를 배움으로 삼게 하려 했으니 선후와 본말의 순서를 잃었다. 그 잘못은 알지 못하고 구변으로 남을 막으려 했던 까닭에 공자께서 그 말 잘하는 것을 미워하신 것이다.

【세주】

朱子曰 子路 非謂不學而可以爲政 但謂爲學不必讀書耳 上古 未有文字之時 學者 固無書可讀 而中人以上 固有不待讀書而自得者 但自聖賢有作 則道之載於經者 詳矣 雖孔子之聖 不能離是以爲學也 捨是不求 而欲以政學 旣失之矣 況又責之中材之人乎 然 子路 使子羔爲宰 本意 未必及此 但因夫子之言 而託此以自解耳 故 夫子 以爲佞而惡之

주자가 말했다. 자로는 배우지 않고도 정치를 할 수 있다고 말한 것은 아니고, 다만 배우는 데 꼭 책을 읽을 필요는 없다고 말했을 뿐이다. 오랜 옛적 아직 문자가 없었을 때 배우는 자는 본디 읽을 책이 없었고, 보통 이상의 사람 중에는 본디 책을 읽지 않고도 스스로 깨닫는 자가 있다. 그러나 성현들께서 (책을) 제작하신 이후로 도가 경전에 실린 것이 자세하니 비록 공자 같은 성인도 이를 떠나 배울 수는 없으셨다. 이를 버리고 구하지 않으면서 정치를 배움으로 삼으려는 것은 이미 잘못인데, 하물며 중간 정도의 자질인 사람에게 그것을 요구함에랴? 그러나 자로가 자고를 읍재로 삼은 그 본뜻이 꼭 이런 정도까지는 아니고, 다만 공자의 말씀으로 인해 이를 빌려 스스로 변명한 것일 뿐이다. 그러므로 공자께서는 말재주를 부리는 것이라 여겨 싫어하셨다.

○三代以上 六經 雖未具 考之書禮 則舜之敎冑子 敷五典 與成周鄕官樂正之法 所以敎夫未成之才者 蓋 有道矣 三代而下 則旣有書 脩己治人之術 皆聚於此 學者 豈可不之讀而遽自用乎 苟謂不必讀書 將自恃其聰明 率意妄作而無忌憚 其失 不但卑陋而已

3대(하은주) 이전에는 6경이 아직 갖추어지지 않았지만 『서경』과 『예기』를 고찰해보면, 순임금이 자제들을 가르침에 5전을 베푼 것과 성주(주의 수도인 낙읍, 즉 주나라)의 향관 악정의 법은 아직 완성되지 않은 인재를 가르치는 것이었으니 대개 (가르치는) 도리가 있었다. 3대 이후로는 이미 책이 있어 자신을 닦고 남을 다스리는 방법이 모두 여기에 취합되어 있으니 배우는 자가 어찌 그것을 읽지 않고 성급히 자용(자신의 생각이 옳다고 여겨 그것만을 씀)할 수 있겠는가? 만약 꼭 책을 읽을 필요는 없다고 말한다면 장차 스스로 자신의 총명을 믿고 제 뜻대로 함부로 해 거리끼는 것이 없을 것이니 그 잘못은 단지 비루함만이 아니다.

○ 南軒張氏曰 子羔 學未充 而遽使爲宰 其本不立 而置之於事物酬酢之地 故 夫子 有賊夫人之歎 夫民人社稷 固無非學 然 學必貴於讀書者 以夫多識前言往行 古之人所以蓄德者 實有賴乎是 德立於己 而後可以言無適而非學也 如子路之言 將使學者 以聰明爲可恃 而無敦篤潛泳之功 其甚至於廢古而任意 爲弊有不可勝言者 故 夫子 所以 責之之深也

남헌 장씨가 말했다. 자고는 아직 배움이 충실하지 않은데도 성급히 읍재를 시킨다면 그 근본이 서지 않았는데도 사물이 수작하는 곳(현실의 모든 일이 이루어지는 곳, 즉 세상)에 던져두는 것이다. 그런 까닭에 공자께서 '남(의 아들)을 망친다'는 탄식을 하셨다. 무릇 백성(다스리는 것)과 사직(모시는 것)은 본디 배움이 아닌 것은 아니지만 그러나 배움에서 책 읽는 것을 귀히 여기는 것은 과거의 언행을 많이 알게 되기 때문이니, 옛사람들이 덕을 쌓은 것은 실로 이에 의존했던 것이다. (그렇게 공부해) 스스로에게 덕을 세운 후에야 비로소 '어디를 가든 배움이 아닌 것이 없다'라고 말할 수 있다[책으로 공부해 덕을 쌓은 후에야 '정치도 배움이 된다'고 말할 자격이 있다]. 자로의 말 같으면, 장차 배우는 자로 하여금 (자신의) 총명을 믿을 만하다고 생각해, 돈독한 잠영(학문의 세계에 푹 잠김)의 노력을 하지 않고 심지어는 옛것을 폐지하고 마음대로 하게 만드니, 그 폐단이 됨은 이루 말할 수 없다. 그런 까닭에 공자께서 깊이 꾸짖으신 것이다.

○ 慶源輔氏曰 學之已成 而仕以行其學 猶恐動與靜違 用與體乖 而或有失其宜者 況於初未嘗學 而可遽使卽仕以爲學乎

경원 보씨가 말했다. 배움이 이미 완성된 후에 벼슬해 그 배운 바를 실천하더라도 오히려 동과 정(행동해야 할지, 말아야 할지)이 어긋나고 용과 체(원칙과 그 적용)가 어그러져 혹 그 마땅한 바를 잃을 우려가 있는데, 하물며 애초에 아직 배우지도 않았는데 급히 벼슬을 시켜 (정치를) 배움으로 삼게 할 수 있으랴.

11.25-1 子路 曾晳 冉有 公西華 侍坐 坐才臥反

자로와 증석과 염유와 공서화가 (공자를) 모시고 앉아 있었다.

【집주】
晳 曾參父 名點

(증)석은 증삼의 아버지로 이름은 점이다.

11.25-2 子曰 以吾一日長乎爾 毋吾以也 長上聲

공자께서 말씀하셨다. 내가 너희보다 하루쯤 더 나이 많다 해서 나(의 나이 많음) 때문이라 하지 말라.

【집주】
言我雖年少長於女汝同 然女勿以我長而難言 蓋誘之盡言以觀其志 而聖人和氣謙德 於此亦可見矣

비록 내가 나이가 너희보다 약간 많지만 그러나 너희들은 내 나이 많음 때문에 말하기 어려워하지 말라는 말씀이니, 대개 다 말하도록 유도해 그 뜻을 보시려는 것으로, 성인의 온화한 기상과 겸손한 덕을 여기서 또 볼 수 있다.

11.25-3 居則曰 不吾知也 如或知爾 則何以哉

평소에 '나를 몰라준다'라 하더니 만약 혹 너희를 알아준다면 어찌하겠느냐?

【집주】

言女平居 則言人不知我 如或有人知女 則女將何以爲用也

너희가 평소에 남이 나를 알아주지 않는다고 했는데 만약 혹시 너희를 알아주는 사람이 있다면 너희는 장차 어찌 쓰이겠느냐는 말씀이다.

【세주】

東陽許氏曰 夫子之於弟子 於其平日言問答之間 固知其學力之所至 然 其將有所待而欲爲之志 則不能知也 問之者 欲知其自知之如何 使之知有未至而自厲 非獨觀人 亦所以敎也

동양 허씨가 말했다. 공자께서는 제자들에 대해 평소 문답하는 사이에 본디 그 배움의 힘이 도달한 바는 아셨으나 장차 (기회가 오기를) 기다려 행하려는 뜻이 무엇인지는 알지 못하셨다. (공자께서) 물으신 것은 (제자들의) 자신에 대한 앎이 어떠한지를 아시려 한 것이고, 그들로 하여금 아직 지극하지 못한 것이 무엇인지를 알아 스스로 노력하게 하시려는 것이었으니, 단지 사람을 관찰하신 것만이 아니라 또한 가르치시려는 것이었다.

11.25-4 子路 率爾而對曰 千乘之國 攝乎大國之間 加之以師旅 因之以饑饉 由也 爲之比及三年 可使有勇 且知方也 夫子哂之 乘去聲饑音機饉音僅比必二反下同哂 詩忍反

자로가 경솔하게 대답해 여쭈었다. 천승의 나라가 큰 나라들 사이에 끼어 군대가 쳐들어오고 그 때문에 기근이 들면 유(자로 자신, 즉 저)는 (정치를) 행해 3년이 되면 (백성들이) 용맹이 있게 하고 또 방향을 알게 할 수 있습니다. 공자께서 미소 지으셨다.

【집주】

率爾輕遽之貌攝管束也二千五百人爲師五百人爲旅因仍也穀不

熟曰饑 菜不熟曰饉 方向也 謂向義也 民向義則能親其上 死其長上
聲矣 哂 微笑也

'솔이'는 경솔하고 성급한 모습이다. '섭'은 구속당하는 것이다. 2,500인이 사가 되고 500인이 여가 된다. '인'은 '이어서(그 때문에)'이다. 곡식 흉년을 '기'라 하고 채소 흉년을 '근'이라 한다. '방'은 방향이니, 의로 향한다는 말이다. 백성이 의를 지향하면 능히 그 임금을 친히 하고 그 윗사람을 위해 죽을 수 있다. '신'은 미소 짓는 것이다.

【세주】

厚齋馮氏曰 子路 齒先諸子 又勇於進道 故 夫子有問 必先諸子言之 其言 與冉有 皆以三年爲斷 蓋 古者 三載考績 要其成也 夫子亦曰 三年有成

후재 풍씨가 말했다. 자로는 나이가 여러 제자들보다 앞서고 또 도로 나아가는 데 용감했으므로 공자께서 질문하시면 반드시 다른 제자들보다 앞서 말하게 하셨다. 그 말은 염유와 함께 모두 3년을 기한으로 했는데, 대개 옛날에는 3년 만에 고과를 해 그 성취를 이루게 했다. 공자께서도 또한 '3년이면 성과가 있다'고 말씀하셨다.

○ 新安陳氏曰 國 介居大國間 勢難爲 當兵荒後 時難爲 能致富强 且化民 使向義 必政敎兼擧而後能之 子路 蓋 以其實才 展盡底蘊而言也

신안 진씨가 말했다. 나라가 큰 나라들 사이에 끼어 있으면 그 형세가 (정치를 잘 행하기가) 어렵고, 전쟁과 기근을 당한 후에는 시기가 (정치를 잘 행하기) 어렵다. 부강에 이르고 또 백성을 의를 향하도록 교화할 수 있으려면 반드시 정치와 교화를 함께 시행한 후라야 가능하다. 자로는 대개 그(자신의) 실제 재능을 가지괴실제 재능에 입각해] 마음속에 간직한 것을 다 펼쳐 말한 것이다.

11.25-5 求 爾何如 對曰 方六七十 如五六十 求也 爲之比 及三年 可使足民 如其禮樂 以俟君子

구야 너는 어떠하냐? 대답해 여쭈었다. 사방 60~70리나 혹은 50~60리(되는 작은 나라)에 구(염유 자신, 즉 저)는 정치를 행해 3년이 되면 백성을 풍족하게 할 수 있습니다. 예악의 경우는 군자를 기다리겠습니다.

【집주】

求爾何如孔子問也下放倣同此 方六七十里小國也 如猶或也 五六十里則又小矣 足 富足也 俟君子 言非己所能 冉有謙退 又以子路見哂故 其辭益遜

'구야, 너는 어떠하냐'라는 말은 공자의 질문이다. 아래도 다 마찬가지이다. 사방 60~70리는 작은 나라이다. '여'는 '혹은'이라는 뜻이다. 50~60리라면 더 작은 것이다. '족'은 부유하고 풍족한 것이다. '군자를 기다리겠다'는 것은 자기가 할 수 있는 것이 아니라는 말로서 염유의 겸손(한 말)인데, 또 자로가 웃음을 당한 까닭에 그 말이 더욱 겸손했다.

【세주】

朱子曰 子路使民 非若後世之孫吳 冉有足民 非若後世之管商

주자가 말했다. 자로가 백성을 부린다는 것은 후세의 손자나 오자(병가)와는 다르고, 염유가 백성을 풍족하게 한다는 것은 후세의 관중이나 상앙(법가)과는 다르다.

11.25-6   赤 爾何如 對曰 非曰能之 願學焉 宗廟之事 如會同 端章甫 願爲小相焉 相去聲

적아 너는 어떠하냐? 대답해 여쭈었다. 잘할 수 있다는 말씀이 아니라 배우고 싶다는 말씀입니다만, 종묘의 일이나 회동 때 현단복과 장보관을 하고 소상 노릇을 하고 싶습니다.

【집주】

公西華 志於禮樂之事 嫌以君子自居 故 將言己志 而先爲遜辭 言未能而願學也

공서화는 예악의 일에 뜻을 두었지만 군자로서 자부하는 것을 꺼린 까닭에 자신의 뜻을 말하면서 먼저 겸손한 말부터 했으니, 잘하지 못하지만 배우고 싶다고 말한 것이다.

【세주】

新安陳氏曰 求云 如其禮樂 以俟君子 今 赤 若毅然欲從事於禮樂 則是 以君子自居 故 必先爲遜辭也

신안 진씨가 말했다. 구는 '예악의 경우는 군자를 기다리겠다'고 했는데, 지금 적은 의연히 예악에 종사하고 싶다고 했으니 이는 군자로 자부하는 것이기 때문에, 반드시 먼저 (잘하는 것은 아니라고, 따라서 군자는 아니라고) 겸손한 말부터 한 것이다.

【집주】

宗廟之事 謂祭祀 諸侯時見形甸反 曰會 衆頻音眺 曰同

종묘의 일이란 제사를 말한다. 제후가 때때로 뵙는 것을 '회'라 하고 여럿이 뵙는 것을 '동'이라 한다.

【세주】

周禮 春官大宗伯 春見 曰朝 夏見 曰宗 秋見 曰覲 冬見 曰遇 時見 曰會 殷見 曰同 此六禮者 以諸侯見王爲文 六服之內 四方以時分來 或朝春 或宗夏 或覲秋 或遇冬 更遞而徧 時見者 無常期 諸侯有不順服者 王 將有征討之事 則旣朝覲 王爲壇於國外 合諸侯而命事焉 春秋傳曰 有事而會 不協而盟 是也 殷 猶衆也 十二歲 王 如不巡守 則六服盡朝 朝禮旣畢 王 亦爲壇合諸侯 以命政焉 所命之政 如王巡守 殷見 四方四時分來 終歲以徧 時聘 曰問 殷頫 曰視 時聘 亦無常期 天子有事 乃聘之焉 境外之臣 旣非朝歲 不敢瀆爲小禮 殷頫 謂一服朝之歲 以朝者少 諸侯 乃使卿以大禮衆聘焉 五服朝 在元年七年十一年

『주례』, 「춘관(종백)」〈대종백(지직)〉조에 다음과 같이 나와 있다. 봄에 뵙는 것을 '조'라 하고 여름에 뵙는 것을 '종'이라 하고 가을에 뵙는 것을 '근'이라 하고 겨울에 뵙는 것을 '우'라 하고 때때로 뵙는 것을 '회'라 하고 여럿이 뵙는 것을 '동'이라 한다. 〈이 6례는 제후가 왕을 뵙는 것에 관한 규정이다. 6복(왕의 직할지로부터의 거리에 따라 6종으로 나눈 제후국의 범위) 안 사방을 때(계절)에 따라 나누어 (조근하러) 오니 혹은 조춘하고 혹은 종하하고 혹은 근추하고 혹은 우동해 번갈아가면서 (한 해 안에) 한 바퀴 돈다(다 온다). '시현(때때로 뵘)'은 정해진 시기가 없다. 제후 가운데 복종하지 않는 자가 있으면 왕은 장차 토벌의 일을 하는데, 이미 조근을 행한 후라면 왕은 또한 나라(도읍) 밖에 단을 쌓고 제후들을 모아 (토벌의) 일을 명한다. 『(춘추)좌전』(소공 3년 춘 왕정월조)에 말하기를 '일이 있으면 회하고 협화하지 않으면 맹한다'라 한 것이 이것이다. '은'은 '여럿'이다. (왕의 재위) 12년에 왕이 만약 순시하지 않으면 6복은 모두 조근한다. 조근의 예가 끝난 다음 왕은 또한 단을 쌓고 제후들을 모아 정무를 명한다. 명하는 바의 정무는 왕의 순시 때와 같다. '은현(여럿이 뵘)'은 4방이 4계절로 나누어 오는데 그해 끝까지는 한 바퀴 돈다(다 온다).〉 때때로 초빙하는 것을 '문'이라 하고 여럿이 뵙는 것을 '시'라 한다. 〈'시빙(때때로 초빙함)' 또한 정해진 시기가 없다. 천자가 일이 있으면 초빙하는 것이다. 국경 밖의 신하는 조근하는 해가 아니라면 감히 번거롭게 소례를 행하지 않는다. '은부(여럿이 뵘)'는 1복(후복)이 조근하는 해에는 조근하는 자가 적기 때문에 제후가 경으로 하여금 대례로써 여럿을 초빙하게 하는 것을 말한다. 5복(후복을 제외한 나머지)이 조근하는 해는 원년, 7년, 11년이다.〉

○ 慶源輔氏曰 周禮 所謂殷 卽衆也 頫 卽見也

경원 보씨가 말했다. 주례에서 말한 '은'은 곧 '중(여럿)'이고 '조'는 곧 '현(뵘)'이다.

【집주】

端 玄端服 章甫 禮冠

'단'은 현단복이고 '장보'는 예관이다.

【세주】

慶源輔氏曰 禮 有玄端而冕 若玉藻 天子龍衮以祭 玄端朝日 諸侯玄端以祭 是已 有玄端而冠 若朝玄端夕深衣 是已 有玄端而章甫 如此章 端章甫 是已 有玄端而委貌 若晏平仲 端委立於虎門 是已 鄭云 端 取其正 謂士之衣 袂 皆二尺二寸 而屬幅廣袤等也 然則玄端之服 古者 君臣 皆得服之 章甫 緇布冠也 夏曰 毋追音牟堆 商曰 章甫 周曰 委貌 其制相比 皆以漆布爲之 蓋三代常服 行道之冠也

경원 보씨가 말했다. 예에는 현단복을 입고 면류관을 쓰는 경우가 있으니 예컨대 (『예기』13) 「옥조」편에 '천자는 곤룡포를 입고 제사지내고 현단복으로 조일(춘분의 의례)을 행한다. 제후는 현단복을 입고 제사지낸다'라 한 것이 그 예이다. 현단복을 입고 관을 쓰는 경우가 있으니 예컨대 '아침에는 현단복을 입고 저녁에는 심의를 입는다(『예기』, 「옥조」)'라 한 것이 그 예이다. 현단복을 입고 장보관을 쓰는 경우가 있으니 이 장처럼 '단장보'라 한 것이 그 예이다. 현단복을 입고 위모를 쓰는 경우가 있으니 예컨대 '안평중이 현단복을 입고 위모를 쓰고 호문에 서서(『(춘추)좌전』 소공 10년 춘 왕정월 조)'라 한 것이 그 예이다. 정(현)이 말하기를 "'단'이라 함은 그 반듯함을 취한 것으로 선비의 옷소매가 모두 2자 2치로 촉폭과 광무(넓이와 길이)가 같은 것을 말한다"라 했다. 그러니 현단복은 옛날에는 군신이 모두 입을 수 있었다. '장보'는 치포관이다. 하나라에서는 모퇴라 했고 상나라에서는 장보라 했고 주나라에서는 위모라 했는데 그 제도는 서로 비슷해 모두 칠포로 만들었다. 대개 3대에 통상적으로 쓴 것으로 길 갈 때(외출 시)의 관이다.

【집주】

相贊君之禮者 言小 亦謙辭

'상'은 임금의 예를 돕는 자이다. '소(상)'라 한 것은 또한 겸손의 말이다.

【세주】

厚齋馮氏曰 會同 諸侯朝於天子之禮也 而兩君相見 亦曰會 又有同盟 當是時 諸侯朝於天子 寡矣 華之言 當爲兩君相見而設 夫擯紹 禮樂之末也 小相 又擯紹之末也 二子 以子路蒙哂 故 其辭謙 而子華 又謙於冉有也

후재 풍씨가 말했다. '회동'은 제후가 천자를 조근하는 예이지만 두 임금(제후)이 서로 만나는 것도 또한 '회'라 한다. 또 (제후 사이의) 동맹도 있었다. 당시에 제후가 천자를 조근하는 경우는 드물었으니, (공서)화의 말은 당연히 두 임금(제후)이 서로 만나는 경우를 가정해 말한 것이다. 무릇 빈소(손님을 맞는 전령관)의 예는 예악의 말단이고, 소상은 또 빈소의 말단이다. 두 사람은 자로가 웃음을 당했기 때문에 그 말이 겸손했는데, 자화는 또 염유보다 더 겸손했다.

11.25-7 點 爾何如 鼓瑟希 鏗爾 舍瑟而作 對曰 異乎三子者之撰 子曰 何傷乎 亦各言其志也 曰 莫春者 春服旣成 冠者五六人 童子六七人 浴乎沂 風乎舞雩 詠而歸 夫子喟然嘆曰 吾與點也 鏗 苦耕反 舍 上聲 撰 士免反 莫 冠 竝去聲 沂 兼依反 雩 音于

점아 너는 어떠하냐? (증점이) 거문고를 간간이 타다가 '쟁그렁' 하고 거문고를 내려놓고 일어서서 대답해 여쭈었다. 세 사람이 한 말과는 다릅니다. 공자께서 말씀하셨다. 무슨 문제가 있으랴? 또한 각자 그 뜻을 말하는 것인데. (증점이) 답했다. 늦은 봄날, 봄옷이 완성되면 어른 대여섯, 아이 예닐곱과 기수에서 목욕하고 무우에서 바람 쐬고 노래하며 돌아오고 싶습니다. 공자께서 한숨 쉬듯 탄식하며 말씀하셨다. 나는 점과 함께하겠다.

115

【집주】

四子侍坐 以齒爲序 則點當次對 以方鼓瑟 故孔子先問求赤而後及點也

네 사람이 모시고 앉아 있을 때 나이 순서로는 증점이 당연히 (자로) 다음에 대답해야 하지만 마침 거문고를 타고 있었던 까닭에 공자께서 먼저 구와 적에게 물어보시고 나중에 점에게 물으셨다.

【세주】

張存中曰 史記 仲尼弟子傳 仲由 字子路 卞人也 少孔子九歲 曾點 字晳 與子參皆侍孔子 冉求 字子有 仲弓之族也 少孔子二十九歲 公西赤 字子華 魯人 少孔子四十二歲 按史記家語 載曾參少孔子四十六歲 則曾點 必少孔子十餘歲 合居子路之次

장존중이 말했다. 『사기』「중니제자열전」에 보면, 중유는 자가 자로이고 변나라 사람으로 공자보다 9세 어렸다. 증점은 자가 석이고 아들 증삼과 함께 모두 공자를 모셨다. 염구는 자가 자유이고 중궁의 족속으로 공자보다 29세 어렸다. 공서적은 자가 자화이고 노나라 사람으로 공자보다 42세 어렸다. 『사기』나『(공자)가어』를 살펴보면 증삼은 공자보다 46세 어리다고 실려 있으니, 증점은 틀림없이 공자보다 10여 세 어렸을 것으로, 자로의 다음에 해당되는 것이 맞다.

【집주】

希 間去聲 歌也 作 起也 撰 具也

'희'는 '간간이'이다. '작'은 일어나는 것이다. '선'은 갖추는 것이다.

【세주】

朱子曰 曾點所見 不同 方侍坐之時 見三子言志 想見有些下視他幾箇 作而言曰 異乎三子者之撰 看其意 有鳳凰翔于千仞底氣象

주자가 말했다. 증점의 소견은 달랐다. 바야흐로 모시고 앉아 있을 때 세 사람이 뜻을 말하는 것을 보고 아마도 그들을 약간 낮추어본 것이 조금 있었던 것 같다. 일어나 말하기를 '세 사람이 한 말과는 다르다'라 했으니, 그 뜻을 보면 봉황이 천 길 낭떠러지를 비상하는 기상이 있다.

【집주】

莫春 和煦之時 春服 單袷音夾之衣

'막춘'은 햇볕이 따스히 비추는 때이다. '춘복'은 홑옷이나 겹옷이다.

【세주】

新安陳氏曰 單 單衣 袷 袷衣 至此時 則衣無絮也

신안 진씨가 말했다. '단'은 홑옷이고 '겹'은 겹옷이다. 이때에 이르면 옷에 솜을 두지 않는다.

【집주】

浴 盥音管濯也 今上巳祓音拂除 是也

'욕'은 목욕이다. 지금 (3월) 상사일의 불제(목욕)가 그것이다.

【세주】

問 浴之爲盥濯祓除 朱子曰 漢志 三月上巳 祓除 官民 潔於東流水上 而蔡邕 引此爲證 是也 韓愈 李翶 疑裸身出浴之非禮 而改浴爲沿 不察此耳

'욕'이 목욕이나 불제가 되는 것에 관해 물었다. 주자가 답했다. 한지(『후한서』, 「예의지」)에 3월 상사일에 불제하는 데 관민이 동쪽으로 흐르는 물에서 씻는다 한 것과 채옹이 이를 인용해 ('욕'이 목욕임의) 증거로 삼은 것이 그 예이다. 한유와 이고는 알몸으로 목욕 나가는 것이 예가 아니라고 생각해 '욕'을 '연(강가)'으로 고쳤지만, 이를 살피지 못한 것일 뿐이다.

【집주】

沂 水名 在魯城南 地志 以爲有溫泉焉 理或然也 風 乘涼也 舞雩 祭天禱雨之處 有壇墠音善樹木也 詠 歌也 曾點之學 蓋 有以見夫音扶 人欲盡處 天理流行 隨處充滿 無少欠闕

'기'는 강 이름이다. 노나라 성 남쪽에 있다. 지리지에 온천이 있다 했는데, 이치상 혹 그럴 법하다. '풍'은 시원함을 누리는 것이다. '무우'는 하늘에 제사지내 비를 비는 곳으로, 제단이 있고 나무가 있다. '영'은 노래하는 것이다. 증점의 학문은 대개 '인욕이 다한 곳에 천리가 유행해 곳곳마다 가득 차 조금의 흠결도 없음'을 본 바가 있었다.

【세주】

新安陳氏曰 此等句 皆是就本文反復玩味 以想像曾點胸次 而於無中 形容出有來

신안 진씨가 말했다. 이런 구절은 모두 본문을 반복 감상해 증점의 가슴속을 상상함으로써 (본문에는) 없는 것 가운데로부터 형용해낸 것이다.

【집주】

故 其動靜之際 從七容反容如此

그런 까닭에 움직이거나 가만히 있을 때 조용하기가 이와 같았다.

【세주】

朱子曰 曾點 都不待著氣力說 只是他 見得許多自然道理 流行發見 觸處皆是 但擧其一事而言之耳 看他 鼓瑟希鏗爾舍瑟而作 從容暇豫 悠然自得處 無不是這箇道理 今人讀之 只做等閑說話 當時 記者 亦是多少仔細 又曰 門人 詳記舍瑟事 欲見其從容不迫灑落自在之意耳

주자가 말했다. 증점은 전혀 기를 쓰고 힘을 써 말할 필요가 없었다. 그는 '허다한 자연의 도리가 흘러 드러나니, 닿는 곳마다 모두 그러하다(천리이다)'는 것을 알았을 뿐으로, 단지 그 하나의 사례를 들어 말한 것뿐이었다. 그가 간간이 거문고를 타다가 쟁그렁 하고 거문고를 내려놓고 일어선 것을 보면, 조용하고 여유로워 유연히 자득한 것이 이 도리가 아님이 없었다. 요즈음 사람들은 이를 읽고 단지 한가한 이야기로 여길 뿐이지만, 당시 (이 구절을) 기록한 자는 역시 꽤나 자세했다(자세히 기록했다). 또 말했다. 문인이 거문고 내려놓은 일을 자세히 기록한 것은 그 조용하고 급박하지 않고 초연하고 유유자적한 뜻을 드러내려 한 것일 뿐이다.

○慶源輔氏曰 理欲 不兩立 須是人欲淨盡 然後天理自然流行 隨事隨處 不待勉强用力 自無纖毫欠缺處 然 惟聖人 心與理一 而後能體用兼備 自然而然 若曾晳 則以天資之高 而於此有見焉耳 故 集註 著有以見夫四字 便自斷得曾晳所學之分量分曉 與後面程子所謂 曾點狂者 未必能爲聖人之事 而能知夫子之志之說 相應

경원 보씨가 말했다. 천리와 인욕은 양립할 수 없다. 반드시 인욕이 깨끗이 사라진 다음에야 천리가 자연히 흘러, 어떤 일이든 어떤 경우든 억지로 애쓰지 않고도 저절로 털끝만 한 흠결도 없게 된다. 그러나 오직 성인만이 마음과 이치가 하나이고, 그런 후에야 체와 용이 겸비되어 저절로 그러하다. 증석의 경우는 선천적 자질이 높기 때문에 이에 대해 본 바가 있었을 뿐이다. 그런 까닭에 집주에서는 '유이견부(본 바가 있었다)' 네 글자를 썼으니 이로부터 증석이 배운 바의 분량을 분명하게 판단할 수 있다. (집주의 이 견해는) 뒤에 정자가 말한 '증점은 광자(광간한 자, 즉 뜻은 높지만 거칠고 소홀한 자)여서 꼭 성인의 일을 할 수 있는 것은 아니고 공자의 뜻을 알 수는 있었을 것'이라는 설과 상응한다.

【집주】
而其言志 則又不過卽其所居之位 樂音洛其日用之常 初無舍上聲己爲去聲人之意

그 말한 뜻은 또 처한 자리(증점 자신의 당시의 처지)에 근거해 일상을 즐기는 것에 불과했을 뿐, 애초부터 나를 버리고 남을 위하는 마음은 없었다.

【세주】
胡氏曰 卽其所居至之常者 莫春融和之時 沂水祓除之事 與其朋儕游泳自得 乃其分所宜爲 而目前所可爲也 初無舍己爲人之意者 如必得國而治之 然後見其用 則在我者輕 在人者重 人必知我 則有以自見 人不我知 則將無所用於世矣 此 點所以異於三子也

호씨가 말했다. '거처하는 바의 지극히 일상적인 것에 근거했다'는 것은 늦은 봄 따뜻한 시절에 기수에서 목욕하는 일을 친구들과 함께 유영하면서 스스로 만족했다는 것이니, 곧 그 분수에 마땅히 해야 하는 일이었고 목전(그 당시로서)의 할 수 있는 일이었다. '애초부터 나를 버리고 남을 위하는 마음은 없었다'는 것은, [세 사람의 경우는] 만약 반드시 나라를 얻어 다스린 연후에야 쓰임새(유용함)가 드러난다면 나에게 있는 것은 가볍고 남에게 있는 것은 무거운 것이지만, [그와는 달리 증점의 경우는] 남이 나를 꼭 알아주면 저절로 드러나지만 남이 나를 몰라주면 장차 세상에 쓰이는 바가 없다는 것이다. 이는 증점이 세 사람과 다른 점이다.

【집주】
而其胷次悠然 直與天地萬物 上下同流 各得其所之妙 隱然自見形甸反於言外

그 가슴속이 유연하여 '진정 천지 만물과 더불어 아래위로 같이 흘러 각각의 사물이 그 마땅한 바를 얻는 오묘함'이 은연중에 저절로 말 밖으로 드러났다.

【세주】

新安陳氏曰 直與 至於之妙 作一句 細分之 上下同流 接天地字 各得其所 接萬物字

신안 진씨가 말했다. '직여(진정 더불어)'에서 '지묘(~의 오묘함)'까지가 한 구절이 된다. 자세히 나누어보면, '상하동류(아래위로 같이 흘러)'는 '천지'와 연결되고 '각 득기소(각각이 그 마땅한 바를 얻음)'는 '만물'과 연결된다.

○集註 此一節 二十二字 又是自無形容出有來 其言外之妙趣 不可以尋常 解書訓詁體貼之例求之 必待學力進 眼目高後 自然默會之 可也

집주 이 구절의 22글자(與天地萬物에서 自見於言外까지)는 또 (경문에) 없는 것으로부터 형용해낸 것이니 그 언외의 오묘한 의의는 보통의 해석이나 훈고, 체첩(짐작하기)의 방식으로는 찾을 수 없다. 반드시 배움의 힘이 진보하고 안목이 높아지기를 기다린 연후에 자연히 말없이 이해하는 것이 옳다.

○慶源輔氏曰 卽其所居之位 則無出位之思 樂其日用之常 則無作意之爲 便見得曾點不願乎外 無入而不自得之意 初無舍己爲人之意 說得點之事實 胷次悠然以下數句 又形容得點之樂處 集註 此一段 凡三次改削 然後見得 如此平實 學者 當深味之

경원 보씨가 말했다. 그 평소의 처지에 근거했다는 것은 처지를 넘어서는 생각이 없었다는 것이고 일상의 삶을 즐겼다는 것은 의도적인 행위가 없었다는 것이니 곧 증점이 바깥을 바라지 않았고 들어가면(말을 들으면) 자득하지 않는 것이 없었다는 뜻임을 알 수 있다. '애초부터 나를 버리고 남을 위하려는 생각이 없었다'는 것은 증점의 실제를 잘 말한 것이다. '가슴속이 유연하여' 이하의 몇 구절은 또 증점이 즐겼던 것을 잘 형용했다. 집주의 이 한 단락은 모두 세 번 고쳤는데, 그런 연후에 이처럼 평실(모난 것이 없고 실질적임)해졌다. 배우는 자는 마땅히 깊이 음미해야 한다.

【집주】

視三子 規規於事爲之末者 其氣象不侔矣 故 夫子嘆息而深許之 而 門人 記其本末獨加詳焉 蓋 亦有以識此矣

세 사람이 사위(현실의 실제적인 일)의 말단에 구구하게 매여 있는 것과 비교하면 그 기상이 같지 않았다. 그런 까닭에 공자께서 탄식하고 깊이 인정하셨다. 문인들이 그 일의 처음부터 끝까지를 유독 상세하게 기록했으니, 대개 또한 이에 대해 깨달은 바가 있었던 것이다.

【세주】

朱子曰 曾點 見得事事物物上 皆是天理流行 良辰美景 與幾箇好朋友行樂去 日用之間 莫非天理 在在處處 莫非可樂

주자가 말했다. 증점은 모든 사물이 모두 천리의 유행임을 알아, 좋은 날 아름다운 풍광을 몇몇 좋은 친구들과 함께 즐겁게 나들이했으니, 일상에는 천리가 아님이 없었고 있는 곳곳마다 즐길 만하지 않은 곳이 없었다.

○問 夫子 何以與點也 曰 方三子之競言所志也 點 獨鼓瑟其間 漠然若無聞者 及夫子問之 然後瑟音少間 乃徐舍瑟起對焉 而悠然遜避 若終不肯見所爲者 及夫子慰安之 然後不得已而言 而其志之所存 又未嘗少出其位 蓋澹然若將終身焉者 此 夫子所以與之也 曰 何以言其與天地萬物同流各得其所也 曰 莫春之日 生物暢茂之時也 春服旣成 人體和適之候也 冠者五六人 童子六七人 長少 有序而和也 沂水舞雩 魯國之勝處也 旣浴而風 又詠而歸 樂而得其所也 夫 以所居之位而言 其樂 雖若止於一身 然 以心而論 則固藹然天地生物之心 聖人對時育物之事也 夫 又安有物我內外之間哉 程子 以爲與聖人之志同 便是堯舜氣象者 正謂此也 或曰 曾晳胷中 無一毫事 列子馭風之事近之 然乎 曰 聖賢之心 所以異於佛老 正以無意必固我之累 而所謂天地生物之心 對時育物之事者 未始一息之停 若但一曠然無所倚著 而不察乎此 則亦何以異於虛無寂滅之學 而豈聖人之事哉

물었다. 공자께서는 어째서 증점과 함께하고자 하셨습니까? 답했다. 바야흐로 세 사람이 뜻한 바를 다투어 말하고 있는데 증점은 홀로 그 사이에 거문고를 타면서 마치 듣지 못한 듯 조용히 있었다. 공자께서 물으신 연후에야 거문고 소리를 잠시 쉬고 천천히 거문고를 내려놓고 일어나 대답했는데, 유연하고 겸손한 것이 마치 그 행위(하고 싶은 일)를 끝까지 드러내려 하지 않는 듯했다. 공자께서 (괜찮다고) 다독이신 연후에야 부득이해서 말했는데, 그 뜻 둔 바는 또 그 처지를 조금도 벗어나지 않아 대개 담담히 장차 종신토록 그리할 것처럼 했다. 이것이 공자께서 함께하고자 하신 이유이다. 물었다. 어째서 '천지 만물과 더불어 같이 흘러 각각이 그 마땅한 바를 얻는다'라 합니까? 답했다. 늦은 봄날은 산 것들이 무성한 시기이다. 봄옷이 완성되는 때는 사람 몸에 따스하고 쾌적한 기후이다. 성인 5~6인과 어린아이 6~7인(과 같이한다는 것)은 노소의 질서가 있고 조화로운 것이다. 기수와 무악은 노나라의 경치 좋은 곳이다. 목욕하고 바람 쐬고, 또 노래하며 돌아오는 것은 즐기되 그 마땅한 바를 얻은 것이다. 무릇 그 처한 자리(당시의 처지)로 말하자면 그 즐거움은 비록 일신에 그치지만, 마음으로 논하자면 참으로 무성한 천지가 사물을 살리는 마음이고 성인이 때맞추어 사물을 키우는 일이다. 무릇 또 어찌 남과 나, 안과 밖의 틈이 있으리오. 정자가 '성인과 뜻이 같아 요순의 기상이다'라 한 것은 바로 이를 말함이다. 혹자가 물었다. 증석의 마음속에 터럭만 한 하나의 일도 없었다는 것은 열자의 '바람을 부리는 일'과 비슷합니다. 그렇습니까? 답했다. 성현의 마음이 불교나 노장과 다른 것은 바로 사사로운 뜻도 없고, 꼭 그러려는 것도 없고, 정체되는 것도 없고, 이기심도 없지만, 소위 '천지가 사물을 살리는 마음과 때맞추어 사물을 키우는 일'은 한순간도 멈춘 적이 없다는 점이다. 만약 단지 공허하게 아무것에도 의존하지 않으면서 이(천지생물지심과 대시육물지사는 멈추지 않는다는 점)를 살피지 못하면 또한 허무적막의 학(불교나 노장)과 다를 것이 무엇이겠으며, 또 어찌 성인의 일이리오.

○這道理 處處都是 事父母 交朋友 都是這道理 接賓客 是接賓客道理 動靜語默 莫非道理 天地之運 春夏秋冬 莫非道理 人之一身 便是天地 只緣人爲人欲隔了 自看此意思不見 如曾點 却被他超然看破這意思 夫子 所以喜之

이 도리는 어디서나 항상 옳다. 부모를 모시고 벗을 사귀는 것도 모두 이 도리이다. 손님을 맞는 것은 손님 맞는 도리이다. 움직임과 고요함, 말함과 침묵함 모두 도리가 아닌 것이 없다. 천지가 운행해 봄 여름 가을 겨울이 되는 것도 도리 아닌 것이 없다. 사람의 일신은 곧 천지이다. 다만 인위와 인욕에 가로막힌 까닭에 스스로 이 의미를 (제대로) 보지 못한다. 증점의 경우는 그에 의해 초연히 이 의미가 간파되었으니, 공자께서는 그런 까닭에 기뻐하셨다.

○孔子與點 與聖人之志同者 蓋 都是自然底道理 安老懷少信朋友 自是天理流行 觸處皆是 暑往寒來 山川流峙 父子有親君臣有義之類 無非這道理 如學而時習之 亦是窮此理 孝弟 仁之本 亦是實此理 所以貴乎格物者 是物物上皆有此理 此 聖人事 點 見得到蓋事事物物莫非天理 初豈是安排得來 安排時便湊合不著 這處 便有甚私意來 自是著不得私意 聖人 見得只當閑事 曾點 把作一件大事來說 他 見得這天理隨處發見 處處皆是天理 所以 如此樂

공자께서 증점과 함께하고자 하신 것은 성인(공자 자신)과 뜻이 같다는 것으로, (그것은) 대개 모두 자연의 도리이다. '늙은이를 편안하게 하고 어린이를 보듬어 주고 친구에게 믿음 있게 하는 것'은 본디 '천리가 흘러 닿는 곳마다 모두 그러함(천리임)'이고, '더위가 가고 추위가 오는 것', '산이 우뚝 솟고 물이 흐르는 것', '부자는 친함이 있고 군신은 의가 있음' 같은 것도 이 도리가 아닌 것이 없다. '배우고 때때로 익힘' 또한 이 도리를 궁구하는 것이고 '효제는 인의 근본'이라 하는 것 역시 이 도리를 실천하는 것이다. 격물(사물을 궁구해 깨우침)을 귀히 여기는 까닭은 사물 하나하나에 모두 이 도리가 있기 때문이다. 이는 성인의 일이다. 증점은 대개 모든 사물이 천리가 아닌 것이 없다는 것을 깨닫기에 이르렀으니 애초 어찌 안배(이리저리 생각해 맞추어봄)해 얻었으리오. 안배하는 경우에는 곧 제대로 들어맞지 않으니, 여기서(안배함으로부터) 곧 어떤 사사로운 뜻이 나오는 것으로, 본디 사사로운 뜻을 가져서는 안 되는 것이다. 성인께서는 [증점이 말한 이런 일들을] 다만 한가한 일로 보셨고, 증점은 (이를) 하나의 큰일로 여겨 말한 것이다. 그는 이 천리가 곳에 따라 발현되어 곳곳이 모두 천리임을 알았기에 이처럼 즐거워했다.

○ 曾點 見得道理大 所以 堯舜事業優爲之 視三子規規於事爲之末 固有間矣 是 他見得聖人氣象如此 雖超乎事物之外 而實不離乎事物之中 是箇無事無爲底道理 却做有事有爲之功業 天樣大事也做得 鍼樣小事也做得 此所謂大本 所謂忠 所謂一者 是也

증점은 도리가 크다는 것을 보았기에 요순의 일을 넉넉히 해냈으니 세 사람이 구구하게 사위(현실의 실제적인 일)의 말단에 매여 있는 것과 비교하면 본디 차이가 있다. 이는 그가 성인의 기상이 이와 같다는 것을 안 것이다. [성인의 기상은] 비록 사물의 바깥으로 초월한 것 같지만 실은 사물의 가운데에서 떠나지 않으니, 무사무위(아무것도 일삼지 않고 아무것도 의도적으로 하지 않음)의 도리가 오히려 유사유위(실질적인 일을 해내고 실질적인 업적을 냄)의 공업을 이루어내는 것으로서, 하늘 같은 큰일도 해낼 수 있고, 바늘 같은 작은 일도 해낼 수 있다. 이것이 소위 '대본(큰 근본)'이요, 소위 '충(내면의 진실성)'이요, 소위 '하나(일이관지한다 할 때의 그 하나, 즉 완전하고 포괄적인 하나의 원리)', 바로 그것이다.

○ 曾點氣象 固是從容灑落 然 須見得他因甚到得如此 始得 若見得此意 自然見得他做得堯舜事業處 不可以一事言也

증점의 기상은 본디 조용하고 초연했다. 그러나 반드시 그가 무엇에 기인해 이처럼 깨달았는지를 알아야 비로소 옳다. 만약 이 뜻을 안다면 그가 요순의 일을 해냈다는 것이 하나의 일로만 말할 수 없는 것임[단순히 본 장에 나온 일 하나만으로 그렇게 말하는 것이 아님]을 자연히 알 수 있다.

○ 曾點 見道無疑 心不累事 其胷次灑落 有非言語所能形容者 故 雖夫子有如或知爾之問 而其所對 亦未嘗少出其位焉 蓋 若將終身於此者 而其語言氣象 則固位天地育萬物之事也

증점은 도를 알아 의혹이 없고 마음이 일에 매여 있지 않아, 그 가슴속이 초연함은 말로 형용할 수 없는 것이 있었다. 그러므로 비록 공자께서 '만약 너를 알아준다면'이라고 질문하셨지만, 그 대답 또한 그 처지를 조금이라도 넘어선 것이 없었다. 대개 마치 종신토록 이(이런 처지)에 있을 것처럼 했지만 그 말과 기상은 본디 천지가 제자리에 서고 만물을 키우는 일이었다.

○ 曾晳 不曾見他工夫 只是天資高 如夫子說 吾黨之小子 狂簡 斐然成章 不知所以裁之 這 便是狂簡 如莊列之徒 皆是 他自說得恁地好 所以 夫子 要歸裁正之 若是不裁 只管聽他恁地 今日也浴沂詠歸 明日也浴沂詠歸 却 做甚麼合殺

증석은 그의 공부를 드러낸 적이 없다. 다만 선천적 자질이 높았을 뿐이다. 예컨대 공자께서 "내 고향의 제자들은 광간하여 찬란하게 문리를 이루기는 했으나 잘라야 할 바를 알지 못한다(『논어』5, 「공야장」 22장)"라 하신 것, 이것이 곧 광간이니 장자나 열자의 무리가 모두 이것이다. 그(증점)가 스스로 그렇게(마치 장자나 열자처럼) 잘 말했기에 공자께서 돌아가 잘라 바로잡고자 하셨다. 만약 잘라주지 않으시고 단지 그가 그렇다는 것을 듣기만 하시면 오늘도 기수에서 목욕하고 노래하며 돌아오고 내일도 기수에서 목욕하고 돌아올 것이니 무슨 결말을 내겠는가?

○ 曾點與三子 只是爭箇粗細 曾點與漆雕開 只是爭箇生熟 曾點 說得驚天動地 開 較穩貼 三子在孔門 豈全不理會義理 只是較粗 不如曾點之細

증점과 세 사람은 다만 거침과 세밀함의 차이만 있을 뿐이고, 증점과 칠조개는 다만 날 것과 익은 것의 차이만 있을 뿐이다. 증점은 경천동지하게 말했고 칠조개는 비교적 온건하게 말했다. 세 사람은 공자의 문하에 있었으니 어찌 의리를 전혀 이해하지 못했겠는가. 다만 비교적 거칠어서 증점의 세밀함만 못했을 뿐이다.

○ 爲學與爲治 只是一統事 他日之所用 不外乎今日之所存 三子 却分作兩截看了 如治軍旅治財賦治禮樂 與凡天下之事 皆學者所當爲 須先教自家身心得無欲 直得淸明在躬 志氣如神 則天下無不可爲之事矣

공부하는 것과 정치하는 것은 단지 하나의 통합된 일일 뿐이다. 다른 날(미래에) 쓰이는 것은 오늘날 보존한 것 이외의 것이 아닌데, 세 사람은 오히려 (이를) 두 쪽으로 나누어보고 말았다. 예컨대 군대를 다스리는 것이나 재정을 다스리는 것이나 예악을 다스리는 것, 그 외 모든 천하의 일은 모두 배우는 자가 마땅히 해야할 일이지만, 모름지기 먼저 자신의 몸과 마음에 욕심이 없도록 해야 한다. 진정 맑음(도덕)과 밝음(지식)이 제 몸에 있어 지기(뜻과 기상)가 귀신과 같아지면 천하에 못할 일이 없다.

○ 曾點 以樂於今日者對 三子 以期於異日者對 學者 須是有三子之事業 又

有曾點之襟懷 方始不偏 蓋 三子 是就事上理會 曾點 是見得大意 曾點 雖見大意 又少却事上工夫 三子 雖就事上學 又無曾點脫灑意思

증점은 지금의 즐거움을 가지고 대답했고, 세 사람은 다른 날(미래)에 기약하는 것을 가지고 대답했다. 배우는 자는 반드시 이 세 사람의 사업이 있고 또 증점의 흉회(마음 속의 생각)가 있어야 비로소 치우치지 않은 것이다. 대개 세 사람은 일에 관해 이해한 것이고 증점은 대의를 본 것이다. 증점이 비록 대의는 보았지만 또 일에 관한 공부는 모자랐다. 세 사람은 비록 일에 관해 배웠지만 또 증점의 초연한 뜻은 없었다.

○ 新安陳氏曰 曾點所言 想正對莫春之時 使非對景而言 亦無意思 又按三子所言者 事功 其志 實而小 點所言者 理趣 其志 高而大 點 不及三子所行之實 三子 不及點所見之高 以一時所言觀之 三子 規規於事爲之末 而點 超然於理趣之高 宜夫子獨與之也 自今而論學者 必有曾點見處之高 以立其體 又有三子行處之實 以達於用 始爲無弊 不然 鮮不流於狂矣

신안 진씨가 말했다. 증점이 말한 바는 아마도 바로 늦은 봄 시절에 대한 것인 듯하다. 만약 풍광에 대해(늦은 봄 풍광으로 말미암아) 말한 것이 아니라면 역시 별 의미가 없다. 또 살펴보면, 세 사람이 말한 바는 사공(업적을 내는 실제적인 일)이니 그 뜻은 실질적이고 작다. 증점이 말한 바는 이취(이치의 의의)이니 그 뜻은 높고 크다. 증점은 세 사람의 소행의 실질적임에 미치지 못하고, 세 사람은 증점의 식견의 높음에 미치지 못한다. 한때 말한 것으로 보면 (여기서의 말로만 판단하면) 세 사람은 실제적인 일의 말단에 구구하게 매여 있고 증점은 이취의 고매함으로 초월해 있으니 공자께서 홀로(증점하고만) 함께하고자 하신 것이 당연하다. 오늘날의 입장에서 배우는 자를 논하자면, 반드시 증점의 견식의 고매함을 가져 그 몸체를 세우고 또 세 사람의 실천의 실질성을 가져 쓰임에 통달해야 비로소 폐단이 없게 된다. 그렇지 않으면 광(뜻만 높음)으로 흐르지 않는 경우가 드물다.

11.25-8 三子者出 曾晳後 曾晳曰 夫三子者之言 何如 子曰 亦各言其志也已矣 曰 夫子 何哂由也 夫三之夫 音扶

세 사람이 나가고 증석이 뒤처졌다. 증석이 물었다. 저 세 사람의 말은 어떻습니까? 공자께서 답하셨다. 또한 각각 그 뜻을 말한 것일 뿐이다. (증석이) 물었다. 선생님께서는 왜 자로에게 웃으셨습니까?

【집주】

點 以子路之志 乃所優爲 而夫子哂之 故 請其說

증점은 자로의 뜻이 (자로로서는) 넉넉히 해낼 만한 것인데도 공자께서 웃으셨기에 그 설명을 청했다.

11.25-9　曰 爲國以禮 其言不讓 是故 哂之

말씀하셨다. 나라는 예로 다스리는 것인데, 그 말이 (예에 맞지 않게) 겸손하지 않았다. 그래서 웃었다.

【집주】

夫子 蓋 許其能 特哂其不遜

공자께서는 대개 그 능함(잘할 수 있음)은 인정하셨고, 다만 그 불손함을 웃으셨던 것뿐이다.

【세주】

朱子曰 禮者 理之顯設 而有節文者也 言禮 則理 在其中矣

주자가 말했다. 예란 이치가 구체적으로 드러나 절문(성문화된 규범)이 있게 된 것이다. 예를 말하면 이치가 그 안에 포함된다.

11.25-10　唯求 則非邦也與 安見方六七十如五六十 而非邦也者 與 平聲 下同

(증점이 물었다.) 구(염유)는 나라가 아닙니까(구가 한 말은 나라 다스리는 일이 아닙니까)? (공자께서 답하셨다.) 사방 60~70리나 50~60리 되는 것이 어찌 나라 아닌 것이 있겠는가.

【집주】

曾點 以冉求 亦欲爲國而不見哂 故 微問之 而夫子之答 無貶辭檢反詞
蓋 亦許之

증점은 염구 또한 나라 다스리기를 원했는데도 웃음을 당하지 않았기에 은근히 물어보았는데, 공자의 답변에는 폄하하는 말씀이 없었다. 대개 또한 인정하신 것이다.

11.25-11 唯赤則非邦也與 宗廟會同 非諸侯而何 赤也爲之小 孰能爲之大

적은 나라가 아닙니까? 종묘와 회동이 제후의 일이 아니고 무엇이랴. 적이 작다고 한다면 누구를 크다 할 수 있으랴.

【집주】

此 亦曾晳問 而夫子答也 孰能爲之大 言無能出其右者 亦許之之詞

이 또한 증석이 묻고 공자께서 답하신 것이다. '누구를 크다 할 수 있으랴'라는 말은 그(적)보다 뛰어날 수 있는 자는 없다는 말씀이니, 또한 인정하시는 말씀이다.

○ 程子曰 古之學者 優柔厭飫 有先後之序 如子路冉有公西赤 言志如此 夫子許之亦以此 自是實事 後之學者 好去聲高 如人游心千里之外 然 自身 却只在此

정자가 말했다. 옛날의 배우는 자들은 편안하게 노닐고 넉넉히 즐겨 선후의 순서가 있었다. 자로나 염유나 공서적의 경우는 이처럼 그 뜻을 말했고 공자께서도 또한 그것을 인정하셨으니 본디 실질적인 일이기 때문이다. 후세의 배우는 자들은 고원한 것을 좋아하니, 마치 사람이 마음은 천 리 밖에 노닐면서 그 몸뚱이는 오히려 다만 여기에 있는 것과 같다.

【세주】

新安陳氏曰 此條 專言三子言志 平實 無高遠之弊

신안 진씨가 말했다. 이 구절은 오로지 세 사람이 말한 뜻이 평실(모나지 않고 실질적임)해서 고원한 것을 추구하는 폐단이 없었음을 말한 것이다.

【집주】

又曰 孔子 與點 蓋 與聖人之志同 便是堯舜氣象也 誠異三子者之撰 特行去聲有不掩焉耳 此 所謂狂也

또 말했다. 공자께서 증점과 함께하고자 하신 것은 대개 성인(공자)의 뜻과 같았기 때문으로, (그것은) 곧 요순의 기상이다. 진정 세 사람이 한 말과는 달랐지만 다만 실천이 (말을) 덮지 못한 것(말에 비해 실천이 따르지 않음)이 있었을 따름이다(『맹자』14, 「진심 하」 37장). 이것이 소위 광간함이다.

【세주】

問 曾點言志 如何是有堯舜氣象 朱子曰 明道言 萬物各遂其性 此句 正好看堯舜氣象 且看莫春時 物態舒暢如此 曾點情思 又如此 便是各遂其性處 堯舜之心 亦只是要萬物皆如此耳 然 曾點 却只是見得 未必能做得堯舜事 孟子所謂 狂士 其行不掩焉者也

물었다. 증점이 말한 뜻에 왜 요순의 기상이 있다 합니까? 주자가 답했다. 명도(정호)가 말하기를 '만물은 각각이 그 본성을 완수한다'라 했는데, 이 구절은 진정 요순의 기상을 잘 볼 수 있다. 또 늦은 봄의 시절을 보면 사물의 모습이 이처럼 피어나고, 증점의 생각도 또한 이와 같으니 곧 '각각이 그 본성을 완수함'이다. 요순의 마음 또한 단지 만물을 이처럼 되게 하려는 것일 뿐이다. 그러나 증점은 (이를) 알기는 했으나 아직 요순의 일을 꼭 해낼 수 있는 것은 아니었으니, 맹자가 말한 광사로서 실천이 (말을) 덮지 못하는 자이다.

○行有不掩 非言行背馳之謂 但行 不到所見處爾 曾點之學 無聖人爲之依歸 怕有老莊意思 也未便做老莊 只怕其流入於老莊

'실천이 (말을) 덮지 못한다'는 것은 언행이 배치된다는 말이 아니고, 다만 행이 본 바(지식)에 미치지 못한다는 것이다. 증점의 학문은 (만약) 귀의할 성인이 없었다면 노장의 뜻이 있을 우려가 있고, 또 곧장 노장이 되지는 않더라도 다만 노장으로 흘러갈 우려가 있다.

○三子所志 雖皆是實 然 未免局於一君一國之小 向上更進不得 若曾點所見 乃是大根大本 使推而行之 則將無所不能 雖其功用之大 如堯舜之治天下 亦可爲矣 蓋 言其所志者 大而不可量也 譬之於水 曾點之所用力者 水之源也 三子之所用力者 水之流也 用力於派分之處 則其功 止於一派 用力於源 則放之四海 亦猶是也 然 使點遂行其志 則恐未能掩其言 故 以爲狂者也

세 사람이 뜻한 바가 비록 실질적인 것이기는 하지만, 그러나 한 임금, 한 나라의 작음에 국한되는 것을 면하지는 못해, 위를 향해 다시 나아가지는 못했다. 증점의 소견은 곧 큰 근본이니 만약 밀고 나간다면 앞으로 하지 못할 것이 없어, 그 효능의 크기가 요순의 천하 다스림 같은 것도 또한 할 수 있다. 대개 그 뜻한 바를 말한 것이 커서 헤아릴 수 없다. 물에 비유하자면, 증점이 힘쓴 것은 물의 원천이고 세 사람이 힘쓴 것은 물의 흐름(지류)이다. 물결이 나누어진 곳(지류)에 힘을 쓰면 그 공은 그 한 지류에 그치고 만다. 원천에 힘을 쓰면 사해로 풀리더라도 또한 그러하다. 그러나 설사 증점으로 하여금 그 뜻을 실천하게 하더라도 아마도 그 말을 덮지는(제대로 다 실천하지는) 못했을 것이다. 그래서 광자라 하는 것이다.

○潛室陳氏曰 凡狂者 志高而行不副 謂其志高 故見大意 而聖人與之 謂其行不副 止於見大意 終不入聖人之室

잠실 진씨가 말했다. 무릇 광자는 뜻은 높지만 실천이 부응하지 않는다. '뜻이 높다'라 한 것은 이미 대의를 보았기에 성인께서 인정하셨다는 것이고, '실천이 부응하지 않는다'라 한 것은 대의를 보는 데 그치고 끝내 성인의 방에는 들어가지 못했다는 것이다.

【집주】
子路等 所見者 小 子路 只爲去聲不達爲國以禮道理 是以 哂之 若達 却便是這氣象也

자로 등이 본 것은 작다. 자로는 다만 나라 다스리는 것은 예로 한다는 도리를 깨닫지 못해, 이 때문에 웃음을 당했다. 만약 깨달았다면 곧 이 기상일 것이다.

【세주】
問 程子云 子路 只緣不達爲國以禮道理 若達 便是這氣象 如公西赤冉求二子 語言之間 亦自謙遜 可謂達禮者矣 何故却無曾點氣象 朱子曰 二子 只是曉得那禮之皮膚 曉不得那禮之微妙處 若曉得禮 便須見得箇天高地下

萬物散殊 而禮制行 流而不息 合同而化 而樂興焉底自然道理矣 曾點 却見
得這箇氣象 只是他見得了 便休 緣見得快 所以 不把當事 他若見得了 又
從頭去行 那裏得來

물었다. 정자가 말하기를 '자로는 다만 나라를 다스리는 것은 예로 한다는 도리
를 깨닫지 못했기 때문으로, 만약 깨달았다면 곧 이 기상일 것이다'라 했습니다.
공서적이나 염구 두 사람은 말하는 동안에 또한 스스로 겸손해 가히 예를 깨달은
자라 할 수 있는데도 무슨 까닭에 증점 같은 기상이 없는 것입니까? 주자가 답했
다. 두 사람은 다만 저 예의 껍질만 깨달았을 뿐이고 저 예의 미묘한 곳은 깨닫지
못했다. 만약 예를 깨달았다면 반드시 '하늘은 높고 땅은 낮고 만물은 흩어져 각
각 다르기에 예가 만들어져 행해지고, 흘러 그치지 않고 함께 화합해 동화되기에
음악이 일어나는(『예기』19, 「악기」)' 자연스러운 도리를 깨달았어야 한다. 증점
은 이 기상을 깨닫기는 했지만 단지 그는 깨닫고서는 곧 그만이었다. 빨리 깨달
았기 때문에 일을 맡아 하지 않았다. 그가 만약 깨닫고 또 처음부터 실행해나갔
다면 거기에 갈 수 있었을 것이다.

○問 三子 皆事爲之末 何故 子路達得 便是這氣象 曰 子路 才氣去得 他
雖粗暴些 纔理會這道理 便就這箇 比及三年可使有勇且知方上面 却是這
箇氣象 求赤二子 雖是謹細 却只是安排來底 又更是他才氣 小了 子路 是
甚麼樣才氣

물었다. 세 사람은 모두 실제적인 일의 말단인데, 무슨 까닭에 (유독) 자로만 깨
달으면 곧 이 기상이라 하는 것입니까? 답했다. 자로의 재주는 (그 경지로) 갈 수
있었다. 그는 비록 약간 거칠었지만 이 도리를 이해하기만 하면 이 '3년이 되면
용맹이 있게 하고 또 방향을 알게 할 수 있다'는 말의 위쪽으로 나아가(이 말의 수
준을 넘어서서) 이 기상이 있게 된다. 구와 적 두 사람은 비록 삼가고 세밀하지만
오히려 안배한(이리저리 꿰맞춘) 것일 뿐이고, 또 더욱이 그들의 재주는 작았다.
자로는 어떤 재주인가?

○問 子路 就使達得 却只是事爲之末 如何比得這箇 曰 若達時 事事都見
得是自然底天理 理會得道理 雖事爲之末 亦是理也 莫春者 春服旣成 何嘗
不是事爲來

물었다. 자로가 설사 깨닫는다 한들 실제적인 일의 말단에 불과한데 어찌 이것
(증점의 기상)과 비견될 수 있겠습니까? 답했다. 만약 깨달았다면 모든 일은 다
자연의 천리임을 깨달았을 것이다. 도리를 이해하면[도리를 이해한 자에게는] 비
록 실제적인 일의 말단이라 해도 또한 '이(理)'이다. '늦은 봄 봄옷이 이미 완성된

다'는 것 또한 어찌 실제적인 일이 아니겠는가?

○問 爲國 不循理 則必任智力 不任智力 則循理 不能出此二途 點 有見乎長育流行之體 天地萬物之理 所謂自然而然者 但吾不以私意擾之 則天地順序 而萬物各得其所 此 堯舜事業也 子路 則以才氣之勝 自以爲當敗壞不可支持之處 而吾爲之 亦能使之有成 子路 誠足以任此矣 然 不免有任智力之意 故 志氣激昂 而氣象勇銳 不若曾點之閒暇平和也 曰 是

물었다. 나라 다스리는 것은 이치를 따르지 않으면 반드시 지력(지혜의 힘)에 의존하게 되어 있고, 지력에 의존하지 않으면 이치를 따르게 되어 있으니 이 두 방식을 벗어날 수 없습니다. 증점은, '(만물을) 성장시키고 기르고 (만물로) 흘러가는 본체'와 '천지만물의 이치'는 이른바 저절로 그러한 것이니, 다만 내가 사사로운 뜻으로 흔들지 않으면 천지는 질서가 있고 만물은 각각 그 마땅한 바를 얻게 된다는 것을 보았습니다. 이것이 곧 요순의 일입니다. 자로는 재기가 승해, 무너져 버틸 수 없는 곳을 맡아 내가 하면 또한 능히 성취가 있게 할 수 있다고 스스로 생각했습니다. 진정 자로는 이 일을 맡을 수 있기는 합니다만, 그러나 지력에 의존하려는 뜻을 면하지는 못했습니다. 그러므로 (자로는) 기운이 격앙되고 기상이 용맹해서 증점이 한가하고 화평한 것만 못했습니다. 답했다. 옳다.

○到爲國以禮分上 便自理明 自然有曾點氣象

나라 다스리는 것을 예로 하는 수준에 도달하면 곧 저절로 이치에 밝아져 자연히 증점의 기상이 있게 된다.

○潛室陳氏曰 爲國以禮 則君君臣臣父父子子 事各當事 物各當物 終日在天理上 此 堯舜氣象

잠실 진씨가 말했다. 나라 다스리는 것을 예로 한다는 것은, 임금은 임금답고 신하는 신하답고 아버지는 아버지답고 자식은 자식다워(『논어』12, 「안연」11장), 일은 각각 그 합당한 방식으로 하고 사물은 각각 그 합당한 방식으로 대해 종일토록 천리 위에 있는 것이니 이는 요순의 기상이다.

○雲峯胡氏曰 以三子言之 子路 未達爲國以禮 求 於禮樂 不敢當 赤 則若有志於禮樂 而所言宗廟會同 禮之末耳

운봉 호씨가 말했다. 세 사람으로 말하자면, 자로는 나라 다스리는 것을 예로 한다는 것을 깨닫지 못했고, 구(염유)는 예악을 감히 감당할 수 없었고, 적(공서화)은 예악에 뜻이 있는 것 같지만 (그가) 말한 종묘나 회동이란 예의 말절일 뿐이었다.

【집주】

又曰 三子 皆欲得國 而治之故 夫子 不取

또 말했다. 세 사람은 모두 나라를 얻어 다스리려 했다. 그런 까닭에 공자께서 채택하지 않으셨다.

【세주】

新安陳氏曰 以夫子與點 分別而言之 故云 夫子不取 非謂夫子 眞不許其得國而治之也

신안 진씨가 말했다. 공자께서 증점과 함께하고자 하신 것과 차별을 두어 설명했기 때문에 '공자께서 채택하지 않으셨다'라 한 것이지, 공자께서 진짜로 나라를 얻어 다스리는 것을 허용하지 않으셨다는 말은 아니다.

【집주】

曾點 狂者也 未必能爲聖人之事 而能知聖人之志 故曰 浴乎沂風乎舞雩詠而歸 言樂音洛而得其所也 孔子之志 在於老者安之朋友信之少去聲者懷之 使萬物莫不遂其性 曾點知之 故 孔子 喟然嘆曰 吾與點也

증점은 광간한 자이다. 성인의 일을 꼭 해낼 수 있는 것은 아니지만 성인의 뜻은 알 수 있었다. 그래서 '기수에서 목욕하고 무우에서 바람 쐬고 노래하며 돌아오겠다'고 말했으니, 즐거움을 말한 것이 그 마땅한 바를 얻었다. 공자의 뜻은 '늙은이는 편안하게 하고 친구는 믿게 하고 어린이는 보듬어준다'는 데 있었으니 그 본성을 완수하지 못하는 만물이 하나도 없게 하시려는 것이었다. 증점은 이를 알았기 때문에 공자께서 한숨 쉬듯 탄식하시며 '나는 증점과 함께하겠다'라 하셨다.

【세주】

朱子曰 曾點 是他見得到日用之間 無非天理流行 無虧無欠 是自然如此 充其見 便是孔子老者安之朋友信之少者懷之底意思 惟曾點 便見得到這裏 聖人 便做得到這裏

주자가 말했다. 증점은 일상의 생활에서(의 모든 것이) 천리의 유행이 아님이 없고, 이지러짐도 흠결도 없어 자연히 그러하다는 것을 알았다. 그 앎을 (더) 확충한다면 곧 공자의 '늙은이는 편안하게 하고 친구는 믿게 하고 어린이는 보듬어준다'는 뜻이 된다. 다만 증점은 여기(이 뜻)에 앎이 미치기만 했고, 성인께서는 이를 해내셨다.

【집주】
又曰 曾點 漆雕開 已見大意
또 말했다. 증점과 칠조개는 이미 대의를 알았다.

【세주】
朱子曰 他見得這箇大綱意思 於細密處 未必便理會得 如千兵萬馬 他只見得這箇 其中隊伍 未必知

주자가 말했다. 그는 이 대강의 의미를 안 것이지 세밀한 곳에 대해서는 꼭 완전히 이해한 것은 아니다. 예컨대 천군만마에 대해, 그는 그것을(그것이 군대라는 것을) 알기는 했지만 그중의 (각각의 모든) 대열에 대해 꼭 다 안 것은 아니다.

○曾點見 雖高 漆雕開 却確實
증점의 견식은 비록 높았지만 칠조개는 오히려 확실했다.

○點與參 相反 父子間爲學 大不同 點 天資高明 用志遠大 故 能先見其本 往往於事爲間 有不屑用力者 參也 三省 隨事用力 旋旋挃去 一貫之說 必待夫子告之 而後知 然 一唯之後 本末兼該 體用全備 一是從下做到 一是從上見得 故 傳道之任 不在其父 而在其子 虛實之分 學者 必有以辨之

(증)점과 (증)삼은 서로 반대된다. 아버지(증점)와 아들(증삼)의 공부 방식은 크게 다르다. 증점은 선천적 자질이 고명하고 뜻을 쓰는 것이 원대했던 까닭에 능히 그 근본을 먼저 보았지만 실제적인 일에 있어서는 힘쓰기를 달가워하지 않는 점이 왕왕 있었다. 증삼은 (하루) 세 번 반성하면서 일에 따라 힘을 써 이리저리 힘들게 해나갔으니 일관의 설(나의 도는 하나로 꿰뚫는다는 공자의 말씀)은 반드시 공자께서 알려주신 후에야 비로소 알게 되었다. 그러나 한 번 '예' 하고 대답한 이후에는 본말이 함께 갖추어지고 체용이 완전히 갖추어졌다. 하나(증삼)는 아래로부터 (실천)해 도달한 것이고 하나(증점)는 위로부터 (지식을) 안 것이다. 그런 까닭에 도를 전하는 임무는 아버지에게 맡겨지지 않고 아들에게 맡겨졌다. 헛된 것과 실질적인 것의 구분에 관해, 배우는 자는 반드시 분별함이 있어야 할 것이다.

○問 孔門英才 多矣 何爲不得乎此 而點 獨得之 回參 不必類乎點也 而又獨得斯道之傳 何也 勉齋黃氏曰 資稟高 則不局於卑 志量大 則不溺於小

見識明 則異說不能惑 趣向正 則外誘不能移 此 點之學 所以人不能及也 人品不同 則學之志 亦異 人爲技藝之學者 有一見而超然解悟 有終日矻矻 而竟無所得者 亦無怪點之獨得也 若顔子 則其資稟志量見識趣向 當無異 乎點 而深厚沈潛淳實中正 必有過於點者 故 其見雖同 而其得則異於點也 點之子參 其見 不及乎晳 而其學 則近於回 以其用力之篤 則遂與回等 而 非點所及也 曰 晳之不及乎回參 而卒未免爲狂者之歸 何也 曰 天下之理 固根於人心 而未嘗不形見於事物 爲學之方 固當存養乎德性 而亦不可不 省察乎實行 夫 是以 精粗不遺 而表裏相應 內外交養 動靜如一 然後 可以 爲聖學之全功也 點之志則大 質則高 識則明 趣則遠 然 深厚沈潛淳實中正 之意 有不足焉 則見高而遺卑 見大而略小 見識有餘 而行不足 趣向雖正 而行則違 此 所以不及乎回參也 雖然 自回參而論之 點 誠有未至 自學者 論之 點之所見 豈可忽哉 規規翦翦於文義之間 事爲之末 而胷中 無所見焉 恐未易以狂語點也

물었다. 공자 문하의 영재는 많습니다. 어찌 (그들은) 이를 얻지 못하고 증점만이 홀로 얻었습니까? 안회나 증삼은 꼭 증점과 비슷한 것은 아닌데 또 유독 이 도의 정전(정통의 전수)을 얻은 것은 무엇 때문입니까? 면재 황씨가 답했다. 자질이 높으면 낮은 것에 국한되지 않고, 국량이 크면 작은 것에 빠지지 않고, 견식이 밝으면 이단의 설이 미혹시키지 못하고, 지향이 바르면 바깥의 것이 (그 지향을) 옮기지 못한다. 이것이 다른 사람들이 증점의 학문에 미칠 수 없는 까닭이다. 인품이 다르면 배우려는 뜻 또한 다르다. 사람이 기예를 배우는 경우, 한 번 보고 훌쩍 깨닫는 자도 있고 하루 종일 끙끙대도 결국은 얻지 못하는 자도 있다. 그러니 증점 홀로 얻은 것이 이상할 것도 없다. 안자의 경우는 그 자질 국량 견식 지향은 당연히 증점과 다를 것이 없었고, 심후(깊고 두터움)하고 침잠(학문의 세계에 깊이 잠김)하고 순실(독실함)하고 중정(적절하고 바름)한 것은 틀림없이 증점보다 나은 것이 있었다. 그러므로 그 본 것은 비록 같으나 그 얻은 것은 증점과 달랐다. 증점의 아들 증삼은 그 앎은 증석(증점)에 미치지 못했지만 그 배움은 안회에 가까웠고 독실하게 힘쓰는 것은 마침내 안회와 같았으니 증점이 미칠 바가 아니었다. 물었다. 증석이 안회와 증삼에 미치지 못했다고 해서 졸지에 광간한 자로 귀착되는 것을 면하지 못한 것은 무슨 까닭입니까? 답했다. 천하의 이치는 본디 사람의 마음에 뿌리를 두고 있지만 사물에 드러나지 않는 경우가 없다. 공부의 방법은 본디 덕성을 존양하는 데 있지만 또한 실행을 성찰하지 않을 수는 없다. 무릇 이런 까닭에 정밀한 것과 거친 것을 빠뜨리지 않아서 안과 밖이 같이 길러지고 움직임과 고요함이 하나같아진 연후에야 성스러운 학문의 완전한 성과라 할 수 있다. 증점의 뜻은 크고 자질은 높고 견식은 밝고 지향은 원대하지만 심후하고 침잠하고 순실하고 중정한 뜻은 부족함이 있었다. 그러니 높은 것은 보았지만 낮은 것은 빠뜨렸고, 큰 것은 보았지만 작은 것은 무시했고, 견식은 넉넉했지만 실행은 부족했고, 지향은 비록 올바르지만 행동은 어긋났다. 이것이 안회나 증삼에게 미치지 못하는 이유이다. 비록 그러하나, 안회와 증삼을 기준으로 논하자면 증점은 진정 지극하지 못한 점이 있지만, 배우는 자를 기준으로 논하자면 증점이 본 것을 어찌 소홀히 여길 수 있으랴. 구구하고 쩨쩨하게 글의 뜻이나 일의 말단에 매달려 가슴속에는 본 것이 없다면 아마도 증점에게 광간이라는 말을 갖다 붙이기는 쉽지 않으리라.

顏淵第十二

【집주】
凡二十四章

모두 24장이다.

12.1-1 顔淵 問仁 子曰 克己復禮 爲仁 一日克己復禮 天下歸仁焉 爲仁由己 而由人乎哉

안연이 인에 대해 물었다. 공자께서 답하셨다. 극기복례(자신의 사욕을 이기고 예로 돌아가는 것), 그것은 인을 행하는 것이다. 하루 극기복례하면 천하가 인으로[인한 사람이라고] 인정한다. (그렇지만) 인을 행하는 것은 자신으로 말미암는 것이지, 남으로 말미암는 것이겠느냐.

【집주】
仁者 本心之全德

인이란 본심(원래의 마음)의 완전한 덕이다.

【세주】
慶源輔氏曰 仁義禮智 皆心之德 而仁 包義禮智 故曰 本心之全德

경원 보씨가 말했다. 인 의 예 지는 모두 마음의 덕이지만 인은 의 예 지를 포함한다. 그러므로 본심의 완전한 덕이라 한다.

【집주】
克 勝也

'극'은 이기는 것이다.

【세주】
朱子曰 聖人 下箇克字 譬如相殺 定要克勝得他

주자가 말했다. 성인께서 '극' 자를 쓰신 것은, 비유하자면 서로 싸울 때 반드시 그(상대방)를 이겨야 한다는 것이다.

○ 克己 亦別無巧法 如孤軍卒 遇强敵 只是盡力舍死 向前而已

극기는 역시 별다른 신통한 방법이 없다. 마치 외로운 군졸이 강적을 만나면 다만 힘을 다해 목숨을 걸고 앞으로 나아갈 뿐인 것과 같다.

【집주】
己 謂身之私欲也

'기'는 개인의 사욕을 말한다.

【세주】
問 己私 有三 氣質之偏 一也 耳目口鼻之欲 二也 人我忌克之類 三也 孰是 夫子所指 朱子曰 三者 皆在裏 看下文非禮勿視聽 則耳目口鼻之欲 較多

물었다. 개인의 사욕은 세 가지가 있습니다. 기질이 치우친 것이 첫째고, 이목구비의 욕심(육체적 욕심)이 둘째고, 남과 내가 (서로) 시기하고 싸우는 것 같은 것이 셋째입니다. (그중) 어느 것이 공자께서 가리키신 것입니까? 주자가 답했다. 세 가지 모두 그 안에 포함된다. 아래의 '예가 아니면 보지도 듣지도 말라'는 글귀를 보면 이목구비의 욕심이라는 뜻이 비교적 많다(많이 해당된다).

○ 胡氏曰 耳目口體之欲 皆因己而有 故 謂之私

호씨가 말했다. 이목구체의 욕심은 모두 자신으로 말미암아 있는 것이다. 그런 까닭에 '사'라 한다(사욕이라 한다).

【집주】
復 反也

'복'은 되돌아가는 것이다.

【세주】
慶源輔氏曰 反 猶歸也 如行者之反歸於家也

경원 보씨가 말했다. '반'은 돌아간다는 뜻이니, 마치 여행자가 집으로 돌아가는 것과 같다.

【집주】
禮者 天理之節文也

예란 천리의 절문(성문화된 규범)이다.

【세주】

朱子曰 所以喚做禮 而不謂之理者 有著實處 只說理 却空去了 這箇禮 是 那天理節文 敎人有準則處 所以謂之天理之節文者 此理 無形影 故 作此禮 文 畵出一箇天理 與人看 敎有規矩 可以憑據 有君臣 便有事君底節文 有 父子 便有事父底節文 其他 莫不皆然

주자가 말했다. '예'라고 부르고 '이'라고 하지 않은 것은 (예라는 개념에) 실질적인 점이 있어서이다. '이'라고만 하면 오히려 공허하게 되어버린다. (여기서 말하는) 이 예는 저 천리의 절문이니 사람에게 준칙이 있게 하는 것이다. 그것(예)을 천리의 절문이라 하는 것은 이 이는 아무 형체나 그림자가 없는 까닭에 이 예의 문(성문화된 예)을 지어 하나의 천리를 그려내 사람들에게 보여줌으로써 규구(준칙)가 있어 (그것에) 의거할 수 있게 하는 것이기 때문이다. 군신관계가 있으니 곧 임금을 섬기는 절문이 있고 부자관계가 있으니 곧 아버지를 섬기는 절문이 있다. 그 나머지도 그렇지 않은 것이 없다.

○慶源輔氏曰 天理 卽全德也 節者 其限制等級也 文者 其儀章脈理也 不 曰理 而曰禮者 理虛而禮實 以其有品節文章 可以依據也

경원 보씨가 말했다. 천리는 곧 완전한 덕이다. '절'이란 그 등급[신분의 위계]에 따른 제한이다. '문'이란 그 의장(의례와 그에 따른 복식)의 맥리[정리된 규정]이다. '이'라 하지 않고 '예'라 한 것은 이는 공허(구체적인 모습이 없음)한 반면, 예는 실체가 있는 것이어서 품절(신분에 따른 제한)과 문장(겉으로 드러나는 장식)이 있어 의거할 수 있기 때문이다.

【집주】

爲仁者 所以全其心之德也 蓋 心之全德 莫非天理 而亦不能不壞於 人欲 故 爲仁者 必有以勝私欲 而復於禮 則事皆天理 而本心之德 復 全於我矣

인을 행하는 것은 그 마음의 덕을 완전하게 하려는 것이다. 대개 마음의 완전한 덕은 천리가 아닌 것이 없지만 또한 인욕에 의해 파괴되지 않을 수 없다. 그런 까닭에 인을 행하는 것은 반드시 사욕을 이기고 예로 돌아가야 하니, (그리하면) (하는) 일은 모두 천리가 되고, 본심의 덕은 나에게 다시 완전해진다.

【세주】

勉齋黃氏曰 心之全德 莫非天理 則言仁而禮在其中 事皆天理而心德復全

則言禮而仁在其中 皆以天理爲言 則仁卽禮 禮卽仁 安有復禮而非仁者哉 其曰事皆天理者 以視聽言動之屬乎事也 復歸於禮 則事皆合乎天理矣

면재 황씨가 말했다. '마음의 완전한 덕은 천리가 아닌 것이 없다'는 말은 인을 말한 것이지만 예가 그 안에 포함되어 있다. '일은 모두 천리가 되고 마음의 덕이 다시 완전해진다'는 말은 예를 말한 것이지만 인이 그 안에 들어 있다. (앞의 말에서) 모두 천리를 말했으니 (천리라는 관점에서 보자면) 인은 곧 예이고 예는 곧 인이다. 어찌 예로 돌아가고도 인이 아닌 경우가 있겠는가. '일이 모두 천리가 된다'라고 말한 것은, 보고 듣고 말하고 동작하는 것들은 일에 속하니 다시 예로 돌아가면 (이런) 일들은 모두 천리에 맞게 되기 때문이다.

○雲峯胡氏曰 集註始言 仁者 本心之全德 至此 則本心之德復全 此一全字 卽是本來全字 不過能復其本然者耳

운봉 호씨가 말했다. 집주의 처음에 '인이란 본심의 완전한 덕이다'라 하고 여기에 이르러서는 '본심의 덕이 다시 완전해진다'라 했는데, 이 '전(全)' 자는 곧 본래 (원래 의미, 즉 '완전하다'라는 의미)의 '전' 자로서, 그 본연의 모습을 회복할 수 있다는 뜻에 불과할 뿐이다.

○程子曰 克己之私 旣盡 一歸於禮 此之謂得其本心

정자가 말했다. 개인의 사사로움 이기기를 완전하게 해내어 하나같이 예로 돌아가는 것, 이를 일러 '그 본심을 얻었다'라 한다.

○朱子曰 一於禮之謂仁 只是仁在內 爲人欲所蔽 如一重膜遮了 克去己私 復禮 乃見仁 仁禮 非是二物

주자가 말했다. 하나같이 예에 근거하는 것을 인이라 한다. 단지 인은 (마음) 안에 있지만 인욕에 가려져 있으니 마치 한 겹 막이 가리고 있는 것과 같다. 개인의 사욕을 이겨 예로 돌아가면 (가려진 막이 제거되어) 곧 인이 드러난다. 인과 예는 두 가지 (다른) 물건이 아니다.

○問 克復工夫 全在克字上 蓋 是就發動處 克將去 必因有動 而後天理人欲之幾 始分 方知所決擇而用力也 曰 如此 只是發動方用克 若待發動 而後克 不亦晚乎 發時固用克 未發時 也須致其精明 如烈火之不可犯 始得

물었다. 극기복례의 공부는 오로지 '극(이기다)' 자 위에 있으니 대개 (사욕이) 일어나는 곳에 대해 이겨나가야 하는 것으로, 반드시 일어난 다음이라야 천리와 인욕의 기미가 처음 나누어져 비로소 명백히 택해 힘쓸 곳을 알게 됩니다(사욕이 일어나지 않은 경우는 극기공부가 해당될 수 없습니다). 답했다. 그런 것은 발동할 때 비로소 이기려는 것에 불과하다. 만약 일어나기를 기다린 다음에야 이기려 하면 또한 늦지 않겠는가. 일어날 때는 물론 이겨야 하지만, 일어나기 전이라도 모름지기 그 정밀함과 밝음을 다해, 마치 활활 타는 불을 건드릴 수 없는 것처럼 해야 비로소 옳다.

○問 克己復禮 如何分精粗 曰 若以克去己私言之 便克己 是精底工夫 到禮之節文有所欠闕 便是粗者未盡 然 克己 又只是克去私意 若未能有細密工夫 一一入他規矩準繩之中 便未是復禮 如此 則復禮 却乃是精處

물었다. 극기복례에서 정밀한 것과 거친 것은 어떻게 구분됩니까? 답했다. 만약 개인의 사사로움을 이겨나가는 것이라는 점에서 말한다면 극기는 곧 정밀한 공부이다. 예의 절문에 빠진 것(다 지키지 못한 것)이 있으면 곧 거친 것(공부)을 다 하지 못한 것이다[복례는 거친 공부이다]. 그러나 극기는 단지 사의를 이겨나가는 것이고, 만약 세밀한 공부를 다 하지 못해 하나하나가 다른(틀린) 규범이나 규정 안으로 들어간다면[행동 하나하나가 틀린 예를 따른다면] 이는 아직 복례한 것이 아니다. 그렇다면, 복례가 오히려 정밀한 것(공부)이다.

○克 是克去己私 己私旣克 天理自復 譬如塵垢旣去 則鏡自明 瓦礫旣掃 則室自清

'극'은 개인의 사사로움을 이겨나는 것이다. 개인의 사사로움을 이겼으면 천리는 자연히 회복된다. 비유하자면, 먼지와 때를 벗겨내면 거울은 저절로 밝아지고, 기왓조각과 자갈을 쓸어내면 방은 저절로 깨끗해진다.

○克己 是大做工夫 復禮 是事事皆落腔窠 克己 便能復禮 步步皆合規矩準繩 非是克己之外 別有復禮工夫也

극기는 크게 하는 공부이다. 복례는 모든 일이 규범에 맞아떨어지는 것이다. 극기하면 곧 복례할 수 있으니, 걸음걸음마다 모두 규범과 규정에 맞게 된다. 극기 말고 따로 복례공부가 있는 것이 아니다.

○禮 是自家本有底物 所以 說箇復 不是待克己了 方去復禮 克得那一分人欲去 便復得這一分天理來 克得那二分底己去 便復得這二分禮來

예는 나 자신이 본래 가지고 있는 물건이다. 그래서 '복(돌아간다, 회복한다)'이라 말한다. 극기를 다 해낸 다음 비로소 예로 돌아가는 것은 아니다. 저 한 푼어치 인욕을 이겨내면 곧 이 한 푼어치 천리가 회복된다. 저 두 푼어치 사사로움을 이겨내면 곧 이 두 푼어치 예가 회복된다.

○ 克己 便要復禮 但 克己而不復禮 則墮於空寂矣 然 人 只有天理人欲兩途 不是天理 則是人欲 卽無不屬天理又不屬人欲底 且如立如齊 是天理 跛倚 是人欲 克去跛倚 而未能如齊 卽是克得未盡 却不是未能如齊之時 不係人欲也 須與立箇界限 將那未能復禮時底 都把做人欲斷定

극기는 곧 복례하려는 것이다. 단, 극기만 하고 복례하지 않으면 공허하고 적막한 곳으로 떨어진다. 그러나 사람에게는 단지 천리와 인욕의 두 길이 있을 뿐이니, 천리가 아니면 인욕으로, 천리에도 속하지 않고 인욕에도 속하지 않는 것은 없다. 예컨대 설 때 재계하는 것처럼 (단정하게) 하는 것은 천리이고 삐딱하게 서는 것은 인욕이다. 삐딱하게 서는 것은 극복했지만 재계하는 것처럼 하지 못하면 아직 완전히 이기지 못한 것이니, 아직 재계하는 것처럼 하지는 못할 때라 해서 인욕에 매이지 않은 것은 아니다[삐딱하게 서는 것은 면했더라도 재계하는 것처럼 하지 못하면 다 인욕이다]. 모름지기 (천리와 인욕의) 경계를 분명히 세워야 하니, 저 복례하지 못했을 때의 것들은 모두 인욕이라고 단정할 수 있다[천리와 인욕의 중간쯤 되는 것은 없다].

○ 新安陳氏曰 禮 有專言者 有偏言者 恭敬辭讓 偏言之禮也 復禮爲仁 專言之禮也 克己復禮 則天理流行而仁在是 專言之禮 仁 在其中矣

신안 진씨가 말했다. 예에는 전언의 예[하나로서 말하는 것, 즉 모든 덕목을 통합한 것으로서의 예가 있고 편언의 예[구분해 말하는 것, 즉 인의예지로 구분되는 하위의 것으로서의 예가 있다. 공경하고 사양하는 것은 편언의 예이고, 예로 돌아가는 것이 인을 행하는 것이라 할 때(의 예)는 전언의 예이다. 극기복례하면 천리가 흘러 인이 이에 있는 것이니, 전언의 예는 인이 그 가운데 (포함되어) 있다.

【집주】

歸 猶與也 又言一日克己復禮 則天下之人 皆與其仁 極言其效之甚速而至大也

'귀'는 인정하는 것이다. 또 '하루 극기복례하면 천하 사람들이 모두 그 인을 인정한다'라고 말씀하셨으니 그 효과가 매우 빠르고 지극히 크다는 것을 극단적으로 말씀하신 것이다.

【세주】

新安陳氏曰 甚速 以一日言 至大 以天下言

신안 진씨가 말했다. 매우 빠르다는 것은 '하루'라는 말을 두고 하는 말이고, 지극히 크다는 것은 '천하'라는 말을 두고 하는 말이다.

○朱子曰 克己復禮 則事事皆仁 天下之人 聞之見之 莫不皆與其仁也

주자가 말했다. 극기복례하면 모든 일이 다 인이니 천하 사람들이 듣고 보아 모두 그 인을 인정하지 않는 경우가 없다.

○天下 以仁稱之 非是一日便能如此 只是有此理 人稱不稱 固非我之所急 但言其效 必至於此

천하가 인이라고 칭찬한다는 것은 하루 만에 곧 능히 이처럼 될 수 있다는 것이 아니라 단지 이런 이치가 있다(그럴 수도 있다)는 것이다. 남들이 칭찬하느냐 칭찬하지 않느냐는 것은 본디 내가 급하게 여겨야 할 것이 아니고, 다만 그 효과가 반드시 이에 이른다는 말일 뿐이다.

○天下 皆與其仁 伊川云 稱其仁 是也 此說得實 楊氏 以爲皆在吾之度內 謂見吾仁之大如此 而天下皆圍於其中 說得無形影 與呂氏 洞然八荒 皆在吾闥 同意

(집주의) '천하가 모두 그 인을 인정한다'는 말은 이천이 말한 '그 인을 칭찬한다'는 말, 그것이니, 이(이천의) 설은 진실함을 얻었다. 양씨는 '모두 내 영역 내에 있다'는 말로 생각해 '나의 인이 이처럼 크다는 것을 보고 천하가 모두 그 안에서 모여 논다'라고 했는데, 그 설은 (구체적) 형상을 얻지 못했다. (양씨의 말은) 여씨의 '온 세상 전체가 모두 내 문 안에 있다'라는 말과 같은 뜻이다.

○覺軒蔡氏曰 天下之大 人人 皆稟受此仁 我 眞能克復爲仁 卽此仁 便與天下之人都湊得著 所以 天下 皆以仁稱之

각헌 채씨가 말했다. 온 천하에 모든 사람이 모두 이 인을 품부받았다. 내가 진정 극기복례해 인을 행한다면 곧 이 인은 천하 사람들과 더불어 모두 함께 가지고 있는 것이기 때문에 천하가 모두 (나를) 인이라고 칭찬한다.

【집주】

又言爲仁由己 而非他人所能預 又見其機之在我而無難也 日日克之

不以爲難 則私欲淨盡 天理流行 而仁不可勝平聲用矣

또 '인을 행하는 것은 자신으로 말미암는 것이지 남이 간여할 수 있는 것이 아니다'라 하신 것은 그 단서가 나에게 있어 어렵지 않음을 보이신 것이다. 매일매일 이겨나가면서 어려워하지 않으면 사욕이 깨끗이 사라지고 천리가 흘러 인은 이루 다 쓸 수 없다.

【세주】

新安陳氏曰 日日克之以下五句 乃朱子補本文之意 而究竟言之 恐人謂一日如此便了 須是日日接續用功 如曰三省之日 日日克己 而無少間斷 機決於己 而無所留難 則私欲方淨盡 而天理自然流行矣 須玩味淨字 淨盡者 無一毫不盡之謂也

신안 진씨가 말했다. '일일극지(매일매일 이겨나가면서)' 이하 다섯 구절은 주자가 본문의 뜻을 보충해서 끝까지 궁구해 말한 것이니, 사람들이 '하루 이렇게 하면 그만이다'라 말할까 우려한 것이다. 모름지기 매일매일 공부를 이어나가 마치 (증자의) '하루 세 가지를 반성한다'라 할 때의 '하루'처럼 매일매일 극기해 잠시의 끊어짐도 없게 하고, (인의) 단서가 결단코 나에게 있으니 머뭇대거나 어려워하지 않으면, 사욕이 바야흐로 깨끗이 사라지고 천리가 자연히 흐르게 된다. 모름지기 '정(淨)' 자를 감상해야 한다. '깨끗이 사라진다'는 것은 터럭만큼도 사라지지 않는 것이 없다는 말이다.

○朱子曰 今日克復 是今日事 明日克復 是明日事 克己復禮 有幾多大工夫 須日日用工

주자가 말했다. 오늘 극기복례하는 것은 오늘 일이고 내일 극기복례하는 것은 내일 일이다. 극기복례에는 매우 크고 많은 공부가 있으니 모름지기 매일매일 공부해야 한다.

○爲仁由己 這 都是自用著力 使他人不著 到私欲盡後 便粹然是天地生物之心

'인을 행하는 것은 자신으로 말미암는다', 이는 모두 스스로 힘써 남이 관여하지 않게 하는 것이다. 사욕이 사라진 후에는 곧 순수하게 천지가 사물을 살리는 마음이 된다.

○雙峯饒氏曰 一日之語 見於論語者 二 一日用力於仁 指其用功之日而言

也 一日克己復禮 指其成功之日而言也 何以知之 克者 戰而獲勝之名 復者 失而復還之謂 此 皆用力而成功者 故 上文 以此爲仁 而下文 許以天下歸 仁 以成功之效言之也 然則欲克己而復禮者 果何所用力耶 曰 爲仁由己 用 力之機要也 非禮勿視聽言動 用力之條目也 欲收克復之功者 其亦勉諸此 而已矣

쌍봉 요씨가 말했다. '하루'라는 말이 논어에 나온 것은 두 번이다. '하루 인에 힘 쓴다'라는 말(에서의 하루)은 그 노력하는 날을 가리켜 말한 것이다. '하루 극기복 례한다'라는 말은 그 성공한 날을 가리켜 말한 것이다. (그 점을) 어떻게 알 수 있는가? '극(이긴다)'이란 싸워서 승리를 획득한다는 뜻이고, '복(회복한다)'이란 잃 었던 것을 다시 환수한다는 뜻이다. 이는 모두 힘을 써서 성공한 것이다. 그러므로 앞 문장에서 이를 '위인(인을 행함)'이라 하신 것과 뒤 문장에서 '천하가 인이라 고 인정한다'고 인정하신 것은 성공의 효과를 말씀하신 것이다. 그렇다면 극기해 서 복례하려는 자는 과연 어디에 힘을 써야 하는가? 답하자면, '인을 행하는 것은 자신으로 말미암는다'는 것은 힘씀의 핵심적인 단서이고, '예가 아니면 보지도 듣 지도 말하지도 움직이지도 말라'는 것은 힘씀의 조목이다. 극기복례의 성공을 거 두고자 하는 자는 그 또한 이(조목들)에 힘써야 할 따름이다.

【집주】

程子曰 非禮處 便是私意 旣是私意 如何得仁 須是克盡己私 皆歸於 禮 方始是仁 又曰 克己復禮 則事事皆仁 故曰 天下歸仁

정자가 말했다. 예가 아닌 것이 곧 사의이다. 이미 사의라면 어찌 인이 될 수 있 겠는가. 모름지기 개인의 사사로움을 완전히 이겨 모두 예로 돌아가야 비로소 인이다. 또 말했다. 극기복례하면 모든 일이 다 인이다. 그런 까닭에 '천하가 인 으로 돌아간다'라 했다.

【세주】

問 歸 猶與也 謂天下皆與其仁 却載程子語 天下歸仁 謂事事皆仁 恰似兩 般 朱子曰 惟其事事 皆仁 所以 天下歸仁

물었다. '귀'는 인정한다는 뜻이니 천하가 모두 그 인을 인정한다는 말입니다. 그 런데 정자가 '천하귀인'을 '모든 일이 다 인이다'라고 해석한 말을 (집주에) 실었으 니 마치 두 가지(다른 해석)인 것 같습니다. 주자가 답했다. 단지 모든 일이 다 인 이기 때문에 천하가 인으로 인정하는 것이다.

○於這事做得恁地 於那事亦做得恁地 所以 天下 皆稱其仁 若有一處做得 不是 必被人看破了

이 일도 그렇게(인하게) 해내고 저 일도 또한 그렇게 해내기 때문에 천하가 모두 인이라고 칭찬하는 것이다. 만약 한 군데라도 옳지 않게 하면 반드시 사람들에게 (인하지 않음을) 간파당하고 만다.

○問 克己復禮 則事事皆仁 曰 人能克己 則日間所行 事事皆無私意 而合天理耳

극기복례하면 모든 일이 다 인이라는 것에 대해 물었다. 답했다. 사람이 능히 극기할 수 있으면 하루 사이에 행하는 모든 일들이 다 사의가 없고 천리에 합치한다.

○問 一日之間 如何得事事皆仁 曰 一日克己復禮了 雖無一事 亦不害其爲事事皆仁 雖不見一人 亦不害其爲天下歸仁

물었다. 하루 사이에 어떻게 모든 일이 다 인일 수 있습니까? 답했다. 하루 극기복례했다면 비록 하나의 일도 없어도 또한 모든 일이 다 인이라고 하기에 지장이 없고, 비록 한 사람도 안 보아주어도 천하가 인으로 인정한다고 하기에 지장이 없다.

【집주】

謝氏曰 克己 須從性偏難克處 克將去

사씨가 말했다. 극기란 모름지기 성질이 편벽되어 이기기 어려운 곳으로부터 이겨나가야 하는 것이다.

【세주】

雲峯胡氏曰 能克人欲之私 是理勝欲 能克性質之偏 是德勝氣 集註 克己 說人欲 未曾說氣質 故 復引謝氏說以足之

운봉 호씨가 말했다. 인욕의 사사로움을 이길 수 있는 것은 이(理, 천리)가 욕(欲, 인욕)을 이긴 것이고, 성질의 편벽함을 이길 수 있는 것은 덕이 기(氣, 즉 기질)를 이긴 것이다. 집주는 극기에 대해 인욕을 말했고(인욕을 이기는 것이라 했고) 기질을 말하지는 않았다. 그런 까닭에 다시 사씨의 설을 인용해 보충했다.

○問 此性 是氣質之性否 朱子曰 然 然亦無難易 凡氣質之偏處 須從頭克去 謝氏 恐人只知得裏面小小不好處氣質 而忘其難 故 云然

물었다. 여기(사씨의 말)서의 성은 기질의 성입니까? 주자가 답했다. 그렇다. 그러나 또한 쉽고 어렵고는 없다(기질의 성의 편벽성이라 해서 이기기 쉬운 것은 아니다). 무릇 기질이 편벽한 곳은 모름지기 처음부터 이겨나가야 한다. 사씨는 사람들이 다만 내면의 소소한 좋지 않은 것이 기질인 줄로만 알고 그 어려움을 잊을까 염려한 까닭에 그렇게 말한 것이다.

○人之氣稟 有偏 所見 亦往往不同 如氣質剛底人 則見剛處多 而處事 必失之太剛 柔底人 則見柔處多 而處事 必失之太柔 須先就偏處克治

사람의 기품은 치우친 곳이 있고, 드러나는 것 또한 왕왕 다르다. 기질이 굳센 사람의 경우는 굳센 점이 많이 드러나고 일에 처해서는 반드시 지나치게 굳센 데서 실수를 저지른다. 유약한 사람의 경우는 유약한 점이 많이 드러나고 일에 처해서는 반드시 지나치게 유약한 데서 실수를 저지른다. 반드시 치우친 곳에 대해 이기고 다스려야 한다.

○跛倚踞傲 未必盡是私意 亦有性坦率者 伊川云 雖無邪心 苟不合正理 乃妄也 亦須克去

삐딱하게 서거나 다리를 뻗고 앉는 것이 모두 꼭 사의인 것은 아니니 역시 성질이 너그럽고 소탈한 자여서 그런 경우도 있다. 이천이 말하기를 '비록 사악한 마음은 없더라도 바른 이치에 맞지 않으면 곧 망령된 것이다'라 했으니 또한 모름지기 이겨나가야 한다.

○問 顏子 問仁與問爲邦 先後 曰 有克己復禮工夫 方始做得四代禮樂底事

안자가 인을 물은 때와 정치를 물은 때의 선후를 물었다. 답했다. 극기복례의 공부가 있은 후에야 비로소 4대의 예악의 일을 할 수 있다(따라서 정치를 물은 것이 나중이다).

○克己之己 未是對人物言 只是對公字說 猶曰私耳 呂氏克己銘 極口稱揚 遂以爲己旣不立 物我竝觀 則天下之大 莫不皆在吾仁中 說得來恁地大 故人皆喜其快 殊不知 未是如此 問 與叔之意 與下文克己之目 全不干涉 此只是自脩之事 未說著外面在 曰 須是恁地思之

극기라 할 때의 '기'는 남과 대응해서 하는 말이 아니고 다만 '공'과 대응해서 하는 말이니, '사(개인적)'라고 하는 것과 같을 뿐이다. 여씨(여대림)의 「극기명」에서는 (극기를) 극구 칭찬해 드디어 '이미 나의 사사로움을 내세우지 않고 남과 나를 같이 보니, 저 큰 천하도 나의 인 안에 들어 있지 않은 것이 없다'라 했으니 그렇게 크게 말하기는 했다. 그래서 사람들이 그 속 시원함을 좋아했지만, 꼭 그렇지는 않다는 것은 몰랐다. 물었다. 여숙(여대림)의 뜻과 아랫글의 극기의 조목과는 아무 상관이 없습니다. 이는 다만 스스로를 닦는 일일 뿐, 외면에 있는 것을 말하고 있지는 않습니다. 답했다. 모름지기 그렇게 생각해야 한다.

○ 初無吝驕作我蟊賊 只說得克己一邊 却不到復禮處
'애초에 인색함이나 교만함이 나에게 해충이나 도적이 되지 못하게 한다(여대림의 「극기명」중의 말)'는 말은 다만 극기 한 방면만을 말했을 뿐, 복례에는 미치지 못했다.

12.1-2 顔淵曰 請問其目 子曰 非禮勿視 非禮勿聽 非禮勿言 非禮勿動 顔淵曰 回雖不敏 請事斯語矣

안연이 말했다. 청컨대 그 조목을 묻고자 합니다. 공자께서 답하셨다. 예가 아니면 보지 말고 예가 아니면 듣지 말고 예가 아니면 말하지 말고 예가 아니면 움직이지 말라. 안연이 말했다. 회(안연 자신, 즉 제)가 비록 불민하나, 청컨대 이 말씀을 일삼고자 합니다.

【집주】
目 條件也 顔淵 聞夫子之言 則於天理人欲之際
'목'은 조목이다. 안연은 공자의 말씀을 듣고는 천리와 인욕의 사이에 대해

【세주】
際 謂二者界限之間
'제'는 둘의 경계선의 사이를 말한다.

【집주】
已判然矣 故 不復扶又反有所疑問 而直請其條目也
이미 판연(명백히 깨달음)하게 되었다. 그런 까닭에 다시는 의문 나는 점이 없

어 곧바로 그 조목을 (말씀해주시기를) 청했다.

【세주】

請克己復禮之條目

극기복례(공부)의 조목을 청한 것이다.

【집주】

非禮者 己之私也 勿者 禁止之辭 是 人心之所以爲主 而勝私復禮之機也 私勝 則動容周旋 無不中去聲禮 而日用之間 莫非天理之流行矣

'비례(예가 아님)'란 개인의 사사로움이다. '물'은 금지하는 말이다. 이('물', 즉 하지 말라는 것)는 사람의 마음이 주로 삼아야 하는 것으로, 사사로움을 이기고 예로 돌아가는 단서이다. 사사로움을 이기면, 모든 동작과 일 처리가 예에 맞지 않는 것이 없고 일상의 삶에 천리의 흐름이 아닌 것이 없다.

【세주】

朱子曰 說文 謂勿字 似旗脚 此旗一麾 三軍盡退 工夫 只在勿字上 纔見非禮來 便禁止之 便克去

주자가 말했다. 『설문』에서는 '물' 자를 깃발의 다리와 비슷하다고 했다. 이 깃발을 한 번 흔들면 3군이 모두 물러난다. 공부는 단지 '물' 자에 있으니, 비례(예 아닌 것)가 오는 것을 보기만 하면 곧 막아내고, 곧 이겨나간다.

○問 顔子地位 有甚非禮處 何待下此四勿工夫 曰 只心術間 微有些子非禮處 也須用淨盡截斷了 他力量 大 聖人 便教他索性克去

물었다. 안자의 경지에 무슨 예 아닌 것이 있다고, 어찌 이 '네 가지 하지 말아야 할' 공부를 할 필요가 있겠습니까? 답했다. 단지 마음 씀에 있어서 사소한 비례(예 아닌 것)가 조금이라도 있으면 또한 반드시 깨끗이 없애고 잘라내야 한다. 그의 역량은 커서 성인께서는 그로 하여금 아예 이겨나가게 하셨다.

○問 非禮勿視聽言動 曰 目不視邪色 耳不聽淫聲 如此類工夫 却易 視遠惟明 纔不遠 便是不明 聽德惟聽 纔非德 便是不聽 如此類工夫 却難 視聽言動 但有些箇不循道理處 便是非禮

'예가 아니면 보지도 듣지도 말하지도 움직이지도 말라'는 것에 대해 물었다. 답했다. 눈은 사악한 색을 보지 않고, 귀는 음란한 소리를 듣지 않는 것, 이런 공부는 오히려 쉽다. 원대한 것은 진정 밝게 보고 원대하지 않기만 하면 곧 밝게 보지 않는 것, 덕은 진정 또렷이 듣고 덕이 아니기만 하면 또렷이 듣지 않는 것, 이런 공부는 오히려 어렵다. 보고 듣고 말하고 움직임에 다만 약간이라도 도리를 따르지 않은 것이 있다면 (그것이) 곧 비례이다.

○ 視聽言動之間 所當爲者 皆禮也 所不當爲者 皆非禮也 其非禮 則勿以止焉 則是克己之私 而復於禮矣 其非禮而勿視聽者 防其自外入而動於內也 非禮而勿言動者 謹其自內出而接於外也 內外交進 爲仁之功盡矣 所以用力 其機 特在勿與不勿之間而已 自是而反 則爲天理 自是而流 則爲人欲 自是而克念 則爲聖 自是而罔念 則爲狂 特毫忽之間爾 學者 可不謹其所操哉

보고 듣고 말하고 움직이는 사이에 마땅히 해야 하는 것은 모두 예이고, 마땅히 하지 말아야 하는 것은 모두 비례이다. 비례는 하지 말고 금지해야 한다. 그러면 개인의 사사로움을 이겨 예로 돌아간다. 비례를 보고 듣지 않는 것은 그것이 밖으로부터 들어와 안을 흔드는 것을 막는 것이고, 비례를 말하지 않고 움직이지 않는 것은 안으로부터 나와 밖과 접하는 것을 삼가는 것이다. (이처럼) 안과 밖이 함께 나아가면 인을 행하는 노력이 극진한 것이다. 힘을 쓰는 방식의 단서는 다만 '물(금지함)'과 '불물(금지하지 못함)'의 사이에 있을 뿐이다. 이로부터 돌이키면 천리가 되고 이로부터 흘러가면 인욕이 된다. 이로부터 생각을 다스리면 성인이 되고 이로부터 잘못된 생각을 하면 광인이 된다. (그러니 그 차이가 생기는 것은) 다만 터럭만 한 짧은 순간 때문일 뿐이다. 배우는 자가 그 붙들어야 할 바를 삼가지 않아서 되겠는가?

○ 雲峯胡氏曰 此章緊要 在勿字 故 集註 喫緊解此一字 蓋 心 爲一身之主 卽將 爲三軍之主 一身耳目口體 惟心所令 猶大將之旗 一麾 而三軍坐作進退 惟其所令也

운봉 호씨가 말했다. 이 장의 긴요한 점은 '물' 자에 있다. 그러므로 집주에서는 이 한 글자를 긴요하게 해석했다. 대개 마음이 몸의 주인이 되는 것은 장수가 3군의 주인이 되는 것과 같다. 이 한 몸의 귀 눈 입 몸뚱이는 오직 마음이 명령하는 것이니 마치 대장의 깃발을 한 번 흔들어 3군이 앉고 일어서고 나가고 물러서는 것이 오직 그 명령한 바대로인 것과 같다.

○ 新安陳氏曰 非禮者 己之私 禮者 天理之公 非禮勿視聽言動 卽所以克己 而所視聽言動 皆合禮 卽所以復禮也 能如是 則日用間莫非天理之流行 而仁在其中矣

신안 진씨가 말했다. 비례는 개인의 사사로움이고 예는 천리의 공공성이다. 예가 아니면 보지도 듣지도 말하지도 움직이지도 않는 것은 곧 극기하는 방법이고, 보고 듣고 말하고 움직이는 것이 모두 예에 합치하는 것은 복례하는 방법이다. 이처럼 할 수 있으면 일상의 생활에서 천리의 흐름이 아닌 것이 없어서 인이 그 안에 있다.

【집주】
事 如事事之事

'사'는 '사사(일을 일삼는다)'라 할 때의 (앞의) '사'와 같다.

【세주】
書 說命篇云 惟事事 乃其有備 有備無患

『서경』,(「상서」)「열명」(중)편에 "오직 일을 일삼으니 대비함이 있다. 대비가 있으면 걱정이 없다"라 했다.

○ 史記 曹參傳 卿大夫以下 吏及賓客 見參不事事 不事丞相之事

『사기』,「조참전」(「조상국세가」)에 "경대부 이하 서리와 빈객에 이르기까지 조참이 일을 일삼지 않는 것을 보았다. 〈승상의 일을 일삼지 않았다.〉"라 했다.

○ 新安陳氏曰 事事 上事字 是用力活字 下事字 是死字

신안 진씨가 말했다. '사사'에서 앞의 '사' 자는 힘을 쓴다는 의미로 살아 있는 글자(움직임을 의미하는 글자, 즉 동사)이고 뒤의 '사' 자는 죽은 글자(움직임이 없는 글자, 즉 명사)이다.

【집주】
請事斯語 顔淵默識其理 又自知其力有以勝平聲之故 直以爲己任而不疑也

'청컨대 이 말씀을 일삼고자 합니다'라고 한 것은 안연이 말없이 그 이치를 깨달았고 또 스스로 그(자신의) 힘이 이겨낼 수 있음을 알았기에 곧바로 자신의 임무로 여기고 의심하지 않은 것이다.

【세주】

朱子曰 顔子克己 如紅爐上一點雪

주자가 말했다. 안자의 극기는 마치 붉게 타는 화로 위의 한 점 눈과 같다(금방 녹아 없어진다).

○雙峯饒氏曰 如吾與回言終日 回 於吾言無所不悅 夫子 平日多與講論 皆是博之以文 到此四勿 正是約之以禮

쌍봉 요씨가 말했다. '내가 안회와 더불어 종일토록 말했는데 안회는 내 말을 기뻐하지 않는 것이 없었다(『논어』2, 「위정」9장 및 『논어』11, 「선진」3장)'라 했듯이, 공자께서는 평소 (그와) 더불어 강론하신 것이 많았는데 모두 문(지식)으로 넓혀주신 것이었다. 이 '네 가지 하지 말 것'에 이르러서는 바로 예로써 단속하신 것이다.

○顔子所克之己私 只是微過 不是顯過 然 顯過易見 微過難見也

안자가 극복한 개인의 사사로움이란 단지 숨은 허물이지 드러난 허물은 아니었다. 그러나 드러난 허물은 쉽게 알 수 있고 숨은 허물은 알기 어렵다.

【집주】

○程子曰 顔淵 問克己復禮之目 子曰 非禮勿視 非禮勿聽 非禮勿言 非禮勿動 四者 身之用也 由乎中 而應乎外 制於外 所以養其中也

정자가 말했다. 안연이 극기복례의 조목을 묻자 공자께서는 '예가 아니면 보지 말고 예가 아니면 듣지 말고 예가 아니면 말하지 말고 예가 아니면 움직이지 말라'고 하셨다. 이 네 가지는 몸을 쓰는 것(외현적인 행동)이다. (마음) 안으로부터 말미암아 밖(외현적인 행동)으로 응하는 것이니, 밖을 제어하는 것(외현적인 행동의 통제)은 그 안을 기르는 방법이다.

【세주】

朱子曰 由乎中而應乎外 乃勢之自然 是推本視聽言動四者 皆由中而出 泛言其理如此耳 非謂從裏面做工夫也 制於外所以養其中 方是說做工夫處 全是自外而內 自葉而根之意

주자가 말했다. '안으로부터 말미암아 밖으로 응한다'는 것은 자연스러운 추세(진행방향)로, 보고 듣고 말하고 움직이고 하는 네 가지의 근본을 미루어보면 모두 안으로부터 나온다는 말로서, 그 이치가 이와 같다는 것을 일반적으로 말한 것뿐이지, 안으로부터 공부해야 한다는 말은 아니다. '밖을 제어하는 것은 그 안을 기르는 방법이다'라는 말이 비로소 공부해야 할 곳을 설명한 것으로, 오로지 밖으로부터 안으로, 잎으로부터 뿌리로 공부해야 한다는 뜻이다(내면을 기르는 것은 외면을 통하는 수밖에 없다).

○問 克己工夫 從內面做去 反說制於外 如何 曰 制却在內 又問 此 是說仁之體 而不及用 曰 制於外 便是用

물었다. 극기공부는 내면으로부터 해나가는 것인데 거꾸로 밖을 제어한다고 말한 것은 왜입니까? 답했다. 제어함은 곧 안에 있다(밖을 제어하는 것은 내면에 의해 이루어진다). 또 물었다. 이는 인의 체(본체)를 말한 것이고 용(쓰임)은 언급하지 않은 것입니다. 답했다. 밖을 제어하는 것이 곧 용이다.

【집주】
顏淵 事斯語 所以 進於聖人

안연은 이 말씀을 일삼았기에 성인으로 나아갈 수 있었다.

【세주】
進 進步幾及之意

'진'은 진보해 거의 도달했다는 뜻이다.

【집주】
後之學聖人者 宜服膺而勿失也 因箴以自警 其視箴曰 心兮本虛 應物無迹 操平聲之有要 視爲之則

뒷날 성인을 배우는 자는 마땅히 잘 지켜 잃지 말아야 할 것이다. 이로 인해 잠언을 지어 스스로를 경계한다. 시잠(보는 것에 관한 잠언)에서는 다음과 같이 말했다. "마음은 본디 허령한 것, 사물에 응해 종적이 없다. 지키는 것은 요령이 있으니, 보는 것(비례물시, 즉 예 아닌 것을 보지 않음)을 준칙으로 삼는다.

【세주】
慶源輔氏曰 人心 出入無時 莫知其鄉 何有形迹可見 然 操則存 舍則亡 而操之要 則以視爲之則而已 蓋 人之視 最在先 遇不當視者 才起一念要視

他 便是非禮 故 當以是爲操心之則

경원 보씨가 말했다. 사람의 마음은 때 없이 출입해 그 향하는 바를 알 수 없으니 무슨 볼 수 있는 형적이 있으리오. 그러나 지키면 보존되고 버리면 없어지니, 그것을 지키는 요령은 보는 것을 준칙으로 하는 것뿐이다. 대개 사람은 보는 것이 가장 먼저이다. 마땅히 보지 말아야 할 것을 마주치자마자 그것을 보고 싶어 하는 생각이 일어나면 그것이 비례이다. 그러므로 마땅히 이를 마음을 지키는 준칙으로 삼아야 한다.

○ 陳氏曰 心 虛靈知覺 事物纔觸 卽動而應 無蹤迹可尋捉處

진씨가 말했다. 마음은 허령(텅 비고 신령함)하고 지각(사물을 인식하고 감각함)하니 사물이 닿자마자 곧 움직이고 응해서, 찾아 붙들 만한 종적이 없다.

○ 胡氏曰 心兮本虛者 體也 應物無迹者 用也 體 無所窒 則用 無所滯 此其本然也

호씨가 말했다. '마음은 본디 허령하다'는 것은 (마음의) 체(본체)이고 '사물에 응해 흔적이 없다'는 것은 용(작용)이다. 체가 막힌 것이 없으면 용은 정체되는 것이 없다. 이는 그 본연의 모습이다.

○ 葉氏曰 目者 一身之昭鑒 五行精華之所聚 於心尤切 目動 則心必隨 心動 則目必注 心之虛靈 千變萬化 欲加檢防 先以視爲準則

섭씨가 말했다. 눈이란 이 한 몸의 밝은 거울이고 5행의 정수가 모인 것이니 마음에 더욱 밀접하다. 눈이 움직이면 마음은 반드시 따라가고, 마음이 움직이면 눈은 반드시 응시한다. 마음은 허령해서 천만 번 변하니 단속하려 하면 먼저 보는 것을 준칙으로 삼아야 한다.

【집주】
蔽 交於前 其中 則遷

가리는 것이 (눈) 앞에 교차하면 그 마음은 (그것으로) 옮겨 간다.

【세주】
陳氏曰 蔽 指物欲之私而言 中 指心之體而言 卽天理之謂也 物欲之蔽 接於前 則心體 逐之而遷矣

진씨가 말했다. '폐(가려짐)'는 물욕의 사사로움을 가리켜 말한 것이다. '중(마음 속)'은 마음의 본체를 가리켜 말한 것이니, 곧 천리를 말한다. 물욕의 가림이 눈앞에 접하면 마음의 본체는 그것을 좇아 옮겨 간다.

【집주】
制之於外 以安其內 克己復禮 久而誠矣
밖으로 제어하고 그로써 안을 편안히 하니, 극기복례해서 오래되면 참되다."

【세주】
朱子曰 人之視聽言動 視 最在先 爲操心之準則 此兩句 未是不好 至蔽交於前 方有非禮而視 故 制之於外 以安其內 則克己而復禮也 如是工夫無間斷 則久而自從容不勉矣 故曰 久而誠矣

주자가 말했다. '사람이 보고 듣고 말하고 움직이는 것 중에 보는 것이 가장 먼저이니 마음을 지키는 준칙으로 삼는다'는 이 두 구절이 좋지 않은 것은 아니다(다음 구절이 더 좋다). 가리는 것이 눈앞에 교차하면 바야흐로 비례인데도 보게 된다. 그런 까닭에 밖으로 제어하고 그로써 안을 편안히 하면 자신을 이겨 예로 돌아가게 된다. 이러한 공부가 끊어짐이 없어 오래되면 저절로 편안해져 힘쓰지 않아도 된다. 그래서 '오래되면 참되다'라 한다.

○陳氏曰 物欲克去於外 則無以侵撓吾內 而天理寧矣

진씨가 말했다. 밖으로 물욕을 이겨나가면 내 안을 침범해 어지럽힐 것이 없어 천리가 안녕하다.

○許氏曰 制 是於天理人欲之界上 截然限斷 使不正之書 非禮之色 不得以接於吾目 克己 卽制之於外 復禮 卽以安其內

허씨가 말했다. '제(제어함)'는 천리와 인욕의 경계선을 자른 듯이 끊어 부정한 책이나 예 아닌 색이 내 눈에 접하지 못하게 하는 것이다. 극기는 곧 밖으로 그것을 제어하는 것이고 복례는 그로써 안을 편안히 하는 것이다.

○胡氏曰 克己復禮者 言上文 乃所以用力於此也 久而誠矣者 非禮勿視 未是仁 眞積力久 自然誠實 則可謂之仁也

호씨가 말했다. (위 시잠의) '극기복례'는 위의(극기복례 앞쪽의) 글이 이(극기복례)에 힘쓰는 방법이라는 의미에서 한 말이고, '구이성의(오래되면 참되다)'는 '비례물시는 아직 인이 아니므로 참됨을 쌓고 오래 힘쓰면 저절로 참되어져 인이라 할 수 있다'라는 의미에서 한 말이다.

○蔡氏曰 始而克復 有以用吾力 久而誠 則私欲淨盡 表裏一貫 自無所容其力矣

채씨가 말했다. 처음에는 극기복례에 내 힘을 쓸 곳이 있지만, (힘쓴 지) 오래되어 참되면 사욕이 깨끗이 사라지고 안팎이 일관되어 저절로 그 힘을 쓸 곳이 없어진다.

【집주】
其聽箴曰 人有秉彝 本乎天性 知誘物化 遂亡其正

청잠에서는 다음과 같이 말했다. "사람에게는 떳떳한 지킴이 있으니 천성에 근본을 두지만, 앎(지각)이 유혹되어 사물에 동화되면 마침내 그 올바름을 잃는다.

【세주】
朱子曰 四者 惟視爲切 所以 先言視 而視箴之說 尤重於聽也

주자가 말했다. 네 가지 중 오직 보는 것이 절실하다. 그러므로 보는 것을 먼저 말했고, 시잠의 설이 청잠보다 더 중요하다.

○物至 則智足以知之 而有好惡 這 是自然如此 到好惡無節於內 知誘於外 方始不好去

사물이 다가오면 지혜(지각능력)는 족히 그것을 지각해서 (그것에 대해) 좋아하고 싫어함이 있게 되는데, 이는 저절로 그렇게 되는 것이다. 좋아하고 싫어하는 것이 마음속에서 절제되지 않으면 지각이 바깥의 것에 유혹되어 비로소 좋지 않게 된다.

○慶源輔氏曰 人心所稟之常性 乃得之於天 而聽其所當聽 不聽其所不當聽者 卽秉彝之性也

경원 보씨가 말했다. 사람의 마음에 품부된 떳떳한 본성은 곧 하늘로부터 얻은 것이다. 마땅히 들어야 할 것은 듣고 마땅히 듣지 말아야 할 것은 듣지 않는 것이 곧 떳떳함을 지키는 본성이다.

○胡氏曰 不言聽 而言知者 聽者 知之初 知者 聽之後 因知而此心爲之動

故 以知言 其實一也

호씨가 말했다. '청(듣는 것)'이라 하지 않고 '지(지각함)'라 한 것은 듣는 것은 지각의 처음 단계이고 지각은 들은 후에 생기기 때문이다. 지각함으로 말미암아 이 마음이 흔들리게 되기 때문에 지라고 말한 것이지만 사실 (지와 청은) 같은 것이다.

○陳氏曰 知 指形氣之感而言 物欲感 而知覺萌 遂爲之引去矣 化則與之相忘如一 而無彼我之間也

진씨가 말했다. '지'는 형체나 기운을 감각하는 것을 가리키는 말이다. 물욕이 느껴지면 지각이 싹트고 드디어 그것에 이끌려간다. 화하면(동화되면) 그것과 마치 하나인 것처럼 서로 (그 구분을) 잊어버려 그것과 나 사이의 간격이 없어진다(인간이 사실상 물건으로 변한다).

【집주】
卓彼先學 知止有定 閑邪存誠

저 탁월한 선학들은 머무를 곳을 알아 안정됨이 있었고, 사악함을 막고 참됨을 보존해

【세주】
朱子曰 防閑其邪妄於外 而存其實理於內也

주자가 말했다. 밖으로 그 사악하고 망령된 것을 막아 안으로 진실한 이치를 보존한다.

【집주】
非禮勿聽

예 아닌 것은 듣지 않았다."

【세주】
朱子曰 視 是將這裏底引將去 所以 云以安其內 聽 是聽得外面來 所以 云閑邪存誠

주자가 말했다. 보는 것은 여기의 것[밖에 있는 것]을 끌어 [안으로] 가져가는 것이다. 그러므로 '밖을 제어함으로써) 그 안을 편안하게 한다'라 했다. 듣는 것은 바깥에서 들어오는 것을 [저절로] 듣게 되는 것이므로 '사악한 것을 막고 참됨을 보

존한다'라 했다.

○ 視與看見 不同 聽與聞 不同 如非禮之色 若過目 便過了 不可有要視之
之心 非禮之聲 若入耳 也過了 不可有要聽之之心

보는 것(감각으로서의 시각)과 보고 아는 것(시각을 통한 지각판단)은 다르고, 듣는 것(감각으로서의 청각)과 듣고 아는 것(청각을 통한 지각판단)은 다르다. 예컨대 예가 아닌 색이 눈앞을 지나가면 지나가게 해버려야지 그것을 보려는 마음을 가져서는 안 된다. 예가 아닌 소리가 귀로 들어오면 지나가게 해버려야지 그것을 들으려는 마음을 가져서는 안 된다.

○ 問 視箴 何以特說心 聽箴 何以特說性 曰 互換說也得 然 諺云 開眼便
錯 視 所以 就心上說 人有秉彝 本乎天性 道理本自在這裏 却因雜得外面
言語來誘之 聽 所以 就性上說

물었다. 시잠에서는 왜 특히 마음을 말하고 청잠에서는 특히 성을 말했습니까? 답했다. 서로 바꾸어 말해도 된다. 그러나 속담에 '눈만 뜨면 곧 [마음이] 잘못된다'라 했으니, 그래서 시(잠)에서는 마음에 관해 말했다. '사람에게는 떳떳한 지킴이 있으니 천성에 근본을 두고 있다'라 했듯이 도리는 본디 여기에 있는데 바깥의 말이 잡다하게 들어와 유혹한다. 그래서 청(잠)에서는 성에 관해 말했다.

○ 蔡氏曰 或疑聽箴之說 亦可移爲視箴用 殊不知 視 是自內而引出外 聽
是自外而引入內 視爲先 聽次之 所以 視箴 說得尤力

채씨가 말했다. 혹자는 청잠의 말은 또한 시잠으로 옮겨서 써도 된다고 하지만 이는 잘못 안 것이다. 보는 것은 안으로부터 밖으로 끌고 나가는 것이고 듣는 것은 밖으로부터 안으로 끌고 들어오는 것이다. 보는 것이 먼저고 듣는 것이 그 다음이므로 시잠은 그 말이 더욱 힘 있다.

○ 雲峯胡氏曰 眼 在前 不正之色 只是前一面來 故曰 蔽交於前 其中則遷
耳 在兩傍 不正之聲 左右前後皆可來 故曰 知誘物化 遂亡其正 目之明 在
外 故 當制之於外 以安其內 耳之聰 在內 故 惟在內者 知止有定 乃可爾

운봉 호씨가 말했다. 눈은 앞을 향하고 있으니 바르지 않은 색은 다만 앞쪽 한쪽에서만 올 뿐이다. 그래서 '가리는 것이 앞에서 교차하면 그 마음이 옮겨 간다'라 했다. 귀는 양쪽에 있으니 바르지 않은 소리가 전후좌우에서 다 들어올 수 있다. 그래서 '앎이 유혹되어 사물과 동화되면 드디어 그 바름을 잃는다'라 했다. 눈의 밝음은 밖에 있다. 그러므로 마땅히 밖으로 제어해 그로써 안을 편안하게 해야 한다. 귀의 밝음은 안에 있다. 그러므로 오직 안에 있는 것에 대해 머무를 곳을 알아 안정됨이 있으면 될 뿐이다.

【집주】

其言箴曰 人心之動 因言以宣 發禁躁妄 內斯靜專

언잠에서는 다음과 같이 말했다. "사람 마음의 흔들림은 말 때문에 펼쳐지니, 말할 때 조급하고 망령된 것을 막으면 안은 이에 맑아지고 전일해진다.

【세주】

慶源輔氏曰 躁屬氣 妄屬欲 不爲氣所動 故 靜 不爲欲所分 故 專

경원 보씨가 말했다. '조(조급함)'는 기에 속하고 '망(망령됨)'은 욕에 속한다. 기에 의해 흔들리지 않기 때문에 고요하고 욕에 의해 나누어지지 않기 때문에 전일하다.

○陳氏曰 外不躁 則內靜 外不妄 則內專 此 一篇關要處

진씨가 말했다. 밖으로 조급하지 않으면 안으로 고요하고, 밖으로 망령되지 않으면 안으로 전일하다. 이는 이 한 편의 핵심적인 곳이다.

【집주】

矧是樞機 興戎出好去聲 吉凶榮辱 惟其所召

(말은) 더군다나 (사람의 활동에서) 핵심이 되니 전쟁을 일으키거나 우호를 만들어내는 것으로, 길흉영욕(길함과 흉함, 영예와 치욕)은 다만 그것이 불러오는 것이다.

【세주】

書曰 惟口出好興戎 蔡氏傳曰 好 善也 戎 兵也 言發於口 則有二者之分

『서경』(「우서 대우모」 5장)에 "진정 입이 '호(우호)'를 만들어내거나 '융(전쟁)'을 일으킨다"라 했는데, 채씨(채심)의 전에는 (이 구절에 대해) "'호'는 선이고 '융'은 병(전쟁)이다. 입에서 나온 말은 두 가지로 구분된다"라 했다.

○陳氏曰 門之闔闢 所繫在樞 弩之張弛 所繫在機 人心之動 有善惡 由言以宣之 而後見於外 是 亦人之樞機也

진씨가 말했다. 문이 열리고 닫히는 것은 '추(축)'에 달려 있고 쇠뇌가 팽팽하고 느슨한 것은 '기(발사장치)'에 달려 있다. 사람 마음의 움직임에는 선과 악이 있어 말로 말미암아 펼쳐진 다음에 밖으로 드러나니, (말은) 또한 사람의 추기(핵심요소)이다.

○ 蔡氏曰 出好 則吉則榮 興戎 則凶則辱 發於口者 甚微 而召於彼者 甚捷 可不畏哉

채씨가 말했다. 우호를 만들어내면 길하고 영광이 있다. 전쟁을 일으키면 흉하고 치욕이 있다. 입에서 나오는 것은 심히 미약하지만 그것이 불러오는 것은 심히 빠르니 두려워하지 않아서 되겠는가.

【집주】

傷易去聲則誕 傷煩則支

지나치게 경솔히 말하면 허황하고, 지나치게 번다히 말하면 지리멸렬하다.

【세주】

慶源輔氏曰 易 則心不管攝 故 必至於妄誕 煩 則心不精一 故 必至於支離

경원 보씨가 말했다. 경솔히 말하면 (그 말이) 마음과 아무 상관이 없는 까닭에 반드시 망령됨과 허황함에 이른다. 번다하게 말하면 마음이 정밀하고 전일하지 못한 까닭에 반드시 지리멸렬함에 이른다.

【집주】

己肆物忤五故反 出悖來違 非法不道 欽哉訓辭

내가 제멋대로 말하면 남도 (나를) 거스르고 어그러진 말을 내면 어긋난 말이 돌아온다. 법도가 아니면 말하지 말지니 가르치는 말씀을 받들어야 하리라."

【세주】

朱子曰 上四句 是說身上最緊切處 須是不躁妄 方始靜專 自家這心 自做主不成 如何去接物 下云矧是樞機 興戎出好 四句 是說謹言底道理 下四句 却說四項病痛 傷易 則誕 傷煩 則支 己肆 則物忤 出悖 則來違

주자가 말했다. 위의 네 구절('인심지동'에서 '내사정전'까지)은 일신상의 가장 긴요하고 절실한 곳에 대해 말한 것이다. 모름지기 조급하거나 망령되지 않아야 비로소 고요하고 전일하다. 자신의 이 마음이 스스로 주인 노릇을 못한다면 어찌 남과 접해 가겠는가. 그 아래에서는 '더군다나 추기이니 전쟁을 일으키거나 우호를 만들어낸다'라 했는데, 그 네 구절('신시추기'에서 '유기소소'까지)은 말을 삼가는 도리를 말한 것이다. 아래 네 구절('상이즉탄'에서 '출패래위'까지)은 네 가지 병통을 말한 것으로, 지나치게 경솔히 말하면 허황하고 지나치게 번다히 말하면 지리멸렬하고, 내가 제멋대로 말하면 남은 거스르고 어그러진 말이 나가면 어긋난 말이 돌아온다.

○ 言箴說 許多病痛 從頭起 至吉凶榮辱 惟其所召 是就身上謹 傷易則誕 至出悖來違 是當謹於接物間 都說得周備

언잠은 허다한 병통을 설명했는데, 처음부터 '길흉영욕은 다만 그것이 불러오는 것이다'까지는 자신을 삼가는 것에 관해 말한 것이고, '지나치게 경솔히 말하면 허황하고'에서부터 '어그러진 말이 나가면 어긋난 말이 돌아온다'까지는 남과 대할 때 마땅히 삼가야 하는 것에 관한 말이니, 모두 두루 빠짐없이 설명했다.

○ 陳氏曰 易者 輕快之謂 躁 則傷於易 誕者 欺誕之謂 而易中之病也 煩者 多數之謂 妄 則傷於煩 支 猶木之枝 從身之旁而迸出者 乃煩中之失也

진씨가 말했다. '이(경솔함)'란 가볍고 빠른 것을 말하니, 조급함이란 경솔함 때문에 다치는(잘못되는) 것이다. '탄(허황함)'이란 거짓되고 허황한 것을 말하니, 경솔함 가운데의[경솔함에 속하는] 병이다. '번(번다함)'이란 많고 빈번한 것을 말하니, 망령됨이란 번다함 때문에 다치는 것이다. '지(지리멸렬함)'란 나무의 가지처럼 몸 옆으로 흩어져 나오는 것이니, 번다함 가운데의[번다함에 속하는] 잘못이다. [조(조급함)와 탄(허황함)은 모두 '이(경솔함)'로 감환되고 망(망령됨)과 지(지리멸렬함)는 모두 '번'으로 감환된다.]

○ 蔡氏曰 易則誕 由其妄而不專也 煩則支 由其躁而不靜也 內不靜 故 己肆而物忤 內不專 故 出悖而來違

채씨가 말했다. 경솔하면 허황하게 되는 것은 그 망령됨 때문에 전일하지 못해서 그런 것이다. 번다하면 지리멸렬하게 되는 것은 그 조급함 때문에 고요하지 못해서 그런 것이다. 안이 고요하지 못한 까닭에 내가 제멋대로 하니 남이 어긴다. 안이 전일하지 못한 까닭에 어그러진 말이 나가니 어긋난 말이 돌아온다.

○ 雲峯胡氏曰 易 是輕言 煩 是多言 肆 是放言 悖 則純乎不善矣 朱子 以爲是四項病 而諸家 只解歸躁妄二字 非矣

운봉 호씨가 말했다. '이'는 경솔하게 말하는 것이고, '번'은 많이 말하는 것이고,

'사'는 함부로 말하는 것이고 '패'는 오로지 불선한 것이다. 주자는 이것이 네 항목의 병통이라고 했는데, 여러 학자들은 단지 그 해석을 '조'와 '망' 두 글자로 귀착시켰으니 잘못이다.

【집주】

其動箴曰 哲人知幾平聲下同 誠之於思 志士勵行去聲 守之於爲 順理則裕 從欲惟危

동잠에서는 다음과 같이 말했다. "철인은 기미를 알고 생각을 참되게 한다. 지사는 행동을 (바로하기에) 힘써 행위함에 (잘못이 없도록) 지킨다. 이치를 따르면 여유롭고 욕심을 따르면 위태롭다.

【세주】

朱子曰 哲人志士 說兩般人 哲人 只於思慮間 便見得合做與不做 志士 便於做出了 方見得 雖是兩般 大抵 順理 便安裕 從欲 便危險

주자가 말했다. 철인과 지사는 두 종류의 사람을 말한 것이다. 철인은 다만 생각하는 사이에 곧 해야 마땅한지 안 해야 마땅한지를 안다. 지사는 해낸 다음에 비로소 안다. 비록 두 종류이지만(두 경우가 약간 다르지만), 대개 이치를 따르면 곧 편안하고 여유로우며, 욕심을 따르면 곧 위태롭고 험난하다.

○思 是動之微 爲 是動之著 這箇 是該動之精粗 蓋 思於內 不可不誠 爲於外 不可不守 看文字 須得箇骨子 諸公 且道動箴 那箇是緊要 答曰 順理則裕 曰 要連從欲惟危 都是 這 是生死路頭

생각은 드러나지 않은 움직임이고, 행위는 드러난 움직임이다. 이는 움직임의 정밀한 것과 거친 것에 해당된다. 대개 안으로 생각하는 것은 참되지 않아서는 안 되고, 밖으로 행위하는 것은 지키지 않아서는 안 된다. 문자(글)를 보면 모름지기 그 골자를 얻어야 한다. 여러분은 또 동잠에서 어느 것이 긴요한 것인지 말해보라. (여러 사람들이) 답했다. '이치를 따르면 여유롭다'입니다. (주자가) 말했다. 요컨대 '욕심을 따르면 위태롭다'마저도 다 그렇다(긴요하다). 이는 생사의 갈림길이다.

○陳氏曰 結上文二者之動 雖微顯不同 然 循理之公 則皆無餒於中 故 裕 逐人欲之私 則易陷於下 故 危

진씨가 말했다. 윗글의 두 사람의 움직임을 묶어본다면, 비록 은밀한 것(철인의 경우)과 드러난 것(지사의 경우)은 같지 않지만, 그러나 이치의 공공성을 따르면 모두 마음속이 굶주리지 않으니 여유롭다. 인욕의 사사로움을 좇으면 쉽게 낮은 곳[물욕의 세계]에 빠지니 위태롭다.

【집주】

造七到反次克念 戰兢自持

잠시조차도 생각을 다스려 전전긍긍 스스로 지킨다.

【세주】

慶源輔氏曰 造次克念 不息之誠也 戰兢自持 敬謹之體也

경원 보씨가 말했다. 잠시조차도 생각을 다스리는 것은 쉬지 않는 참됨이다. 전전긍긍 스스로 지키는 것은 경건히 삼감의 본체(본질적 원리)이다.

○覺軒蔡氏曰 造次克念 以誠於思言 凡學者 動於心 不可不存克念之誠 戰兢自持 以守於爲言 凡學者 動於身 不可不加自持之念

각헌 채씨가 말했다. '잠시조차도 생각을 다스린다'는 것은 생각에 있어서의 참됨을 말한다. 무릇 배우는 자는 마음을 움직임에 있어 생각을 다스리는 참됨을 보존하지 않아서는 안 된다. '전전긍긍 스스로 지킨다'는 것은 행위에 있어서의 지킴을 말한다. 무릇 배우는 자는 몸을 움직임에 있어 스스로 지키려는 생각을 더하지 않아서는 안 된다.

○陳氏曰 雖急遽苟且之時 亦必誠之於思 則其涵養之功 密矣 常恐懼戒謹 守之於爲 則其操存之力 篤矣

진씨가 말했다. 비록 급하고 구차한 때라도 또한 반드시 생각을 참되게 하면, 함양하려는 노력이 치밀한 것이다. 항상 두려워하고 삼가 행위를 지키면, 지키고 보존하려는 노력이 독실한 것이다.

【집주】

習與性成 聖賢同歸

습관이 성격이 되어 성인이나 현인과 같이 (같은 완성점으로) 돌아간다."

【세주】

覺軒蔡氏曰 聖 性之也 謂哲人 賢 習之也 謂志士 及其成功 一也 故曰 同歸

각헌 채씨가 말했다. '성(성인)'은 본성이 그러한 것이니, 철인을 말한다. '현(현인)'은 (배워) 익힌 것이니 지사를 말한다. 그 성공에 이르러서는 하나이다. 그러므로 '같이 돌아간다'라 한다.

○新安陳氏曰 商書曰 玆乃不義 習與性成 此 伊尹之言 本謂習於惡而與性成者 程子 引用此句 則言習於善 而與性成者也 此性字 蓋 以氣質之性言 與上文本乎天性之性 不同 天性 乃以天地之性言也

신안 진씨가 말했다. (『서경』)「상서(태갑 상)」에 말하기를 "이에 불의하여 습관이 성격이 되었다"라 했는데, 이는 이윤의 말로서 본디 악에 습관이 되어 성격이 되었다는 것을 말한다. 정자는 이 구절을 인용했는데, (원 의미와는 반대로) 선에 습관이 되어 성격이 되었다는 말이다. 이 '성' 자는 대개 기질의 성을 말하는 것으로, 윗글(청잠)의 '천성에 근본을 둔다'라고 할 때의 성과는 같지 않다. 천성은 곧 천지지성(천지의 본성, 즉 본연지성)을 말한다.

○徽菴程氏曰 物欲之外至 禁防於視聽 俾此仁之全體 湛然淸明 無一毫之或蔽 私欲之內萌 消弭於言動 俾此仁之妙用 剗呼麥反然中節 無一毫之或乖 見非視 聞非聽 見聞非動 視聽爲動 勿視勿聽 則不動矣 動 兼思貌而言 洪範五事 備於此矣 不必以勿爲心也 眞氏謂 勿 指心而言 非禮勿視勿聽 戒謹以存養也 觀制之於外 以安其內 及閑邪存誠之語 可見 所以防其外入而動於內也 聲色之非禮 雖甚顯而在外 過其外者 不能入 能禁防於視聽 則此仁之全體 湛然淸明矣 非禮勿言勿動 謹獨以硏幾也 觀人心之動 發禁躁妄 及誠之於思守之於爲之語 可見 所以謹其自內出而接於外也 念慮之非禮 雖甚微而在內 萌於內者 不能自已 能警省於言動 則此仁之大用 剗然中節矣

휘암 정씨가 말했다. 물욕이 밖에서 오면 보고 듣는 것을 막아 이 인의 전체(완전한 본체, 즉 내면에 들어 있는 본성으로서의 완전한 인)가 맑고 청명하도록 터럭만 한 가림도 없게 하고, 사욕이 안에서 싹트면 말하고 움직이는 것에서 (사욕을) 사라지게 해 이 인의 묘용(오묘한 작용, 즉 인의 덕이 실제 사태에 작용함)이 확연하게 규범에 맞도록 터럭만 한 어그러짐도 없게 한다. 견(시각을 통한 지각, 즉 보아서 알게 됨)은 시(단순한 봄, 즉 감각으로서의 시각)가 아니고 문(들음을 통한 지각, 즉 들어서 알게 됨)은 청(단순한 들음, 즉 감각으로서의 청각)이 아니다. (따라서) 견과 문은 동(감각의 작동)이 아니고 시와 청이 동이니 물시 물청(보지 않고 듣지 않는 것)은 (감각을) 작동하지 않는 것이다. 동(움직임, 즉 신체의 동작)은 사(생각)와 모(외모)를 겸한 말이다.

홍범 5사(외모, 보는 것, 듣는 것, 생각하는 것, 움직이는 것의 다섯 가지. 『서경』, 「주서 홍범」 3장)는 여기(4물, 즉 하지 말라는 네 가지)에 다 갖추어져 있으니 꼭 '물(勿)'을 마음이라 할 필요가 없다(하지 말라는 것을 굳이 마음으로 하지 말라는 말로 여길 필요가 없다. 〈진씨는 물(勿)을 마음을 가리켜 말한 것(마음으로 하지 말라는 뜻)이라 했다.〉 예 아니면 보지 말고 듣지 말라는 것은 경계하고 삼감으로써 (내 마음의 본성을) 보존하고 기르는 것이다. (그 점은) '밖으로 제어해 안을 편안히 한다', '사악함을 막아 참됨을 보존한다' 라는 말을 보면 알 수 있으니, 밖에서 들어와 안을 움직이는 것을 막으려는 것이다. 예 아닌 소리와 색은 비록 분명히 드러나 밖에 있지만 밖에서 (흘러) 지나가는 것은 들어오지는 못하니, 보고 듣는 것을 막을 수 있다면 이 인의 전체는 맑고 청명해진다. 예 아닌 것을 말하지 말고 움직이지 말라는 것은 홀로 있음을 삼가 기미(나타나기 전의 징조)를 탐구하는 것이다. (그 점은) '사람 마음의 움직임', '말할 때 조급함과 망령됨을 막는다', '생각을 참되게 하고 행위를 지킨다'라는 말을 보면 알 수 있으니, 안으로부터 밖으로 나가 바깥과 접하는 것을 삼가려는 것이다. 예 아닌 생각은 비록 심히 은밀해 안에 있지만 안에서 싹트는 것은 저절로 그치지는 않으니, 언동을 경계하고 반성할 수 있다면 이 인의 큰 쓰임(작용)은 확연히 규범에 맞게 된다.

【집주】

愚按 此章問答 乃傳授心法切要之言 非至明 不能察其幾 非至健 不能致其決 故 惟顏子得聞之 而凡學者 亦不可以不勉也 程子之箴 發明親切 學者 尤宜深玩

내가 살펴건대, 이 장의 문답은 심법(마음 다스리는 법)을 전수하는 요긴한 말이다. 지극히 밝지 않으면 그 기미를 살필 수 없고 지극히 강건하지 않으면 그 결단에 이를 수 없다. 그러므로 오직 안자만이 얻어들을 수 있었으나, 모든 배우는 자 또한 힘쓰지 않을 수 없으리라. 정자의 잠언은 친절하게 밝혀주었으니 배우는 자는 마땅히 더욱 깊이 감상해야 한다.

【세주】

慶源輔氏曰 非顏子之明睿 則雖告以克己復禮天下歸仁之說 必不能察天理人欲所由動之幾 而遂請其條目 非顏子之剛健 則雖告以爲仁由己 與四勿之說 必不能致勇決於此 而遂以仁爲己任 此 夫子 所以獨以是告顏子 而他弟子 不與焉

경원 보씨가 말했다. 안자의 밝은 총명함이 아니라면 비록 '극기복례하면 천하가 인으로 인정한다'는 말을 해주더라도 결코 천리와 인욕이 움직이게 되는 기미를 살필 수 없어, 마침내 그 조목을 (말씀해주시기를) 청하지는 못했을 것이다. 안자의 강건함이 아니라면 비록 '인을 행하는 것은 자신으로 말미암는다', '네 가지를 하지 말라'라는 말을 해주더라도 결코 이것을 용기 있게 결단하는 데 이르지 못해, 마침내 인을 자신의 임무로 삼지는 못했을 것이다. 이것이 공자께서 안자에게만 알려주시고 다른 제자들은 관여하지 못한 까닭이다.

○ 張氏曰 非至明 不能察其幾 是言其致察於非字 非至健 不能致其決 是言其用功於勿字

장씨가 말했다. '지극히 밝지 않으면 그 기미를 살필 수 없다'는 것은 '비' 자('비례물시' 등에서의 '비' 자)를 세밀히 살피는 것에 관한 말이다. '지극히 강건하지 않으면 그 결단에 이를 수 없다'는 것은 '물' 자('비례물시' 등에서의 '물' 자)에 힘쓰는 것에 관한 말이다.

○ 趙氏曰 非至明 則不能察天理人欲邪正所由動之幾 將有誤認天理爲人欲 人欲爲天理 而不自覺於冥冥之中矣 非至健 則不能決天理人欲勝負所由分之勢 將有玩天理而不肯進 戀人欲而不忍割 而依違於二者之間矣

조씨가 말했다. 지극히 밝지 않으면 천리와 인욕의 옳고 그름이 움직이게 되는 기미를 살필 수 없어, 장차 천리를 인욕으로, 인욕을 천리로 오인해 캄캄한 속에서 자각하지 못하는 경우가 있다. 지극히 강건하지 않으면 천리와 인욕의 승부가 나뉘게 되는 형세를 결단하지 못해, 장차 천리를 가지고 놀면서도 나아가려 하지 않고 인욕에 연연해 차마 잘라내지 못해 의연히 두 가지(천리 인욕)의 사이에서 어긋나게 되는 경우가 있다.

○ 雙峯饒氏曰 視聽言動四者 橫渠東銘只云 戱言 戱動 却是二件 中庸 非禮不動 又只是一件 詳略不同 何也 蓋 詳言之 是四件 約言之 只二件 所謂 言行君子之樞機 是也 言 是言 視聽 也屬動 是行 又約言之 都只是動 視 是目之動 聽 是耳之動 言 是口之動 動 是身之動 故 中庸 只說非禮不動一句 聖賢之言 有詳有約 顔子 是問克復之目 故 以詳告之

쌍봉 요씨가 말했다. 시 청 언 동 네 가지(에 대해 보자면), 횡거(장재)의 「동명」에서는 단지 '희언, 희동'이라 했으니 (사람의 활동을) 단지 두 가지(언, 동)로만 말했고, 『중용』에서는 '비례부동(예 아니면 움직이지 않는다)'이라 했으니 또 단지 한 가지(동)로만 말했다. 그 상세함과 간략함이 다른 것은 왜인가? (답하자면, 사람의 활동은) 대개 자세히 말하면 네 가지이고 간략하게 말하면 다만 두 가지(언, 행)이니, 소위 '언과 행은 군자의 핵심요소이다'라는 말이 그것으로, 언은 '언'이고 시와 청은 또한 동에 속하니 (시 청 동 모두) '행'이다. 또 더 줄여 말하면 모두 다만 '동(움직임)'이니, 시는 눈의 움직임이고 청은 귀의 움직임이고 언은 입의 움직임이고 동은 몸의 움직임이다. 그런 까닭에 『중용』에서는 단지 '예 아니면 움직이지 않는다'라는 한 구절을 말했을 뿐이다. 성현의 말씀에는 상세한 것이 있고 간략한 것이 있다. 안자가 극기복례의 조목을 물어보았기에 (공자께서는) 상세한 것을 알려주셨다.

12.2-1 仲弓問仁 子曰 出門如見大賓 使民如承大祭 己所不欲 勿施於人 在邦無怨 在家無怨 仲弓曰 雍雖不敏 請事斯語矣

중궁이 인(이 무엇인지)을 물었다. 공자께서 답하셨다. 문을 나서면 큰 손님을 뵙듯이 하고, 백성을 부림에는 큰 제사를 받들 듯이 하라. 자기가 원하지 않는 것을 남에게 베풀지 말라. (그리하면) 나라에 있을 때(벼슬할 때)도 원망이 없고 (벼슬하지 않고) 집에 있을 때도 원망이 없다. 중궁이 말했다. 옹(중궁 자신)이 비록 불민하나, 청컨대 이 말씀을 일삼고자 합니다.

【집주】
敬以持己

'경(경건함)'으로써 자신을 지키고

【세주】
解出門使民二句

'출문(문을 나서면)', '사민(백성을 부림에)'의 두 구절을 해석한 것이다.

【집주】
恕以及物

'서(남을 자신처럼 존중함)'로써 남에게 미치면

【세주】
解不欲勿施二句 物 卽人也

'불욕(원하지 않는 것)', '물시(베풀지 말라)'의 두 구절을 해석한 것이다. '물(物)'은 곧 남이다.

【집주】

則私意 無所容 而心德 全矣

사의는 용납될 곳이 없고 마음의 덕은 완전해진다.

【세주】

新安陳氏曰 敬以持己 則私意 無所容於內 恕以及物 則私意 無所容於外 於是 天理流行 而心德全矣

신안 진씨가 말했다. 경으로써 자신을 지키면 안으로 사의가 용납될 곳이 없다. 서로써 남에게 미치면 밖으로 사의가 용납될 곳이 없다. 이에 천리가 흘러 마음의 덕은 완전해진다.

○陳氏曰 敬者 吾心之所主 而仁之存也 恕者 吾心之所以達 而仁之施也 主敬持己 行恕及物 則內外無私意 而仁在是矣

진씨가 말했다. '경'이란 내 마음이 주로 삼는 것이니 인을 보존하는 것이다. '서'란 내 마음이 미치는 것이니 인을 베푸는 것이다. 경을 주로 삼아 자신을 지키고 서를 행해 남에게 미치면 안팎으로 사의가 없고 인이 여기에 있게 된다.

【집주】

內外無怨 亦以其效言之 使以自考也

안팎으로 원망이 없다는 것은 또한 그 효과를 말씀하신 것이니, 스스로 살펴보게 하신 것이다.

【세주】

新安陳氏曰 上章 天下歸仁 是以克己復禮之效言之 此章 內外無怨 亦以主敬行恕之效言之 考 驗也 能使內外無怨 可以驗我之能敬恕 若內外尙有怨者 是我於敬恕 猶有未至也 此之謂自考

신안 진씨가 말했다. 앞 장의 '천하귀인(천하가 인으로 인정한다)'은 극기복례의 효과를 말한 것이고, 이 장의 '내외무원(안팎으로 원망이 없다)' 또한 경을 주로 하고 서를 행하는 효과를 말한 것이다. '고(考)'는 '험(징험함, 겪어 앎)'이다. 안팎이 원망이 없게 할 수 있다면 내가 능히 경하고 서할 수 있음을 징험할 수 있다. 만약 안팎으로 아직 원망이 있는 자가 있다면 이는 나의 경과 서가 아직 지극하지 못한 것이다. 이를 일러 '스스로 살펴봄'이라 한다.

○朱子曰 己所不欲 勿施於人 緊接著那出門使民 在邦無怨 在家無怨 緊接著那己所不欲 勿施於人 直到這裏 道理 方透徹 似一片流水注出來 到這裏方住 中間也間斷不得 效驗到這處 方是做得透徹充足飽滿 極道體之全 而無虧欠 內外間 纔有一人怨他 便是未徹 便如天下歸仁底 纔有一箇不歸仁 便是有未到處

주자가 말했다. '자기가 원하지 않는 것을 남에게 베풀지 말라'는 구절은 저 '문을 나서면', '백성을 부림에'의 구절에 긴밀히 연결되고, '나라에서도 원망이 없고 집에서도 원망이 없다'는 구절은 저 '자기가 원하지 않는 것을 남에게 베풀지 말라'는 구절에 긴밀히 연결된다. 진정 여기에 도달하면 이치는 바야흐로 투철해진다. 마치 한 줄기 흐르는 물이 흘러가다가 여기에 이르러서야 비로소 멈추는 것처럼, 중간에도 끊어져서는 안 된다. 효험이 이에 도달해야 비로소 투철하게, 충족되게, 포만하게 해낸 것이니, 도의 본체의 완전함을 다해 이지러지거나 빠진 것이 없는 것이다. 안팎으로 한 사람이라도 그를 원망하는 사람이 있기만 하면 곧 투철하지 못한 것이다. '천하가 인으로 인정한다'는 경우, 한 사람이라도 인으로 인정하지 않으면 곧 지극하지 못한 점이 있는 것이다.

○己所不欲 勿施於人 如富壽康寧 人之所欲 死亡貧苦 人之所惡 所欲者必以同於人 所惡者 不以加於人

'자기가 원하지 않는 것을 남에게 베풀지 말라'는 것은, 예컨대 부귀·장수·건강·안녕은 사람이 바라는 것이고 죽음·패망·가난·고생은 사람이 싫어하는 것인데, 바라는 것은 반드시 남에게도 같도록 하고 싫어하는 것은 남에게 가하지 않는 것이다.

○能敬能恕 則仁在其中 世有敬而不能恕底人 便只理會自守 却無溫厚愛人氣象 若恕而無敬 則無以行之 須先主於敬 然後能行其恕

능히 경하고 능히 서할 수 있으면 인은 그 안에 있다. 세상에는 경은 있지만 서하지는 못하는 사람이 있으니 다만 스스로 지키는 것은 알지만 남을 따뜻하고 두텁게 사랑하는 기상은 없다. 서는 하면서 경은 없다면 그것(서)을 행할 방법이 없는 것이니, 모름지기 먼저 경을 주로 삼고, 그런 연후에 서를 행할 수 있다.

○聖人言語 極謹密 說出門如見大賓 使民如承大祭 下面 又便說己所不欲 勿施於人 都無些欠缺處 問 此意 則體用兼備 曰 只是如此 自家身己上 常是持守 到接物上 又如此 則日用之間 無少間隙 私意 直是何所容 可見聖人說得極密

성인의 말씀은 극히 조심스럽고 세밀하다. '문을 나서면 큰 손님을 뵙듯이 하고 백성을 부림에는 큰 제사를 받들 듯이 하라'고 말씀하시고, 아래에는 또 '자기가 바라지 않는 것을 남에게 베풀지 말라'고 하셨으니 모두 조금의 흠결도 없다. 물었다. 이(말)의 뜻은 체용이 겸비되어 있다는 것입니까? 답했다. 단지 이처럼 자신의 신상을 항상 붙잡아 지키고 남과 접할 때에도 또 이처럼 하면 일상의 생활에서 조그마한 틈도 없어 사의가 진정 용납될 곳이 없을 것이니, 성인께서 극히 세밀하게 말씀하셨음을 알 수 있다.

○問 如以刑加人 豈人所欲 便是不恕始得 曰 伊川云 恕字 須兼忠字說 忠是盡己 而後推之爲恕 夫以刑加人 其人 實有罪 其心 亦自以爲當然 故 以刑加之 而非强所不欲也 其不欲被刑 乃其私心 若其眞心 旣以犯罪 亦自知其當刑矣 今人 只爲不理會忠 而徒爲恕 其弊 只是姑息

물었다. 예컨대 형벌을 사람에게 가하는 것이 어찌 사람이 바라는 것이겠습니까? 이는 곧 '불서(서하지 않음)'가 시작된 것입니다. 답했다. 이천(정이)이 말하기를 "'서' 자는 반드시 '충' 자와 겸해서 말해야 한다. 충은 자신(의 진실함)을 다하는 것이니 그런 후에 그것을 미루어 서를 행한다"라 했다. 무릇 형벌을 사람에게 가하는 것은 그 사람이 실제로 죄가 있어서이니, 그 마음 또한 스스로 당연하다 여길 것이다. 그러므로 형벌을 가하는 것은 바라지 않는 것을 억지로 시키는 것이 아니다. 형벌을 받으려 하지 않는 것이 곧 사심이다. 만약 진심이라면 이미 범죄를 저질렀으니 또한 스스로 마땅히 형벌을 받아야 하는 것임을 알 것이다. 요즈음 사람들은 다만 충은 이해하지 않고 헛되이 서만 행하려 한다. 그 폐단은 단지 고식(말썽 없이 넘어가려 함)이다.

○問 怨有是非 如何都得他無 曰 此 只說怨得是底

물었다. 원망에는 옳은 것과 그른 것이 있습니다. 어떻게 그것이 전혀 없을 수 있겠습니까? 답했다. 이는 다만 옳은 원망을 말한 것이다.

○弟子之問 多矣 獨二子有請事之對 蓋 度其能踐此言 而後對 記者 亦以其充此對 而記之也

제자들의 질문은 많았지만 오직 두 사람만이 '청컨대 (이 말씀을) 일삼고자 합니다'라고 대답했다. (두 사람은) 대개 이 말씀을 (자신이) 능히 실천할 수 있음을 헤아린 다음에 대답한 것이다. 기록한 자도 또한 (공자 말씀만 기록하지 않고) 이 대답을 채워 넣어 기록했다.

○慶源輔氏曰 不敬 則私欲萬端 害仁之體 不恕 則徇己遺人 梏仁之用 必敬以養之 恕以達之 則私意 無可萌之時 無可著之處矣

경원 보씨가 말했다. 불경하면 사욕이 만 가지로 일어나 인의 본체를 해친다. 불서하면 자신(의 이익)을 좇고 남을 버리니 인의 쓰임을 가로막는다. 반드시 경으로써 기르고 서로써 미치면 사의는 싹틀 때가 없고 달라붙을 곳이 없다.

○王氏曰 主敬 則內有以全其心之德 行恕 則外有以推其愛之理

왕씨가 말했다. 경을 주로 삼으면 안으로 그 마음의 덕을 완전히 할 수 있고, 서를 행하면 밖으로 사랑의 원리를 미루어나갈 수 있다.

○雲峯胡氏曰 敬以持己 是收斂此心入來 恕以待人 是推擴此心出去

운봉 호씨가 말했다. 경으로써 자신을 지키는 것은 이 마음을 거두어들여 (내면으로) 들어오게 하는 것이고, 서로써 남을 대우하는 것은 이 마음을 미루어 확장해 (외부로) 나가게 하는 것이다.

【집주】

○程子曰 孔子言仁 只說出門如見大賓 使民如承大祭 看其氣象 便須心廣體胖 動容周旋 中去聲禮

정자가 말했다. 공자께서 인을 말씀하시면서 다만 '문을 나서서는 큰 손님을 뵙듯이 하고 백성을 부림에는 큰 제사를 받들 듯이 하라'고 하셨을 뿐이지만, 그 기상을 보면 (다음과 같은 뜻이 있음을 알아야 한다.) 곧 모름지기 마음이 넓고 몸이 넉넉해 행동이나 일 처리가 모두 예에 맞아야 한다.

【세주】

新安陳氏曰 程子 恐人認見賓承祭 作勉强拘束之敬 故 云然 蓋 欲如所謂禮之用和爲貴也

신안 진씨가 말했다. 정자는 사람들이 손님을 뵙고 제사를 모신다는 것을 억지로 애쓰고 옭아매는 경이라고 생각할까 우려한 까닭에 그렇게 말한 것이다. 대개 소위 '예의 쓰임은 조화로움을 귀히 여긴다(『논어』1, 「학이」 12장)'라는 것처럼 하기를 바란 것이다.

【집주】

唯謹獨 便是守之之法

오직 근독(홀로 있을 때를 삼감)만이 그것을 지키는 방법이다.

【세주】

新安陳氏曰 又恐人外貌如此 而中心不如此 必如一念萌動 己所獨知之處 而致謹焉 便是持守此敬之法

신안 진씨가 말했다. 또 사람들이 외모만 이와 같고 마음속은 그렇지 못할까 우려한 것이다. 반드시 '하나의 생각이 싹터 움직이면 자신만이 홀로 아는 것이니 삼감을 다해야 한다(『중용』 1장의 신독에 관한 주자어류의 축약)'라는 말처럼 해야 하니, (이것이) 곧 이 경을 붙들어 지키는 방법이다.

○雙峯饒氏曰 心廣體胖 周旋中禮 特敬之氣象耳 至於用功 却在謹獨上 蓋人 但見其出門使民耳 如見大賓 如承大祭 則人所不知 而己所獨知者 於此謹之 則得其用功之要

쌍봉 요씨가 말했다. 마음이 넓고 몸이 넉넉하고 일 처리가 예에 맞는 것은 다만 경의 기상일 뿐이다. 공부는 오히려 근독에 있다. 대개 남들은 다만 그 문을 나서고 백성을 부리는 것만 볼 수 있을 뿐, 큰 손님을 뵙듯 하는지, 큰 제사를 받들 듯 하는지는 남들은 모르고 자신만이 홀로 아는 것이다. 이에 대해 삼가면 그 공부의 요체를 얻은 것이다.

【집주】

或問 出門使民之時 如此可也 未出門使民之時 如之何 曰 此儼若思時也

혹자가 "문을 나서고 백성을 부릴 때는 이렇게 하는 것이 옳겠지만 아직 문을 나서거나 백성을 부릴 때가 아니라면 어떻게 해야 합니까?"라 물었는데, 답하자면, 이는 '엄약사(깊이 생각하는 것처럼 엄숙히 함)'의 때이다.

【세주】

曲禮曰 儼若思 此 靜時敬也

(『예기』)「곡례」편에 "생각할 때처럼 엄숙히 한다"라 했는데, 이는 고요할 때의 경이다.

【집주】

有諸中 而後見形焉反於外 觀其出門使民之時 其敬如此 則前乎此者敬 可知矣

마음속에 있은 후에 밖으로 드러나니, 문을 나서거나 백성을 부릴 때의 그 경이 이와 같은 것을 보면 그 이전의 경(드러나기 전의 경)을 알 수 있다.

【세주】

新安陳氏曰 觀其動時敬 則其靜時敬 可知

신안 진씨가 말했다. 그 움직일 때의 경을 보면 그 고요할 때의 경을 알 수 있다.

【집주】

非因出門使民 然後有此敬也

문을 나서고 백성을 부리는 일이 있은 다음에야 이 경이 있는 것이 아니다.

【세주】

此 程子 推夫子言外之意 而言之

이는 정자가 공자의 말씀 밖의 뜻(말씀의 숨은 뜻)을 미루어 말한 것이다.

○問 程子 只說作敬 先生 便說敬以持己 恕以及物 看來 須如先生說 方全 朱子曰 程子 不是就經上說 是偶然摘此二句 所以 只說作敬

물었다. 정자는 단지 경이라고 설명했는데 선생께서는 '경으로써 자신을 지키고 서로써 남에게 미친다'고 설명했습니다. 보면, 모름지기 선생의 설명처럼 해야 비로소 완전합니다. 주자가 답했다. 정자는 경(경전의 본문)에 대해 말한 것이 아니고 우연히 이 두 구절을 따왔기 때문에 단지 경이라고 설명했을 따름이다.

○南軒張氏曰 平日之涵養 一於敬 則出門使民之際 皆此心也

남헌 장씨가 말했다. 평소 함양함에 하나같이 경으로 하면 문을 나서거나 백성을 부릴 때도 다 이 마음이다.

○雙峯饒氏曰 平時 固是敬謹 出門使民時 尤加敬謹 此 只就出門使民說起 則只是動時事 蓋 出門使民 是與人交接之時 於此時 有敬謹之心 則交接之間 私意不存 而得以盡其推己及人之恕矣

쌍봉 요씨가 말했다. 평시에 원래 경건히 삼가고, 문을 나서거나 백성을 부릴 때 더욱 경건히 삼감을 더한다. 이는 단지 문을 나서거나 백성을 부리는 것으로부터 말하기 시작한 것이니 다만 움직일 때의 일일 뿐이다. 대개 문을 나서거나 백성을 부리는 것은 남과 서로 접촉하는 때이니, 이때 경건히 삼가는 마음이 있으면 서로 접촉할 때 사의가 없어 추기급인(나를 미루어 남에게 미침)의 서를 완전히 해낼 수 있다.

【집주】

愚按 克己復禮 乾道也 主敬行恕 坤道也 顔冉之學 其高下淺深 於此可見 然學者 誠能從事於敬恕之間 而有得焉 亦將無己之可克矣

내가 살피건대, 극기복례는 하늘의 도이고 주경행서(경을 주로 삼고 서를 행함)는 땅의 도이다. 안자와 염옹(중궁)의 학문의 높고 낮음, 깊고 얕음을 여기서 알 수 있다. 그러나 배우는 자가 진정으로 경과 서의 사이에 종사할 수 있어 얻은 것이 있다면 또한 장차 이겨내야 할 개인의 사사로움은 없게 될 것이다.

【세주】

朱子曰 乾道 奮發而有爲 坤道 靜重而持守 觀夫子告二子氣象 各有所類

주자가 말했다. 하늘의 도는 분발하니(적극적이니) 행함(활동)이 있고, 땅의 도는 고요하고 무거우니(소극적이니) 붙들어 지킨다. 공자께서 두 사람에게 알려주신(말씀의) 기상을 보면 (두 사람은) 각기 그 종류가 있다(다르다).

○ 仲弓 資質溫粹 顔子 資質剛明 顔子 於仁 剛健果決 如天旋地轉 雷厲風行 做將去 仲弓 則自斂藏嚴謹 做將去 伊川曰 質美者 明得盡 査滓便渾化 却與天地同體 其次 惟莊敬以持養之 顔子 則明得盡者 仲弓 則莊敬以持養之者也 顔子 如創業之君 仲弓 如守成之君

중궁은 자질이 온순하고 순수했고, 안자는 자질이 강건하고 밝았다. 안자는 인에 대해 강건하고 과감했으니, 마치 하늘이 돌고 땅이 돌고 우레가 치고 바람이 부는 것처럼 해나갔다. 중궁은 스스로 단속하고 엄숙히 삼감으로써 해나갔다. 이천은 "자질이 아름다운 자는 완전히 밝아서 찌꺼기가 다 녹아버리니 천지와 같은 몸이다. 그다음 수준은 오직 장경(엄숙하고 경건함)으로써 지켜 길러나간다"라 했다. 안자는 완전히 밝은 자이고 중궁은 장경으로써 지켜 기르는 자이다. 안자가 창업의 군주라면 중궁은 수성의 군주이다.

○ 克復乾道 是一服藥 打疊了這病 敬恕坤道 是服藥調護 漸漸消磨了這病

持敬行恕 雖不曾著力去克己復禮 然 只一般 若把這箇養來養去 那私意 自
是著不得

극기복례는 하늘의 도이니 한 번 약을 먹고 이 병을 날려버리는 것이다. 주경행
서는 땅의 도이니 약을 먹고 조섭을 계속해 점차 이 병을 없애가는 것이다. 지경
행서(경건함을 지키고 서를 행함)는 비록 아직 극기복례에 힘을 써나가는 것은 아
니지만 (결국은) 다만 마찬가지일 뿐이다. 만약 이것(지경행서)을 가지고 이리저
리 길러나간다면 저 사의는 본디 들러붙을 수 없다.

○問 克己工夫 與主敬行恕 如何 曰 克己復禮 是截然分別箇天理人欲 是
則行之 非則去之 敬恕 則猶是保養在這裏 未能保他無人欲在 若將來保養
得至 亦全是天理矣

물었다. 극기공부는 주경행서와 어떤 관계입니까? 답했다. 극기복례는 자른 듯이
천리와 인욕을 분별하는 것이다. 옳으면 행하고 그르면 제거한다. 경서(주경행서)
는 아직 여기서[낮은 수준에서] 보존하고 기르는 것이니 아직 그가 인욕이 없음을
보장하지는 못한다. 만약 장래에 보존하고 기르는 것이 지극해지면 역시 모두 천
리이다.

○克己復禮 如內修政事 外攘夷狄 出門使民 如上策莫如自治

극기복례(앞 장의 방법)는 안으로 정치를 바로하고 밖으로 오랑캐를 물리치는 것
과 같다. 문을 나서고 백성을 다스리는 것(이 장의 방법)은 스스로를 다스리는 것
이 가장 상책인 것과 같다.

○問 持敬 克己工夫 相資相成否乎 曰 做處則一 但 孔子 告顏子仲弓 隨
他氣質地位 而告之耳 若不敬 則此心散漫 何以能克己 若不克己 非禮而視
聽言動 安能爲敬 又曰 敬之至 固無己可克 克己之至 亦不消言敬 敬則無
己可克者 是無所不敬 故 不用克己 此 是大敬 如聖敬日躋 於緝熙敬止之
敬也

물었다. 지경공부와 극기공부는 서로 돕고 서로 이루어주는 것 아닙니까? 답했
다. 하는 것은 마찬가지이다. 단, 공자께서 안자와 중궁에게 알려주신 것은 그들
의 기질과 수준에 따라 알려주신 것이다. 만약 불경하면 이 마음이 산만하니 어찌
극기할 수 있겠는가? 만약 극기하지 않으면 예 아닌 것을 보고 듣고 말하고 움직
이고 할 것이니 어찌 경할 수 있겠는가? 또 말했다. 경이 지극하면 본디 이겨야 할
사사로움이 없고, 극기가 지극하면 또한 경을 말할 필요가 없다. 경하면 이겨야
할 사사로움이 없다는 것은 경하지 않음이 없다는 것이니 그러므로 극기가 필요

없다. 이는 커다란 경으로, '성경일제(성스러운 경건함이 날로 오른다.『시경』,「송상송」〈장발〉)'와 '오집희경지(아아 빛나도다, 경건함이여.『시경』,「대아 문왕」〈문왕〉)'의 경이다.

○潛室陳氏曰 顔子工夫 索性豁開雲霧 便見靑天 故 屬乾 仲弓工夫 著力淘盡泥沙 方見淸泉 故 屬坤 此處 最難認 須細心玩聖賢氣象 便會得

잠실 진씨가 말했다. 안자의 공부는 아예 구름과 안개를 깨끗이 걷어내어 푸른 하늘이 드러난 것이니 그런 까닭에 '건(하늘)'에 해당된다. 중궁의 공부는 힘을 기울여 진흙과 모래를 걸러내어 비로소 맑은 샘이 드러난 것이니 그런 까닭에 '곤(땅)'에 해당된다. 이곳은 가장 알기 어려운 곳이니 모름지기 섬세한 마음으로 성현의 기상을 감상해야 알 수 있다.

○厚齋馮氏曰 左傳云 仲尼曰 古語有之 曰克己復禮仁也 蓋 古有此語 唯顔子 可以從事於此 又曰 出門如賓承事如祭 仁之則也 亦古有此語 唯仲弓可以語之

후재 풍씨가 말했다.『(춘추)좌전』에 보면, "중니가 말하기를 '옛말에 극기복례가 인이라 했다'라 했다(『춘추)좌전』, 소공 12년)"라고 나와 있으니 대개 옛날부터 (공자 이전부터) 이런 말이 있었지만 오직 안자만이 이에 종사할 수 있었다. 또 "문을 나서면 손님 모시듯 하고 일을 받드는 것은 제사 받들 듯이 하는 것은 인의 규범이다(『춘추)좌전』, 희공 33년)"라고 나와 있으니 또한 예부터 이런 말이 있었지만 오직 중궁에게만 말해줄 수 있었다.

○蔡氏曰 以效言之 亦有不同 顔子底 便可天下歸仁 其應 廣而速 仲弓底 只可邦家無怨 其應 狹而緩

채씨가 말했다. 효과로 말하더라도 또한 다른 점이 있다. 안자의 것(안자가 얻는 효과)은 천하가 인으로 인정할 수 있는 것이었으니 그 반응은 넓고 빠르다. 중궁의 것은 단지 나라와 집안에서 원망이 없는 것이니 그 반응은 좁고 느리다.

12.3-1 司馬牛 問仁

사마우가 인을 물었다.

【집주】

司馬牛 孔子弟子 名犁 向式亮反魋徒回反之弟 宋人

사마우는 공자의 제자로 이름은 이이고 상퇴의 동생이다. 〈송나라 사람이다.〉

12.3-2 子曰 仁者 其言也訒 訒 音刃

공자께서 말씀하셨다. 인자는 그 말을 참는 듯이 한다.

【집주】

訒 忍也 難也 仁者 心存而不放 故 其言 若有所忍而不易去聲下同發 蓋其德之一端也

'인'은 참는 것이고 어려워하는 것이다. 인자는 마음을 보존해 놓치지 않으므로 그 말이 마치 참는 것이 있는 것처럼 쉽게 나오지 않는다. 대개 그(인자의) 덕 중의 한 가지이다.

【세주】

朱子曰 仁者之人 言自然訒 在學者 卽當自謹言語 以操存此心 如今人 輕易言語 是他此心不在 奔馳四出 如何有仁

주자가 말했다. 인자인 사람은 저절로 말을 참는 듯이 하지만, 배우는 자로서는 마땅히 스스로 말을 삼가 이 마음을 붙들어 보존해야 한다. 요즈음 사람들이 말을 경솔히 하는 것은 그에게 이 마음이 없어 사방으로 내달려가는 것이니 어찌 인이 있겠는가.

○此心不放 便存得道理在此 察其言 便可知其本心之存與不存

이 마음을 놓치지 않으면 곧 도리를 여기에 보존할 수 있다. 그 말을 살펴보면 그 본심이 보존되었는지 아닌지를 알 수 있다.

○雲峯胡氏曰 集註 於顔淵 則曰心德之全 此 則曰德之一端 亦不過四勿中之一也

운봉 호씨가 말했다. 집주에서는 안연에 대해서는 '마음의 덕이 완전하다'라 했고 여기서는 '덕 중의 한 가지이다'라 했으니 역시 4물(네 가지 하지 말라는 것. 본편 1장) 중의 하나에 불과하다.

【집주】
夫子 以牛多言而躁 故 告之以此 使其於此而謹之 則所以爲仁之方不外是矣

공자께서는 우가 말이 많고 조급한 까닭에 이 말씀을 해주시어 그로 하여금 이에 대해 삼가게 하셨으니, (사마우의 경우에는) 인을 행하는 방법이 이것을 벗어나지 않기 때문이었다.

【세주】
朱子曰 這 是司馬牛身上一項病 去得此病 則方好將息充養爾

주자가 말했다. 이는 사마우의 신상의 한 가지 병이니, 이 병을 없애면 바야흐로 잘 쉬고 보양하게 된다(튼튼해진다).

○問 仁者其言也訒 只是訥於言意思否 曰 訥於言而敏於行 是怕人說得多後 行不逮其言也 訒 是說持守得那心定後 說出來 自是有斟酌 恰似肚裏先商量了 方說底模樣 今人 只信口說 方說時 他心裏 也自不知得

물었다. '인자는 그 말을 참는 듯이 한다'는 것은 단지 말이 어눌하다는 뜻 아닙니까? 답했다. '말에 어눌하고 행동에 민첩하다(『논어』4, 「이인」 24장)'는 것은 사람이 말은 많이 한 다음에 행동은 그 말에 미치지 못할까 우려하신 것이다. '인(말을 참음)'은 그 마음을 흔들림 없이 지킨 후 말을 내는 것이니, 본디 심사숙고가 있어 흡사 뱃속에서 미리 헤아린 후 비로소 말하는 모습과 같다. 요즈음 사람들은 단지 입으로 하는 말만 믿을 뿐, 바야흐로 말할 때의 그 마음속도 물론 알지 못한다.

○問 聖人 答司馬牛 其言也訒 此句 通上下言否 曰 就他身上說 又較親切 人 謹得言語不妄發 卽求仁之端

물었다. 성인께서 사마우에게 '그 말을 참는 듯이 한다'라고 대답하신 이 구절은
상하에(수준이나 신분과 상관없이) 통용되는 말 아닙니까? 답했다. 그의 신상에
관해 말씀하신 것이니 또 더욱 친절하다. 사람이 말을 삼가 망발하지 않는 것은
인을 구하는 한 방법이다.

12.3-3 曰 其言也訒 斯謂之仁矣乎 子曰 爲之難 言之得
無訒乎

(사마우가) 물었다. 말을 참는 듯이 하는 것, 이를 인이라
합니까? 공자께서 답하셨다. (참는 듯이 말하는 것은) 하기
어렵다. 말에 참음이 없어서 되겠는가?

【집주】
牛意仁道至大 不但如夫子之所言 故 夫子又告之以此 蓋心常存故
事不苟 事不苟 故 其言 自有不得而易者 非强上聲閉之而不出也

우의 (질문의) 뜻은 인의 도는 지극히 커서 공자께서 (지금) 말씀하신 것 같은
것만은 아니라는 것이다. 그런 까닭에 공자께서는 다시 이렇게 알려주셨다. 대
개 마음이 항상 보존된 까닭에 일이 구차하지 않고(구질구질하게 변명해야 하는
일을 하지 않고), 일이 구차하지 않은 까닭에 저절로 그 말을 쉽게 할 수 없게 되
는 것이니, 억지로 막아서 못 나오게 하는 것이 아니다.

【세주】
朱子曰 心存 則自是不敢胡亂說話 大率說得容易底 便是他心放了 是實未
嘗爲之也 若不敢胡亂做者 必不敢容易說 然 亦是存得這心在

주자가 말했다. 마음이 보존되면 본디 감히 어지럽게 말하지 않는다. 대개 쉽게
말하는 것은 곧 그가 마음을 놓쳐버린 것이니, 실제로는 그것(말)을 (실행)한 적
이 없는 것이다. 감히 어지럽게 [일을] 하지 않는 자의 경우는 반드시 감히 쉽게
말하지 않지만, 그러나 이는 또한 이 마음을 보존하고 있기 때문이다.

○慶源輔氏曰 心存 則行 自然難而不苟動 言 自然訒而不苟發 此 心德之

自然 豈易能哉 而牛之意 則以訕其言爲强閉而不出 故 易視之 而以爲仁道
之大 不但如此而已也

경원 보씨가 말했다. 마음이 보존되면 행동은 자연히 어려워져(함부로 움직이지
않아) 구차스럽게 움직이지 않고, 말은 자연히 참는 듯해 구차스럽게 나오지 않
는다. 이는 마음의 덕 때문에 저절로 그런 것이니 어찌 쉽게 할 수 있겠는가. 그
런데도 사마우는 말을 참는 듯이 하는 것을 억지로 막아 못 나오게 하는 것이라
여겨 쉽게 보고, 인의 도는 커서 이런 것뿐이 아니라고 생각했다.

○新安陳氏曰 言仁 以心存爲本 心存 則言不易 心存 則事不苟 所以 集註
於此章 兩以心存言之

신안 진씨가 말했다. 인은 마음을 보존하는 것을 근본으로 한다는 말이다. 마음
이 보존되면 말하는 것이 쉽지 않고 마음이 보존되면 일하는 것이 구차하지 않
다. 그런 까닭에 집주는 이 장에서 두 번 '마음의 보존'을 말했다.

【집주】

楊氏曰 觀此 及下章再問之語 牛之易其言 可知

양씨가 말했다. 이 장과 다음 장의 두 번 물은 말을 보면 사마우가 말을 쉽게 했
음을 알 수 있다.

【세주】

朱子曰 仁者 心常醒 見這事來 便知要做得合道理 不可輕易 便是知得爲之
難 故 自不敢輕言 若不仁之人 心常如瞌睡相似 都不見這事理 使天來大事
便敢輕輕做一兩句說了

주자가 말했다. 인자는 마음이 항상 깨어 있어, 이 일이 오는 것을 보면 곧 도리
에 맞게 해야 하지, 경솔하게 해서는 안 된다는 것을 아니, 하기 어려움을 아는
것이다. 그러므로 응당 감히 가볍게 말하지 않는다. 불인한 사람의 경우는 마음
이 마치 항상 조는 것 같아 이 일의 이치를 전혀 알지 못해, 설사 하늘이 내는 큰
일이라도 곧 감히 경솔하게 한두 마디 말을 해버린다.

○問 爲之難者 不謂仁之難爲耶 曰 仁者之言 無不訒 蓋 知事之無不難也
豈獨仁之難爲 而後難於言耶 且必若此 則凡事皆可易言 而獨於言仁爲不
可易矣 豈其然乎

물었다. (경문에서) 하기 어렵다는 것은 인이 하기 어려운 것이라는 말 아닙니까?

183

답했다. 인자의 말은 참는 듯이 하지 않는 경우가 없으니, 대개 일이 어렵지 않은 것이 없다는 것을 알기 때문이다. 어찌 인만이 하기 어렵다고 말씀하신 다음에, (다시) 말하는 것이 어렵다 하셨겠는가? 만약 꼭 이러하다면(인만이 하기 어려운 것이라면), 모든 일은 다 쉽게 말할 수 있는 것이고, 인을 말하는 것만이 쉽게 할 수 없는 것이 된다. 어찌 그렇겠는가?

【집주】

○ 程子曰 雖爲去聲司馬牛多言 故 及此 然 聖人之言 亦止此爲是 愚謂 牛之爲人 如此 若不告之以其病之所切 而泛以爲仁之大槪語音御之 則以彼之躁 必不能深思以去上聲其病 而終無自以入德矣 故 其告之 如此 蓋 聖人之言 雖有高下大小之不同 然 其切於學者之身 而皆爲 入德之要 則又初不異也 讀者 其致思焉

정자가 말했다. 비록 사마우가 말이 많은 것 때문에 이를 언급하셨지만 그러나 성인의 말씀은 또한 이에 그치는 것이 옳다(사마우의 경우는 이 말씀만 해주시는 것이 맞다). 내가 생각건대, 사마우의 사람됨이 이와 같으니 만약 그 병통의 절실한 점으로 알려주지 않고 인을 행하는 대략의 일반적인 방법을 알려주면, 그의 조급함 때문에 틀림없이 그 병통을 깊이 생각해 제거하지 못할 것이기 때문에 끝내 덕으로 들어갈 길이 없을 것이다. 그러므로 이처럼 알려주셨다. 대개 성인의 말씀은 비록 높고 낮고 크고 작음의 차이가 있지만 그러나 배우는 자의 몸에 절실해서 모두 덕으로 들어가는 요령이 된다는 점에서는 처음부터 다르지 않다. 읽는 자는 깊이 생각해야 하리라.

【세주】

朱子曰 司馬牛 如何做得顔子仲弓底工夫 須是逐人理會 仁 譬之屋 克己 是大門打透便入來 敬恕 是第二門 言訒 是箇小門 雖皆可通 然 小門 迂回 得些 是 隨他病處說

주자가 말했다. 사마우가 어찌 안자나 중궁의 공부를 해낼 수 있겠는가? 모름지기 사람(의 수준)에 따라 이해시켜야 한다. 인을 집에 비유하자면, 극기는 대문을 두드려 열고 들어가는 것이고, 경(경건함)과 서(남을 자기처럼 존중함)는 두 번째 문이고 말을 참는 듯이 하는 것은 작은 문이다. 비록 모두 (집안으로) 통할 수는 있지만 그러나 작은 문은 약간 돌아간다. 이는 그의 병통에 따라 말씀해주신 것이다.

○陳氏曰 語牛之說 又下於雍 非秘其精義 而不以語之也 以牛多言而躁 若不語以其病所切 則彼之躁 必不自覺 終身爲此心之累 而無由可進於仁 必使之先致謹於此 去煩而簡 去躁而靜 則心無所放 而言每難其出 入德次第方可漸進 而仁可求矣

진씨가 말했다. 사마우에게 말씀해주신 설명은 또 염옹(에게 해주신 것)보다 낮지만, 그 정밀한 의리를 숨기고 말씀해주시지 않은 것은 아니다. 우는 말이 많고 조급하기 때문에, 절실한 병통으로 말해주지 않으면 그의 조급함을 결코 자각하지 못해 종신토록 이 마음의 누 때문에 인으로 나아갈 길이 없었을 것이다. 반드시 그로 하여금 먼저 이(말 참음)에 삼감을 다해 번다함을 제거해서 간결하게 하고 조급함을 제거해서 고요하게 하면, 마음은 놓친 바가 없고 말은 매번 나오기 어렵게 될 것이니, 덕으로 들어가는 순서에 따라 비로소 점차 나아가 인을 구할 수 있을 것이다.

12.4-1 司馬牛 問君子 子曰 君子 不憂不懼

사마우가 군자(는 어떤 사람인지)를 물었다. 공자께서 답하셨다. 군자는 근심하지 않고 두려워하지 않는다.

【집주】

向魋作亂 牛 常憂懼 故 夫子 告之以此

상퇴가 난을 일으키니 사마우는 항상 근심하고 두려워했다. 그런 까닭에 공자께서 이 말씀을 해주셨다.

【세주】

厚齋馮氏曰 內憂弟兄 外懼其禍也

후재 풍씨가 말했다. 안으로는 형제를 걱정하고 밖으로는 그 화를 두려워했다.

12.4-2 曰 不憂不懼 斯謂之君子矣乎 子曰 內省不疚 夫何憂何懼 夫音扶

(우가) 말했다. 근심하지 않고 두려워하지 않는 것, 이를 군자라 합니까? 공자께서 말씀하셨다. 안으로 반성해서 흠결이 없으면 무릇 무엇을 근심하고 무엇을 두려워하랴.

【집주】

牛之再問 猶前章之意 故 復扶又反告之以此 疚 病也 言由其平日所爲 無愧於心 故 能內省悉幷反不疚 而自無憂懼 未可遽以爲易去聲而忽之也

우가 다시 물은 것은 앞 장의 뜻과 같다. 그러므로 다시 이렇게 알려주셨다. '구'는 병(문제점)이다. 그 평소의 행위가 마음에 부끄러움이 없기 때문에 능히 안으로 반성해 흠결이 없어 저절로 근심이 없고 두려움이 없는 것이니, (이 일을)

성급히 쉽게 여겨 소홀히 해서는 안 된다는 말씀이다.

【세주】

雙峯饒氏曰 無愧 是不疚之本 不疚 是不憂懼之本

쌍봉 요씨가 말했다. 부끄러움이 없는 것은 흠결이 없는 것의 근본이고, 흠결이 없는 것은 근심하지 않고 두려워하지 않는 것의 근본이다.

【집주】

○ 晁氏曰 不憂不懼 由乎德全而無疵 故 無入而不自得 非實有憂懼而强上聲排遣之也

조씨가 말했다. 근심하지 않고 두려워하지 않는 것은 덕이 완전하고 흠이 없기 때문이다. 그러므로 들어오면(어떤 말을 듣거나 사태에 당면하면) 스스로 깨닫지 않는 경우가 없는 것이지, 실제로는 근심이 있고 두려움이 있는데 억지로 밀어내고 떨치는 것이 아니다.

【세주】

朱子曰 牛 將謂是 塊然頑然 不必憂懼 不知夫子 自說內省不疚 自然不憂懼來

주자가 말했다. 사마우는 장차 이(말씀)를 '흙덩이처럼 고집스럽게 [가만히 있어야 할 뿐,] 꼭 근심하고 두려워할 필요는 없다'라는 말씀으로 생각할 것이다. 공자께서 본디 안으로 반성해 흠결이 없으면 자연히 근심하지 않고 두려워하지 않게 된다고 말씀하신 줄은 모르고.

○有憂懼者 內有所慊也 自省其內 而無所病 則心廣體胖 何憂懼之有

근심과 두려움이 있는 자는 안으로 꺼림칙한 것이 있는 것이다. 스스로 그 안을 살펴보아 흠결이 없으면 마음이 넓고 몸이 넉넉한 것이니 무슨 근심이나 두려움이 있으리오.

○慶源輔氏曰 不憂不懼者 疑若有之 而强排遣之也 何憂何懼 則是自無憂懼耳 蓋 君子自然之德也

경원 보씨가 말했다. 근심하지 않고 두려워하지 않는다는 것은 마치 (그것이) 있는데도 억지로 밀어내고 떨치는 것 같지만, '무엇을 근심하고 무엇을 두려워하랴'라 했으니 원래 근심과 두려움이 없기 때문일 뿐이다. (이는) 대개 군자의 본연의 덕이다.

○ 牛之再問 雖易於言 然 足以發聖人未盡之蘊 使吾德少有疵 則不免憂懼 憂懼 氣象歉索也 內省不疚 而何憂懼 與孟子 集義 生浩然之氣 仰不愧俯不怍之意 同

우가 다시 물은 것은 비록 말을 쉽게 한 것이지만, 그러나 (이는) 성인께서 다 말하지 않으신 함축된 뜻을 (다시) 말씀하시게 하기에는 충분했다. (그 뜻이란) 만일 나의 덕이 조금이라도 흠결이 있으면 근심과 두려움을 면하지 못한다(는 것이다). 근심하고 두려워하는 것은 기상이 부족하고 막혀 있기 때문이다. '안으로 반성해 흠결이 없으면 무엇을 근심하고 두려워하랴'는 말씀은 맹자의 '의를 모으면(모든 일을 의에 맞게 행하다 보면) (마음속에) 호연지기가 생긴다(『맹자』3, 「공손추 상」 2장에 유사한 구절이 있음)', '우러러보아도 (하늘에) 부끄러움이 없고 굽어보아도 (사람에게) 부끄러움이 없다(『맹자』13, 「진심 상」 20장)'는 말의 뜻과 같다.

12.5-1　司馬牛憂曰 人皆有兄弟 我獨亡

사마우가 근심스레 말했다. 사람들은 모두 형제가 있는데 나만 홀로 없다.

【집주】

牛有兄弟而云然者 憂其爲亂 而將死也

우가 형제가 있으면서도 그렇게 말한 것은 난을 일으켜 (형제들이) 장차 죽을 것을 걱정했기 때문이다.

【세주】

左傳 哀公十四年 魋 入于曹以叛 民叛之 魋 奔衛 遂奔齊

『(춘추)좌전』에 보면, 애공 14년에 (상)퇴는 조나라로 들어가 모반했다. 백성들이 반기를 들자 퇴는 위나라로 도망갔고, 마침내 제나라로 도망갔다.

○問 牛 無令兄弟 何也 朱子曰 以傳考之 桓魋 欲弑宋公 而欲殺孔子 其惡著矣 而其弟 子頎 子車 亦與之同惡 此 牛所以憂也

물었다. 우가 형제가 없는 것처럼 한 것은 왜입니까? 주자가 답했다. 기록을 고찰해보면 환퇴는 송공을 시해하려 했고 공자를 죽이려 했으니 그 악이 현저하고, 그 동생 자기와 자거도 또한 그와 함께 같은 악을 저질렀다. 이것이 우가 근심한 까닭이다.

12.5-2　子夏曰 商聞之矣

자하가 말했다. 상(자하 자신, 즉 나)이 들었는데,

【집주】

蓋 聞之夫子

대개 공자께 들은 것이다.

12.5-3 死生有命 富貴在天

죽고 사는 것은 운명이 있고 부귀는 하늘에 달렸다.

【집주】

命 稟於有生之初 非今所能移 天 莫之爲而爲 非我所能必 但當順受而已

운명은 애초 태어날 때 부여받은 것이니 지금 바꿀 수 있는 것이 아니다. 하늘은 행위하지 않으면서도 행위하니 [의도적으로 어떤 행위를 하는 것이 아니라 저절로 이루어지는 것이니] 내가 꼭 어찌할 수 있는 것이 아니다. 다만 순종해 받아들여야 할 뿐이다.

【세주】

陳氏曰 天者 命之所自出 命 則天之所賦於人者 故 以理言之 謂之天 自人言之 謂之命 其實 一而已

진씨가 말했다. 하늘이란 운명이 나오는 곳이고 운명은 하늘이 사람에게 부여한 것이다. 그러므로 이치로 말하자면 하늘이라 하고 사람으로 말하자면 운명이라 하지만, 기실은 하나일 뿐이다.

○慶源輔氏曰 順 謂不咈 受 謂不拒 只此二字 便是處死生富貴之要訣

경원 보씨가 말했다. '순(순종함)'은 어기지 않는 것이고 '수(받아들임)'는 거부하지 않는 것이다. 단지 이 두 글자가 곧 사생과 부귀에 처하는 핵심적 비결이다.

12.5-4 君子 敬而無失 與人恭而有禮 四海之內 皆兄弟也 君子 何患乎無兄弟也

군자가 경건함을 잃지 않고, 남과 함께할 때 공손하되 예가 있으면 사해 안(온 세상)이 다 형제이다. 군자가 어찌 형제가 없는 것을 걱정하리오.

【집주】

旣安於命 又當修其在己者 故 又言苟能持己以敬而不間去聲斷徒玩反接人以恭而有節文 則天下之人 皆愛敬之 如兄弟矣 蓋 子夏 欲以寬牛之憂 而爲是不得已之辭 讀者 不以辭害意 可也

이미 운명을 편안히 여겼으면 또 마땅히 자신에게 있는 것을 닦아야 한다. 그러므로 또 '만약 경건함으로 자신을 지켜 끊어짐이 없고 남과 접할 때 공손하고 규범이 있게 할 수 있으면, 천하 사람들이 모두 마치 형제처럼 사랑하고 존경할 것이다'라고 말한 것이다. (이 말은) 대개 자하가 우의 근심을 누그러뜨리기 위해 부득이하게 한 말이니, 읽는 자는 말(수사) 때문에 뜻(의미)을 오해하지는 말아야 한다.

【세주】

慶源輔氏曰 旣告以安命 又勉以脩身 使兩盡其道

경원 보씨가 말했다. 이미 운명을 편안히 여기라고 말해주고 또 몸을 닦으라고 권했으니 양면으로 그 도를 다하게 했다.

○ 趙氏曰 若安於命 而不脩己 是 有命而無義 聽乎天 而不盡乎人矣

조씨가 말했다. 만일 운명은 편안히 여기면서 자신을 닦지 않는다면, 이는 운명은 있고 의리는 없는 것이고, 하늘(의 명)은 듣고 사람(의 도리)은 다하지 않는 것이다.

○ 雙峯饒氏曰 敬在心 恭在容 敬易能 無失爲難 間斷則失矣 恭易能 有禮爲難 有節文 是致恭 又能中節 如足恭 則恭而無禮矣

쌍봉 요씨가 말했다. 경건함은 마음에 있고 공손함은 외모에 있다. 경건하기는 쉽지만 잃지 않기가 어려우니 잠시라도 끊어지면 잃어버린다. 공손하기는 쉽지만 예가 있기는 어려우니 절문(규범)이 있다는 것은 공손함을 다하면서도 또 규범에 맞는다는 것이다. 예컨대 지나친 공손함은 공손하기는 하나 예가 없는 것이다.

○ 新安陳氏曰 死生富貴 惟當聽其在天 恭敬禮節 則當盡其在己 敬而無失 又恭而有禮之本也 子夏皆兄弟之語 有疵 集註 下一如字 謂人皆愛敬之如兄弟 則意足 而辭當矣

신안 진씨가 말했다. 사생부귀는 오직 마땅히 하늘에 있는 것(천명)을 들어야 하고 공손함과 경건함과 예절은 마땅히 자신에게 있는 것(본성)을 다해야 한다. 경건하되 (경건함을) 잃지 않는 것은 '공손하되 예가 있음'의 근본이다. 자하의 '모두 형제이다'라는 말은 하자가 있다. 집주에서는 '여(마치~처럼)' 한 글자를 써서 '사람들이 모두 마치 형제처럼 사랑하고 존경한다'라고 말했으니, (이렇게 말해야) 뜻이 충족되고(의미가 완전하고) 말(논리)이 타당하다.

【집주】
○胡氏曰子夏四海皆兄弟之言 特以廣司馬牛之意 意圓而語滯者也 唯聖人 則無此病矣 且子夏 知此 而以哭子喪去聲明

호씨가 말했다. 자하의 '사해가 모두 형제이다'라는 말은 다만 사마우의 생각을 넓혀주려는 것이었으니 뜻은 원만하지만 말은 막힌 것이 있다. 오직 성인이라야 이런 결점이 없다. 또 자하는 이를 알면서도 아들(의 죽음)을 곡하다가 실명했으니

【세주】
禮記 檀弓篇 子夏 喪其子 而喪其明

『예기』,「단궁」편에 보면 자하는 그 아들을 잃고 실명했다고 한다.

【집주】
則以蔽於愛而昧於理 是以 不能踐其言爾

사랑에 눈이 멀어 이치에 어두웠다. 이런 까닭에 그 말을 실천하지 못했다.

【세주】
朱子曰 子夏 當初只要開廣司馬牛之意 只不合下箇皆兄弟字 便成無差等了

주자가 말했다. 자하는 당초에 단지 사마우의 생각을 넓혀주려 했을 뿐이지만, 다만 '모두 형제다'라는 글자(말)를 쓴 것은 합당치 않으니, (씀으로써) 결국 (내 형제와 남의 형제가) 아무 차등이 없게 되고 말았다.

○慶源輔氏曰 觀喪明事 則牛之失 乃移於商之身 而不自知也

경원 보씨가 말했다. 실명한 일을 살펴보면 우의 잘못이 상(자하)의 몸으로 옮겨졌는데도 스스로는 알지 못했다.

○雙峯饒氏曰 此 子夏寬牛之憂 而推其原以廣之也 人之兄弟 共一箇父母

此 固是親 若推其原 則人 又只是共一箇天地大父母 自共一箇父母觀之 則
兄弟爲有限 自共一箇天地觀之 則竝生於天地間 皆兄弟也 此意 豈不甚廣
然 畢竟他人之兄弟 其情 安能及得己之兄弟 意雖廣大 語實有病 圓則活
滯則死 凡圓底 便活 方底 便不動

쌍봉 요씨가 말했다. 이는 자하가 우의 근심을 누그러뜨리려 그 근원을 미루어 넓혀 말한 것이다. 사람의 형제는 한 부모를 함께하는 것이니 이는 본디 (육)친이지만, 만약 그 근원을 미루어본다면 사람은 또 다만 하나의 천지라는 큰 부모를 함께하는 것이다. 한 부모를 함께한다는 점에서 보면 형제는 유한하다. 하나의 천지를 공유한다는 점에서 보면 천지간에 같이 사는 모든 것은 다 형제이다. 이 뜻이 어찌 매우 넓지 않으랴. 그러나 필경 남의 형제가 그 정이 어찌 내 형제에 미치겠는가? 뜻은 비록 넓고 크지만 말은 실로 문제가 있다. 둥글면(원만하면) 살아 움직이고 막히면 죽는다. 대개 둥근 것은 살아 움직이고 모난 것은 움직이지 않는다.

○新安陳氏曰 喪明事 與此不同 然 其爲憂愛之情發 不中節而過其則 則一耳

신안 진씨가 말했다. 실명한 일은 이(이 장의 일)와는 다르다. 그러나 그 근심하고 사랑하는 마음이 드러날 때 절도에 맞지 않고 규범을 넘어섰다는 점에서는 마찬가지일 뿐이다.

○雲峯胡氏曰 西銘亦曰 民吾同胞 曰皆吾兄弟 但自乾父坤母說來 句句 是
說理一而分殊 子夏曰 四海皆兄弟 似近乎理一 至曰何患乎無兄弟 則不
知有分之殊矣 此 集註 所以欲讀者 不以辭害意也

운봉 호씨가 말했다. 「서명」에서도 또한 '백성은 나의 동포이다'라 하고, '모두 내 형제이다'라 했다. 단, (이는) 아버지 하늘과 어머니 땅이라는 점에서 말한 것이니 구절구절은 모두 '이(理)는 하나이지만 나누어지면 각각 다르다'는 것을 설명한 것이다. 자하가 말한 '사해가 다 형제이다'라는 것은 이가 하나임을 말한 것에 가까운 듯하지만, '어찌 형제가 없는 것을 걱정하리오'라는 말에 이르러서는 '나누어지면 각각 다르다'는 것을 몰랐던 것이다. 이것이 집주에서 읽는 자가 말 때문에 뜻을 오해하지 않기를 바란 이유이다.

12.6 子張問明 子曰 浸潤之譖 膚受之愬 不行焉 可謂明也已矣 浸潤之譖 膚受之愬 不行焉 可謂遠也已矣 譖 莊蔭反 愬 蘇路反

자장이 밝음을 물었다. 공자께서 답하셨다. 스며들고 적시는 참소와 피부에 와 닿는 하소연이 통하지 않으면 밝음(밝게 봄)이라고 할 수 있다. 스며들고 적시는 참소와 피부에 와 닿는 하소연이 통하지 않으면 멂(멀리 봄)이라고 할 수 있다.

【집주】
浸潤 如水之浸灌滋潤 漸如字 又將嗟反 漬而不驟也 譖 毀人之行也 膚受 謂肌膚所受利害切身 如易所謂 剝床以膚 切近災者也

'침윤'은 마치 물이 스며들고 적시는 것처럼 점차 스며들어 다급하지 않은 것이다. '참'은 남의 행위를 헐뜯는 것이다. '부수'는 피부에 와 닿는 것으로 이익이나 손해가 몸에 절실한 것을 말한다. 『역』에서 말한 것처럼, "상을 깎다가 피부에 이른다", 즉 "재앙이 절박하게 가깝다"는 것이다.

【세주】
易 剝之六四 剝床以膚 象曰 切近災也

『역』, 「박괘」 6 4에서 "상을 깎다가 피부에 이른다"라 했고 그 〈상전〉에 "재앙이 절박하게 가깝다"라 했다.

【집주】
愬 愬己之冤也 毀人者 漸漬而不驟 則聽者 不覺其入 而信之深矣 愬冤者 急迫而切身 則聽者 不及致詳 而發之暴矣

'소'는 자신의 원통함을 하소연하는 것이다. 남을 헐뜯는 자는 (그 참소가) 점차 스며들고 다급하지 않기 때문에 듣는 사람은 들어오는 줄도 모르고 깊이 믿게 된다. 원통함을 하소연하는 자는 급박하고 몸에 절박하기 때문에 듣는 사람은 자세히 알아보지도 않고 폭발하게 된다.

【세주】

朱子曰 譖 是譖人 是不干己底事 纔說得驟 便不能入他 須是閑言冷語 掉放那裏 說交來不覺 愬 是愬切己底事 纔說緩慢 人 便不將做事 須是說得緊切 要忽然間觸動他 如被人罵 便說被人打 被人打 便說被人要殺 蓋不如此 不足以觸動他也

주자가 말했다. '참'은 남을 헐뜯는 것으로, 자신(말하는 이)과 관계없는 일이기 때문에 다급하게 말하면 그(듣는 이)에게 들어갈 수 없다. 반드시 한가한 이야기나 무관심한 말처럼 거기에 슬그머니 늘어놓으면 말이 왔다갔다 해도 깨닫지 못한다. '소'는 자신의 절박한 일을 하소연하는 것으로, 느릿느릿 급하지 않은 듯 말하면 남이 일로 쳐주지도 않으니, 반드시 긴박하게 말해야 한다. 순식간에 그를 촉발시키려 하면, 예컨대 남에게 욕을 먹으면 곧 남에게 맞았다고 하고, 남에게 맞았으면 곧 남이 죽이려 한다고 말해야 한다. 대개 이렇게 하지 않으면 그를 촉발시키기에 부족하다.

○齊氏曰 水之潤物 其浸以漸 故 游揚以誣善者 曰浸潤之譖 膚受芒刺 痛痒立見 故 激以切己利害之言 曰膚受之愬

제씨가 말했다. 물이 물건을 적시는 것은 점차 스며드는 것이다. 그렇기에 장난치는 듯이 선한 사람을 무고하는 것을 '스며들고 적시는 참소'라 한다. 피부가 가시에 찔리면 즉각 쓰리고 아프다. 그렇기에 자신의 절박한 이익이나 손해를 가지고 부딪혀오는 것을 '피부에 와 닿는 하소연'이라 한다.

【집주】

二者 難察 而能察之 則可見其心之明指可謂明 而不蔽於近指可謂遠矣 此 亦必因子張之失 而告之 故 其辭 繁而不殺所界反 以致丁寧之意云

두 가지는 살피기 어려운 것인데 능히 살필 수 있다면 그 마음의 밝음('밝다고 할 수 있다'는 구절을 가리킨다.)과 가까운 것에 가려지지 않음('멀다고 할 수 있다'는 구절을 가리킨다.)을 알 수 있다. 이 말씀은 또한 틀림없이 자장의 결점 때문에 알려주신 것이다. 그렇기 때문에 그 말씀이 번다한데도 줄여 말씀하지 않으셨으니, 간곡한 뜻을 다해 말씀하신 것이다.

○楊氏曰 驟而語之 與利害不切於身者 不行焉 有不待明者 能之也 故 浸潤之譖 膚受之愬不行然後 謂之明 而又謂之遠 遠 則明之至也 書曰 視遠惟明

양씨가 말했다. (말하는 이) 자신에게 이해가 절박하지 않은 것을 다급하게 말하면 (듣는 이에게) 통하지 않는 것, 이는 (듣는 이가) 밝지 않은 자라 해도 그럴 수 있다. 그렇기 때문에 스며들고 적시는 참소와 피부에 와 닿는 하소연이 통하지 않는 다음에야 밝음이라고 한다. 그러고도 또 멂이라고 한 것은, 멂은 밝음이 지극한 것이기 때문이다. 『서경』(「상서 태갑 중」 3장)에 "멀리 봄에 밝음을 생각한다"라 했다.

【세주】
朱子曰 若事 本非實 而譖者 遽然極言其事 愬者 泛然不切於身 則亦不足以惑人矣 故 以此二者之相爲反對而互言 若見其事變之不同 而明無不照也
주자가 말했다. 만약 일이 본래 사실이 아닌데 헐뜯는 자가 그 일을 성급하게 극언하거나, 하소연하는 자가 자신에게 절박하지 않은 평범한 일을 말하거나 하면 또한 남을 혹하게 하기에 부족하다. 그러므로 이 두 가지 서로 반대되는 방식을 대비해 말씀하심으로써, 그 사태가 같지 않지만 밝음이 비추지 않는 것이 없음(두 경우 모두 밝은 자는 알 수 있음)을 드러내려 하셨다.

○慶源輔氏曰 浸潤膚受 皆以巧譎而行其譖愬者也 然 使之不行 則非旣明且遠者 有所不能 子張之爲人 務外好高 於事 必有忽略自足之病 而無深潛縝密之功 平日不過觀其皮毛意象 以爲有得 於人情之細密 事理之精微 則未必能察也 故 夫子 因其問明 而姑擧二事以告之 使其反諸身 而知有所戒矣
경원 보씨가 말했다. 스며들고 적신다거나 피부에 와 닿는다는 것은 모두 교묘한 속임수로 참소하거나 하소연하는 것이다. 그러나 그것이 통하지 못하게 하는 것은 매우 밝고 먼 자가 아니면 할 수 없는 것이다. 자장의 사람됨은 밖에 힘쓰고 높은 것을 좋아해서 일에 대해서는 반드시 소홀히 하고는 스스로 만족하는 병이 있었고 깊이 잠기어 세밀하게 하는 공부가 없었다. 평소 (사물의) 의미나 모습에 대해 그 껍데기만 본 데 불과한데도 알았다고 생각했고, 인정의 세밀한 곳이나 사리의 정밀한 것에 대해서는 잘 살피지 못했다. 그런 까닭에 공자께서는 그가 밝음을 물은 것을 기회로 잠시 두 일을 들어 알려주심으로써 그로 하여금 자신을 돌아보고 경계할 바가 있음을 알게 하셨다.

○蘇氏曰 譖愬之言 常行於偏暗而隘迫者 蓋 一有所聞 而忿心應之也 明且遠者 虛以察之 則不旋踵 而得其情矣
소씨가 말했다. 헐뜯거나 하소연하는 말은 항상 치우쳐 어둡고 좁은 사람에게 통한다. 대개 (그런 사람은) 한 번 듣기만 하면 분한 마음으로 (들은 말에) 응하게 된다. 밝고 먼 자는 (마음을) 비우고 살피기 때문에 급하게 굴지 않고도 그 사실을 안다.

○ 雙峯饒氏曰 浸潤者 其來舒緩 膚受 則其來急迫 一緩一急 緩則不暇覺 急則不暇詳 一要覺 一要詳 覺與詳 是兩事 集註 以察字包之 因子張之失 而告之 其失 果在何處 蓋 必者 料想之辭 子張 是箇易疑易信底人 易疑生譖 易信生愬

쌍봉 요씨가 말했다. 스며들고 적시는 것은 천천히 오고, 피부에 와 닿는 것은 급박하게 온다. 하나는 느리고 하나는 급하니, 느린 것은 알아차릴 틈이 없고 급한 것은 자세히 알 틈이 없다. 하나는 알아차려야 하고 하나는 자세히 알아야 한다. 알아차리는 것과 자세히 아는 것은 두 가지 (다른) 일인데, 집주에서는 '찰(살피다)' 자로 (두 일을) 포괄했다. 자장의 결점 때문에 알려주셨다는데, 그 잘못이란 과연 어디에 있는가? 대개 (집주에서 말한) '필(틀림없이)'이란 (틀림없이 그럴 것이라고) 상상해 판단하는 말이니, 자장은 (틀림없이) 쉽게 의심하고 쉽게 믿는 사람이었을 것이다. 쉽게 의심하는 것은 참소를 낳고 쉽게 믿는 것은 하소연을 낳는다.

○ 鄭氏舜擧曰 善形容小人之情狀 無若聖人之言 凡譖愬者 使其正言之 則人人皆識之矣 惟其便僻側媚 入人以漸 雖智者 或不察也

정순거가 말했다. 소인의 모습을 잘 그려내기로는 성인의 말씀만 한 것이 없다. 무릇 헐뜯고 하소연하는 자가 만약 올바른 것(사실)을 말했다면 모든 사람이 다 알 수 있다. 다만 그 편벽되고 아부하는 말이 사람에게 점차 들어오면, 비록 지혜로운 자라도 혹 살피지 못하는 수가 있다.

12.7-1 子貢問政 子曰 足食足兵民信之矣

자공이 정치를 물었다. 공자께서 답하셨다. 식량이 족하고 군대가 족하면 백성이 믿는다.

【집주】

言倉廩實 而武備修 然後教化行 而民信於我 不離叛也

창고가 차고 군비가 닦인 연후 교화가 행해지면 백성이 나를 믿어 배반해 떠나지 않는다는 말씀이다.

【세주】

新安陳氏曰 民信之矣 以效言之 民所以信之之本 則孔子未之及 所以朱子推本而以教化行言之 如施信於民 與國人交 止於信 皆是也 兵食既足 然後施教而化行 民斯信之矣 非謂止足食足兵 民便信之也

신안 진씨가 말했다. '백성이 믿는다'는 것은 효과를 말한 것이다. 백성이 믿게 되는 원인의 근본이 무엇인지에 대해서는 공자께서 언급하지 않으셨다. 그래서 주자는 그 근본을 추론해 '교화가 행해지면'이라고 말했다. 예컨대 '백성에게 믿음을 베푼다(『예기』4,「단궁 하」)' '나라 사람들과 사귐에 믿음에 머문다(『대학』,〈전3장〉)'라 한 것이 모두 그 예이다. 군대와 식량이 이미 충분한 연후에 가르침을 베풀어 교화가 이루어진다면 이에 백성은 믿게 된다. 단지 식량이 충분하고 군대가 충분하기만 하면 백성이 곧 믿는다는 말은 아니다.

12.7-2 子貢曰 必不得已而去 於斯三者 何先 曰 去兵 去
上聲 下同

자공이 말했다. 꼭 부득이해서 버린다면 이 셋 중에 무엇을 먼저 버려야 합니까? 답하셨다. 군대를 버려라.

【집주】

言食足而信孚 則無兵而守固矣

식량이 충분하고 믿음이 깊으면 군대가 없어도 단단히 지킬 수 있다는 말씀이다.

12.7-3 子貢曰 必不得已而去 於斯二者 何先 曰 去食 自古皆有死 民無信 不立

자공이 말했다. 꼭 부득이해서 버린다면 이 둘 중에 무엇을 먼저 버려야 합니까? 답하셨다. 식량을 버려라. 자고로 (사람은) 모두 죽지만, 백성은 믿음이 없으면 서지 못한다.

【집주】

民 無食必死 然 死者人之所必不免 無信 則雖生 而無以自立

백성은 식량이 없으면 반드시 죽는다. 그러나 죽음이란 사람이 결코 면할 수 없는 것이다. 믿음이 없으면 비록 살아도 스스로 설 방법이 없으니,

【세주】

問 是民自不立 是國不可立 朱子曰 是民自不立 民不立 則國亦不能以有立 蓋 有信 則相守以死 無信 則相欺相詐 而臣棄其君 子棄其父矣

물었다. 백성이 스스로 서지 못한다는 것입니까, 나라가 설 수 없다는 것입니까? 주자가 답했다. 백성이 스스로 서지 못한다는 것이다. 백성이 서지 못하면 나라 또한 설 수가 없다. 대개 믿음이 있으면 서로 죽음으로 지키고, 믿음이 없으면 서로 속이고 서로 거짓말해 신하는 그 임금을 버리고 아들은 그 아버지를 버린다.

【집주】

不若死之爲安

죽음의 편안함만 못하다.

【세주】

朱子曰 安字 極有味

주자가 말했다. '안(편안함)' 자는 극히 의미 있다.

【집주】

故 寧死而不失信於民 使民亦寧死 而不失信於我也

그러므로 차라리 죽을지언정 백성에게 믿음을 잃지 않아서, 백성으로 하여금 차라리 죽을지언정 나에게 믿음을 잃지 않도록 하게 해야 한다.

○程子曰 孔門弟子善問 直窮到底 如此章者 非子貢 不能問 非聖人 不能答也

정자가 말했다. 공자 문하의 제자들은 질문을 잘해 곧바로 끝까지 궁구하지만, 이 장 같은 것은 자공이 아니면 물을 수 없고 성인이 아니면 답할 수 없다.

【세주】

慶源輔氏曰 非於理有所見 而必欲究其精微之蘊者 不能如此問 非據理之極 而於膠轕肯綮之際 如燭照數計 無纖毫之疑者 不能如此答之也

경원 보씨가 말했다. 이치에 대해 아는 바가 있고 반드시 그 정밀한 함의를 궁구하려는 자가 아니면 이처럼 질문할 수 없고, 이치의 최고 수준에 근거하면서 뒤엉키고 뭉쳐 있는 곳에 대해 환하게 불을 밝혀 계산해 털끝만 한 의혹도 없는 자가 아니라면 이처럼 대답할 수 없다.

【집주】

愚謂 以人情而言 則兵食足而後 吾之信 可以孚於民 以民德而言 則信 本人之所固有 非兵食所得而先也 是以 爲政者 當身率其民 而以死守之 不以危急而可棄也

내가 생각건대, 인정으로 말하자면 군대가 충분하고 식량이 충분한 다음에 나에 대한 믿음이 백성들에게 믿어질 만하게 될 수 있다. 백성의 덕으로 말하자면 믿음이란 본디 사람이 원래부터 가지고 있는 것이니, 군대와 식량은 우선이 될 수 있는 것이 아니다. 그런 까닭에 위정자는 마땅히 몸소 그 백성을 이끌어 죽음으로 지켜야지, 위급하다고 해서 버려서는 안 된다.

【세주】

朱子曰 此 只因足食足兵 而後民信 本是兩項事 子貢 却做三項事認了 信字 便是在人心不容變底

주자가 말했다. 이는 다만 식량이 충분하고 군대가 충분한 것으로 인한 다음 백성이 믿는다는 말이니 본래는 두 항목(족식족병과 민신)인데, 자공은 오히려 세 항목의 일로 인식했다. '신' 자는 곧 인심에 있어서 변할 수 없는 것이다.

○ 制田里 薄賦斂 使民有常産 而不失其時 則倉廩實 而足食矣 比什伍 時簡敎 使民有勇而知方 則戎備飭 而足兵矣 有是二者 則民以信事上 而無欺詐離叛之心 所謂民信之也 問 兵之可去 何也 曰 足食而民信 則民 親其上 死其長 如子弟衛父兄 手足捍頭目 可制挺以撻堅利矣 必不得已而去 則兵或可無也 問 食之可去 何也 曰 以序言之 則食爲先 以理言之 則信爲重 蓋死生常理 人所必不免者 若民無信 則失所以爲民者 而無以立乎天地間 是以 必有以使民寧無食以死 而不失其尊君親上之心 則其政之所以得民心 而善民俗者 可得而言矣

토지 제도를 제정하고 세금을 줄여 백성으로 하여금 항산(먹고살 만한 일정한 재산)이 있게 하고 그 (농사의) 때를 잃지 않게 하면 창고가 채워져 식량이 충분해진다. 대오를 정비하고 틈날 때 교련해 백성으로 하여금 용맹이 있고 그 방향을 알게 하면 군비가 정비되어 군대가 충분해진다. 이 두 가지가 있으면 백성은 믿음으로써 윗사람을 모셔 속이고 배반하려는 마음이 없게 되니 소위 '백성이 믿는다'는 것이다. 물었다. 군대를 버릴 수 있다는 것은 어째서입니까? 답했다. 식량이 충분하고 백성이 믿으면 백성은 그 윗사람을 친히 하고 윗사람을 죽음으로 지키니, 마치 아들과 동생이 아버지와 형을 지키고 수족이 머리를 감싸는 것처럼, 몽둥이로 창칼을 막을 수 있다. 꼭 부득이해서 버린다면 군대는 혹 없을 수 있다. 물었다. 식량을 버릴 수 있다는 것은 어째서입니까? 순서로 말하자면 식량이 먼저이지만, 이치로 말하자면 믿음이 중요하다. 대개 죽고 사는 것은 불변의 이치이니 사람이 결코 면할 수 없는 것이다. 만약 백성이 믿음이 없으면 (백성이) 백성이 되는 이유를 상실한 것이니 천지간에 설 방법이 없다. 이런 까닭에 틀림없이 백성으로 하여금 차라리 식량이 없어 죽을지언정 임금을 받들고 윗사람을 친히 하는 마음을 잃지 않게 하면 그 정치가 민심을 얻고 백성의 풍속을 착하게 만들었다고 할 만한 이유가 있다고 말할 수 있다.

○ 南軒張氏曰 生則有死 人之常理 至於無信 則欺詐傾奪 無復人理 是 重於死也 夫食與兵 固爲急務 然 信 爲之本 無信 則雖有粟而誰與食 雖有兵而誰與用哉

남헌 장씨가 말했다. 태어나면 죽는 것은 사람의 불변의 이치이다. 믿음이 없는 것은 속이고 거짓말하고 넘어뜨리고 빼앗아서 다시는 사람으로서의 이치가 없는 것이니 이는 죽는 것보다 더하다. 무릇 식량과 군대는 본디 급한 일이지만, 그러나 믿음은 그것의 근본이 된다. 믿음이 없으면 비록 곡식이 있다 하나 누구와 함께 먹겠으며, 비록 군대가 있다 하나 누구와 함께 쓰겠는가?

○勉齋黃氏曰 夫子初答 爲政之先後也 再問復告 義理之輕重也 所謂民信 至此而後 民 有以全其信也 非謂至是而後 方施信於民也 然則敎民以信 其可一日緩乎

면재 황씨가 말했다. 공자께서 처음 답하신 것은 정치의 선후이다. 다시 물었을 때 또 알려주신 것은 의리의 경중이다. 소위 '백성이 믿는다'는 것은 이(족식, 족병)에 이른 다음에 백성이 그 믿음을 온전히 한다는 것이지 이에 이른 다음에야 비로소 백성에게 믿음을 베푼다는 말이 아니다. 그러니 백성을 믿음으로 가르치는 것을 하루라도 늦출 수 있으랴.

○覺軒蔡氏曰 五常之信 猶五行之土 民無信不立 猶物無土不生 爲政 固以兵食爲先 而兵食 亦以信而立 子貢 兩發必不得已之問 直窮到底 以見信之尤重於死 而不可頃刻無也

각헌 채씨가 말했다. 5상(인의예지신) 가운데 신은 5행(화수목금토) 가운데 토와 같다. 백성이 믿음이 없으면 서지 못하는 것은 마치 사물이 땅이 없으면 살지 못하는 것과 같다. 정치를 하는 것은 본디 군대와 식량을 우선으로 하지만 또한 군대와 식량은 믿음에 의해 선다(확립된다). 자공은 '꼭 부득이해서 (버린다면)'라는 질문을 두 번 해 끝까지 궁구함으로써 믿음이 죽음(목숨)보다 더욱 중해 잠시라도 없을 수 없는 것임을 드러내었다.

○雙峯饒氏曰 去食去兵 是處變之道 如忽然水旱之餘 食有不繼 猝然寇難之來 防禦不及 然後可去 若爲政常法 如何可使兵食不足 三者俱全 處事之常 二者可去 處事之變 蓋 兵食外物 容有時而可無 信 是本心之德 故 無時而可去

쌍봉 요씨가 말했다. 식량을 버리고 군대를 버리는 것은 비상시에 대처하는 방법이다. 예컨대 갑자기 홍수가 나고 가뭄이 든 끝에 식량을 잇지 못하고, 갑자기 도적의 환란이 닥쳐 방어군이 미치지 못한 연후에나 버릴 수 있다. 만약 정치의 정상적인 방법으로 말하자면 어찌 군대와 식량을 모자라게 할 수 있겠는가? 세 가지를 다 갖추는 것은 일에 대처하는 정상적 방법이고 두 가지를 버릴 수 있는 것은 일에 대처하는 변칙적 방법이다. 대개 군대와 식량은 바깥의 물건이니 혹시 없어도 되는 때가 있지만, 믿음은 본심의 덕이니 버릴 수 있는 때가 없다.

○問 古者 藏兵於農 兵非不足也 三年耕 有一年之積 九年耕 有三年之積 食非不足也 孔子謂 足食足兵 豈亦後世富强之術歟 齊氏曰 考井田之法 周人 常以其地容三百五十萬四千夫 養七十五萬卒 夫 以無事而耕者言 卒 以

農隙教以備有事者言 夫 無事 則立隷於司徒 有事 則隷於司馬也 大率 是
以五夫養一卒 足食 卽所以足兵也 民信之矣 信其有養有敎 使民勇且知方
而眞可以敵王所愾也 愾 苦槩反 怒也 敵王所愾四字 出左傳 雖曰三者 其實只是一事
天下 未有食足而兵不足 食足兵足而民不信者也 子貢再問 而孔子曰去兵
非去兵也 食足而民信 則民固皆兵也 子貢三問 而孔子曰去食 苟孚於民 則
雖緩急之極 而亦終不忍以飢寒去也 然則亦非去食也 甚言其不可以無恩交
義結之素耳

물었다. 옛날에는 농민 속에 군대가 들어 있으니 군대는 부족하지 않았으며, 3년
농사지으면 1년 치의 축적이 있어 9년 농사지으면 3년 치의 축적이 있었으니 식
량은 부족하지 않았습니다. 공자께서 말씀하신 식량의 충분함과 군대의 충분함
이 어찌 또한 후세의 부강의 수법이겠습니까? 제씨가 답했다. 정전법을 고찰해
보면 주나라는 350만 4,000명의 부(夫, 장정)를 용납하는 땅을 가지고 75만 명의
졸(卒, 병사)을 길렀다. 부라 할 때는 일이 없을 때 농사짓는 것을 말하고, 졸이라
할 때는 농사 틈에 교련해 일 있을 때를 대비하는 것을 말한다. 부는 일이 없으면
모두 사도에 예속되고 일이 있으면 사마에 예속된다. 대개 이는 다섯 부가 졸 하
나를 기르는 것이다. (그러니) 식량이 충분한 것은 곧 군대가 충분한 것이 된다.
'백성이 믿는다'는 말은, 진정으로 그 기름(부양함)이 있고 그 가르침(교련함)이
있어 백성으로 하여금 용감하고 또 방향을 알게 해, 진정 임금이 미워하는 것을
적대하게 할 수 있는 것을 말한다. ('개'는 고와 개의 반절로 노한다는 뜻이다. '적왕소개' 네 글
자는 『춘추』좌전(문공4년 추)에 나온다.) 비록 세 가지라 하지만 사실은 단지 하나의 일일
뿐이다. 천하에 식량이 충분한데도 군대가 충분하지 않은 경우는 없고, 식량이
충분하고 군대가 충분한데도 백성이 믿지 않는 경우는 없다. 자공이 두 번째 물
었을 때 공자께서 '군대를 버리라'고 하신 것은 군대를 버리라는 것이 아니라 식
량이 충분하면 백성이 본디 모두 군대이기 때문이다. 자공이 세 번째 물었을 때
공자께서 '식량을 버리라'고 하신 것은 진정 백성에게 믿음직하다면 비록 아무리
느리거나 급하다 하더라도 끝내는 차마 배고프고 춥다 해서 버리지는 않기 때문
이다. 그러니 또한 식량을 버리라는 것이 아니다. 평소 은혜의 나눔과 의리의 결
합이 없어서는 안 된다는 것을 강조해 하신 말씀일 뿐이다.

○雲峯胡氏曰 集註 於信字 先謂敎化行 而民信於我 不離叛也 是 處常而
不失信 末謂以死守之不以危急而可棄也 是 處變而不失信

운봉 호씨가 말했다. 집주는 '신' 자에 대해, 앞에서는 '교화가 행해져 백성이 나
를 믿으니 배반해 떠나지 않는다'라 했는데, 이는 평상시에 대처함에 믿음을 잃
지 않는 것이고, 끝에서는 '죽음으로 지켜야지, 위급하다고 해서 버려서는 안 된
다'라 했는데, 이는 비상시에 대처함에 믿음을 잃지 않는 것이다.

12.8-1 棘子成曰 君子質而已矣 何以文爲

극자성이 말했다. 군자는 질일 따름이다. 어찌 문을 하리오.

【집주】
棘子成 衛大夫 疾時人文勝 故 爲此言

극자성은 위나라의 대부인데, 당시 사람들이 문에 지나친 것을 미워한 까닭에 이 말을 했다.

12.8-2 子貢曰 惜乎 夫子之説 君子也 駟不及舌

자공이 말했다. 안타깝구나, 그대의 말은 군자의 말이기는 하지만 사마라도 그 혀에 미치지 못하겠구나.

【집주】
言子成之言 乃君子之意

자성의 말은 곧 군자다운 생각이기는 하지만,

【세주】
崇本質 是君子之意

본질을 숭상하는 것은 군자다운 생각이다.

【집주】
然 言出於舌 則駟馬不能追之 又惜其失言也

그러나 말이 혀에서 나오면 (그 말이 너무 성급해) 사마(네 말이 끄는 마차)도 따라가 수 없다는 말이니 또 그 실언했음을 안타까워한 것이다.

【세주】
厚齋馮氏曰 鄧析謂 一言而非 駟馬弗追 一言而急 駟馬弗及 蓋 出於此

후재 풍씨가 말했다. 등석이 말하기를 "한마디 말이 잘못되면 사마도 따라갈 수 없고 한마디 말이 급하면 사마도 미칠 수 없다(잘못된 말의 결과는 신속하므로 말을 조심해야 한다는 취지,『등석자』, 「전사편」)"라 했는데, (자공의 말은) 대개 여기서 나온 것이다.

12.8-3 文猶質也 質猶文也 虎豹之鞟 猶犬羊之鞟 鞟其郭反

문은 곧 질이고 질은 곧 문이다. 호랑이나 표범의 (털 벗긴) 가죽은 개나 양의 (털 벗긴) 가죽과 같다.

【집주】

鞟 皮去上聲下同毛者也 言文質等耳 不可相無 若必盡去其文 而獨存其質 則君子小人 無以辨矣

'곽'은 털 벗긴 가죽이다. '문과 질은 같은 것이니 서로 없어서는 안 된다. 만약 그 문을 완전히 제거해 질만을 홀로 남겨둔다면 군자와 소인은 구별할 방법이 없다'는 말이다.

【세주】

慶源輔氏曰 有質 斯有文 有文 須有質 不可相無 皮 譬則質也 毛 譬則文也 皮毛俱在 然後虎豹犬羊可辨 文質兼存 然後君子小人可明 若盡去其毛 獨存其皮 譬則盡去其文 獨存其質爾 如是 則虎豹犬羊之貴賤 君子小人之賢否 皆不可辨矣

경원 보씨가 말했다. 질이 있으면 곧 문이 있고, 문이 있으면 반드시 질이 있으니 서로 없을 수 없다. '피(가죽)'는 질의 비유이고 '모(털)'는 문의 비유이다. 가죽과 털이 (같이) 갖추어져 있는 다음에야 호랑이와 표범을 개나 양과 구별할 수 있다. 문과 질이 함께 있은 연후에야 군자와 소인(의 구별)이 확실해진다. '만약 그 털을 모두 제거하고 그 가죽만 홀로 남긴다면'이란 '그 문을 모두 제거하고 그 질만 홀로 남긴다'는 것의 비유이니, 이러면 호랑이와 표범, 개와 양의 귀천과 군자와 소인의 현명함과 못남은 모두 분별할 수 없다.

【집주】

夫晉扶棘子成 矯當時之弊 固失之過 而子貢 矯子成之弊 又無本末輕

重之差楚宜反 胥失之矣

무릇 극자성이 당시의 폐단을 고치려다가 지나쳐버린 잘못을 저지른 것은 물론이지만, 자공은 극자성의 폐단을 고치려다가 또 본말 경중의 차이를 무시하고 말았으니 둘 다 잘못이다.

【세주】

朱子曰 棘子成 全說質 固未盡善 子貢 全說文以矯子成 又錯 若虎皮羊皮 雖除了毛 畢竟自別 事體不同 使一箇君子 與一箇屠販之人 相對坐 並不以文見 畢竟兩人好惡 自別 大率 固不可無文 亦當以質爲本 如寧儉寧戚之意

주자가 말했다. 극자성은 오로지 질만 말했으니 본디 완전히 잘 말한 것은 아니지만 자공은 오로지 문만 말해 극자성의 잘못을 고치려 했으니 또 틀렸다. 만약 호랑이 가죽과 양의 가죽에서 털을 제거해버린다 해도 필경은 서로 구별될 것이니, 일의 성격이 다르다. 만약 군자 한 사람과 백정 한 사람이 서로 대좌한다면 모두 문을 드러내지 않더라도 필경 두 사람의 좋고 나쁨은 서로 구별될 것이다. 대개 본디 문이 없을 수는 없지만 또한 당연히 질이 근본이 되어야 하는 것이니, '차라리 검소한 것이 낫고 차라리 슬퍼하는 것이 낫다(『논어』3, 「팔일」4장)'는 말의 뜻과 같다.

○問 棘子成之言 與夫子之答林放 何異 而子貢 非之若是耶 曰 夫子之言 權衡審察 而詞氣和平 蓋 未始以文爲可盡去也 若子成 則詞氣矯激 而取舍 則過中矣 其流之弊 將必至於棄禮滅法 如西晉君子之爲者 故 子貢 惜其言之失 而力正之也 曰 何以言子貢之言有弊也 曰 子成之說 偏矣 而子貢 於文質之間 又一視之 而無本末輕重緩急之差焉 則又矯子成之失 而過中者也 蓋 立言之難 如此 自非聖人 孰能無所偏倚 而常適其平也哉

물었다. 극자성의 말과 공자께서 임방에게 답하신 말씀은 무슨 차이가 있기에 자공이 이처럼 비난했을까요? 답했다. 공자의 말씀은 균형 있게 판단하고 세밀히 살피신 것이고 어조도 화평하다. 대개 원래부터 문이란 모두 제거할 수 있는 것이 못된다. 극자성은 어조가 격렬하고 버리고 취하는 것이 중정함을 넘어섰다. 그것이 흘러 일으키는 폐단은, 마치 서진의 군자(도가적 인물들)가 한 것처럼, 장차 반드시 예를 버리고 법을 멸하는 데 이를 것이다. 그런 까닭에 자공은 그 말의 잘못을 안타까워해 힘써 바로잡았다. 물었다. 왜 자공의 말에 폐단이 있다 합니까? 답했다. 극자성의 말은 치우쳤지만 자공은 또 문질의 차이에 대해 (차이가 없이) 같은 것으로 보아 본말, 경중, 완급의 차이가 없었다. 그러니 또 극자성의 잘못을 교정하려다 중정함을 넘어선 것(굽은 것을 펴려다 지나쳐 반대편으로 굽어짐)

이다. 대개 말을 세우는 것(논리의 수립)의 어려움이 이와 같다. 본디 성인이 아니라면 누가 치우침 없이 항상 그 균형이 맞을 수 있으리오.

○ 雙峯饒氏曰 此章 當作三樣看 棘子成之意 欲盡去其文 而獨存其質 子貢之意 則以爲文質相等 集註 則謂質爲本 文爲末 本則重 末則輕 然 盡去其文 而獨存其質 其流 將有棄禮滅法之弊 文質相等 則不分本末 而無所重輕 故 集註謂 棘子成與子貢 胥失之

쌍봉 요씨가 말했다. 이 장은 당연히 세 가지 양상으로 보아야 한다. 극자성의 뜻은 그 문을 완전히 제거해 질만 홀로 남겨두려는 것이고, 자공의 뜻은 문과 질이 서로 같은 것이라 여긴 것이고, 집주는 질은 본이고 문은 말이라 여긴 것이다. 본은 무겁고 말은 가볍다. 그러나 그 문을 완전히 제거해 질만 남겨두는 것, 그것이 흘러가면 장차 예를 버리고 법을 없애는 폐단이 있게 된다. 문과 질을 같은 것이라 하면 본말을 구분하지 않아 무겁고 가벼운 차이가 없어진다. 그러므로 집주는 극자성과 자공이 둘 다 잘못이라고 했다.

○ 雲峯胡氏曰 子成之言 固失之 然 子貢曰 文猶質 質猶文 猶字 無本末輕重之差 亦豈所以論君子 必如夫子曰 質勝文則野 文勝質則史 文質彬彬 然後君子 斯言 無弊矣

운봉 호씨가 말했다. 극자성의 말은 본디 잘못이지만, 그러나 자공은 '문은 곧 질이고 질은 곧 문이다'라 했는데, (그 말에서의) '유(곧 ~이다)' 자는 본말과 경중의 차이가 없다는 것이니 또한 어찌 군자를 논한 것이 되겠는가. 반드시 공자께서 "질이 문을 이기면 촌사람이고 문이 질을 이기면 문서리이다. 문질이 조화를 이룬 연후에야 군자이다(『논어』6, 「옹야」 16장)"라 하신 이 말씀이 폐단이 없는 것처럼 해야 한다.

12.9-1　哀公問於有若 曰年饑用不足 如之何

애공이 유약에게 물었다. 올해는 기근이 들어 용도에 부족하니 어찌해야 할까?

【집주】

稱有若者君臣之詞 用 謂國用 公意 蓋 欲加賦以足用也

유약이라고 부른 것은 군신 간이기 때문에 쓴 말이다. '용'은 나라의 용도를 말한다. 공의 뜻은 대개 세금을 더 걷어 용도를 충족시키려는 것이다.

【세주】

齊氏曰 稱名者 庶人對君之禮 孔子 嘗爲大夫 故 止稱姓

제씨가 말했다. 이름을 부르는 것은 서인이 임금을 대하는 (때 적용되는) 예이다. 공자는 일찍이 대부였으므로 성을 부르는 데 그쳤다.

12.9-2　有若對曰 盍徹乎

유약이 대답해 말했다. 어찌 철법을 쓰지 않습니까?

【집주】

徹通也均也 周制 一夫受田百畝 而與同溝共井之人通力合作 計畝均收

'철'은 통하는 것이고 균등한 것이다. 주나라 제도는, 장정 한 사람은 백 무(면적 단위)의 밭을 받는데, 도랑과 우물을 같이하는 사람들(정전법 상의 1정의 장정들 모두)이 힘을 모아 같이 농사짓고 무를 계산해 균등하게 (수확을) 거둔다.

【세주】

新安陳氏曰 以通力均收二句 照應通也均也之訓

신안 진씨가 말했다. '통력(힘을 모은다)'과 '균수(균등하게 거둔다)'의 두 구절은 '통한다', '균등하다'라는 해석에 대응된다.

【집주】
大率 民得其九 公取其一 故 謂之徹
대개 백성은 (수확량 중) 9할을 가지고 공은 1할을 취한다. 그러므로 '철'이라 한다.

【세주】
同溝共井之說 詳見孟子滕文公問爲國 集註下
도랑과 우물을 같이 한다는 설은 『맹자』(「등문공 (상)」 3장) 〈등문공문위국〉장의 집주 아래에 자세히 나온다.

○朱子曰 徹 是八家 皆通力合作九百畝田 收 則計畝均分 公取其一 如助 則八家各耕百畝 同出力耕公田 此 助徹之別也
주자가 말했다. '철'은 여덟 집이 모두 힘을 모아 900무의 밭을 함께 짓고 거둘 때는 무를 계산해 균분하고 공은 그 1할을 취하는 방식이다. '조'의 경우는 여덟 집이 각각 100무씩의 땅을 따로 경작하고 같이 노동력을 내어 공전을 경작하는 방식이다. 이것이 조와 철의 차이이다.

【집주】
魯 自宣公稅畝 又逐畝什取其一 則爲什而取二矣
노나라는 선공 때부터 무에(땅 넓이를 기준으로) 세금을 부과했는데, 또 무에 따라 10분의 1을 (더) 걷으니 10분의 2를 걷게 되었다.

【세주】
春秋 宣公十五年 初稅畝 公田之法 十取其一 今又履其餘畝 復十取其一 遂以爲常 故 曰初 左傳 初稅畝 非禮也 穀出 不過藉 以豐財也 周法 民耕百畝 公田十畝 借民力而治之 故 曰籍 稅不過此 過此 則非禮矣

『춘추』 선공15년 조에 보면 "처음으로 무에 세금을 부과했다"라 했다. 〈공전의 법은 10분의 1을 걷는 것인데, 지금 또 그 나머지 뭐공동노동의 대상인 공전 외에 각 집이 경작하는 사전을 조사해 다시 10분의 1을 걷었고, 마침내 통상적인 법이 되었다. 그래서 '초(처음으로)'라 했다.〉 『춘추』좌전』(의 같은 조)에는 "처음으로 무에 세금을 부과했는데, 예가 아니다. 곡식을 내는 것은 '자(공동노동, 즉 노동지대)'를 넘지 않는다. 이로써 재물을 풍족히 한다"라 했다. 〈주나라의 법에 백성은 100무를 경작하고 공전 10무는 백성의 노동력을 빌려 경작했다. 그래서 '자라 한다. 세금은 이를 넘지 않는다. 이를 넘으면 예가 아니다.〉

【집주】
故 有若 請但專行徹法 欲公節用以厚民也
그러므로 유약은 다만 오로지 철법만을 행할 것을 청했는데, 공이 씀씀이를 아껴 백성을 넉넉하게 하기를 바란 것이다.

12.9-3 曰 二 吾猶不足 如之何其徹也
(애공이) 말했다. 10분의 2도 나는 오히려 부족한데 어떻게 철법을 쓰겠는가?

【집주】
二 卽所謂什二也 公 以有若 不喩其旨 故 言此以示加賦之意
'이'는 곧 10분의 2를 말한다. 공은 유약이 (자신의) 뜻을 깨닫지 못했다고 생각했기에 이 말을 해 세금을 더 걷겠다는 뜻을 보였다.

12.9-4 對曰 百姓足 君孰與不足 百姓不足 君孰與足
(유약이) 대답해 말했다. 백성이 풍족하면 임금이 누구와 더불어 부족하겠습니까? 백성이 부족하면 임금이 누구와 더불어 풍족하겠습니까?

【집주】
民富 則君不至獨貧 民貧 則君不能獨富 有若 深言君民一體之意 以

止公之厚斂去聲下同爲人上者所宜深念也

백성이 부유하면 임금 홀로 가난하게 되지는 않는다. 백성이 가난하면 임금 홀로 부유해질 수 없다. 유약은 임금과 백성은 일체라는 뜻을 강조해 말함으로써 공이 많이 걷으려는 것을 막으려 했다. 남의 윗사람이 된 자가 마땅히 깊이 유념해야 할 것이다.

【세주】

朱子曰 未有府庫財 非其財者也 百姓旣足 不成坐視其君不足 亦無此理 蓋有人 斯有土 有土 斯有財 若百姓不足 君雖厚斂 亦不濟事

주자가 말했다. '부고(국가창고)의 재물은 (군주의) 재물이 아닌 것이 없다(『대학』 전10장).' 백성이 이미 풍족한데 임금이 부족한 것을 좌시한다는 것은 말이 안 되니 또한 이런 이치는 없다. 대개 사람이 있음에 땅이 있고, 땅이 있음에 재물이 있다. 만약 백성이 부족하면 비록 임금이 많이 걷고자 해도 또한 (많이 걷는) 일을 해낼 수 없다.

○勉齋黃氏曰 君孰與不足 但言民旣皆足矣 則君雖不足 無人與君不足者 無人與君不足 則當竭力以奉其上矣 何不足之患哉 君孰與足 言民旣不足矣 則君雖獨足 無人與君足者 無人與君足 則君 亦安能保其足哉

면재 황씨가 말했다. '임금이 누구와 더불어 부족하겠는가'라는 말은 단지 백성이 이미 모두 풍족하면 임금이 비록 부족해도 임금이 부족한 것을 함께할[임금을 부족하도록 그냥 놔둘] 사람이 없다는 말이다. 임금이 부족한 것을 함께할 사람이 없으면 당연히 힘을 다해 그 윗사람을 봉양하게 되니 무슨 부족할 걱정이 있으리오. '임금이 누구와 더불어 풍족하겠는가'라는 말은 백성이 이미 부족하면 임금이 비록 홀로 풍족하더라도 임금이 풍족한 것을 함께할 사람이 없다는 말이다. 임금이 풍족한 것을 함께할 사람이 없으면 임금이 또한 어찌 그 풍족함을 지킬 수 있겠는가?

○新安陳氏曰 節用 則薄取而有餘 民之富 卽君之富也 侈用 則盡取而不足 民旣貧 君誰與守其富哉 宣公稅畝後 哀公加賦 經傳無聞 仁言之利 溥哉

신안 진씨가 말했다. 아껴 쓰면 적게 걷어도 남으니, 백성의 부는 곧 임금의 부이다. 사치하게 쓰면 몽땅 걷어도 부족하니 백성이 이미 가난한데 임금이 누구와 더불어 그 부를 지키겠는가? 선공이 무에 처음 과세한 후, 애공이 세금을 더 걷은 것은 경전(『춘추』나 그 전)에 (그런 기록이) 나와 있지 않으니 어진 말(예컨대 유약의 말)의 이익은 많도다.

【집주】

○楊氏曰 仁政 必自經界始 經界正而後 井地均 穀祿平 而軍國之須 皆量是以爲出焉 故 一徹而百度擧矣 上下寧憂不足乎 以二猶不足 而敎之徹 疑若迂矣 然 什一 天下之中正 多則桀 寡則貊

양씨가 말했다. 인한 정치는 반드시 경계(를 바르게 함)로부터 시작된다. 경계가 바르게 된 후에 정전이 균등하게 되고 봉록이 공평해진다. 군국의 수요는 이(경계를 바로함으로써 들어오는 세금의 수입)를 계량해 지출(의 기준)로 삼는다. 그러므로 철법 하나로 백 가지 용도를 다하니 상하가 어찌 부족할 것을 근심하리오. 10분의 2도 부족하다 하는데 철법을 시행하라고 가르치니 우활한 것 같지만, 그러나 10분의 1은 천하의 중정함(적정하고 바름)이다. (이보다) 많으면 걸(폭군 걸의 방식)이고 적으면 맥(오랑캐 맥의 방식)이니,

【세주】

二語 見楊子法言 本出孟子白圭曰章

두 말(많으면 걸이고 적으면 맥이다)은 양자(양웅)의 『법언』(9, 「선지」)에 보이는데, 본래는 『맹자』(12, 「고자 하」 10장) 〈백규왈〉장에 나온다.

【집주】

不可改也 後世 不究其本 而唯末之圖 故 征斂無藝 費出無經 而上下困矣

고쳐서는 안 된다. 후세에 그 근본을 궁구하지 않고 단지 말단만을 도모한 까닭에 세금 징수에는 법도가 없고 비용의 지출에는 기준이 없어 상하가 모두 곤궁해졌다.

【세주】

雙峯饒氏曰 征斂無藝 則下困 費出無經 則上困

쌍봉 요씨가 말했다. 세금 징수에 법도가 없으면 아래가 곤궁하고 비용의 지출에 기준이 없으면 위가 곤궁하다.

【집주】

又惡乎聲知盍徹之當務 而不爲迂乎

그러니 '어찌 철법을 쓰지 않습니까'라는 말이 마땅히 힘써야 할 말이지, 우활한 말이 아님을 또 어찌 알 수 있겠는가?

【세주】

問 哀公之不足 非不足也 什取其二 不歸於公室 而歸於三家也 雖徹 而何補於哀公之不足耶 朱子曰 徹法行 則自一夫百畝 等而上之 士大夫卿 各有差等 以至於君什卿祿之制 皆可以次第而擧 不惟野人之井地均 而君子之穀祿 亦平矣

물었다. 애공이 부족한 것은 (진짜로) 부족한 것이 아닙니다. 10분의 2를 걷었지만 공실로 돌아가지 않고 3가(노의 실권가문 삼환)로 돌아갔기 때문입니다. (그러니) 비록 철법을 쓴다 한들 애공의 부족함에 무슨 도움이 되겠습니까? 주자가 답했다. 철법이 행해지면 한 장정이 100무를 경작하고, 같은 방식으로 위로 올라가 사와 대부와 경이 각각 차등을 두면서 '임금이 경의 봉록의 열 배를 갖는 제도'에 이르니 모두 순서에 따라 충족될 수 있다. 비단 들판의 사람들(농부)의 정전이 균등할 뿐 아니라 군자의 봉록도 공평해진다.

○慶源輔氏曰 哀公 欲加賦 惟末是圖也 有若 欲徹 反本之論也 以私意而觀目前 則反本之論爲迂 而圖末者 有一旦之效 以理而觀於長久 則一旦之效 適重後日之憂 而反本之論 實經久之利也 末流之弊 愈求諸末 不至於覆亡 不止 古今一律耳

경원 보씨가 말했다. 애공이 세금을 더 걷으려는 것은 진정 말단을 도모하는 것이다. 유약이 철법을 시행하려 한 것은 근본으로 돌아가자는 논의이다. 사사로운 뜻에 근거해 눈앞만 보면 근본으로 돌아가자는 논의는 우활하게 여겨지고 말단을 도모하는 것은 하루아침의 효과가 있다(있는 것으로 보인다). 이치에 근거해 먼 훗날을 보면 하루아침의 효과는 뒷날의 근심을 크게 하기에 딱 맞고 근본으로 돌아가자는 논의는 실로 오래 유지되는 이익이 된다. 그 폐단이 끝까지 흘러가면 더욱 더 말단을 구해 망하기 전에는 그치지 않는 것, 그것은 고금이 마찬가지이다.

○鄭氏舜擧曰 民之財 卽上之財 民之力 卽上之力 車乘 民所出 芻粟 民所供 板幹力役 民所爲 能寬其稅斂 則民 得遂其生 而出力以供公上者 必衆 何患其不足也 不然 室家離散 田萊荒蕪 上 何所取以足用乎

정순거가 말했다. 백성의 재산은 곧 임금의 재산이고 백성의 힘(노동력)은 곧 임금의 힘이다. 수레(전차)는 백성이 내는 것이고 꿀과 곡식은 백성이 바치는 것이고 판간(널판지와 각목, 즉 토목공사)의 요역은 백성이 하는 것이다. 세금의 징수를 관대히 하면 백성은 그 삶을 이룰 수 있어, 힘을 내어 공실의 윗사람을 공양하는 사람이 반드시 많아지니 어찌 그 부족함을 걱정하리오. 그렇지 않으면 집안은 흩어지고 논밭은 황폐해지니 윗사람이 어디서 걷어 용도를 채우겠는가.

○厚齋馮氏曰 古者 什取一 以給公上 而征役城築 皆民自備 上 止出令而已 故 民足 則君足 後世 盡取而歸之公上 故 民雖不足 而君亦未嘗得足 哀公十二年十三年 皆有螽 連年用兵於邾 又有齊警 此 所以年饑而用不足也 有若 乃告之以徹 此 儒生之常談 而世笑之以爲迂闊者也 然 有國者 足食以稅 足兵以賦 夫魯之兵甲 已數倍於古 季孫 以兵不足 而欲用田賦 故 夫子曰 有周公之典在 魯之稅畝 已加倍於古 哀公 以二猶不足 而欲加稅 故 有若對曰 盍徹乎 是 知有若之講聞於夫子者有素也

후재 풍씨가 말했다. 옛날에는 10분의 1을 걷어 공실의 윗사람에게 공급했고 요역과 축성 등은 모두 백성이 스스로 마련했으니 위에서는 다만 명을 내리기만 하면 되었다. 그런 까닭에 백성이 풍족하면 임금도 풍족했다. 후세에는 모조리 걷어 공실의 윗사람에게 돌린 까닭에 백성이 비록 부족해도(부족할 지경이 되어도) 임금 또한 일찍이 풍족한 적이 없었다. 애공 12, 13년에는 모두 메뚜기의 피해가 있었고 두 해 연거푸 주나라로 (전쟁하려) 군대를 동원했고 또 제나라를 경계할 일이 있었다. 이것이 '올해는 기근이 들어 용도가 부족하다'는 이유이다. 유약은 이에 철법을 쓸 것을 말했는데, 이는 유생들이 늘상 하는 말로 세상 사람들이 우활하다고 비웃는 것이다. 그러나 나라 다스리는 것은 세로써 식량을 풍족하게 하고, 부인신의 징벌로써 군대를 충분하게 한다. 무릇 노나라의 군대는 이미 옛날의 몇 배나 되는데도 계손은 군대가 부족하다고 전부의 제도를 쓰려 했기에 공자께서 '주공의 제도가 있다'고 말씀하셨다. 노나라의 토지세는 이미 옛날의 배나 되는데도 애공은 10분의 2도 부족하다고 세를 더 걷으려 했기에 유약이 대답해 말하기를 '어찌 철법을 쓰지 않는가'라 했다. 이는 유약이 공자께 듣고 공부해 소양이 있었음을 알게 한다.

○勿軒熊氏曰 按論語 有若之言 凡四章 一言仁 一言禮 一言信義 皆爲學之大本 一言徹法 亦爲政之大經 體用具矣

물헌웅씨가 말했다. 『논어』를 살펴보면 유약의 말은 모두 네 장이다. 하나는 인을 말했고 하나는 예를 말했고 하나는 신의를 말했으니 모두 공부의 큰 근본이다. (나머지) 하나는 철법을 말했으니 또한 정치를 하는 큰 원칙이다. (그러니) 체(인, 예, 신의 등의 근본)와 용(철법 같은 실제 정치의 방법)을 갖추었다.

12.10-1 子張問崇德辨惑 子曰 主忠信 徙義 崇德也

자장이 덕을 높이는 것과 미혹을 분별하는 것에 대해 물었다. 공자께서 답하셨다. 충신을 주로 삼고 의로 옮겨 가는 것이 덕을 높이는 것이다.

【집주】

主忠信 則本立 徙義 則日新

충신을 주로 삼으면 근본이 서고, 의로 옮겨 가면 날로 새로워진다.

【세주】

問 崇德辨惑 何以有是目 而子張樊遲 皆以爲問也 朱子曰 胡氏 以爲或古有是言 或世有是名 而聖人標出之 使諸弟子以爲入道之門戶也 其說 得之矣 曰 主忠信徙義之所以爲崇德 何也 曰 主忠信 則其徙義也 有地而可據 能徙義 則其主忠信也 有用而日新 內外本末 交相培養 此 德之所以日積而益高也

물었다. 숭덕과 변혹, 어찌 이런 항목이 있어 자장과 번지가 모두 (이에 관해) 질문을 했을까요? 주자가 답했다. 호씨는 혹은 옛날에 이런 말이 있었거나, 혹은 당시 세상에 이런 이름(개념)이 있어서 성인께서 이를 지적해내시어 여러 제자들로 하여금 도로 들어가는 문으로 삼게 하신 것이라 했는데, 그 설은 (올바른 이해를) 얻었다. 물었다. 충신을 주로 삼고 의로 옮겨 가는 것이 덕을 높이는 것이 되는 이유는 무엇입니까? 답했다. 충신을 주로 삼으면 의로 옮겨 가는 일은 바탕이 있어 근거로 삼을 만한 것이 있게 되고, 의로 옮겨 갈 수 있으면 충신을 주로 삼는 일은 쓰임이 있어 날로 새로워진다. 내외와 본말이 서로 기르니 이는 덕이 날로 쌓여 더욱 높아지는 까닭이다.

○主忠信 主字 須重看 喚做主 是要將這箇做主 徙義 是自家一事 未合義 遷徙去那義上 見得又未甚合義 須更徙去 令都合義 主忠信 且先有本領了 方徙義 恁地便德會崇 若不先主忠信 即空了 徙去甚處 如何會崇 主忠信而不徙義 却又固執

'충신을 주로 삼는다'라 할 때의 '주' 자는 반드시 중요하게 보아야 한다. '주'라고 부르는 것은 이것을 가지고 주로 삼으려 한다는 것이다. 의로 옮겨 간다는 것은 자신의 일 하나가 의에 합당하지 않으면 저 의로 옮겨 가고, 또 아직도 의에 매우 합당하지는 못한 것을 알게 되면 모름지기 또 옮겨 가서 모두 의에 합당하게 하는 것이다. 충신을 주로 삼아서 또 먼저 본령(근본이 되는 원칙)이 있어야 비로소 의로 옮겨 간다. 그래야 곧 덕이 높아질 수 있다. 만약 먼저 충신을 주로 삼지 않으면 곧 공허하게 되니, 어디로 옮겨 갈 것이며, 어떻게 (덕을) 높일 수 있으랴. 충신을 주로 삼으면서도 의로 옮겨 가지 않는 것은 또한 고집이다.

○ 主忠信 是劄脚處 徙義 是進步處 漸漸進去 則德自崇矣

충신을 주로 삼는 것은 발 디딜 곳[기초를 닦는 일이다. 의로 옮겨 가는 것은 진보하는 곳[진보하는 일이다. 점점 진보해 가면 덕은 저절로 높아진다.

○ 忠信 是箇基本 徙義 又是進處 無基本 徙義不得 有基本 不徙義 亦何緣得進

충신은 기본이다. 의로 옮겨 가는 것은 또 진보하는 것이다. 기본이 없으면 의로 옮겨 갈 수 없다. 기본이 있으면서도 의로 옮겨 가지 않으면 또한 무슨 연유로 진보할 수 있겠는가?

○ 南軒張氏曰 不主忠信 則無徙義之實 不能徙義 則其所主者 亦有時而失其理矣 二者 蓋 必相須 然後德之所以崇也

남헌 장씨가 말했다. 충신을 주로 삼지 않으면 의로 옮겨 가는 것의 실질(실질적인 내용)이 없고, 의로 옮겨 갈 수 없으면 주로 삼는 것 또한 때로는 그 (올바른) 이치를 잃을 수 있다. 두 가지는 대개 반드시 서로에게 필수적이다. 그런 연후에야 덕이 높아지게 된다.

○ 陳氏曰 主忠信 則存無不誠 而本以立 徙義 則動無非理 而行以進 互而言之 能主忠信 則所徙者 溥博淵泉而時出 能徙義 則所主者 篤實光輝而日新 此 德所以日新而高 自有不容已者

진씨가 말했다. 충신을 주로 삼으면 보존된 것이 참되지 않은 것이 없어 근본이 서게 되고, 의로 옮겨 가면 움직이는 것이 이치가 아닌 것이 없어 행실이 진보하게 된다. 상호관계로 말하자면, 충신을 주로 삼을 수 있으면 의로 옮겨 가는 것은 원천이 넓어져서 (물이) 때때로 (흘러)나오는 것처럼 되고, 의로 옮겨 갈 수 있으면 주로 삼는 것은 독실하게 빛나 날로 새로워진다. 이것이 덕이 날로 새로워지고 높아져 저절로 그칠 수 없게 되는 까닭이다.

○雙峯饒氏曰 本 如屋之有基 日新 如土培其基 日至於高也 忠信 是德 徙義 是崇 徙義者 今日所爲未是 明日見得今日未是處 便徙不是處 遷入是處 愈遷愈高

쌍봉 요씨가 말했다. '본(근본)'은 집에 기초가 있는 것과 같다. '일신(날로 새로워짐)'은 흙으로 그 기초를 북돋아 날로 높아지는 것과 같다. 충신은 덕이고 의로 옮겨 가는 것은 (덕을) 높임이다. 의로 옮겨 가는 것은 오늘 한 일이 옳지 않으면 내일 오늘의 옳지 못했던 점을 알아내 곧 옳지 않은 곳을 떠나 옳은 곳으로 옮겨 가는 것이니, 옮겨 갈수록 더욱 높아진다.

12.10-2 愛之 欲其生 惡之 欲其死 旣欲其生 又欲其死 是惑也 惡去聲

그를 사랑하면 살기를 바라고 미워하면 죽기를 바란다. 이미 살기를 바랐으면서 또 죽기를 바라는 것은 미혹이다.

【집주】
愛惡 人之常情也 然 人之生死 有命 非可得而欲也 以愛惡而欲其生死 則惑矣 旣欲其生 又欲其死 則惑之甚也

사랑하고 미워하는 것은 사람의 일반적 감정이다. 그러나 사람이 죽고 사는 것은 운명이 있으니 바랄 수 있는 것이 아니다. 사랑하고 미워한다는 것 때문에 살고 죽기를 바라는 것은 미혹이다. 이미 살기를 바랐으면서 또 죽기를 바라는 것은 심한 미혹이다.

【세주】
朱子曰 溺於愛惡之私 而以彼之死生定分 爲可以隨己之所欲 且又不能自定 而一生一死 交戰於胸中 虛用其力於所不能必之地 而實無所損益於彼也 可不謂之惑乎

주자가 말했다. 사사로운 사랑이나 미움에 빠져 그의 죽고 사는 정해진 분수를 내가 바라는 대로 할 수 있다고 생각하는 것, 또 스스로 (죽이고 싶은 것인지 살리고 싶은 것인지) 결정하지 못해 한 번은 살리고 한 번은 죽이는 마음이 가슴속에서 서로 싸워 헛되이 꼭 그렇게 할 수 없는 것에 그 힘을 소비하고 실제로는 그에게 아무 손해나 이익이 되지 못하는 것, 이를 미혹이라 부르지 않을 수 있겠는가?

○南軒張氏曰 推此一端 則凡欲之而妄者 皆惑也
남헌 장씨가 말했다. 이 한 단서로 미루어보면 무릇 망령된 것을 바라는 것은 모두 미혹이다.

○問 辨惑 何不教之以辨之之方 雙峯饒氏曰 使知其所以惑者在此 是 卽所謂辨也
물었다. 미혹을 분별하는 일에 대해, 왜 그 분별하는 방법을 가르쳐주시지 않았습니까? 쌍봉 요씨가 답했다. 미혹된 이유가 여기 있음을 알게 하는 것, 이것이 곧 이른바 '변(분별함)'이다.

○齊氏曰 崇德 屬行 辨惑 屬知
제씨가 말했다. 덕을 높이는 것은 행에 속하고 미혹을 분별하는 것은 지에 속한다.

○新安陳氏曰 欲人生死 意子張或有此蔽 故 因言之 果能主忠信 以立積德之基 徙義 以爲進德之地 則德 日進於高明 而所見 亦高明 於以辨惑 何難之有 況欲人生死 又惑之易辨者也
신안 진씨가 말했다. 남이 살고 죽기를 바란다는 말은 아마도 자장이 혹시 이런 잘못이 있었던 까닭에 말씀하신 것이 아닌가 싶다. 만약 충신을 주로 삼아 덕을 쌓는 기초를 세우고, 의로 옮겨 가 덕이 진보하는 근거로 삼으면, 덕은 날로 고명하게 진보할 것이고 견식 또한 고명해질 것이니, 그로써 미혹을 분별함에 무슨 어려움이 있으리오. 하물며 남이 죽고 살기를 바라는 것은 또 쉽게 분별할 수 있는 미혹임에랴.

12.10-3 誠不以富 亦祇以異

진정 (그가) 부자이기 때문이 아니라 또한 단지 특이하기 때문이다.

【집주】

此 詩小雅我行其野之詞也 舊說 夫子引之 以明欲其生死者 不能使

之生死 如此詩所言 不足以致富 而適足以取異也 程子曰 此錯簡 當
在第十六篇 齊景公有馬千駟之上 因此下文 亦有齊景公字而誤也

이는 『시경』, 「소아(기보)」〈아행기야〉장의 말이다. 구설에서는 공자께서 이를 인용해 이 시가 말한 바, '치부하기에는 부족하고, 특이하게 여겨지기에는 족하다'라는 것처럼, 그가 죽고 살기를 바라는 것으로는 죽고 살게 할 수 없다는 것을 밝히셨다고 했다. 정자가 말했다. 이는 착간(죽간의 편집 착오)이다. 마땅히 제16편(「계씨」) 12장) '제경공에게 천 대의 사마가 있었다'는 구절 위에 있어야 하는데, 이다음 장에도 또한 제경공이라는 글자가 있기 때문에 착오를 범한 것이다.

○楊氏曰 堂堂乎張也 難與竝爲仁矣 則非誠善補過 不蔽於私者 故
告之如此

양씨가 말했다. (공자께서는) '당당하구나, 자장이여. 함께 인을 행하기 어렵구나(『논어』 19, 「자장」 16장)'(라 하셨으니), (자장은) 진정으로 선을 행하고 허물을 보완해서 사사로움에 가려지지 않은 자가 아니다. 그런 까닭에 이처럼 알려 주셨다.

【세주】

慶源輔氏曰 誠善 主忠信之事 補過 徙義之事 不蔽於私 辨惑之事 堂堂難
與竝爲仁 蓋 務外不務內者 故 告以此

경원 보씨가 말했다. '진정으로 선을 행함'은 충신을 주로 삼는 일이고, '허물을 보완함'은 의로 옮겨 가는 일이고, '사사로움에 가려지지 않음'은 미혹을 분별하는 일이다. '당당해서 함께 인을 행하기 어렵다'는 것은 대개 밖에 힘쓰고 안에는 힘쓰지 않는 자라는 말이다. 그런 까닭에 이 말씀을 알려주셨다.

12.11-1 齊景公 問政於孔子

제 경공이 공자께 정치를 물었다.

【집주】

齊景公 名 杵臼 魯昭公末年 孔子適齊

제 경공은 이름이 저구이다. 노나라 소공 말년에 공자께서 제나라로 가셨다.

【세주】

史記世家 季平子 得罪魯昭公 昭公 率師擊平子 平子與孟氏叔孫氏三家 共攻昭公 昭公師敗 奔於齊 齊 處昭公于乾侯 魯亂 孔子適齊 爲高昭子家臣 以通乎景公

『사기』, 「(공자)세가」에 다음과 같이 나와 있다. 계평자가 노 소공에게 죄를 지어 소공이 군대를 이끌고 평자를 공격하자 평자(계씨)와 맹씨, 숙손씨의 세 집이 함께 소공을 공격했다. 소공은 싸움에 져서 제나라로 도망갔다. 제나라는 소공을 건후에 있게 했다. 노나라가 혼란에 빠지자 공자께서는 제나라로 가서 고소자의 가신이 되어 경공과 통하게 되었다.

12.11-2 孔子對曰 君君 臣臣 父父 子子

공자께서 대답해 말했다. 임금은 임금답고 신하는 신하답고 아버지는 아버지답고 아들은 아들다워야 합니다.

【집주】

此 人道之大經 政事之根本也

이는 인도(사람의 도리)의 큰 원칙이고 정사의 근본이다.

【세주】

南軒張氏曰 爲政 以序彝倫爲先 彝倫不敍 則節目雖繁 亦無以順治矣 君君

臣臣父父子子 彛倫所爲敍也 雖堯舜之治 亦不越乎此 貴於盡其道而已

남헌 장씨가 말했다. 정치를 하는 것은 윤리(의 질서)를 바로잡는 것을 먼저로 한다. 윤리에 질서가 없으면 절목이 비록 번다하더라도 순조로운 통치를 할 방법이 없다. '군군신신부부자자'는 윤리의 질서가 있게 된 것이다. 비록 요순의 통치라 하더라도 또한 이를 넘지 않으니 그 도를 다하는 것을 귀히 여겼을 뿐이다.

○慶源輔氏曰 此 三綱之大者 故 以爲人道之經 政事之本

경원 보씨가 말했다. 이는 3강 중에 큰 것이다. 그런 까닭에 인도의 원칙이고 정사의 근본이라 했다.

【집주】
是時 景公失政 而大夫陳氏 厚施去聲於國

이때 경공은 실정을 했고, 대부 진씨가 나라(백성들)에게 후하게 베풀었다.

【세주】
左傳 昭公三年 晉 少姜 卒 少姜 齊女 晉侯變妾 齊侯 使晏嬰請繼室於晉 旣成昏 晏子受禮 叔向從之宴 叔向曰 齊其何如 晏子曰 此 季世也 吾弗知 不知其他 齊其爲陳氏矣 公 棄其民 而歸於陳氏 齊舊四量音亮 豆區烏侯反釜鍾 四升爲豆 各自其四以登於釜 四豆爲區 區 斗六升 四區爲釜 釜 六斗四升 登 成也 釜十則鍾六斛四斗 陳氏 三量 皆登一焉 鍾乃大矣 登 加也 謂加舊量之一也 以五升爲豆 四豆爲區 四區爲釜 以家量貸 而以公量收之 貸厚而收薄 山木如市 弗加於山 魚塩蜃蛤 弗加於海 賣如在山海 不加貴 民參其力 二入於公 而衣食其一 言公重賦斂 公聚朽蠹 而三老 凍餒 三老 謂上壽中壽下壽者 不見養遇 國之諸市 履賤踊貴 踊 刖足者履也 刖足者多 故 踊 貴 民人疾痛 而或燠於位反休虛位反之 燠休 痛念之聲 謂陳氏也 其愛之如父母 而歸 之如流水 欲無獲民 將焉避之

『(춘추)좌전』 소공 3년 (춘 왕정월조)에 보면 다음과 같이 나와 있다. 진나라의 소강이 죽었다. 〈소강은 제나라 여자로, 진나라 제후의 후궁이다.〉 제나라 제후는 안영을 사신으로 보내 진나라가 후실을 얻기를 청했다. 이미 혼인이 정해진 후, 안영이 예(사신으로서의 대접)를 받을 때 숙향이 따라와 연회를 베풀었다. 숙향이 말하기를 "제나라는 어떻습니까?"라 하자, 안자(안영)가 답했다. "이는 말세입니다. 나는 모릅니다. 〈다른 것은 모른다는 말이다.〉 제나라는 진씨의 것이 될 것입니다. 궁(제나라 제후)이 그 백성을 버리니 (백성이) 진씨에게 돌아갔습니다. 제나라의 옛 되는 네 단계인데 두, 우, 부, 종입니다. 4되가 1두가 되고, 각각 그 네 배씩으로 해서 부에까지 올라갑니다. 〈4두가 1우가 되니 1우는 1말 6되가 된다. 4우가 1부가 되니 1부는 6말 4되가

221

된다. '등'은 이루어지는 것이다.〉 10부는 1종〈6휘 4말이 된다.〉이 됩니다. 진씨는 세 단계의 되를 모두 하나씩 키웠으니 종(제일 큰 되)은 (저절로) 커졌습니다. 〈등은 더하는 것이니 옛 되의 (4단위 중의) 1단위를 더해 5되를 1두로, 4두를 1우로, 4우를 1부로 했다는 말이다.〉 빌려줄 때는 집(진씨 개인)의 되로 하고, 돌려받을 때는 공적인 되로 합니다. 〈빌려줄 때는 많이 주고 돌려받을 때는 적게 받았다.〉 산의 나무를 장에 낼 때는 산에서 (생산할 때)보다 더 비싸게 하지 않고 생선이나 소금, 조개는 바다에서 (생산할 때)보다 더 비싸게 하지 않습니다. 〈산에서나 바다에서처럼 팔고 비싸게 하지 않았다.〉 (반면 공실에서는) 백성의 힘(생산력)이 셋이라면 둘은 공실로 들어가고 나머지 하나를 (백성이) 먹고 입습니다. 〈공이 무겁게 세금을 걷었음을 말한다.〉 공실은 걷은 것이 썩을 지경인 반면 삼로는 춥고 배고픕니다. 〈삼로는 상노인 중노인 하노인을 말한다. 부양의 대우를 받지 못했다는 말이다.〉 나라의 여러 장터에서 구(보통 신발)는 싸고 용(특수 신발)은 비쌉니다. 〈용은 월족자(월형, 즉 발꿈치를 베는 형을 당한 사람)의 신이다. 월족자가 많았기 때문에 용이 비싸졌다.〉 백성들이 고통스러워 '어휴'라 합니다. 〈'어휴'는 고통스러워 (구해줄 사람을) 생각하는 소리이니, 진씨(를 찾는 것)를 말한다.〉 부모처럼 사랑해주니 (백성은) 물 흐르듯 (진씨에게로) 돌아갑니다. (그러니) 백성을 얻으려 하지 않더라도 어찌 피할 수 있겠습니까?"

○二十六年 齊侯與晏子 坐於路寢 公歎曰 美哉室 其誰有此乎 景公 自知德不能久有國 故 歎也 晏子曰 敢問何謂也 公曰 吾以爲在德 對曰 如君之言 其陳氏乎 陳氏 雖無大德 而有施於民 豆區釜鍾之數 其取之民也薄 其施之民也厚 公厚斂焉 陳氏厚施焉 民歸之矣 後世若少惰 陳氏而不亡 則國 其國也已 公曰 是可若何 對曰 唯禮可以已之 在禮 家施不及國 民不遷 農不移 工賈不變 守常業 士不濫 不失職 官不滔 滔 慢也 大夫不收公利 公曰 善哉 我不能矣 吾 今而後 知禮之可以爲國也

(소공) 26년 (동 12월조)에 보면 다음과 같이 나와 있다. 제나라 제후(경공)가 안자와 함께 침상에 앉아 있었는데, 공이 탄식하며 말하기를 "아름답구나, 궁실이여. 누가 이것을 가질 것인가?"라 했다. 〈경공 스스로 (자신의) 덕으로는 나라를 오래 가질 수 없다는 것을 알았기에 이런 탄식을 했다.〉 (안자가) 대답하기를 "감히 무슨 말씀인지 여쭙니다"라 하니, 공이 "나는 (궁실을 가지는 것은) 덕에 달려 있다고 생각한다"라 했다. 안자가 말하기를 "임금의 말씀은 진씨를 두고 하시는 말씀입니까? 진씨가 비록 큰 덕은 없으나 백성에게 베푸는 것은 있습니다. 두우부종을 계산할 때(되질을 할 때) 백성에게서 받는 것은 박하게 하고 백성에게 베푸는 것은 후하게 합니다. 공께서는 많이 걷지만 진씨는 많이 베푸니, 백성이 돌아가는 것입니다. 후세에 약간 (공실의 정치가) 해이해졌을 때, 진씨가 망하지 않았다면 나라는 그의 나라일 뿐입니다"라 했다. 공이 "그럼 어찌해야 할까?"라 하자 대답하기를 "오직 예만이 이를 멈추게 할 수 있습니다. 예가 있으면 한 집안의 시혜는 나라(의 시혜)

에 미칠 수 없으니 백성은 옮겨 가지 않습니다. 농민은 (농토를) 떠나지 않고 장인이나 상인은 (직업을) 바꾸지 않습니다.〈일정한 직업을 지킨다.〉 사(하급 관리)는 넘치지 않고,〈직책을 잃지 않는다.〉 관(고급 관리)은 흐트러지지 않고,〈'도'는 태만한 것이다.〉 대부는 공실의 이익을 차지하지 않습니다"라 했다. 공이 말하기를 "좋구나. (그렇지만) 나는 할 수 없구나. 내가 이제서야 예가 나라를 다스릴 수 있는 것임을 알았다"라 했다.

【집주】

景公又多內嬖臂閉二音 而不立太子

경공은 또 후궁이 많았고 태자는 세우지 않았다.

【세주】

左傳 哀公五年 齊 燕姬 景公夫人 生子 不成而死 不成 未冠也 諸子 鬻姒之子 荼 嬖 諸子 庶公子也 鬻姒 景公妾 荼 安孺子 諸大夫 恐其爲太子也 言於公曰 君之齒長矣 未有太子 若之何 公曰 二三子 間音閑於憂虞 則有疾疢 亦姑謀樂 何憂於無君 景公 意欲立荼 而未發 故 以此言塞大夫請 公疾 使國惠子名夏高昭子名張立荼 寘群公子於萊 萊 齊東鄙邑 秋 景公卒 冬 公子嘉 公子駒 公子黔 奔衛 公子鉏 公子陽生 來奔 皆景公子在萊者 六年八月 陳僖子 使召公子陽生而立之 是爲悼公 公 使朱毛遷孺子荼於駘 不至 殺諸野幕之下

『(춘추)좌전』에 다음과 같이 나와 있다. 애공 5년, 제나라 연희〈경공의 부인이다.〉가 아들을 낳았지만 성인이 되기 전에 죽었고〈'불성'은 관례하기 전을 말한다.〉 여러 아들 중 육사의 아들인 도를 사랑했다.〈여러 아들이란 서출인 공자를 말한다. 육사는 경공의 첩이다. 도는 안유자이다.〉 여러 대부들이 그(도)가 태자가 될까 두려워해 공에게 말하기를 "임금의 나이가 많은데 아직 태자가 없으니 어찌합니까?"라 하자 공이 "그대들은 걱정거리가 없어 한가해 병이 나겠으니 또한 잠시 즐길 생각을 하라. 임금이 없다고 무슨 걱정이 있으랴"라 했다.〈경공은 도를 세우고 싶었지만 꺼내지 못했다. 그래서 이 말로 대부들의 청을 막았다.〉 공이 병들자 국혜자〈이름은 하이다.〉와 고소자〈이름은 장이다.〉로 하여금 도를 세우게 하고 여러 공자들은 내에 두게 했다.〈내는 제나라 동쪽 시골 읍이다.〉 가을에 경공이 죽었다. 겨울에 공자 가와 공자 구와 공자 긍이 위나라로 도망갔고 공자 서와 공자 양생이 (노나라로) 도망 왔다.〈모두 경공의 아들로 내에 있던 자들이다.〉(애공) 6년 8월 진희자가 사신을 보내 공자 양생을 불러들여 즉위시켰으니 이 사람이 도공이다. (도)공은 주모를 시켜 유자 도를 태로 옮기게 했는데 못 미쳐 들판의 농막 아래서 살해했다.

【집주】

其君臣父子之間 皆失其道 故 夫子 告之以此

군신과 부자 사이에 모두 그 도를 잃었으므로 공자께서 이 말씀을 알려주셨다.

12.11-3 公曰 善哉 信如君不君 臣不臣 父不父 子不子 雖有粟 吾得而食諸

공이 말했다. 좋도다. 진정 임금이 임금답지 못하고 신하가 신하답지 못하고 아버지가 아버지답지 못하고 아들이 아들답지 못하면 곡식이 있다 하나 내가 그것을 먹을 수 있겠는가.

【집주】

景公 善孔子之言 而不能用 其後 果以繼嗣不定 啓陳氏弑君簒國之禍

경공은 공자의 말을 좋게 여겼지만 쓰지는 못했다. 그 후 과연 후사를 정하지 못해서 진씨가 임금을 살해하고 나라를 도적질하는 화(의 단서)를 열었다.

【세주】

史記 田敬仲完世家 五世孫 田釐子乞 事齊景公 爲大夫 其收賦稅於民 以小斗受之 其粟予民以大斗 行陰德於民 而景公弗禁 由此 田氏 得齊衆心 本陳氏 改爲田氏 宗族益強 景公 太子死後 有寵姬 曰芮子 生子荼 景公病 命其相國惠子高昭子 以荼爲太子 景公卒 兩相國高 立荼 是爲安孺子 而田乞 不悅 欲立景公他子陽生 陽生 素與乞歡 安孺子之立也 陽生 奔魯 田乞 鮑牧 與大夫 以兵入公室 攻高昭子殺之 惠子奔莒 安孺子奔魯 田乞 使人迎陽生 至齊 遂立陽生於田乞之家 是爲悼公 乃使人殺孺子荼 田乞 爲相專齊政 四年 田乞卒 子恒立 是爲田成子 鮑牧 與悼公有隙 弑悼公 齊人 共立其子壬 是爲簡公 田恒 與監止―作闞止 俱爲左右相 田恒 心害監止 監止 幸於簡公 權弗能去 於是 田恒 復修釐子之政 以大斗出貸 以小斗收 齊人 歌之曰 嫗乎采芑 歸乎田成子 田恒 擊殺監止 簡公出奔 田氏之徒 遂弑簡公於徐州 恒 立簡公之弟驁 是爲平公 田恒爲相 言於平公曰 德施 人之所欲 君其行

之 刑罰 人之所惡 臣請行之 行之五年 齊國之政 皆歸於田恒 於是 盡誅鮑
晏及公族之強者 而割齊自安平以東至琅邪 自爲封邑 封邑 大於平公之所
食 田恒卒 子襄子盤 代立 襄子卒 子莊子白 代立 莊子卒 子太公和 立 田
和 遷齊康公於海上 食一城以奉其先祀 康公之十九年 田和 立爲齊侯 列於
周室 紀元年 太公和立 二年卒 子桓公午立 六年卒 子威王 因齊立 二十六
年自稱爲王 以令天下

『사기』,「전경중완세가」에 다음과 같이 나와 있다. (진완의) 5세손인 전리자 걸이 제 경공을 섬겨 대부가 되었다. 백성에게 세금을 걷을 때는 작은 되로 하고 곡식을 백성에게 내줄 때는 큰 되로 해 백성들에게 음덕을 베풀었는데 경공은 금하지 않았다. 이 때문에 전씨가 제나라 사람들의 마음을 얻었고 〈본래는 진씨인데 전씨로 고쳤다.〉 종족이 더욱 강해졌다. 경공은 태자가 죽은 후 예자라는 사랑하는 후궁이 있었는데 아들 도를 낳았다. 경공은 병이 들어 재상 국혜자와 고소자에게 도를 태자로 하라고 명했다. 경공이 죽고 두 재상 국과 고가 도를 세웠는데 이 사람이 안유자이다. 전걸은 기뻐하지 않고 경공의 다른 아들인 양생을 세우고 싶어했는데, 양생은 평소에 걸과 잘 지냈다. 안유자가 즉위하자 양생은 노나라로 도망갔다. 전걸과 포목은 대부들과 함께 무기를 들고 공실로 들어가 고소자를 공격해 죽였다. 혜자는 거나라로 도망갔고 안유자는 노나라로 도망갔다. 전걸은 사람을 보내 양생을 맞았다. 제나라에 도착하자 드디어 전걸의 집에서 양생을 즉위시켰다. 이 사람이 도공이다. 이어 사람을 시켜 유자 도를 죽였다. 전걸은 재상이 되어 제나라 정치를 전횡했다. (도공) 4년 전걸이 죽고 아들 환이 섰는데 이 사람이 전성자이다. 포목은 도공과 틈이 있어 도공을 죽였다. 제나라 사람들이 같이 그 아들 임을 세웠으니 이 사람이 간공이다. 전환은 감지〈어떤 데는 (監止가 아니라) 감지(闞止)라 했다.〉와 함께 좌상, 우상이 되었다. 전환은 마음으로 감지를 해치고자 했는데 감지가 간공에게 총애를 받아 그 권세를 제거할 수 없었다. 이에 전환은 다시 전리자의 정책을 써서 큰 되로 빌려주고 작은 되로 돌려받으니 제나라 사람들이 노래하기를 "할멈아, 상추를 캐 전성자에게 가라"라 했다. 전환이 감지를 때려 죽이자 간공은 도망갔다. 전씨의 무리는 드디어 서주에서 간공을 죽였다. 환은 간공의 동생 오를 세우니 이 사람이 평공이다. 전환은 재상이 되어 평공에게 말하기를 "덕을 베푸는 것은 사람들이 바라는 것이니 임금께서 시행하시고, 형벌을 주는 것은 사람들이 싫어하는 것이니 신이 시행하기를 청합니다"라 했다. 그렇게 한지 5년 만에 제나라의 정치는 모두 전환에게 돌아갔다. 이에 포씨와 안씨, 그리고 공족 중의 강자를 모두 죽이고 제나라의 안평 동쪽으로부터 낭야에 이르기까지의 땅을 잘라 자신의 봉읍으로 삼으니 봉읍이 평공의 식읍보다 컸다. 전환이 죽고 아들 양자 반이 대신 섰다. 양자가 죽고 아들 장자 백이 대신 섰다. 장자가 죽고 아들 태공 화가 섰다. 전화는 제나라 강공을 바닷가로 옮기고 성 하나만 식읍으로 주어 선조의 제사를 받들게 했다. 강공 19년 전화는 제나라 제후로 즉위해 주 왕실의 대열에 들고 연호를 세웠다. 즉위한 지 2년에 죽었다. 아들 환공 오가 즉위해 6년에 죽었다. 아들 위왕은 제나라 제후로 즉위했다가 26년에 스스로 왕이라 칭하고 천하를 호령했다.

【집주】

○ 楊氏曰 君之所以君 臣之所以臣 父之所以父 子之所以子 是必有道矣 景公 知善夫子之言 而不知反求其所以然 蓋悅而不繹者 齊之所以卒於亂也

양씨가 말했다. 임금이 임금이 되는 까닭, 신하가 신하가 되는 까닭, 아버지가 아버지가 되는 까닭, 아들이 아들이 되는 까닭, 여기에는 반드시 도가 있다. 경공이 공자의 말을 좋게 여길 줄은 알았으나 그러한 까닭을 돌이켜 구할 줄은 몰랐다. 대개 기뻐하기는 하나 (그 숨은 의미를) 찾지는 못한 자이니, 제나라가 반란으로 인해 망하게 된 까닭이다.

【세주】

問 景公 審能悅夫子之言 而繹之 則如之何 朱子曰 擧齊政而授之夫子 則君臣父子之倫 正之有餘矣 惜 其不能而齊卒於亂也

물었다. 경공이 참으로 공자의 말씀을 기뻐해 의미를 찾을 수 있었다면 어땠을까요? 주자가 답했다. 제나라의 정치 전부를 공자께 맡겼다면 군신과 부자의 윤리가 바로잡히고도 남았을 것이다. 아깝다, 그리하지 못하고 제나라가 반란으로 망한 것은.

○ 雙峯饒氏曰 就景公身上言之 則景公 自不能盡君之道 致其臣陳氏厚施於國 自不能盡父之道 致內嬖之多 而不立太子 故 楊氏云 景公 知善夫子之言 而不知反求其所以然者 是 說景公不能反之於身 以盡君父之道也

쌍봉 요씨가 말했다. 경공의 신상에 대해 말하자면, 경공은 임금의 도를 다하지 못했기 때문에 그 신하 진씨가 나라에 두터이 덕을 베풀기에 이르렀고 아버지의 도를 다하지 못했기 때문에 후궁이 많아 태자를 세우지 못하는 지경에 이르렀다. 그런 까닭에 양씨는 "경공은 공자의 말씀을 좋게 여길 줄은 알았으나 그러한 까닭은 돌이켜 구할 줄 몰랐다"라 했는데, 이는 경공이 (공자의 말을) 자신에게 돌이켜 임금과 아버지의 도를 다할 수 없었음을 말한 것이다.

○厚齋馮氏曰 聖人之言 各當其分 而萬世無弊 信斯言也 謂君則君 臣則臣 父則父 子則子 可也 謂君君 則臣臣 父父 則子子 亦可也

후재 풍씨가 말했다. 성인의 말씀은 각각 그 분수에 합당해 만세가 되도록 폐단이 없으니, 참으로 이 말씀이 그러하다. 임금은 임금답고, 신하는 신하답고, 아버지는 아버지답고, 아들은 아들다워야 한다고 해도 괜찮지만, 임금이 임금다우면 신하가 신하다워지고, 아버지가 아버지다우면 아들이 아들다워진다고 해도 또한 괜찮다.

○雲峯胡氏曰 履霜 堅氷至 景公 不能謹其幾於先矣 雖善夫子之言 何益哉

운봉 호씨가 말했다. 서리를 밟으면 얼음이 얼 것을 알아야 한다. 경공은 미리 기미를 삼갈 수 없었으니 비록 공자의 말씀을 좋게 여겼다 한들 무슨 이익이 있으리오.

12.12-1 子曰 片言可以折獄者 其由也與 折之舌反 與平聲

공자께서 말씀하셨다. 한 조각 말로 옥송(재판)을 단안할 수 있는 자는 유로구나.

【집주】
片言 半言 折 斷丁亂反也

'편언'은 반만 말하는 것이다. '절'은 단안하는 것이다.

【세주】
朱子曰 半言 辭未畢 而人已信之也

주자가 말했다. 반만 말한다는 것은 말이 끝나기 전에 이미 사람들이 믿는다는 것이다.

○ 胡氏曰 折者 析而二之也 治獄之道 兩辭具備 曲直未分 混爲一區 及乎別其孰爲曲 孰爲直 判然兩途 所謂折也

호씨가 말했다. '절'이란 쪼개 둘로 하는 것이다. 옥송을 다스리는 방법은 두 쪽의 말이 다 그럴싸하고, 옳고 그름이 나뉘지 않아 한 덩이가 되어 있는 것을 어느 것이 틀렸는지 어느 것이 옳은지 구별해 확실하게 두 쪽으로 나누는 데 이르는 것이니, 소위 '절'이다.

【집주】
子路 忠信明決 故 言出而人信服之 不待其辭之畢也

자로는 충신(진실해서 신뢰성이 있음)하고 명쾌히 판결하므로 말이 나오자마자 사람들이 신복해, 그 말을 다하기를 기다릴 필요가 없었다.

【세주】
慶源輔氏曰 忠信者 折獄之本 明決者 折獄之用 徒明決而不忠信 則無以孚於平昔 徒忠信而不明決 則無以斷於臨時

경원 보씨가 말했다. '충신'은 옥송 판결의 근본이고 '명결'은 옥송 판결의 (실제) 활동이다. 단지 명쾌히 판결하기만 하고 충신하지 않으면 평소 신뢰를 받을 수 없고, 단지 충신하기만 하고 명쾌히 판결하지 않으면(그럴 역량이 없으면) (옥송을 맡은) 당시에 단안을 내릴 수 없다.

○ 覺軒蔡氏曰 忠信 所以立於中 明決 足以照乎外 忠信 則人不忍欺 明決 則人不敢欺

각헌 채씨가 말했다. 충신은 마음속에(내부적으로) 확립해야 할 것이고 명쾌히 판결하는 것은 밖(외부적 사태)을 비추기 족해야 한다. 충신하면 남들이 차마 속이지 못하고, 명쾌히 판결하면 남들이 감히 속이지 못한다.

12.12-2 子路 無宿諾
자로는 승낙(한 일)을 묵히지 않았다.

【집주】
宿 留也 猶宿怨之宿 急於踐言 不留其諾也 記者 因夫子之言而記此 以見形甸反子路之所以取信於人者 由其養之有素也

'숙'은 묵히는 것이니, 숙원(묵은 원한)이라 할 때의 숙과 같다. 말을 실천하는 데 급해, 그 승낙을 묵히지 않았다. 기록하는 자가 공자의 말씀에 이어 이를 기록함으로써, 자로가 남들에게 신뢰받는 이유가 그 평소 기른 것이 있었기 때문임을 드러내었다.

【세주】
慶源輔氏曰 片言折獄 非可以取辯於言也 所以養其言之所自發者 必有其素 而人之信 已在於未言之先也

경원 보씨가 말했다. '한 조각 말로 옥송을 판결한다'는 것은 말을 잘해 인정받을 만했다는 것이 아니다. 말이 나오게 되는 근거(신뢰성 있는 말을 할 수 있는 본바탕, 예컨대 충신)를 기르는 일에 대해 틀림없이 소양이 있었기에, 남들의 신뢰가 아직 말하기 전에 이미 있었다는 말이다.

【집주】
○ 尹氏曰 小邾射射音亦小邾 大夫名 以句繹奔魯 句繹音溝亦地名 曰使季子

路要平聲我 吾無盟矣 千乘之國 不信其盟而 而信子路之一言 其見信
於人 可知矣

윤씨가 말했다. 소주(국명)의 역〈소주의 대부의 이름〉이 구역〈지명〉 땅을 가지고 노나라로 도망쳐 와서 말하기를 "만약 자로가 나에게 약속한다면 나는 (노의 군주와 따로이) 맹약하지 않겠다(맹약하지 않아도 믿겠다)"라 했다. 천승의 나라에 대해서도 그 맹약을 믿지 않으면서 자로의 한마디 말은 믿었으니 남에게 신뢰받았음을 알 수 있다.

【세주】

左傳 哀公十四年 小邾射 以句繹來奔曰 使季路要我 吾無盟矣 使子路 子路辭 季康子 使冉有謂之曰 千乘之國 不信其盟 而信子之一言 子 何辱焉 對曰 魯 有事於小邾 不敢問故 死其城下 可也 彼不臣 而濟其言 是 義之也 由 弗能

『(춘추)좌전』에 보면 다음과 같이 나와 있다. 애공 14년 (춘)에 소주의 역이 구역을 가지고 도망쳐 와서 말하기를 "만약 자로가 나에게 약속한다면 나는 (노의 군주와는 따로) 맹약하지 않겠다"라 했다. 자로에게 사신으로 맞이하게 했으나 자로는 사양했다. 계강자가 염유를 시켜 그에게 말하기를 "천승의 나라에 대해서도 그 맹약을 믿지 않고 그대의 한마디 말을 믿는다는데, 그대에게 무슨 욕됨이 있으리오"라 하자, (자로가) 대답해 말했다. "노나라가 소주와 무슨 일(예컨대 전쟁)이 있다면 감히 그 까닭을 묻지 않고 (싸우다가) 그 성 아래에서 죽어도 상관없지만, 그가 신하답지 않은데(소주의 군주를 배반한 자인데) 그 말을 들어주는 것은 그를 정당화해주는 것입니다. 나는 할 수 없습니다."

【집주】

一言而折獄者 信在言前 人自信之故也 不留諾 所以全其信也

한마디 말로 옥송을 판결하는 것은 말하기 전에 신뢰가 있어 남들이 응당 믿어주기 때문이다. 약속을 묵히지 않는 것은 그 신뢰를 온전히 하려는 것이다.

【세주】

勉齋黃氏曰 人惟忠信也 不惟可以通天下之務 而又可以釋天下之疑 苟無忠信誠慤之心以苁之 則吾心膠擾昏惑 既無以察人之情僞 吾以詐御彼 彼亦以詐應之 又安能片言而服人哉 故 片言折獄 而實之以無宿諾也

면재 황씨가 말했다. 사람이 진정 충신하면 단지 천하의 일에 달통할 수 있을 뿐 아니라 또 천하의 의혹을 풀어줄 수 있다. 만약 충신하고 성실한 마음이 없이 자리에 앉아 있으면, 내 마음이 혼란스럽고 어둡고 미혹되어 있으니 남의 진실이나 거짓을 살필 방법이 없고, 내가 거짓으로 남을 막으려 하니 남 또한 거짓으로 나에게 대응하게 된다. (그러니) 또 어찌 한 조각 말로 남을 신복시킬 수 있으리오. 그러므로 '한 조각 말로 옥송을 판결한다'라는 말에 대해 '승낙을 묵히지 않았다'라는 말로 실증했다.

12.13 子曰 聽訟 吾猶人也 必也使無訟乎

공자께서 말씀하셨다. 소송을 처리하는 것은 내가 남만 하지만 반드시 소송이 없게 하겠다.

【집주】

范氏曰 聽訟者 治其末 塞其流也 正其本 淸其源 則無訟矣

범씨가 말했다. 소송을 처리하는 것은 그 말단(말초적 현상)을 다스리고 (본류는 그냥 둔 채로) 그 지류를 막는 것에 불과하다. 근본을 바르게 하고 원천을 맑게 하면 소송이 없어진다.

○楊氏曰 子路 片言可以折獄 而不知以禮遜爲國 則未能使民無訟者也 故 又記孔子之言 以見刑甸反聖人 不以聽訟爲難 而以使民無訟爲貴

양씨가 말했다. 자로는 한 조각 말로 옥송을 판결할 수 있었지만 예의와 겸양으로 나라를 다스려야 한다는 것은 몰랐으니 백성으로 하여금 소송이 없도록 하지는 못한 자이다. 그러므로 또 공자의 말씀을 기록해 성인께서는 소송을 처리하는 것을 어렵게 여기시는 것이 아니라 백성으로 하여금 소송이 없도록 하는 것을 귀히 여기셨음을 드러내었다.

【세주】

南軒張氏曰 夫人之所以至於爭訟者 必有所由 而能於其本而正之 則訟 可無也 記者 以此承上章 有以見仲由之道爲未弘也

남헌 장씨가 말했다. 무릇 사람이 소송의 다툼에 이르게 되는 것은 반드시 그 연유가 있다. 그 근본을 바로잡을 수 있으면 소송은 없을 수 있다. 기록하는 자가 이 말씀을 앞 장에 이어 (기록해둠으로써) 중유(자로)의 도가 아직 넓지 못함을 드러내었다.

○新安陳氏曰 聽訟者 決民之爭 無訟者 躬行化民 而民自不爭 無訟可聽 非禁之使然 默化潛孚 若使之耳

신안 진씨가 말했다. 소송을 처리하는 것은 백성의 싸움을 해결하는 것이고, 소송이 없게 하는 것은 몸소 실천해 백성을 변화시킴으로써 백성 스스로 싸우지 않도록 하는 것이다. 처리할 만한 소송이 없는 것은 그렇게 되도록(소송을 못하도록) 금지하는 것이 아니라 말없이 교화되어 은연중에 신복하는 것으로 마치 (소송을 못하도록) 시키는 것 같아 보일 뿐이다.

12.14 子張問政 子曰 居之無倦 行之以忠

자장이 정치를 물었다. 공자께서 답하셨다. (마음은) '게으르지 않음'에 두고, 행하는 것은 '충'으로써(진실하게) 하라.

【집주】

居 謂存諸心 無倦 則始終如一 行 謂發於事 以忠則表裏如一

'거'는 마음에 두는 것을 말하니, 게으름이 없으면 처음부터 끝까지 한결같다. '행'은 일에 드러나는 것을 말하니, 충으로써(진실하게) 하면 안과 밖이 한결같다.

【세주】

朱子曰 居之無倦 在心上說 行之以忠 在事上說 居之無倦者 便是要此心長在做主 不放倒 便事事 都應得去 行之以忠者 是事事 要著實 故 集註云 以忠 則表裏如一 謂心裏要如此 便外面也如此 事事靠實做去也

주자가 말했다. '게으르지 않음에 마음을 둔다'는 것은 마음에 관해 말한 것이고 '충으로써 행한다'는 것은 일에 관해 말한 것이다. '게으르지 않음에 마음을 둔다'는 것은 이 마음을 오랫동안 주인으로 삼아 놓치거나 엎어지지 않는 것이니 (그리하면) 곧 모든 일에 다 응해 나갈 수 있다. '충으로써 행한다'는 것은 모든 일을 착실하게 하려는 것이니, 그런 까닭에 집주에서는 '충으로써 하면 안과 밖이 한결같다'라 했는데, 마음속으로 이리하려 하면 겉도 이리해서 모든 일을 진실함에 의거해 해나가는 것을 말한다.

○行 固是行其所居 居 是常常恁地提省在這裏 若有頃刻放倒 便不得

'행(행함)'은 본디 그 마음 둔 바를 행하는 것이고 '거(마음 둠)'는 (마음이) 항상 그렇게 거기 있도록 각성하는(정신을 차리는) 것이다. 만약 잠시라도 (그 마음을) 놓치거나 엎어지면 안 된다(마음을 두었다고 할 수 없다).

○新安陳氏曰 居 如居敬之居 存諸心 立其本也 行 如行簡之行 發於事 達諸用也

신안 진씨가 말했다. '거'는 '경건함에 거한다(마음을 둔다)'라 할 때의 거와 같은 것이니 마음에 보존해 그 근본을 세우는 것이다. '행'은 '간결하게 행한다'라 할 때의 행이니 일에 발휘되어 사용함에 이르는 것이다.

【집주】

○ 程子曰 子張 少仁 無誠心愛民 則必倦而不盡心 故 告之以此

정자가 말했다. 자장은 인이 모자라 진정한 마음으로 백성을 사랑하지 못했으니 틀림없이 게으르고 마음을 다하지 않았을 것이다. 그런 까닭에 이 말씀을 알려주셨다.

【세주】

慶源輔氏曰 不曰不仁 而曰少仁 正與子游然而未仁之說同 聖人 不輕絶人以不仁 況子張乎 惟其少仁 故 惻怛之意 不足 而無誠心愛民也

경원 보씨가 말했다. 불인하다고 하지 않고 인이 모자란다고 한 것은 바로 자유가 (자장을 평해) '그렇기는 하지만 아직 인하지는 않다(『논어』19, 「자장」15장)'라고 한 것과 같다. 성인께서는 사람을 불인이라고 가볍게 끊지 않으시니, 하물며 자장(에 대해서)이겠는가. 다만 인이 모자라는 까닭에 측은히 여기는 마음이 부족했고 진정한 마음으로 백성을 아끼지 못했다.

○ 新安陳氏曰 少仁 或謂其未仁 或謂難與竝爲仁 可見矣 政以治民 故 以少仁 言其政之無本 以無愛民 言其政之不足於用 無誠心 其病源也 不息之謂誠 始如是 終不如是 則非不息之誠矣 不欺之謂誠 表如是 裏不如是 則非不欺之誠矣 宜夫子 以無倦以忠 藥子張之病也

신안 진씨가 말했다. (정자가 말한 바, 자장이) 인이 모자란다는 말은 혹은 (자유가 말한) '아직 인하지 못함'을 말하는 것이거나 혹은 (증자가 말한) '같이 인을 행하기 어려움(『논어』19, 「자장」16장)'을 말하는 것인 줄 알겠다. 정치는 백성을 다스리는 것인 까닭에 '인이 모자란다'는 말로 그 정치가 근본이 없음을 말했고, '백성을 사랑하지 않는다'는 말로 그 정치가 쓰이기에 부족하다는 것을 말했다. '진정한 마음이 없음'은 그 병의 근원이다. 쉬지(그치지) 않는 것을 '성(참됨)'이라 하니, 처음은 이와 같지만 끝에는 이와 같지 않은 것은 '쉬지 않는 참됨'이 아니다. 속이지 않는 것을 '성(참됨)'이라 하니, 겉은 이와 같지만 안은 이와 같지 않으면 '속이지 않는 참됨'이 아니다. 마땅하다, 공자께서 '게을리하지 말 것'과 '충으로써(참되게) 할 것'이라는 약을 자장의 병에 쓰신 것은.

○雙峯饒氏曰 此 論爲政之心 不說爲政之條目 若爲政之條目 子張 想已熟
講而知之矣

쌍봉 요씨가 말했다. 이는 정치를 할 때의 마음가짐을 논한 것이지 정치 시행의 조목을 말한 것이 아니다. 정치 시행의 조목이라면 자장은 아마도 이미 충분히 공부해 알고 있었을 것이다.

○陳氏用之曰 孔子 於子張兼無倦與忠而敎之 若子路 則敎之以無倦而已

진용지가 말했다. 공자는 자장에게 '게으르지 말 것'과 '충(진실하게 할 것)'을 겸해 가르치셨다. 만약 자로라면 '게으르지 말 것'만을 가르치셨을 것이다.

○厚齋馮氏曰 子路 勇於有行 慮其不能繼也 子張 多浮少實 易於始勤終怠
故 竭兩端而告之

후재 풍씨가 말했다. 자로는 실천에 용감했지만 계속하지 못할 우려가 있었다. 자장은 부화한 것은 많고 진실한 것은 적어 처음에는 부지런하지만 나중에는 게으르기 쉬웠다. 그런 까닭에 그 두 끝(처음부터 끝까지)을 다해 알려주셨다.

12.15 子曰 博學於文 約之以禮 亦可以弗畔矣夫

공자께서 말씀하셨다. 문을 널리 배우고 예로써 요약하면 또한 (도에) 위배되지 않을 수 있으리라.

【집주】

重出

거듭 나왔다.

【세주】

已見雍也篇 但 彼有君子二字

이미 「옹야」편(25장)에 나왔다. 단, 거기에는 '군자' 두 글자가 있다.

12.16　子曰 君子 成人之美 不成人之惡 小人 反是

공자께서 말씀하셨다. 군자는 남의 아름다움은 이루어주고 남의 악은 이루어주지 않는다. 소인은 이와 반대이다.

【집주】
成者 誘掖獎勸 以成其事也

'성(이룬다)'이란 권유하고 부축하고 권장해서 그 일을 이루게 하는 것이다.

【세주】
雲峯胡氏曰 誘掖 以迎之於未成之先 獎勸 以作之於將成之際

운봉 호씨가 말했다. 권유하고 부축함으로써 아직 이루어지기 전에 맞이하게 하고, 권장함으로써 이루어지려 할 때 완성하게 한다.

【집주】
君子小人 所存旣有厚薄之殊 而其所好去聲 又有善惡之異 故 其用心 不同 如此

군자와 소인은 그 (마음에) 보존한 것이 이미 후하고 박함의 차이가 있고, 또 그 좋아하는 것도 선과 악의 차이가 있다. 그러므로 그 마음 씀의 다름이 이와 같다.

【세주】
胡氏曰 所存 以心言 所好 以情言 君子存心 本於厚 故 待人亦厚 而惟恐人之不厚 小人存心 本於薄 故 待人亦薄 而惟恐人之不薄也 君子之所好 在於善 故 己有是善 而亦欲人之趨於善 小人之所好 在於惡 故 己有是惡 而亦欲人之濟其惡

호씨가 말했다. '소존(보존한 것)'은 마음에 관한 말이고 '소호(좋아하는 것)'는 감정에 관한 말이다. 군자가 마음에 보존하는 것은 두터움에 근본을 둔다. 그러므로 남을 대우하는 것 또한 두터워서 다만 남의 두텁지 못함을 걱정한다. 소인이 마음에 보존하는 것은 박함에 근본을 둔다. 그러므로 남을 대우하는 것 또한 박해서 다만 남의 박하지 않음을 걱정한다. 군자가 좋아하는 것은 선에 있다. 그러므로 자신이 가진 것이 선이니 또한 남이 선으로 좇아오기를 바란다. 소인이 좋아하는 것은 악에 있다. 그러므로 자신이 가진 것이 악이니 또한 남이 그 악을 이루기를 바란다.

○南軒張氏曰 君子 充其忠愛之心 於人之美 其樂之如在己也 從而扶持之 又從而勸奬之 惟欲其美之成也 於人之惡 則從而正救之 正救之不可 則哀矜之 惟患其惡之成也 若小人 則以刻薄爲心 幸人之有過 而疾人之勝己 非徒坐視其入於惡 又從而濟之 非徒欲其美之不成 又從而毁之 君子小人之所操存 未嘗不相反也

남헌 장씨가 말했다. 군자는 진정으로 대하고 사랑하는 마음이 가득 차 있기 때문에 남의 아름다움에 대해서는 마치 자신에게 있는 것처럼 즐거워하고, 따라가 부축해주고, 또 따라가 권장해주어, 다만 그 아름다움이 이루어지기를 바란다. 남의 악에 대해서는 따라가 바로잡고 구해주고, 바로잡고 구해주어도 안 되면 불쌍히 여기고, 다만 그 악이 이루어질까 걱정한다. 소인의 경우는 각박함으로 마음을 삼기 때문에 남이 허물이 있으면 다행으로 여기고 남이 나보다 나은 것을 싫어한다. 단지 (남이) 악으로 들어가는 것을 좌시할 뿐만 아니라 또 따라가서 이루어주고, 단지 그 아름다움이 이루어지지 않기를 바랄 뿐만 아니라 또 따라가서 훼방한다. 군자와 소인이 붙들어 지키는 것은 일찍이 서로 반대되지 않은 것이 없다.

○勉齋黃氏曰 小人 成人之惡 謂迎合容養 以成其爲惡之事也 不成人之美 忌克詆毁 使不得成其善也

면재 황씨가 말했다. '소인은 남의 악을 이루어준다'는 것은 (그 악에 대해) 영합하고 허용하고 길러주어서 악을 행하는 일을 이루어준다는 것이다. '남의 아름다움을 이루어지지 못하게 한다'는 것은 시기하고 싸움 걸고 비방하고 훼방해 그 선을 이루지 못하게 한다는 것이다.

○鄭氏舜擧曰 君子 視人之善 猶己之善 故 開導誘掖以成之 視人之惡 猶己之有疾 故 規戒掩覆以止之

정순거가 말했다. 군자는 남의 선을 자신의 선처럼 보기 때문에 열고 이끌고 권유하고 부축해 이루어주고, 남의 악을 자신의 병처럼 보기 때문에 규제하고 경계하고 가려주고 덮어주어 그치게 한다.

12.17 季康子 問政於孔子 孔子對曰 政者 正也 子帥以 正 孰敢不正

계강자가 공자께 정치를 물었다. 공자께서 대답해 말씀하셨다. 정치란 바로잡는 것입니다. 그대가 올바름으로 이끌면 누가 감히 올바르지 않겠습니까?

【집주】
范氏曰 未有己不正 而能正人者

범씨가 말했다. 자신이 바르지 않으면서 남을 바로잡을 수 있는 사람은 없다.

【세주】
慶源輔氏曰 政之所以得名 以其能以正己者正人也 己不能正 焉能正人哉

경원 보씨가 말했다. '정(政:정치)'이 (정이라는) 이름을 얻은 까닭은 자신을 바로잡는 것을 가지고 남을 바로잡을 수 있다는 것 때문이다. 자신을 바로잡지 못하는데 어찌 남을 바로잡을 수 있겠는가?

○新安陳氏曰 此 以通行之理言 圈下 以當時之事言

신안 진씨가 말했다. (집주의) 이 말은 두루 적용되는 이치를 가지고 말한 것이고, 동그라미 밑의 말(아래의 호씨의 말)은 당시의 일을 가지고 말한 것이다.

【집주】
○胡氏曰 魯 自中葉〈中世〉 政由大夫 家臣效尤 據邑背〈音佩〉叛 不正甚矣 故 孔子以是告之 欲康子以正自克 而改三家之故〈謂從前所爲 惜乎 康子之溺於利欲而不能也

호씨가 말했다. 노나라는 중엽〈중세〉이래 정치가 대부에게서 나왔고 가신은 그 잘못을 본떠 읍을 근거로 배반했으니 바르지 못함이 심했다. 그런 까닭에 공자께서는 이렇게 알려주시어 강자가 올바름으로써 스스로를 이겨 3가의 지난 잘못〈'고(잘못)'란 종전의 소행을 말한다.〉을 고치기를 바라셨다. 아깝다, 강자가 이욕에 빠져 그리하지 못했음은.

【세주】

吳氏曰 書曰 表正萬邦 上者 表也 下者 影也 表正 則影正矣 政之義 無切於此 論語 記康子問政者二章 問患盜 使民 各一章 夫子答之 皆使之反躬自治而已 蓋 道理 不越如是 此外更無別法也

오씨가 말했다. 『서경』에 말하기를 "의표가 만방에 바르다(「상서」〈중회지고〉)"라 했는데, 윗사람은 의표(겉모습)이고 아랫사람은 그 그림자이니, 겉모습이 바르면 그림자도 바르다. 정치의 의미를 말한 것으로는 이보다 절실한 것이 없다. 『논어』에 강자가 정치를 물은 것이 두 장, 도둑 걱정을 물은 것과 백성 부리는 것을 물은 것이 각각 한 장씩 기록되어 있는데 공자께서 답하신 것은 모두 그로 하여금 스스로를 돌이켜 자신을 다스리게 하셨을 뿐이다. 대개 도리는 이 같은 것을 넘지 않으니, 이것 말고 다른 특별한 방법이 없다.

○雲峯胡氏曰 集註 釋爲政章政字 實本於此

운봉 호씨가 말했다. 집주에서 〈위정〉장(『논어』2, 「위정」1장)의 '정' 자를 해석한 것은 실로 이(본 장)를 본받은 것이다.

12.18 季康子 患盜 問於孔子 孔子對曰 苟子之不欲 雖 賞之 不竊

계강자가 도둑을 걱정해 공자께 물었다. 공자께서 대답해 말씀하셨다. 만약 그대가 탐욕을 부리지 않는다면 (백성은) 비록 상을 준다 해도 도둑질하지 않을 것입니다.

【집주】
言子不貪欲 則雖賞民使之爲盜 民 亦知恥而不竊

그대가 탐욕을 부리지 않으면 비록 백성에게 상을 주어 도둑이 되라고 시켜도 백성은 또한 부끄러움을 알아 도둑질하지 않을 것이라는 말씀이다.

【세주】
慶源輔氏曰 上者 下之倡 在上者 不貪欲 則民之視之 亦知以是爲貴矣 民知以不貪欲爲貴 則雖賞以誘之 使爲盜竊 而其心愧恥 自不肯爲之矣 尙何盜之患哉 所謂雖賞之不竊 乃假設之言 以見民之必不肯爲耳

경원 보씨가 말했다. 윗사람은 아랫사람의 인도자이다. 위에 있는 사람이 탐욕을 부리지 않으면 백성이 그것을 보고 또한 그것이 귀한 것임을 알게 된다. 백성이 탐욕을 부리지 않는 것이 귀한 것임을 알면 비록 상을 주어 권유해 도둑질을 시키더라도 그 마음에 부끄러워해 스스로 하려 들지 않는다. 어찌 도둑의 걱정이 있으랴. 이른바 '비록 상을 주더라도 도둑질하지 않는다'는 말은 가설적인 말로, 백성이 결코 하려 들지 않을 것임을 드러낸 것일 뿐이다.

【집주】
○ 胡氏曰 季氏竊柄 盜魯國柄 康子奪嫡 民之爲盜 固其所也 盍亦反其本邪 俗作耶 孔子 以不欲啓之 其旨深矣 奪嫡事 見形甸反春秋傳

호씨가 말했다. 계씨가 정권을 훔치고, 〈노나라의 정권을 도둑질했다.〉 강자가 적자의 자리를 빼앗았으니, 백성이 도둑이 된 것은 진정 당연한 것이다. 어찌 또한 그 근본(적인 이유)을 반성하지 않으랴? 《《邪〉는 속본에는 야(耶)라고 되어 있다.》 공자께서 탐욕부리지 말 것을 깨우쳐주셨으니 그 뜻이 깊다. 적자의 자리를 뺏은 일은 『춘추(좌)전』에 나온다.

【세주】

左傳 哀公三年 季孫有疾 命正常桓子之寵臣曰 無死 欲付以後事 故 勅令勿從己死 南孺子之子 男也 則以告而立之 南孺子 季桓子之妻 若生男 則告公而立之 女也 則肥也 可 康子名肥 季孫卒 康子卽位 旣葬 康子在朝 南氏生男 正常載以如朝 告曰 夫子有遺言 命其圉臣曰 南氏生男 則以告於君與大夫而立之 今生矣男也 敢告 遂奔衛 康子 請退 退 辭位也 公 使共劉魯大夫視之 則或殺之矣 乃討之 討殺者 召正常 正常不反 畏康子也

『(춘추)좌전』에 다음과 같이 나와 있다. 애공 3년 (추) 계손이 병이 있어 정상〈계환자의 총신〉에게 명해 "죽지 말아라. 〈후사를 부탁하려 했기 때문에 나를 따라 죽지 말라고 달랬다.〉 남유자의 자식이 아들이면 고해서 세우고 〈남유자는 계환자의 처이다. 만약 아들을 낳으면 공에게 고해 세우라는 말이다.〉 딸이면 비〈강자의 이름이 비이다.〉가 (즉위해도) 괜찮다"라 했다. 계손이 죽고 강자가 즉위했다. 장례를 치르고 강자가 조정에 나와 있었는데 남씨가 아들을 낳았다. 정상이 (아이를) 받쳐들고 조정에 가서 고하기를 "부자(계환자)가 유언을 남겼는데 마부인 신하(정상 자신의 겸칭)에게 명해 남씨가 아들을 낳으면 임금과 대부들께 고해 세우라 했습니다. 지금 아들을 낳았으니 감히 고합니다"라 했다. (정상은) 마침내 위나라로 도망갔다. 강자는 물러나기를 청했다. 〈'퇴'는 자리를 물러나겠다는 말이다.〉 공이 공유〈노나라 대부〉에게 가보게 했는데, 누군가가 죽였다. 이에 토벌했다. 〈죽인 자를 토벌했다.〉 정상을 불렀으나 정상은 돌아오지 않았는데 강자를 겁냈기 때문이다.

○厚齋馮氏曰 夫謂非其有而取之者 盜也 欲心一萌 非其有者 必將取之 嫡位 可奪也 國政 可專也 民 獨不爲盜乎

후재 풍씨가 말했다. 무릇 자기 것이 아닌 것을 취하는 자를 도둑이라 한다. 욕심이 한 번 싹트면 반드시 자기 것이 아닌 것을 취하게 된다. 적자의 자리도 뺏을 수 있고, 국정도 전횡할 수 있는데, 어찌 백성만 홀로 도둑이 되지 않으랴.

○雲峯胡氏曰 盜 生於欲 康子 魯之大盜也 夫子 答其患盜之問 不直曰 苟子之不盜 其辭婉 而意深矣 上下三章 當通看 不欲 正也 欲善 亦正也 使康子 移其欲利之心以欲善 民 豈特不爲盜 而且皆爲善矣 此 所謂帥以正而民無不正也

운봉 호씨가 말했다. 도둑질은 욕심에서 나온다. 강자는 노나라의 큰 도둑이다. 공자께서 도둑을 걱정하는 물음에 답하시면서 곧바로 '만약 그대가 도둑질하지 않는다면'이라고 말씀하지는 않으셨으니 그 말은 완곡하지만 의미는 깊다. 아래 위 세 장(본 편 17, 18, 19장)은 마땅히 연결해보아야 한다. 욕심내지 않는 것은 올바른 것이다. 선을 바라는 것도 또한 올바른 것이다. 만약 강자가 그 이익을 욕심내는 마음을 선을 바라는 마음으로 바꾼다면 백성이 어찌 단지 도둑이 되지 않을 뿐이겠는가. 또한 모두 선하게 될 것이다. 이것이 소위 '올바름으로 이끌면 백성은 올바르지 않은 경우가 없다'라는 것이다.

12.19

季康子 問政於孔子 曰 如殺無道 以就有道 何如
孔子對曰 子爲政 焉用殺 子欲善 而民善矣 君子
之德風 小人之德 草 草上之風 必偃 焉 於虔反

계강자가 공자께 정치를 물었다. 무도한 자를 죽임으로써 유도(한 세상)를 이루는 것은 어떻습니까? 공자께서 대답해 말씀하셨다. 그대가 정치를 함에 어찌 죽이는 것(의 수단)을 쓰리오. 그대가 선해지려 하면 백성은 선해집니다. 군자의 덕은 바람이고 소인의 덕은 풀이니 풀에 바람이 불면 풀은 반드시 눕습니다.

【집주】

爲政者民所視效 何以殺爲 欲善 則民善矣 上 一作尚 加也 偃 仆音赴也

정치를 하는 자는 백성들이 보고 본받는 대상이니 어찌 죽임을 가지고 (정치를) 하겠는가? 선해지려 하면 백성은 선해진다. '상(上)'은 어떤 데는 '상(尚)'이라 했는데 더한다는 뜻이다. '언'은 눕는 것이다.

【세주】

南軒張氏曰 在上者 志存於殺 則固已失長人之本矣 焉能禁止其惡乎 欲善之心 純篤 發見於政教之間 則民將率從丕變 如風之所動 其孰有不從者 然則民之所以未之從者 則吾欲善之誠 不篤而已

남헌 장씨가 말했다. 위에 있는 사람의 뜻이 죽이는 데 있다면 진정 이미 남의 어른 노릇 하는 근본을 잃은 것이니 어찌 그 (아랫사람의) 악을 금할 수 있겠는가? 선해지려는 마음이 순수하고 독실해서 정치와 교화에서 발휘되면 백성은 장차 모두 따라 크게 변할 것이니 마치 바람에 흔들리는 것처럼 누군들 따르지 않는 자가 있겠는가. 그러니 백성이 아직 따르지 않는 까닭은 나의 선해지려는 성의가 독실하지 않아서일 뿐이다.

○汪氏曰 康子 欲殺惡人 以成就善人 夫子 則欲化惡人 亦爲善人 意謂上之所欲者善 非特不待於殺 且化惡爲善矣 集註 以一則字 代本文而字 而意

深切著明 最宜著眼玩味

왕씨가 말했다. 강자가 악인을 죽여 선인을 이루고자 했다면 공자께서는 악인을 변화시켜 또한 선인으로 만들고자 하셨다. 생각건대, 위에서 바라는 것이 선이라면 단지 죽임을 쓸 필요가 없을 뿐만 아니라 또 악을 변화시켜 선하게 할 수 있다는 말씀이다. 집주에서 경문의 '이(而)' 자 대신 '즉' 한 자를 썼으니 의미가 깊고 절실하고 밝게 드러난다. 마땅히 가장 눈을 들이대 감상해야 할 점이다.

【집주】
○尹氏曰 殺之爲言 豈爲人上之語哉 以身敎者 從 以言敎者 訟

윤씨가 말했다. '죽인다'라는 말이 어찌 남의 윗사람이 된 사람이 할 말이리오. 몸으로(솔선해) 가르치는 자는 (백성이) 따르고, 말로 가르치는 자는 (백성이) 따진다.

【세주】
二句 見後漢書第五倫傳

두 구절은 『후한서』(41), 「제오륜전」(「제오종리송한열전」)에 나온다.

【집주】
而況於殺乎

그러니 하물며 죽임은 어떻겠는가(죽임으로 가르치면 그 결과가 어떻겠는가)?

【세주】
西山眞氏曰 民性 本善 爲上者 以善廸之 未有不趨於善者

서산 진씨가 말했다. 백성의 본성은 원래 선하다. 윗사람이 선으로써 이끌면 선으로 따라가지 않는 자가 없다.

○厚齋馮氏曰 康子三問 雖非必一時之語 然 其意 蓋 相屬也 夫子所答 皆自其身而求之

후재 풍씨가 말했다. 강자의 세 질문은 비록 반드시 같은 때의 말은 아니지만 그 뜻은 대개 서로 비슷하다. 공자께서 하신 답변은 모두 그 자신으로부터 구하라는 말씀이다.

○吳氏曰 書 君陳曰 爾惟風 下民惟草 風草之喩 本此 康子殺心 如火始然 夫子 以淸冷之水沃之 有人心者 宜於此焉變矣

오씨가 말했다. 『서경』(「상서」) 「군진」편에 말하기를 "네가 바람이라면 아래 백성은 풀이다"라 했다. 바람과 풀의 비유는 이에 근거한 것이다. 강자의 죽이려는 마음은 마치 불이 막 타오르려는 것 같았는데 공자께서 맑고 시원한 물로 적셔주셨다. 사람의 마음이 있는 자라면 의당 이에 변했으리라.

12.20-1 子張問 士何如斯可謂之達矣
자장이 물었다. 선비가 어떠해야 달(통달)했다고 할 수 있습니까?

【집주】
達者 德孚於人 而行無不得之謂
'달'이란 (나의) 덕이 남에게 신뢰받아서 (내가) 행하는 일이 모두 다 (제대로) 이루어지지 않는 것이 없음을 말한다.

【세주】
問 達 所行通達 何也 朱子曰 其在邦也 事上 則獲於上 治民 則得乎民 其在家也 父母 安其孝 兄弟 悅其友 凡吾之見於行者 莫不通達 而無所繫礙焉 斯可謂之達矣

물었다. '달'을 하는 일이 통달하는(막힘이 없는) 것이라 하는 이유는 무엇입니까? 주자가 답했다. 나라에 있어서는(벼슬을 할 때는) 윗사람을 모시면 윗사람에게 인정받고 백성을 다스리면 백성(의 민심)을 얻고, 집에 있을 때는 부모가 그 효를 편안히 여기고 형제가 그 우애를 기뻐하는 것이다. 내가 행동으로 드러낸 모든 것이 통달하지 않은 것이 없어, 매이거나 걸리는 것이 없는 것을 달함이라 할 수 있다.

12.20-2 子曰 何哉 爾所謂達者
공자께서 말씀하셨다. 무엇이냐, 네가 말하는 달함이란?

【집주】
子張務外 夫子蓋已知其發問之意 故 反詰噢吉反之 將以發其病 而藥之也

자장은 밖의 것에 힘썼다. 대개 공자께서는 이미 그 물어본 뜻(질문의 의도)을 아셨기에 반문하심으로써 장차 그 병을 드러내어 약을 쓰시고자 한 것이다.

12.20-3 子張對曰 在邦必聞 在家必聞

자장이 대답해 말했다. 나라에서도(벼슬할 때도) 반드시 (이름이) 알려지며(유명해지며) 집에서도 반드시 알려지는 것입니다.

【집주】
言名譽著聞也
(자장의 말은) 명예가 드러나 알려지는 것이라는 말이다.

12.20-4 子曰 是 聞也 非達也

공자께서 말씀하셨다. 이는 알려짐(유명해짐)이지 달함이 아니다.

【집주】
聞與達 相似而不同 乃誠僞之所以分 學者 不可不審也 故 夫子旣明辨之 下文又詳言之

알려짐과 달함은 비슷하지만 다른 것으로 참됨과 거짓됨으로 나누어지는 것이니, 배우는 자는 살피지 않으면 안 된다. 그런 까닭에 공자께서는 이미 명확히 구분해주시고 아랫글에서 또 자세히 말씀해주셨다.

【세주】
雙峯饒氏曰 聞 是求聞於人 達 是人自信己
쌍봉 요씨가 말했다. '문(알려짐)'은 남에게 알려지기를 구하는 것이고, '달(달함)'

은 남이 저절로 자기를 믿어주는 것이다.

12.20-5 夫達也者 質直而好義 察言而觀色 慮以下人 在邦必達 在家必達 夫音扶 下同 好下 皆去聲

무릇 달함이라는 것은 질박하고 정직해 의를 좋아하고, (남의) 말을 살피고 안색을 살펴 (그것을) 고려함으로써 남에게 겸손히 하는 것이니, (그리하면) 나라에서도 반드시 달하고 집에서도 반드시 달한다.

【집주】
內主忠信 而所行合宜 審於接物 而卑以自牧 皆自脩於內 不求人知之事 然 德脩於己 而人信之 則所行自無窒礙矣

안으로는 충신(진실성과 신뢰성)을 주로 삼아 하는 일이 마땅함에 맞고, 남과 대할 때는 (남의 의견을) 잘 살피고, (자신을) 낮춤으로써 스스로를 기르는 것, 이는 모두 안으로 자신을 닦고 남이 알아줄 것을 구하지 않는 일이다. 그러나 자신에게 덕이 닦여 있어 남이 믿어주면 하는 일은 저절로 막히는 것이 없게 된다.

【세주】
慶源輔氏曰 主忠信 質直也 所行合宜 好義也 此 存乎中以應乎外也 審於接物 察言觀色也 卑以自牧 慮以下人也 此 審乎外以巽乎內也 內外交相養 而厥德脩罔覺 此 豈求人知者之所爲哉 然 德脩於己 而人自信之 則行於邦家者 自然無所窒礙矣

경원 보씨가 말했다. '충신을 주로 삼는다'는 것은 '질박하고 정직함'이고 '하는 일이 마땅함에 맞다'는 것은 '의를 좋아함'이다. 이는 마음속에 보존함으로써 밖에 응하는 것이다. '남을 대할 때 잘 살핀다'는 것은 '말을 살피고 안색을 살핌'이다. '낮춤으로써 스스로를 기른다'는 것은 (남의 의견을) 고려함으로써 남에게 겸손함이다. 이는 밖을 잘 살핌으로써 안으로 겸손한 것이다. 안과 밖이 서로 길러 그 덕이 닦인 것을 스스로 깨닫지 못하는 것, 이것이 어찌 남이 알아주기를 구하는 자의 행위이리오. 그러나 자신에게 덕이 닦여 있어 남이 믿어주면 나라에서나 집에서나 하는 일이 자연히 막히는 바가 없게 된다.

○朱子曰 質直 只是無華僞 質 是朴實 直 是無偏曲
주자가 말했다. '질직'은 다만 꾸밈이나 거짓이 없는 것일 뿐이다. '질'은 소박하고 진실한 것이고, '직'은 치우치거나 굽지 않은 것이다.

○質直好義 便有觸突人底意思 到得察言觀色 慮以下人 便又和順低細 不至觸突人矣 慮 謂思之詳審 常常如此思慮 恐有所不知覺也 聖人說話 都如此周徧詳密
'질박하고 정직해 의를 좋아함'은 곧 남과 충돌하려는 의사가 있는 것이지만(의를 좋아하면 따지는 경향이 있지만), (남의) 말과 안색을 살펴 (이를) 고려해 남에게 겸손히 하면 곧 또 (자신을) 화순하게 하고 낮추고 작게 해 남과 충돌하는 데 이르지 않는다. '여'는 자세히 살펴 생각하는 것을 말하니 항상 이처럼(자세히) 생각해 [남의 생각을] 알아채지 못한 것이 있을까 염려하는 것이다. 성인의 말씀은 모두 이처럼 주도면밀하다.

○質與直 是兩件 質 就資性上說 直 漸就事上說 到得好義 又在事上 直固是一直做去 然 至於好義 則事事區處 要得其宜 這一項 都是詳細功夫
'질(질박함)'과 '직(정직함)'은 두 가지 (구분되는) 일이다. 질은 품성에 관한 말이고 직은 보다 일(행위)에 가까운 말이고, '호의(의를 좋아함)'의 경우는 또 일에 해당된다(일, 즉 행위에 관한 말이다). 직은 본디 곧바로 해나가는 것이다. 그러나 호의의 경우는 모든 일을 처리함에 있어서 그 마땅함을 얻으려는 것이다. 이 한 항목은 모두 세밀한 공부이다.

○察人之言 觀人之色 乃是要驗吾之言 是與不是 今有人 自任己意說將去 更不看人之意 是信受他 還不信受他 如此 則只是自高 更不能謙下於人 實去做工夫也 大抵 人之爲學 須是自低下做將去 纔自高 便不濟事
남의 말을 살피고 남의 안색을 살피는 것은 내 말이 옳은지 그른지를 확인하려는 것이다. 지금 어떤 사람이 자기 임의대로 말하면서, 그에게 신뢰받는지 그에게 신뢰받지 못하는지 남의 생각을 살피지 않는다고 하자. 그렇게 하는 것은 곧 스스로를 높이는 것이니 또한 남에게 겸손할 수 없다. 진정 공부해 나간다는 것이란 (무엇인가?), 대저 사람의 배움이란 모름지기 스스로 낮추어 해나가는 것이니, 스스로를 높이기만 하면 곧 일(공부)을 해낼 수 없다.

○察言觀色 只是察人言 觀人色 若照管不及 未必不以辭氣加人 此 只做自家工夫 不要人知 既有工夫 以之事親 則得乎親 以之事君 則得乎君 以之交朋友 而朋友信 雖蠻貊之邦 行矣 此 是在邦在家必達之理 子張 只去聞處著力 聖人此語 正中其膏肓 質直好義等處 專是就實 色取仁而行違 專是從虛

말을 살피고 안색을 살핀다는 것은 단지 남의 말을 살피고 남의 안색을 살핀다는 것이다. 만약 제대로 살펴보지 못하면 [자신이 대단한 양 꾸민] 어조로 남에게 말하는 경우가 꼭 없다고는 할 수 없다. 이는 단지 스스로의 공부일 뿐 남더러 알아달라고 할 필요는 없다. 이미 공부를 한 경우, 이(그 공부)로써 부모를 모시면 부모에게 인정받고 이로써 임금을 모시면 임금에게 인정받고 이로써 친구와 사귀면 친구가 믿어준다. 비록 오랑캐의 나라에 가더라도 행할 수 있다. 이는 나라에 있거나 집에 있거나 반드시 달하게 되는 방법이다. 자장은 다만 알려지는 것에 대해서만 힘을 썼지만 성인의 이 말씀은 바로 그 병통의 핵심을 맞추었으니, '질박하고 정직해 의를 좋아하는 것' 등은 오로지 진실함으로 나아가는 것이고 '겉으로만 인을 채택하고 행동은 어긋나는 것'은 오로지 헛된 것을 좇는 일이다.

○雙峯饒氏曰 質直忠信底人 固難得 但亦有直情徑行 不去隨事裁度 而所行 容有不合宜處 故 忠信又要合義 察言觀色 慮以下人 是一件事 子張 常愛居人上 故 告以謙退詳審之意

쌍봉 요씨가 말했다. 질직하고 충신한 사람은 본디 얻기 어렵다. 다만 (그런 사람이라도) 또한 감정대로 곧바로 행할 뿐, 일에 따라 판단하지 않아 하는 일이 마땅함에 맞지 않는 경우가 있을 수 있다. 그러므로 충신하고 또 의에 합당하게 해야 한다. 말을 살피고 안색을 살펴 고려함으로써 남에게 겸손하게 하는 것은 하나의 (구분되는) 일이다. 자장은 항상 남의 위에 있기를 좋아한 까닭에 겸손히 물러나고 상세히 살피라는 뜻을 알려주셨다.

12.20-6 夫聞也者 色取仁 而行違 居之不疑 在邦必聞 在家必聞 行去聲

무릇 알려짐(유명해짐)이라는 것은 겉으로만 인을 채택하고 행동은 어긋나면서도, (스스로는 자신이 잘못한 줄) 의심하지 않고 자리를 차지하고 있는 것이니, (그리하면) 나라에서도 반드시 알려지며 집에서도 반드시 알려진다.

【집주】

善其顏色以取於仁而行實背之 又自以爲是而無所忌憚 此不務實而專務求名者 故 虛譽雖隆而實德則病矣

안색을 좋게 함으로써 인을 채택한 듯이 하지만 행실은 그와 반대되고, (그런데도) 또 스스로는 (자신이) 옳다고 생각해 거리끼는 바가 없는 것, 이는 실질에 힘쓰지 않고 오로지 이름을 구하는 데 힘쓰는 것이다. 그러므로 헛된 명예는 비록 융성하더라도 진정한 덕은 병든다.

【세주】

朱子曰 聞者 是箇做作底 專務放出外 求人知而已 如色取仁而行違 便是不務實 而專務外 居之不疑 便是放出外 而收斂不得 只得自擔當不放退 此其所以駕虛名而無實行也

주자가 말했다. '문(알려짐)'이란 하는 일이 오로지 밖으로 내보내는 데 힘써 남이 알아주기만을 구하는 것이다. 예컨대 '겉으로는 인을 채택하고 행동은 어그러진다'는 것은 실질에는 힘쓰지 않고 오로지 밖에만 힘쓰는 것이고, '의심하지 않고 자리를 차지하고 있다'는 것은 밖으로 내보내기만 하고 거두어들이지는 못하는 것이니, (알려짐의 효과란) 단지 맡은 일에서 쫓겨나지 않을 수 있는 것뿐이다. 이는 헛된 이름에 올라탔을 뿐 실행(제대로 해내는 일)은 없기 때문이다.

○ 色取仁而行違 不惟是虛有愛憐之態 如正顏色而不近信 色厲而內荏 皆色取仁而行違也

겉으로는 인을 채택한 듯이 해도 행동은 어긋난다는 것은 단지 거짓으로 사랑하고 어여삐 여기는 모습을 하는 것만이 아니다. 예컨대 안색을 바로하면서도 믿음에 가깝지 않거나 안색은 사납게 하면서 속으로는 물렁한 것 또한 모두 인을 채택한 듯이 하면서 행동은 어그러지는 것이다.

○ 色取仁而行違 居之不疑 這 只是粗瞞將去 專以大意氣加人 子張 平日是這般人 故 孔子 正救其病 此章大意 出不得一箇是名 一箇是實 呂氏謂 德孚於人者 必達 矯行求名者 必聞 此說 却好

겉으로는 인을 채택한 듯이 해도 행동은 어긋나고 (그런데도 자신이 잘못하는 줄) 의심하지 않고 자리를 차지하고 있는 것, 이는 다만 조잡하고 거짓되게 해나가면서도 오로지 남에게 대단히 장한 뜻이나 있는 듯이 보여주는 것이다. 자장은 평소 이런 사람이었다. 그러므로 공자께서는 바로 그 병을 구제하셨다. 이 장의 대의는 '명(이름, 명예)'이라는 것 하나와 '실(실질)'이라는 것 하나를 벗어나지 않는 다(명과 실의 구분이 이장의 대의이다). 여씨는 '덕이 남에게 믿음직한 자는 반드시 달하고 행위를 꾸며 이름을 구하는 자는 반드시 알려진다'라 했는데, 이 설이 오히려 좋다.

○慶源輔氏曰 使其色取行違 而中不安焉 則務實之心 猶未盡喪也 惟其自以爲是 而無所忌憚 此 見其專務於名 夫名生於實 則名亦何害 惟無實而徒有虛譽 則驕矜之意 日生 而進脩之力 日怠矣 二者 雖若相似 然 所行通達者 名譽自然著聞 名譽著聞者 所行未必通達 其實 有不同如此

경원 보씨가 말했다. 만약 겉으로 그런 척하면서 행위는 어그러지는데, (그렇게 하면서) 마음속은 불안하다면 실질에 힘쓰는 마음이 아직 완전히 상실된 것은 아니다. 다만 '스스로 옳다고 생각하면서 거리끼는 바가 없다'는 것, 이것이 오로지 이름에 힘쓰고 있는 것임을 보여준다. 무릇 이름이란 실질로부터 생기는 것이니 이름이(이름을 얻었다 해서) 무슨 문제가 있으리오. 다만 실질은 없으면서 단지 헛된 명예만 있으면 교만하고 뻐기는 마음이 날로 자라고, 진보하고 닦으려는 마음은 날로 게을러진다. 둘은 비록 서로 비슷한 것 같지만, 그러나 하는 일에 통달한 자(달자)는 명예가 자연히 드러나 알려지게 되지만, 명예가 드러나 알려진 자(문자)라 해서 꼭 하는 일에 통달한 것은 아니니, 실제로는 (달과 문은) 이처럼 다른 점이 있다.

○雙峯饒氏曰 色取仁之色 與觀色之色 不同 觀色 專主顏色言 色取 說得闊 凡發出來可見處 皆是色 色者 見於外 行者 行於己 見於外者 皆似合於仁 檢點他行己處 却不實 只是欺人而已 居之不疑 示人以不疑也 此 乃求名之人 要人信己 故 自居之不疑 若自居於疑 又誰信之

쌍봉 요씨가 말했다. '색취인(겉으로는 인을 채택함)'이라 할 때의 색과 '관색(안색을 살핌)'이라 할 때의 색은 다르다. 관색은 오로지 안색을 주로 해 말하는 것이다. 색취(겉으로 채택함)는 말하는 범위가 넓다. 드러나 볼 수 있는 모든 것이 색이다. 색이란 겉으로 드러나는 것이며 행(하는 일)이란 스스로 행하는 것이다. 겉으로 드러난 것이 모두 인에 합치하는 것 같지만 그가 스스로 행하는 것을 점검해보아 진실하지 않다면 이는 사람을 속이는 것일 뿐이다. 의심하지 않고 자리를 차지하고 있는 것은 남에게 의심스럽지 않다는 것을 보이려는 것이다. 이것이 곧 이름을 구하는 사람이다. 남에게 자기를 믿게 하려는 까닭에 스스로 의심하지 않고 자리를 차지하고 있는 것이니, 만약 스스로 의심하면서 자리에 있다면 또 누가 믿어 주리오.

○齊氏曰 以質對色 則一眞一假 以直對違 則一順一逆 質直者 內有餘而外
自見 色取仁而行違者 外若有 而內實無也

제씨가 말했다. 질(질박함)과 색(겉꾸밈)을 대비한다면 하나는 진짜고 하나는 가짜다. 직(정직함)과 위(어그러짐)를 대비한다면 하나는 순조로운 것이고 하나는 거스르는 것이다. 질박하고 정직한 자는 안으로 넉넉함이 있어 밖으로 저절로 드러나고, 겉으로 인을 채택한 듯이 해도 행동이 어그러진 자는 겉으로는 있는 것 같아도 안으로는 실제로 없다.

○雲峯胡氏曰 聞者 病在取字 凡物在外 則可取 仁者 吾心之所固有 若曰
可取 卽是在外 而不在內矣

운봉 호씨가 말했다. '알려짐'의 문제점은 '취' 자에 있다. 모든 밖에 있는 물건은 취할 수 있다. 인이란 내 마음이 원래 가지고 있는 것이니, 만약 (인을) 취할 수 있다고 한다면 곧 (인이란) 밖에 있는 것이지 안에 있는 것이 아니다(따라서 인에 대해서는 취한다는 말을 쓸 수 없다).

【집주】

○程子曰 學者 須是務實 不要近名 有意近名 大本已失 更學何事 爲
去聲下同名而學 則是僞也 今之學者 大抵 爲名 爲名與爲利 雖淸濁不
同 然 其利心 則一也

정자가 말했다. 배우는 자는 모름지기 실질에 힘써야지 이름을 가까이해서는 안 된다. 이름을 가까이하는 데 뜻이 있으면 이미 큰 근본을 잃은 것이니 다시 무엇을 배우겠는가? 이름을 위해 배운다면 거짓(된 공부)이다. 오늘날의 배우는 자는 대개 이름을 위해 공부한다. 이름을 위하는 것과 이익을 위하는 것은 비록 맑음(맑은 이익, 비물질적 이익)과 탁함(탁한 이익, 물질적 이익)의 차이가 있지만 그러나 그 이익을 추구하는 마음은 마찬가지이다.

【세주】

慶源輔氏曰 程子務實務名之論 可謂切當 爲吾之未能事親也 故 學事親 爲
吾之未能事長也 故 學事長 爲吾之未能正心誠意也 故 學正心而誠意 爲吾
之未能齊家治國也 故 學齊家而治國 是之謂務實 務實而學 則其脩爲之誠
踐履之功 循序而進 忽不自知其入於聖賢之域矣 欲吾之有孝名也 故 勉焉
以爲孝 欲吾之有忠名也 故 勉焉以爲忠 欲吾之有廉名也 故 勉焉以爲廉
欲吾之有信名也 故 勉焉以爲信 是之謂務名 務名而學 則惟欲其名之有聞
而已 所謂大本 卽實理也 實理 根於性 具於心 要在反求而自得 學有向外

近名之意 則失之矣 爲名而學則是僞者 謂其不循實理而騖外妄求也 爲名
雖若淸 爲利 雖是濁 然 一有爲之之意 則便是利心也

경원 보씨가 말했다. 정자의 실질에 힘쓰고 이름에 힘쓴다는 논의는 가히 절실하고 마땅하다 하겠다. 내가 부모를 잘 모시지 못하기 때문에 부모 모시는 것을 배우고, 내가 연장자를 잘 모시지 못하기 때문에 연장자 모시는 것을 배우고, 내가 마음을 바로하고 뜻을 참되게 하지 못하기 때문에 마음을 바로하고 뜻을 참되게 하는 것을 배우고, 내가 집안을 다스리고 나라를 다스리지 못하기 때문에 집안 다스리는 것과 나라 다스리는 것을 배우는 것, 이를 일러 무실(실질에 힘씀)이라 한다. 실질에 힘쓰려고 배운다면, 수신의 참됨과 실천의 노력이 순서에 따라 나아가, 홀연히 자신도 모르는 새 성현의 영역에 들어가게 된다. 내가 효도한다는 명성이 있기를 바라 효도한다 여겨지려 애쓰고, 내가 충성스럽다는 명성이 있기를 바라 충성스럽다 여겨지려 애쓰고, 내가 청렴하다는 명성이 있기를 바라 청렴하다 여겨지려 애쓰고, 내가 믿음직하다는 명성이 있기를 바라 믿음직하다 여겨지려 애쓰는 것, 이를 일러 무명(이름에 힘씀)이라 한다. 이름에 힘쓰려고 배운다면 다만 그 이름이 알려지기를 바라는 것일 뿐이다. 소위 큰 근본이란 곧 진실한 이치로서, 진실한 이치는 본성에 뿌리를 두고 있고 마음에 갖추어져 있으니 그 핵심은 돌이켜 (자신으로부터) 구해 스스로 얻는 데 있다. 배움에 있어서 밖을 향해 이름을 가까이하려는 뜻이 있으면 곧 그것(실리)을 잃는다. '이름을 위해 배우는 것은 거짓이다'라는 말은 진실한 이치를 따르지 않고 망령되이 바깥을 구하는 데 힘쓰는 것을 말한다. 이름을 위하는 것은 비록 맑은 것 같고 이익을 위하는 것은 비록 탁하지만 그러나 한 번 그것(이름)을 위하는 마음이 있기만 하면 이는 곧 이익을 추구하는 마음이다.

【집주】
尹氏曰 子張之學病在乎不務實 故孔子告之皆篤實之事 充乎內而發乎外者也 當時門人親受聖人之敎 而差失有如此者 況後世乎

윤씨가 말했다. 자장의 공부는 실질에 힘쓰지 않는다는 데 문제가 있었다. 그런 까닭에 공자께서 알려주신 것은 모두 실질을 돈독하게 하는 일이었으니, (그 일이란) 안에 채워져 밖으로 드러나는 것이다. 당시에 문인들은 성인의 가르침을 직접 받았음에도 이처럼 잘못하는 경우가 있었는데, 하물며 후세(의 사람들)이랴.

12.21-1 樊遲從遊於舞雩之下曰敢問崇德脩慝辨惑 慝吐
得反

번지가 (공자를) 따라 무우 아래에서 노닐면서 물었다. 감히 덕을 높이는 것, 사특함을 다스리는 것, 미혹을 가리는 것에 대해 여쭙니다.

【집주】
胡氏曰慝之字從心從匿蓋惡之匿於心者脩者治而去上聲之

호씨가 말했다. '특' 자는 '심(心)' 자와 '익(匿)' 자에 딸리는 것으로, 대개 악이 마음속에 숨어 있는 것이다. '수'란 다스려 제거하는 것이다.

【세주】
新安陳氏曰 惡之形於外者 易見 匿於心者 難知 乃惡之根也

신안 진씨가 말했다. 겉으로 드러난 악은 보이기 쉽고, 마음속에 숨은 것은 알기 어려우니 곧 악의 뿌리이다.

12.21-2 子曰善哉問

공자께서 말씀하셨다. 좋구나, 질문이.

【집주】
善其切於爲去聲己

위기(자신을 위한 공부)에 절실하다는 점을 좋게 보신 것이다.

12.21-3 先事後得 非崇德與 攻其惡 無攻人之惡 非脩慝
與 一朝之忿 忘其身 以及其親 非惑與 與平聲

일을 먼저로 하고 얻는 것을 나중으로 하는 것이 덕을 높이는 것 아니겠는가. 자신의 악을 공격하고 남의 악을 공격하지 않는 것이 사특함을 다스리는 것 아니겠는가. 하루아침의 분노 때문에 그 몸을 망치고 그 부모에까지 (화가) 미치는 것이 미혹된 것 아니겠는가.

【집주】

先事後得 猶言先難後獲也 爲所當爲 而不計其功 則德日積 而不自知矣

'일을 먼저로 하고 얻는 것을 나중으로 한다'는 것은 '어려움을 먼저로 하고 얻는 것을 나중으로 한다(『논어』6, 「옹야」 22장)'는 말과 같다. 마땅히 해야 할 일을 하고 그 공효는 계산하지 않으면, 덕은 날로 쌓이는데 스스로는 알지 못한다.

【세주】

慶源輔氏曰 先難 謂先從事於其所難 後獲 謂後其所得 而不起計獲之心也 夫爲所當爲 本非難事 然 自學者言之 則自惰而勤 自利而義 其機生 其勢矯 非勉强 則有所不能 故 以爲難也 爲其事者 固必有其功 然 方其爲事之始 而遽欲計其功焉 則是利心也 爲利之心 一萌 則其大本 已失 易盈易涸 輕得輕喜 尙何德之可崇哉 故 必爲所當爲 而不計其功 則不亟不徐 循吾理 行吾義而已 此 所以德日積 而不自知也

경원 보씨가 말했다. '어려움을 먼저로 한다'는 것은 어려운 일에 먼저 종사하는 것을 말한다. '얻는 것을 나중으로 한다'는 것은 얻는 것을 나중으로 해 '얻을 것을 계산하는 마음'을 일으키지 않는 것을 말한다. 무릇 마땅히 해야 할 일을 하는 것은 본디 어려운 일은 아니다. 그러나 배우는 자의 입장에서 말하자면 게으름으로부터 부지런함으로, 이익으로부터 의리로 (옮겨 가는 것), 그 기틀이 만들어지고 그 형세가 바로잡히는 것은 애써 노력하지 않으면 할 수 없는 것이다. 그러므로 어렵다고 했다. 그 일을 하는 것은 본디 반드시 그 공효가 있기 마련이지만 그러나 막 그 일을 시작하려 하면서 성급히 그 공효를 계산하려는 것은 이익의(이익을 위하는) 마음이다. 이익을 위하는 마음이 한 번 싹트기만 하면 그 큰 근본은 이미 잃은 것이다. 쉽게 차고 쉽게 마르고, 쉽게 얻고 쉽게 기뻐해서야 어찌 덕을 높일 수 있겠는가? 그러므로 반드시 마땅히 해야 할 일을 하고 그 공효를 계산하지 않으면, 급하지도 느리지도 않게 나의 이치를 따르고 나의 올바름을 행하게 될 뿐이다. 이것이 덕이 날로 쌓이면서도 스스로는 알지 못하게 되는 이유이다.

○朱子曰 今人做事 未論此事 當做不當做 且先計較此事 有甚功效 旣有計較之心 便是專爲利而做 不復知事之當爲矣 德者 理之得於心者也 凡人 若能知所當爲 而無爲利之心 這意思 便自高遠 纔爲些小利害 討些小便宜 這意思 便卑下了 所謂崇者 謂德 自此而愈高也

주자가 말했다. 요즈음 사람들이 일하는 것을 보면 이 일이 마땅히 해야 할 것인지 하지 말아야 할 것인지는 따지지 않고 또 먼저 이 일이 무슨 공효가 있는지 계산하고 비교한다. 이미 계산하고 비교하는 마음이 있다면 곧 오로지 이익을 위해 하는 것이니, 다시는 그 일이 마땅히 해야 할 것임은 알지 못한다. 덕이란 이치가 마음에 얻어진 것이다. 무릇 사람이 만약 마땅히 해야 할 것임을 알 수 있고 이익을 위하는 마음이 없을 수 있다면 이(사람의) 뜻은 곧 저절로 고원해진다. 조금이라도 사소한 이해를 위하고 사소한 편의를 추구하면 이(사람의) 뜻은 곧 낮고 비천해진다. 소위 '숭(높임)'이라는 것은 덕이 이로부터 더욱 높아지는 것을 말한다.

○問 先事後得 莫是因樊遲有計較功利之心 故 如此告之 曰 此 是後面道理 而今 且要知先事後得 如何可以崇德 蓋 做合做底事 便純是天理 纔有一毫計較之心 便是人欲 若只循箇天理做將去 德便自崇 纔有人欲 便這裏做得一兩分 却那裏缺了一兩分 這德 便消削了 如何得會崇 聖人千言萬語 正要人來這裏看得破

물었다. 일을 먼저로 하고 얻는 것을 나중으로 한다는 말은 번지가 공리(공효와 이익)를 계산하고 비교하는 마음이 있었기 때문에 그렇게 알려주신 것 아닙니까? 답했다. 그것은 배경이 되는 논리이지만, 지금은 또 일을 먼저로 하고 얻는 것을 나중으로 하는 것이 왜 덕을 높일 수 있는 것인지부터 알아야 한다. 대개 마땅히 해야 할 일을 하는 것은 곧 순수한 천리이고 터럭만큼이라도 계산하고 비교하는 마음이 있으면 이는 곧 인욕이다. 만약 다만 천리를 따라 해나간다면 덕은 저절로 높아지지만, 조금이라도 인욕이 있기만 하면 곧 여기서 한두 푼어치 얻었더라도 오히려 저기서 한두 푼어치 잃어버리니, 이 덕은 곧 소멸되고 만다. 어찌 높일 수 있으랴. 성인의 천 마디 만 마디 말씀은 바로 사람으로 하여금 여기(이 점)를 간파하게 하시려는 것이다.

【집주】

專於治己 而不責人 則己之惡 無所匿矣

자신을 다스리는 데 전념하고 남을 책하지 않으면 자신의 악은 숨을 데가 없다.

【세주】

朱子曰 須截了外面他人過惡 只去自檢點 方能自攻其惡 若纔檢點他人 自家這裏 便疎 心便麤了

주자가 말했다. 모름지기 밖으로 남의 허물이나 악에 대해서는 (관심을) 끊고 단지 스스로를 점검해 가야 비로소 스스로 (자신의) 악을 공격할 수 있다. 만약 조금이라도 남을 점검하기만 하면 자신의 그곳에 대해서는 곧 소홀해지니 마음은 거칠어지고 만다.

○慶源輔氏曰 常情 觀人則明 自觀則暗 責人則嚴 自責則輕 故 惡 常藏匿於心 纔有心去攻人之惡 則於己之惡 便鹵莽 而不暇鉏治矣

경원 보씨가 말했다. 보통 사람의 마음에, 남을 관찰하는 것은 밝고 스스로를 관찰하는 것은 어두우며, 남을 책하는 것은 엄하고 스스로를 책하는 것은 가볍다. 그런 까닭에 악은 항상 마음속에 숨어 있다. 남의 악을 공격하려는 마음을 가지기만 하면 자신의 악에 대해서는 무디어져서 다스릴 틈이 없다.

【집주】

知一朝之忿 爲甚微 而禍及其親 爲甚大 則有以辨惑 而懲其忿矣

하루아침의 분노는 대단히 작은 일이고 그 화가 부모에게 미치는 것은 대단히 큰일이라는 것을 알면 미혹을 가려 그 분노를 다스리게 된다.

【세주】

慶源輔氏曰 人 本無惑 惟爲忿所蔽 而不知利害之所在 故 惑 蓋 忿心之發 易突兀而橫肆 苟不懲之於始 則終或至於忘身及親 此 辨惑者 所以當懲其忿也

경원 보씨가 말했다. 사람은 본디 의혹이 없다. 다만 분노에 가리어져 어디에 이익과 손해가 있는지 모르게 된다. 그런 까닭에 미혹된다. 대개 분심의 발생은 갑작스럽고 제멋대로이기 쉽다. 만약 초기에 다스리지 않으면 끝내는 혹 몸을 망치고 부모에게까지 미치는 데 이르게 된다. 이것이 미혹을 가리려는 자가 마땅히 분노를 다스려야 하는 이유이다.

【집주】

樊遲麤亦作觕 作粗鄙近利 故 告之以此 三者 皆所以救其失也

번지는 거칠고 비속하고 이익을 가까이했다. 그런 까닭에 이 말씀을 해주셨다. 세 가지는 모두 그 잘못을 구제하시려는 것이다.

【세주】

雙峯饒氏曰 近利 則有計較之心 而不能先事後得 鄙 則吝於責己 粗 則暴戾而不能忍小忿 故 夫子 因其病 而藥之

쌍봉 요씨가 말했다. 이익을 가까이한다는 것은 계산하고 비교하는 마음이 있어서 일을 먼저로 하고 얻는 것을 나중으로 하지 못하는 것이다. 비속하면 자신을 책하는 데 인색하고, 거칠면 난폭해서 작은 분노도 참지 못한다. 그런 까닭에 공자께서는 그 병에 근거해 약을 쓰셨다.

【집주】

○ 范氏曰 先事後得 上義而下利也 人惟有利欲之心 故 德不崇 惟不自省己過 而知人之過 故 慝不脩 感物而易去聲動者 莫如忿 忘其身以及其親 惑之甚者也 惑之甚者 必起於細微 能辨之於早 則不至於大惑矣 故 懲忿 所以辨惑也

범씨가 말했다. 일을 먼저로 하고 얻는 것을 나중으로 하는 것은 의를 높이 보고 이익을 낮게 보는 것이다. 사람이 오직 이욕의 마음이 있기 때문에 덕이 높아지지 않고, 오직 자신의 허물을 스스로 반성하지 않고 남의 허물만 알기 때문에 사특함이 다스려지지 않는다. 사물에 감응해 쉽게 움직이는 것으로는 분노만 한 것이 없으니, (분노 때문에) 그 몸을 망치고 그 부모에게까지 미치는 것은 미혹됨이 심한 것이다. 심하게 미혹되는 것은 반드시 극히 작은 것에 기인하니, 일찍 가릴 수 있다면 큰 미혹에 이르지는 않는다. 그러므로 분노를 다스리는 것은 미혹을 가리는 방법이다.

【세주】

新安陳氏曰 自治其惡 與自懲其忿 皆崇德所當爲之事 乃其目也

신안 진씨가 말했다. 스스로 자신의 악을 다스리는 것과 스스로 자신의 분노를 다스리는 것은 모두 덕을 높이기 위해 마땅히 해야 하는 일로서, 그 (해야 하는 일의) 항목이다.

○問 子張樊遲 問同答異 何也 朱子曰 子張 矜夸不實底人 故 告以收斂著實做工夫 平日喜怒 必有過當 故 告以欲人生死之事 樊遲 以請學稼圃 及夫子答問觀之 是鄙俗粗暴底人 皆是隨其失 而告之

물었다. 자장과 번지가 물은 것은 같은데 대답이 다른 것은 왜입니까? 주자가 답했다. 자장은 뽐내고 자랑하고 실질이 없는 사람이었기 때문에 (자신을) 단속해 착실하게 공부할 것을 알려주셨고, 평소 기뻐하는 것이나 분노하는 것이 틀림없이 마땅함을 넘었기에 사람을 (사랑해서) 살리고 (미워해서) 죽이려는 일(본 편 10장)에 관해 알려주셨다. 번지는 농사나 채소농사 배우기를 청한 것(『논어』13, 「자로」4장)이나 공자께서 질문에 답하신 것으로 볼 때, 비속하고 거친 사람이었다. 모두 그 잘못에 따라 알려주신 것이다.

12.22-1 樊遲問仁子曰愛人問知子曰知人 上知字 去聲 下同

번지가 인을 묻자 공자께서 답하셨다. 사람을 사랑하는 것이다. 지(앎)를 묻자 공자께서 답하셨다. 사람을 아는 것이다.

【집주】

愛人 仁之施 知人 知去聲 下文知也 知者 言知 仁知 並同 之務

사람을 사랑하는 것은 인을 베푸는 것이고 사람을 아는 것은 지를 쓰는 일이다.

【세주】

問 愛人知人 是仁知之用 聖人 何故 但以仁知之用告樊遲 却不告以仁知之體 朱子曰 體與用 雖是二字 本末 未嘗相離 用 卽體之所以流行者也

물었다. 사람을 사랑하는 것과 사람을 아는 것은 인과 지의 용(쓰임, 실제 활동에 적용하는 일)입니다. 성인께서는 무슨 까닭에 단지 인과 지의 용으로만 번지에게 알려주시고 인과 지의 체(본체, 개념적 원리)는 알려주지 않으셨을까요? 주자가 답했다. 체와 용은 비록 두 글자(구분되는 개념)이지만 본과 말은 서로 떨어진(무관한) 적이 없다. 용은 곧 체가 흘러간 것(개념적 원리가 실제 활동에 적용된 것)이다.

12.22-2 樊遲未達

번지가 깨닫지 못하자,

【집주】

曾氏曰 曾氏名幾字吉甫河南人 遲之意 蓋 以愛欲其周 而知有所擇 故 疑二者之相悖 音佩耳

증씨〈증씨의 이름은 기이고 자는 길보이다. 하남 사람이다.〉가 말했다. 번지의 생각에, 대개 사랑은 두루 (사랑)하려는 것이지만(모든 사람이 사랑의 대상이지만) 앎은 가리는 것이 있기 때문에(사람을 판단하고 구분하려는 것이기 때문에) 둘(인과 지)은 서로 모순되는 것이 아닌가 의심한 것이다.

【세주】

朱子曰 愛人 則無所不愛 知人 則便有分別 兩箇意思 自相反了 故 疑之

주자가 말했다. 사람을 사랑함에 있어서는 사랑하지 않는 것이 없고, 사람을 앎에 있어서는 곧 분별이 있다. 둘의 의미는 서로 반대된다. 그런 까닭에 의심했다.

12.22-3 子曰 擧直錯諸枉 能使枉者直

공자께서 말씀하셨다. 곧은 이를 등용하고 뭇 굽은 이를 버리면 굽은 이를 곧게 할 수 있다.

【집주】

擧直錯枉者故反枉者知也 使枉者直 則仁矣 如此 則二者 不惟不相悖而反相爲用矣

곧은 이를 등용하고 굽은 이를 버리는 것은 지이다. 굽은 이를 곧게 하는 것은 인이다. 그렇다면 둘(인과 지)은 단지 서로 모순되지 않을 뿐 아니라 거꾸로 서로에게 쓰임이 된다.

【세주】

朱子曰 每常說仁知 一箇 是慈愛 一箇 是辨別 各自向一路 唯是擧直錯諸枉 能使枉者直 方見得仁知合一處 仁裏面 有知 知裏面 有仁

주자가 말했다. 매번 인과 지를 설명하면서 하나는 자애이고 하나는 변별이어서 각자 다른 길을 가는 것(구분되는 것)이라 했는데, 오직 '곧은 이를 등용하고 뭇 굽은 이를 버리면 굽은 이를 곧게 할 수 있다'라는 이 경우에만 인과 지가 합일되는 것을 볼 수 있다. 인의 안에는 지가 있고 지의 안에는 인이 있다.

○愛人知人 自相爲用 若不論直枉 一例去愛他 也不得 大抵 唯先知了 方能頓放得箇仁 聖人 只此二句 自包上下 後來子夏所言 皆不出此兩句意思 所以 爲聖人之言也

사람을 사랑하는 것과 사람을 아는 것은 각자 서로에게 쓰임이 된다. 만약 곧은
지 굽었는지 따지지 않고 하나같이 남을 사랑하려 해도 그럴 수 없다(굽은 사람을
사랑하는 것은 진정한 사랑이 아니다. 대개 오직 먼저 알아야 비로소 인을 편히 놓
아둘 수 있다(인을 올바르게 베풀 수 있다). 성인의 단지 이 두 구절은 그 자체로
위아래(의 말들)를 포괄하니 나중에 자하가 한 말은 모두 이 두 구절의 의미를 벗
어나지 않는다. 그런 까닭에 성인의 말씀이 된다.

○雙峯饒氏曰 樊遲 問仁知 是二者平說 夫子 亦平答之 及再答以使枉者直
一句 方是串說仁知 問 夫子之言 何獨歸重於知 曰 雖歸重在知 然 此心所
以舉直錯諸枉 依舊是從仁上發來 蓋 直者 此心天理之公 能舉直 則是發此
天理之公 是 亦仁也 直枉 專指人而言 諸 衆也 謂衆人之枉者 卽下文選於
衆之意

쌍봉 요씨가 말했다. 번지가 인과 지를 물은 것은 둘을 병렬적으로 말한 것이고
공자께서도 또한 병렬적으로 대답하셨다. 굽은 자를 곧게 할 수 있다는 한 구절
로 두 번째 대답하신 것이 비로소 인과 지를 꿰뚫어(통합해) 말씀하신 것이다. 물
었다. 공자의 말씀은 왜 단지 지에 중점을 두는 것으로 귀결됩니까? 답했다. 비록
지에 중점을 두는 것으로 귀결되지만, 그러나 이 마음이 곧은 이를 등용하고 뭇
굽은 이를 버리는 까닭은 의연히 인으로부터 나오는 것이다. 대개 곧음이란 이
마음의 천리의 공(공적 표준으로서의 천리)이다. 곧은 이를 등용할 수 있는 것은
이 천리의 공을 발휘하는 것이니 이 또한 인이다. '직(곧음)'과 '왕(굽음)'은 오로지
사람을 가리켜 하는 말이다. '제(뭇, 여럿)'는 여럿이니 '굽은 여러 사람들'이라는
뜻으로, 아랫글의 '여러 사람들 중에서 고른다'라 할 때의 ('중'과 같은) 뜻이다.

12.22-4 樊遲退 見子夏曰 鄕也 吾 見於夫子 而問知 子曰
舉直錯諸枉 能使枉者直 何謂也 鄕去聲 見賢遍反

번지가 물러나 자하를 만나 말했다. 전에 내가 선생님을
뵙고 지를 여쭈었을 때 선생님께서는 '곧은 이를 등용하
고 뭇 굽은 이를 버리면 굽은 이를 곧게 할 수 있다'라 하
셨는데, 무슨 말씀인지요?

【집주】

遲 以夫子之言 專爲知者之事 又未達所以能使枉者直之理

번지는 공자의 말씀이 오로지 지자의 일이라 여겼고 또 왜 굽은 이를 곧게 할 수 있는지 그 이치를 깨닫지 못했다.

【세주】

未曉能使枉者直之 兼言仁

굽은 이를 곧게 할 수 있다는 것이 인을 겸해 말씀하신 것임을 깨닫지 못했다.

12.22-5 子夏曰 富哉言乎

자하가 말했다. 풍부하구나, 말씀이여.

【집주】

歎其所包者廣 不止言知

그 포함하는 바가 넓어 지를 말하는 것에 그치지 않음을 감탄했다.

【세주】

新安陳氏曰 一言而該仁知 故曰 富哉

신안 진씨가 말했다. 말씀 하나로 인과 지를 (함께) 갖추었다. 그런 까닭에 '풍부하구나'라 했다.

12.22-6 舜有天下 選於衆 擧皐陶 不仁者 遠矣 湯有天下 選於衆 擧伊尹 不仁者 遠矣 選息戀反 陶音遙 遠如字

순임금이 천하를 가짐에 뭇사람 중에서 골라 고요를 등용하니 불인자가 멀어졌다. 탕임금이 천하를 가짐에 뭇사람 중에서 골라 이윤을 등용하니 불인자가 멀어졌다.

【집주】

伊尹 湯之相去聲也 不仁者遠 言人皆化而爲仁 不見有不仁者若其遠去爾 所謂使枉者直也 子夏蓋 有以知夫子之兼仁知而言矣

이윤은 탕임금의 재상이다. 불인자가 멀어졌다는 것은 사람들이 모두 교화되어 인자가 되어, 불인자가 보이지 않는 것이 마치 멀리 떠난 것 같았다는 말이니, 소위 '굽은 이를 곧게 한다'는 것이다. 자하는 대개 공자께서 인과 지를 겸해 말씀하셨음을 알았다.

【세주】

慶源輔氏曰 子夏 一聞其說 便歎聖人之言 所包者富 不墮於一偏 不滯於一隅 卽知人之中 以見愛人之實 推乎知之用 以極乎仁之功 其於仁知之體用 蓋 已深體而默識之矣 不然 何其言之明決精審 沛然無疑 而暗與聖人之言 相發乎

경원 보씨가 말했다. 자하는 한 번 그 말씀을 듣고, 곧 성인의 말씀이 포함하는 것이 풍부해 한쪽으로 치우침에 떨어지거나 한 귀퉁이에 정체되지 않음을 탄복했으니, (그 말씀은) 곧 사람을 아는 일 중에 사람을 사랑하는 일의 실제를 드러내고, 지의 쓰임을 밀고 나감으로써 인의 공효를 다하게 한다는 것이다. 인과 지의 체와 용에 대해 대개 이미 깊이 체득하고 말없이 깨달았던 것이다. 그렇지 않다면, 어찌 그 말이 (이토록) 명쾌하고 정밀하며 시원하게 의문스러운 데 없이 성인의 말씀과 은근하게 맞아 (성인의 뜻을) 서로 드러낼 수 있겠는가?

○新安陳氏曰 選於衆而舉皐陶伊尹 此 知人之知 所謂舉直錯枉也 不仁者皆化爲仁 卽愛人之仁 能使枉者直矣 夫子二語 已包子夏之意 子夏之言 益發明夫子之旨 遲 問於師 又問於友 其問之弗知弗措者歟

신안 진씨가 말했다. 뭇사람 중에서 선발해 고요와 이윤을 등용한 것, 이는 '지인(사람을 앎)'이라는 의미에서의 지이니, 소위 '곧은 이를 등용하고 굽은 이를 버림'이다. 불인자는 모두 교화되어 인자가 된다는 것은 곧 사람을 사랑한다는 의미에서의 인이니 '굽은 이를 곧게 할 수 있음'이다. 공자의 두 말씀은 이미 자하의 생각을 포함하고 있었고, 자하의 말은 공자의 뜻을 더욱 밝혀 드러내었다. 번지는 스승께 묻고 또 친구에게 물었으니 모르면 질문하기를 그만두지 않는 사람이로다.

【집주】

○ 程子曰 聖人之語 因人而變化 雖若有淺近者 而其包含 無所不盡

觀於此章 可見矣 非若他人之言 語近 則遺遠 語遠 則不知近也

정자가 말했다. 성인의 말씀은 사람에 따라 달라져 비록 마치 얕고 가까운 것이 있는 듯해도 그 포함하는 바가 완전하지 않음이 없으니, (이 점은) 이 장을 살펴보면 알 수 있다. 다른 사람의 말의 경우에 가까운 것을 말하면 먼 것을 빠뜨리고 먼 것을 말하면 가까운 것은 모르는 것과는 다르다.

【세주】

雙峯饒氏曰 此章 愛人知人 是仁知之淺近處 包含無所不盡 則深者遠者 亦在其中 深遠 卽枉者化爲直處

쌍봉 요씨가 말했다. 이 장의 '사람을 사랑하고 사람을 아는 것'은 인과 지의 얕고 가까운 것이다. 포함하는 바가 완전하지 않음이 없다는 것은 깊은 것과 먼 것이 또한 그 안에 있다는 말이다. 깊고 먼 것이란 곧 '굽은 이가 교화되어 곧게 된다'는 것이다.

【집주】

尹氏曰 學者之問也 不獨欲聞其說 又必欲知其方 不獨欲知其方 又必欲爲其事 如樊遲之問仁知也 夫子告之盡矣 樊遲 未達 故 又問焉 而猶未知其何以爲之也 及退而問諸子夏 然後有以知之 使其未喩 則必將復扶又反問矣 旣問於師 又辨於友 當時學者之務實也 如是

윤씨가 말했다. 배우는 자가 질문하는 것은 단지 그 설명을 들으려는 것만이 아니라 또한 반드시 그 방법을 알려 하는 것이고, 단지 그 방법을 알려 하는 것만이 아니라 또한 그 일을 행하려 하는 것이다. 예컨대 번지가 인과 지를 묻자 공자께서는 완전하게 알려주셨지만 번지는 깨닫지 못했다. 그런 까닭에 또 물었지만 아직도 어떻게 해야 할지를 몰랐다. 물러나 자하에게 물은 다음에야 알게 되었으니, 만약 깨닫지 못한 것이 있었으면 장차 반드시 다시 물었을 것이다. 이미 스승에게 묻고는 또 친구로부터 답변을 구했으니, 당시의 배우는 자가 실질에 힘쓰는 것이 이와 같았다.

【세주】

雲峯胡氏曰 知人愛人 是分言知仁之用 擧直錯諸枉 能使枉者直 是合言知仁之相爲用 蓋 仁包義禮知 仁之中 自有知 知 藏仁義禮 知之中 自有仁 知仁 本相爲體用 故 見於擧錯之際 知仁 又自相爲體用也

운봉 호씨가 말했다. 사람을 아는 것과 사람을 사랑하는 것은 지와 인의 쓰임을 나누어 말한 것이다. 곧은 이를 등용하고 뭇 굽은 이를 버리면 굽은 이를 곧게 할 수 있다는 것은 지와 인이 서로 쓰임이 됨을 합쳐서 말한 것이다. 대개 인은 의와 예와 지를 포함하고 있으니 인 가운데는 본디 지가 있고, 지는 인과 의와 례를 포함하고 있으니 지 가운데는 본디 인이 있다. 지와 인은 본디 서로 체와 용이 되기 때문에, 등용하고 버리는 경우에서 보면 지와 인은 또 응당 서로 체와 용이 된다.

12.23 子貢問友 子曰 忠告而善道之 不可則止 無自辱
焉 告工毒反 道去聲

자공이 친구(사귐)에 대해 물었다. 공자께서 답하셨다. 진실하게 알려주되 좋게(좋은 말로 거슬리지 않게) 이끈다. 안 되면 그만두어 스스로 욕을 보지는 않는다.

【집주】

友 所以輔仁 故 盡其心以告之 善其說以道之 然 以義合者也 故 不可則止 若以數音朔 而見疏

친구는 인을 보완해주는 것이니 그 마음을 다해 알려주고 말을 좋게 해 이끈다. 그러나 (친구관계는) 의합(의리상의 결합)인 까닭에 안 되면 그만둔다. 만약 번번이 (충고)해 소원해지면

【세주】

子游曰 朋友數 斯疏矣

자유가 말했다. 친구는 번번이 (충고)하면 소원해진다(『논어』4, 「이인」 26장).

【집주】

則自辱矣

자신을 욕보인다.

【세주】

朱子曰 告之之意 固是忠了 須又敎道得善 始得

알려주려 하는 뜻은 본디 진실하다 하더라도, 또 모름지기 좋게(좋은 말로) 가르치고 이끌어야 비로소 옳다.

○雙峯饒氏曰 忠告者 盡此心之誠 旣誠矣 不能善其辭說以道之 恐其未能從 二者俱盡 而彼不從 然後宜止 未能忠且善焉 而泛然告之道 遽以彼不從而止 則是在我者 猶未盡 便欲責人 非交友之道也

쌍봉 요씨가 말했다. 충고란 이 마음의 성의를 다하는 것이다. 이미 성의를 다했더라도 말을 좋게 해 이끌지 못하면 따르지 못할 우려가 있다. 이 두 가지를 모두 다 했는데도 그가 따르지 않은 연후에는 마땅히 그만둔다. 진실하게, 또 좋게 하지 못하고 그냥 막연하게 알려주고 이끌고는 성급히 그가 따르지 않는다고 그만두는 것은 나에게 있는 것(나의 성의)은 오히려 다하지 않으면서 남을 책하려는 것이니 친구를 사귀는 도리가 아니다.

○ 齊氏曰 善道者 心平氣和 語明意盡 或從容深遠而有餘味 或近切簡當而可深思 大率 欲伸己意 而聞者不忤也 似此而猶不見省 數必取疏 知進退者所不爲也 然則非忠告之難 而善道之爲不易爾

제씨가 말했다. 좋게 이끈다는 것은 마음은 편안히, 기운은 온화하게 하고, 말은 명확하고 뜻은 완전해서, 혹 조용하고 심원하되 남은 맛이 있고, 혹 가깝고 절실하고 간략하고 마땅해서 깊이 생각할 만하게 하는 것이다. (이리하면) 대개 내 뜻을 펴려 해도 듣는 자가 거슬려 하지 않는다. 이처럼 했는데, 오히려 반성의 빛을 보이지 않는데도 번번이 하면 반드시 소원해지니, 진퇴를 아는 자는 하지 않는 것이다. 그러니 충고하기가 어려운 것이 아니라 좋게 이끌기가 쉽지 않을 뿐이다.

○ 勿軒熊氏曰 忠告 是心盡忠 善道 是言盡善 內外 皆兼到

물헌 웅씨가 말했다. 충고는 마음이 진실함을 다하는 것이고, 선도는 말이 선을 다하는 것이니, 안팎으로 모두 지극하게 하는 것이다.

12.24 曾子曰 君子 以文會友 以友輔仁

증자가 말했다. 군자는 학문으로써(학문을 통해) 친구와 모이고, 친구로써(친구를 통해) 인을 보완한다.

【집주】

講學以會友 則道益明 取善以輔仁 則德日進

학문의 연구를 통해 친구와 모이면 도가 더욱 밝아지고, 선(선한 친구, 또는 친구의 선)을 취해 인을 보완하면 덕은 날로 진보한다.

【세주】

慶源輔氏曰 爲仁由己 朋友 但能輔助我以爲仁而已

경원 보씨가 말했다. 인을 행하는 것은 자신으로 말미암는 것이니 친구는 단지 내가 인을 행하도록 도와줄 수 있을 뿐이다.

○覺軒蔡氏曰 以文會友 致知之方 以友輔仁 力行之事

각헌 채씨가 말했다. 학문으로써 친구와 모이는 것은 치지(앎을 지극하게 함)의 방법이고, 친구로써 인을 보완하는 것은 역행(힘써 실천함)의 일이다.

○新安陳氏曰 人之講學脩德 皆有資於朋友 旣資朋友以講學 而致其知 尤資朋友以輔仁 而力於行 則學進 而德亦進 朋友 爲吾知行之助 如此 其斯所謂益友乎

신안 진씨가 말했다. 사람의 학문 연구와 덕 닦음은 모두 친구에게 도움을 받는 것이 있다. 먼저 친구에게 도움을 받아 학문을 연구해 그 앎을 지극히 하고, 또 친구에게 도움을 받아 인을 보완해 실천에 힘쓰면 배움은 진보하고 덕 또한 진보한다. 친구가 나의 지(지식)와 행(실천)에 도움이 되는 것이 이와 같으니, 이것이 소위 익우(도움이 되는 친구)이리라.

○東陽許氏曰 爲仁而不取友以爲輔 則有孤陋寡聞之固 會友而不以文 則有群居終日 言不及義之失

동양 허씨가 말했다. 인을 행하되 친구를 얻어 도움으로 삼지 않으면 외롭고 좁아 듣는 것이 부족한 고루함이 있고, 친구와 모이되 학문으로써 하지 않으면 여럿이 하루 종일 함께 있어도 의에 관해서는 말하지 않는 잘못이 있게 된다.

○雲峯胡氏曰 上章 友之資於我者 不可無忠告善道之益 此 則我之資於友者 賴其講學輔仁之功

운봉 호씨가 말했다. 앞의 장은 친구가 나에게 도움을 받는 사태이니 진실하게 알려주고 좋게 이끄는 도움을 주지 않아서는 안 되는 것이고, 이 장은 내가 친구에게 도움을 받는 사태이니 학문을 연구하고 인을 보완해주는 공덕에 기대는 것이다.

子路第十三

【집주】

凡三十章

모두 30장이다.

13.1-1　子路問政 子曰 先之勞之 勞如字

자로가 정치를 물었다. 공자께서 답하셨다. (위정자 자신이) 앞장서고 수고로이 하라.

【집주】

蘇氏曰 凡民之行去聲 以身先之 則不令而行 凡民之事 以身勞之 則雖勤不怨

소씨가 말했다. 백성의 모든 행실(도덕적 행동)을 몸소 앞장서면 시키지 않아도 행해진다. 백성의 모든 일(업무 노동)을 몸소 수고로이 하면 비록 힘들더라도 원망하지 않는다.

【세주】

朱子曰 先 是率他 欲民親其親 必先之以孝 欲民長其長 必先之以弟 勞 是爲他勤勞 如循行阡陌勸課農桑之類

주자가 말했다. '선(앞장섬)'은 그들(백성)을 (앞장서서) 이끄는 것이다. 백성이 그 부모를 친히 하기를 바라면 반드시 먼저 효로써 앞장서고 백성이 윗사람을 윗사람으로 모시기를 바라면 반드시 공손함으로써 앞장선다. '노(수고로이 함)'는 그들을 위해 부지런히 수고하는 것으로, 예컨대 논밭 사이를 순찰하거나 농업이나 잠업을 권장하는 일 등을 말한다.

○ 雙峯饒氏曰 集註 以先之爲先其行 勞之爲勞其事 是又分政之本末而言 行者 政之本 孝弟忠信之類 是也 事者 政之末 農畋師役之類 是也 行與事 雖是分說 其實 是政裏面事

쌍봉 요씨가 말했다. 집주에서는 '선지(앞장섬)'를 그 행실을 앞장서는 것, '노지(수고로이 함)'를 그 일을 수고로이 하는 것이라 했는데 이는 또 정치의 본과 말을 나누어 말한 것이다. '행'이란 정치의 근본이니 효제충신 같은 것이 그것이다. '사'란 정치의 말단이니 농업, 수렵, 군역, 요역 같은 것이 그것이다. 행과 사는 비록 나누어 말했지만 기실은 정치 안의(정치행위에 포함되는) 일이다.

13.1-2 請益 曰 無倦
더 (말씀해주시기를) 청하자 말씀하셨다. 게을리하지 말라.

【집주】

吳氏曰 勇者 喜於有爲 而不能持久 故 以此告之

오씨가 말했다. 용감한 자는 실천하는 것을 기뻐하지만 오래가지는 못한다. 그런 까닭에 이 말씀을 알려주셨다.

○ 程子曰 子路問政 孔子旣告之矣 及請益 則曰 無倦而已 未嘗復有所告 姑使之深思也

정자가 말했다. 자로가 정치를 묻자 공자께서 이미 알려주셨는데 다시 더 청하자 '게을리하지 말라'고만 말씀하셨을 뿐, 다시 알려주신 것은 없었으니, 잠시 그로 하여금 깊이 생각하게 하신 것이다.

【세주】

朱子曰 勞苦 亦人之難事 故 以無倦勉之

주자가 말했다. 수고스러움 또한 사람이 하기 어려운 일이다. 그런 까닭에 게을리하지 말 것을 면려하셨다.

○ 南軒張氏曰 先之勞之 固足以盡爲政之道矣 而子路 猶請益焉 則告之以無倦 使之敦篤乎是二者而已

남헌 장씨가 말했다. 앞장서고 수고로이 하는 것은 본디 정치의 도리를 다했다 하기에 충분한 것인데 자로가 오히려 더 청하자 게을리하지 말라고 알려주셨으니, 그로 하여금 이 두 가지 일에 돈독히 하도록 하신 것일 뿐이다.

○ 覺軒蔡氏曰 夫子 方答以先之勞之 子路 遽又請益 則其勇躁之意 可見故 但告以無倦 所以救其勇躁之失也

각헌 채씨가 말했다. 공자께서 막 '앞장서고 수고로이 하라'고 답하시자마자 자로는 성급하게 또 더 청했으니 그 용감하고 조급한 뜻을 알 수 있다. 그런 까닭에 단지 '게을리하지 말라'라고 알려주셨으니 그 용감하고 조급한 잘못을 구제하시려는 것이었다.

○ 雙峯饒氏曰 大凡 事 使人爲之 則易 身親爲之 則憚其難 先之勞之 皆是
不便於己底事 所以 易倦 故 夫子 以無倦勉之 況子路勇者 易得始勤終怠
尤不容不告之以此

쌍봉 요씨가 말했다. 대개 일이란 남을 시켜서 하면 쉽고 몸소 하면 그 어려움을
꺼리게 된다. 앞장서고 수고로이 하는 것은 모두 자신에게는 불편한 일이다. 그
런 까닭에 쉽게 게을리하게 된다. 그러므로 공자께서는 게을리하지 말라고 면려
하셨다. 게다가 자로는 용감한 자여서 처음에는 열심히 하지만 끝에 가서는 게을
러지기 쉬운 자이니, 더욱 이 말씀을 해주지 않을 수 없으셨다.

○ 雲峯胡氏曰 子張堂堂 子路行行 皆易銳於始 而怠於終 故 答其問政 皆
以無倦告之 子張 少誠心 故 又加之以忠

운봉 호씨가 말했다. 자장은 당당하고(『논어』19, 「자장」16장) 자로는 항항(강경)하
니(『논어』11, 「선진」12장) 모두 처음에는 예리하게 하지만 끝에 가서는 게을러지
기 쉬웠다. 그런 까닭에 정치를 묻는 질문에 답하시면서 모두 게을리하지 말 것을
알려주셨다. 자장은 참된 마음이 부족하므로 또 '충(진실성)'을 더해 알려주셨다.

13.2-1 仲弓爲季氏宰問政 子曰 先有司 赦小過 擧賢才

중궁이 계씨의 가재가 되어 정치를 물었다. 공자께서 답하셨다. 유사가 먼저 하게 하고, 작은 허물을 용서하고, 현재를 등용하라.

【집주】

有司 衆職也 宰 兼衆職 然 事必先之於彼而後 考其成功 則己不勞而事畢擧矣

유사는 여러 직무(를 담당한 자들)이다. 재는 여러 직무를 겸임(통괄)한다. 그러나 일은 반드시 그들에게 먼저 하게 하고 난 다음에 그 성공을 살피면 자신은 수고롭지 않으면서 일은 완전하게 이루어진다.

【세주】

朱子曰 先有司 而後紀綱立 而責有所歸

주자가 말했다. 유사가 먼저 하게 한 다음에야 기강이 서고 책임을 돌릴 곳(책임질 사람)이 있게 된다.

○凡爲政 隨其小大 各有有司 須先敎他理會 自家方可要其成 且如錢穀之事 其出入盈縮之數 須是敎他逐一自具來 自家方可考其虛實之成

무릇 정치를 함에 있어서 (일의) 크고 작음에 따라 각각 유사가 있다. 모름지기 먼저 그들로 하여금 (일을) 이해하게 해야 비로소 (시키는 사람) 자신이 그 성과를 요구할 수 있다. 또 전곡(재정)의 일은 그 수입 지출과 늘어나고 줄어든 숫자를 반드시 그들로 하여금 하나하나씩 구비해 오게 해야 비로소 자신이 성과의 허실(있고 없음)을 헤아릴 수 있다.

【집주】

過失誤也 大者 於事或有所害 不得不懲 小者赦之 則刑不濫 而人心悅矣 賢 有德者 才 有能者 擧而用之 則有司皆得其人 而政益修矣

'과'는 실수로 착오를 범하는 것이니, 큰 것은 일에 혹 해가 되는 것이 있으므로 징계하지 않을 수 없지만 작은 것은 용서하면 형벌이 남용되지 않고 인심이 기뻐한다. '현'은 유덕자이고 '재'는 유능자이니, 등용해 쓰면 유사는 모두 마땅한 사람을 얻을 수 있고 정치는 더욱 닦인다.

【세주】

新安陳氏曰 黃氏 饒氏云 先有司一句 是總腦 赦小過 擧賢才 皆承先有司而言 宰 家臣之長 其爲政之要 當以分任有司爲先 旣先有司矣 赦有司之小過 故 常人 可以自勉 擧有司之賢才 故 非常之才 可以自見 推此心也 豈但爲季氏宰而已 范氏 以爲擧在位之賢才 蘇氏 以爲擧未用之賢才 須兼言 其義方備 有司中 才德有餘而位不足稱者 固當擧 而進之上位 如有司之才德不稱其職 則又當別擧有才德者 充之 如此 方說得擧賢才規模闊 若專說擧有司之賢才 則狹矣

신안 진씨가 말했다. 황씨와 요씨는 '유사가 먼저 하게 한다'라는 한 구절이 핵심이고, '작은 허물을 용서하는 것'과 '현재를 등용하는 것'은 모두 '유사가 먼저 하게 함'을 이어받아 하는 말이라 했다. '재'는 가신의 장이다. 그(가재의) 정치의 핵심은 당연히 유사에게 (일을) 나누어 맡기는 것을 먼저로 한다. 이미 유사에게 먼저 하게 하고, 유사의 작은 허물을 용서하는 까닭에 보통 사람도 스스로 노력할 수 있다. 유사 중에 현재를 등용하는 까닭에 비상한 인재가 저절로 드러날 수 있다. 이 마음을 미루어나가면 어찌 다만 계씨의 가재 노릇을 할 수 있을 뿐이겠는가. 범씨는 현직의 현재를 등용하는 것이라 했고, 소씨는 아직 쓰이지 않는 현재를 등용하는 것이라 했는데, 모름지기 (이 두 경우를) 겸해 말해야 그 뜻이 비로소 완비된다. 유사 중에 재주와 덕은 넉넉한데 (재덕에 비해) 지위가 (낮아서) 걸맞지 않은 자는 본디 당연히 등용해 높은 자리로 올려야 하고, 유사 중에 재주와 덕이 그 직무를 잘 해내지 못하는 경우가 있으면 또 당연히 따로 재주와 덕이 있는 자를 등용해 채워야 한다. 이렇게 해야 비로소 현재를 등용하는 범위를 넓게 말한 것이다. 만약 오로지 유사 중의 현재를 등용하는 것이라 한다면 (그 말한 범위가) 좁다.

13.2-2 曰 焉知賢才而擧之 曰 擧爾所知 爾所不知 人其舍諸 焉 於虔反 舍 上聲

(중궁이) 말했다. 어찌 현재를 (다) 알아 등용하겠습니까? (공자께서) 답하셨다. 네가 아는 자를 등용하면 네가 모르는 자를 남들이 버려두겠느냐? [네가 아는 자부터 등용하라. 그리하면 다른 사람들이 현재를 너에게 추천할 것이다.]

【집주】

仲弓 慮無以盡知一時之賢才 故 孔子 告之以此 程子曰 人各親其親 然後不獨親其親

중궁은 (자기 혼자서) 한 시대의 현재를 다 알 방법이 없다고 염려했다. 그런 까닭에 공자께서 이 말씀을 해주셨다. 정자가 말했다. 사람은 (먼저) 그 친족을 친히 해야 하고, 그런 연후에야 친족만 친히 하지는 않는다.

【세주】

新安陳氏曰 各親其親 及人不獨親其親 二句 本出記禮運 程子 引以爲喩 若曰 人 各擧其所知之賢才 然後不獨擧其所知之賢才

신안 진씨가 말했다. '각자가 그 친족을 친히 한다'와 '사람이 그 친족을 친히 하는 것만 하지는 않는다'라는 두 구절은 본디『예기』,「예운」편에 나온다. 정자는 이를 인용해 비유로 삼았으니, '사람은 각각 그 아는 바의 현재를 등용해야 하고, 그런 연후에야 그 아는 바의 현재만을 등용하게 되지 않는다'라고 말한 것이다.

【집주】

仲弓曰 焉知賢才而擧之 子曰 擧爾所知 爾所不知 人其舍諸 便見仲弓與聖人用心之大小 推此義 則一心 可以興邦 一心 可以喪去聲邦 只在公私之間爾

중궁이 말하기를 '어찌 현재인 줄 알고 등용하겠습니까?'라 하자 공자께서 '네가 아는 자를 등용하면 네가 모르는 자를 사람들이 버려두겠는가?'라 하셨으니, 중궁과 성인의 마음 씀의 크고 작음을 알 수 있다. 이 의미를 추론해보면 마음 하나로 나라를 흥하게 할 수 있고 마음 하나로 나라를 잃을 수도 있으니, (그 차이는) 단지 공과 사의 차이에 있을 뿐이다.

【세주】

朱子曰 仲弓 只緣見識 未極其開闊 故 如此 人之心量 本自大 緣私 故 小 蔽固之極 則可喪邦矣

주자가 말했다. 중궁은 단지 그 견식이 아직 완전히 넓게 열리지 않았기 때문에 이와 같았다. 사람의 마음의 국량은 본디 원래 크지만 사사로움 때문에 작아진다. (사사로움에 의해 마음의 국량이) 극단적으로 가려지고 고착되면 나라를 잃을 수도 있다.

○人 各擧其所知 則天下之事 無不擧矣 不患無以知天下之賢才也 興邦喪邦 蓋 極言之 然 必自知而後擧之 則遺才 多矣 未必不由此而喪邦也 程子之意 固非謂仲弓 有固權市恩之意 而至於喪邦 但一蔽於小 則其害 有時而至此 亦不爲難矣 故 極言之 以警學者用心之私也

사람들이 각자 아는 자를 등용하면 천하의 일은 안되는 일이 없으니 천하의 현재를 알 방법이 없는 것은 걱정이 아니다. 나라를 흥하게 하고 잃게 한다는 것은 대개 극단적으로 말한 것이지만, 그러나 반드시 자신이 안 연후에만 등용하면 인재를 버려두는 것이 많아지니, 이 때문에 나라를 꼭 잃지 않는다고는 할 수는 없다. 정자의 뜻은 본디 중궁이 권세를 공고히 하고 은혜를 사려는(은혜를 베풀어 환심을 사려는) 뜻이 있어 나라를 잃게 하는 지경에 이를 것이라는 말은 아니다. 그러나 작은 것에 한 번 가려지면 그 해가 때로는 이 지경에 이르는 것이 또한 어렵지만은 않다. 그러므로 극단적으로 말함으로써 배우는 자가 마음을 사사로이 쓰는 것을 경계한 것이다.

○雙峯饒氏曰 仲弓之心 不如聖人之廣大 仲弓 以自己聰明爲聰明 故 有焉知賢才之問 聖人 則以天下之耳目爲耳目 故 說擧爾所知 爾所不知 人其舍諸 如仲弓之言 則局於所知之有限 如聖人之言 則未嘗求以盡知 自無往而不知 雖合天下之賢才 擧而用之可也

쌍봉 요씨가 말했다. 중궁의 마음은 성인의 광대함만 못하다. 중궁은 자신의 총명을 총명이라고 생각했던 까닭에 '어찌 현재를 (다) 알 수 있는가'라는 질문을 했고, 성인께서는 천하의 이목을 (자신의) 이목으로 삼으시는 까닭에 '네가 아는 자를 등용하면 네가 모르는 자를 남들이 버려두겠느냐'라고 하셨다. 중궁의 말처럼 하면 아는 바의 유한함에 국한되고, 성인의 말씀처럼 하면 일찍이 다 알기를 구하지 않아도 저절로 어디 간들 모르는 것이 없어 비록 천하의 현재를 다 합치더라도 (모두) 등용해 쓸 수 있다.

【집주】

○范氏曰 不先有司 則君行臣職矣 不赦小過 則下無全人矣 不擧賢才 則百職廢矣 失此三者 不可以爲季氏宰 況天下乎

범씨가 말했다. 유사에게 먼저 하게 하지 않으면 임금이 신하의 직무를 하게 된다. 작은 허물을 용서하지 않으면 아래에는 온전한 사람이 없게 된다. 현재를 등용하지 않으면 모든 직무가 버려진다. 이 세 가지를 잃으면 계씨의 가재가 될 수도 없으니, 하물며 천하(를 다스리는 일)이겠는가?

【세주】

慶源輔氏曰 范氏 蓋 經筵勸講之說 所以 推廣其理 以感切君心者 至矣
경원 보씨가 말했다. 범씨(의 말)는 대개 경연에서 (임금에게) 권고해 강설하는 말이다. 그런 까닭에 그 이치를 미루어 넓힘으로써 임금의 마음을 절실하게 감동시키는 것이 지극하다.

○蘇氏曰 有司旣立 則責有所歸 然 當赦其小過 則賢才 可得而擧也 惟庸人與姦人 爲無小過 張禹 李林甫 盧杞 是也 若小過不赦 則賢者 避罪不暇 而此等人 出矣
소씨가 말했다. 유사가 이미 세워지면(유사의 직무가 확립되면) 책임이 돌아가는 곳(책임질 사람)이 있게 된다. 그러나 마땅히 그 작은 허물을 용서하면 현재를 얻어 등용할 수 있다. 오직 용렬한 자와 간사한 자만이 작은 허물을 짓지 않으니, 장우(한대의 용렬한 재상), 이임보(당대의 간신), 노기(당대의 간신)가 그런 자들이다. 만약 작은 허물을 용서하지 않으면 현자는 죄를 피하느라 틈이 없어 이런 자들이 나온다.

○吳氏曰 仲弓 子貢 子路 冉有 皆事季氏 仲弓 子貢 夫子 未嘗責之 子路之責 又不若冉有之甚 此 可以見其優劣矣 惜乎 四子 不能如閔子之辭 而閔子 又不若顏子之賢 而康子 不得而知也 嗟乎 若淵騫者 其孔門之超絶者乎
오씨가 말했다. 중궁과 자공과 자로와 염유는 모두 계씨를 섬겼다. 중궁과 자공은 공자께서 꾸짖으신 적이 없고, 자로를 꾸짖으신 것은 염유를 꾸짖으신 것만큼 심하지는 않았으니 여기서 그 우열을 알 수 있다. 아깝다, 네 사람이 민자가 사양한 것처럼 하지 못했고, 민자는 또 안자만큼 현명하지는 못했는데 강자가 (이를) 알지 못했음을. 아아, 안연이나 민자건 같은 자들은 공자 문하의 가장 탁월한 자이리라.

13.3-1 子路曰 衛君 待子而爲政 子將奚先

자로가 말했다. 위군이 선생님을 맞아 정치를 한다면 선생님께서는 장차 무엇을 먼저 하시겠습니까?

【집주】

衛君 謂出公輒也 是時 魯哀公之十年 孔子自楚反乎衛

위군은 출공 첩을 말한다. 이때는 노 애공 10년으로 공자께서 초에서 위로 돌아오셨다.

13.3-2 子曰 必也正名乎

공자께서 말씀하셨다. 반드시 이름을 바로잡겠다.

【집주】

是時 出公 不父其父而禰乃禮反其祖

이때 출공은 그 아버지를 아버지로 모시지 않고 할아버지를 죽은 아버지로 삼았으니

【세주】

新安陳氏曰 蒯聵 乃輒之父也 蒯聵 欲入君衛 而輒 拒之 是 不父其父 父廟曰禰 輒繼靈公 是禰其祖

신안 진씨가 말했다. 괴외는 첩의 아버지이다. 괴외는 (위나라로) 들어가 위나라 임금 노릇을 하고 싶었지만 첩이 거부했다. 이는 그 아버지를 아버지로 모시지 않은 것이다. 아버지의 사당을 '녜'라 한다. 첩이 영공을 이은 것은 그 할아버지를 죽은 아버지로 삼은 것이다.

【집주】

名實紊音問矣 故 孔子以正名爲先 謝氏曰 正名 雖爲去聲衛君而言 然

爲政之道 皆當以此爲先

명실(이름과 실제)이 문란했다. 그런 까닭에 공자께서는 정명(이름을 바로잡음)을 먼저로 하셨다. 사씨가 말했다. 정명은 비록 위군 때문에 하신 말씀이지만 그러나 정치의 도리는 모두 마땅히 이를 먼저로 해야 한다.

【세주】

吳氏曰 凡事 皆有名 不可不正 亦不特衛輒父子爲然

오씨가 말했다. 모든 일은 다 이름이 있어 바로잡지 않을 수 없으니, 또한 단지 위나라 첩의 부자만 그리해야 하는 것은 아니다.

○齊氏曰 祖 非禰也 而禰之 父 非讎也 而讎之 無父之人 非君也而君之 名之不正 孰大於是

제씨가 말했다. 할아버지는 죽은 아버지가 아닌데 죽은 아버지로 삼았고, 아버지는 원수가 아닌데 원수로 삼았고, 아버지 없는 사람은 임금이 못되는데 임금을 삼았으니, 이름이 바르지 않은 것으로 치면 무엇이 이보다 더 크리오.

13.3-3 子路曰 有是哉 子之迂也 奚其正

자로가 말했다. 이렇습니까, 선생님의 우활하심은. 어찌 바로잡겠습니까?

【집주】

迂 謂遠於事情 言非今日之急務也

'우'는 사정(일의 실정)과는 먼 것을 말하니, 오늘날의 급선무가 아니라는 말이다.

【세주】

厚齋馮氏曰 禮 莫大於分 分 莫大於名 夫子正名之論 蓋 不與輒也 時 輒已立十二年矣 子路之所謂迂者 蓋 爲輒也

후재 풍씨가 말했다. 예는 분수보다 큰 것이 없고, 분수는 이름보다 큰 것이 없다. 공자의 정명의 논의는 대개 첩(의 임금 지위)을 인정하지 않으신 것이다. 이 때 첩은 즉위한 지 이미 12년이 되었다. 자로가 이른바 '우활하다'라 한 것은 대개 첩을 위해서 그런 것이다.

13.3-4 子曰 野哉 由也 君子 於其所不知 蓋闕如也

공자께서 말씀하셨다. 비속하구나, 유야. 군자는 모르는 것에 대해서는 대개 빼놓는 듯이 한다(언급하지 않는다).

【집주】

野 謂鄙俗 責其不能闕疑而率爾妄對也

'야'는 비속함을 말하니, 의문스러운 것을 빼놓지 못하고 경솔히 망령되이 대답한 것을 꾸짖으신 것이다.

13.3-5 名不正 則言不順 言不順 則事不成

이름이 바르지 못하면 말이 순리하지 못하고, 말이 순리하지 못하면 일이 이루어지지 않는다.

【집주】

楊氏曰 名 不當其實 則言不順 言不順 則無以考實 而事不成

양씨가 말했다. 이름이 그 실제와 부합하지 않으면 말이 순리하지 못하다. 말이 순리하지 못하면 그 실제를 살필 방법이 없어 일이 이루어지지 않는다.

【세주】

新安陳氏曰 集註 於正名 名不正 凡三以實字言 前云 名實紊 此云 名不當其實 又云 無以考其實 蓋 名 當其實 則名正 名實紊 則名不正 名者 實之

賓 實者 名之主也 實字 於名 最緊切

신안 진씨가 말했다. 집주에서는 '정명(이름을 바로잡음)'과 '명부정(이름이 바르지 않음)'에 대해 모두 세 번 '실' 자를 써서 말했다. 앞에서는 '명(이름)과 실(실제)이 문란하다'라 했고, 여기서는 '명이 그 실과 부합하지 않는다'라 했고, 또 '그 실을 살필 방법이 없다'라 했다. 대개 이름이 그 실제와 부합하면 이름이 바른 것이고, 이름과 실제가 문란하면 이름이 바르지 않은 것이다. 이름이란 실제의 손님(형식)이고 실제는 이름의 주인(내용)이다. '실' 자는 이름에 있어서 가장 긴요하고 절실한 것이다.

○問 言與事 似不相干涉 朱子曰 如一人 被火 急取水來救 始得 却敎他取火來 此 便是言不順 如何得事成

물었다. 말과 일은 서로 상관이 없는 것 같습니다. 주자가 답했다. 만약 어떤 사람이 불에 휩싸였다면 급히 '물'을 가져와 구해야 옳은데, 오히려 그에게 '불'을 가져오라고 한다면 이는 곧 말이 순리하지 못한 것이니 어떻게 일이 이루어지겠는가.

○輒 以兵拒父 以父爲賊 是 多少不順 其何以爲國 何以臨民

첩은 군대를 동원해 아버지를 거부해 아버지를 도적으로 여겼으니 이는 꽤나 불순한 것이다. 무엇으로 나라를 다스리고 무엇으로 백성에게 임하겠는가.

○雙峯饒氏曰 夫子謂 必也正名 是事事皆要正名 君臣父子 固是正名中之大者 然 不可專指此 大凡 一事 才不正名 便開口有礙 說不去了 旣說不去 如何行得去

쌍봉 요씨가 말했다. 공자께서 '반드시 이름을 바로잡겠다'라 하신 것은 모든 일에 다 이름을 바로잡아야 한다는 것이다. 군신과 부자(의 이름을 바로잡는 것)는 본디 이름을 바로잡는 것 중에 큰 것이다. 그러나 오로지 이것만을 가리킨 것이라고 할 수는 없다. 대개 하나의 일이라도 이름을 바로잡지 않으면 입을 열 때마다 막혀서 말해나갈 수 없다. 말해나가지 못하는데 어떻게 행해나갈 수 있겠는가.

○吳氏曰 名正言順 卽下文禮樂之本 名正 禮也 言順 樂也

오씨가 말했다. 이름이 바르고 말이 순리한 것은 곧 아랫글에서 말하는 예악의 근본이다. 이름이 바른 것은 예이고 말이 순리한 것은 악이다.

13.3-6   事不成 則禮樂不興 禮樂不興 則刑罰不中 刑罰不中 則民 無所措手足 中去聲

일이 이루어지지 않으면 예악이 흥하지 않고, 예악이 흥하지 않으면 형벌이 (범죄의 실상과) 맞지 않는다. 형벌이 맞지 않으면 백성은 손발을 둘 곳이 없다.

【집주】
范氏曰 事得其序之謂禮 物得其和之謂樂 事不成 則無序而不和 故禮樂不興 禮樂不興 則施之政事 皆失其道 故 刑罰不中

범씨가 말했다. 일이 그 (마땅한) 질서를 얻은 것을 예라 하고 사물이 그 조화로움을 얻은 것을 악이라 한다. 일이 이루어지지 않으면 질서가 없고 조화롭지 못하다. 그러므로 예악이 흥하지 않는다. 예악이 흥하지 않으면 정사에 시행하는 것이 모두 그 도를 잃는다. 그러므로 형벌이 맞지 않는다.

【세주】
朱子曰 事不成 以事言 禮樂不興 以理言 蓋 事不成 則事上面 都無道理了 說甚禮樂

주자가 말했다. 일이 이루어지지 않는다는 것은 일에 관한 말이고, 예악이 흥하지 않는다는 것은 이치에 관한 말이다. 대개 일이 이루어지지 않으면 일의 위쪽[일보다 높은 차원, 즉 예악]으로는 전혀 도리가 없는 것이니 무슨 예악을 말하겠는가.

○大凡 事 須要節之以禮 和之以樂 事若不成 則禮樂無安頓處 禮樂不興 則無序不和 如此 刑罰安得不顚倒

대개 일은 반드시 예로써 절제해야 하고 악으로써 조화롭게 해야 한다. 일이 이루어지지 않으면 예악은 편히 둘(베풀) 곳이 없다. 예악이 흥하지 않으면 질서가 없고 조화롭지 못하다. 이와 같은데 형벌이 어찌 뒤집어지지 않을 수 있겠는가.

○慶源輔氏曰 無一事無禮樂 禮 只是一箇序 樂 只是一箇和 事成而有序 則禮樂自興 不然 則隳壞乖戾 又烏得有禮樂哉 禮樂不興 則凡施於政事者 無非私意 率皆倒行逆施 無序而不和 所謂刑罰不中 而民無所措手足 亦必

然之理也

경원 보씨가 말했다. 어떤 일도 예악이 없는 것은 없다. 예는 단지 하나의 질서이고, 악은 단지 하나의 조화로움이다. 일이 이루어지고 질서가 있으면 예악은 저절로 흥한다. 그렇지 않으면 무너지고 어그러지니 또 어찌 예악이 있을 수 있겠는가. 예악이 흥하지 않으면 정사에 시행되는 모든 것이 사사로운 뜻이 아닌 것이 없으니 모두 뒤집어 행해지고 거꾸로 시행되어 질서가 없고 조화롭지 못하게 된다. 소위 '형벌이 맞지 않아 백성이 손발을 둘 곳이 없게 되는 것' 또한 필연의 이치이다.

○ 吳氏曰 此禮樂 非玉帛鐘鼓之謂 事事物物 得其理而後和之謂也 名不正 言不順 則事物之間 顚倒乖戾 禮樂 何由而起乎 事 失其理而不和 故 慶賞刑威 無一中節 獨言刑罰者 賞過 則濫 利及小人 刑過 則淫 禍及君子 擧其害之重者言之 刑罰所及 非不善之人 則民 莫知趣避之路矣 將安所置其手足乎 自名不正 推而至於民無所措手足 聖人 洞燭事情 深達治體 如此

오씨가 말했다. 이(여기서 말하는) 예악은 옥백종고(겉 형식으로서의 예)를 말하는 것이 아니고 사사물물(각각의 모든 사물)이 그 이치를 얻어 조화롭게 되는 것을 말한다. 이름이 바르지 않고 말이 순리하지 못하면 사물의 사이[관계]가 뒤집어지고 어그러지니 예악이 무엇으로부터 일어나겠는가. 일이 그 이치를 잃어 조화롭지 못한 까닭에 축하하고 상주고 벌하고 누르고 하는 것이 하나도 규범에 맞지 않게 된다. (그런데) 오직 형벌만을 말한 것은, 상이 과하면 넘쳐서 이익이 소인에게 미치고 형이 과하면 젖어들어 화가 군자에게 미치니, 그 해가 큰 것(형벌)을 들어 말한 것이다. 불선자에게만 형벌이 미치는 것이 아니라면 백성은 피할 길을 알 수 없게 되니, 장차 어디에 손발을 두리오. '이름이 바르지 않은 것'으로부터 미루어 나아가 '백성이 손발을 둘 곳이 없음'에까지 이르렀으니 성인께서 사정(일의 실정)을 통찰하시고 정치의 본질에 깊이 통달하심이 이와 같다.

13.3-7 故君子名之必可言也言之必可行也君子於其言 無所苟而已矣

그러므로 군자가 이름을 붙였다면(정당한 의미를 부여했다면) (그것은) 반드시 (순리하게) 말할 수 있는 것이고, 말했다면 반드시 행할 수 있는 것이다. 군자는 그 말에 있어서 구차한 것이 없을 뿐이다.

【집주】

程子曰 名實相須 一事苟 則其餘 皆苟矣

정자가 말했다. 이름과 실제는 서로 일치해야 한다. (명실이 일치하지 않아) 일 하나가 구차하면 그 나머지도 다 구차하다.

【세주】

新安陳氏曰 名 指名之言 實 指可行言 謂行事之實也 一事苟 謂言之苟 其餘皆苟 謂事不成 禮樂不興 刑罰不中也 夫子所謂 名不正以下 是反說 名之必可言 照應前面名不正則言不順 言之必可行 照應前面言不順則事不成 此 是正說 言無所苟 又反說從名正言順來 蓋 於言苟且 卽是名不正 言不順 其餘 必無往而不苟且矣

신안 진씨가 말했다. '명'은 '명지(이름 붙임)'를 가리키는 말이고, '실'은 '가행(행할 수 있음)'을 가리키는 말이니 행사의 실제(실지로 하는 일의 내용)를 말한다. '일 하나가 구차하다'는 것은 말이 구차한 것을 말한다. '그 나머지도 다 구차하다'는 것은 일이 이루어지지 않고 예악이 흥하지 않고 형벌이 맞지 않는 것을 말한다. 공자께서 말씀하신 바 '이름이 바르지 않으면' 이하는 뒤집어(부정의 형태로) 말씀하신 것이니, '이름을 붙였다면 반드시 말할 수 있는 것이고'라는 구절은 앞의 '이름이 바르지 않으면 말이 순리하지 못하고'라는 구절에 대응되고, '말했다면 반드시 행할 수 있는 것이다'라는 구절은 앞의 '말이 순조롭지 않으면 일이 이루어지지 않는다'는 구절에 대응된다. 이는 바로(긍정의 형태로) 말씀하신 것이다. '말에 구차한 것이 없다'는 구절은 또 '이름이 바르면 말이 순리하다'라는 말로부터 뒤집어 말씀하신 것이니, 대개 말에 있어서의 구차함이란 곧 이름이 바르지 않아 말이 순리하지 않은 것이다. (그러니) 그 나머지(일, 예악, 형벌)는 반드시 어디 가든(어떤 경우든) 구차하지 않은 경우가 없다.

【집주】

○ 胡氏曰 衛世子蒯苦怪反聵五怪反 恥其母南子之淫亂 欲殺之 不果而出奔

호씨가 말했다. 위의 세자 괴외는 그 어머니 남자의 음란함을 부끄러워해 죽이려 했으나 성공하지 못하고 도망갔다.

【세주】

左傳 定公十四年 衛侯 爲夫人南子本宋女 召宋朝宋公子 太子蒯聵 過宋野 野

人 歌之曰 旣定爾婁豬 求子豬也 喩南子 盍歸吾艾豭 艾 老也 豭 牡豕也 喩宋朝 太子
羞之 謂戱許反陽速曰 太子家臣 從我而朝少君 少君見我 我顧 乃殺之 速曰
諾 乃朝夫人 夫人 見大子 大子三顧 速不進 夫人 見其色 啼而走曰 蒯聵將
殺余 公 執其手以登臺 大子奔宋 盡逐其黨

『춘추』좌전에 보면 다음과 같이 나와 있다. 정공 14년 (추), 위후가 부인 남자
〈원래 송나라 여자이다.〉를 위해 송조〈송나라의 공자이다.〉를 불렀다. 태자 괴외가 송나라
의 들을 지나는데 시골 사람이 노래를 부르기를 "이미 너의 새끼 돼지를 정했는
데〈새끼 돼지를 구했다는 말이니, 남자를 비유한 것이다.〉 왜 내 늙은 돼지를 돌려보내지 않
는가?〈'예'는 늙은 것이고 '가'는 수돼지이니, 송조를 비유한 것이다.〉"라 했다. 태자가 이를 부
끄러워해 희양속〈태자의 가신이다.〉에게 말하기를 "나를 따라 소군(남자)을 뵙자. 소
군이 나를 만났을 때 내가 돌아보면 죽여라"라 했다. 속이 "그러겠습니다"라 했
다. 이에 부인을 뵈었는데 부인이 태자를 만나자 태자가 세 번 돌아보았지만 속
은 (남자를 죽이러) 나오지 않았다. 부인이 그 기색을 보고 소리치고 도망가면서
"괴외가 날 죽이려 한다"라 했다. 공이 그 손을 잡고 대 위로 올라갔다. 태자가 송
나라로 도망가자 그 무리를 다 쫓아냈다.

【집주】

靈公 欲立公子郢以幷反靈公次子 郢辭 公卒 夫人立之 又辭 乃立蒯聵之
子輒 以拒蒯聵

영공은 공자 영〈영공의 둘째 아들〉을 세우려 했는데 영은 사양했다. 공이 죽자 부인
이 그를 세웠지만 또 사양했다. 이에 괴외의 아들 첩을 세워 괴외를 거부했다.

【세주】

左傳 哀公二年 初 衛侯 游於郊 子南僕 郢御車 公曰 余無子 蒯聵奔 將立女
對曰 郢不足以辱社稷 君其改圖 衛靈公卒 夫人曰 命公子郢爲大子 君命也
對曰 郢 異於他子 言用意不同 且君沒於吾手 若有之 郢 必聞之 且亡人之子
輒在 乃立輒 晉趙鞅 納衛大子於戚

『춘추』좌전에 다음과 같이 나와 있다. 애공 2년 (춘), 처음에 위후가 교외로 놀러
나갔는데 자남이 시종으로 따라갔다.〈영이 마차를 몰았다.〉 공이 말하기를 "나는 아들
이 없으니〈괴외가 도망간 것을 말한다.〉 장차 너를 세우겠다"라 했다. (영이) 대답하기를
"영은 부족해서 사직을 욕되게 합니다. 임금께서는 고쳐 도모하소서"라 했다. 위 영
공이 죽자 부인이 말하기를 "공자 영이 태자가 되기를 명한다. 임금의 명이다"라 했
다. (영이) 대답하기를 "영은 다른 아들과는 다릅니다.〈생각하는 방식이 다르다는 말이다.〉
또 임금께서 내 손에서(내가 보는 앞에서) 죽었으니 (그런 유언이) 있었다면 영이(내

가) 반드시 들었을 것입니다(그런데 못 들었습니다). 또 도망간 사람의 아들 첩이 있습니다"라 했다. 이에 첩을 세웠다. 진의 조앙이 위의 태자를 척으로 보냈다.

【집주】
夫蕢扶蒯聵 欲殺母 得罪於父 而輒據國以拒父 皆無父之人也 其不可有國也 明矣 夫子爲政 而以正名爲先 必將具其事之本末 告諸天王 請于方伯 命公子郢而立之 則人倫正 天理得 名正言順而事成矣 夫子告之之詳如此 而子路 終不喩也 故 事輒不去 卒死其難去聲下同 徒知食焉不避其難之爲義 而不知食輒之食爲非義也

저 괴외는 어머니를 죽이려 해 아버지에게 죄를 지었고, 첩은 나라에 터 잡고 아버지를 거부했으니 모두 아버지가 없는 사람이다. (이들이) 나라를 가질 수 없음은 명백하다. 공자께서 정치를 하신다면 이름을 바로잡는 것을 먼저 하셨을 것이니 틀림없이 그 일의 시말을 갖추어 천왕께 고하고 방백에게 청해 공자 영에게 명을 내리도록 해 즉위하게 하셨을 것이다. 그리하면 인륜이 바르게 되고 천리를 얻고, (그 결과) 이름이 바르게 되고 말이 순리해져 일이 이루어졌을 것이다. 공자께서 알려주신 것이 이토록 상세한데도 자로는 끝내 깨닫지 못했다. 그런 까닭에 첩을 섬겨 떠나지 않아 마침내 그 난에 죽었으니, 헛되이 봉록을 먹으면 그 난을 피하지 않는 것이 의인 줄만 알고 첩의 봉록을 먹는 것이 의가 아닌 줄은 몰랐던 것이다.

【세주】
問 胡氏說 使孔子得政 則是出公用之 卽謀逐之 此 豈近於人情 意夫子果仕衛 必以父子大倫 明告出公 使自爲去就而後 立郢之事 可議也 朱子曰 此說 得之 但 聖人之權 亦必有非常情所可測度者

물었다. 호씨는 '공자께서 정권을 얻었다면'이라 했는데, 이는 출공(첩)이 공자를 쓴다는 것입니다. (그런데 공자가) 곧 (출공을) 쫓아내기를 꾀한다면 이것이 어찌 인정에 가깝겠습니까? 아마도 공자께서 만약 위나라에 벼슬하셨다면 틀림없이 부자의 대륜을 출공에게 명백하게 알려주시어 스스로 거취를 결정하게 하셨을 것이고, 그런 다음이라야 영을 세우는 일을 의논할 수 있었을 것입니다. 주자가 답했다. 이 설이 옳다. 다만, 성인의 권도(상황에 따른 적절한 판단)에는 또한 틀림없이 보통 사람의 생각으로는 헤아릴 수 없는 것이 있다.

○問 胡氏 只是論孔子爲政 正名合當如此 設若衛君輒 用孔子 孔子 旣爲

之臣 則此說 亦可通否 曰 聖人 必不肯北面無父之人 若輒 有意改過遷善
則夫子 須先與斷約如此做 方與他做 若輒不能然 則夫子 決不爲之臣矣

물었다. 호씨는 단지 공자께서 정치를 하신다면 이름 바로잡는 것을 당연히 이처럼 하셨을 것이라고 논했을 뿐입니다. 만약 위군 첩이 공자를 쓴다면 공자는 이미 그의 신하가 되니 이 설(호씨의 논설)이 또한 통하겠습니까? 답했다. 성인께서는 결코 아버지 없는 사람을 북면해(임금으로) 모시려 하지 않으셨을 것이다. 만약 첩이 개과천선하려는 뜻이 있었다면 공자께서는 틀림없이 먼저 이렇게 하기로 약속을 받은 후 비로소 그와 함께하셨을 것이다. 만약 첩이 그럴 수 없었다면 공자께서는 결코 신하가 되지 않으셨을 것이다.

○子路 爲人粗 於精微處 多未達 合下仕衛 便不是了 孔悝 卽出公之黨 他
不以出公爲非 故 其事悝 自以爲善而爲之 而不知其非義 宜其以正名爲迂也

자로는 사람됨이 거칠어서 정밀한 것에 대해서는 깨닫지 못한 것이 많았다. 애당초 위나라에 벼슬한 것은 곧 옳지 않았다. (자로가 섬긴) 공회는 곧 출공의 무리이니 그(자로)는 출공이 잘못이라고 생각하지 않은 것이다. 그러므로 공회를 섬긴 것은 스스로는 잘하는 일이라 여겨 한 것이고 그것이 의가 아님은 몰랐던 것이다. 그러니 정명을 우활한 것이라 여긴 것도 당연하다.

○雙峯饒氏曰 集註 引胡氏說 蓋 以其辭嚴義正 可爲萬世綱常作主 使亂臣
賊子 知所警懼 故 特著之 若眞欲行此 須是孔子爲衛世卿 而有權力 當靈
公初死 輒未立之時 爲之 則可

쌍봉 요씨가 말했다. 집주에서 호씨의 설을 인용한 것은, 대개 그 말의 엄함과 뜻의 바름이 가히 만세에 윤리의 핵심이 될 만해서, 난신적자로 하여금 두려워할 바를 알게 하기 때문이었다. 그러므로 특별히 기록한 것이다. 만약 진짜로 이를(호씨 말처럼) 행하려 한다면, 반드시 공자가 위나라의 세경(세습적인 경)이면서 권력을 가지고 있고, 영공이 죽은 초기로서 아직 첩이 즉위하지 않은 때라면 그렇게 할 수 있다.

13.4-1 樊遲 請學稼 子曰 吾 不如老農 請學爲圃 曰 吾不如老圃

번지가 곡식농사 배우기를 청했다. 공자께서 말씀하셨다. 나는 늙은 농부보다 못하다. 채소농사 배우기를 청하자 말씀하셨다. 나는 늙은 채소농부보다 못하다.

【집주】
種五穀 曰稼 種蔬菜 曰圃

오곡을 심는 것을 '가'라 하고 채소를 심는 것을 '포'라 한다.

【세주】
朱子曰 役智力於農圃 內不足以成己 外不足以治人 是濟甚事

주자가 말했다. 농사짓는 데 지혜의 힘을 쏟는다면 안으로는 자신을 완성하기에 부족하고 밖으로는 남을 다스리기에 부족하니 무슨 일을 해내리오.

○新安陳氏曰 兩言 吾不如 雖不顯闢之 已婉拒之矣

신안 진씨가 말했다. '나는 그만 못하다'라는 두 번의 말씀은 비록 드러나게 물리치신 것은 아니지만 이미 완곡하게 거절하신 것이다.

13.4-2 樊遲出 子曰 小人哉 樊須也

번지가 나가자 공자께서 말씀하셨다. 소인이로구나, 번수는.

【집주】
小人 謂細民 孟子所謂 小人之事者也

소인은 영세한 백성이니, 맹자가 말한 '소인의 일'이라는 것이다(『맹자』5, 「등문공 상」4장).

【세주】

新安陳氏曰 此小人 是以位而言者 下文集註云 禮義信 大人之事也 是自此 小人上 推廣而對言之 南軒曰 孟子所謂 有大人之事 有小人之事 正本此意

신안 진씨가 말했다. 이 소인은 지위를 가지고 말한 것이다. 아랫글의 집주에서 '예와 의와 신은 대인의 일이다'라 한 것은 이 소인으로부터 넓혀나가 대립시켜 말한 것이다. 남헌(장식)이 말하기를 "맹자가 말한 '대인의 일이 있고 소인의 일이 있다'라는 말은 바로 이 뜻을 본받은 것이다"라 했다.

○問 古之聖賢 若大舜伊尹 皆躬耕畎畝 習農圃事 何聖人 深斥樊遲 潛室 陳氏曰 遇此時 則習此事 遊聖人之門 所學者 何事

물었다. 순임금이나 이윤 같은 옛 성현들은 모두 몸소 논밭에서 농사지으면서 곡식농사나 채소농사를 익혔는데 왜 성인께서는 번지를 깊이 물리치셨을까요? 잠실 진씨가 답했다. 이때를 만나면 이 일(그때에 맞는 일)을 익히는 것이다. 성인의 문하에 노닐면서 배우는 일이란 무엇이겠는가?

13.4-3 上好禮 則民莫敢不敬 上好義 則民莫敢不服 上好信 則民莫敢不用情 夫如是 則四方之民 襁負其子而至矣 焉用稼 好去聲 夫 音扶 襁 居丈反 焉 於虔反

위에서 예를 좋아하면 백성은 감히 불경하지 못하고 위에서 의를 좋아하면 백성은 감히 불복하지 못하고, 위에서 신(신의)을 좋아하면 백성은 감히 불성실하지 못한다. 무릇 이처럼 하면 사방의 백성들이 그 자식을 강보에 업고 올 것이니 어찌 (위정자 스스로) 농사를 짓겠는가?

【집주】

禮義信 大人之事也 好義 則事合宜 情誠實也 敬服用情 蓋各以其類而應也 襁 織縷爲之 以約小兒於背者

예와 의와 신은 대인의 일이다. 의를 좋아하면 일이 마땅함에 합치한다. '정'은 성실함이다. '경(경건함)', '복(복종함)', '용정(성실함)'은 대개 (백성이) 그(사태의) 종류에 따라 응하는 것(방식)이다. '강'은 실을 짜 만들어 어린애를 등에 업는 도구이다.

【세주】

慶源輔氏曰 在己者 皆盡其道 在下者 各以其類應之 所謂正己而物正者 非大人之德 其孰能之

경원 보씨가 말했다. 자신에게 있는 것(예, 의, 신)에 대해 모두 그 도리를 다하면 아래에 있는 자는 각각 그(사태의) 종류에 따라 (경건, 복종, 성실로) 응한다. 소위 '자신을 바로잡으면 남도 바르게 된다'는 것이니, 대인의 덕이 아니면 누가 그렇게 할 수 있으리오.

○ 雙峯饒氏曰 居大人之位 有大人之德 四方之民 自歸之 而爲之耕稼 豈必自耕稼哉

쌍봉 요씨가 말했다. 대인의 지위에 있으면서 대인의 덕이 있으면 사방의 백성이 저절로 돌아와 그를 위해 밭 갈고 농사짓는다. 어찌 꼭 스스로 밭 갈고 농사지으리오.

【집주】

○ 楊氏曰 樊須 遊聖人之門 而問稼圃 志則陋矣 辭而闢之 可也 待其出而後 言其非何也 蓋於其問也 自謂農圃之不如則拒之者至矣 須之學疑不及此 而不能問 使其疑則必問矣 不能以三隅反矣 故 不復扶又反下同 及其旣出 則懼其終不喩也 求老農老圃而學焉 則其失愈遠矣 故 復言之 使知前所言者二不如 意有在也

양씨가 말했다. 번수는 성인의 문하에 노닐면서 곡식농사와 채소농사를 물었으니 그 뜻이 비루하다. 타일러 물리쳐도 되는데 나가기를 기다려 그 잘못을 말씀하신 것은 왜인가? 대개 그 질문에 대해 스스로 농사꾼만 못하다고 하셨으니 심히 거부하신 것이다. 번수의 배움(의 수준)은 의문이 이에 미치지 못하는 수준이어서 (그렇게 말씀하시는 이유를 계속해서) 묻지 못했으니, 〈의문이 있었으면 반드시 물었을 것이다.〉 (한 귀퉁이를 알려주었는데도) 세 귀퉁이를 돌이키지 못했다 (『논어』7, 「술이」 8장). 그런 까닭에 다시 (말씀)하지 않으셨다. 이미 나간 다음에, 그가 마침내 깨닫지 못하고 늙은 농사꾼에게 가서 배우기를 구해 그 잘못이 더 커질 것을 우려하셨기 때문에 다시 말씀해주시어 앞에 한 말씀〈(농부)만 못하다는 두 말씀) 이 뜻이 있음을 알게 하셨다.

【세주】

勉齋黃氏曰 貧而爲老圃之事 亦未爲過者 樊遲之志 豈亦有爲許行之說者 而慕之歟 故 夫子 以大人之事告之

면재 황씨가 말했다. 가난해서 늙은 농부의 일을 한다면 또한 허물이 되는 것은 아니다. 번지의 뜻이 어찌 또한 허행의 설(자신이 직접 농사지어 자급자족하는 것, 『맹자』5,「등문공 상」 4장)을 행하는 자가 있어 그를 흠모한 것이겠는가? 그런 까닭에 공자께서는 대인의 일을 알려주셨다.

13.5 子曰 誦詩三百 授之以政 不達 使於四方 不能專
對 雖多亦奚以爲 使去聲

공자께서 말씀하셨다. 시 삼백 편을 외우고서도 정치를 맡기면 통달하지 못하고, 사방에 사신 가서는 독자적으로 응대하지 못한다면, 비록 (배운 것이) 많다 한들 또한 무슨 소용이겠는가?

【집주】
專獨也 詩 本人情 該物理 可以驗風俗之盛衰 見政治去聲之得失 其言溫厚和平 長於風去聲諭 故 誦之者 必達於政 而能言也

'전'은 '홀로'라는 뜻이다. 시는 인정(사람의 정서)에 근본을 두고 사물의 이치를 갖추고 있어 풍속의 성쇠를 체험할 수 있고 정치의 득실을 알 수 있다. 그 말은 온후하고 화평하며 풍유(비유로 깨우쳐줌)에 능하기 때문에 외우는 자는 반드시 정치에 통달하고 능히 말할(대화할) 수 있다.

【세주】
問 誦詩三百 何以見其必達於政 朱子曰 其中所載 可見 如小夫賤隷 閭巷之門 至鄙俚之事 君子平日耳目所不曾聞見者 其情狀 皆可因此而知之 而聖人 所以脩德於己 施於事業者 莫不悉備 於其間所載之美惡 讀誦而諷詠之 如是而爲善 如是而爲惡 吾之所以自脩於身者 如是 是合做底事 如是是不合做底事 待得施以治人 如是而當賞 如是而當罰 莫不備見 如何於政不達 若讀詩而不達於政 則是不曾讀也 又問 如何使四方 必能專對 曰 於詩有得 必是於應對言語之間 委曲和平

물었다. 시 삼백 편을 외우면 어째서 반드시 정치에 통달하게 됩니까? 주자가 답했다. 그 안에 실려 있는 것에서 알 수 있다. 예컨대 서민이나 천한 노예, 여염집의 일에서부터 비루하고 상스러운 일에 이르기까지, 군자가 평소 귀와 눈으로 보고 들은 적이 없는 것에 대해 그 실정과 상황을 모두 이로 인해 알 수 있고, 성인께서 스스로의 덕을 닦으신 것과 일에 베푸신 것이 다 갖추어져 있지 않은 것이 없다. 거기에 실려 있는 것의 아름다움과 악함에 대해 읽고 외우면서 노래해, 이런 것은 선이 되고 이런 것은 악이 되며, 내가 스스로 몸을 닦음에 있어 이런 것은 마땅히 해야 할 것이고 이런 것은 마땅히 하지 말아야 할 것이고, 사람을 다스리기를 시행할 수 있게 되면 이런 것은 마땅히 상을 주어야 하고 이런 것은 마땅히 벌을 주어야 하고 (등등), 다 갖추어 나타나 있지 않은 것이 없으니, 어찌 정치에 통달하지 않겠는가? 만약 시를 읽고도 정치에 통달하지 않았으면 이는 읽은 적이 없는 것이다. 또 물었다. 왜 사방에 사신 가서 반드시 독자적으로 응대할 수 있게 됩니까? 답했다. 시에서 얻은 것이 있으면 틀림없이 응대하고 대화할 때 완곡하고 화평하게 된다.

○ 胡氏曰 詩之作也 有邪有正 皆原於人情 其所言於事物之理 莫不具載 其情 合事理之正 則可以知風俗之盛 政治之得 其情 背事理之正 則可以知風俗之衰 政治之失 故 誦詩而有得 則可以達於政矣 詩之言 溫厚 則不至於薄 和平 則不至於訐 長於諷諭 則人易曉 故 誦詩而有得 則能言語

호씨가 말했다. 시의 작품은 나쁜 것이 있고 바른 것이 있지만 모두 인정에서 기원하는 것이다. 사물의 이치에 대해 말한 것은 다 실려 있지 않은 것이 없다. 그 정서가 사리의 올바름에 합치하는 것은 풍속의 성함과 정치의 성공을 알 수 있고, 그 정서가 사리의 올바름에 배치되는 것은 풍속의 쇠퇴함과 정치의 실패를 알 수 있다. 그런 까닭에 시를 외워 얻은 것이 있으면 정치에 통달할 수 있다. 시의 말은 온후하니 각박함에 이르지 않고, 화평하니 비방에 이르지 않고, 풍유에 능하니 사람들이 쉽게 깨달을 수 있다. 그런 까닭에 시를 외워 얻은 것이 있으면 능히 대화할 수 있다.

○ 雙峯饒氏曰 詩 本人情 人情 有好有惡 讀詩而有得 則知人情之所好者 在甚處 所惡者 在甚處 得之於心 施之於政 則必能順民之所好 而違其所惡 其政 無不善矣 是之謂達 詩之言辭 多宛曲諷諭 而不直致 使者 所以傳君命 措辭最難 才委靡 則流於弱 而取侮於人 才剛直 則又恐激怒 而貽禍於國 若能善其辭命 婉正得體 不辱君命 非誦詩而有得於詩人命辭之體者 不能也 春秋諸國 往來多尙辭令 故 夫子 倂指此 爲讀詩之驗 問 專對 曰 使有正有介 正使 不能答 則介使 助之 如正使 自能致辭 不假衆介之助 是謂能專對 達於專對 非誦詩時 便思量要如此 誦詩而有得 則自然有此效驗 以訓用 爲字 只語助辭

상봉 요씨가 말했다. 시는 인정에 근거를 둔 것인데 인정에는 좋아함과 싫어함이 있다. 시를 읽어 얻은 것이 있으면 사람의 마음이 좋아하는 것이 어디 있는지, 싫어하는 것이 어디 있는지 알 수 있다. (이를) 마음에 얻어 정치에 시행하면 틀림없이 백성이 좋아하는 것을 따를 수 있고 싫어하는 것을 멀리할 수 있으니 그 정치는 좋지 않은 것이 없게 된다. 이를 일러 '달(통달함)'이라 한다. 시의 언사는 완곡하고 풍유하는 것이 많아 곧바로(직설적으로) 다 말하지 않는다. 사신은 임금의 명을 전하는 것이니 말을 구사하는 것이 가장 어렵다. 조금이라도 위축되면 약하게 보이는 데로 흘러 남에게 모욕당하고, 조금이라도 강직하면 노여움을 격발해 나라에 화가 미칠 우려가 있다. 외교적 언사를 잘해 완곡함과 올바름이 그 요체를 얻어 임금의 명을 욕되게 하지 않을 수 있는 것은 시를 읊어 시인의 수사법의 요체를 얻은 자가 아니면 할 수 없다. 춘추의 여러 나라들은 왕래함에 외교적 언사를 많이 숭상했다. 그런 까닭에 공자께서는 이를 아울러 가리키시어 시를 읽은 효험이라 하셨다. 전대(독자적으로 응대함)에 관해 물었다. 답했다. 사신에는 정사가 있고 개사(부사)가 있다. 정사가 답할 수 없으면 개사가 돕는다. 만약 정사가 스스로 말을 다할 수 있어서 여러 개사들의 도움을 빌리지 않는다면 이를 일러 '능히 전대함'이라 한다. 전대함에 통달하는 것은 시를 외울 때 '이렇게 해야 하겠다'고 생각해서 그렇게 되는 것이 아니고, 시를 외어 얻은 것이 있으면 저절로 이런 효험이 있게 되는 것이다. (경문의) '이(以)' 자는 '용(用: 쓰임, 소용됨)'으로 해석한다. '위(爲)' 자는 단지 어조사이다.

【집주】

○ 程子曰 窮經 將以致用也 世之誦詩者 果能從政而專對乎 然則其所學者 章句之末耳 此 學者之大患也

정자가 말했다. 경전을 궁구하는 것은 장차 쓰임을 다하려는 것이다. 세상에 시를 외우는 자가 과연 정치에 종사하거나 (사신으로서) 독자적으로 응대할 수 있는가? 그러니 배우는 것이란 장구의 말단일 뿐이다. 이것이 배우는 자의 큰 병통이다.

【세주】

程子曰 今人 不會讀書 如誦詩三百 授之以政 不達 使於四方 不能專對 旣誦詩後 須達於政 能專對 始是讀詩 未讀二南時 一似面墻 到讀後 便不面墻 方是有驗 大抵 讀書 只是此法

정자가 말했다. 오늘날의 사람들은 독서할 줄 모른다. '시 삼백 편을 외우고서도 정치를 맡기면 통달하지 못하고 사방에 사신 보내면 독자적으로 대응하지 못한다.' 이미 시를 외운 후에는 모름지기 정치에 통달하고 독자적으로 응대할 수 있어야 비로소 시를 읽은 것이다. 이남(〈주남〉과 〈소남〉, 즉 시경의 첫 부분)을 읽기 전에는 담장을 마주하는 것(무식해서 깜깜함) 같다가 읽은 후에는 담장을 마주하지 않으면 비로소 효험이 있는 것이다. 대저 독서는 단지 이 방법뿐이다.

○問 詩三百篇 人未有不讀者也 而達於政 能專對者 何其少耶 勉齊黃氏曰 亦視其所以讀之者 何如耳 爲人耶 爲己耶 誦說耶 踐行耶 鹵莽耶 精切耶 二者之不同 而能不能 判矣 驗之於心 浹洽而通貫 體之於身 切實而專確

則亦奚不能之足患哉

물었다. 시 삼백 편은 사람들이 읽지 않은 자가 없는데 정치에 통달하고 독자적으로 웅대할 수 있는 자가 어찌 그리 적습니까? 면재 황씨가 답했다. 역시 그것을 읽는 이유가 무엇인지를 보아야 할 뿐이다. 남을 위해서인가 아니면 자신을 위해서인가, 말만 외우는가 아니면 실천하는가, 건성인가 아니면 정밀하고 절실한가, 이 둘의 차이가 능 불능을 결판낸다. 마음에 체험해 푹 젖어 관통하고, 몸에 체현해 절실하고 확고하면 또한 어찌 그렇게 하지 못하는 것을 염려할 필요가 있으랴.

○厚齊馮氏曰 讀書 必明其理 明理 必達諸用 讀書 不明其理 記誦之末學也 明理而不達諸用 章句之腐儒也 子刪詩 在晚年 而平日兩言詩三百 則知子之刪去者 無幾 特釐正之 以系於風雅頌之末云耳

후재 풍씨가 말했다. 독서는 반드시 그 (책의) 이치를 밝혀야 한다. 이치를 밝히면 반드시 쓰임에 통달한다. 독서하면서 그 이치를 밝히지 않으면 외우고 읊는 지엽적인 공부이다. 이치는 밝혔는데 쓰임에 통달하지 않았다면 장구의 (구절의 훈고만을 연구하는) 썩은 선비이다. 공자께서 시를 산정하신 것은 만년의 일인데, 평소 시 삼백 편이라는 말씀을 두 번 하셨으니 공자께서 산삭하신 것은 얼마 안 되고, (산삭할 만한 것은) 다만 바로잡아 「풍」과 「아」와 「송」의 끝에 붙여놓으셨을 따름임을 알 수 있다.

○雲峯胡氏曰 習溫柔敦厚之敎者 必能爲慈祥豈弟之政 必能爲溫厚和平之言 要之 三百篇 固多 易 三百八十四爻 書 五十八篇 禮 三千三百 春秋 二百四十二年之事 皆多也 窮經而不能致用 皆多而無益者也 擧詩 以例其餘爾

운봉 호씨가 말했다. 온유하고 돈후한 가르침을 익힌 자는 반드시 자상하고 화평한 정치를 할 수 있고, 반드시 온후하고 화평한 말을 할 수 있다. 요컨대 삼백 편은 물론 많은 것이지만, 『역』의 384효나 『서경』의 58편이나 예(『예기』, 『의례』) 3,300가지나 『춘추』의 242년간의 일이나 다 많은 것이다. (그렇게 많은) 경전을 궁구하고도 쓰임을 다하지 못한다면 (그것은) 모두 많지만(많이 공부한 것이지만) 이익은 없는 것이다. 시를 든 것은 그 나머지(『역』, 『서경』, 『예』, 『춘추』)의 예로써 (든 것)일 뿐이다.

13.6 子曰 其身正 不令而行 其身不正 雖令不從

공자께서 말씀하셨다. (통치자의) 그 몸이 바르면 명령하지 않아도 행하고, 그 몸이 바르지 않으면 비록 명령하더라도 따르지 않는다.

【세주】

南軒張氏曰 從違之本 不係於令 係於所以示之何如耳

남헌 장씨가 말했다. 따르느냐 어기느냐, 그 근본(적 이유)은 명령에 달려 있지 않고 보여주는(가르쳐주는) 방식이 어떠한지에 달려 있다.

○雙峯饒氏曰 身正 是身教 令 不過言教 以身教者 從 以言教者 訟

남헌 장씨가 말했다. 몸이 바른 것은 몸의(몸으로 보여주는) 가르침이다. '영(명령)'은 말에 의한 가르침에 불과하다. 몸으로 가르치는 자는 (백성이) 따르고 말로 가르치는 자는 (백성이) 따진다.

13.7 子曰 魯衛之政 兄弟也

공자께서 말씀하셨다. 노나라와 위나라의 정치는 형제간이다.

【집주】

魯 周公之後 衛 康叔之後 本兄弟之國 而是時衰亂 政亦相似 故孔子嘆之

노나라는 주공의 후예이고 위나라는 강숙의 후예이니 본디 형제의 나라이다. 그런데 이때 쇠퇴하고 혼란스러워 정치 또한 서로 비슷했다. 그런 까닭에 공자께서 탄식하셨다.

【세주】

蘇氏曰 是歲 魯哀公七年 衛出公五年也 衛之政 父不父 子不子 魯之政 君不君 臣不臣 卒之哀公 孫于邾 而死于越 出公 奔宋 而亦死于越 其不相遠如此

소씨가 말했다. 이해는 노 애공 7년이고 위 출공 5년이다. 위나라의 정치는 아버지가 아버지 노릇을 못하고 아들이 아들 노릇을 못하고, 노나라의 정치는 임금이 임금 노릇을 못하고 신하가 신하 노릇을 못했다. 끝내 애공은 주로 달아났다가 월에서 죽었고, 출공은 송으로 도망갔다가 또한 월에서 죽었으니 서로 멀지 않음(비슷함)이 이와 같았다.

13.8 子謂衛公子荊善居室 始有曰 苟合矣 少有曰 苟完矣 富有曰 苟美矣

공자께서 위나라 공자 형에 대해 말씀하셨다. 집에 거처하기(살림살이)를 잘 했는데, 처음 (살림을) 가지자 '그런대로 모였다'라 했고, 조금 더 가지게 되자 '그런대로 갖추어졌다'라 했고, 많이 가지게 되자 '그런대로 아름답다'라 했다.

【집주】
公子荊 衛大夫 苟 聊且粗坐五反略之意 合聚也 完備也 言其循序而有節 不以欲速盡美累其心

공자 형은 위나라 대부이다. '구'는 '그런대로 대충은'이라는 뜻이다. '합'은 모이는 것이다. '완'은 갖추어진 것이다. 순서에 따르면서 절도가 있었고, 빨리 아름다움을 다하려는 것에 그 마음이 얽매이지 않았다는 말씀이다.

【세주】
新安陳氏曰 由合而完 由完而美 旣見其循序漸進 而無欲速之心 而其合完美 皆曰 苟而已 又見其所欲易足 而有節 曾無盡美之心 非賢而能之乎

신안 진씨가 말했다. '합(모임)'에서 '완(갖추어짐)'으로, 완에서 '미(아름다움)'로 나아갔으니 이미 그 순서에 따라 점차 나아가 빨리하려는 마음이 없었음을 알 수 있고, 그 합과 완과 미에 대해 모두 '그런대로'라 했을 뿐이니 그 바라는 바가 쉽게 채워지는 것이고 절도가 있었음도 알 수 있다. 아름다움을 다하려는 욕심이 있었던 적이 없으니 현자가 아니면 그럴 수 있으랴.

【집주】
○楊氏曰 務爲全美 則累物 而驕吝之心 生

양씨가 말했다. 완전히 아름답게 하려 힘쓰면, 물건에 얽매여 교만하고 인색한 마음이 생긴다.

【세주】

慶源輔氏曰 居室 務爲全美 是爲外物所累 得之 則驕心生 失之 則吝心生

경원 보씨가 말했다. 살림살이를 완전히 아름답게 하려 힘쓰는 것은 바깥의 물건에 얽매인 것이다. (바깥의 물건을) 얻으면 교만한 마음이 생기고 잃으면 인색한 마음이 생긴다.

【집주】

公子荊 皆曰苟而已 則不以外物爲心 其欲易去聲足 故也

공자 형은 모두 '그런대로'라 했을 뿐이니, 바깥의 물건으로 마음을 삼지 않아서 그 바라는 것이 쉽게 채워졌기 때문이다.

【세주】

新安陳氏曰 楊氏 只於苟字上 見有節不盡美之意 不見循序不欲速之意 必如上文朱子之說 則該備矣

신안 진씨가 말했다. 양씨는 단지 '구(그런대로)' 자에서 절도가 있고 아름다움을 다하지 않으려는 뜻을 보았을 뿐, 순서에 따르고 빨리하려 하지 않는 뜻은 보지 못했다. 반드시 윗글의 주자의 설과 같아야 완전히 갖춘 것이다.

○問 公子荊 善居室也 無甚高處 聖人稱善 何也 朱子曰 常人居室 不極其華麗 則墻傾壁倒 全不理會 子荊 自合而完而美 循循有序 而又皆曰 苟而已 初不以此累其心 在聖人德盛 此等事 皆化了不足言 在公子荊 能如此 故 聖人稱之

물었다. 공자 형이 살림살이를 잘하는 것, (이는) 특별히 높은 점은 없는데 성인께서 선하다고 칭찬하신 것은 왜입니까? 주자가 답했다. 보통 사람이 살림을 하면 화려함을 다하거나 아니면 (그 반대로) 담이 넘어지고 벽이 무너져도 전혀 모르거나 하는데, 자형은 합(모임)으로부터 완(갖추어짐)으로, 미(아름다움)로 순서를 따라 나아갔고, 또 모두 '그런대로'라고 말했을 뿐이니 처음부터 이것(살림)에 그 마음이 매이지 않았다. 성인의 융성한 덕으로는 이런 일은 모두 사라져버렸기 때문에 말할 필요도 없는 것이지만, 공자 형으로서는 이런 것이 잘한 것이기 때문에 성인께서 칭찬하셨다.

○問 公子荊 夫子 止稱其居室之善 如何 曰 此 亦姑擧其一事之善 而稱之 又安知其他無所長乎

물었다. 공자 형에 대해 공자께서는 단지 그 살림살이의 선함만을 칭찬하신 것은 무엇 때문입니까? 답했다. 이는 또한 잠시 그 하나의 일에 있어서의 선을 들어 칭찬하신 것이다. 또 그 외 다른 장점이 없는지 어찌 알리오.

○ 長樂陳氏曰 士庶之家 多循理 世祿之家 多怙侈 其勢然也 荊 爲衛之公子 善於居室 而未始有累焉 此 季札 所以謂之君子也

장락 진씨가 말했다. 선비나 서민의 집은 이치를 따르는 경우가 많고 세록(고위 벼슬을 세습함)의 집은 방종하고 사치한 경우가 많으니 그 형세가 그러한 것이다(자연스러운 것이다). 형은 위나라의 공자로서 살림살이를 잘하면서도 애초에 얽매인 데가 없었으니 이는 계찰(오나라 공자)이 그를 군자라 한 이유이다.

13.9-1 子適衛 冉有僕
공자께서 위나라로 가실 때 염유가 시종이 되었다.

【집주】
僕 御車也
'복'은 마차를 모는 것이다.

13.9-2 子曰 庶矣哉
공자께서 말씀하셨다. (인구가) 많구나.

【집주】
庶 衆也
'서'는 많은 것이다.

13.9-3 冉有曰 旣庶矣 又何加焉 曰 富之
염유가 말했다. 이미 인구가 많으면 또 무엇을 더해야 합니까? 답하셨다. 부유하게 해야 한다.

【집주】
庶而不富 則民生不遂 故 制田里 薄賦斂去聲 以富之
인구가 많은데 부유하지 않으면 백성의 삶이 이루어지지 않는다. 그런 까닭에 전리(전택, 즉 농지와 택지)를 제정하고 세금을 줄여 부유하게 해야 한다.

【세주】

雙峯饒氏曰 田 是所耕之田 孟子所謂 百畝之田 勿奪其時 是也 里 是所居之地 孟子所謂 五畝之宅 樹墻下以桑 是也 田出穀粟 里出布帛 有穀粟 則不飢 有布帛 則不寒 二者 富之之道

쌍봉 요씨가 말했다. '전'은 경작하는 토지이니 맹자가 말한 바 '백 무의 전(토지)에 그 (농사지을) 때를 빼앗지 않는다'라 한 것이 그것이다. '이'는 거주하는 땅이니 맹자가 말한바 '5무의 집에 그 담장 아래 뽕나무를 심는다'라 한 것이 그것이다(『맹자』1, 「양혜왕 상」 3장 및 7장). 전지에서는 곡식이 나오고, 택지에서는 포백이 나온다. 곡식이 있으면 굶주리지 않고 포백이 있으면 추위에 떨지 않으니, 이 둘은 부유하게 하는 방법이다.

13.9-4 曰 旣富矣 又何加焉 曰 敎之

(염유가) 말했다. 이미 부유하게 했으면 또 무엇을 더해야 합니까? 답하셨다. 가르쳐야 한다.

【집주】

富而不敎 則近於禽獸 故 必立學校 明禮義以敎之

부유한데 가르치지 않으면 금수에 가까워진다. 그런 까닭에 반드시 학교를 세우고 예의를 밝혀 가르친다.

【세주】

雙峯饒氏曰 制田里 薄賦斂 立學校 明禮義 各是兩事相因 田里 是富之之原 不制田里 則衣食無所從出 如何可使之富 然 田里 雖制 而不薄賦斂 則過取於民 非藏富於民矣 學校 是敎之之地 不立學校 則敎化 無所從施 如何可使之知禮義 然 學校雖設 而不明禮義以道之 則人心 無自而開明 學校亦徒設而已 所以 兩兩相因 皆不可廢

쌍봉 요씨가 말했다. 전리를 제정하는 것과 세금을 줄이는 것, 학교를 세우는 것과 예의를 밝히는 것, 이는 각각의 두 일이 서로 의존 관계에 있는 것이다. 전리는 부유하게 하는 원천으로서, 전리를 제정하지 않으면 의식이 나올 곳이 없으니 어떻게 부유하게 할 수 있으랴. 그러나 전리가 비록 제정되더라도 세금을 줄이지 않으면 백성에게 지나치게 걷는 것이니 백성에게 부를 저장하게 하는 것이 아니다. 학교는 가르침의 장소가 되는 것으로서, 학교를 세우지 않으면 교화를 베풀 곳이 없으니 어떻게 예의를 알게 할 수 있으랴. 그러나 비록 학교를 세우더라도 예의를 밝혀 이끌지 않으면 인심이 개명하게 될 원인이 없는 것이니 학교 또한 헛되이 설립된 것일 뿐이다. 그러므로 그 두 쌍의 두 가지(제전리 박부렴과 입학교 명예의)는 서로 의존하니 모두 폐할 수 없다.

○ 南軒張氏曰 庶矣 則當富之 富矣 則當敎之 聖賢仁民之意 無窮 而施之 爲有序也

남헌 장씨가 말했다. 인구가 번성하면 마땅히 부유하게 해야 하고, 부유하면 마땅히 가르쳐야 한다. 성현께서 백성을 어질게 대하시는 뜻은 무궁하지만 시행에 있어서는 순서가 있다.

○ 新安陳氏曰 庶而不富 則民 雖繁其生 而不厚其生 富而不敎 則民 雖厚其生 而無以養其生 庶而富 則民生厚 富而敎 則民德正 此 帝王作之君師之事也 後世 庶而富之者 已少 況富而敎之者乎

신안 진씨가 말했다. 인구가 많으면서 부유하게 하지 않으면 백성은 비록 그 삶을 번성하게(자식을 많이 낳기는) 하기는 하지만 그 삶을 두터이(윤택하게) 하지는 못한다. 부유하되 가르치지 않으면 백성은 비록 그 삶을 두터이 하기는 하지만 그 (인간다운) 삶을 기를 방법이 없다. 인구가 많으면서 부유하면 백성의 삶이 두텁고, 부유하면서 가르치면 백성의 덕이 바르다. 이는 제왕이 임금이 되어, 스승이 되어 하는 일이다. 후세에는 인구를 많게 하고 부유하게 한 자도 매우 적은데, 하물며 부유하게 하면서 가르친 자이겠는가?(그런 자는 없다.)

【집주】
○ 胡氏曰 天生斯民 立之司牧 而寄以三事

호씨가 말했다. 하늘이 이 백성을 내심에 사목(기르는 일을 담당하는 사람, 즉 왕)을 세워 세 가지 일을 맡기셨다.

【세주】
慶源輔氏曰 父生 師敎 君治 爲三事

경원 보씨가 말했다. 아버지가 낳고 스승이 가르치고 임금이 다스리는 것이 세

가지 일이다.

○ 或曰 庶富敎 是也
혹자가 말했다. 서(인구를 번성하게 함), 부(부유하게 함), 교(가르침)가 그것(세 가지 일)이다.

【집주】
然 自三代之後 能擧此職者 百無一二 漢之文明 唐之太宗 亦云庶且富矣 西京之敎 無聞焉 前漢文帝都長安是爲西京 明帝 尊師重傅 臨雍拜老 宗戚子弟 莫不受學

그러나 3대 이래 이 직무를 능히 다 해낸 자는 백에 한둘도 안 된다. 한나라의 문제와 명제, 당의 태종은 또한 인구를 번성시키고 부유하게 했다고 한다. 서경(전한 문제)의 가르침은 알려진 것이 없다. 〈전한의 문제는 장안에 도읍했는데 이것이 서경이다.〉 (후한) 명제는 교사를 존숭하고 사부를 중시했고, 태학을 시찰해 노인(삼로)을 공경했고, 종친자제들이 배움을 받지 않은 경우가 없었고,

【세주】
東漢 禮儀志 明帝 永平二年三月 上 始帥群臣 躬養三老五更于辟雍 三老人 知天地人之事 五更 老人 知五行更代之事者 明帝紀 三老 謂李躬 年耆學明 五更 謂桓榮 授帝尙書也 辟雍 天子之學名 三老五更 皆齊于大學講堂 其日 乘輿 先到辟雍禮殿 御坐東廂 遣使者 安車迎三老五更 安車 坐乘之車 以蒲裹輪 令老者坐而安穩也 天子 迎于門屛 交禮 報拜也 道自阼階 三老 升自賓階 至階 天子 揖如禮 三老 升東面 三公 設几 九卿 正履 天子 親袒割牲 執醬而饋 執爵而酳音胤 漱也 祝鯁在前 祝噎在後 老人 食多鯁噎 故 置人於前後 祝之 使不鯁噎也 五更南面 三公 進供 禮 亦如之 明日 皆詣闕謝恩 以見禮遇大尊顯故也

동한(『후한서』)「예의지(상)」(양로조)에 다음과 같이 나와 있다. 명제 영평 2년 3월, 임금이 처음으로 여러 신하를 이끌고 벽옹(태학)에서 몸소 3로와 5경을 대접했다. 〈3로는 노인으로서 천지인의 일을 아는 자이고, 5경은 노인으로서 5행이 교대하는 일을 아는 자이다. 「명제 본기」에, 3로는 이궁을 말하는데 나이가 많고 학식이 밝았고(그래서 3로로 삼았고), 5경은 환영을 말하는데 황제의 상서직을 받았다. 벽옹은 천자의 학교 이름이다.〉 3로와 5경은 모두 태학의 강당에 나란히 있는다. 그날 (임금이) 탄 가마가 먼저 벽옹의 예전(예를 거행하는 건물)에 도착하면, 임금은 동쪽 행랑에 앉는다. 사자를 보내 안거로 3로와 5경을 맞는다. 〈안거는 앉아 타는 마차(좌석 있는 수레)로, 바퀴를 갈포로 싸는 것이니 노인으로 하여금 앉아 편안

히 있게 해준다.) 천자는 문병(문의 가림벽)에서 맞이해 예를 나눈다. 〈답절하는 것이다.〉 (천자는) 동쪽 계단으로 오르고, 3로는 손님용 계단으로 오른다. 계단에 이르러서는 천자는 예의 규정대로 읍하고 3로는 오른 다음 동쪽을 향한다. 3공은 궤(의식용 상)를 설치하고 9경은 신발을 바로한다. 천자가 몸소 소매를 걷고 고기를 자르고 장 그릇을 잡아 부어주고 술잔을 잡고 따라준다. 〈(酳은) 음이 윤으로, 붓는다는 뜻이다.〉 축경(생선뼈 발라주는 사람)은 앞에 있고 축일(목 메는 것을 막아주는 사람)은 뒤에 있다. 〈노인은 먹을 때 생선뼈가 걸리고 목이 메는 경우가 많다. 그러므로 앞뒤로 사람을 두어 (일을) 맡겨 생선뼈가 걸리거나 목이 메지 않게 한다.〉 5경은 남쪽을 향하고 3공이 나아가 (음식을) 바친다. 예는 또한 [천자가 3로에게 하는 것과] 같이 한다. 다음날 모두 대궐로 가서 은혜에 감사하니, 대존자(크게 존귀한 노인)와 대현자(덕이 뛰어난 노인)로 예우받았기 때문이다.

【집주】
唐太宗 大召名儒 增廣生員

당 태종은 이름난 학자들을 크게 부르고 생원의 정원을 늘렸으니

【세주】

唐書 儒學傳 貞觀六年 詔罷周公祠 初祀周公爲先聖 至此罷 更以孔子爲先聖 顔氏爲先師 盡召天下惇師考德 以爲學官 數臨幸觀釋菜 命祭酒博士講論經義 賜以束帛 生能通一經者 得署吏 廣學舍千二百區 諸生員 至三千二百 自玄武屯營飛騎 皆給博士受經 能通一經者 聽以貢限 四方秀艾 挾策負素 坌去聲集京師 文治熘于貴勃興 於是 新羅 高昌 百濟 吐蕃 高麗 群酋長 並遣子弟入學 鼓篋踵堂者 凡八千餘人 紆侈袂 曳方履 闠闠秩秩 雖三代之盛 所未聞也

『(신)당서』, 「유학(상)」전에 다음과 같이 나와 있다. 정관 6년, 조를 내려 주공의 사당을 철폐하고 〈원래는 주공을 선성으로 제사지냈는데 이에 이르러 철폐했다.〉 다시 공자를 선성으로, 안씨(안회)를 선사로 했다. 천하의 독실한 선생과 좋은 덕 있는 선비를 모두 불러 학관으로 삼았다. 여러 차례 (국자감에) 임행해 석채(석전)를 보고 좨주 박사에게 경의를 강론하기를 명하고 속백을 하사했고, (감)생으로 한 경전에 능통한 자는 서리의 벼슬을 얻었다. 학사를 1,200구역 넓히고 제생원(각종의 생원)은 3,200명에 이르렀다. 현무문에 주둔하는 비기(병졸)에서부터 모두 박사에게 경전(의 강의)을 받게 해 한 경전에 능통한 자는 공거(과거)의 한도에 드는 것을 허락했다. 사방의 뛰어난 자들이 책을 끼고 종이를 지고 서울로 먼지를 일으키며 모여들어 문치가 빛나게 발흥했다. 이에 신라, 고창, 백제, 토번, 고(구)려

등 여러 추장들이 모두 자제를 보내 입학시켰으니 고사(입학식)에 학교에 모여든 자가 모두 8,000여 명이었다. 넓은 소매를 휘감고 신발을 끄는 것이 온화하고 질서 있어 비록 3대의 융성한 시대에도 들어보지 못한 것이었다.

【집주】
敎亦至矣 此下總說二君 然而未知所以敎也 三代之敎 天子公卿 躬行於上 言行去聲政事 皆可師法 彼二君者 其能然乎

가르침 또한 지극했다. 〈이 이하는 두 임금을 합쳐 설명한 것이다.〉 그러나 어떻게 가르쳐야 하는지는 알지 못했다. 3대의 교육은 천자와 공경이 위에서 몸소 실천해 언행과 정사가 모두 모범으로 본받을 만한 것이었는데, 저 두 임금(후한 명제와 당 태종)이라는 사람도 그럴 수 있었는가?

13.10 子曰 苟有用我者 朞月而已 可也 三年 有成

공자께서 말씀하셨다. 만약 나를 쓰는 자가 있다면, 1년 만이면 (되기는) 되고 3년이면 성취가 있을 것이다.

【집주】

朞月 謂周一歲之月也 可者 僅辭 言紀綱布也 有成 治去聲功成也

'기월'은 1년 동안 (열두) 달이 한 번 도는 것을 말한다. '가'란 '겨우 (된다)'라는 말이니, 기강이 퍼지는 것을 말한다. '유성(성취가 있음)'은 다스림의 효과가 이루어지는 것이다.

【세주】

朱子曰 聖人爲政 一年之間 想見已前不好底事 都革得盡 到三年 便財足兵强敎行民服 聖人做時 須一切將許多不好底 撤換了 方做自家底 必三年 方可有成也

주자가 말했다. 성인께서 정치를 하신다면, 상상해보건대, 1년 사이에 이전의 좋지 못했던 일들이 모두 다 개혁될 것이다. 3년이 되면 재정은 넉넉하고 군대는 강하고 가르침은 행해지고 백성은 복종할 것이다. 성인께서 하실 때는 모름지기 일체의 허다한 좋지 못한 것들을 없애고 바꾸어버리시고, 바야흐로 자신(공자)의 것을 행하시어 3년이면 반드시 성취가 있을 수 있다.

○南軒張氏曰 朞月而大綱立 三年而治功成 然 三年之所成者 卽其朞月所立之規模也 充之而已矣

남헌 장씨가 말했다. 1년이면 대강이 서고 3년이면 다스림의 효과가 이루어진다. 그러나 3년에 이루어지는 것은 곧 1년 동안 세운 것의 범위 내의 것으로, 그것을 채우는 것일 뿐이다.

○東陽許氏曰 朞月而可 謂興衰撥亂 綱紀粗立 三年有成 謂治定功成 治道大備

동양 허씨가 말했다. 1년이면 가능하다는 것은 쇠약한 것을 일으키고 혼란한 것을 다스려 기강이 대충 서는 것을 말한다. 3년이면 성취가 있다는 것은 다스림이 안정되고 효과가 이루어져 다스림의 도가 크게 갖추어지는 것을 말한다.

【집주】

○ 尹氏曰 孔子歎當時莫能用己也 故 云然 愚按史記 此 蓋 爲去聲衛靈公不能用而發

윤씨가 말했다. 공자께서 당시에 아무도 자신을 쓰지 못하는 것을 탄식하신 것이다. 그런 까닭에 그렇게 말씀하셨다. 내가 『사기』를 살펴보니 이는 대개 위영공이 쓰지 못했기 때문에 나온 말씀이다.

【세주】

葉氏少蘊曰 因衛不用己而言 又論善人王者之功 此書所記 先後初無序 亦有一時之言而倂記之者 若此編 是也 所謂用我者 非嘗試而使之也 擧國委己而聽之也 哀公 以夫子爲中都宰 一年而四方則之 夾谷之會 攝行相禮 齊人 遂歸魯侵疆 及爲司寇 粥羔豚 弗飾賈 男女行者 別於塗 每用輒效 如此 況委國而聽之 至於三年之久哉

섭소온이 말했다. 위나라가 자신을 써주지 않았기에 (이 장의) 말씀을 하셨고 또 선인(본 편 11장)과 왕자(본 편 12장)의 (정치의) 효과를 논하셨다. 이 책에 기록된 것의 선후는 본디 차례(시간상의 선후)가 없지만, 또한 같은 때에 하신 말씀을 함께 기록한 것이 있음은 이 편의 경우가 그 예이다. 소위 '나를 쓴다'는 것은 먼저 시험해보고 시키는 것이 아니라 나라 전체(의 정치)를 자신에게 맡기고 (모든 정치적 건의를) 들어주는 것이다. 애공은 공자를 중도재로 삼았는데 1년 만에 사방이 본받았고, 협곡의 회합에서 의례 돕는 일을 대행하셨는데 제나라 사람들이 마침내 노나라에서 빼앗아간 땅을 돌려주었고, 사구가 되셨을 때는 새끼 양과 돼지를 팔면서 값을 올리지 않았고 남녀가 길을 가면 길을 달리했다. 매번 쓰이실 때마다 번번이 효과를 거두신 것이 이와 같았다. 하물며 나라를 맡기고 들어주어 3년이라는 긴 세월에 이른다면이야(말할 것이 있으랴).

○ 雲峯胡氏曰 夫子言 有用我者 二 一 爲衛不能用 一 爲魯不能用 卽此亦可見魯衛之政兄弟矣

운봉 호씨가 말했다. 공자께서 '나를 쓰는 자가 있다면'이라고 말씀하신 것이 두 번인데, 하나는 위나라가 쓰지 못했기 때문이고 하나는 노나라가 쓰지 못했기 때문이다. 이에 근거해 본다면 또한 노나라와 위나라의 정치가 형제임을 알 수 있다.

13.11 子曰 善人 爲邦百年 亦可以勝殘去殺矣 誠哉 是言也 _{勝 平聲 去 上聲}

공자께서 말씀하셨다. '선인이 나라를 100년간 다스리면 또한 가히 잔혹함을 이기고 사형을 없앨 수 있다'라 했는데, 진정 그렇구나, 이 말은.

【집주】
爲邦百年 言相繼而久也 勝殘 化殘暴之人 使不爲惡也 去殺 謂民化於善 可以不用刑殺也 蓋古有是言 而夫子稱之 程子曰 漢自高惠至於文景 黎民醇厚 幾_{平聲}致刑措 庶乎其近之矣

'나라 다스리기를 100년간 한다'는 것은 오랫동안 계속 이어진다는 말이다. '잔혹함을 이긴다'는 것은 잔인하고 난폭한 사람을 교화시켜 악을 행하지 않게 한다는 뜻이다. '사형을 없앤다'는 것은 백성이 선으로 교화되어 사형을 쓰지 않을 수 있다는 말이다. 대개 옛날에 이런 말이 있었는데 공자께서 (이 말을 훌륭하다고) 칭찬하셨다. 정자가 말했다. 한나라는 고조와 혜제로부터 문제와 경제에 이르기까지 백성들이 순후해 '형조(형조불용, 즉 형벌이 있어도 쓰이지 않는 지경)'에 거의 이르렀으니, 거의 이(승잔거살)에 가깝다.

【세주】
問 善人之爲邦 如何可勝殘去殺 程子曰 只是能使人不爲不善 善人 不踐跡 亦不入於室之人也

물었다. 선인이 나라를 다스리면 왜 잔혹함을 이기고 사형을 없앨 수 있습니까? 정자가 답했다. 단지 사람으로 하여금 불선을 행하지 않게 할 수 있을 뿐이다. 선인은 궤적(성인의 행적)을 밟지 않고, 또 방(성인의 학문의 영역)에 들어갈 수 없는 사람이다(『논어』11, 「선진」 10장).

○問 集註謂 民化於善 可以不用刑殺 乃聖人之事 善人 未易至此 朱子曰 聖人 比善人 自是不同 綏之斯來 動之斯和 殺之不怨 利之不庸 民 日遷善而不知爲之者 此 聖人事 善人 定是未便得如此 然 他 做百年工夫 積累到此 自是亦能使人興於善 不陷刑辟 如文景 幾致刑措 豈不勝殘去殺

316

물었다. 집주에서는 '백성이 선으로 교화되어 사형을 쓰지 않을 수 있다'라 했는데, 이는 성인의 일이니 선인으로서는 쉽게 도달할 수 없습니다. 주자가 답했다. 성인은 선인에 비한다면 본디 같지 않다. 편안하게 해주면 오고 움직이게 하면 화답하는 것(『논어』19, 「자장」 25장), 죽여도 원망하지 않고 이롭게 해도 공으로 여기지 않아 백성이 날로 선으로 옮겨 가면서도 그렇게 하는 자(가 누군지)를 모르는 것(『맹자』 13, 「진심 상」 13장), 이는 성인의 일이니, 선인은 결코 이와 같을 수 없다. 그러나 그가 100년 공부(노력)를 해 쌓인 것이 이에 달하면 응당 또한 사람으로 하여금 선으로 흥기하게 해 형벌에 빠지지 않게 할 수 있다. 예컨대 문제와 경제는 거의 형벌이 있어도 쓰이지 않는 지경에 이르렀으니 어찌 '잔혹함을 이기고 사형을 없앰'이 아니겠는가?

○雙峯饒氏曰 勝殘 是我之善化 足以勝其殘暴 去殺 是民無極惡大罪 可以不用刑殺 惟其能勝殘 所以 可去殺 謂之亦可者 微寓不足之意 似有未能必其殘果盡勝 殺果盡去之意 蓋 亦所謂幾致刑措者也 善人力量 其極功 只到得此地位 以上更去不得

쌍봉 요씨가 말했다. '잔혹함을 이긴다'는 것은 내가 선으로 교화해 족히 그 잔혹함을 이길 수 있다는 것이고, '사형을 없앤다'는 것은 백성에게 극악한 대죄가 없어 사형을 쓰지 않을 수 있다는 것이다. 진정 잔혹함을 이길 수 있기 때문에 사형을 없앨 수 있다. '역가(또한 가능하다)'라 하신 것은, 부족하다는 뜻이 약간은 깃들어 있는 것으로, 반드시 잔혹함을 완전히 이기고 사형을 완전히 없앨 수 있는 것은 아니라는 뜻이 있는 것 같으니, 대개 또한 이른바 '형벌이 있어도 쓰이지 않는 지경'에 거의 도달한다는 말이다. 선인의 역량은 그 최대의 효과가 단지 이런 경지에 달할 수 있을 뿐, 더 위로는 나아갈 수 없다.

【집주】

○尹氏曰 勝殘去殺 不爲惡而已 善人之功 如是 若夫聖人 則不待百年 其化 亦不止此

윤씨가 말했다. '잔혹함을 이기고 사형을 없애는 것'은 악을 행하지 않는 것일 뿐이다. 선인의 효과는 이와 같지만, 저 성인의 경우는 100년을 기다릴 필요가 없고, 그 교화가 또한 이에 그치지도 않는다.

【세주】

新安陳氏曰 上三句 說本章 下二句 隱然說下章 聖人 卽王者 不待百年 卽一世 化不止此 卽仁澤 浹也

신안 진씨가 말했다. (윤씨의) 위 세 구절은 본 장을 설명했고 아래 두 구절은 은연중에 아래 장을 설명했다. 성인은 곧 왕자이다. '100년을 기다리지 않는다'는 것은 곧 한 세대(면 된다)라는 뜻이고, '교화가 이에 그치지 않는다'는 것은 곧 인의 은택이 두루 미친다는 뜻이다.

13.12 子曰 如有王者 必世而後仁

공자께서 말씀하셨다. 만약 왕자(왕도를 실현하는 임금)가 있다면 틀림없이 일세(한 세대)가 지나면 (세상이) 인할 것이다.

【집주】

王者 謂聖人受命而興也 三十年 爲一世

'왕자'는 성인이 천명을 받아 일어난 것을 말한다. 30년이 일세가 된다.

【세주】

說文 三十年 爲一世 從卅而曳長之

『설문』에 ('세' 자의 설명에서) "30년이 일세가 된다. '삽' 자에 딸리고 (소리는) 길게 끈다"라 했다.

【집주】

仁 謂敎化浹卽業反也 程子曰 周自文武 至於成王而後 禮樂興 卽其效也

'인'은 교화가 두루 미친 것을 말한다. 정자가 말했다. 주나라는 문왕과 무왕으로부터 성왕에 이른 뒤에 예악이 흥했으니 곧 그 (인의 교화의) 효과이다.

【세주】

朱子曰 自己之仁而言之 這箇道理 浸灌透徹 自天下言之 擧一世之人 皆是這箇道理 浸灌透徹

주자가 말했다. 자신(개인)의 인이라는 관점에서 말한다면 이 도리(인)가 (자신에게) 투철하게 침투한 것이고, 천하라는 관점에서 말한다면 한 세대의 모든 사람에게 다 이 도리가 투철하게 침투한 것이다.

○ 所謂仁者 以其天理流行 融液洞徹 而無一物之不體也 擧一世而言 固無一人之不然 卽一人而言 又無一事之不然也 求之詩書 惟成康之世 足以當之

소위 인이란 천리가 유행하여 액체처럼 녹아 꿰뚫어 들어가 하나의 사물에도 체현되지 않음이 없는 것이다. 한 세대를 들어 말한다면 진정 한 사람도 그렇지 않음이 없는 것이고, 한 사람의 경우로 말한다면 또 하나의 일도 그렇지 않음이 없는 것이다. 『시경』이나 『서경』에서 찾아본다면 오직 성왕과 강왕의 시대가 거기 해당되기에 충분하다.

○ 雙峯饒氏曰 此仁字 是敎化浹洽 無一人不貫徹底意思 與其他仁字 不同 蓋 仁者 以天地萬物爲一體 須漸民以仁 摩民以義 節民以禮 使其化薰蒸透徹 融液周徧 以至四海之內 無一人不歸於善 如人一身之間 生意貫徹 四肢百骸 無少痿痺相似 故 謂之仁 且如堯舜之世 固是黎民於變 比屋可封 然苗頑猶未卽工 亦是 堯舜之化 未貫徹處 必三苗旣格 然後東漸西被 朔南曁 聲敎無處不貫徹 方是堯舜致治之仁

쌍봉 요씨가 말했다. 이 '인' 자는 교화가 두루 푹 적셔져 한 사람도 관철되지 않은 사람이 없다는 뜻이니 다른 경우의 '인' 자와는 같지 않다. 대개 인자는 천지만물과 한몸이 되니 반드시 인으로 백성을 적시고 의로 백성을 어루만지고 예로 백성을 절제시켜 그 교화가 향초 찌는 것처럼 꿰뚫어 스며들고 액체처럼 녹아 두루 퍼지게 해 사해 안의 한 사람도 선으로 돌아오지 않는 사람이 없게 된다. 한 개인의 몸을 예로 들자면 생명의 의지가 (온몸을) 꿰뚫어서 사지와 백해 (모든 뼈)에 조금의 마비도 없는 것과 비슷하니, 그런 까닭에 그것을 인이라 한다. 또 요순의 시대를 예로 들자면 본디 백성이 변화해 모든 집이 (작위를) 봉할 만했지만 (봉할 만한 덕이 있었지만) 그러나 묘인들은 완강해서 즉시 신복하지는 않았으니 또한 이는 요순의 교화가 관철되지 못한 점이다. 반드시 3묘(묘의 세 부족)가 (굴복해) 온 후 동으로는 (바다에까지) 미치고 서로는 (사막에까지) 닿고 남북에 이르기까지 우렁찬 교화가 관철되지 않은 곳이 없어야 (『서경』, 「하서 우공」 13장) 비로소 요순의 지극한 통치의 인이다.

【집주】
○ 或問 三年必世 遲速不同 何也 程子曰 三年有成 謂法度紀綱有成 而化行也 漸將嗟反民以仁 摩民以義 使之浹於肌膚 淪於骨髓 而禮樂可興 所謂仁也 此 非積久 何以能致

혹자가 "3년과 한 세대라 했으니(공자 자신은 3년이면 된다 했고, 성인은 반드시 한 세대를 지나야 한다고 했으니) 빠르고 늦기가 같지 않은 것은 왜입니까?"라고 묻자 정자가 답했다. 3년이면 성취가 있다는 것은 법도와 기강이 이루어져 교화가 행해지는 것을 말한다(공자가 3년이면 성취가 있을 것이라 한 까닭). 인으로 백성을 적시고 의로 백성을 어루만져 피부에 스며들고 골수에 사무치게 해 예악이 일어날 수 있는 것이 이른바 인이다. 오래 쌓이지 않으면 어찌 이에 도달할 수 있겠는가? (성인이 한 세대를 지나야 인이 된다고 하는 까닭)

【세주】

南軒張氏曰 使民皆由於仁 非仁心涵養之深 仁政薰陶之久 莫能然也 此 則非善人所能及矣

남헌 장씨가 말했다. 백성을 모두 인으로 말미암게 하는 것은 인의 마음이 깊이 함양되고 인의 정치의 훈도(교화)가 오래되지 않으면 그럴 수 없다. 이는 선인이 미칠 수 있는 것이 아니다.

○ 雲峯胡氏曰 勝殘去殺者 如能去人之疾 而使之不至於死者也 仁 則如人元氣渾全 而自無疾者也 天下 無一人非天理之融徹 無一處非天理之流通 故曰 仁

운봉 호씨가 말했다. 잔혹함을 이기고 사형을 없애는 것은 예컨대 사람의 질병을 제거해 죽음에 이르지 않게 할 수 있는 것과 같다. 인은 예컨대 사람의 원기가 완전해 저절로 질병이 없는 것과 같다. 천하에 한 사람도 천리가 녹아들어 꿰뚫지 않은 사람이 없고 한 곳도 천리가 흘러 통하지 않은 곳이 없기 때문에 인이라 한다.

13.13 子曰 苟正其身矣 於從政乎 何有 不能正其身 如正人何

공자께서 말씀하셨다. 만약 그 몸을 바로잡는다면 정치에 종사함에 무슨 어려움이 있겠는가? 그 몸을 바로잡지 못한다면 어찌 남을 바로잡겠는가?

【세주】

問 此章 與第六章 其身正 不令而行 其身不正 雖令不從 何異而復出之 朱子曰 晁氏 以爲此章專爲臣而發 理或然也

물었다. 이 장이 제6장의 "그 몸이 바르면 명령하지 않아도 행하고 그 몸이 바르지 않으면 비록 명령하더라도 따르지 않는다"는 구절과는 어떻게 다르기에 두 번 나왔습니까? 주자가 답했다. 조씨는 이 장은 오로지 신하를 위해 하신 말씀이라 했는데, 이치상 혹 그럴 것 같다.

○雙峯饒氏曰 從政與爲政 不同 爲政 是人君事 從 政是大夫事 夫子此言 蓋 爲大夫而發

쌍봉 요씨가 말했다. 정치에 종사하는 것과 정치를 하는 것은 다르다. 정치를 하는 것은 임금의 일이고 정치에 종사하는 것은 대부의 일이다. 공자의 이 말씀은 대개 대부를 위해 하신 말씀이다.

13.14 冉子退朝子曰何晏也對曰有政子曰其事也如
有政雖不吾以吾其與聞之 朝音潮 與去聲

염자가 조정에서 퇴근했다. 공자께서 말씀하셨다. 어찌 늦었느냐? (염유가) 대답해 말했다. 정사가 있었습니다. 공자께서 말씀하셨다. 그것은 (정사가 아니라 계씨 집안의) 일이다. 정사가 있었다면 비록 내가 쓰이지는 않지만 내가 참여해 들었을 것이다.

【집주】
冉有 時爲季氏宰 朝 季氏之私朝也

염유는 당시 계씨의 가재였다. '조'는 계씨의 사적 조정이다.

【세주】
厚齋馮氏曰 臣見君 曰朝 故 其廷謂之朝廷 季氏 專魯之政 其臣之見季氏 亦曰朝 僭禮之稱也

후재 풍씨가 말했다. 신하가 임금을 뵙는 것을 '조'라 한다. 그러므로 그 뜰을 조정이라 한다. 계씨는 노나라의 정치를 전횡해 그 신하가 계씨를 뵙는 것을 또한 '조'라 했으니 참람한 예의 호칭이다.

【집주】
晏 晚也 政 國政 事 家事

'안'은 늦은 것이다. '정'은 국정(노나라의 정치)이고 '사'는 가사(계씨의 집안 일)이다.

【세주】
吳氏曰 政事 泛言之 則通 別言之 則大曰政 小曰事 公朝之事 曰政 私家之事 曰事

오씨가 말했다. 정과 사는 일반적으로 말하면 통용해 쓰지만, 구별해 말하자면 큰 것은 정이라 하고 작은 것은 사라하고, 공조(국가의 공식적 조정)의 일은 정이라 하고 개인 집안의 일은 사라 한다.

【집주】
以用也 禮大夫雖不治事 猶得與聞預下文當與聞同聞國政 是時季氏專
魯 其於國政 蓋有不與同列議於公朝 而獨與家臣謀於私室者 故夫
子爲不知者而言

'이'는 쓰는 것이다. 예에, (물러난) 대부는 비록 일을 다스리지는 않으나 아직 국정에 참여해 들을 수 있다. 이때 계씨가 노나라를 전횡함에, 그 국정에 대해서 대개 공조에서 동렬(같은 위계인 대부들)과 의논하지 않고 따로 가신과 더불어 개인 집에서 모의하는 경우가 있었다. 그런 까닭에 공자께서는 (계씨가 개인 집에서 국정을 논의한다는 사실을) 모르는 사람인 것처럼 하시면서 말씀하시기를

【세주】
此 與記檀弓下 夫子 爲弗聞也者 而過之 同一文勢

이는 『예기』, 「단궁 하」에 나오는 "공자께서는 못 들으신 척 지나치셨다"라는 구절과 그 문세가 동일하다.

【집주】
此必季氏之家事耳 若是國政 我嘗爲大夫 雖不見用 猶當與聞 今旣
不聞 則是非國政也 語意 與魏徵獻陵之對 略相似

'이는 틀림없이 계씨의 집안일일 뿐이다. 만약 국정이었다면 나는 일찍이 대부였으니 비록 현직으로 쓰이지는 않지만 아직 마땅히 참여해 들었어야 하는데 지금 듣지 못했으니 이는 국정이 아니다'라 하셨다. 말씀의 뜻이 위징이 헌릉이라고 대답한 것과 대략 비슷하다.

【세주】
唐書 魏徵傳 文德皇后太宗之后 旣葬 帝 卽苑中作層觀 以望昭陵后陵 引徵同
升 徵熟視曰 臣 昏眊不能見 帝 指示之 徵曰 臣 以爲陛下望獻陵太宗母陵 昭
陵 則臣固見之矣 帝 泣爲毀觀

『(신)당서』, 「위징전」에 다음과 같이 나와 있다. 문덕황후〈태종의 황후〉를 이미 장사지내고 황제는 곧 후원 중에 2층 전망대를 만들어 소릉〈황후의 능〉을 바라보았다. 위징을 불러 같이 올랐는데, 위징이 한참 보더니 "신은 눈이 어두워 보이지

않습니다"라 했다. 황제가 (소릉을) 가리키자 위징이 말하기를 "신은 폐하께서 헌릉〈태종의 모후의 능〉을 보시는 줄 알았습니다. 소릉은 신도 물론 보았습니다"라 했다. 황제가 울며 전망대를 헐었다.

【집주】

其所以正名分扶問反 抑季氏 而敎冉有之意 深矣

명분을 바로 해 계씨를 누르고 염유를 가르치시려는 뜻이 깊다.

【세주】

吳氏曰 以夫子此語推之 意古者 大夫 雖致仕 國有大政 亦必與之共謀 蓋詢黃髮之意 若小事 則不必然爾 冉有 仕季氏 無能改於其德 故 夫子 因其有政之語 而深譏之 可謂微而顯 婉而嚴矣 夫子 哀公十一年冬 反魯 年六十九 明年 爲告老之年 左傳 哀公十二年春 用田賦 康子 使冉有問曰 子爲國老 待子而行 蓋 至是不復以告矣

오씨가 말했다. 공자의 이 말씀으로 미루어보건대, 옛날에는 대부가 비록 퇴직했더라도 나라에 큰 정사가 있으면 또한 반드시 참여해 같이 의논했던 것 같으니, 대개 황발(노인)에게 자문을 구한다는 뜻이다. 만약 작은 일 같으면 꼭 그리하지는 않았다. 염유는 계씨를 섬기면서 그 덕을 고치지 못했다. 그런 까닭에 공자께서는 이 '정사가 있었다'는 (염유의) 말로 인해 깊이 그를 비판하셨으니, (그 비판은) 은밀한 듯하지만 분명하고 완곡한 듯하지만 엄하다고 할 수 있다. 공자께서는 애공 11년 겨울 노나라로 돌아오셨는데 연세가 69세였으니 다음 해가 노인임을 알리는 해(70세가 되어 노인으로 은퇴하는 해)였다. 『(춘추)좌전』에 보면 "애공 12년 봄, 전부(토지에 근거한 세금제도)를 쓰려고 강자가 염유를 보내 묻기를 '선생께서는 나라의 노인이니 선생(의 말씀)을 기다려 행하겠습니다'라 했다"라고 되어 있는데, 대개 이에 이르러서는 다시는 알리지 않았다.

13.15-1 定公問 一言而可以興邦 有諸 孔子對曰 言 不可以若是其幾也

정공이 물었다. 말 하나로 나라를 흥하게 할 만한 그런 것이 있습니까? 공자께서 대답해 말씀하셨다. 말은 그렇게 되는 것을 기대할 수 없습니다.

【집주】
幾 期也 詩曰 如幾如式 見小雅楚茨篇 言 一言之間 未可以如此而必期其效 詩幾 音機

'기'는 기대한다는 뜻으로, 시경에 "기대한 대로 법식대로"라 했다. 〈『시경』「소아(북산)」〈초자〉편에 나온다.〉 말 하나 사이에 그렇게 꼭 그 효과를 기대할 수는 없다는 말씀이다.

13.15-2 人之言曰 爲君難 爲臣不易 易 去聲

사람들이 말하기를 '임금 노릇은 어렵고 신하 노릇은 쉽지 않다'라 합니다.

【집주】
當時 有此言也

당시에 이런 말이 있었다.

13.15-3 如知爲君之難也 不幾乎一言而興邦乎

만약 (그 말로 인해) 임금 노릇 하기 어렵다는 것을 알게 된다면 (그 말은) 말 하나로 나라를 일으킬 수 있는 것에 거의 가깝지 않겠습니까?

【집주】

因此言而知爲君之難 則必戰戰兢兢 臨深履薄 而無一事之敢忽 然則此言也 豈不可以必期於興邦乎 爲去聲定公言 故 不及臣也

이 말로 인해 임금 노릇 하기 어렵다는 것을 알면 반드시 전전긍긍 깊은 못에 임하듯 살얼음을 밟듯 하나의 일도 감히 소홀히 하는 것이 없을 것이니 그렇다면 이 말이 어찌 틀림없이 나라를 일으키기를 기대할 수 있는 말이 아니겠는가? 정공을 위해 말씀하셨기 때문에 신하에 대해서는 언급하지 않으셨다.

【세주】

不再拈及爲臣不易一句

다시 '신하 노릇 하기는 쉽지 않다'는 한 구절은 언급하지 않았다.

13.15-4 曰 一言而喪邦 有諸 孔子對曰 言 不可以若是其幾也 人之言曰 予 無樂乎爲君 唯其言而莫予違也 喪去聲下同 樂音洛

(정공이) 물었다. 말 하나로 나라를 잃을 수 있는 그런 것이 있습니까? 공자께서 대답해 말씀하셨다. 말은 그렇게 되는 것을 기대할 수 없습니다. 사람들이 말하기를 "나는 임금 노릇 하는 것이 (다른 것은) 즐거울 것이 없고, 오직 말하면 나(내 말)를 아무도 어기지 않는다는 것뿐이다"라 합니다.

【집주】

言他無所樂 惟樂此耳

다른 것은 즐거울 것이 없고 다만 이것을 즐길 뿐이라는 말이다.

13.15-5 如其善而莫之違也 不亦善乎 如不善而莫之違也
不幾乎一言而喪邦乎

선한 말인데 아무도 어기지 않는 경우라면 또한 선하지
않겠습니까마는, 선하지 않은 말인데 아무도 어기지 않는
경우라면 (어기지 않는 것을 즐긴다는 그 말은) 한마디 말
로 나라를 잃게 하는 것에 거의 가깝지 않겠습니까?

【집주】
范氏曰 如不善而莫之違 則忠言 不至於耳 君日驕而臣日諂丑驗反 未
有不喪邦者也

범씨가 말했다. 선하지 않은데 아무도 어기지 않으면 충언이 귀에 닿지 않으니,
임금은 날로 교만해지고 신하는 날로 아첨해 나라를 잃지 않는 경우가 없다.

○ 謝氏曰 知爲君之難 則必敬謹以持之 唯其言而莫予違 則讒諂面
諛之人 至矣 邦未必遽興喪也 而興喪之源 分於此 然 此 非識微之君
子 何足以知之

사씨가 말했다. 임금 노릇 하기 어려움을 알면 반드시 경건하고 삼감으로써 지
킬 것이고, (즐기는 것이) 오직 말하면 아무도 나를 어기지 않는 것이라면 참소
하고 아첨하고 맞대놓고 아부하는 사람이 올 것이다. (그렇다고 해서) 나라가
반드시 금방 흥하거나 망하는 것은 아니지만 흥하고 망하는 것의 근원(적 이유)
은 여기에서 나누어진다. 그러나 미묘한 것을 깨닫는 군자가 아니면 이를 어찌
족히 알 수 있으리오.

【세주】
胡氏曰 幾 舊說 或以爲近 或以爲微 近 與不幾乎之義同 與若是其幾之幾
不協 微 則其文義 皆不可讀 故 不可從也 謝氏說 邦未必遽興喪 則似以幾
爲近 又曰 興喪之源 分於此 非識微者 不足以知之 則又似以幾訓微 終取
之者 豈其大旨有所發明歟

호씨가 말했다. '기'(의 해석)에 관해, 구설에서는 혹 '근(가까움)'이라고 하고 혹
'미(미묘함)'라고도 했다. '근'은 '불기호(거의 가깝지 않은가)'라 할 때의 '기'와는

의미가 같지만 '약시기기(그렇게 되는 것을 기대한다)'라 할 때의 '기'와는 맞지 않는다. '미'의 경우는('미'로 해석하면) 글의 뜻을 읽을 수 없다(이해불능이 된다). 그러므로 따를 수 없다. 사씨는 '나라가 반드시 금방 흥하거나 망하지는 않는다'라 했으니 '기'를 '근'으로 해석한 것 같고, 또 '흥하고 망하는 근원은 여기에서 나누어지지만 미묘한 것을 깨닫는 자가 아니라면 알기에 족하지 않다'라 했으니 또 '기'를 '미'로 해석한 것 같다. (집주의) 끝에 이(사씨의 말)를 인용한 것이 어찌 그것이 큰 뜻을 밝혀 드러낸 것이 있어서이랴.

○ 雙峯饒氏曰 聖人說話 直是平 無些子高低 謂一言便能興邦喪邦 固不可 謂一言不可以興邦喪邦 亦不可 又如唯其言而莫予違 固不是 然 善而莫之違 猶自可 故 又分兩股說 一輕一重之間 斟酌劑量 不令分毫有偏

쌍봉 요씨가 말했다. 성인의 말씀은 직접적이고 평이해 조금의 높낮이도 없다. 말 하나가 곧 나라를 흥하게 하거나 나라를 망하게 한다고 말하는 것은 본디 안 되는 것이지만, 말 하나가 나라를 흥하게 할 수 없다거나 나라를 망하게 할 수 없다고 말하는 것도 또한 안 된다. 또 '(임금의 즐거움이) 오직 말하면 아무도 나를 어기지 않는 것이다'라는 것은 본디 옳지 않지만, 그러나 선한데 어기지 않는 것은 오히려 당연히 괜찮은 것이니 그런 까닭에 두 부분으로(선한 말을 어기지 않는 경우와 선하지 않은 말을 어기지 않는 경우로) 나누어 말씀하셨다. 가벼운 것과 무거운 것의 사이를 참작하고 조절해 터럭만큼도 치우침이 없게 하셨다.

○ 吳氏曰 定公之問 亦可謂有意於治矣 使其能用夫子之言 兢兢業業 以媚己之人 爲可畏 三子之徒 庶其小悛 而魯其或興也 惜乎 女樂之事 公旣欲之 而桓子 又助成之 是亦言不善而莫之違之類 是以 用夫子 而不克終也

오씨가 말했다. 정공이 물은 것은 또한 정치에 뜻이 있었던 것이라 할 수 있다. 만약 공자의 말씀을 쓸 수 있었다면, 조심스레 삼가 자신에게 아부하는 사람은 두려워할 만하다고 생각했을 것이고, 3자(당시 노의 실권자 세 사람)의 무리도 아마 조금은 개전했을 것이고, 노나라도 혹 흥했을 것이다. 아깝다, 여악의 일(제나라에서 보낸 여자 악공을 노 정공이 받은 일. 이 일로 공자가 노나라를 떠남)을 공이 이미 바랐고 환자가 또 도와 이루었으니. 이는 또한 '선하지 않은 말인데 아무도 어기지 않음'의 사례이다. 이런 까닭에 공자를 썼지만 끝까지 잘하지는 못했다.

13.16-1 葉公問政

섭공이 정치를 물었다.

【집주】

音義 竝見形甸反第七篇

음과 뜻은 모두 제7편에 나온다.

13.16-2 子曰 近者說 遠者來 說音悅

공자께서 말씀하셨다. (좋은 정치란) 가까이 있는 자는 기뻐하고 멀리 있는 자는 오는 것입니다.

【집주】

被其澤 則說 聞其風 則來 然 必近者說 而後遠者來也

그 은택을 입으면 기뻐하고, 그 풍문을 들으면 온다. 그러나 반드시 가까이 있는 자가 기뻐한 연후에야 멀리 있는 자가 온다.

【세주】

南軒張氏曰 近者 樂其澤 遠者 慕其風 然 未有澤不及於近 而能使人慕之者也

남헌 장씨가 말했다. 가까이 있는 자는 그 은택을 즐기고 멀리 있는 자는 그 풍문을 (듣고) 흠모한다. 그러나 가까이에 은택이 미치지 않고도 사람으로 하여금 흠모하게 할 수 있는 경우는 없다.

○勉齋黃氏曰 此 非有意於求其說且來也 有意於求其說且來 則必有不說不來者矣 行吾之所當行 而其效如此 乃所謂政

면제 황씨가 말했다. 이는 기뻐하는 것과 오는 것을 구하는 데 뜻을 둔 것이 아니다. 기뻐하는 것과 오는 것을 구하는 데 뜻을 두면, 기뻐하지 않고 오지 않는 자가 반드시 있기 마련이다. 내가 마땅히 해야 할 바를 행하면 그 효과가 이와 같다는 것이니, (이것이) 곧 소위 정치이다.

○ 或謂 此章 言其效 而不言其所以致之 何也 吳氏曰 葉公 楚名臣 或不待贅言 使其再問 夫子 必更有說 夫子 入楚 接輿輩 交議之 葉公 雖能問 而不能相與反復也 豈不惜夫

혹자가 말했다. 이 장은 그 효과를 말했을 뿐, 그렇게 될 수 있는 까닭을 말하지 않은 것은 왜입니까? 오씨가 답했다. 섭공은 초나라의 이름 있는 신하이니 혹 군더더기 말이 필요 없었던 것이 아닌지 모르겠다. 만약 다시 물었다면 공자께서는 틀림없이 다시 설명해주셨을 것이다. 공자께서 초나라에 들어가시어 접여의 무리와 의논을 나누고자 하셨는데(『논어』18, 「미자」 5장), 섭공은 비록 물을 줄은 알았으나 서로 더불어 (토론을) 주고받지는 못했다. 어찌 아깝지 않으랴.

○ 新安陳氏曰 近說遠來 皆政之驗 非媚於民而求其說也 失人心之事 不行而所行 皆不咈民心之事 近者 自說矣 遠者 聞其風 卽聞近者說之風也

신안 진씨가 말했다. 가까이 있는 자가 기뻐하고 멀리 있는 자가 오는 것은 모두 (올바른) 정치의 효과이지 백성들에게 아부해 기뻐하기를 구하는 것이 아니다. 인심을 잃을 일은 하지 않고 행하는 것이 모두 민심을 어기지 않는 일이라면, 가까이 있는 자는 저절로 기뻐한다. 멀리 있는 자는 그 풍문을 듣게 되는데, 곧 가까이 있는 자가 기뻐한다는 풍문을 듣는 것이다.

13.17 子夏爲莒父宰問政 子曰 無欲速 無見小利 欲速
則不達 見小利則大事不成 父音甫

자하가 거보의 읍재가 되어 정치를 물었다. 공자께서 답
하셨다. 빨리하려 하지 말며 작은 이익을 바라지 말라. 빨
리하려 하면 제대로 할 수 없고 작은 이익을 바라면 큰일
을 이룰 수 없다.

【집주】
莒父 魯邑名 欲事之速成 則急遽無序 而反不達 見小者之爲利 則所
就者小 而所失者大矣

'거보'는 노나라 읍의 이름이다. 일을 빨리 이루려 하면 성급해서 순서가 없어
오히려 제대로 하지 못한다. 작은 것을 이익이 된다고 보면 성취하는 것은 작고
잃는 것은 크다.

【세주】
南軒張氏曰 欲速 則期於成 而所爲必苟 故 反不達 見小利 則狥目前 而忘
久遠之謀 故 反害大事

남헌 장씨가 말했다. 빨리하려 하면 이루기를 기대해 일하는 것이 반드시 구차해
진다. 그런 까닭에 오히려 제대로 하지 못한다. 작은 이익을 바라면 목전의 이익
을 따를 뿐 장구한 계획을 잊는다. 그런 까닭에 거꾸로 큰일에 해가 된다.

○勉齋黃氏曰 事之久速 有自然之次第 事之大小 有自然之分量 循其自然
之理 而無容心 可也 一有欲速見小利之心 則私心而非正理矣 宜其不達而
大事不成也

면재 황씨가 말했다. 일의 빠르기와 늦기는 자연적인 순서가 있고, 일의 크고 작음
은 자연적인 분량(크기)이 있다. 그 자연의 이치를 따를 뿐 마음에 담아두지 않는 것
이 옳다. 빨리하려 하고 작은 이익을 바라는 마음을 한 번 가지면 (그 마음은) 사심이
고 바른 이치가 아니니, 제대로 하지 못하고 큰일을 이루지 못하는 것은 당연하다.

○雙峯饒氏曰 見小與欲速 相因 纔要速成 便只是見得目前小小利便處 所
以 急要收效 若是胷中有遠大規模 自然是急不得

쌍봉 요씨가 말했다. 작은 이익을 바라는 것과 빨리하려는 것은 서로 연결된다. 빨리 이루려 하기만 하면 곧 단지 목전의 소소한 이익이나 편의를 바랄 뿐이니, 그래서 급히 효과를 거두려 하게 된다. 만약 가슴속에 원대한 규모(의 계획)가 있다면 자연히 급해질 수 없다.

【집주】

○ 程子曰 子張問政 子曰 居之無倦 行之以忠 子夏問政 子曰 無欲速 無見小利 子張 常過高而未仁 子夏之病 常在近小 故 各以切己之事 告之

정자가 말했다. 자장이 정치를 묻자 공자께서는 '마음은 게으르지 않음에 두고 행하는 것은 진실하게 하라(『논어』12,「안연」14장)'고 말씀하셨고, 자하가 정치를 묻자 공자께서는 '빨리하려 하지 말고 작은 이익을 바라지 말라'고 하셨다. 자장은 항상 지나치게 높은 것을 추구하면서 인하지 못했고, 자하의 약점은 항상 가깝고 작은 것(을 추구한다는 점)에 있었다. 그런 까닭에 각각 그 자신에게 절실한 일을 알려주셨다.

【세주】

慶源輔氏曰 居之而易得倦 行之而不盡心 此 過高而未仁之證也 欲速見小利 此 近小而不及之證也 聖人之敎人 如良醫之治疾 藥雖不同 效則一也

경원 보씨가 말했다. 마음을 게으름에 두기 쉬운 것과 행함에 마음을 다하지 않은 것, 이는 지나치게 높은 것을 추구하고 인하지 못한 증거이다. 빨리하려 하고 작은 이익을 바라는 것, 이는 가깝고 작은 것을 추구해 (어떤 경지에) 미치지 못한 증거이다. 성인께서 사람을 가르치시는 것은 마치 좋은 의사가 질병을 치료하는 것과 같아, 약은 비록 다르지만 그 효과는 마찬가지이다.

○ 新安陳氏曰 過於高者 藥之以誠實 不及而近小者 藥之以寬大 皆以切己者告之也

신안 진씨가 말했다. 고원한 것을 지나치게 추구하는 자는 성실함을 약으로 쓰고, 미치지 못해 가깝고 작은 (것을 추구하는) 자는 관대함(목표의 넓고 큼)을 약으로 쓰셨으니, 모두 그 자신에게 절실한 것을 알려주신 것이다.

○ 胡氏明仲曰 聖人之言 雖救子夏之失 然 天下後世 皆可爲法 兩漢以來 爲政者 皆未免欲速見小利之病也

호명중이 말했다. 성인의 말씀은 비록 자하의 잘못을 구제하시려는 것이지만, 그러나 천하 후세가 다 법으로 삼을 수 있다. 양한(전, 후한) 이래 위정자들은 모두 빨리하려 하고 작은 이익을 바라는 병을 면하지 못했다.

13.18-1 葉公 語孔子曰 吾黨 有直躬者 其父攘羊 而子證之 語去聲

섭공이 공자께 말했다. 우리 동네에는 몸가짐이 곧은 자가 있습니다. 그 아버지가 양을 가로챘는데 아들이 증언했습니다.

【집주】

直躬 直身而行者 有因而盜 曰攘

'직궁'이란 몸을 곧게 해 행하는 것이다. 연유가 있어서 도둑질하는 것을 '양'이라 한다.

13.18-2 孔子曰 吾黨之直者 異於是 父爲子隱 子爲父隱 直在其中矣 爲去聲

공자께서 말씀하셨다. 우리 동네의 곧은 자는 이와 다릅니다. 아버지는 아들을 위해 숨겨주고 아들은 아버지를 위해 숨겨줍니다. 곧음은 그 가운데 있습니다.

【집주】

父子相隱 天理人情之至也 故 不求爲直 而直在其中

부자가 서로 숨겨주는 것은 천리와 인정의 지극함이다. 그러므로 곧기를 구하지 않아도 곧음이 그 안에 있다.

○ 謝氏曰 順理爲直 父不爲子隱 子不爲父隱 於理順邪 瞽瞍殺人 舜竊負而逃 遵海濱而處 上聲 當是時 愛親之心勝 其於直不直 何暇計哉

사씨가 말했다. 이치에 따르는 것이 곧음이다. 아버지가 아들을 위해 숨겨주지 않고 아들이 아버지를 위해 숨겨주지 않는다면 이치에 맞는가? 고수가 살인을 했다면 순은 남몰래 업고 도망가 바닷가에 가서 살았을 것이다. 이런 때를 당해서는 부모를 사랑하는 마음이 앞서니 곧은지 곧지 않은지 어느 틈에 따지리오.

【세주】

問 父子相隱之說 朱子曰 邢氏 引律 大功以上 得相容隱 告言父祖者 入十惡 以爲得此意 善乎 其推言之也 諸說 或本乎情 或本乎理 各有不同 今試以身處之 則所謂情者 蓋 可體而易見 所謂理者 近於汎而不切 然 徒狥夫易見之近情 而不要之以至正之公理 則人情之或邪或正 初無準則 若之何必順此 而皆可以爲直邪 苟順其情 而皆可以謂之直 則霍光之夫婦相隱 可以爲直 而周公之兄弟 石碏之父子 皆咈其情而反陷於曲矣 而可乎

부자가 서로 숨겨준다는 설에 관해 물었다. 주자가 답했다. 형씨는 율(형법)을 인용해, (율에는) 대공 이상의 친족(대체로 4촌 이내의 친족)은 서로 숨겨주는 것이 허용되고 아버지나 할아버지를 고발하는 것은 10대 악에 들어가니, (율은) 이(이 구절) 뜻을 얻었다고 했다. 좋도다, 그 추론해 말한 것은. 여러 설 가운데는 혹은 정(인정)에 근거를 둔 것도 있고 혹은 이(이치)에 근거를 둔 것도 있어 각각 다르다. 지금 나 자신이 (그런 경우에) 처했다고 가정해보면 소위 정이란 대개 체험해 쉽게 알 수 있고, 소위 란 일반적인 것에 가까워 절실하지 않다. 그러나 단지 쉽게 알 수 있는 가까운 정을 따를 뿐 지극히 정당한 공리로 바로잡지 않는다면, 인정은 혹 잘못일 수 있고 옳을 수도 있는 것이어서 애초에 준칙이 없는 것이니 어찌 꼭 이것(정)을 따르는 것을 모두 곧음이라 할 수 있겠는가? 만약 정을 따르는 것을 모두 곧음이라 부를 수 있다면, 곽광의 부부가 서로 숨겨준 것도 곧음이 될 수 있고, 주공의 형제나 석작의 부자(모두 국가를 위해 지친을 죽인 사례)는 모두 정을 거슬러 거꾸로 휨(곧지 못함)에 빠진 것이 되어버리고 마니, (정을 따르는 것을 모두 곧음이라 불러서야) 되겠는가?

○胡氏曰 是曰是 非曰非 有謂有 無謂無 曰直 直之常也 父爲子隱 子爲父隱 權也 故曰 直在其中 非指隱以爲直也 如學以自脩 而祿在其中 亦然 蓋直躬 人之細行 父子 人之大倫 伸一己之細行 傷人道之大倫 非天理也 父子主恩 委曲以全其恩 雖不得正謂之直 然 亦理所當然 順理而行 不失其爲直也 葉公 徒知一偏一曲之異乎人者爲高 夫子 則合全體大用而觀之也 夫一偏一曲之高 非不足尙 於正理一有所虧 尙 何言哉

호씨가 말했다. 옳은 것은 옳다 하고, 틀린 것은 틀렸다 하고, 있는 것은 있다 하고, 없는 것은 없다 하는 것을 곧음이라 하니, 통상적 의미의 곧음이다. 아버지가 아들을 위해 숨겨주고 아들이 아버지를 위해 숨겨주는 것은 권(변칙적 사태)이니 그래서 '곧음은 그 가운데 있다'라 했는데, (이는) 숨겨주는 것을 가리켜 곧음이라 한 것은 아니다. 예컨대 '배워서 스스로를 닦으면 봉록이 그 가운데 있다'라는 경우도 또한 그러하다. 대개 몸가짐을 곧게 하는 것은 사람의 작은 행동규범이고 부자관계는 사람의 큰 윤리이다. 한 개인의 작은 행동규범을 다하느라 인도의 큰 윤리를 상하게 하는 것은 천리가 아니다. 부자관계는 은혜를 주로 하니 굽혀서 그 은혜를 온전히 하는 것(예컨대 거짓말을 해서라도 아버지를 보호하는 것)은 비록 바른 의미에서의 곧음이라 할 수는 없지만, 그러나 (그것은) 이치의 당연함이고 이치를 따라 행동하는 것이니, 곧음을 잃은 것은 아니다. 섭공은 헛되이 '한편으로 치우치고 굽어서 보통 사람과는 다른 것'을 높은 것인 줄로 알았지만, 공자께서는 전체대용[완전한 본체와 큰 쓰임, 즉 완전한 원리와 그 다양한 적용]을 종합해보셨던 것이다. 무릇 한편으로 치우치고 굽은 것으로서의 높음은 고상하다 하기에 부족한 것은 아니지만, 그러나 올바른 이치에 하나라도 어그러지는 것이 있다면 (그) 고상함이란 무슨 말이겠는가[무슨 의미가 있으랴]?

○雙峯饒氏曰 父子主恩 於理 當相隱 於情 亦當相隱 故 以是 順天理 合人情 而直在其中 若是父子相證 則天理人情 兩有所乖 何取其爲直 集註 順理爲直 是說理 愛親之心勝 是說情

상봉 요씨가 말했다. 부자관계는 은혜를 주로 하니 이치상으로도 당연히 서로 숨겨주어야 하고 정리상으로도 또한 당연히 서로 숨겨주어야 한다. 그러므로 이렇게 함으로써 천리를 따르고 인정에 합치해 곧음이 그 가운데 있게 된다. 만약 부자가 서로 증언한다면 천리와 인정 양면에 어그러지는 것이 있으니 어디서 그 곧음을 찾을 수 있겠는가. 집주에서 '이치를 따르는 것이 곧음이다'라 한 것은 이치에 관한 설명이고, '부모를 사랑하는 마음이 앞선다'라 한 것은 정에 관한 설명이다.

○問 父當爲子隱 而石碏 泣殺子厚 如何 陳氏曰 證父 家之私事 事主恩 故 見父而不見他人 除亂 國之大事 事主義 故 見君而不見其子 道理 不可執一 當在父子 則父子重 當在君臣 則君臣重 爲子止孝 爲臣止忠 地位 各不同也

물었다. 아버지는 마땅히 아들을 위해 숨겨주어야 하는데 석작은 울면서 아들 후를 죽였으니 어찌 된 일입니까? 진씨가 답했다. 아버지를 증언하는 것은 집안의 사사로운 일로서 은혜를 주로 하는 일인 까닭에 아버지만 보고(염두에 두고) 다른 사람은 보지 않는다. 난을 제거하는 것은 나라의 큰일로서 의를 주로 하는 일인 까닭에 임금만 보고 그 아들은 보지 않는다. 도리는 한 가지만을 고집할 수 없다. 부자관계가 되어서는 부자가 중하고 군신관계가 되어서는 군신이 중하다. 아들이 되어서는 단지 효도하고 신하가 되어서는 단지 충성하는 것이니 지위(처지)가 각각 다르다.

○吳氏曰 直 天理也 父子之親 又天理之大者也 二者相礙 則屈直以伸親 非不貴乎直也 當是時 父子之情勝 而直不直 固有所不知也 陳司敗 以隱君之惡爲黨 葉公 以證父之惡爲直 徒知直之爲公 黨之爲私 而君臣之義 父子之親 乃有不察 微夫子 則一偏一曲之說起 而仁義 塞矣

오씨가 말했다. 곧음은 천리이고 부자의 친함은 또 천리 중에 큰 것이다. 두 가지가 상충되면 곧음을 접고(포기하고) 친함을 펴지만(내세우지만), (그러나 그것이) 곧음을 귀하게 여기지 않는 것은 아니다. 그런 때를 당해서는 부자의 정이 앞서니 곧으냐 곧지 않으냐는 본디 알 바가 아니다. 진사패는 임금의 악을 숨겨주는 것을 아당(아첨해 한편이 됨)이라 생각했고,(『논어』7,「술이」30장), 섭공은 아버지의 악을 증언하는 것이 곧음이라 생각했지만, 이는 단지 곧음이 공이고 아당이 사인 줄만 알고 군신의 의리나 부자의 친함에 대해서는 살피지 못한 것이다. 공자가 아니었다면 한 편으로 치우치고 굽은 설이 일어나고 인의는 막혔을 것이다.

13.19 樊遲 問仁 子曰 居處恭 執事敬 與人忠 雖之夷狄 不可棄也

번지가 인을 물었다. 공자께서 답하셨다. 거처함에는 공손히 하고 일을 집행함에는 경건히 하고 남과 함께함에는 진실하게 하라. 비록 오랑캐 사회에 가더라도 (그리하는 것을) 버려서는 안 된다.

【집주】
恭主容 敬主事 恭見形 甸反 於外 敬主乎中 之夷狄不可棄 勉其固守而勿失也

공손함은 (외면적) 모습을 위주로 하고 경건함은 일을 위주로 하는 것이니 공손함은 겉으로 드러나고 경건함은 마음에 주가 된다. '오랑캐 사회에 가더라도 버려서는 안 된다'는 것은 굳게 지켜 잃지 말 것을 독려하신 것이다.

【세주】
朱子曰 發於外者 比主於中者 較大 蓋 必充積盛滿 而後發於外 然 主於中者 却是敬

주자가 말했다. 겉으로 드러나는 것은 마음에 주가 되는 것에 비해 더 큰 것이다. 대개 반드시 (마음에) 쌓여 가득 찬 다음에 겉으로 드러나기 때문이다. 그러나 마음에 주가 되는 것은 경건함이다.

○ 敬 專言 如脩己以敬 只偏言 是主事

전언[모든 측면을 통합해 하나로 말함]으로서의 경(경건함)은 '경으로써 자신을 닦는다'라 할 때(의 경) 같은 것이다. 단지 편언[한 측면만을 나누어 말함]할 경우만 '일을 위주로 한다'라 할 수 있다.

○ 自誠身而言 則恭較緊 自行事而言 則敬爲切

몸(자신)을 진실하게 한다는 점에서 말하자면 공손함이 더 긴요하고, 일을 행한다는 점에서 말하자면 경건함이 (더) 절실하다.

○問 如何雖之夷狄 不可棄 曰 道 不可須臾離 可離 非道 須是無間斷 方得 若有間斷 此心 便死了 在中國 是這箇道理 在夷狄 也只是這箇道理

물었다. 왜 오랑캐 사회에 가더라도 버려서는 안 됩니까? 답했다. 도는 잠시라도 떠날 수 없는 것이니 떠날 수 있으면 도가 아니다. 모름지기 끊어짐이 없어야 비로소 옳다. 만약 끊어짐이 있으면 이 마음은 곧 죽어버린다. 중국에 있을 때도 이 도리이고 이적에 있을 때도 단지 이 도리이다.

○勉齋黃氏曰 居處 指幽獨而言 未有事者也 執事 指應事而言 未涉乎人也 與人 指接物而言 則涉乎人矣 能恭敬而忠 則天理常行 而人欲不萌矣 又能無適而不然 則流行而無間斷 仁之爲道 孰外乎此

면재 황씨가 말했다. '거처'란 어두운 곳에 홀로 있는 것을 말하니, 아직 일이 없을 때이다. '집사(일을 집행함)'란 일에 응한 것을 말하니 아직 남과 교섭하지 않은 때이다. '여인(남과 함께함)'은 남과 접한 것을 말하니 남과 교섭하는 때이다. 공손하고 경건하면서 진실하게 할 수 있다면 천리는 항상 행해지고 인욕은 싹트지 않는다. 또 어디 가든 그럴 수 있다면 (천리가) 흘러 끊어짐이 없는 것이니, 인의 도 됨[인의 도로서의 성격]에 이것 밖에 무엇이 (더) 있으랴.

○陳氏曰 敬工夫 細密 恭氣象 闊大 敬意思 卑屈 恭意思 尊嚴 但 恭 只是敬之見於外者 敬 只是恭之存於中者 敬與恭 不是二物 如形影然 未有內無敬 而外能恭者 亦未有外能恭 而內無敬者

진씨가 말했다. 경건함의 공부는 세밀하고, 공손함의 기상은 넓고 크다. 경건함의 뜻은 (자신을) 낮추고 굽히는 것이며 공손함의 뜻은 (대상을) 높이고 엄숙히 대하는 것이다. 단, 공손함은 단지 경건함이 겉으로 드러난 것일 뿐이고, 경건함은 단지 공손함이 마음에 보존될 것일 뿐이다. 경건함과 공손함은 두 가지 (서로 다른) 물건이 아니니 마치 실체와 그림자의 관계와 같다. 안으로 경건함이 없으면서도 밖으로 공손하게 할 수 있는 자는 없고, 또 밖으로 공손함이 있으면서도 안으로 경건함이 없는 자도 없다.

○雙峯饒氏曰 無事時 此心 無所作爲 只可於容貌上著箇恭 及至事來 則此心 便要應事 心 若不在事上 爲事 便鹵莽 所以 著箇敬 至於接人 則此心 須視人猶己 不可容些欺僞 所以 著箇忠

쌍봉 요씨가 말했다. 일이 없을 때 이 마음은 하는 일이 없으니 단지 용모상으로만 공손함을 가질 수 있을 뿐이다. 일이 오면(닥치면) 이 마음은 일에 대응해야 하니 마음이 일에 있지 않으면 일하는 것이 거칠고 소홀해진다. 그러므로 경건함을 가져야 한다. 사람을 접할 때는 이 마음은 반드시 남을 나와 같이 보아 조금의 거짓이나 속임도 없어야 한다. 그러므로 충(진실함)을 가져야 한다.

○天 體物而不遺 仁 體事而無不在 於居處時 容貌恭肅 則仁 便在居處上 於執事時 此心戰兢 惟恐失之 則仁 便在應事上 於與人時 能盡此而無所欺 僞 則仁 便在與人上 若能常常如此 雖之夷狄 而不棄 此仁 便無間斷

하늘(천리)은 사물에 체현되어 빠뜨리는 것이 없고, 인은 일에 체현되어 없는 곳이 없다. 거처할 때 용모가 공손하고 단정한 것은 인이 거처함에 있는 것이고, 일을 집행할 때 이 마음이 전전긍긍 잃을까 걱정하듯이 하는 것은 인이 일에 대응함에 있는 것이고, 남과 함께할 때 이(공손함과 경건함)를 다해 속임이나 거짓이 없을 수 있으면 인이 남과 함께함에 있는 것이다. 만약 항상 이처럼 할 수 있어 비록 오랑캐 사회에 가더라도 버리지 않으면 이 인은 곧 끊어짐이 없다.

○新安陳氏曰 此 與答仲弓問仁章 當參看 彼 以敬恕言 此 以恭敬忠言 蓋居處恭 靜時敬也 執事敬 動時敬也 忠 卽恕之體 恕 卽忠之用也 一而已矣 動靜恭敬 表裏忠恕 又能持守而無間斷 則私意 何所容 而仁 豈外是哉

신안 진씨가 말했다. 이 장과 중궁이 인을 물은 장(『논어』12, 「안연」 2장)은 마땅히 서로 참고해보아야 한다. 거기(「중궁문인」 장)서는 경(敬)과 서(恕)를 말했고 여기서는 공과 경과 충을 말했다. 대개 거처함에 공손한 것은 고요할 때의 경이다. 일을 집행할 때의 경건함은 움직일 때의 경이다. 충은 곧 서의 본체이고 서는 곧 충의 쓰임이니 하나(같은 것)일 뿐이다. 움직일 때 경건하고 고요할 때 공손하고, 안으로는 진실하고 밖으로는 '서(남을 자신처럼 여겨 포용함)'하면서 또 능히 (그것을) 지켜 끊어짐이 없다면 사의가 어디에 용납될 것이며, 인이 어찌 이 이외의 것이랴.

【집주】
○ 程子曰 此是徹上徹下語 聖人初無二語也 充之則睟雖醉反面盎背 推而達之 則篤恭而天下平矣

정자가 말했다. 이는 철상철하(아래위 어디에나 통함)의 말씀이니, 성인께서는 원래 두말(다른 말)을 하지 않으셨다. (이 말씀으로 자신을) 채우면 얼굴에 환히 드러나고 등에 가득 차게 되고(『맹자』13, 「진심 상」 21장), 밀고 나아가 통달하면 공손함을 돈독히 해 천하가 편안해진다(『중용』 33장).

【세주】
陳氏曰 徹上徹下 謂凡聖 皆是此理 小則樊遲可用 大則堯舜不過

진씨가 말했다. '철상철하'는 범인이나 성인이나 모두 이 이치라는(이 이치가 적용된다) 말이다. 작게는 번지가 쓸 수 있는 것이고, 크게는 요순도 이를 넘지 않는다.

○慶源輔氏曰 聖人之言 貫徹上下 此數言 自始學至成德 皆不過如此 近而睟盎於一身 遠而治平乎天下 亦不外乎此 皆是徹上徹下

경원 보씨가 말했다. 성인의 말씀은 아래위를 관통하니 이 몇 마디 말씀은 처음 배우는 자로부터 덕이 완성된 사람에 이르기까지 모두 이와 같은 것을 넘지 않는다. 가까이는 한 개인의 몸에 있어서 얼굴에 환히 드러나고 등에 가득 차는 것에서부터, 멀리는 천하를 편안히 다스리는 것까지, 또한 이것을 벗어나지 않으니 (이런 것들이) 모두 아래위를 관통함이다.

【집주】
胡氏曰 樊遲問仁者 三 此最先 先難次之 愛人其最後乎

호씨가 말했다. 번지가 인을 물은 것은 세 번인데, 이것이 가장 먼저이고 '선난(어려움을 먼저로 함,『논어』6,「옹야」20장)'이 두 번째고 '애인(사람을 사랑함,『논어』12,「안연」22장)'이 마지막이다.

【세주】
朱子曰 胡氏說 三者先後 雖無明證 看來 是如此 若未嘗告以恭敬忠 則所謂先難者 將何從下手乎 至於愛人 則又以其發於外者言之

주자가 말했다. 호씨가 말한 세 가지의 선후는 비록 명확한 증거는 없지만, 보면 그런 것 같다. 만약 공(공손함)과 경(경건함)과 충(진실함)을 알려주신 적이 없다면 소위 '선난'이라는 것을 장차 어디서부터 손쓰겠는가? '애인'의 경우는 또 그것(공경충)이 밖으로 드러나는 것을 말씀하신 것이다.

○雙峯饒氏曰 卽此三者 便是先難底事 至於愛人 又是從恭敬忠上發出去

쌍봉 요씨가 말했다. 이 세 가지(공경충)에 근거하는 것이 곧 '선난'의 일이다. '애인'의 경우는 또 공 경 충으로부터 피어 나오는 것이다.

○覺軒蔡氏曰 諸子問仁 而所答各異者 因其所稟之資而發也 樊遲問仁 而所答各異者 因其所學之至而發也 聖人敎人 猶化工之妙 物各付物 於此見之

각헌 채씨가 말했다. 여러 제자들이 인을 물었을 때 답해주신 것이 각각 다른 것은 그 품부받은 자질(의 차이)에 따라 말씀하셨기 때문이고, 번지가 (세 번) 인을 물었을 때 답해주신 것이 각각 다른 것은 그 배움이 도달한 수준(의 차이)에 따라 말씀하셨기 때문이다. 성인께서 사람을 가르치시는 것은 마치 우주의 오묘한 조화가 사물에 각각 성질을 부여하는 것처럼 하시는 것임을 여기서 볼 수 있다.

13.20-1 子貢問曰 何如 斯可謂之士矣 子曰 行己有恥 使於四方 不辱君命 可謂士矣 使去聲

자공이 물었다. 어찌해야 선비라 할 수 있습니까? 공자께서 답하셨다. 스스로 행동함에 부끄러워하는 것(부끄러워서 하지 않는 행동)이 있고 사방에 사신 가서 임금의 명을 욕되게 하지 않으면 선비라 할 만하다.

【집주】

此其志有所不爲 而其材足以有爲者也

이는 그 뜻에는 하지 않으려는 것이 있고 그 재주는 일을 해내기에 충분한 자이다.

【세주】

慶源輔氏曰 志存於隱 而才見於顯 且志易肆 而才難彊 故 常人之志 患在於無所不爲 而其才 則患在無所能爲 行己有恥 則是其志 有所不爲也 使不辱命 則是其才 足以有爲也 惟其志 有所不爲 然後其才 足以有爲也

경원 보씨가 말했다. 뜻은 은밀한 곳에 (숨어) 있고 재주는 드러난 곳에 나타나 있다. 또 뜻은 멋대로 하려 하기 쉽고 재주는 억지로 하기 어렵다. 그러므로 보통 사람의 경우, 뜻은 하지 않으려는 것이 없다는 점에 문제가 있고 재주는 해낼 수 있는 것이 없다는 점에 문제가 있다. 스스로 행동함에 부끄러워하는 것이 있다는 것은 그 뜻에 하지 않으려는 것이 있다는 것이다. 사신 가서 명을 욕되게 하지 않는다는 것은 그 재주가 (일을) 해내기 충분하다는 것이다. 오직 그 뜻에 하지 않으려는 것이 있은 다음이라야 그 재주가 해내기에 충분할 수 있다.

【집주】

子貢能言 故 以使事告之 蓋爲使之難 不獨貴於能言而已

자공은 말에 능했기에 사신의 일로 말씀해주셨다. 대개 사신 노릇 하기의 어려움은 단지 말에 능한 것이 중요하기 때문만은 아니다(다른 것도 중요하기 때문에 어렵다).

【세주】

新安陳氏曰 不獨貴於能言 蓋 以行己有恥爲本也

신안 진씨가 말했다. 말에 능한 것만 중요한 것이 아니라는 말은 대개 '스스로 행동함에 부끄러워하는 것이 있는 것'이 근본이 된다는 말이다.

○朱子曰 行己有恥 則不辱其身 使能盡職 則不辱君命

주자가 말했다. 스스로 행동함에 부끄러워하는 것이 있으면 그 몸을 욕되게 하지 않고, 사신 가서 그 직무를 다할 수 있으면 임금의 명을 욕되게 하지 않는다.

○雙峯饒氏曰 有恥 士之行 不辱命 士之能 有其行 又有其能 全才也 故可謂士

쌍봉 요씨가 말했다. 부끄러워하는 것이 있는 것은 선비의 행실이고 명을 욕되게 하지 않는 것은 선비의 능력이다. 그 행실이 있고 또 그 능력이 있으면 완전한 인재이다. 그러므로 선비라 할 만하다.

13.20-2 曰 敢問其次 曰 宗族 稱孝焉 鄕黨 稱弟焉 弟去聲

(자공이) 물었다. 감히 그다음(수준)을 여쭙니다. (공자께서) 답하셨다. 종족이 그 효를 칭찬하고 향당(지역사회)이 그 공손함을 칭찬하는 자이다.

【집주】

此 本立而材不足者

이는 근본은 섰지만 재주가 부족한 자이다.

【세주】

有孝弟 爲本立 此外 無材可見

효제(효성과 공손함)가 있어 근본이 선 것이지만 그것 말고는 볼만한 재주가 없다.

【집주】
故爲其次

그러므로 그다음이 된다.

【세주】
朱子曰 孝弟 豈不是第一等人 而聖人 未以爲士之上者 僅能使其身無過 而無益於人之國 守一夫之私行 而不能廣其固有之良心也

주자가 말했다. 효제(하는 사람)가 어찌 일등 가는 사람이 아니겠느냐마는, 성인께서 최상급의 선비로 여기지 않으신 것은 겨우 그 몸에 허물이 없도록 할 수 있을 뿐, 남의 나라에 도움이 되지는 못하고, 한 개인으로서의 사사로운 행동(규범)을 지킬 뿐, 본래부터 있는 양심을 넓히지는 못했기 때문이다.

○雙峯饒氏曰 行己有恥 是事事不苟且 孝弟 固是行之大者 然 只是士行中之一端 而又無其能 故 以爲士之次

쌍봉 요씨가 말했다. 스스로 행동함에 부끄러워하는 것이 있으면 모든 일이 구차스럽지 않다. 효제는 본디 행실 중에 큰 것이지만, 그러나 단지 선비의 행실 중의 하나의 항목에 불과하고 또 능력도 없기 때문에 다음 수준의 선비가 된다.

13.20-3 曰 敢問其次 曰 言必信 行必果 硜硜然小人哉 抑亦可以爲次矣 行去聲 硜苦耕反

물었다. 감히 그다음을 여쭙니다. 답하셨다. 말은 반드시 믿음이 있고(약속은 꼭 지키고) 행동은 반드시 꼭 실행하는 사람은 자갈돌 같은 소인이지만, 그러나 또한 그다음이 될 수 있다.

【집주】
果 必行也 硜 小石之堅 確克角反者 小人 言其識量去聲之淺狹也 此其本末 皆無足觀 然 亦不害其爲自守也 故 聖人猶有取焉 下此則市井之人 言誕 行縱 不復扶又反可爲士矣

'과'는 꼭 행하는 것이다. '경'은 작은 돌로서 단단한 것이다. 소인은 그 지식과 국량이 얕고 좁은 사람을 말한다. 이는 그 본과 말이 모두 볼만한 것이 없는 자이지만, 그러나 또한 '스스로를 지킨다'라고 하기에는 지장이 없다. 그런 까닭에 성인께서는 오히려 인정하셨다. 이 이하는 시정의 사람〈말은 황당하고 행동은 방종하다.〉으로, 더 이상 선비라 할 수 없다.

【세주】

雲峯胡氏曰 須看本末二字 蓋 士之所以爲士者 行其本也 才其末也 志有所不爲 而才足以有爲 是本末俱有 可觀 其次 則但取其本立 又其次 則本末皆無足取 而猶不失爲自守 故曰 下此 則市井之人 不復可爲士矣

운봉 호씨가 말했다. 반드시 '본말' 두 글자를 보아야 한다. 대개 선비가 선비가 되는 까닭으로 보자면 행실이 그 근본이고 재주는 그 말단이다. 뜻에는 하지 않으려는 것이 있고 재주는 해내기에 충분하면 본말이 갖추어져 있어 볼만하다. 그 다음은 단지 그 근본이 서 있다는 점을 취한 것이다. 또 그다음은 본말이 모두 취할 만하지 못하지만 오히려 스스로를 지키는 데에는 잘못을 저지르지 않는다. 그러므로 이 이하는 시정의 사람으로 더 이상 선비라 할 수 없다고 했다.

○朱子曰 硜硜小人 亦可爲士者 其識量雖淺 而非惡也 至其所守 雖規規於信果之小節 然 與誕謾苟賤之人 則不可同日語矣

주자가 말했다. 자갈돌 같은 소인도 또한 선비라 할 수 있는 것은 그 지식과 국량이 비록 얕지만 악하지는 않기 때문이다. 그 지키는 것이 비록 구구하게 신과(약속은 꼭 지키고 할 일은 꼭 함)의 작은 규범이지만, 그러나 황당하고 게으르고 구차하고 천박한 사람과는 같은 날 말할 수 없다(동일한 수준으로 비교할 수 없다).

○厚齋馮氏曰 言不必信 行不必果 孟子 謂之大人 惟義所在 而不拘執 所應者 廣也 言必信 行必果 夫子 謂之小人 確於自守而不可轉移 所成者 狹也

후재 풍씨가 말했다. 말은 꼭 믿음이 있으려 하는 것은 아니고 행동은 꼭 실행하려 하는 것은 아닌 사람을 맹자는 대인이라 했는데(『맹자』8, 「이루 하」 11장), 단지 의가 있는 곳을 따를 뿐 (작은 규범에) 구애되어 집착하지 않으니 응하는 것(해내는 일의 범위)이 넓다. 말에는 꼭 믿음이 있고 행동은 꼭 실행하는 사람을 공자께서는 소인이라 하셨는데, 스스로를 지키는 일에는 확실하지만 (다른 일로) 전환하지 못하니 이루는 것이 좁다.

347

13.20-4 曰 今之從政者 何如 子曰 噫 斗筲之人 何足算也
筲 所交反 算 亦作筭 悉亂反

물었다. 오늘날 정치에 종사하는 자들은 어떻습니까? 공자께서 답하셨다. 아아, 시시한 사람들을 어찌 셀 필요가 있으랴.

【집주】

今之從政者蓋如魯三家之屬噫心不平聲斗量名容十升筲竹器容斗二升斗筲之人言鄙細也算數上聲也子貢之問每下故夫子以是警之

오늘날 정치에 종사하는 자란 대개 노나라 세 집안의 무리 같은 자들이다. '희'는 마음이 편치 않아 내는 소리이다. '두'는 되의 이름으로 열 되 용량이고 '소'는 대나무 그릇으로 한 말 두 되 용량이다. '두소지인'은 비천하고 영세한 사람을 말한다. '산'은 세는 것이다. 자공의 질문이 매번 아래로 내려가므로 공자께서 이 말씀으로 경계하셨다.

○程子曰子貢之意蓋欲爲皎皎之行去聲聞於人者夫子告之皆篤實自得之事

정자가 말했다. 자공의 의도는 대개 깨끗하고 맑은 행동을 해 사람들에게 유명해지고자 하는 것이었고, 공자께서 알려주신 것은 모두 독실하게 행해 스스로 체득하는 일이었다.

【세주】

問 程子謂 子貢欲爲皎皎之行 是如此否 朱子曰 子貢 平日雖有此意思 然這章 却是他 大段平實了 渠 見行己有恥 使不辱命 不是些小事 故 又問其次 凡此節次 皆是要向平實處做工夫 每問 皆下 到下面 問今之從政者 却問錯了 聖人 便與他截斷

물었다. 정자는 자공이 깨끗하고 맑은 행동을 하고자 했다고 했는데, 그러합니까? 주자가 답했다. 자공은 평소 비록 그런 뜻이 있었지만 그러나 이 장에서 그는 오히려 대단히 편안하고 실질적이었다. 그는 '스스로 행동함에 부끄러워하는 것이 있고 사신 가서 명을 욕되게 하지 않는 것'이 사소한 일이 아님을 알았기 때문에 또 그다음을 물었다. 대개 이 순서는(이런 순서로 질문한 의도는) 모두 편안하고 실질적인 것을 향해 공부해 가려는 것이었기에 매번의 질문이 모두 아래 단계로 내려간 것이다. 끝에 가서 오늘날 정치에 종사하는 자에 관해 질문한 것은 오히려 질문이 잘못되어버렸기에 성인께서는 곧 그에게 잘라주셨다.

13.21 子曰 不得中行而與之 必也狂狷乎 狂者 進取 狷者 有所不爲也

공자께서 말씀하셨다. 중정한(치우치지 않고 바른) 도를 행하는 자를 얻어 함께할 수 없다면, 반드시 광자(뜻만 높은 자)나 견자(고지식한 자)와 함께하겠다. 광자는 진취적이고 견자는 하지 않는 것이 있으니.

【집주】
行 道也

'행'은 도이다.

【세주】
南軒張氏曰 中行 謂中道上行者

남헌 장씨가 말했다. '중행'이란 중정한 도를 행하는 자를 말한다.

○胡氏曰 道 猶路也 故 行 亦道也

호씨가 말했다. 도는 길과 같다. 그러므로 '행' 또한 도이다.

【집주】
狂者 志極高而行去聲下同不掩 狷者 知未及而守有餘

광자는 뜻은 극히 높지만 행동이 (그 뜻을) 덮지 못하고, 견자는 앎이 (경지에) 미치지 못하지만 지킴은 남는 것이 있다.

【세주】
朱子曰 狂者 知之過 狷者 行之過

주자가 말했다. 광자는 앎이 지나치고, 견자는 행동이 지나치다.

○雙峯饒氏曰 行不掩 非全然行不顧言 如說得十分 只行得五七分 這五七分 蓋那十分不過耳

쌍봉 요씨가 말했다. 행동이 덮지 못한다는 것은 행동이 말과 전혀 일치하지 않는다는 것은 아니다. 예컨대 말한 것이 10푼이라면 행한 것은 5내지 7푼으로, 이 5내지 7푼이 저 10푼을 덮어내지 못할 뿐이다.

【집주】
蓋 聖人 本欲得中道之人 而敎之 然 旣不可得 而徒得謹厚之人 則未必能自振拔而有爲也 故 不若得此狂狷之人 猶可因其志節 狂者之志 狷者之節 而激厲裁抑之 以進於道 非與其終於此而已也

대개 성인께서는 본디 중정한 도를 행하는 사람을 얻어 가르치고 싶으셨으나 이미 얻을 수 없었다. 단지 근후하기만 한 사람을 얻는다면 (그런 사람은) 반드시 스스로 떨쳐 분발해 일을 해낸다고는 할 수 없다. 그런 까닭에 (근후한 자를 얻는 것은) 이 광자와 견자를 얻어 오히려 그 뜻〈광자의 뜻〉과 절조〈견자의 절조〉에 근거해 격려하고 억제해 도로 나아가게 하는 것보다 못하다. (그러나) 여기에서〈광자와 견자의 수준에서〉 끝나고 마는 것을 인정하신 것은 아니다.

【세주】
朱子曰 謹厚者 雖是好 又無益於事 故 有取於狂狷者 又各墮於一偏 中道之人 有狂者之志 而所爲又精密 有狷者之節 又不至過激 此 極難得之人

주자가 말했다. 근후한 자는 비록 좋기는 하지만 또 일에 도움이 되지 않는다. 그러므로 광자나 견자를 취하기는 하지만 또 각각은 한쪽으로 치우침에 떨어진다. 중정한 도를 행하는 사람은 광자의 뜻이 있으면서 행동 또한 정밀하고, 견자의 절조가 있으면서 또한 과격함에 이르지는 않는다. 이는 극히 얻기 어려운 사람이다.

○狷者 雖非中道 然 有筋骨 其志 孤介 知善之可爲 而爲之 知不善之不可爲 而不爲 直是有節操 狂者 志氣 激昂 聖人 本欲得中道而與之 晚年 磨來磨去 難得這般恰好底人 如狂狷 尙可因其有爲之資 裁而歸之中道

견자는 비록 중정한 도는 아니지만 그러나 근골(뚝심)이 있고 그 뜻이 고결해서 선이 할 만한 것임을 알아 행하고 불선이 하지 말아야 할 것임을 알아 행하지 않으니 진정 절조가 있다. 광자는 지기(뜻의 기상)가 격앙되어 있다. 성인께서는 본디 중정한 도를 행하는 사람을 얻어 함께하시고 싶었지만 만년에 이리해도 저리해도 이런 꼭 좋은 사람을 얻기 어려우셨다. 광자나 견자의 경우는 오히려 일을 해낼 수 있는 자질이 있기 때문에 (지나친 점을) 잘라서 중정한 도로 돌아가게 할 수 있다.

○雙峯饒氏曰 或解集註 激厲裁抑 以爲激厲狷者 裁抑狂者 是不然 狂者 志極高 是過處 行不掩 是不及處 狷者 知未及 是不及處 守有餘 是過處 二者 各有過不及 於過處 裁抑之 使之俯而就中 於不及處 激厲之 使之跂而及中 如此 則皆近道矣

쌍봉 요씨가 말했다. 혹자는 집주의 '격려함'과 '억제함'을 해석하면서 견자를 격려하고 광자를 억제하는 것으로 생각했지만, 그렇지 않다. 광자의 경우, '뜻이 극히 높다'는 것은 지나친 점이고 '행동이 덮지 못한다'는 것은 미치지 못하는 점이다. 견자의 경우, '앎이 미치지 못한다'는 것은 미치지 못하는 점이고 '지킴에 남는 것이 있다'는 것은 지나친 점이다. 두 사람은 각각 지나친 점과 미치지 못하는 점을 가지고 있다. 지나친 점에 대해서는 억제함으로써 굽혀 중정함으로 나아가게 하고, 미치지 못하는 점에 대해서는 격려함으로써 발돋움해 중정함에 이르게 한다. 그리하면 모두 도에 가까워진다.

○狂狷 自是病處 聖人 所以取之者 以狂者 有進取之志 狷者 不爲非理之事 雖有病處 亦有好處 尙可敎以中道 若徒謹厚者 只是怕事底人 雖不爲惡 亦不足與爲善 反不若狂狷之可取也

광(뜻만 높음)과 견(고지식함)은 본디 문제점이다. 성인께서 취하시는 까닭은 광자는 진취적인 뜻이 있고 견자는 비리의 일을 저지르지 않기 때문이다. 비록 문제는 있지만 또한 좋은 점도 있으니 오히려 가르쳐 중정한 도에 이르게 할 수 있다. 단지 근후하기만 한 자의 경우는 다만 일을 겁내는 자일 뿐으로, 비록 악을 행하지는 않지만 또한 함께 선을 행하기에는 부족하니, 오히려 광자나 견자가 취할 만한 것보다 못하다.

○新安陳氏曰 進取 進而有爲 以取於善也 狂者 知之過而行不及 狷者 行之過而知不及 得聖人裁抑之激厲之 使狂者 力行以踐之 而其見不荒 狷者 致知以明之 而其守不狹 則中道 庶乎可得矣

신안 진씨가 말했다. '진취'란 (앞으로) 나아가 (일을) 해냄으로써 선을 얻는 것이다. 광자는 앎이 지나치고 행동은 미치지 못하고, 견자는 행동은 지나치고 앎은 미치지 못한다. 성인께서 억제하시고 격려해주셔서 광자로 하여금 힘써 행하고 실천하게 하고 그 견식이 거칠지 않게 하고, 견자로 하여금 앎을 지극히 해 밝게 하고 그 지킴이 좁지 않도록 하면 중도(중정한 도)는 거의 얻을 수 있다.

【집주】

○孟子曰孔子 豈不欲中道哉 不可必得 故 思其次也次謂狂者如琴張

曾晳牧皮者孔子之所謂狂也 其志嘐嘐然 曰 古之人 古之人 夷考其
行而不掩焉者也 以上 皆說狂者 狂者 又不可得 欲得不屑不潔之士而與
之 是獧也 是又其次也 又次 謂獧者

맹자가 말했다. 공자께서 어찌 중도의 인물을 바라지 않으셨으리오. 꼭 얻을 수는 없으셨기에 그다음(수준)을 생각하셨다. 〈다음이란 광자를 말한다.〉 금장(자장)이나 증석이나 목피 같은 자가 공자께서 말씀하신 광자이다. 그 뜻은 매우 커서 '옛사람이여, 옛사람이여'라 하지만, 그 행동을 고찰한다면 덮지 못하는 자이다. 〈이상은 모두 광자를 설명한 것이다.〉 광자 또한 얻을 수 없어, 불결한 일을 기꺼워하지 않는 선비를 얻어 함께하려 하셨으니 이것이 견자로, 이는 또 그다음이다 〈또 그다음이란 견자를 말한다.〉 (『맹자』14,「진심 하」37장).

【세주】
○ 勉齋黃氏曰 孔子之門 從遊之士 皆極天下之選 夫子 猶歎中行之難得 思狂獧者而與之 蓋 進道之難 如此 狂獧 雖不同 而其力量 皆足以進於道者也 今持不逮之資 而悠悠以進於學 是皆夫子之所棄也

면재 황씨가 말했다. 공자의 문하에 따라 노니는 선비들은 모두 천하의 가장 뛰어난 사람을 뽑은 것인데도 공자께서는 오히려 중정한 도를 행하는 사람을 얻기 어렵다고 탄식하시고 광자와 견자를 얻어 함께하시려 생각하셨다. 대개 도로 나아가는 것의 어려움이 이와 같다. 광자와 견자는 비록 다르지만, 그 역량은 모두 도로 나아가기 충분한 자들이다. 지금 미치지 못하는(부족한) 자질을 가지고도 느릿느릿 배움에 나아간다면 이는 모두 공자께서 버리실 자들이다.

13.22-1 子曰 南人有言曰 人而無恒 不可以作巫醫 善夫恒
胡登反 夫 音扶

공자께서 말씀하셨다. 남쪽 사람들의 말에 '사람이 항상성이 없으면 무당이나 의사 노릇을 할 수 없다'라 했는데, (그 말이) 좋구나.

【집주】
南人 南國之人 恒 常久也 巫 所以交鬼神 醫 所以寄死生 故 雖賤役 而尤不可以無常 孔子 稱其言而善之

'남인'은 남쪽 나라의 사람이다. '항'은 항구적인 것이다. '무(무당)'는 귀신과 교감하는 것이고 '의(의원)'는 생사를 의탁하는 것이다. 그러므로 비록 천한 역할이지만 더욱 항상성이 없어서는 안 된다. 공자께서는 그 말을 칭찬하시고 좋게 여기셨다.

【세주】
朱子曰 恒字 古作恆 其說 象一隻船 兩頭靠岸 可見徹頭徹尾

주자가 말했다. '항' 자는 옛날에는 '긍(恆)'으로 썼다. 그 설에 한 척의 배의 양 끝(이물과 고물)이 물가에 기대고 있는 모습을 그린 것이라 했으니 철두철미하다는 뜻임을 알 수 있다.

○ 慶源輔氏曰 無常之人 則在我者 無定守矣 何所用而可 巫醫 雖賤役 然必有常 乃可爲之 蓋 交鬼神而無常 則鬼神之不享 治疾病而無常 則人何敢寄以死生哉 孔子 稱其言而善之 其所以警於人者 深矣

경원 보씨가 말했다. 항상성이 없는 사람은 자신에게 있는 것이 일정하지도 지켜지지도 않으니(원칙으로 삼고 있는 것이 일정하지도 않고 지켜지지도 않으니) 어디에 쓸 수 있겠는가? 무당과 의사는 비록 천한 역할이기는 하지만 그러나 반드시 항상성이 있어야 될 수 있다. 대개 귀신과 교감하면서 항상성이 없으면 귀신이 (그 굿이나 제사를) 누리지 않고, 질병을 치료하면서 항상성이 없으면 사람이 어찌 감히 생사를 맡기겠는가? 공자께서 그 말을 칭찬하시고 좋게 여기셨으니, 사람을 경계하시려는 것이 깊다.

13.22-2 不恒其德 或承之羞

그 덕이 항상성이 없으면 누군가가 수치를 보낸다.

【집주】

此 易恒卦九三爻辭 承 進也

이는 『주역』, 「항괘」 9 3의 효사이다. '승'은 보내주는 것이다.

【세주】

朱子曰 承 如奉承之承 如人送羞辱與之也

주자가 말했다. '승'은 '봉승(받들어 올림)'이라 할 때의 승이니 예컨대 사람이 수치를 보내주는 것 같은 것이다.

○雙峯饒氏曰 承字 如儀禮 皇尸命工祝 承致多福于爾孝孫之承 言奉而進之也

쌍봉 요씨가 말했다. '승' 자는 『의례』(「소뢰궤식례」)의 '존엄한 시동이 축관에게 명하여 전하니, 너의 효손에게 다복을 승치한다(받들어 보내준다)'라 할 때의 승과 같으니, 받들어서 전해준다는 말이다.

13.22-3 子曰 不占而已矣

공자께서 말씀하셨다. [항상성이 없는 것은] 점치지 않았기 때문일 뿐이다.

【집주】

復扶又反加子曰 以別必列反易文也 其義未詳

다시 '자왈(공자께서 말씀하셨다)'을 더함으로써 주역의 구절과 구분했다. 그 (이 말씀의) 의미는 미상이다.

【세주】

南軒張氏曰 不占 謂理之必然 不待占決 而可知也

남헌 장씨가 말했다. '점치지 않았다'라는 것은 필연적인 이치라 점쳐 결정하기를 기다리지 않아도 알 수 있다는 말이다.

○新安陳氏曰 不占 如易所謂 不占有孚 言無常取羞 不待占筮而信然矣

신안 진씨가 말했다. '점치지 않았다'는 것은『주역』에서 말한 '점치지 않아도 믿음직하다(「혁괘」9 5)'는 말과 같은 것으로, 항상성이 없는 사람이 수치를 당하는 것은 점치기를 기다리지 않아도 확실하다는 말이다.

【집주】

楊氏曰 君子於易 苟玩其占平聲則知無常之取羞矣 其爲無常也 蓋亦不占而已矣 意亦略通

양씨가 말하기를 "군자가『역』에 대해 진정 그 점(괘)을 감상한다면 항상성이 없는 사람이 수치를 당한다는 것을 알게 된다. 항상성이 없는 이유 또한 대개 점치지 않았기 때문일 뿐이다"라 했는데, 또한 의미가 대략 통한다.

【세주】

朱子曰 不占而已 此 只是不讀書之意

주자가 말했다. '점치지 않았을 뿐이다'라는 이 말은 단지 책[주역]을 읽지 않았다는 뜻일 뿐이다.

○雲峯胡氏曰 易 爲占筮之書 不恒其德 或承之羞 此 恒卦 九三占辭也 凡其不知不恒之患者 由平日不占而已矣

운봉 호씨가 말했다. 주역은 점치는 책이다. '그 덕에 항상성이 없으면 누군가가 수치를 보낸다'라는 이 구절은 「항괘」9 3의 점사이다. 무릇 항상성이 없는 것의 문제점을 알지 못하는 것은 평소 점치지 않았기 때문일 뿐이다.

○新安陳氏曰 此章謂 無恒者 雖賤役不可爲 且羞辱不可免 以見人決不可以無恒也

신안 진씨가 말했다. 이 장에서는 '항상성이 없는 자는 비록 천한 역할이라도 할 수 없고 또 치욕을 면할 수 없다'고 말함으로써 사람은 결코 항상성이 없어서는 안 된다는 것을 보여주었다.

13.23 子曰 君子 和而不同 小人 同而不和

공자께서 말씀하셨다. 군자는 화합하지만 (사적 이익에 따라) 동조하지는 않고, 소인은 동조하지만 화합하지는 않는다.

【집주】
和者 無乖戾之心 同者 有阿比毗至反之意

'화(화합함)'란 어기고 싸우려는 마음이 없는 것이고, '동(동조함)'이란 아부하고 패거리 지으려는 뜻이 있는 것이다.

【세주】
南軒張氏曰 和者 和於理 同者 同其私 和於理 則不苟同 同其私 則不能和

남헌 장씨가 말했다. '화'란 이치에 근거해 화합하는 것이고, '동'이란 그 사사로움에 동조하는 것(사적 이익에 따라 동조하는 것)이다. (군자는) 이치에 근거해 화합하므로 구차히 동조하지는 않고, (소인은) 사사로움에 동조하기에 화합할 수 없다.

○ 勉齋黃氏曰 和之與同 公私而已 公 則視人猶己 何不和之有 惟理是視 何同之有 私 則喜狎昵 所以 常同 樂忌克 所以 不和

화와 동의 관계는 공과 사의 관계일 뿐이다. 공(공적 원칙을 지킴)은 남을 자기처럼 보는 것이니 무슨 불화함이 있겠으며, 오직 이치만 보니 무슨 동조함이 있겠는가? 사(사적 이익을 좇음)는 허물없는 것을 기뻐하는 까닭에 항상 동조하고, 시기하고 경쟁하기를 즐기는 까닭에 불화한다.

○ 厚齋馮氏曰 和 如和羹 異味而相調爲一也 同 如雷同 隨聲而無分別也 和與同 近似而公私不同 如比周驕泰之類 夫子 故辨之

후재 풍씨가 말했다. '화'는 마치 화갱(여러 재료를 넣은 국)처럼 다른 맛들이 서로 조화되어 하나가 되는 것과 같다. '동'은 마치 부화뇌동하는 것처럼 (천둥) 소리에 따라 무분별하게 (동조)하는 것과 같다. 화와 동은 비슷한 듯하지만 공과 사로 (서로) 다르니, 예컨대 '비(무리지음)와 주(두루 친함)', '교(교만함)와 태(느긋함)'

같은 것처럼 공자께서 의도적으로 구분하셨다.

【집주】

○ 尹氏曰 君子尚義 故 有不同 小人尚利 安得而和

윤씨가 말했다. 군자는 의를 숭상하므로 동조하지 않는다. 소인은 이익을 숭상하니 어찌 화합할 수 있겠는가?

【세주】

慶源輔氏曰 義有可否 故 有不同 利有爭奪 安得而和

경원 보씨가 말했다. 의에는 가부(해도 되는 것과 안 되는 것)가 있는 까닭에 동조하지 않는다. 이익에는 쟁탈(뺏고 빼앗김)이 있으니 어찌 화합할 수 있으랴.

○朱子曰 君子之和 乃以其同寅協恭 而無乖爭忌克之意 其不同者 乃以其守正循理 而無阿諛黨比之風 小人 反是 此二者 外相似 而內實相反 乃君子小人 情狀之隱微 自古至今 如出一軌 如韓富范公 上前議論不同 或至失色 至卒未嘗失和氣 王呂章曾蔡氏父子兄弟 同惡相濟 而其隙 無不至 亦足以驗聖言之不可易矣

주자가 말했다. 군자가 화합하는 것은 동료 간에 공경하고 협력하기 때문이니 싸우고 경쟁하려는 뜻이 없고, 동조하지 않는 것은 올바름을 지키고 이치를 따르기 때문이니 아부하고 패거리 지으려는 풍조가 없다. 소인은 이와 반대이다. 이 두 가지는 겉보기는 서로 비슷하지만 내면적 실상은 서로 반대된다. 그러나 군자와 소인의 실상이 숨겨져 잘 드러나지 않는 것은 옛날부터 지금에 이르기까지 한길에서 나온 것처럼 같다(언제나 마찬가지이다). 예컨대 한기와 부필과 범중엄[모두 송의 명신들]은 임금 앞에서 의논이 같지 않아 혹은 실색하는 경우도 있었지만 끝내 화기를 잃은 적은 없었다. (반면) 왕안석 여혜경 장돈 증포 채경[모두 신법당으로 『송사』의「간신전」에 등재된 인물들]의 부자나 형제들은 같이 악을 저지르면서 서로 지원했지만 그 틈이 벌어져 이르지 않은 곳이 없었으니 또한 성인의 말씀이 바뀔 수 없는 것임을 족히 증명한다.

○君子之心 是大家只理會這一箇公當底道理 故 常和而不可以苟同 小人 是這箇私意 故 雖相與阿比 然 兩人相聚也 便分箇彼己了 故 有些少利害 便至紛爭而不和也

군자의 마음은 다들 단지 이 하나의 공정한 도리를 이해하기 때문에 항상 화합하지만 구차히 동조하지는 못한다. 소인은 (근거하는 것이) 이 사의이기 때문에 비록 함께 서로 아부하고 패거리 짓지만, 그러나 두 사람이 모이면 곧 너와 나를 나누기 때문에 사소한 이해관계가 있으면 곧 분쟁에 이르고 불화한다.

○ 雙峯饒氏曰 論語中 說小人 有數樣 硜硜然小人哉 是以其氣量淺狹 故謂之小人 小人哉樊須也 是以其所務者小事 故 謂之小人 毋爲小人儒 以其所業雖正 而用心則私 此 是儒者中之小人 至於小人比而不周 驕而不泰 同而不和 與夫窮斯濫 長戚戚之類 是指其心術全然不好底 故 每每把對君子反說

쌍봉 요씨가 말했다. 『논어』 중에 소인을 설명한 것은 여러 가지 방식이 있다. '자갈돌 같은 소인이다(본 편 21장)'라는 구절은 기량(기질과 국량)이 얕고 좁은 것 때문에 소인이라 했고, '소인이로구나, 번수는(본 편 4장)'이라는 구절은 힘쓰는 일이 작은 일이기 때문에 소인이라 했고, '소인유가 되지 말라(『논어』6, 「옹야」11장)'는 구절은 그 업으로 삼은 것은 비록 바르지만 마음 씀은 사사롭기 때문으로 이는 유자 중의 소인이다. 소인은 '패거리 짓지만 두루 친하지는 않는다(『논어』2, 「위정」14장)', '교만하지만 느긋하지는 않다(본 편 26장)', '동조하기는 하지만 화합하지는 않는다' 등의 구절과 '궁하면 넘친다(『논어』15, 「위영공」1장)', '길어서 조마조마하다(『논어』7, 「술이」36장)' 같은 구절은 그 심술이 전혀 좋지 않은 것을 가리키는 것이다. 그러므로 (이런 경우에는) 매번 군자와 대비해 반대로 설명하셨다.

13.24 子貢問曰 鄉人皆好之 何如 子曰 未可也 鄉人皆惡之 何如 子曰 未可也 不如鄉人之善者好之 其不善者惡之 好惡皆去聲

자공이 물었다. 동네 사람이 다 좋아하면 어떻습니까? 공자께서 답하셨다. 괜찮다고는 할 수 없다. (자공이 물었다.) 동네 사람이 다 싫어하면 어떻습니까? 공자께서 답하셨다. 괜찮다고는 할 수 없다. 동네 사람 중에 선한 자는 좋아하고 불선한 자는 싫어하는 것만 못하다.

【집주】
一鄉之人 宜有公論矣 然 其間 亦各以類自爲好惡也 故 善者好之 而惡者不惡 則必其有苟合之行去聲 惡如字者惡之 而善者不好 則必其無可好之實

한 동네의 사람들에게는 당연히 공론이 있다. 그러나 그중에 또한 각각 그 (사람됨) 종류에 따라 각자 좋아하거나 싫어하거나 한다. 그러므로 선한 자가 좋아하고 악한 자가 싫어하지 않는다면 반드시 구차히 영합하려는 행동이 있는 것이다. 악한 자가 싫어하고 선한 자가 좋아하지 않는다면 분명 좋아할 만한 실질이 없는 것이다.

【세주】
勉齋黃氏曰 不以鄉人皆好皆惡 而定其人之賢 必取決於善者之好 不善者之惡 蓋 善者循理 故 所好者 如己之循理者也 不善者 狥欲 故 所惡者 必不如己之狥欲者也 此 其所以爲賢也

면재 황씨가 말했다. 동네 사람이 모두 좋아하거나 모두 싫어하는 것을 가지고 그 사람의 현명함을 결정하지 않고 반드시 선한 자가 좋아하고 불선한 자가 싫어하는 것에 의해 결정을 내리는 것은, 대개 선한 자는 이치를 따르기 때문에 자신처럼 이치를 따르는 사람을 좋아하고, 불선한 자는 욕심을 따르기 때문에 반드시 자신처럼 욕심을 따르지 않는 사람을 싫어하기 때문이다. 이것이 현명함이 되는 (그런 사람을 현명하다 하는) 이유이다.

○慶源輔氏曰 鄕人皆好 恐是同流合汚之人 鄕人皆惡 恐是詭世戾俗之人 故 皆以爲未可 惟鄕人之善者 以其同乎己而好之 則有可好之實矣 不善者 以其異乎己而惡之 則無苟容之行矣 方可必其人之賢也

경원 보씨가 말했다. 동네 사람이 다 좋아하는 사람은 아마도 유속(세상에 유행하는 나쁜 풍속)에 동조하고 더러운 세상에 영합하는 사람일 것이다. 동네 사람이 모두 싫어하는 사람은 아마도 세상을 속이고 풍속을 어기는 사람일 것이다. 그러므로 모두 괜찮다고는 할 수 없다고 하셨다. 다만 동네 사람 중에 선한 자가 자신과 같다고 좋아한다면 좋아할 만한 실질이 있는 사람이고, 불선한 자가 자신과 다르다고 싫어한다면 구차스럽게 용납되려는 행동이 없는 사람이니, 비로소 틀림없이 그 사람이 현명하다고 할 수 있다.

○西山眞氏曰 必善者 好之 不善者 惡之 是其制行之美 足以取信於君子 而立心之直 又不苟同於小人 其爲賢 必矣

서산 진씨가 말했다. 선한 자가 반드시 좋아하고 불선한 자가 반드시 싫어하는 사람은 그 행동 통제의 아름다움이 군자에게 신뢰받기에 충분하고, 마음을 곧게 세워 구차스럽게 소인에게 동조하지 않으니, 현명함에 틀림없다.

○厚齋馮氏曰 子貢 方人 故 所問 如此 夫人自幼及長 知之悉者 莫鄕人若也 好惡無異辭 則賢否 宜可決矣 然 鄕人 不能皆善 則好惡 不能皆當 惟善不善 各以類合 求之於此 一好一惡 而賢否定矣

후재 풍씨가 말했다. 자공은 사람을 비교하기 때문에 묻는 것이 이와 같았다. 무릇 사람의 어릴 때부터 커서까지의 모든 것을 다 아는 것은 동네 사람만 한 것이 없으니, 좋아하거나 싫어함에 이견이 없으면 현명한지 아닌지는 당연히 결정될 수 있다. 그러나 동네 사람이 다 선할 수는 없으니 좋아하고 싫어하는 것이 모두 마땅할 수는 없다. 진정, 선한 자와 불선한 자는 각각 비슷한 자끼리 모이므로 이 점에 근거해 살펴보아 한쪽이 좋아하고 (반대편) 한쪽이 싫어하면 현명한지 아닌지가 결정된다.

○雙峯饒氏曰 子貢之問 以爲賢者 必爲鄕人之所好 今鄕人皆好之 還可以爲賢乎 夫子 見有居之似忠信 行之似廉潔 不免媚世以取譽 故謂 鄕人皆好 未可遽以爲賢 子貢又問 如此 則鄕人皆惡之 還可以爲賢乎 夫子 又見有幼而不遜弟 長而無述焉 爲鄕黨所不齒者 亦豈可以鄕人皆惡 而遽謂之賢乎 若鄕人之善者 皆好之 則以類從類 不善者 皆惡之 則其志行 不苟同於流俗 可以見其必爲賢者而無疑也

쌍봉 요씨가 말했다. 자공의 질문은 현자는 틀림없이 동네 사람이 좋아할 것이라고 생각했기 때문에 '지금 동네 사람이 모두 좋아하면 또 현명한 사람이라고 할 수 있습니까?'라고 물은 것이다. 공자께서는 거처함에는 충신(진실함)한 것처럼 하고 행동함에는 염결(청렴결백함)한 듯이 하지만 세상에 아부해 명예를 얻으려 하기를 면하지 못하는 자가 있음을 아셨기에 동네 사람이 모두 좋아한다고 해서 성급히 현명하다고 할 수는 없다고 하셨다. 자공은 또 '그렇다면 동네 사람이 모두 싫어하면 또한 현명하다고 할 수 있습니까?'라고 물었다. 공자께서는 또 어려서는 공손하지 않고 커서는 칭찬할 만한 것이 없어(『논어』14,「헌문」46장) 동네에서 같이 끼워주지 않는 자가 있음을 아셨기에 '또한 어찌 동네 사람이 모두 싫어한다고 해서 성급하게 현명하다고 할 수 있는가?'라 하셨다. 만약 동네 사람 중의 선한 자가 모두 좋아한다면 유유상종(비슷한 것끼리 모임, 즉 선한 자가 선한 자를 좋아함)이고, 불선한 자가 모두 싫어한다면 그 뜻과 행동이 유속(세상에 유행하는 나쁜 풍속)에 구차하게 동조하지 않는 사람이니, 그가 반드시 현명한 사람임에 틀림없음을 알 수 있다.

○ 覺軒蔡氏曰 不如鄉人之善者好之 其不善者惡之 乃夫子 答子貢 鄉人皆好之皆惡之之問耳 非謂必欲不善者惡之也 如明道先生 狡僞者 獻其誠 暴慢者 致其恭 雖小人趣向之異 亦必以先生爲君子 則不善者 曷嘗惡之耶

각헌 채씨가 말했다. '동네 사람 중에 선한 자가 좋아하고 불선한 자가 싫어하는 것만 못하다'라는 말씀은 공자께서 자공의 '동네 사람이 모두 좋아하거나 모두 싫어하면 운운'하는 질문에 답하신 것일 뿐이지, 반드시 불선한 자가 미워하기를 바라셨다는 말은 아니다. 예컨대 명도선생(정호)의 경우, 교활하고 거짓된 자에게는 그 성의를 다하고 난폭하고 오만한 자에게는 공손함을 다해, 비록 소인이 따르고 지향하는 것이 다르다 해도 또한 반드시 선생을 군자라 여겼으니, 불선한 자가 어찌 싫어한 적이 있었으랴.

13.25 子曰 君子 易事而難說也 說之不以道 不說也 及
其使人也 器之 小人 難事而易說也 說之雖不以
道 說也 及其使人也 求備焉 易去聲 說音悅

공자께서 말씀하셨다. 군자는 모시기는 쉽고 기쁘게 하기
는 어렵다. 도 아닌 방식으로 기쁘게 하면 기뻐하지 않는
다. 사람을 부림에 이르러서는 기량에 맞게 한다. 소인은
모시기는 어렵고 기쁘게 하기는 쉽다. 비록 도 아닌 방식
으로 기쁘게 하더라도 기뻐한다. 사람을 부림에 이르러서
는 갖추어지기(모든 능력을 완비하기)를 요구한다.

【집주】
器之 謂隨其材器而使之也 君子之心 公而恕

'기지(기량에 맞춤)'는 그 재질과 기량에 따라 부리는 것을 말한다. 군자의 마음
은 공적이고 너그럽고,

【세주】
公 故 難說 恕 故 易事

공적이므로 기쁘게 하기 어렵고, 너그러우므로 모시기 쉽다.

【집주】
小人之心 私而刻

소인의 마음은 사적이고 각박하니,

【세주】
私 故 易說 刻 故 難事

사적이므로 기쁘게 하기 쉽고 각박하므로 모시기 어렵다.

【집주】
天理人欲之間 每相反而已矣

천리와 인욕의 사이에 있어서 언제나 서로 반대될 뿐이다.

【세주】

朱子曰 君子 無許多勞攘 故 易事 小人 便愛些便宜 人 便從那罅縫去處奉他 故 易說

주자가 말했다. 군자는 많이 고생스럽고 정신없게 하지 않으므로 모시기 쉽다. 소인은 조그마한 편의를 사랑하기에 남들이 그 빈틈이 있는 곳을 따라 그를 받들기 때문에 기쁘게 하기 쉽다.

○南軒張氏曰 易事者 平恕之心也 難說者 正大之情也 其所說者 義理而已 而非說人之說己也 故 說之不以道 則不說 與人爲善 而取之不求備 故 使人 則器之 若小人 則徇於一己之私而已 故 順己 則喜 而不察其非道也 勝己 則忌 而惟欲責其全也 此 公私之分也

남헌 장씨가 말했다. 모시기 쉬운 것은 (군자의 마음이) 편안하고 너그러운 마음이기 때문이다. 기쁘게 하기 어려운 것은 바르고 큰 마음이기 때문이다. 그 기뻐하는 것이 의리일 뿐이니 남이 자기를 기쁘게 하는 것을 기뻐하지 않는다. 그러므로 도 아닌 방식으로 기쁘게 하면 기뻐하지 않는다. 남의 선(남이 잘하는 것)을 인정하고 등용할 때는 갖추어진 것(완전한 사람)을 찾지 않기 때문에 사람을 부릴 때는 기량에 맞게 한다. 소인의 경우는 개인의 사사로움을 따를 뿐이기 때문에 자신을 따르면 기뻐하고 그 도 아님은 살피지 않는다. 자신보다 나으면 꺼리고 오직 완전하기를 요구하려 한다. 이는 공과 사의 차이이다.

○厚齋馮氏曰 君子小人 蓋 指當時卿大夫之得政者而言

후재 풍씨가 말했다. (여기서의) 군자와 소인이란 대개 당시의 경 대부로서 정권을 가진 자들을 말한다.

○雙峯饒氏曰 說不以道 不說 是難說 器之 是易事 說不以道 亦說 是易說 求備 是難事

쌍봉 요씨가 말했다. '도 아닌 방식으로 기쁘게 하면 기뻐하지 않은 것'이 '기쁘게 하기 어려움'이다. '기량에 맞게 부리는 것'이 '모시기 쉬움'이다. '도 아닌 방식으로 기쁘게 해도 또한 기뻐하는 것'이 '기쁘게 하기 쉬움'이다. '완전하기를 요구함'이 '모시기 어려움'이다.

○慶源輔氏曰 君子 持己之道 甚嚴 而待人之心 甚恕 小人 治己之方 甚寬

而責人之意 甚刻 君子 說人之順理 小人 說人之順己 君子 貴重人材 隨才器而使之 而天下無不可用之人 小人 輕視人才 故 求全責備 而卒至無可用之人

경원 보씨가 말했다. 군자는 자신을 지키는 도는 심히 엄하고 남을 대우하는 마음은 심히 너그럽다. 소인은 자신을 다스리는 방식은 심히 관대하고 남을 책하는 뜻은 심히 각박하다. 군자는 남이 이치를 따르는 것을 기뻐하고 소인은 남이 자기를 따르는 것을 기뻐한다. 군자는 인재를 귀중히 여겨 재질과 기량에 따라 부리니 천하에 쓸 수 없는 사람이 없고, 소인은 인재를 경시하는 까닭에 완전하기를 요구하고 갖추어지기를 요구하나 마침내 쓸 수 있는 사람이 없다.

13.26 子曰君子泰而不驕小人驕而不泰

공자께서 말씀하셨다. 군자는 느긋하되 교만하지 않고, 소인은 교만하되 느긋하지 않다.

【집주】

君子循理 故 安舒而不矜肆 小人逞欲 故 反是

군자는 이치를 따르므로 편안하고 느긋하되 뽐내거나 제멋대로 하지 않고, 소인은 욕심을 채우므로 이와 반대가 된다.

【세주】

胡氏曰 循理者 泰之本 逞欲者 驕之根 君子 惟理是循 富貴貧賤 安於所遇 無入而不自得 故 常舒泰 小人 惟欲之逞 貪求苟取 意得志滿 常以自誇 故 常驕矜

호씨가 말했다. 이치를 따르는 것은 느긋함의 근본이고, 욕심을 채우는 것은 교만함의 뿌리이다. 군자는 오직 이치만을 따르므로 부귀빈천에 대해서는 맞닥뜨린 사태를 편안히 여기니 어디에 들어가든(어떤 상황에 처하든) 자득하지 않는 경우가 없다. 그러므로 항상 편안하고 느긋하다. 소인은 오직 욕심만을 채우므로 탐욕스레 구하고 구차하게 얻어 뜻하는 것을 얻고 원하는 것을 채워 항상 스스로 자랑한다. 그러므로 항상 교만하고 뽐낸다.

○南軒張氏曰 泰者 心廣而體胖 驕者 志盈而氣盛也 驕 則何由泰 泰 奚驕之有 然而 能不驕矣而未之泰者 亦有之 蓋 雖能制其私 而涵養未至 未免乎拘迫者也

남헌 장씨가 말했다. '태'란 마음이 넓고 몸이 넉넉한 것이고, '교'란 뜻이 채워지고 기가 성한 것이다. 교만하면 무슨 까닭에 느긋할 것이며, 느긋하면 어찌 교만함이 있으랴. 그러나 능히 교만하지 않을 수는 있지만 느긋하지는 못한 자도 있을 수 있다. 대개 비록 (자신의) 사사로움을 통제할 수는 있지만 아직 수양이 지극하지 않은 경우는 속박되는 것을 면하지 못한다(느긋한 자유인은 못된다).

○雲峯胡氏曰 驕與泰 相似 大學曰 驕泰以失之 章句謂 驕者矜高 泰者侈肆 此 則以泰爲安舒 驕爲矜肆 矜肆二字 包矜高侈肆四字 朱子訓釋之精

如此

운봉 호씨가 말했다. 교와 태는 서로 비슷하다. 『대학』에서는 '교태 때문에 잃는다(「전 10장」)'라 했는데 장구(주자의 해석)에서는 '교는 뽐내고 높은 척하는 것이고 태는 사치하고 방자한 것이다'라 했다. 여기서는 태를 편안하고 느긋함으로, 교를 뽐내고 멋대로 하는 것으로 해석했다. '긍사(뽐내고 멋대로 함)' 두 글자는 '긍고치사(뽐내고 높은 척하고 사치하고 방자함)' 네 글자를 포함하고 있으니 주자의 해석이 정밀하기가 이와 같다.

○ 新安倪氏曰 此 以泰與驕對言 則泰者 驕之反 本乎循理而安舒 大學 以泰與驕合言 則泰 亦驕之類 根乎逞欲而侈肆 各隨其旨觀之 可也

신안 예씨가 말했다. 여기서는 태와 교를 대립되게 말했으니, 태는 교와 반대되는 것으로서 이치를 따르는 것에 근본을 두어 편안하고 느긋한 것이다. 『대학』에서는 태와 교를 합쳐 말했으니, 태는 교와 같은 종류로서 욕심을 채우는 것에 뿌리를 두어 사치하고 방자한 것이다. 각각 그 뜻에 따라 보는 것이 옳다.

13.27　子曰剛毅木訥近仁

공자께서 말씀하셨다. 강(단단함) 의(굳셈) 목(질박함) 눌(둔함)은 인에 가깝다.

【집주】
程子曰 木者質樸 訥者遲鈍 四者質之近乎仁者也 楊氏曰 剛毅 則不屈於物欲 木訥 則不至於外馳 故 近仁

정자가 말했다. '목'이란 질박한 것이고 '눌'이란 느리고 둔한 것이다. 이 네 가지는 그 자질이 인에 가까운 것이다. 양씨가 말했다. '강의'하면(단단하고 굳세면) 물욕에 굴하지 않고 '목눌'하면(질박하고 둔하면) 밖으로 치달리는 데 이르지 않는다. 그런 까닭에 인에 가깝다.

【세주】
朱子曰 剛 是體質堅强 不軟不屈 毅 却有奮發作興氣象

주자가 말했다. '강'은 체질이 단단하고 굳세 부드럽지도 않고 굽히지도 않는 것이다. '의'에는 분발해서 일어나는 기상이 있다.

○近仁之說 原聖人之意 非是教人於此體仁 乃是言如此之人 於求仁爲近耳 雖有此質 正須實下求仁工夫 乃可實見近處 未能如此 卽須矯揉到此地位 然後於仁爲近 可下工夫 若只守却剛毅木訥四字 要想象思量出仁體來 則無是理也

인에 가깝다는 말씀에 관해 성인의 뜻을 탐색해보면, 이것에서 인을 체득하라고 사람을 가르치신 것이 아니라 이런 사람은 인을 구함에 가까이 있다는 말씀일 뿐이다. 비록 이런 자질이 있더라도 진정 모름지기 실제로 인을 구하는 공부를 해야 비로소 가까움을 실현할 수 있다. 이러하지 못하면 곧 모름지기 고치고 바로잡아 이런 경지에 이른 다음에야 인에 가까워져 공부를 할 수 있다. 만약 단지 '강의목눌' 네 글자만을 지키면서 인의 본체를 생각해내려 상상한다면, 그런 이치는 없다(불가능하다).

○勉齋黃氏曰 剛 强勁 毅 堅忍

면재 황씨가 말했다. '강'은 굳고 단단한 것이며, '의'는 참고 견디는 것이다.

○胡氏曰 剛毅 則有堅強不已之意 木訥 則無巧令必飾之資 故 於仁爲近 然 非論其問學工夫 卽其資稟而言也 資稟之近 若合於仁矣 未可以爲仁也 蓋 仁 雖出於天生之本然 唯上智之資 氣命於理 自然合於中和 而不墮於一偏 其不屈於物欲 固剛毅矣 然 待人接物 未嘗不溫然而和順也 其不至於外馳 固木訥矣 然 威儀文辭 未嘗不粲然而宣明也 若資質之美 則拘於一偏而已 大約言之 固於仁爲近 由學者言之 必庶幾其全體 可也

호씨가 말했다. 단단하고 굳세다는 것은 견고해 그치지 않으려는 뜻이 있는 것이고, 질박하고 둔하다는 것은 교언영색해 꼭 꾸미려는 성질이 없는 것이다. 그러므로 인에 가깝다. 그러나 (이는) 학문 공부를 논한 것이 아니라 자질에 관해 말한 것이다. 자질이 (인에) 가까워 인에 합치하는 것 같아도 아직 인이라고 할 수는 없다. 대개 인은 비록 하늘이 낸 본연(원래 그러함)으로부터 나오는 것이지만, 오직 상지의 자질로서 기가 이의 명을 받는 경우에만 자연히 중화에 합치해 한쪽으로 치우침에 떨어지지 않는다. 물욕에 굴하지 않으니 본디 단단하고 굳세지만 그러나 남과 만나고 사물과 접할 때는 따스해 화순하지 않음이 없다. 밖으로 내달리는 데 이르지 않으니 본디 질박하고 둔하지만 그러나 위엄 있는 모습과 문장은 찬란해서 밝게 드러나지 않음이 없다. (단지) 자질만이 아름다운 경우는 한쪽으로 치우침에 구애되어 있을 뿐이니, 대략 말하자면 본디 인에 가깝기는 하지만, 배우는 자라는 점에서 말하자면 반드시 그 완전한 체현(완전한 인의 체현)을 바라야만 옳다.

○王氏曰 剛 必無欲 毅 必能行 木 無令色 訥 無巧言

왕씨가 말했다. '강'은 반드시 욕심이 없음을 뜻하고, '의'는 반드시 행할 수 있음을 뜻하고, '목'은 아부하는 안색이 없음을 뜻하고, '눌'은 교묘한 말이 없음을 뜻한다.

○雲峯胡氏曰 四者 天資之近仁者也 加以學力 則不止於近矣

운봉 호씨가 말했다. 네 가지는 하늘이 준 자질이 인에 가까운 자이다. (그 자질에) 배움의 힘을 더한다면 가까운 것에 그치지 않는다.

○新安陳氏曰 反觀之 則柔脆華辨之遠於仁 可知矣

신안 진씨가 말했다. 거꾸로 보면 '유(유약함)', '취(취약함)', '화(화려함)', '변(말 잘함)'은 인에서 멀다는 것을 알 수 있다.

13.28 子路問曰 何如斯可謂之士矣 子曰 切切偲偲怡怡如也 可謂士矣 朋友 切切偲偲 兄弟 怡怡

자로가 물었다. 어찌해야 선비라 할 수 있습니까? 공자께서 답하셨다. 간곡히 충고하고, 상세히 권하고, 화목해야 선비라 할 수 있다. 친구에게는 간곡히 충고하고 상세히 권해야 하고 형제에게는 화목해야 한다.

【집주】
胡氏曰 切切 懇到也 偲偲 詳勉也 怡怡 和悅也 皆子路所不足 故 告之 又恐其混於所施 則兄弟 有賊恩之禍

호씨가 말했다. '절절'은 지극히 간절한 것이다. '시시'는 상세히 권하는 것이다. '이이'는 화목한 것이다. 모두 자로가 부족한 것이기 때문에 알려주셨다. 또 혼동해서 행하면 형제 사이에는 은혜를 해치는 화가 있고

【세주】
兄弟切偲 則易賊恩

형제에게 간곡히 충고하고 상세히 권하면 은혜를 해치기 쉽다.

【집주】
朋友 有善柔之損

친구 사이에는 쉽게 굽히는 잘못이 있을 것을 염려하신 까닭에

【세주】
朋友怡怡 則失於善柔

친구에게 화목하게 하면 쉽게 굽히는 잘못이 있게 된다.

【집주】
故 又別必列反而言之

또 구별해 말씀해주셨다.

【세주】

朱子曰 切切者 敎告懇惻 而不揚其過 偲偲者 勸勉詳盡 而不强其從 二者 皆有忠愛之誠 而無勁訐之害

주자가 말했다. '절절'이란 가르치고 알려주는 것은 간절하지만 그 허물을 드러내지는 않는 것이고, '시시'란 권하고 격려하는 것은 상세함을 다하지만 따를 것을 강요하지는 않는 것이다. 두 가지는 모두 진실하게 대하고 사랑하는 성의는 있고, 강요하고 들추어내는 해로움은 없다.

○懇到 有苦切之意 然 一向如此 而無浸灌之意 又不可 須詳細相勉如此 方有相親之意

지극한 간절함이란 힘들고 절실한 뜻이 있는 것이지만, 그러나 내내 이리하기만 하고 (충고를) 침투시키려는 뜻이 없으면 또 안 된다. 모름지기 이처럼 상세하게 서로 격려해야 비로소 서로 친한 의미가 있다.

○聖人 見子路 有粗暴底氣象 故 告之以此 又恐子路 一向和悅去了 又告之 以朋友則切切偲偲 兄弟則怡怡 聖人之言 是恁地密

성인께서는 자로가 거칠고 난폭한 기상이 있는 것을 보신 까닭에 이 말씀을 알려주셨다. 또 자로가 내내 화목하게만 하려 할까 염려하시어 친구의 경우는 간곡히 충고하고 상세히 권하고, 형제의 경우는 화목하게 하라고 알려주셨다. 성인의 말씀은 이렇게 세밀하시다.

○勉齋黃氏曰 所謂士者 涵泳於詩書禮義之澤 必有溫良和厚之氣 此 士之正也 至於發强剛毅 則亦隨事而著見耳 子路 負行行之氣 而不能以自克 則切偲怡怡之意 常少 故 夫子 箴之

면재 황씨가 말했다. 소위 선비란 시 서 예의의 호수에 잠기어 헤엄치는 자이니 반드시 따스하고 양순하고 화목하고 두터운 기운이 있다. 이것이 선비의 바른 모습이다. 강경함과 의연함을 발휘하는 것은 또한 일(처한 경우)에 따라 드러나는 것일 뿐이다. 자로는 강경한 기상을 지녀 스스로 극복하지 못했기에 간곡히 충고하고 상세히 권고하고 화목하게 하려는 뜻은 항상 부족했다. 그런 까닭에 공자께서 그에게 경계의 말씀을 하셨다.

○雙峯饒氏曰 切切偲偲怡怡如也 只是一句 總言士之爲士 其氣象當如此 下文 又分別其義

쌍봉 요씨가 말했다. '간곡히 충고하고 상세히 권하며 화목하게 한다'는 말씀은 단지 한 구절이지만 선비가 선비가 되려면 그 기상이 마땅히 이와 같아야 함을 다 말씀하셨다. 아랫글에서는 또 (친구와 형제의 경우로) 그 의의를 구별하셨다.

○ 覺軒蔡氏曰 黃氏云 爵有五 士 居其列 民 有四 士 爲之先 謂之士者 誠可貴也 士之爲貴 何哉 以其記誦之多 文辭之工耶 則由與賜 優爲之矣 而二子 乃汲汲然以士爲問 何也 至夫子所以答之者 不過於行己事君 入孝出悌 言信行果 與夫處兄弟朋友之間 又何耶 人之大倫五 父子也 君臣也 兄弟也 夫婦也 朋友之交也 舜 命契爲司徒 必先於敷五敎 三代之學 所以明人倫 則謂之士者 捨是何急焉 後世 則不然 父兄之所告詔 師友之所訓誨 有司之所論選 記誦而已爾 人道之大端 不暇講也 如是 則謂之士 其果可以當此名耶 謂之可貴 未見其眞可貴也

각헌 채씨가 말했다. 황씨가 말하기를 "작에는 다섯 가지[황제, 제후, 경, 대부, 사]가 있는데 사(선비)는 그 대열에 들어가고, 민에는 네 가지(사 농 공 상)가 있는데 사는 그 처음이 되니 선비라 하는 것은 진정 귀한 것이다"라 했다. 선비가 귀하다는 것은 왜인가? 외우고 읊는 것이 많아서인가? 문장을 잘 지어서인가? 그렇다면 유(자로)와 사(자공)는 그것을 잘했는데 두 사람이 급급하게 선비에 대해 물은 것은 무엇 때문인가? 공자께서 답하신 것이 '스스로 (도덕적으로) 행동하기와 임금 섬기기', '들면 효도하고 나면 공손히 하기', '말은 믿음 있고 행동은 실행하기'와 저 '형제와 붕우 사이에 처하기'에 불과한 것은 또 무엇 때문인가? 사람의 큰 윤리는 다섯이니 부자, 군신, 형제, 부부와 친구의 사귐이다. 순임금은 설을 사도로 임명해 반드시 먼저 다섯 가르침을 펴게 하셨으니 3대의 학문은 인륜을 밝히려는 것이었다. 그러니 선비라 하는 자가 이것 말고 무엇이 급하겠는가? 후세에는 그렇지 않아, 부형이 알려주는 것이나 사우가 가르쳐주는 것이나 관리가 논하고 뽑는 것이나 모두 외우고 읊는 것(기송의 학문)일 뿐이니, 사람의 도리의 큰 항목은 강론할 틈이 없다. 이러하니 선비라고는 하지만 과연 그 이름에 해당될 수 있겠는가? 귀하다고 하지만 진짜로 귀한 이유는 알지 못한 것이다.

13.29 子曰 善人 敎民七年 亦可以卽戎矣

공자께서 말씀하셨다. 선인이 백성을 7년간 가르치면 또한 전쟁에 내보낼 수 있다.

【집주】

敎民者 敎之以孝弟去聲忠信之行去聲 務農講武之法 卽 就也 戎 兵也 民 知親其上死其長上聲 故 可以卽戎

'교민(백성을 가르침)'이란 효제충신의 행동, 농업에 힘쓰고 무예를 익히는 법을 가르치는 것이다. '즉'은 나아가는 것이다. '융'은 전쟁이다. 백성이 그 윗사람을 친히 하고 윗사람을 위해 죽을 줄 알기 때문에 전쟁에 내보낼 수 있다.

【세주】

雙峯饒氏曰 善人 卽善人爲邦之善人 天資好善之人也 敎民 不是專敎之戰 敎之孝悌忠信 則民知尊君親上之義 敎之務農 則民知重本 足食足兵 皆卽戎之本也 亦可者 僅可之辭

쌍봉 요씨가 말했다. 선인이란 곧 '선인이 나라를 다스리면'이라 할 때의 선인이니, 선천적 자질이 선을 좋아하는 사람이다. 백성을 가르친다는 것은 오로지 전쟁술만을 가르치는 것이 아니다. 효제충신을 가르치면 백성은 임금을 존숭하고 윗사람을 친히 하는 의리를 알게 되고 농업에 힘쓸 것을 가르치면 백성은 근본을 중시할 줄 알게 된다. 식량이 충분하고 군대가 충분한 것이 모두 전쟁에 내보낼 수 있는 근본이다. '또한 가능하다'라는 것은 겨우 가능하다는 말이다.

○新安陳氏曰 善人 有忠愛惻怛之心 而其敎民 又盡本末兼該之法 孝弟忠信 本也 務農 亦本也 講武之法 末也 本末兼盡 且必七年 而僅可卽戎 兵其可易言哉

신안 진씨가 말했다. 선인은 진실하게 사랑하고 측은히 여기는 마음이 있어서, 백성을 가르치는 데 또 본말을 겸한 방법을 다한다. 효제충신은 근본이고, 농업에 힘쓰는 것 또한 근본이고, 무예를 익히는 방법은 말단이다. 본말을 겸해 다하고도 또 반드시 7년이 되어야 비로소 겨우 전쟁에 내보낼 수 있으니 전쟁이 쉽게 말할 수 있는 일이겠는가?

【집주】

○程子曰 七年云者 聖人度待洛反其時可矣 如云朞月 三年 百年 一世 大國五年 小國七年之類 皆當思其作爲如何 乃有益

정자가 말했다. 7년이라 한 것은 성인께서 그 시간이면 가능하다고 판단하신 것이니, 예컨대 '기월(1년)', '3년', '100년', '1세', '큰 나라는 5년 작은 나라는 7년('『맹자』7, 「이루 상」 7장')' 등과 같은 것이다. 마땅히 모두 그 작용이 어떠한지를 생각해야 유익함이 있을 것이다.

【세주】

問 善人敎民七年 亦可以卽戎矣 如何恰限七年 朱子曰 如此等 他 須有箇分明界限 如古人謂 三十年制國用 則有九年之食 至班固 則推得出那三十年 果可以有九年食處 料得七年之類 亦如此

물었다. '선인이 백성을 7년간 가르치면 또한 전쟁에 내보낼 수 있다'라 했는데, 어찌 꼭 7년이라 한정할 수 있습니까? 주자가 답했다. 이런 것(말씀)들의 경우, 그것은 모름지기 분명한 (기간의) 한정이 있다. 예컨대 옛사람들이 '30년간 나라의 비용을 절제하면 9년의 식량이 모인다'라 했는데, 반고에 이르러 저 30년이면 과연 9년의 식량이 있을 수 있음을 추론해내었다. 7년이라고 예상한 것 등도 또한 이와 같다.

○慶源輔氏曰 聖人 度其時可矣 蓋 致知格物之極功 不啻如燭照而數計 非臆度之謂也

경원 보씨가 말했다. 성인께서 그 시간이면 가능하다고 판단하신 것은 대개 격물치지의 지극한 효과로서, 불을 비추어 숫자를 계산하듯이 하신 것만이 아니니, 억측해서 말씀하신 것이 아니다.

○厚齋馮氏曰 古之敎士 七年 謂之小成 敎民 雖不如士之詳 而七年 亦敎成之節也 如稱朞月 三年 百年 一世 大國五年 小國七年之類 是皆以其勢之大小 事之難易 時之遲速而言 非臆度也 亦可以云者 若王者敎民 不待如此之久也 善人政事 不足 若能敎民 則有其政矣 雖無速效 遲之七年 亦可也 此 言不可以不敎之民戰也

후재 풍씨가 말했다. 옛날에 선비를 가르칠 때 7년을 소성(작은 완성)이라 했다('『예기』,「학기」'). 백성을 가르치는 것은 비록 선비를 가르치듯이 상세하게 하지는 않지만 7년이면 또한 가르침이 이루어지는 한 기간이 된다. 예컨대 기월(1년), 3년, 100년, 1세, 큰 나라는 5년 작은 나라는 7년 등이라 칭하신 것은 모두 그 세력의 크고 작음, 일의 어렵고 쉬움, 때의 늦고 빠름에 근거해 말씀하신 것이니 억측이 아니다. '또한 가능하다'라고 말씀하신 것은 왕자(왕도를 실천하는 임금)가 백성을 가르치는 경우라면 이렇게 오래 기다릴 필요가 없다는 것이다. 선인의 정치는 충분하지 않지만, 만약 백성을 가르칠 수 있다면 그(제대로 된) 정치가 있는 것이니, 비록 속효가 없어 7년 동안이나 늦어진다고는 해도, 또한 괜찮은 것이다. 이는 백성을 가르치지 않고 전쟁에 내보내서는 안 된다는 말이다.

○ 雙峯饒氏曰 欲論其作爲 只前面說底 便是朞月而紀綱布 三年而政化行 一世而敎化浹洽 此 是聖人作爲 久近之效 七年而可以卽戎 比之三年而有勇知方者 有間 百年而可以勝殘去殺 比之必世而仁者 遠甚 此 是善人作爲 久近之效

쌍봉 요씨가 말했다. 그 작용(활동의 성과)을 논하건대, 앞에서 말했던 것은 단지 곧 '1년이면 기강이 펴진다(본 편 10장)', '3년이면 정치와 교화가 행해진다(본 편 10장)', '1세면 교화가 충분히 스며든다(본 편 12장)'라 했는데, 이는 성인의 작용의 효과의 빠르고 늦음이다. '7년이면 전쟁에 내보낼 수 있다'라는 것을 '3년이면 용맹이 있게 하고 방향을 알 수 있게 한다(『논어』11,「선진」25장. 자로의 말)'는 것에 비교해보면 차이가 있다. '(선인의 통치가) 100년이면 잔혹함을 이기고 사형을 없앨 수 있다(본 편 11장)'라는 것을 '1세(30년)면 반드시 인하게 된다(본 편 10장)'는 것과 비교해보면 거리가 매우 멀다. 이는 선인의 작용의 효과의 늦고 빠름이다.

○ 雲峯胡氏曰 敎民 本非爲卽戎而設 敎之深 亦可以卽戎矣

운봉 호씨가 말했다. 백성을 가르치는 것은 본래 전쟁에 내보내기 위해서 하는 것이 아니다. 가르침이 깊어지면 또한 전쟁에 내보낼 수 있다는 것이다.

13.30 子曰 以不敎民戰 是謂棄之

공자께서 말씀하셨다. 가르치지 않은 백성을 써서 전쟁하는 것, 이를 (백성을) 버리는 것이라 한다.

【집주】

以 用也 言用不敎之民以戰 必有敗亡之禍 是棄其民也

'이'는 쓰는 것이다. 가르치지 않은 백성을 써서 전쟁하면 반드시 패망의 화가 있으니 이는 그 백성을 버리는 것이라는 말씀이다.

【세주】

吳氏曰 白虎通云 敎民者 皆里中之老而有道德者 爲右師 敎里中之子弟 以道藝孝弟行義 朝則坐於里門 弟子皆出就農 復罷亦如之 若旣成藏 皆入敎學 立春而就事 故 無不敎之民 非謂敎之戰也 然 其三時務農 一時講武 則 金皷旗物之用 坐作進退之節 亦在所敎矣

오씨가 말했다. 『백호통』(「벽옹」〈상서지학〉조)에 말하기를 "백성을 가르치는 것이란 모든 동네에 노인으로서 도덕이 있는 자를 우사로 삼아 동네 중의 자제들에게 도예와 효제와 행의(의로운 행동하기)를 가르치는 것이다. 아침이면 동네의 문에 앉아 있고(앉아서 출입하는 자들의 행동을 살펴 가르치고), 자제들은 모두 나가 농사를 짓는다. 다시 끝나면(농사가 끝나고 돌아올 때) 또한 그렇게 한다(앉아서 가르친다). 이미 농사가 끝나 갈무리를 한 다음이면 모두 입학해 가르치고 배운다. 입춘이면 일하러 나간다. 그러므로 가르치지 않은 백성이 없다『백호통』의 구절과 일치하지는 않고, 일종의 편집임)"라 했다. (그러니 가르친다는 것은) 전쟁술을 가르치는 것을 말하는 것이 아니다. 그러나 세 계절에는 농사에 힘쓰고 한 계절에는 무예를 익히니, 금고기물(징이나 북, 깃발 등의 군대 용품)을 쓰는 방법이나 앉고 일어나고 나아가고 물러나고 하는 절차(군대의 전투 기술) 또한 가르치는 것에 들어 있다.

○南軒張氏曰 所謂敎者 敎之以君臣父子長幼之義 使皆有親其上死其長之心 而又敎之以節制 如司馬法 是也 若未之敎 而驅之戰 則是棄之死地而已矣

남헌 장씨가 말했다. 소위 가르친다는 것은 군신 부자 장유의 의리를 가르쳐 모두 그 윗사람을 친히 하고 그 윗사람을 위해 죽을 수 있는 마음을 가지게 하는 것이고 또 절제(행동의 통제)를 가르치는 것이니『사마(병)법』같은 것이 그것이다. 만약 가르치지 않고 전쟁터에 내몰면 이는 사지에 내다버리는 것일 뿐이다.

○ 厚齋馮氏曰 孟子曰 不敎民而用之 謂之殃民 蓋 本諸此

후재 풍씨가 말했다. 맹자는 "백성을 가르치지 않고 (전쟁에) 쓰는 것을 '앙민(백성에게 재앙을 줌)'이라 한다(『맹자』12,「고자 하」8장)"라 했는데, 대개 이 말씀에 근거를 둔 것이다.

○ 新安陳氏曰 此章與上章 未必一時之言 記者 以類相從 乃承上章之意 而反言之也

신안 진씨가 말했다. 이 장과 앞 장은 반드시 같은 때의 말씀은 아닌데 기록하는 자가 비슷한 것끼리 모은 것으로, (이 장은) 앞 장의 뜻을 이어받아 뒤집어 말한 것이다.

憲問第十四

【집주】

胡氏曰 此篇 疑原憲所記

호씨가 말했다. 이 편은 아마도 원헌이 기록한 것 같다.

【세주】

趙氏曰 憲問恥 不書姓而直書名 其爲自記之證 一也 他章 夫子稱弟子 則名之 曾子有子冉子 門人之所記 則以子稱 非其師者 皆稱字 如原思爲之宰 亦以此稱 而此書名 其爲自記之證 二也 下章問克伐怨欲不行 不別起端 而聯書之 其爲自記之證 三也

조씨가 말했다. '헌이 부끄러움에 관해 물었다'는 구절에서, 성을 쓰지 않고 직접 이름을 썼으니, 이는 (원헌이) 스스로 기록했다는 첫째 증거이다. 다른 장에서 공자께서 제자를 칭할 때에는 그 이름을 불렀고, 증자와 유자와 염자는 그 문인이 기록한 것이어서 '자(子, 선생)'를 칭하고, 그들의 스승이 아닌 자는 모두 자(字)를 칭했으니, 예컨대 '원사를 재로 삼았다'(「옹야」 6장)고 할 때 또한 이로써(자로써) 칭했다. 그러나 이 편에서는 이름을 썼으니, 이것이 스스로 기록했다는 둘째 증거이다. 아래 장에서 '극벌원욕불행'에 관해서 물었는데 따로 발단이 되는 말을 일으키지 않고(예컨대 '헌이 물었다' 등 새 장을 시작하는 말을 쓰지 않고) 이어서 썼으니, 이것이 스스로 기록했다는 셋째 증거이다.

○勿軒熊氏曰 多記孔門出處言行 內雜論春秋人物 凡四章

물헌 웅씨가 말했다. 공자 문하의 (여러 제자들의) 나섬과 머무름(벼슬하러 나가거나 나가지 않음), 말과 행동을 기록한 것이 많으며, 그 안에는 춘추시대의 인물을 논한 것이 섞여 있는데 모두 4장이다.

【집주】

凡四十七章

모두 47장이다.

14.1 憲問恥 子曰 邦有道穀 邦無道穀 恥也

헌이 부끄러움에 관해 물었다. 공자께서 답하셨다. 나라에 도가 있을 때 봉록(만)을 받는 것, 나라에 도가 없을 때 봉록을 받는 것, (이는 모두) 부끄러운 일이다.

【집주】

憲原思名 穀祿也 邦有道 不能有爲 邦無道 不能獨善而但知食祿 皆可恥也 憲之狷介

헌은 원사의 이름이다. '곡'은 봉록이다. 나라에 도가 있을 때 (쓸모 있는) 일을 해내지 못하고, 나라에 도가 없을 때 독선(나서지 않고 홀로 선을 지킴)하지 못하고 다만 봉록을 먹을 줄만 아는 것은 모두 부끄러워할 만하다. 헌은 고집스럽고 깐깐해,

【세주】

雙峯饒氏曰 狷 是有執守 介 是有分辨

쌍봉 요씨가 말했다. '견'은 고집해 지키는 것이 있는 것이다. '개'는 분별이 있는 것이다.

【집주】

其於邦無道 穀之可恥 固知之矣 至於邦有道 穀之可恥 則未必知也 故 夫子 因其問而幷言之 以廣其志 使知所以自勉 而進於有爲也

나라에 도가 없을 때 봉록을 받는 것이 부끄러워할 만한 일임은 본디 알고 있었다. (그러나 헌은) 나라에 도가 있을 때라도 봉록만을 받는 것이 부끄러워할 만한 일이라는 것은 꼭 알지는 못했다. 그러므로 공자께서는 이 질문으로 말미암아 그 점을 아울러 말씀하시어 그의 뜻을 넓히시고, 스스로 노력할 바를 깨달아서 쓸모 있는 인재로 진보하도록 하셨다.

【세주】

朱子曰 穀之一字 有食祿之義 言有道無道 只會食祿 略無建明 豈不可深恥

주자가 말했다. '곡' 한 글자는 봉록을 먹는다는 뜻이 있다. '도가 있거나 도가 없

거나 간에 다만 봉록을 먹을 줄만 알고 정치를 밝게 세우는 것이 별로 없다면 어찌 깊이 부끄러워할 만하지 않겠는가라는 말씀이다.

○問 憲之狷介安貧 豈不知邦有道穀之可恥 曰 未可知也 人 到用處 方見族黨 稱其孝弟 夫子 未以爲士之至行者 僅能持身於無過 而無益於人國 不足深貴也 邦有道而不能有爲 只小廉曲謹 濟得甚事 邦無道而受祿 固不可 有道而苟祿 亦不可也

물었다. 헌은 고집스레 간간하고 빈궁을 편히 여겼으니 어찌 나라에 도가 있을 때 봉록만 받는 것이 부끄러워할 만한 일임을 몰랐겠습니까? 답했다. 아직 몰랐다. 사람(의 자질)은 쓰임에 이르러서야 비로소 드러난다. 친족과 마을에서 그를 효제하다고 칭찬하더라도 공자께서는 (그런 사람을) 선비의 지극한 행실을 하는 자라 여기지는 않으셨다. (그런 사람은) 겨우 자신의 몸을 허물이 없도록 지킬 수 있을 뿐, 남의 나라에 도움이 되지 않으니 매우 귀하게 여기기에는 부족하다. 나라에 도가 있을 때 쓸모 있는 일을 해내지 못하고 다만 작은 청렴과 세세한 삼감이 있을 뿐이니 무슨 일을 해내겠는가. 나라에 도가 없을 때에 봉록을 받는 것은 물론 안 되지만, 도가 있는데도 구차하게 봉록만 받는 것 또한 안 된다.

○原憲 甘貧守道 其志卓然 能有不爲者也 其爲此問 固知邦無道 而枉道得祿之爲恥矣 特欲質諸夫子 以言其志耳 夫子 深知其然 而亦知其學之未足以有爲也 則恐其或當有道之時 雖無枉道之羞 而未免於素餐之愧 故 以是而幷告之 使因其所已知而推之 以及其所未知者 庶乎其有以廣其業 而益充其所爲耳 或乃以謂 夫子之意 止於無道得祿之可恥 以憲能安貧而告之 然則是徒以其已能者 而瀆告焉 豈所以進之於日新耶

원헌은 빈궁을 달게 여기고 도를 지켜 그 뜻이 탁월해, 능히 하지 않는 것이 있는 자이다. 이러한 질문을 한 것은, 나라에 도가 없을 때에 도를 굽혀서 봉록을 얻는 것이 부끄러운 일임은 본디 알면서도 특별히 공자께 그것을 여쭤봄으로써 그(자신의) 뜻을 말하고자 한 것일 따름이다. 공자께서는 그런 줄은 깊이 아셨지만 또한 그의 배움이 일을 해내기에 충분하지 못함도 아셨다. 그러니 혹시 (나라에) 도가 있을 때 도를 굽히는 잘못은 없겠지만, 일없이 봉록만 받아먹는 부끄러움을 면하지 못할까 우려하셔서 이와 같이 아울러 일러주셨으니, 그로 하여금 이미 알고 있는 바로부터 미루어 알지 못하는 바까지 이르도록 함으로써 그 활동을 넓혀 그 일하는 바를 더욱 충실할 수 있기를 바라셨을 뿐이다. 혹자는 이 말씀에 대해, 공자의 (말씀의) 뜻은 도가 없을 때에 봉록 받는 것이 부끄러운 일이라는 데 그치고, 헌이 능히 가난을 편안히 여길 수 있기 때문에 알려주신 것이라고 했는데, 만일 그렇다면 헛되이 이미 능한 것을 번거롭게 다시 알려주신 셈이니 어찌 날로 새로움에 나아가도록 하시려는 것이 되겠는가.

○梅巖胡氏曰 論語中 說有道無道 凡八出 泛論者 三 指其人而論者 五 南容伯玉武子史魚原憲 是也 世有道 如南容之不廢 武子之知 伯玉之仕 史魚之直 可也 如欲志於穀而不能有爲 不可也

매암 호씨가 말했다. 『논어』 중에 도가 있고 도가 없음에 관해 말한 대목은 모두 여덟 번 나온다. 일반적으로 논의한 것은 세 번이고 특정인을 가리켜 논의한 것은 다섯 번이니 남용, (거)백옥, (영)무자, 사어, 원헌의 경우이다. 세상에 도가 있을 때, '남용의 버려지지 않음', '영무자의 지혜', '거백옥의 벼슬함', '사어의 정직함' 같은 것은 되지만, '봉록에만 뜻을 두고 일은 해낼 수 없는 것' 같은 것은 안 된다.

○新安陳氏曰 邦有道 貧且賤焉 恥也 邦無道 富且貴焉 恥也 集註云 世治而無可行之道 世亂而無能守之節 其意 正與此章同 但彼 全是平說 此 亦雖是平說 然 就原憲分上觀之 則重在邦有道穀 微不同耳 雲峯謂 憲 爲夫子之宰 猶辭其所當得之粟 其恥於無道之穀 可知 然 狷介者 自守 常有餘而見於事爲 常不足 故 夫子 猶告之以有道穀之可恥也

신안 진씨가 말했다. '나라에 도가 있을 때에 가난하고 천한 것은 부끄러운 일이며, 나라에 도가 없을 때에 부유하고 귀한 것은 부끄러운 일이다'라는 구절(『논어』 8, 「태백」 13장) 집주에서 '세상이 (잘) 다스려졌는데 행할 만한 도가 없고, 세상이 어지러운데 지킬 만한 절개가 없다'라고 한 것은 그 뜻이 바로 이 장과 같다. 다만 그것(집주의 말)은 완전히 병렬적인(두 구절이 모두 같은 무게인) 말이고, 이(이 장의 말씀) 또한 비록 병렬적인 말씀이지만, 그러나 원헌의 입장에서 보면 나라에 도가 있을 때에 봉록만 받는 것이라는 데에 중점이 있으니, 약간 다르다. 운봉은 "헌이 공자의 가재가 되었을 때에 오히려 마땅히 받아야 할 봉록을 사양했으니 도 없는(도 없는 나라에서 받는) 봉록을 부끄러워했음을 알 수 있다. 그러나 고집스럽고 절개 있는 자는 자신을 지키는 데에는 항상 남음이 있지만 업적을 드러내는 데에는 항상 부족하다. 그런 까닭에 공자께서 오히려 도 있을 때 봉록만 받는 것이 부끄러워할 만하다는 것을 알려주셨다"라 했다.

14.2-1 　克伐怨欲 不行焉 可以爲仁矣
이기려 하고 자랑하고 원망하고 탐욕부리는 짓을 하지 않으면 인이라 할 수 있습니까?

【집주】

此 亦原憲 以其所能而問也 克好去聲勝 伐 自矜 怨 忿恨欲 貪慾

이 구절 역시 원헌이 그가 능히 할 수 있는 것을 가지고 질문한 것이다. '극'은 이기기를 좋아하는 것이고, '벌'은 스스로를 자랑하는 것이고, '원'은 분하고 한스러워 하는 것이고, '욕'은 탐욕부리는 것이다.

【세주】

慶源輔氏曰 克 只訓勝 如克敵克己之爲勝敵勝己 是也 然 單言之 則爲好勝 如忮克 克伐 是也 伐者 傷殘之意 自矜 乃所以自殘也 忿 見於外 恨 藏於內 內恨外忿 則怨 欲 有公私 貪欲 則欲之私也

경원 보씨가 말했다. '극'은 다만 '이긴다'라고 해석하니, 가령 '극적', '극기'가 적을 이기고 나를 이긴다는 뜻이 되는 것이 그 예이다. 그러나 단독으로 쓰이면 이기기를 좋아한다는 뜻이니, '기극(거스르고 이기려 함)', '극벌'이 그 예이다. '벌'은 상처주고 해친다는 뜻이니, '자긍(스스로를 자랑함)'은 곧 자신을 해치는 것이 된다. '분'은 밖으로 드러나고 '한'은 안에 숨어 있으니, 안으로 한 맺혀서 밖으로 분격하는 것이 곧 '원'이다. '욕'에는 공과 사가 있는데 탐욕은 사사로운 욕심이다.

○胡氏曰 分言 則四事對擧 互言 則克伐者 因己所有而生 氣盈也 怨欲者 因己所無而生 氣歉也 推本言之 又皆由有己而生也

호씨가 말했다. 구분해서 말하면 네 가지 일은 각각 따로 들 수 있지만, 연결해 말하면 극벌이란 내가 가진 것 때문에 생기는 것이니 기가 넘치는 것이고, 원욕이란 내가 가지지 못한 것 때문에 생기는 것이니 기가 죽은 것이다. 근본을 미루어 말하면 또한 모두 자기(개인의 사사로움)가 있음으로 말미암아 생기는 것이다.

○雙峯饒氏曰 克伐二者 只是一病 怨欲二者 亦只是一病 四件 是兩件 兩件 又只是一件 病根 在一欲字 有所欲 則貪多而求勝 遂其所欲 則誇伐 不遂其所欲 則怨恨

쌍봉 요씨가 말했다. '극'과 '벌', 이 두 가지는 단지 하나의 병이며, '원'과 '욕', 이 두 가지도 또한 단지 하나의 병이다. 네 가지는 (사실상) 두 가지이고, 두 가지는 또 (결국) 한 가지일 뿐이다. 병의 근원은 '욕'의 한 글자에 있다. 욕심내는 바가 있으면 곧 많기를 탐하고 이기기를 구한다. 그 욕심낸 바를 이루면 자랑하고, 그 욕심낸 바를 이루지 못하면 원한을 품는다.

14.2-2 子曰 可以爲難矣 仁則吾不知也

공자께서 말씀하셨다. 어렵다고는 할 수 있지만 인인지는 나는 모른다.

【집주】

有是四者而能制之使不得行可謂難矣仁則天理渾上聲然自無四者之累 不行 不足以言之也

이 네 가지를 가지고 있으면서도 능히 그것을 억제해 행해지지 않도록 하는 것은 어렵다고 할 수 있다. 그러나 인은 천리가 혼연하여 본디 네 가지의 폐단이 없는 것이니, (극벌원욕을) 행하지 않는 것은 말할 필요도 없다.

【세주】

朱子曰 克伐怨欲 只是自就道理這邊看得透 則那許多 不待除而自去 若實是看得大底道理 要求勝 做甚麼 要去矜誇他人 做甚麼 求仁而得仁 又何怨 怨箇甚麼 耳目口鼻四肢之欲 惟分是安 欲箇甚麼 見得大處分明 這許多小小病疾 都如氷消凍釋 無有痕迹矣 若只是遏在胷中不行 畢竟是有這物在裏 才說無 便是合下掃去 不容他在裏 譬如一株草劃去 而留其根 與連其根劃去 此箇意思如何 而今人 於身上有不好處 須是合下便劃去 若只是在人面前不行 而此箇根苗 常留在裏 便不得

주자가 말했다. 극벌원욕은, 다만 도리의 이쪽(올바른 면)을 투철히 알게 되면, 저 허다한 것들(극벌원욕)은 없애기를 기다리지 않아도 저절로 사라진다. 만일 큰 도리를 진실로 깨달았다면 이기기를 구하려 한들 무엇하겠으며, 남에게 자랑하려 한들 무엇하겠는가. 인을 구해 인을 얻었으니 또한 어찌 원망하겠으며, 무엇을 원망하겠는가. 이목구비와 사지의 욕심에 대해서는 오직 분수를 편히 여길 뿐, 무엇을 바라겠는가. 큰 곳을 분명하게 깨달으면 이 여러 가지 작디작은 병들은 모두 얼음이 녹고 언 것이 풀리는 것처럼 흔적조차 없어진다. 만약 단지 마음속에 있는 것을 (억지로 못 나오게) 막아 행하지 않는 것이라면, 끝내 이 물건이 그 안(마음속)에 남아 있는 것이다. '없다'라고 말하려면, 곧 당장 쓸어내 그 안에 그것이 남아 있지 않아야 한다. 비유컨대 한 그루의 풀을 베어버릴 때에 그 뿌리를 남기는 것과 뿌리마저도 잘라버리는 것, 이 (차이의) 의미는 무엇인가? 지금 사람이 신상에 좋지 않은 점이 있으면 모름지기 당장 없애 버려야지, 만약 단지 다른 사람의 면전에서만 행하지 않을 뿐, 이 뿌리와 싹은 항상 안에 남아 있다면 곧 옳지 않다.

○ 克伐怨欲不行 所以未得爲仁者 如面前有一事相觸 雖能遏其怒 畢竟胷中有怒在 所以 未得爲仁

극벌원욕을 행하지 않는 것을 인이라 할 수 없는 것은, 예컨대 면전에서 한 가지 일 때문에 서로 부딪힐 때 비록 그 노여움(의 표현)을 막을 수는 있더라도 필경 마음속에는 노여움이 (들어) 있을 것이니, 이 때문에 인이라 할 수 없다.

○ 南軒張氏曰 克伐怨欲不行 亦可謂能制其私欲者矣 然 克伐怨欲之根 猶在也 若夫仁者之心 則克伐怨欲 無自而萌焉 故 制之於流 未若澄之於源也

남헌 장씨가 말했다. 극벌원욕을 행하지 않으면 또한 가히 그 사욕을 억제할 수 있는 자라 할 수 있지만, 극벌원욕의 뿌리는 여전히 남아 있다. 만일 저 인자의 마음이라면 극벌원욕이 어디로부터도 싹틀 수가 없다. 그러므로 그 지류를 억제하는 것은 근원을 맑게 하는 것만 못하다.

○ 慶源輔氏曰 憲兩問 夫子答之 皆 是因其所已能 而進之以其所未能

경원 보씨가 말했다. 헌이 두 번 질문한 것에 공자께서 하신 대답은 모두 그 이미 능한 바로 말미암아서 그 능하지 못한 바로 나아가도록 하신 것이다.

【집주】

○ 程子曰 人而無克伐怨慾 惟仁者能之 有之而能制其情 使不行 斯亦難能也 謂之仁則未也 此 聖人開示之深 惜乎 憲之不能再問也

정자가 말했다. 사람으로서 극벌원욕이 없는 것은 오직 인자만이 할 수 있다. 있더라도 그 마음을 제어할 수 있어서 행해지지 않도록 하는 것, 이것 또한 어려운 일이지만 아직 인이라고 할 수는 없다. 이 말씀은 성인께서 깊이 (헌에게)

열어 보여주신 것인데, 아깝게도 헌은 다시 묻지 못했다.

【세주】

程子曰 人無克伐怨欲四者 便是仁也 只爲原憲著一箇不行 不免有此心 但不行也 故 孔子謂 可以爲難 此 孔子 著意告原憲處 欲他有所啓發 他 承當不得 不能再發問也 孔門如子貢者 便能曉得聖人意 且如曰 女 以子爲多學而識之歟 對曰然 便問曰 非歟 孔子 告之曰 非也 予 一以貫之 原憲則不能也

정자가 말했다. 사람으로서 극벌원욕의 네 가지가 없다면, 곧 인이다. 다만 원헌은 하나의 '행하지 않음'에 집착해 '이 마음은 있는 채 다만 행하지는 않음'을 면하지 못했기 때문에 공자께서 '어렵다고 할 수 있다'고 말씀하셨다. 이것은 공자께서 의도적으로 원헌에게 알려주신 대목이니, 그로 하여금 계발되는 바가 있기를 바라셨는데, 그는 (공자 말씀의 의미를) 받들지(깨닫지) 못해 다시 질문할 수 없었다. 공자 문하에서 자공의 경우에는 곧 능히 성인의 뜻을 깨달았다. 예컨대 '너는 내가 많이 배워서 기억하는 자라고 여기는가'라고 물으셨을 때, '그렇습니다'라고 대답하고 곧 '그렇지 않습니까'라고 묻자, 공자께서 그에게 알려주시기를 '아니다. 나는 하나로써 꿰뚫는다'라고 하셨다. 원헌의 경우에는 그렇게 하지 못했다.

○若無克伐怨欲 固爲仁由己 唯顔子而上 乃能之

극벌원욕이 없다면 진정 자신으로 말미암아 인을 행하는 것이니, 오직 안자 이상이라야 능히 할 수 있다.

○朱子曰 明道說 原憲承當不得 所以不復問 他 非獨是這句失問 如邦有道穀 邦無道穀 恥也 也失問

주자가 말했다. 명도는 원헌이 깨닫지 못해 다시 물을 수 없었다고 말했다. 그는 단지 이 구절에서만 질문을 놓친 것이 아니다. '나라에 도가 있을 때에 봉록만 받는 것과 나라에 도에 없어도 봉록을 받는 것은 부끄러운 일이다'라는 대목에서도 질문을 놓쳤다.

○問 原憲 也不是箇氣昏力弱底人 何故如此 曰 他 直是有力 看他孤潔節介 卒未易及 只是見識自如此 若子路見識較高 他問時 須問到底 然 教原憲 去爲宰從政 未必如子路冉求之徒 若教子路冉求 做原憲許多孤介 也做不得 孟子曰 人有不爲也 而後可以有爲 原憲 却似只要不爲 却不理會有爲一節

물었다. 원헌은 또한 기가 어둡고 힘이 약한 사람이 아닌데 어째서 이와 같습니까? 답했다. 그는 진정 힘이 있다. 그의 고결한 절개를 보면 끝내 쉽게 미칠 수 없지만, 단지 식견이 본디 이와 같았을 뿐이다. 자로의 경우에는 식견이 상당히 높아서 그가 질문할 때에는 반드시 끝까지 물어보았다. 그러나 원헌에게 가재가 되어 정치에 종사하도록 하더라도 꼭 자로나 염구의 무리만 하지는 못했을 것이다. 만일 자로나 염구에게 원헌의 고결한 절개를 갖도록 하더라도 그렇게(원헌처럼) 하지는 못했을 것이다. 맹자가 말하기를 "사람은 '불위(하지 않는 것)'가 있은 연후에 가히 '유위(하는 것, 쓸모 있는 일을 해냄)'이 있을 수 있다(『맹자』8, 「이루 하」 8장)"라 했는데, 원헌은 단지 '불위'는 하려 했지만 '유위' 한 항목은 이해하지 못한 것 같다.

○慶源輔氏曰 憲之所以僅能其難 固以其狷介有守 而至於不能復有所問 則亦以狷介之守 痼之也

경원 보씨가 말했다. 헌이 어려운 일을 겨우 해낼 수 있었던 것은 진실로 그 고집스러움과 깐깐함으로 지키는 바가 있었기 때문이지만, 끝내 다시 묻지 못하고 만 것 또한 고집스러움과 깐깐함으로 지키는 것이 고질병이 되었기 때문이다.

【집주】

或曰 四者不行 固不得爲仁矣 然 亦豈非所謂克己之事 求仁之方乎 曰 克去上聲下同己私 以復乎禮 則私欲不留 而天理之本然者 得矣 若但制而不行 則是未有拔去病根之意 而容其潛藏隱伏於胸中也 豈克己求仁之謂哉 學者 察於二者之間 則其所以求仁之功 益親切而無滲所禁反漏矣

혹자는 "네 가지를 행하지 않는 것은 본디 인이라 할 수 없지만, 그렇더라도 어찌 소위 '극기지사(자신의 사욕을 이기는 일)'요 '구인지방(인을 구하는 방법)'이 아니겠는가"라 했는데, 답하자면, 자신의 사사로움을 이기고 예로 돌아가면 사욕이 남아 있지 않아 천리의 본연을 얻게 된다. 만약 단지 제어해서 행하지 않는다면, 그것은 병의 근원을 뽑아버리려는 뜻이 없이 (병의 근원이) 마음속에 깊이 숨어 있는 것을 허용하는 것이니, 어찌 '극기'와 '구인'이라고 하겠는가. 배우는 자가 두 가지의 차이를 성찰한다면 인을 구하는 공부의 방법이 더욱 절실해져서 물샐틈없게 될 것이다.

【세주】

朱子曰 克己 如誓不與賊俱生 克伐怨欲不行 如薄伐玁狁 至于太原 但逐出

境而已

주자가 말했다. 극기는 도적과 함께 살지 않기로 맹세하는 것과 같다. 극벌원욕을 행하지 않는 것은 예컨대 "험윤을 쳐서 태원까지만 몰아내고(『시경』,「소아 동궁」〈유월〉)"라 한 것처럼 다만 국경 밖으로 쫓아내기만 하는 것과 같다.

○ 克己者 是從根源上一刀兩斷 便斬絶了 更不復萌 不行底 只是禁制他 不要出來 那欲爲之心 未嘗忘也

'극기'란 근원으로부터 단칼로 두 쪽을 내 잘라버려서 다시는 싹트지 않게 하는 것이다. '행하지 않음'이란 다만 그것을 막고 억제해 못 나오게 하지만 그것을 하려는 그 마음은 아직도 잊지 못하는 것이다.

○ 雙峯饒氏曰 拔去病根 有兩說 一是積漸消磨 一是勇猛決去 平居莊敬涵養 此 積漸消磨法也 臨事省視克己 此 勇猛決去法也

쌍봉 요씨가 말했다. 병의 근원을 뽑아버리는 데에는 두 가지 설이 있다. 하나는 점진적으로 소멸시키는 것이고, 하나는 용맹하게 단번에 제거하는 것이다. 평소 단정하고 경건히 해 함양하는 것, 이는 점진적으로 소멸시키는 방법이고, 일에 임해서 성찰하여 극기하는 것, 이는 용맹하게 단번에 제거하는 방법이다.

○ 胡氏曰 制其情而不行 與顔子四勿 若相似 而實不同 四勿者 分辨於天理人欲之間 而一循乎天理 不行者 禁制於人欲已發之後 而不徇乎人欲 用力於初分之際者 易 用力於已發之後者 難 此 所以雖不許其仁 而亦許其難也 苟志不勝氣 則藏伏於內者 勃然而出 其難也 有時而不可恃矣

호씨가 말했다. 그 마음을 제어하여 행하지 않는 것과 안회의 '사물(四勿: 예가 아니면 보지 않고, 듣지 않고, 말하지 않고, 행하지 않음)'은 서로 유사한 듯하지만 실지로는 같지 않다. '사물'은 천리와 인욕의 차이를 분별하여 한결같이 천리를 따르는 것이지만, '행하지 않음'은 인욕이 이미 발현한 후에 금지하고 제어해 인욕을 따르지 않는 것이다. 처음 (인욕과 천리가) 나누어지기 시작할 때 힘을 쓰는 것은 쉽지만, 이미 (인욕이) 발현한 후에 힘을 쓰는 것은 어렵다. 이것이 비록 인이라고 인정하시지는 않았지만 또한 그 어려움을 인정하신 까닭이다. 만일 뜻이 기를 이기지 못하면 곧 안에 숨어 있던 것이 무성하게 나오니, 그 어려움이란(어렵다는 말은) 때로는 의지할 것이 못된다하지 않는 것이 어려운 것이라고 해도 그것만으로 충분하다고 생각해서는 안 된다).

○ 雲峯胡氏曰 克伐怨 皆生於欲 仁者 純乎天理 而無欲者也 無欲 則自然

無克伐怨矣 顔子 私欲淨盡 可以爲仁 憲之力制其欲者 可以爲難

운봉 호씨가 말했다. 극과 벌과 원은 모두 욕심에서 나온다. 인자는 순수한 천리여서 욕심이 없는 자이다. 욕심이 없으면 저절로 극과 벌과 원이 없게 된다. 안자가 사욕을 깨끗이 제거한 것은 인이라 할 수 있고, 헌이 힘써 그 욕심을 억제한 것은 어려운 일이라고 할 수 있다.

14.3　　子曰 士而懷居 不足以爲士矣

공자께서 말씀하셨다. 선비가 편안하기를 생각한다면 선비라고 하기에 부족하다.

【집주】

居 謂意所便安處也

'거'는 편안하다고 여기는 것(자신에게 편안한 것으로 여겨지는 것들)을 말한다.

【세주】

胡氏曰 居 以爲居室 亦可 然 居室一事 所該者 狹 聖人 旣斷其不足以爲士 則不止思念其居室之安而已 故 以爲意所便安處 皆是 蓋 不循理之安 而惟 狥情之安 則趨利背義 往往有之 安得謂之士

호씨가 말했다. '거'는 '거실(집에 거처함)'이라 해도 되지만 거실이라는 한 가지 일은 해당되는 것이 좁다. 성인께서 이미 선비라고 하기에 부족하다고 단언하셨으니, (회거란) 거실의 편안함을 생각하는 것에만 그치지 않는다. 그러므로 (집주에서는 '거'란) 편안하다고 생각하는 것(자신의 생각에 편안하다고 여겨지는 모든 것)이 모두 이에 해당된다고 생각했다. 대개 이치의 편안함을 따르지 않고 오직 정념의 편안함만을 따르면 이익을 좇고 의리를 등지는 경우가 흔히 있으니, 어찌 선비라고 할 수 있겠는가.

○ 慶源輔氏曰 懷吾意所便安處 便是利心 爲士者 正義而不謀利 若於意所便安者 戀戀而不能忘 則於義之所當爲者 必不能知所徙矣 內則損德 外則廢業 是 尙足以爲士哉

경원 보씨가 말했다. 내가 편안하다고 여기는 것에 대해 (바라는 마음을) 품는 것, 이는 곧 이익을 구하는 마음이다. 선비가 된 자는 의리를 바로하지 이익을 도모하지는 않는다. 만약 편안하다고 여기는 것에 연연해서 잊지 못한다면, 의리상 마땅히 해야 할 바에 대해서는 결코 옮겨 가야 할 것임을 알지 못한다. 안으로는 덕을 손상하고 밖으로는 과업을 버리게 될 것이니 이를 어찌 선비라고 하기에 족하겠는가.

○ 雲峯胡氏曰 懷居 與小人懷土 相似 與聖人安土樂天 相反 安土者 隨其

身之所處而安 無所執著 所謂安土 敦乎仁 其樂也 天 懷居者 戀其身之所
便以爲安 有所執著 其累也 人

운봉 호씨가 말했다. 편안하기를 생각하는 것은 소인이 땅을 생각하는 것과 비슷하고, 성인께서 땅을 편안히 여기고 하늘을 즐기신 것과는 상반된다. 땅을 편안히 여기는 자는 그 몸이 처하는 곳에 따라 (언제나) 편안해 집착하는 것이 없으니, 이른바 '땅을 편안히 여김'이란 인에 돈독한 것으로서 그 즐기는 것은 하늘이다. 편안하기를 생각하는 자는 자신(의 몸)에게 편한 것이 편안함이라고 여겨 연연해 집착하는 바가 있으니, 그 집착하는 것은 사람(인간적 욕심)이다.

○新安陳氏曰 君子 當安 安而能遷 私意戀著 是苟安也 若是 則如輔氏所
謂 於義所當爲 必不能徙矣

신안 진씨가 말했다. 군자는 마땅히 편안히 여겨야 할 것에 대해서는 편안히 여겨 옮겨 갈 수 있다. 사의에 연연하는 것은 구차한 편안함이니, 이런 경우에는 보씨가 말한 것처럼 의리상 마땅히 해야 할 바에 대해서 결코 옮겨 가지 못한다.

14.4 子曰 邦有道 危言危行 邦無道 危行言孫 行孫 並去聲

공자께서 말씀하셨다. 나라에 도가 있으면 준엄한 말과 준엄한 행동을 해야 하고, 나라에 도가 없으면 준엄한 행동을 하더라도 말은 겸손히 해야 한다.

【집주】
危 高峻也 孫 卑順也

'위'는 높고 준엄한 것이다. '손'은 낮고 온순한 것이다.

【세주】
陳氏曰 高峻者 廉隅之稱 非詭險也 卑順者 加謙恭之意 非阿諛也

진씨가 말했다. 높고 준엄하다는 것은 청렴 강직함을 말하지 험악하게 꾸짖는 것이 아니다. 낮고 온순하다는 것은 겸손과 공경을 더한다는 뜻이지 아첨하는 것이 아니다.

【집주】
尹氏曰 君子之持身 不可變也 至於言 則有時而不敢盡 以避禍也 然則爲國者 使士言孫 豈不殆哉

윤씨가 말했다. 군자의 몸 지킴은 변할 수 없지만, 말의 경우에는 때로 감히 다 하지 않음으로써 화를 피한다. 그러니 나라를 다스리는 자가 선비로 하여금 말을 겸손히 하도록 한다면 어찌 위태롭지 않으랴.

【세주】
朱子曰 洪氏云 危 非矯激也 直道而已 孫 非阿諛也 遠害而已 吳氏云 言孫者 亦非失其正也 特少置委曲 如夫子之對陽貨王孫賈云爾

주자가 말했다. 홍씨는 "'위'는 과격한 것이 아니라 곧은 도(도에 따라 곧게 행함)일 따름이며, '손'은 아첨하는 것이 아니라 해를 멀리하는 것일 따름이다"라 했다. 오씨는 "말을 공손하게 하는 것은 또한 올바름을 잃은 것은 아니고, 다만 약간 완곡함을 두는 것(완곡하게 말하는 것)이니, 가령 공자께서 양화와 왕손가에게 말씀하신 것처럼 하는 것이다"라 했다.

○南軒張氏曰 危 高特之意 君子 非固欲危其言行 介然守道 不狥於世 自世人視之 則見其高特耳

남헌 장씨가 말했다. '위'는 높고 특별하다는 뜻이다. 군자는 굳이 그 언행을 준엄하게 하려는 것은 아니지만, 강직하게 도를 지키고 세속을 따르지 않으니 세상 사람들의 눈으로 본다면 그것이 높고 특별하게 보일 뿐이다.

○慶源輔氏曰 行以持身 則終無可變之理 言以應物 則或有當遜之時

경원 보씨가 말했다. 행동으로써 몸을 지키는 것은 종내 변할 수 있는 이치가 없지만, 말로써 남과 응대하는 경우에는 간혹 마땅히 겸손해야 하는 때가 있다.

○雙峯饒氏曰 行 無時而不危 所謂國有道 不變塞焉 國無道 至死不變 言有時而或遜 所謂國有道 其言足以興 國無道 其默足以容

쌍봉 요씨가 말했다. 행동은 언제나 준엄해야 하니, 이른바 '나라에 도가 있으면 막혔을 때(현달하지 못했을 때)의 절조를 변하지 않고, 나라에 도가 없으면 죽음에 이르더라도 (평생의 절조를) 변하지 않는다(『중용』 10장)'라는 것이다. 말은 간혹 공손히 해야 할 때가 있으니, 이른바 '나라에 도가 있으면 그 말이 (나라를) 흥하게 하기에 족하고, 나라에 도가 없으면 그 침묵이 (자신의 몸을) 용납하기(보전하기)에 족하다(『중용』 27장)'라는 것이다.

○新安陳氏曰 制行 無時而可變 持身之道也 出言 有時而不敢盡 保身之道也

신안 진씨가 말했다. 행동을 제어함에 언제나 변하지 않는 것은 몸가짐의 도리이며, 말을 함에 때로 감히 다하지 않는 것은 몸을 보전하는 도리이다.

14.5 子曰 有德者 必有言 有言者 不必有德 仁者 必有勇 勇者 不必有仁

공자께서 말씀하셨다. 덕이 있는 자는 반드시 말이 있지만, 말이 있는 자가 반드시 덕이 있는 것은 아니다. 인자는 반드시 용기가 있지만 용기 있는 자가 반드시 인이 있는 것은 아니다.

【집주】

有德者 和順積中 英華發外 八字出樂記 能言者 或便平聲佞口給而已 仁者 心無私累 見義必爲 勇者 或血氣之强而已

덕 있는 자는 화순함이 안으로 쌓여서 밖으로 찬란하게 드러나지만, 〈이 여덟 글자는 『예기』「악기」에 나온다.〉 말 잘하는 자는 간혹 아첨하는 말재주만 있는 경우가 있다. 인자는 마음에 사사로움의 잘못이 없어서 의를 보면 반드시 행하지만, 용감한 자는 간혹 혈기만 강성한 경우가 있다.

【세주】

胡氏曰 便佞口給 無德之言也 血氣之强 非仁義之勇也

호씨가 말했다. 아첨하는 말재주는 덕이 없는 말이고, 혈기의 강성함은 인의의 용감함이 아니다.

【집주】

○ 尹氏曰 有德者必有言 徒能言者 未必有德也 仁者志必勇 徒能勇者 未必有仁也

윤씨가 말했다. 덕 있는 자는 반드시 말이 있지만, 한갓 말만 잘하는 자는 반드시 덕이 있는 것은 아니다. 인자는 뜻이 반드시 용감하지만, 한갓 용감할 줄만 아는 자는 반드시 인이 있는 것은 아니다.

【세주】

問 仁與德 如何分 雙峯饒氏曰 隨所得淺深 皆可以爲德 皆可見於言 仁 則

德之全也 心無私累 故 能見義必爲 德 未到此田地 未必眞能有勇也

물었다. 인과 덕은 어떻게 구분됩니까? 쌍봉 요씨가 답했다. 얻은 것에 얕고 깊음(의 차이)이 있더라도 모두 덕이라고 할 수 있고 다 말로 드러날 수 있다. 인은 곧 덕의 완전함이니, (인자는) 마음에 사사로운 잘못이 없으므로 의를 보면 반드시 행할 수 있다. 덕이 이 경지에 도달하지 못하면 반드시 진정으로 용기를 가질 수 있는 것은 아니다.

14.6 南宮适 問於孔子曰 羿善射 奡盪舟 俱不得其死
然 禹稷 躬稼而有天下 夫子不答 南宮适出 子曰
君子哉 若人 尚德哉 若人 适 古活反 羿 音詣 奡 五報反
盪 土浪反

> 남궁괄이 공자께 물었다. 예는 활을 잘 쏘았고 오는 배를 끌 만큼 힘이 세었지만, 모두 올바른 죽음을 얻지 못했습니다. 그러나 우와 직은 몸소 농사지었어도 천하를 가졌습니다. 공자께서 답하지 않으셨다. 남궁괄이 나가자 공자께서 말씀하셨다. 군자로구나, 이 사람은! 덕을 숭상하는구나, 이 사람은!

【집주】

南宮适卽南容也 羿有窮之君 善射 滅夏后相去聲而簒其位 其臣寒浞
又殺羿而代之 奡 春秋傳作澆 浞土角反之子也 力能陸地行舟 後爲夏
后少去聲康夏后相之子所誅

> 남궁괄은 곧 남용이다. 예는 유궁의 임금으로서 활을 잘 쏘았다. 하후상을 멸하고 그 자리를 찬탈했는데, 그 신하 한착이 다시 예를 죽이고 (그 자리를) 대신했다. 오는 『춘추전』에 요라고 되어 있는데 착의 아들이다. 힘이 땅에서 배를 끌고 다닐 만큼 세었지만, 후에 하후소강〈하우상의 아들〉에게 죽임을 당했다.

【세주】

左傳 襄公四年 魏絳曰 昔有夏之方衰也 后羿 自鉏遷于窮石 因夏民 以代
夏政 恃其射也 不修民事 而淫于原獸 用寒浞以爲相 浞 行媚于內宮人 而施
賂于外 愚弄其民 而虞羿于田 虞 樂也 樹之詐慝 以取其國家 羿 歸自田 家衆
殺而烹之 靡 奔有鬲氏 靡 夏之臣 浞 因羿室 生澆及豷音戲 恃其讒慝詐偽 而不
德于民 使澆用師 滅斟灌 及斟尋氏 二國 夏同姓諸侯 靡 自有鬲氏 收二國之燼
遺民 以滅浞 而立少康 少康 滅澆 后杼 滅豷 后杼 少康子 有窮 遂亡

> 『(춘추)좌전』에 다음과 같이 나와 있다. 양공 4년 (동), 위봉이 말했다. 옛날에 하나라가 바야흐로 쇠했을 때, 후예는 서에서 궁석으로 옮겨 하나라 백성을 이어받

아 하나라의 정치를 대신했다. 활 잘 쏘는 것을 믿고 백성의 일은 돌보지 않고 들짐승(사냥)에 빠졌다. 한착을 등용해 재상으로 삼았다. 착은 안〈궁인〉에는 아첨하고 밖으로는 뇌물을 써서 백성을 우롱하고 사냥으로 예를 즐겁게 했다. 〈우는 즐기는 것이다.〉 (착은) 사기를 쳐서 그 나라를 빼앗았다. 예가 사냥터에서 돌아오자 집안 여러 사람들이 (예를) 죽여 삶았다. 미는 유격씨에게로 도망갔다. 〈미는 하나라의 신하이다.〉 착이 예의 아내를 이어받아 요와 희를 낳았다. 그 참소와 사기(의 능력)를 믿고 백성에게 덕을 베풀지 않았다. 요로 하여금 군대를 동원해 침관과 침심씨〈두 나라는 하나라와 동성의 제후이다.〉를 멸하게 했다. 미는 유격씨로부터 돌아와 두 나라의 나머지〈유민〉을 거두어 착을 멸하고 소강을 세웠다. 소강은 요를 멸하고 후저는 희를 멸했다. 〈후저는 소강의 아들이다.〉 유궁은 마침내 망했다.

○新安陳氏曰 羿奡 皆簒賊 而殺誅異辭者 羿當誅 然 非泥所得誅也 故云殺

신안 진씨가 말했다. 예와 오는 모두 찬탈의 역적인데 '살'과 '주'라는 서로 다른 (의미의) 말을 쓴 것은, 예의 경우는 '주'에 해당하지만, 그러나 착이 '주'라는 말을 쓸 수 있는 것이 아니기에(착은 제후가 아니므로 예를 '주〈처형해 죽임〉'했다고는 할 수 없기에) '살'이라 한 것이다.

【집주】

禹 平水土 曁稷播種 身親稼穡之事 禹 受舜禪時戰反而有天下 稷之後 至周武王 亦有天下 适之意 蓋 以羿奡 比當世之有權力者 而以禹稷 比孔子也 故 孔子 不答 然 适之言如此 可謂君子之人 而有尙德之心矣 不可以不與 故 俟其出而贊美之

우는 물과 땅을 평정하고 직과 함께 씨 뿌리고 몸소 농사를 지었다. 우는 순임금의 선양을 받아서 천하를 소유했고, 직의 후예는 주나라 무왕에 이르러 또한 천하를 소유했다. 괄의 뜻은 대개 예와 오로 당세의 권력자를 비유하고 우와 직으로 공자를 비유한 것이다. 그런 까닭에 공자께서 대답하지 않으셨다. 그러나 괄이 이처럼 말한 것은 군자다운 사람으로서 덕을 숭상하는 마음을 가지고 있는 것이라고 할 수 있으니, (그 점을) 인정하지 않을 수 없으셨다. 그러므로 그가 나가기를 기다려 찬미하셨다.

【세주】

問 夫子 不答南宮适 朱子曰 适 雖非問 然 其言可取 則亦不應全然不答 疑其實 有貶當世 而尊夫子之意 夫子 不欲承當 故 不答爾

공자께서 남궁괄에게 답하지 않으신 이유에 관해 물었다. 주자가 답했다. 괄이 비록 물은 것은 아니지만 그 말이 취할 만하다면 또한 전혀 대답하지 않는 것은 마땅하지 않다. 아마도 사실은 당세를 폄하하고 공자를 받들려는 뜻이 있었기에 공자께서 (그 뜻을) 감당하고 싶지 않으셔서 답하지 않으신 것뿐이 아닌가 싶다.

○南軒張氏曰 方是時 天下 以力相高 而不知貴德 南宮适之言 謂强力不可恃 而德之爲尊也 夫子不答者 以其有禹稷之言 答之 則是已當之也 而以其言之善 則從而美之 使學者知尙德之意也 言禹稷之德 而獨稱其躬稼者 擧其見於行事之實也 南宮适 亦知言哉

남헌 장씨가 말했다. 바야흐로 당시의 천하는 힘으로써 서로 높아지려 하고 덕을 귀중히 여길 줄 몰랐다. 남궁괄의 말은 강한 힘은 믿을 것이 못되고 덕이 존귀한 것임을 말한 것이다. 공자께서 답하지 않으신 것은 우와 직에 관한 말이 있었기 때문으로, 만약 대답을 한다면 자신이 (우와 직임을) 감당하는 것이 된다. 그러나 그 말의 선함에 대해서는 곧이어 찬미하셨으니 배우는 자로 하여금 덕을 숭상하는 것의 의미를 알게 하신 것이다. 우와 직의 덕을 말하되 단지 몸소 농사지은 일만을 말한 것은 실제로 일을 행하는 데에서 드러난 것을 든 것이니, 남궁괄은 또한 말을 아는도다.

○慶源輔氏曰 适 素號能謹言 而以此質於夫子 其所以閔世悼俗 尊尙聖人之意 備見於言外 夫子不答 於出而美之 可見聖人處事之密 而取善之周矣

경원 보씨가 말했다. 괄이 평소에 말을 잘 삼가는 것으로 이름 있었는데도 이것을 가지고 공자께 질문한 것은 세상을 아파하고 풍속을 슬퍼하고 성인을 높여 숭상하려는 뜻이 말의 밖으로 다 드러난 것이다. 공자께서 답하지 않고 그가 나간 다음 찬미한 것에서, 성인께서 세밀하게 일에 대처하심과 두루 선을 취하심을 볼 수 있다.

○葉氏少蘊曰 是時 田恒之簒齊 六卿之分晉 三家之專魯 孰 非欲爲羿與奡者

섭소온이 말했다. 이 당시는 전항이 제를 찬탈하고 6경이 진을 나누고 3가가 노를 전횡할 시대였으니 누가 예와 오가 되고자 하지 않았겠는가.

○雙峯饒氏曰 此章 意味極深 集註 權力二字 正指三家而言 三家權力盛而有無君之心 故 以羿奡比之 夫子 有德而無位 故 以禹稷比之 三家無君必至於亡 夫子 有德如此 異日造物 必有以處之 而使之得位 故 微其辭 以

形容之 孔子 以其以禹稷比己 已難答 又以羿奡比三家 愈難答 所以 不答
适 是孟懿子之兄 亦是三家之子孫 乃有此等見識 尤所難得 故 夫子 俟其
出 而嘆美之

쌍봉 요씨가 말했다. 이 장은 의미가 극히 깊다. 집주의 '권'과 '력'의 두 글자는
바로 삼가(노의 권력 세 가문)를 가리켜 한 말이다. 삼가는 권력이 성하여 임금을
업신여기는 마음이 있었다. 그런 까닭에 예와 오로 비유했다. 공자께서는 덕이
있으시되 (임금의) 지위가 없었으므로 우와 직으로 비유했다. 삼가는 임금을 업
신여겼으니 반드시 망하는 데에 이를 것이고, 공자께서는 이처럼 덕이 있으시니
다른 날 (새로운) 세상이 창조됨에 반드시 조치함이 있어 지위를 가지게 할 것이
다. 그런 까닭에 (남궁괄은) 은밀한 말로 그것을 형용했다. 공자께서는 우와 직으
로 자신을 비유한 것에 대해 답하시기가 매우 어렵고, 또 예와 오 삼가를 비유
한 것에 대해 더욱 답하시기 어려웠기 때문에 답하지 않으셨다. 괄은 맹의자의
형으로 또한 삼가의 자손인데도 이러한 견식을 가졌으니, 더욱 얻기 어려운 인재
이다. 그런 까닭에 공자께서 그가 나가기를 기다려서 찬미하셨다.

○新安陳氏曰 君子尙德 小人尙力 适 戒羿奡 尊禹稷 是尙德 不尙力也 故
許以君子

신안 진씨가 말했다. 군자는 덕을 숭상하고 소인은 힘을 숭상한다. 괄이 예와 오
를 경계하고 우와 직을 존경한 것은 덕을 숭상하고 힘을 숭상하지 않은 것이다.
그런 까닭에 군자로 인정하셨다.

14.7 子曰 君子而不仁者 有矣夫 未有小人而仁者也 夫
音扶

공자께서 말씀하셨다. 군자로서 인하지 않은 자는 있겠지만, 소인으로서 인한 자는 없다.

【집주】
謝氏曰 君子 志於仁矣 然 毫忽之間 心不在焉 則未免爲不仁也

사씨가 말했다. 군자는 인에 뜻을 두었지만 그러나 잠시 동안이라도 마음이 (인에) 없으면 불인이 됨을 면할 수 없다.

【세주】
朱子曰 君子 譬如純白底物事 雖有一點黑 是照管不到處 小人 譬如純黑底物事 雖有兩點白處 却當不得那白也

주자가 말했다. 군자는 비유컨대 순백의 물건 같아서, 비록 검은 점 하나가 있더라도 (그것은) 살펴보지 못한 것이고(어쩌다 살펴보지 못한 결점에 불과하고), 소인은 비유컨대 순흑의 물건 같아서, 비록 흰 점 두 개가 있더라도 그렇게 희다고는 할 수 없다.

○潛室陳氏曰 君子 容有不仁處 此 特君子之過耳 蓋 千百之一二 若小人本心 旣喪天理 已自無有 何得更有仁在 已自頑痺 如鐵石 亦無醒覺之理 甚言小人之不仁也 此君子小人 指心術邪正言 君子 存心雖正 猶有私意 間發之時 小人 本心旣無 縱有隙光暫見 決不勝其虺蛇之毒 此章 深惜小人之喪失本心也

잠실 진씨가 말했다. 군자는 불인한 곳이 있을 수 있지만 이것은 다만 군자의 실수일 뿐이니, 대개 천, 백 중의 한 두 경우이다. 소인의 경우에는 본심이 이미 천리를 잃어 이미 스스로 (인을) 가지고 있지 않으니 어찌 다시 인이 있을 수 있겠는가. 이미 스스로 완고하기가 철석같아 또한 각성할 리가 없으니 소인의 불인을 강조해 말씀하신 것이다. 여기서의 군자와 소인은 심술(마음 쓰는 방식)의 사특함과 올바름을 가리켜 말한 것이다. 군자는 마음을 보존하는 것은 비록 바르나 아직 사사로운 뜻이 있어 때때로 일어날 때가 있고, 소인은 본심이 이미 없으니 설령 틈 사이로 빛이 잠시 보이더라도(본심이 잠시 회복되는 순간이 있더라도) 결코 독사의 독을 이겨내지 못한다. 이 장은 소인이 본심을 잃은 것을 깊이 안타깝게 여기신 것이다.

○雙峯饒氏曰 仁 是純乎天理 而無一毫人欲之私 少有間斷 便是不仁 君子之心 雖純是天理 然或少有間斷 故曰 不仁者有矣夫 小人 間有些天理形見 終爲物欲所蔽 決不能到純全田地 故曰 未有小人而仁者也

쌍봉 요씨가 말했다. 인은 순전한 천리여서 털끝만 한 인욕의 사사로움도 없는 것이니, 잠시라도 끊어짐이 있다면 곧 불인이다. 군자의 마음은 비록 순전한 천리이지만 간혹 잠깐씩 끊어질 때가 있는 까닭에 '인하지 않은 자가 있다'고 했다. 소인은 어쩌다가 약간의 천리가 드러나는 경우가 있다고 하더라도 끝내는 물욕에 가려져서 결코 순전한 경지에 이를 수 없는 까닭에 '소인으로서 인한 자는 없다'고 했다.

○吳氏曰 夫 婉辭 仁 非聖人不能盡 小人中 雖有天理滅未盡者 亦不得以仁稱之 云然者 勉君子而懲小人也

오씨가 말했다. '부'는 완곡한 표현이다. 인은 성인이 아니고서는 다할 수 없다. 소인 중에서 비록 천리가 완전히 다 없어지지 않은 자가 있다 하더라도 또한 인이라고 말할 수 없다. 그렇게 말씀하신 것은 군자를 격려하고 소인을 징계하신 것이다.

14.8 子曰 愛之 能勿勞乎 忠焉 能勿誨乎

공자께서 말씀하셨다. 사랑한다고 해서 수고롭게 하지 않아서 되겠는가? 충성한다고 해서 깨우쳐주지 않아서 되겠는가?

【집주】
蘇氏曰 愛而勿勞 禽犢之愛也

소씨가 말했다. 사랑하되 수고롭게 하지 않는 것은 짐승의 사랑이다.

【세주】
東漢 楊彪傳 彪子修 爲操所殺 操 見彪問曰 公 何瘦之甚 對曰 愧無日磾讀作密低先見之明 猶懷老牛舐神旨反犢之愛 操 爲之改容

동한(『후한서』)의 「양표전」에 다음과 같이 나와 있다. 표의 아들 수는 조조에게 죽임을 당했는데 조조가 표를 만나 물었다. 공은 어째서 심히 야위었습니까? (표가) 답했다. 밀저의 선견지명이 없고 오히려 늙은 소의 송아지 핥는 사랑만 품고 있는 것을 부끄러워하기 때문입니다. 조조가 그 때문에 안색을 고쳤다.

【집주】
忠而勿誨 婦寺音蒔之忠也

충성하되 깨우쳐주지 않는 것은 아낙네와 내시의 충성이다.

【세주】
詩 大雅 瞻卬篇 匪教匪誨 時惟婦寺 刺幽王 嬖褒姒任奄人以致亂之詩 寺 奄人也

『시경』, 「대아 탕」〈첨앙〉편에 "가르칠 수도 깨우칠 수도 없는 것은 저 부녀자와 내시일세"라 했다. 〈유왕이 포사를 사랑하고 엄인에게 (정사를) 맡겨 난을 초래했음을 비판한 시이다. '시'는 엄인(내시)이다.〉

【집주】
愛而知勞之 則其爲愛也 深矣 忠而知誨之 則其爲忠也 大矣

사랑하되 수고롭게 할 줄 알면 그 사랑함은 깊으며, 충성하되 깨우치게 할 줄 알면 그 충성됨은 크다.

【세주】

慶源輔氏曰 愛焉 而自不能不勞以成之 忠焉 而自不能不誨以益之 此 天理人情之至 莫之爲而爲者也 觀慈父之於子 忠臣之於君 則可見矣 蘇氏 發兩知字 尤有意味 蓋 人之私情 往往不知勞之爲愛 誨之爲忠 故 又言以明之

경원 보씨가 말했다. 사랑하면 자연히 수고롭게 해 이루도록 하지 않을 수 없고, 충성하면 자연히 깨우쳐주어 도움이 되게 하지 않을 수 없다. 이것은 천리와 인정의 지극함으로서, 하지 못하게 해도 하는 것이니, 자애로운 부모가 자식을 대하는 것과 충신이 군주를 대하는 것을 살펴보면 곧 알 수 있다. 소씨는 두 개의 '지(안다)' 자를 썼으니 더욱 의미가 있다. 대개 사람의 사사로운 정은 종종 수고롭게 하는 것이 사랑이 되고 깨우쳐주는 것이 충성이 됨을 알지 못하니, 그런 까닭에 또 말씀해 밝히셨다.

○厚齋馮氏曰 人之常情 勞之之事 難從 而勞於前者 逸於後 豈非愛之深者乎 誨之之語 難受 而 長其善以救其失 豈非忠之大者乎

후재 풍씨가 말했다. 사람의 일반적 감정으로서는 수고롭게 하는 일은 따르기 어렵지만, 먼저 수고롭게 하고 나중에 편안하게 하는 것이 어찌 깊은 사랑이 아니겠는가. 깨우쳐주는 말은 받아들이기 어렵지만, 그 좋은 점을 키워 잘못을 구제하는 것이 어찌 큰 충성이 아니겠는가.

14.9 子曰 爲命 裨諶 草創之 世叔 討論之 行人子羽 修飾之 東里子產 潤色之 裨婢之反 諶時林反

공자께서 말씀하셨다. (정나라에서) 명(외교문서)을 만들 때에는 비심이 초안하고 세숙이 검토·논의하고 행인 자우가 수식하고 동리 자산이 윤색했다.

【집주】

裨諶以下四人皆鄭大夫草略也創造也謂造爲草藁也世叔游吉也春秋傳作子大叔 討 尋究也 論 講議也 行人 掌使去聲之官 子羽 公孫揮也 修飾 謂增損之 東里 地名 子產所居也 潤色 謂加以文采也 鄭國之爲辭命 必更平聲此四賢之手而成 詳審精密 各盡所長 是以 應對諸侯 鮮有敗事

비심 이하 네 사람은 모두 정나라 대부이다. '초'는 '대략'이라는 뜻이고 '창'은 만드는 것이니, 초안을 잡는 것을 말한다. 세숙은 유길인데, 『춘추전』에서는 자태숙이라고 했다. '토'는 검토·연구하는 것이고 '논'은 논의하는 것이다. '행인'은 사신업무를 관장하는 관직이다. 자우는 공손휘이다. '수식'은 덜고 더하는 것을 말한다. '동리'는 지명인데 자산이 거주한 곳이다. '윤색'은 문채를 가하는 것을 말한다. 정나라에서는 외교문서를 만들 때에 반드시 이 네 현인의 손을 거쳐 상세하고 정밀하게 완성했으니 저마다 장점을 다한 것으로, 이 때문에 제후와 응대할 때에 실패하는 일이 드물었다.

【세주】

左傳 襄公三十一年 北宮文子 相衛襄公 以如楚 過鄭 文子入聘 子羽 爲行人 馮簡子 與子大叔 逆客 事畢而出 言於衛侯曰 鄭有禮 其數世之福也 其無大國之討乎 子產之從政也 擇能而使之 馮簡子 能斷大事 子大叔 美秀而文 貌美才秀 公孫揮 能知四國之爲 知諸侯所欲爲 而辨於其大夫之族姓 班位 貴賤 能否 而又善爲辭令 裨諶 能謀 謀於野 則獲 得所謀也 謀於邑 則否 此才性之蔽 鄭國 將有諸侯之事 子產 乃問四國之爲於子羽 且使多爲辭令 與裨諶 乘以適野 使謀可否 而告馮簡子 使斷之 事成 乃授子大叔使行之 以應對賓客 是以 鮮有敗事 北宮文子 所謂有禮也

『(춘추)좌전』에 다음과 같이 나와 있다. 양공 31년 (12월), 북궁 문자가 위나라

양공을 도와 초나라에 갈 때 정나라를 지나게 되어 문자가 들어가 방문했다. 자우가 행인이 되고 풍간자와 자태숙이 손님을 맞이했다. (문자는) 일이 끝나고 나와 위나라 임금에게 말하기를 "정나라에는 예가 있으니, 수 세대 동안의 복이요, 큰 나라가 침략하지 않을 것입니다"라고 했다. 자산이 정치를 맡음에 유능한 자를 선택해 일을 시켰다. 풍간자는 큰일을 결단할 수 있었고, 자태숙은 아름답고 뛰어나 문채가 있었고, 〈(미수란) 풍모가 아름답고 재주가 뛰어난 것이다.〉 공손휘는 네 나라들이 하려는 일을 잘 알고 〈제후들이 하려고 하는 바를 알았다.〉 그 대부들의 족보와 신분과 귀천과 능력을 잘 변별했고, 또한 외교문서를 잘 만들었다. 비심은 계획을 잘 세웠으니 들에서 도모하면 성공했고, 〈도모한 바를 얻었다.〉 읍에서 도모하면 곧 실패했다. 〈이는 재능상의 약점이다.〉 정나라에 장차 제후들과의 일이 있는 경우에 자산은 자우에게 네 나라들의 의도를 묻고 또 외교문서를 만들게 하는 경우가 많았고, 비심과 더불어 수레를 타고 들로 나가 가부를 계획하게 하고, 풍간자에게 알려 결단하게 하고, 일이 이루어지면 자태숙에게 맡겨 사신 가게 해서 빈객을 응대하도록 했다. 그런 까닭에 일이 실패하는 경우가 드물었다. (이것이) 북궁 문자가 (정나라에) 예가 있다고 말한 이유이다.

【집주】

孔子 言此 蓋 善之也

공자께서 이를 말씀하신 것은 대개 좋게 여기신 것이다.

【세주】

朱子曰 春秋之辭命 猶是說義理 到戰國 遊說 則只說利害而已

주자가 말했다. 춘추의 외교문서는 오히려 의리를 말했지만, 전국시대에 이르러 유세에서는 다만 이익과 손해를 말했을 따름이다.

○洪氏曰 鄭國 能愼重其辭命 而信任於賢者 如此 爲天下者 辭命 宜益重也 而反輕之 討論潤色宜益衆也 而獨任於一官 何哉 且古之賢者 求辭命之善爾 不有其己也 故 世叔討論 而裨諶不以爲歉 子産潤色 而子羽不以爲羞 後世爲命者 反是此 辭命 所以有愧於古也

홍씨가 말했다. 정나라가 외교문서에 신중할 줄 알아 현자에게 믿고 맡긴 것이 이와 같았다. 천하를 다스리는 자가 외교문서는 더욱더 중시해야 마땅하지만 거꾸로 경시하며, 검토와 윤색은 더욱더 많은 사람이 해야 마땅하지만 다만 한 관리에게 맡기는 것은 어째서인가? 또한 옛날의 현자는 외교문서가 잘 만들어지기만을 구할 뿐 자신을 내세우지는 않았으니, 그런 까닭에 세숙이 검토하더라도 비심은 싫어하지 않았으며, 자산이 윤색하더라도 자우는 부끄럽게 여기지 않았다. 후세에 문서를 만드는 자는 이와 반대로 한다. 이것이 외교문서가 옛날보다 못하게 된 까닭이다.

○南軒張氏曰 鄭所以能自保者 亦以辭命之善 而其辭命之善 則以夫衆賢之力耳 聖人稱之 以見爲命猶當假衆賢之力 則夫事有大於是者 又可知矣

남헌 장씨가 말했다. 정나라가 스스로를 지킬 수 있었던 까닭은 또한 외교문서가 훌륭했기 때문이며, 그 외교문서가 훌륭한 것은 저 여러 현인들의 힘 때문일 뿐이다. 성인께서 그것을 칭찬하심으로써 외교문서를 짓는 일은 마땅히 많은 현인의 힘을 빌려야 함을 보이셨으니, 무릇 이보다 큰일의 경우는 (어떠해야 하는지) 또한 알 수 있다.

○葉氏少蘊曰 子産 獻入陳之捷於晉 晉人 問入陳之罪 子産對焉 士莊伯不能詰 趙文子 以爲辭順 而受之 子曰 晉爲伯 鄭入陳 非文辭 不爲功 愼辭哉 辭命之當愼 可知矣

섭소온이 말했다. 자산이 진(陳)에 쳐들어가서 얻은 것을 진나라에 바치니, 진나라 사람들이 진(陳)에 쳐들어간 죄를 물었다. 자산이 대답하자, 사장백은 따질 수가 없었고, 조문자는 그 말이 공손하다고 여겨서 (바친 것을) 받아들였다. 공자께서 말씀하시기를 "진(晉)나라가 패자이니 정나라가 진(陳)나라에 쳐들어간 일은 문사(외교문서와 외교적 대화)가 아니었다면 성공하지 못했을 것이다. (외교상의) 말은 신중해야 한다"라고 하셨으니 외교문서가 마땅히 신중해야 함을 알 수 있다.

○雙峯饒氏曰 裨諶 想是素善造謀 故 使之草創 世叔 熟於典故 故 使之討論 子羽 行人之官 熟於應對 故 又使之修飾 當時 子産 當國 事皆由之 然不自用己見 直待三子都了 却潤色之 合四子之長 則全美矣

쌍봉 요씨가 말했다. 비심은 아마도 평소 계획을 잘하기 때문에 그로 하여금 초안하도록 했고, 세숙은 전고에 익숙하기 때문에 그로 하여금 검토하도록 했고, 자우는 행인의 관직을 맡아 응대에 익숙하기 때문에 또한 그로 하여금 수식하도록 한 것 같다. 당시에 자산이 나라를 맡아 일이 모두 그로부터 나왔지만 스스로 자신의 견해대로 하지 않고 곧바로 세 사람이 다하기를 기다리고서야 윤색했다. 네 사람의 장점을 합했으니 곧 완벽하고 아름다웠다.

○厚齋馮氏曰 鄭以小國 介乎晉楚爭奪之衝 自簡公十二年 用子産爲卿 又十年授之以政 子産 知辭命之不善 無以交鄰 事大 解紛 息爭也 故 用是三人者 草創討論修飾之 旣成乃從而潤色之 是以 應對諸侯 鮮有敗事 歷定獻

襄公 凡五十年間 得免兵禍 辭命之有益於人國 如此哉

후재 풍씨가 말했다. 정나라는 작은 나라로서 진나라와 초나라의 쟁탈전에 끼어 있었다. 간공 12년부터 자산을 경으로 등용하고 또 10년 동안 그에게 정치를 맡겼다. 자산은 외교문서가 훌륭하지 못하면 교린이나 사대, 분쟁 해결이나 전쟁 종식 등의 일을 할 방법이 없다는 것을 알았기 때문에 이 세 사람을 써서 초안하고 검토 논의하고 수식하도록 하고, 완성되면 곧이어 윤색했다. 그래서 제후들을 응대할 때 실패하는 일이 드물었고, 정공, 헌공, 양공을 거치는 총 50년 동안 전란을 면할 수 있었으니 외교문서가 국가에 도움이 되는 것이 이와 같도다.

14.10-1 或問子產 子曰 惠人也

혹자가 자산에 대해서 물었다. 공자께서 말씀하셨다. 은혜로운 사람이다.

【집주】

子産之政 不專於寬然 其心 則一以愛人爲主 故 孔子以爲惠人 蓋擧其重而言也

자산의 정치는 오로지 관용하지만은 않았지만, 그 마음은 한결같이 사람 사랑하는 것을 위주로 했기 때문에 공자께서 은혜로운 사람이라고 하셨다. 대개 그 중요한 점을 들어서 말씀하신 것이다.

【세주】

左傳 昭公二十年 鄭子産 有疾 謂子大叔曰 我死 子必爲政 唯有德者 能以寬服民 其次 莫如猛 夫火烈 民望而畏之 故 鮮死焉 水懦弱 民狎而翫之 則多死焉 故 寬難 疾數月而卒 大叔爲政 不忍猛而寬 鄭國多盜 取人於萑苻之澤 萑苻 音丸蒲 澤名也 於澤中 劫人 大叔 悔之曰 吾 早從夫子 不及此 興徒兵以攻萑苻之盜 盡殺之 及子産卒 仲尼聞之 出涕曰 古之遺愛也

『(춘추)좌전』에 다음과 같이 나와 있다. 소공 20년, 정자산이 병이 있어서 자태숙에게 말하기를, "내가 죽으면 그대가 반드시 정치를 맡을 것이다. 오직 덕이 있는 자만이 관대함으로 백성을 복종시킬 수 있다. 그다음으로는 사나움만 한 것이 없으니 무릇 불은 뜨거워서 백성이 바라보고 무서워해 (불에 타) 죽는 자가 드물지만, 물은 부드러워서 백성이 업신여기고 희롱하다가 많이 죽는다. 그러므로 관대함은 어려운 일이다"라고 했다. (자산이) 수개월을 앓다가 죽자 태숙이 정치를 했는데 차마 사납게 하지 못하고 관대하게 하니, 정나라에 도둑이 많아져서 환부의 못에서 사람을 약탈했다. 〈환부는 음이 환포인데, 못의 이름이다. 못 가운데서 사람을 겁박했다.〉 태숙은 후회하면서 "내가 일찍이 그분(의 말씀)을 따랐다면 여기에 이르지 않았을 것이다"라 하고, 군대를 일으켜 환부의 도적을 공격해 모두 죽였다. 자산이 죽자 중니께서 듣고 눈물을 흘리면서 말씀하시기를 "옛날의 남은 사랑[사랑을 남긴 옛사람]이다"라 하셨다.

○朱子曰 子産 心主於寬 雖說道 政尙嚴猛 其實 乃是要用以濟寬爾 所以

爲惠人

주자가 말했다. 자산은 마음으로는 관대함을 위주로 했으니, 비록 정치는 엄함과 사나움을 숭상한다고 말했지만 기실은 곧 그것을 써서 관대함(의 폐단)을 구제하려 한 것이다. 그런 까닭에 은혜로운 사람이 된다.

○胡氏曰 子産爲政 黜汰侈 崇恭儉 作封洫 鑄刑書 惜幣爭承 皆以豐財足用 禁姦保民 其用法 雖深 爲政 雖嚴 而卒歸于愛 故 夫子 以惠人蔽之 然 孟子 以爲惠而不知爲政 禮記 以爲能食民而不能教者 蓋 先王之政之敎 子産 誠有所未及也

호씨가 말했다. 자산이 정치를 하면서 낭비와 사치를 몰아내고, 공손하고 검약한 것을 숭상하고, 경계 도랑을 만들고, 형서를 주조하고, 폐백을 아끼고 (세금 걷는) 순서를 다툰 것은 모두 재물을 풍부하게 하고 용도에 풍족하게 하고 간악함을 금하고 백성을 보호하기 위한 것이었다. 그 법의 운용은 비록 강하고 정치는 비록 엄해도 마침내 사랑으로 귀결되기 때문에 공자께서는 은혜로운 사람이라고 덮어주셨다(한마디로 다 표현하셨다). 그러나 (자산에 대해서) 맹자는 은혜롭기는 하지만 정치는 모른다고 했고,『맹자』8,「이루 하」2장),『예기』(「중니연거」)에서는 백성을 먹일 수는 있었지만 가르칠 수는 없었던 자라 했다. 대개 선왕의 정치와 교화에 자산은 진정 미치지 못하는 바가 있다.

○雲峯胡氏曰 子産之惠 夫子 指其心而言之 孟子所謂 惠而不知爲政 不過以其乘輿濟人之一事而言 而其愛人之心 固可知矣

운봉 호씨가 말했다. 자산의 은혜로움에 대해 공자께서는 그의 마음을 가리켜 말씀하셨다. 맹자가 은혜롭지만 정치를 알지 못한다고 말한 것은 수레에 태워 사람을 건너준 일 하나만 가지고 말한 것에 불과하고, (그 일에서 보면) 그의 백성 사랑하는 마음을 진정 알 수 있다.

14.10-2 問子西 曰 彼哉彼哉

자서에 대해서 묻자 답하셨다. 그 사람 말인가, 그 사람 말인가.

【집주】

子西 楚公子申 能遜楚國 立昭王而改紀其政 亦賢大夫也

자서는 초나라 공자 신이다. 능히 초나라를 사양하고 소왕을 세워 그 정치의 기강을 바로잡았으니 또한 현대부이다.

【세주】

左傳 昭公二十六年 楚平王卒 令尹子常 欲立子西 子西 平王之長庶子 曰 太子 壬 弱 壬昭王也 子西 長而好善 立長則順 建善則治 王順國治 可不務乎 子西 怒曰 國有外援謂秦 不可瀆也 瀆慢也 王有適嗣 不可亂也 敗親速讎 不立壬 秦 將來討 是 速召讎也 亂嗣不祥 我受其名惡名 賂吾以天下 吾滋不從也 楚國 何爲 必殺令尹 令尹 懼 乃立昭王

『(춘추)좌전』에 다음과 같이 나와 있다. 소공 26년 (9월), 초나라 평왕이 죽었다. 영윤 자상이 자서〈자서는 평왕의 장서자이다.〉를 세우고자 해 "태자 임〈임은 소왕이다.〉은 약하고 자서는 장자이면서 선을 좋아한다. 장자를 세우면 순조롭고, 선한 자를 세우면 다스려지니 왕(왕위계승)의 순조로움과 나라의 다스려짐을 힘쓰지 않아서 되겠는가?"라 했다. 자서가 노해 말하기를 "나라에는 외부의 원조자〈진나라를 말한다.〉가 있으니 태만히 할 수 없고, 〈'독'은 태만히 하는 것이다.〉 왕에게는 적자인 계승자가 있으니 어지럽힐 수 없다. (내가 즉위하면) 친족(의 화합)을 해치고 원수를 빨리 불러들이는 일이 된다. 〈임을 세우지 않으면 진나라가 장차 토벌하러 올 것이니 이것이 빨리 원수를 불러들이는 것이다.〉 왕위계승을 어지럽혔다는 상서롭지 못한 이름〈나쁜 이름〉은 내가 받아들이겠지만, 나에게 천하를 뇌물로 준다 해도 나는 더욱 따르지 않을 것인데 초나라가 무슨 소용이냐. (나는) 반드시 영윤을 죽이겠다"라 했다. 영윤이 두려워서 마침내 소왕을 세웠다.

○定公六年 吳敗楚師 楚國 大惕懼亡 令尹子西 喜曰 乃今可爲矣 言知懼而後可治 於是乎 遷都於郢 音若 地名也 而改紀其政 以定楚國

정공 6년, 오나라가 초나라 군대를 패배시켰다. 초나라는 크게 놀라 망할까 두려워했다. 영윤자서가 기뻐하며 말하기를 "지금에야 할 수 있겠다"라 했다. 〈두려움을 안 다음에야 다스려질 수 있다는 말이다.〉 이에 약〈음은 약이다. 지명이다.〉으로 도읍을 옮기고 그 정치의 기강을 개혁해 초나라를 안정시켰다.

【집주】

然 不能革其僭王之號 昭王 欲用孔子 又沮在呂反止之

그러나 그 참람한 왕의 호칭을 고치지는 못했다. 소왕이 공자를 등용하려 하자

(자서가) 또 저지했다.

【세주】

新安陳氏曰 夫子 非以私外之 集註提此 見其不知人 不能爲國進人才耳

신안 진씨가 말했다. 공자께서는 사사로움 때문에 그를 배척한 것이 아니다. 집주에서 이것을 제시한 것은 (자서가) 사람을 알아보지 못하고 국가를 위해 인재를 등용하지 못했음을 드러낸 것일 뿐이다.

【집주】

其後 卒召白公 以致禍亂

그 후에 마침내 백공을 불러들여 화란을 초래했다.

【세주】

事 見大學或問 止至善章內

이 일은 『대학혹문』의 〈지지선〉장 안에 나온다.

【집주】

則其爲人 可知矣 彼哉者 外之之詞

그러므로 그 사람됨을 가히 알 수 있다. '그 사람 말인가'라는 것은 배척하는 말이다.

【세주】

吳氏曰 當時 有三子西 鄭 駟夏 楚 宜申 公子申也 駟夏 未嘗當國 無大可稱 宜申 謀亂被誅 相去又遠 宜皆所不論者 獨公子申 與孔子 同時

오씨가 말했다. 당시에 세 사람의 자서가 있었으니, 정나라의 사하와 초나라의 의신과 공자 신이다. 사하는 나라를 맡은 적이 없으니 크게 일컬을 만한 것이 없고, 의신은 난을 모의하다 죽임을 당했고, 또 서로 (시간적) 거리가 멀다. (그러니 두 사람) 모두 당연히 논할 필요가 없는 자이다. 오직 공자 신만이 공자와 동시기인이다.

14.10-3 問管仲 曰人也 奪伯氏騈邑三百 飯疏食 沒齒無怨言

관중에 대해 묻자 답하셨다. 이 사람이 백씨의 병읍 300집을 빼앗았는데 (백씨는) 거친 밥을 먹고도 평생토록 원망하는 말이 없었다.

【집주】
人也 猶言此人也

'인야'는 '이 사람이'라는 말과 같다.

【세주】
問 管仲 曰人也 范楊 皆以爲盡人道 集註 以爲猶云此人也 如何 朱子曰 古本 如此說 猶詩所謂伊人 莊子所謂之人也 若作盡人道說 除管仲是箇人 他人 便都不是人 更管仲 也未盡得人道

물었다. 관중에 대해 '인야'라 하신 것에 대해, 범씨(범조우)나 양씨(양시)는 모두 '사람의 도리를 다했다'라는 말로 생각했는데, 집주에서는 '이 사람이'라고 말한 것으로 생각했습니다. 왜 그렇습니까? 주자가 답했다. 고본(옛 책)에서 이처럼 설명했으니, 『시경』(「진풍」〈겸가〉)의 '소위이인(바로 저 사람)'이나 『장자』의 '소위지인(말했던 그 사람)'이라는 말과 같다. 만약 '사람의 도리를 다했다'라는 설을 주장한다면 관중만 사람이고 그를 제외하고는 다른 사람은 모두 사람이 아닌 것이 된다. 게다가 또 관중은 또한 사람의 도리를 다하지 못했다.

【집주】
伯氏 齊大夫 騈邑 地名

백씨는 제나라 대부이다. 병읍은 지명이다.

【세주】
厚齋馮氏曰 騈邑三百 伯氏食邑 三百家也

후재 풍씨가 말했다. '병읍삼백'은 백씨의 식읍 300집이다.

【집주】

齒年也蓋桓公奪伯氏之邑以與管仲伯氏自知己罪而心服管仲之功故窮約以終身而無怨言荀卿所謂與之書社三百

'치'는 나이이다. 대개 환공이 백씨의 식읍을 빼앗아서 관중에게 주었다. 백씨는 스스로 자신의 죄를 알고 마음으로 관중의 공에 굴복했기 때문에 종신토록 궁핍하고 가난했지만 원망하는 말이 없었다. 순경(순자)이 말한 바, '서사 삼백을 주어

【세주】

雲峯胡氏曰 周禮 二十五家爲社 書社 謂以社之戶口 書於版圖者 凡三百社

운봉 호씨가 말했다. 『주례』에 의하면 25가가 사가 된다. '서사'는 사의 호구를 판적에 쓴 것을 말하는데, (서사 삼백이란) 모두 300사라는 말이다.

【집주】

而富 人莫之敢拒者 則此事也

부유하게 만들었지만 사람들이 아무도 감히 거역하지 못했다'라 한 것이 곧 이 일이다.

【세주】

荀子 仲尼篇 齊桓公 見管仲之能 足以託國也 是 天下之大智也 遂立以爲仲父 是 天下之大決也 立爲仲父 而貴戚 莫之敢妬也 與高國之位 而本朝之臣 莫之敢惡也 高氏 國氏 齊世卿也 與之書社三百而富 人莫之敢距也 距 敵也 言齊之富人 莫有敢敵管仲者 貴賤少長 莫不秩秩然 從桓公而貴敬之 是 天下之大節也

『순자』, 「중니」편에 다음과 같이 나와 있다. 제 환공은 관중의 능력이 국가를 맡기기에 충분한 것을 보았으니 이것은 천하의 큰 지혜이다. 마침내 세워서 중보를 삼았으니 이것은 천하의 큰 결단이다. 중보로 세웠는데도 귀족과 척신이 감히 시샘하지 못했고, 고씨와 국씨의 자리를 주었는데도 본조의 신하들이 감히 미워하지 못했다. 〈고씨와 국씨는 제나라의 세습 경이다.〉 서사 삼백을 주어 부유하게 했지만 사람들이 감히 적대하지 못했다. 〈'거'는 적대하는 것이다. 제나라의 부자로 감히 관중을 적대하는 자가 없었다는 말이다.〉 귀한 자나 천한 자나, 어린 자나 나이 든 자나 모두 순종하지 않는 자가 없어, 환공을 따라서 그를 귀히 여기고 존경했으니 이것은 천하의 큰

절조이다.

○ 雙峯饒氏曰 此篇 凡說管仲 夫子 每護之 孟子 排管仲 皆是救時而然 夫子之時 人 不知有王 仲 尊王 亦是有功 夫子 所以 護之 孟子之時 天下之人 皆知尊伯術 而賤王道 孟子 恐功利之說熾 故 於桓文管晏 一切抑之

쌍봉 요씨가 말했다. 이 편에서는 관중에 대해 여러 번 말했는데, 공자께서는 매번 그를 옹호하셨고, 맹자는 관중을 배척했다. 그것은 모두 당시의 폐해를 구제하려 그런 것이다. 공자의 시대에는 사람들이 왕이 있는 줄 알지 못했는데 관중은 왕을 받들었으니 또한 공이 있는 것이다. 공자께서는 그런 까닭에 그를 옹호하셨다. 맹자의 시대에는 천하의 사람들이 모두 패도를 높이고 왕도를 천시할 줄만 알았다. 맹자는 공리의 설이 성할 것을 두려워했기 때문에 환공, 문공, 관중, 안영을 모두 억눌렀다.

【집주】

○ 或問 管仲子産 孰優 曰 管仲之德 不勝其才 子産之才 不勝其德 然 於聖人之學 則槩乎其未有聞也

혹자가 물었다. 관중과 자산 중에 누가 더 낫습니까? 답했다. 관중의 덕은 그 재주를 이기지 못했고 자산의 재주는 그 덕을 이기지 못했다. 그러나 성인의 학문에 대해서 들어본 적이 없기는 마찬가지이다.

【세주】

新安陳氏曰 槩 平斗斛之物 謂二人平等 皆未有聞於聖學也

신안 진씨가 말했다. '개'는 되를 평평하게 미는 물건(평미래)이다. 두 사람이 다같이 모두 성인의 학문에 대해서는 들어본 적이 없다는 말이다.

○ 慶源輔氏曰 管仲 德不勝才 子産 才不勝德 皆以資質言也 故 其事業 亦各隨其資以爲之 使其知聖賢大學之道 循序而漸進 成己以成物 則子産之徒 當與顔閔同科 而仲之才 當與伊呂竝駕矣

경원 보씨가 말했다. '관중은 덕이 재주를 이기지 못했고 자산은 재주가 덕을 이기지 못했다'는 것은 모두 그 자질을 가지고 말한 것이다. 그러므로 그 사업 또한 각각 그 자질에 따라서 행했다. 만약 성현의 대학의 도를 알게 해 순서에 따라서 점차 나아가 자신을 완성함으로써 남을 완성하게 했다면, 자산의 무리는 안자나 민자건과 같은 부류에 해당되었을 것이고, 관중의 재주는 이윤이나 여상과 나란했을 것이다.

○陳氏曰 二子 皆無大學規模 須是有大學規模 乃爲王佐才 而伊呂周召 其人也

진씨가 말했다. 두 사람은 모두 대학의 규모(대학의 학문 범위의 넓음)가 없었으니 모름지기 대학의 규모가 있었다면 왕좌지재(왕도를 보필할 인재)가 되었을 것이다. 이윤, 여상(태공망), 주공, 소공이 그런 사람이다.

○雙峯饒氏曰 子産 才不及仲 然 却正當過之 如有君子之道四之類 是也

쌍봉 요씨가 말했다. 자산은 재주는 관중에 미치지 못했지만, 그러나 그 정당함은 그를 넘어선다. 예컨대 '군자의 도 네 가지가 있다(공자가 자산을 평한 말, 『논어』5, 「공야장」15장)' 같은 것이 그 예이다.

14.11 子曰 貧而無怨 難 富而無驕 易 易去聲

공자께서 말씀하셨다. 가난하면서 원망하지 않기는 어렵고 부유하면서 교만하지 않기는 쉽다.

【집주】

處上聲下同 貧 難 處富 易 人之常情 然 人當勉其難 而不可忽其易也

가난에 처하기는 어렵고 부귀에 처하기는 쉬운 것은 인지상정이지만, 사람은 마땅히 그 어려운 일에 노력해야 하고, 그 쉬운 일도 소홀히 해서는 안 된다.

【세주】

朱子曰 貧 則無衣可著 無飯可喫 存活不得 所以 無怨難 富 則自有衣著 自有飯喫 但 若知義理 稍能守分 便是無驕 所以 易 二者 其勢如此

주자가 말했다. 가난하면 입을 옷이 없고 먹을 밥이 없어서 살아남을 수 없으니 이 때문에 원망하지 않기가 어렵다. 부유하면 입을 옷이 저절로 있고 먹을 밥이 저절로 있어서, 다만 의리를 알아 조금만 분수를 지킬 수 있으면 곧 교만하지 않으니 그래서 쉽다. 두 가지는 그 형세가 이와 같다.

○ 貧而無怨 不及貧而樂者 又勝似無諂者

가난하면서 원망하지 않는 것은 가난하면서도 즐거운 것에 미치지 못하지만, 또 (가난하면서도) 아첨하지 않는 것보다는 나은 듯하다.

○ 敬夫說 亦佳 富而無驕 不矜於外物者 能之 貧而無怨 非內有所守者 不能也 或謂 世有處貧賤 而無失 一旦 處富貴 則失其本心 難易之論 其不然耶 此 蓋 未知無怨之味也 所謂處貧賤而無失者 特未見失於外耳 又烏保其中之無怨耶 蓋 一毫有所不平於中 皆爲怨也 故 貧而無諂 易 貧而無怨 難 無怨 則漸進於樂矣

(장)경부의 설명 또한 아름답다. 부귀하면서 교만하지 않는 것은 바깥의 물건을 뽐내지 않는 자라면 할 수 있지만, 가난하면서 원망하지 않는 것은 안으로 지키는 바가 있는 자가 아니면 할 수 없다. 혹자는 '세상에는 빈천에 처했을 때 잘못을 저지르지는 않지만, 어느 날 부귀에 처하면 그 본심을 잃는 자가 있다. 그러므로 어렵고 쉬움에 관한 (이 장의) 논의는 그렇지 않은 것(틀린 것) 같다'라고 했는

데, 이것은 대개 원망이 없는 것의 의미를 알지 못한 것이다. 소위 '빈천에 처했을 때 잘못을 저지르지 않는 자'는 다만 잘못이 겉으로 드러나지 않았을 따름이니 또 어찌 그 마음속에 원망이 없음을 보장하겠는가? 대개 털끝만큼이라도 마음속에 불평이 있으면 모두 원망이 된다. 그런 까닭에 가난하면서 아첨하지 않는 것은 쉽고 가난하면서 원망하지 않는 것은 어렵다는 것이니, 원망이 없으면 점차 즐거움으로 나아간다.

○胡氏曰 貧之境 逆而多不足之心 富之境 順而多有餘之意 然 處不足 而心無不足者 非無愧怍 而眞有得 則不能 故 難 處有餘 而心未嘗有餘者 苟自知收斂 矜誇不萌者 能之 故 易 聖人 因人情事勢 而別其難易 如此 非謂但當勉其難 而易者不必言 故 集註 又申明其不可忽之意

호씨가 말했다. 가난은 어려운 상황이니 부족하게 여기는 마음이 많고, 부귀는 순조로운 상황이니 여유로운 생각이 많다. 부족함에 처하면서도 마음에 부족함이 없는 것은, 부끄러움이 없고 진정 깨달은 자가 아니면 할 수 없으니 그런 까닭에 어렵지만, 여유로움에 처하면서도 마음으로 여유 있다고 생각하지 않는 것은, 진정 스스로 삼갈 줄 알아서 뽐내고 자랑하는 마음이 싹트지 않는 자라면 할 수 있으니, 그런 까닭에 쉽다. 성인께서는 사람의 마음과 일의 형편에 근거해 그 어렵고 쉬움을 이처럼 구분하셨으니, 마땅히 그 어려운 일에만 힘써야 할 뿐 쉬운 일은 굳이 말할 필요가 없다는 말씀이 아니다. 그래서 집주에서는 또한 (쉬운 일도) 소홀히 해서는 안 된다는 뜻을 드러내어 밝혔다.

○問 貧而無怨 卽貧而樂否 雙峯饒氏曰 能安於義命 則能無怨 若樂 則心廣體胖 非意誠心正身修者 不能及此 觀子貢以無驕對無諂 而夫子以樂對好禮 淺深可見

물었다. 가난하면서 원망하지 않으면 곧 가난하면서 즐거운 것 아닙니까? 쌍봉 요씨가 답했다. 의리와 운명에 편안할 수 있으면 능히 원망이 없을 수 있지만, 즐겁다는 것은 곧 마음이 넓고 몸이 넉넉한 것이니 뜻이 참되고 마음이 바르고 몸이 닦인 자가 아니라면 여기에 이를 수 없다. 자공이 교만하지 않음을 아첨하지 않음과 대비시킨 것과 공자께서 즐거워하는 것을 예를 좋아하는 것과 대비시킨 것을 보면 (그 수준의) 깊고 얕음을 알 수 있다.

14.12 子曰 孟公綽 爲趙魏老則優 不可以爲滕薛大夫

공자께서 말씀하셨다. 맹공작은 조위의 가로가 되기에는 넉넉하지만 등이나 설의 대부는 될 수 없다.

【집주】

公綽 魯大夫 趙魏 晉卿之家 老 家臣之長上聲 大家 勢重 而無諸侯之事 家老 望尊 而無官守之責 優有餘也 滕薛 二國名 大夫 任國政者 滕薛 國小政繁 大夫 位高責重 然則公綽 蓋廉靜寡欲 而短於才者也

공작은 노나라 대부이다. '조위'는 진나라 경의 집안이다. '노'는 가신의 우두머리이다. 큰 집안은 세력이 크더라도 제후의 일은 없으니 가로는 명망이 높지만 관직의 책임은 없다. '우'는 여유가 있는 것이다. '등'과 '설'은 두 나라의 이름이다. 대부는 국정을 맡는 자이다. 등과 설은 나라는 작지만 정치가 번다하고, 대부는 지위가 높고 책임이 크다. 그러니 공작은 대개 청렴하고 조용하며 욕심이 적지만 재주는 짧은 자이다.

【세주】

新安陳氏曰 下章公綽之不欲 廉則不貪欲也 靜則恬淡不躁也 惟其廉靜寡欲 所以優爲趙魏老 惟其短於才 所以 不可爲滕薛大夫

신안 진씨가 말했다. 아래 장에서 공작이 욕심이 없다고 하셨으니 (집주에서 말한) 청렴함은 탐욕을 부리지 않는 것이고, 조용함은 담백해 조급하지 않은 것이다. 다만 청렴하고 조용하고 욕심이 적은 까닭에 조위의 가로가 되기에는 넉넉하지만, 다만 그 재주가 짧은 까닭에 등과 설의 대부는 될 수 없다.

○ 胡氏曰 趙魏 雖晉卿 執國之政 而家大如此 故 勢尊 爲家臣之長者 苟能正己 則居其位有餘矣 滕薛 雖諸侯 孟子 言滕 絶長補短 將五十里 則其國之小 可知 征伐朝聘之事 所不容已 大夫 當國 非才智過人 則不足以勝其任

호씨가 말했다. 조위는 비록 진나라의 경으로서 나라의 정치를 장악하고 집안이 이처럼 커서 그 위세가 높지만, 가신의 우두머리가 된 자가 만약 자신을 바로할 수만 있다면 그 지위에 처하기에 넉넉하다. 등과 설은 비록 제후의 나라이지만, 맹자는 '등나라는 긴 쪽을 잘라 짧은 쪽에 잇대면 오십 리가 된다'고 했으니, 그 나라의 작음을 알 수 있다. (작아도) 정벌이나 조빙의 일은 그만둘 수 없으니, 대부가 나라를 맡음에 그 재주와 지혜가 남보다 뛰어나지 못하면 그 직책을 이기기에 부족하다.

○ 雙峯饒氏曰 公綽 爲魯大夫 想不稱職 故 聖人謂 止可爲趙魏老 問 國小如何政繁 曰 困於事大國 如朝聘會盟征伐貢賦之類 應接不暇 問 何爲如此 曰 上 無王綱 大陵小 强役弱 故 至此

쌍봉 요씨가 말했다. 공작이 노나라의 대부가 되어 아마도 그 직무를 잘하지 못했던 것 같다. 그런 까닭에 성인께서 (공작은) 다만 조위의 가로가 될 수 있을 뿐이라고 말씀하셨다. 물었다. 나라가 작은데 어째서 정치가 번다합니까? 답했다. 큰 나라를 섬기기에 힘이 드니, 조빙, 회맹, 정벌, 공납 등의 일을 응접하느라 틈이 없다. 물었다. 어째서 이렇게 되었습니까? 답했다. 위로 왕정의 기강이 없어서 큰 것이 작은 것을 능멸하고 강한 것이 약한 것을 부리는 까닭에 여기에 이르렀다.

【집주】

○ 楊氏曰 知之弗豫 枉其才 而用之

양씨가 말했다. 미리 알지 못해서 그 재주를 굽혀서(잘못 파악해) 쓰면,

【세주】

新安陳氏曰 用 違其才之所長 而納之於其所短 是之謂枉

신안 진씨가 말했다. 씀에 있어서 그 재주의 장점은 버리고 그 단점을 받아들이는 것, 이것을 '왕'이라 한다.

【집주】

則爲棄人矣 此君子所以患不知人也 言此 則孔子之用人 可知矣

사람을 버리는 것이 된다. 이것이 군자가 사람을 알지 못하는 것을 걱정하는 까닭이다. 이렇게 말씀하셨으니, 공자의 사람 쓰심을 알 수 있다.

【세주】

南軒張氏曰 用人之方 貴於處之得其當而已

남헌 장씨가 말했다. 사람을 쓰는 방법은 처우를 마땅하게 하는 것을 귀하게 여길 뿐이다.

○齊氏曰 孔子嘗曰 君子不器 又曰 其使人也 器之 則公綽 亦器也 而孔子器之者歟

제씨가 말했다. 공자께서 일찍이 말씀하시기를 '군자는 그릇이 아니다(『논어』2,「위정」12장)'라고 하셨고, 또 말씀하시기를 '사람을 부리는 것은 그릇대로 한다(『논어』13,「자로」25장)'라고 하셨다. 그러니 공작 또한 그릇이고 공자께서 그릇으로 평가하신 자이리라[군자까지는 못되고, 인재는 인재이다].

14.13-1 子路 問成人 子曰 若臧武仲之知 公綽之不欲 卞
莊子之勇 冉求之藝 文之以禮樂 亦可以爲成人矣
知 去聲

자로가 성인(완성된 사람)에 대해서 물었다. 공자께서 답하셨다. 만약 장무중의 앎과 공작의 불욕(욕심 없음)과 변장자의 용기와 염구의 재예를 예악으로 문식하면 또한 성인이라 할 수 있다.

【집주】
成人猶言全人 武仲魯大夫 名紇下沒反 莊子魯卞邑大夫 言兼此四子之長 則知足以窮理 廉足以養心 勇足以力行 藝足以泛應 而又節之以禮 和之以樂 使德成於內 而文見形甸反乎外 則材全德備 渾然不見一善成名之迹兼四子之長而然 中正和樂 粹然無復扶又反偏倚駁雜之蔽

'성인'은 완전한 사람을 말한다. 무중은 노나라 대부로서 이름은 흘이고, 장자는 노나라 변읍의 대부이다. 이 네 사람의 장점을 겸하면 앎은 이치를 궁구하기에 족하고, 청렴은 마음을 기르기에 족하고, 용기는 힘써 행하기에 족하고, 재예는 여러 분야에 응하기에 족한데, 다시 예로 절제하고 악으로 조화롭게 해서 안으로 덕이 이루어지고 밖으로 문채가 드러나도록 하면, 재질이 온전하고 덕이 갖추어지니 혼연해서(치우침이 없어) 하나의 선으로만 이름을 이룬 흔적이 보이지 않고, 〈네 사람의 장점을 겸하면 그렇게 된다.〉 중정하고 화락하니 순수해서 다시는 편벽함과 잡박함의 폐단이 없게 되어,

【세주】
新安陳氏曰 節以禮 則中正而無偏倚 和以樂 則和樂而無駁雜

신안 진씨가 말했다. 예로 절제하면 중정하여 편벽함이 없고, 악으로 조화롭게 하면 화락하여 잡박함이 없다.

【집주】
而其爲人也 亦成矣 然 亦之爲言 非其至者 蓋就子路之所可及而語

亦御之也 若論其至 則非聖人之盡人道 不足以語此

그 사람됨이 또한 완전하다는 말씀이다. 그러나 '또한'이라는 말의 의미는 (위의 말씀이) 완전한 것은 아니라는 말이니, 대개 자로가 미칠 수 있는 것을 말씀해주신 것이다. 만약 그 완전한 것을 논하자면, '성인의 사람의 도리를 다하심'이 아니고서는 이렇게(완성된 사람이라고) 말하기 부족하다.

【세주】

新安陳氏曰 此 就亦字上 推夫子言外之意

신안 진씨가 말했다. 이것은 '역' 자에 입각해 공자의 말씀 밖의 뜻을 추론한 것이다.

○問 四子之事 朱子曰 武仲 左氏詳矣 公綽 前章外 他無所見 卞莊子 事見新序 曰 莊子養母 戰而三北 及母死 齊伐魯 莊子 赴鬪三獲甲首 以獻曰 此塞三北 遂赴齊師 殺十人而死 冉求之藝 則夫子 固嘗稱之矣

네 사람의 일에 관해 물었다. 주자가 답했다. 무중은 『좌씨전』에 상세하고, 공작은 앞 장 이외에 다른 곳에서는 볼 수 없고, 변장자는 그 일이 『신서』에 나오는데, "장자가 어머니를 봉양할 때, 전쟁에 나갔다가 세 번 도망갔다. 어머니가 죽은 후에 제나라가 노나라를 치자 장자가 싸움에 나가서 세 번 갑사의 머리를 베어 바치면서 '이는 세 번 도망간 것을 채운 것입니다'라고 하고 마침내 제나라 군대로 나아가 열 명을 죽이고 (자신도) 죽었다"라고 했다. 염구의 재예는 공자께서 본래 칭찬하신 적이 있다.

○知而不能不欲 則無以守其知 不欲而不能勇 則無以決其爲 知不欲且勇矣 而於藝不足 則於天下之事 有不能者矣 然而有是四者 而又文之以禮樂 始能取四子之所長 去四子之所短 然 此 聖人 方以爲亦可以爲成人 則猶未至於踐形之域也 問 若聖人之盡人道 則何以加此 曰 聖人 天理渾全 不待如此逐項說矣

알더라도 욕심이 없지 못하면 그 앎을 지킬 방법이 없고, 욕심은 없지만 용감하지 않다면 그 실천을 결단할 방법이 없다. 알고, 욕심 없고, 또 용감하더라도 재예가 부족하다면 천하의 일에 할 수 없는 것이 있다. 그러나 이 네 가지가 있고 또 예악으로 문식해야 비로소 네 사람의 장점을 취하고 네 사람의 단점을 없앨 수 있다. 그러나 이것은 성인께서 바야흐로(겨우) '또한 성인이라 할 수 있다'고 하신 것이니, 그렇다면 완전한 실현의 영역에는 도달하지 못한 것이다. 물었다. 만약 '성인의 사람의 도리를 다하심'이라 하려면 이것에 무엇을 더해야 합니까?

답했다. 성인은 천리가 완전하시니 이처럼 항목을 따라 설명할 필요가 없다.

○洪氏 以爲特以四子爲言者 四子 皆魯人 而莊子與子路 皆卞人 冉求 又朋友也 其近而易知者爾 胡氏 以爲言卞莊子 蓋 以況子路爾 言有是一能而不能兼衆子之長 與成於禮樂焉 則亦不足以爲成人矣

홍씨는 '공자께서 특히 네 사람을 들어 말씀하신 것은 네 사람은 모두 노나라 사람이고 장자와 자로는 모두 변읍 사람이며 염구는 또한 친구이니 (자로와) 가까워서 쉽게 알 수 있는 자이기 때문일 뿐이다'라고 했다. 호씨는 '변장자를 말한 것은 대개 (그 성격이) 자로에 비견될 만하기 때문일 뿐이다'라고 했다. 하나의 능력이 있더라도 여럿의 장점을 겸하고 예악으로 완성하지 못하면 또한 성인이라 하기에 부족하다는 말씀이다.

○胡氏曰 四子之長 各有所偏 故 必兼四子之長 四者相資 猶未足以合乎道 又必須文之以禮樂 禮以節之 則其偏倚邪辟者 去矣 樂以和之 則其乖戾矯激者 消矣 此 所以中正和樂 渾然粹然 而至於成人矣

호씨가 말했다. 네 사람의 장점은 각각 치우침이 있으므로 반드시 네 사람의 장점을 겸해야 하며, 네 가지가 서로 도움이 되어도(보완되어도) 아직 도에 합치되기에는 충분하지 못하니, 또한 반드시 예악으로 문식해야 한다. 예로 절제하면 그 치우치고 사특한 것이 없어지고 악으로 조화롭게 하면 그 어그러지고 과격한 것이 사라진다. 이것이 '중정하고 화락해 혼연하고 순수해서 성인에 이르게 되는' 방법이다.

○雙峯饒氏曰 文以禮樂 則不好 亦成好底 四件 都是質 須文之以禮樂 蓋節之以禮 則凡事都有節制 和之以樂 則中心和平 而所發者 中節

쌍봉 요씨가 말했다. 예악으로 문식하면 안 좋은 것이 또한 좋은 것이 된다. 네 경우는 모두 질박하니 반드시 예악으로 문식해야 한다. 대개 예로 절제하면 모든 일에 절제가 있고, 악으로 조화롭게 하면 마음속이 화평해서 (겉으로) 드러나는 것이 절도에 맞는다.

○雲峯胡氏曰 公綽之不欲 只是德而其才未備 武仲之知 卞莊子之勇 冉求之藝 只是才而其德未全 皆 有一善成名之迹 至於武仲之要君 公綽之不可爲滕薛大夫 莊子輕死敵 而不終於孝 冉有爲季氏聚斂 皆 有偏倚駁雜之蔽 非文之以禮樂 固未見其渾然粹然也

운봉 호씨가 말했다. 공작의 욕심 없음은 다만 덕일 뿐 그 재주는 갖추지 못했고,

무중의 앎과 변장자의 용기와 염구의 재예는 다만 재주일 뿐 그 덕은 완전하지 않았으니, 모두 하나의 선으로 이름을 이룬 흔적은 있지만, 무중이 임금에게 강요한 것과 공작이 등과 설의 대부가 될 수 없는 것과 장자가 죽음을 가볍게 여기고 대적해서 효를 다하지 못한 것과 염구가 계씨를 위해 세금을 거둔 것은 모두 치우침과 잡박함의 폐단이 있다. 예악으로 문식하지 않으면 그 혼연하고 순수함이 본디 드러나지 못한다.

14.13-2 曰 今之成人者 何必然 見利思義 見危授命 久要不忘 平生之言 亦可以爲成人矣

말씀하셨다. 오늘날의 성인이 꼭 그러할 필요가 있겠는가? 이익을 보면 의를 생각하고 위험을 보면 목숨을 바치고 오래된 약속을 잊지 않기를 평소의 말처럼 하면 또한 성인이라 할 수 있다.

【집주】

復扶又反下同加曰字者旣答而復言也授命 言不愛其生 持以與人也 久要如字 舊約也 平生 平日也 有是忠信之實 則雖其才知去聲禮樂 有所未備 亦可以爲成人之次也

다시 '왈' 자를 더한 것은 이미 답하고 나서 다시 말씀하셨기 때문이다. '수명'은 그 목숨을 아끼지 않고 남에게 갖다 바치는 것을 말한다. '구요'는 옛 약속이고, '평생'은 평소이다. 이러한 충과 신의 실질이 있으면 비록 그 재주와 앎과 예악이 미비한 점이 있더라도 또한 성인에 버금간다 할 수 있다.

【세주】

雙峯饒氏曰 忠 指授命 信 指久要 似遺了思義一句 蓋 取與不苟 亦非忠信者 不能

쌍봉 요씨가 말했다. 충은 '수명(목숨을 바침)'을 가리키고 신은 '구요(옛 약속)'를 가리키니, 아마도 '(견리)사의' 한 구절은 (집주의 해석에서) 빠뜨린 것 같다. (빠뜨린 이유는) 대개 주고받음이 구차스럽지 않은 것(견리사의)은 또한 충신한 자가 아니면 할 수 없기 때문이다.

○ 南軒張氏曰 見利思義 無苟得也 見危授命 無苟避也 久要不忘 平生之言 不食其言也 是 雖未有過人之才 而亦敦篤忠信之人 故 在今日論之 亦可以 爲成人 此 亦思狂狷之意耳

남헌 장씨가 말했다. 이익을 보고 의를 생각하는 것은 구차스럽게 얻지 않는 것이다. 위험을 보고 목숨을 바치는 것은 구차스럽게 피하지 않는 것이다. 옛 약속을 잊지 않기를 평소의 말처럼 하는 것은 식언하지 않는 것이다. 이것은 비록 남보다 뛰어난 재주는 없더라도 또한 독실하고 충신한 사람인 까닭에 오늘날에 논하자면 또한 성인이라 할 수 있다. 이것은 또한 광자나 견자를 생각하신 뜻(완전한 자를 얻지 못하면 그다음 수준을 생각하심)이다.

【집주】
○ 程子曰 知之明 信之篤 行之果 天下之達德也 若孔子所謂成人 亦不出此三者 武仲知也 公綽仁也 卞莊子勇也 冉求藝也 須是合此四人之能 文之以禮樂 亦可以爲成人矣 然而論其大成 則不止於此 若今之成人 有忠信而不及於禮樂 則又其次者也 又曰 臧武仲之知 非正也 若文之以禮樂 則無不正矣

정자가 말했다. 앎이 밝고 믿음이 독실하고 실천에 과단성이 있는 것은 천하의 뛰어난 덕이다. 공자께서 말씀하신 성인의 경우도 또한 이 세 가지에서 벗어나지 않는다. 무중은 지혜롭고, 공작은 인하고, 변장자는 용감하고, 염구는 재예가 있으니, 모름지기 이 네 사람의 능한 것을 합치고 예악으로 문식하면 또한 성인이라 할 수 있다. 그러나 그 대성(완전한 완성)에 관해 논하자면 이에 그치지 않는다. 오늘날의 성인의 경우에는 충신은 있지만 예악이 미치지 못하니 또한 그다음인 자이다. 또 말했다. 장무중의 앎은 바르지 않지만, 만약 예악으로 문식한다면 바르지 않음이 없게 된다.

【세주】
慶源輔氏曰 此 亦擧武仲要君一事 以例其餘耳 人之資禀 雖善 然 亦不能無偏 須學以成之 然後協于中正 而無疵也

경원 보씨가 말했다. 이것(무중의 앎이 바르지 않다는 것)은 또한 무중이 임금을 강요한 한 가지 일을 들어서 그 나머지(그 외의 다른 일들)를 예시한 것이다. 사람의 자질이 비록 선하더라도 또한 치우침이 없을 수 없으니 반드시 배움으로써 완성한 후에야 중정함에 일치해서 흠이 없다.

【집주】

又曰 語成人之名 非聖人孰能之 孟子曰 唯聖人 然後可以踐形 如此 方可以稱成人之名 胡氏曰 今之成人以下 乃子路之言 蓋 不復聞斯行之之勇 而有終身誦之之固矣 未詳是否

또 말했다. 성인(成人)이라는 이름으로 부르는 것은 성인(聖人)이 아니면 누가 그럴 수 있겠는가(해당되겠는가). 맹자가 말하기를 "오직 성인인 연후라야 (본성을) 실현할 수 있다(「진심 상」 33장)"고 했으니 이와 같아야 비로소 성인이라는 이름을 붙일 수 있다. 호씨가 말하기를 "'오늘날의 성인이' 이하는 곧 자로의 말이다. 대개 (자로의 이 말에는) 다시는 '듣기만 하면 곧 행하는 용맹'은 없고 다만 '종신토록 외우는 고집스러움'이 있다"라 했는데, 맞는지 틀렸는지는 확실하지 않다.

【세주】

趙氏曰 何必然三字 似以前說爲疑 三者 皆子路之所能 故 胡氏 疑其爲子路之言

조씨가 말했다. '꼭 그럴 필요가 있는가(何必然)'의 세 글자는 앞의 말을 의심하는 듯하다. 세 가지는 모두 자로가 잘하는 것인 까닭에 호씨는 그것이 자로의 말이 아닐까 하고 의심했다.

○胡氏曰 此 子路所已能 夫子 方進子路於成人之域 豈又取其已能者 而重獎之

호씨가 말했다. 이것은 자로가 이미 잘 하는 일이니, 공자께서 이제 자로를 성인의 경지로 진보하도록 하시면서 어찌 또 이미 잘하는 일을 가지고 중복되게 장려하셨겠는가.

○厚齋馮氏曰 子路 成人之問 夫子 蓋 以子路之所知者 使之捨短集長 增益其所未至爾 非謂成人之道 盡於是也 子路 猶以爲此 古之成人之道 居今之世 有不必盡然者 謂誠能見利思義 見危授命 久要不忘平生之言 雖無禮樂 亦云可矣 是三者 蓋 子路之所優爲 抑以自許也 唯其自許如此 故 臺下之役 卒以身狗 終不能明君臣之大義 以正衛國之難 則亦不足以爲成人矣 行行如也 若不得其死然 則以未能文之以禮樂 故也

후재 풍씨가 말했다. 자로가 성인에 대해 묻자 공자께서는 대개 자로가 아는 사람을 가지고(예로 들어) 단점을 버리고 장점을 모아 그 지극하지 못한 바를 늘리게 하신 것일 뿐, 성인의 도가 이것으로 완전하다고 말씀하신 것은 아니다. 그런데도 자로는 오히려 이것은 옛 성인의 도이고, 오늘날의 세상을 살면서는 꼭 그렇게 다할 필요는 없다고 생각해, 진정 이익을 보면 의리를 생각하고 위험을 보면 목숨을 바치고 옛 약속을 잊지 않기를 평소의 말처럼 할 수 있다면 비록 예악이 없더라도 또한 (성인이라 하는 것이) 가능하다고 말한 것이다. 이 세 가지는 대개 자로가 잘하는 것으로서 스스로 자부한 것이다. 오직 이처럼 스스로 자부한 까닭에, 대하의 싸움에서 마침내 몸으로 따라 죽어서 끝내 군신의 대의를 밝혀 위나라의 혼란을 바로잡지 못했으니 또한 성인이라 하기에 부족하다. (자로의 성품이) 강경해서 '그 마땅한 죽음을 얻지 못할 것 같다'라 하셨는데, 이는 예악으로 문식하지 못했기 때문이다.

○ 新安陳氏曰 使子路 能行夫子之言 始於智以知此理 終合於禮中樂和之理 豈至死於一決之勇 而不足以言義乎 胡氏 以後一節 爲子路之言 極是

신안 진씨가 말했다. 만약 자로가 공자의 말을 행할 수 있어서, 지혜(앎)에서 (공부를) 시작해 이 이치를 알고 끝내는 예의 중정함과 악의 조화로움의 이치에 합치했다면, 어찌 한 번 결단하는(한 번 결심하기만 하면 그대로 실천해버리는) 용기로 죽어서 의롭다고 말하기에 부족한 지경에 이르렀겠는가. 호씨가 뒤의 한 구절을 자로의 말이라고 한 것은 극히 옳다.

14.14-1 子 問公叔文子於公明賈 曰 信乎夫子 不言 不笑 不取乎

공자께서 공숙문자에 대해 공명가에게 물으셨다. 그분은 참으로 말하지 않고, 웃지 않고, 받지 않는가?

【집주】
公叔文子衛大夫公孫枝也 公明姓賈名 亦衛人 文子爲人 其詳不可知 然必廉靜之士 故當時以三者稱之

공숙문자는 위나라 대부 공손지이다. 공명은 성이고 가는 이름인데, 또한 위나라 사람이다. 문자의 사람됨은 상세하게 알 수 없지만, 틀림없이 청렴하고 고요한 선비인 까닭에 당시에 이 세 가지로써 칭송되었을 것이다.

【세주】
新安陳氏曰 不言笑 見其靜 不取 見其廉

신안 진씨가 말했다. 말하거나 웃지 않은 것은 그 고요함을 보여주고, 받지 않은 것은 그 청렴함을 보여준다.

14.14-2 公明賈對曰 以告者 過也 夫子 時然後言 人 不厭其言 樂然後笑 人 不厭其笑 義然後取 人 不厭其取 子曰 其然 豈其然乎

공명가가 답했다. 알려드린 사람이 지나쳤습니다. 그분은 때가 적절한 후에야 말하니 남들이 그 말을 싫어하지 않고, 즐거운 후에야 웃으니 남들이 그 웃음을 싫어하지 않고, 의로운 후에야 받으니 남들이 그 받음을 싫어하지 않습니다. 공자께서 말씀하셨다. 그러한가, 어찌 그럴 리가 있는가.

【집주】

厭者苦其多而惡去聲之之辭事適其可則人不厭而不覺其有是矣是以稱之或過而以爲不言不笑不取也然此言也非禮義充溢於中得時措之宜者不能文子雖賢疑未及此但君子與人爲善不欲正言其非也故曰其然豈其然乎微疑之蓋疑之也深疑之

'염'이란 그 많은 것이 괴로워서(너무 많아서) 싫어한다는 말이다. 일이 꼭 그럴 만해서 그러하니 남들이 싫어하지 않고 그것(말하고 웃고 받는 일)이 있는 줄을 깨닫지 못한다. 그런 까닭에, 혹시 지나치게 칭찬해 말하지도 웃지도 받지도 않는다고 한 것이다. 그러나 이 말(과 같은 행동)은 예와 의가 마음속에 충만해 때에 맞게 적의하게 조치하는 자가 아니라면 할 수 없다. 문자는 비록 현명하지만 여기에는 이르지 못한 듯하다. 다만 군자는 남이 선을 행하도록 돕지, 그 잘못을 정면으로 말하려 하지 않는다. 그런 까닭에 '그러한가,〈약간 의심함〉 어찌 그럴 리가 있는가〈깊이 의심함〉'라고 하셨으니, 대개 의심하신 것이다.

【세주】

問 夫子 疑之 何也 朱子曰 吳氏云 文子 請享靈公也 史鰌曰 子富君貪 禍必及矣 觀此 則文子之言 豈能皆當 而其取 豈能皆善乎

물었다. 공자께서 의심하신 것은 어째서입니까? 주자가 답했다. 오씨가 말하기를 "문자가 영공에게 제사 올리기를 청하자, 사추는 '그대는 부귀하고 임금은 탐욕스러우니 화가 반드시 미칠 것이다'라고 했다(『(춘추)좌전』, 정공13년 동). 이를 보면 문자의 말이 어찌 능히 모두 마땅하고 그 받음이 어찌 모두 선하겠는가"라 했다.

○ 惟其人不厭之 所以 有不言不笑不取之稱也 蓋 其言 合節拍 所以 雖言而人不厭之 雖言而實若不言也 這不厭字 意正如孟子所謂 文王之囿 方七十里 民猶以爲小 相似 公叔文子 當時人稱之 已過 及夫子問之 而賈所言 又愈甚 故 夫子 不信

오직 사람들이 싫어하지 않았기 때문에, '말하지 않고, 웃지 않고, 받지 않는다'고 칭찬했던 것이다. 대개 그 말이 박자가 맞았기(자연스럽기) 때문에, 비록 말하더라도 남들이 그것을 싫어하지 않으니, 비록 말하더라도 실지로는 말하지 않은 것과 같다. 여기서 '싫어하지 않는다'는 말의 뜻은 바로 맹자가 말한 '문왕의 동산은 사방 70리이지만 백성들이 오히려 작다고 여긴다(『맹자』2, 「양혜왕 하」 2장)'라는 것과 유사하다. 공숙문자의 경우는 당시 사람들이 그를 칭송한 것이 이미 지나쳤고 공자께서 물으실 때에 가가 답한 것은 또 더욱 심했다. 그런 까닭에 공자께서 믿지 않으셨다.

○不言不笑不取 似乎小 却難 若眞能如此 只是一偏之行 然 公明賈却說 時然後言 樂然後笑 義然後取 似乎易 却說得大了 蓋 能如此 則是時中之行也
말하지 않고 웃지 않고 받지 않는 것은 작은 일 같지만 (사실은) 오히려 어려운 일이다. 만약 진정 이처럼 할 수 있다면 그것은 하나의 치우친 행동일 따름이다. 그러나 공명가는 도리어 때가 적절한 후에 말하고 즐거운 후에 웃고 의로운 후에 취한다고 말했으니, 줄여서 말한 것 같지만 (사실은) 크게(과장해) 말한 것이다. 대개 이와 같이 할 수 있다면 시의적절한 행동이다.

○南軒張氏曰 公叔文子 意者 簡默重厚之士 故 人稱之如此 聖人 質之於其門人 將以察其然也 公明賈之言 則善矣 然 非公叔文子之所及也 蓋 如賈所言 非和順積中 發而中節者 莫能 然 不直謂不然 而爲之疑辭曰 其然 豈其然乎 聖人辭氣 含洪忠厚如此
남헌 장씨가 말했다. 공숙문자는 아마도 간결하고 고요하며 중후한 선비인 까닭에 사람들이 이처럼 칭송한 것 같다. 성인께서 그 문인에게 질문한 것은 그러한지 살펴보시려 했기 때문이다. 공명가의 말은 좋지만, 공숙문자가 미칠 수 있는 것은 아니었다. 대개 가가 말한 것 같은 것은 화순함이 마음속에 쌓여 (겉으로) 나오는 것이 법도에 합치하는 자가 아니면 할 수 없는 것이다. 그러나 곧장 '그렇지 않다'고 말씀하지 않고 의심하는 말로 '그러한가, 어찌 그럴 리가 있는가'라고 하셨으니 성인의 어조가 넓게 함축적이고 충후하기가 이와 같다.

○問 時樂義 與廉靜 相去幾何 雙峯饒氏曰 廉靜 是氣質好 時樂義 是義理自學問中發出底 賈所稱 非仁熟義精者 不能 文子氣質 雖美 未必能此也
물었다. 때에 맞음, 즐거워함, 의로움은 청렴함, 고요함과 (그 차이가) 얼마나 됩니까? 쌍봉 요씨가 답했다. 청렴하고 고요함은 기질이 좋은 것이고 때에 맞음과 즐거워함과 의로움은 의리이니 학문으로부터 나오는 것이다. 가가 말한 것은 인이 무르익고 의가 정밀한 자가 아니면 할 수 없다. 문자의 기질은 비록 아름답지만 이것을 꼭 할 수 있는 것은 아니다.

○吳氏曰 稱其主 曰夫子 意 猶對蘧伯玉使者 然 公明 盛稱文子之賢 人反得以疑之 蘧伯玉使者 但爲謙辭以對 益以彰其主之美 爲辭令者 亦可以觀矣
오씨가 말했다. 그 주인을 칭할 때에는 '부자'라고 하니, 그 뜻은 거백옥의 사자를

(공자께서 거백옥을 부자라고 칭하면서) 대면하신 경우와 같다. 그러나 공명은 문자의 현명함을 높이 칭송함으로써 다른 사람들이 도리어 그것을 의심하게 된 반면에, 거백옥의 사자는 다만 겸손한 말로 웅대함으로써 그 주인의 아름다움을 더욱 빛냈고, 명을 전하는 것(방식) 또한 볼만했다.

14.15 子曰 臧武仲 以防 求爲後於魯 雖曰不要君 吾 不信也 要 平聲

공자께서 말씀하셨다. 장무중은 방(읍)을 가지고 후사를 세울 것을 노나라에 요구했다. 비록 임금을 강요한 것이 아니라고 말하더라도 나는 믿지 않는다.

【집주】

防地名 武仲所封邑也 要 有挾而求也 武仲 得罪奔邾 自邾如防 使請立後而避邑 以示若不得請 則將據邑以叛 是要君也

'방'은 지명으로, 무중이 봉해진 읍이다. '요'는 협박해 요구하는 것이다. 무중은 죄를 짓고 주로 도망갔다가 주로부터 방으로 가 (노나라로) 사신을 보내 후사를 세워주면 읍을 떠나겠다고 청했다. 그리함으로써 만약 청을 들어주지 않으면 장차 읍을 점거해 모반할 생각임을 보여주었다. 이는 임금을 강요한 것이다.

【세주】

左傳 襄公二十三年 季武子 無適子 公彌 長 卽公鉏 而愛悼子 欲立之 訪於臧紇 臧紇爲立之 季氏 以公鉏爲馬正家司馬 孟孫 惡臧孫 季孫 愛之 孟莊子 疾 豐點孟氏之御 謂公鉏 苟立羯莊子庶子 請讎臧氏 孟孫卒 公鉏 奉羯立之 孺子秩孟孫長子 奔邾 臧孫 入哭甚哀 出 孟氏閉門 告季孫曰 臧氏將爲亂 季氏 不信 臧孫聞之 戒爲備也 孟氏將辟婢亦反 藉除於臧氏 辟 穿藏也 於臧氏借人 除葬道 臧孫 使正夫隧正助之 除於東門 甲從才反己而視之 孟孫又告 季孫怒 命攻臧氏 見其有甲故 臧紇 斬鹿門之關以出 奔邾 臧賈臧爲 出在鑄 二人 乃宣叔娶鑄國所生 與紇兄弟也 臧武仲 使告臧賈 且致大蔡焉 大龜出蔡 因號大蔡 曰 紇不佞 失守宗祧 敢告不吊 紇之罪 不及不祀 子以大蔡納請 其可 貴 再拜受龜 使爲以納請 遂自爲也 臧孫如防 使來告曰 紇 非能害也 知不足也 言使甲從己 但慮事淺耳 非敢私請 苟守先祀 無廢二勳文仲與宣叔 敢不避邑 乃立臧爲 臧紇 致防而奔齊

『(춘추)좌전』에 다음과 같이 나와 있다. 양공 23년 (추), 계무자는 적자가 없었고 공미(즉, 공서)가 장자였는데 도자를 사랑해 (후사로) 세우고 싶어 했다. 장흘(장무중)을 방문해 (부탁하니) 장흘이 (계무자를) 위해 도자를 후사로 세웠다. 계씨는 공서를 마정(집안의 사마)으로 삼았다. 맹손은 장손(장무중)을 미워하고 계손은 그를 사랑했다. 맹장자가 병이 들자 풍점〈맹씨의 마부〉이 공서에게 "만약 갈〈(맹)장자의 서자〉을 세우면 장씨에게 복수할 것을 청하십시오"라 했다. 맹손이 죽자 공서가 갈을 받들어 세웠다. 유자질〈맹손의 장자〉은 주나라로 도망갔다. 장손이 들어와 곡하며 심히 슬퍼했다. (장손이) 나가자 맹씨는 문을 닫고 계손에게 알리기를 "장씨는 장차 난을 일으킬 것입니다"라 했는데, 계씨는 믿지 않았다. 장손이 듣고 경계했다.〈대비했다.〉맹씨가 장차 매장하려고 장씨에게 소제를 부탁했다.〈벽은 (묘혈을) 파고 묻는 것이다. 장씨에게 사람을 빌려 장지의 길을 소제했다.〉장손은 정부〈수정(감독관)〉로 하여금 돕도록 해 동문에서 소제하게 하고 군대는 자신을 따라 감시하게 했다. 맹손이 또 알리자 계손이 노해 장씨를 공격할 것을 명했다.〈군대가 있는 것을 보았기 때문이다.〉장흘은 녹문의 수문장을 베고 나가 주나라로 도망갔다. 장가와 장위는 나가 주나라에 있었다.〈두 사람은 선숙이 주나라에 장가들어 낳은 자로서 흘과 형제이다.〉장무중은 사람을 보내 장가에게 알리고 또 대채를 보내면서〈큰 거북은 채 땅에서 나온다. 그래서 대채라 부른다.〉말하기를 "흘이(내가) 못나서 종묘를 지키지 못했기에 감히 제사지내지 못했음을 알린다. 흘의 죄는 제사지내지 않은 것에는 미치지 않는다. 그대가 대채를 가지고 (노나라 임금에게) 청을 넣으면 되겠다"라 했다. (장)가가 두 번 절하고 거북을 받았다. (장)위로 하여금 청을 넣게 하고 마침내 스스로 (후사가) 되려 했다. 장손이 방에 가서 사신을 보내 고하기를 "흘은 해치려 한 것이 아니고 견식이 부족했을 뿐입니다.〈군대로 하여금 자기를 따르게 한 것은 단지 생각이 얕았기 때문일 뿐이라는 말이다.〉감히 사사로이 청하는 것이 아니라 선조의 제사를 지키고 두 사람〈문중과 선숙〉의 공훈을 저버리지 않으려는 것입니다. 감히 읍을 떠나지 않겠습니까?"라 했다. 이에 장위를 세웠다. 장흘은 방에 왔다가 제나라로 도망갔다.

【집주】

○ 范氏曰 要君者 無上孝經語 罪之大者也 武仲之邑 受之於君 得罪出奔 則立後在君 非己所得專也 而據邑以請 由其竝去聲好知而不好學也

범씨가 말했다. 임금에게 강요하는 것은 윗사람(임금)을 업신여기는 것이니〈효경의 말이다.〉죄 중에 큰 것이다. 무중의 읍은 임금으로부터 받은 것인데 죄를 얻어 도망갔으면 후사를 세우는 것은 임금에게 달린 것이지 자신이 오로지(마음대로) 할 수 있는 것이 아니다. 그런데도 읍을 점거하고 청한 것은 그가 앎을 좋아하기는 했지만 배움을 좋아하지는 않았기 때문이다.

【세주】

慶源輔氏曰 凡人 溺於智 而不知學 不鑿以爲私 則必蕩而失正 武仲 二病 皆有之 且意萌於中 迹著於外 雖欲欺人 而人之視己 如見其肺肝然 武仲之

智 而不足以知此 則亦以好智而不好學之故也

경원 보씨가 말했다. 보통 사람은 지혜(꾀씀)에 빠져 배움(학문)을 몰라, 사사로움이 되는 것을 확실히 알지 못하니 반드시 방탕해지고 바름을 잃는다. 무중은 두 가지 병이 모두 있었다. 또 뜻이 안에서 싹트면 자취가 밖으로 드러나서 비록 남을 속이고자 해도 남이 나를 보기를 마치 그 폐와 간 보듯이 한다(환히 본다). 무중의 지혜는 이것을 알기에 부족했으니, 또한 지혜를 좋아했지만 배움을 좋아하지는 않았기 때문이다.

【집주】

楊氏曰 武仲 卑辭請後 其跡 非要君者 而意實要之 夫子之言 亦春秋誅意之法也

양씨가 말했다. 무중은 겸손한 말로 후사를 청했으니 그 행적은(행적만 보면) 임금을 강요한 것이 아니지만 그 뜻(의도)은 사실상 강요한 것이다. 공자의 말씀은 또한 『춘추』의 '뜻(의도)을 비판하는 법'이다.

【세주】

和靖尹氏曰 據邑以請立 非要君 而何如 不知義者 將以武仲之存先祀爲賢 故 夫子 正之

화정 윤씨가 말했다. 읍을 점거해 (후사) 세울 것을 청한 것이 임금을 강요한 것이 아니고 무엇인가? 의를 모르는 자는 장차 무중이 선조의 제사를 보존한 일을 가지고 현명하다고 생각할 것이다. 그런 까닭에 공자께서 바로잡으셨다.

○雙峯饒氏曰 武仲 只當請後 不當據邑 夫子 不罪其請 罪其據邑也 使武仲請後 果以防爲言 則要君之迹 彰而易見 唯不以防爲言 則要君之心 隱而難知 旣用智以要君 又欲逃罪以欺世 此 夫子之言 所以爲春秋誅意之法也

쌍봉 요씨가 말했다. 무중은 다만 후사를 청하는 것이 마땅하고, 읍을 점거해서는 안 된다. 공자께서는 그 청한 것을 죄주신 것이 아니라 그 읍을 점거한 것을 죄주셨다. 만약 무중이 후사를 청하면서 과연 방읍을 말(주장하는 내용)로 삼았다면 임금을 강요한 행적이 명백해 쉽게 드러난다. 오직 방읍을 말하지 않을 때만 임금을 강요하는 마음이 숨어 있어 알기 어렵다. 이미 꾀를 써서 임금을 강요하고는 또 죄를 면하려 세상을 속였으니, 이것이 공자의 말씀이 춘추의 '뜻을 비판하는 법'이 되는 까닭이다.

14.16-1 子曰 晉文公 譎而不正 齊桓公 正而不譎 譎古穴反

공자께서 말씀하셨다. 진 문공은 속이고 바르지 않았으며 제 환공은 바르고 속이지 않았다.

【집주】

晉文公 名重平聲耳 齊桓公 名小白 譎詭也 二公 皆諸侯盟主 攘夷狄 以尊周室者也 雖其以力假仁 心皆不正 然 桓公伐楚 仗義執言 不由 詭道 猶爲彼善於此

진 문공의 이름은 중이이고 제 환공의 이름은 소백이다. '휼'은 속이는 것이다. 두 사람은 모두 제후의 맹주로서 오랑캐를 물리쳐 주 왕실을 받든 자이다. 비록 힘으로 인을 가장해 모두 마음이 바르지 않았지만, 그러나 환공이 초를 정벌함에 의에 기대어 (명분 있는) 말을 내세우고 속임수로 말미암지 않았으니 오히려 그(환공)가 이(진 문공)보다 선하다.

【세주】

左傳 僖公四年 春 齊侯 以諸侯之師 侵蔡 蔡潰 蔡 自北杏一與中國之會 而棄諸姬 黨楚國 故 齊伐楚 而先事侵蔡 潰蔡者 先破楚之黨也 遂伐楚 楚子 使與師言曰 君處北海 寡人處南海 唯是風 馬牛不相及也 牝牡相誘曰風 言雖馬牛逸 亦不相及 喩地遠不相干 也 不虞君之涉吾地也 何故 管仲對曰 昔 召康公 命我先君大晉太公曰 五侯 九伯 女實征之 以夾輔周室 賜我先君履所踐履之界 東至于海 西至于河 南至 于穆陵 北至于無棣 索隱曰 淮南 有故穆陵門 無棣 在遼西孤竹 爾 貢包茅不入 包 裹束也 禹貢 荊州 包匭菁茅 蓋 取三脊之茅 包裹匭盛之 以貢周 王祭不共音供 無以縮酒 祭祀 必束 茅而灌之以酒 爲縮酒 寡人是徵 昭王南征 而不復 昭王 成王孫 南巡狩 濟漢水 船壞而溺死 寡人是問 對曰 貢之不入 寡君之罪也 敢不供給 昭王不復 君 其問諸水濱 昭王時 漢非楚境 故楚不服 師進 次于陘楚地 夏 楚子 使屈完如師 使大夫請盟 師退 次 于召陵 次于召陵之地 以聽楚成

『(춘추)좌전』에 다음과 같이 나와 있다. 희공 4년 봄, 제나라 제후가 제후들의 군대를 이끌고 채나라를 침략하니 채나라가 궤멸했다. 〈채나라는 중국의 제후가 다 참여하는 북행(지명)의 회맹 때부터 여러 희씨들(주왕실 동성 제후)를 버리고 초나라에 붙었다. 그런 까닭에 제나라가 초를 정벌하면서 먼저 할 일로 채나라를 침략했다. '궤채'란 먼저 초나라의 당(동맹세력)을 깨트린 것이다.〉 드디어 초를 치자 초자(초나라 제후)가 사신을 보내 (제나라의 연합) 군대에게 말하기를 "임금은 북해에 있고 과인은 남해에 있어 바람이 나더라도 말이나 소가 서로 미치지 못한다.〈암수가 서로 유인하는 것을 '풍(바람)'이라 한다. 비록 말이나 소가 바람이 나도 또한 서로 미치지 못한다는 말이니 땅이 멀어 서로 간섭하지 않음을 비유한 것이다.〉임금이 내 땅을 간섭하는 것은 걱정하지 않았는데, 무슨 까닭인가?"라 했다. 관중이 대답해 말하기를 "전에 소강공이 우리 전 임금 태공에게 명해 말하기를 '5후와 9백을 너는 실로 정벌해 주 왕실을 보필하라'라 하고 우리 전 임금에게 신발〈신발로 밟은 국경〉을 주셨으니, 동으로는 바다에 이르고, 서로는 (황)하에 이르고, 남으로는 목릉에 이르고, 북으로는 무체에 이른다.〈색은이 말하기를 "회남에 옛 목릉문이 있고, 무체는 요서 고죽에 있다"라 했다.〉그대는 바쳐야 할 포모를 들이지 않아〈'포'는 자루 묶음이다.『서경』,「상서」〈우공〉에 '형주는 띠풀 묶음을 바친다'라 했는데, 대개 세 모서리가 있는 띠풀을 취해 자루 안의 상자에 채워 주나라 왕실에 바친다.〉왕의 제사에 쓰지 못해 축주〈제사에는 반드시 띠풀 다발에 술을 부어 축주한다.〉를 하지 못했으니 과인은 이를 징벌하는 것이다. 소왕이 남행했다가 돌아오지 않았으니〈소왕은 성왕의 손자로서, 남쪽을 시찰해 한수를 건너다 배가 파선되어 물에 빠져 죽었다.〉과인은 이를 묻는 것이다"라 했다. 대답해 말하기를 "공납을 들이지 않은 것은 과인의 죄이다. 감히 바치지 못했다. 소왕이 돌아오지 않은 것에 대해서는 임금은 물가 사람들에게 물어보라.〈소왕 때 한수는 초나라 영토가 아니었기 때문에 초가 (이 비난에) 불복했다.〉"라 했다. 군대가 나아가 경〈초나라 땅〉에 머물렀다. 여름, 초자가 굴완을 사신으로 보내 군대에 왔다.〈대부를 사신으로 보내 회맹을 청했다.〉군대가 물러나 소릉에 머물렀다.〈소릉 땅에 머무름으로써 초나라의 화해를 들어주었다.〉

【집주】

文公 則伐衛以致楚 而陰謀以取勝 其譎 甚矣

문공은 위를 정벌함으로써 초나라(의 군대)를 불러들여 음모로 승리를 취했으니 그 속임이 심하다.

【세주】

左傳 僖公二十七年 楚子 及諸侯 圍宋 宋 如晉告急 狐偃曰 楚 始得曹 而新昏於衛 若伐曹衛 楚必救之 則齊宋免矣 前年 楚 申叔 戍穀以逼齊 二十八年 晉侯 侵曹伐衛 衛人 出其君 以說于晉 晉侯入曹 執曹伯 分曹衛之田 以畀宋人 楚子 使子玉去宋曰 無從晉師 子玉 使宛春告於晉師曰 請復衛侯而封曹 臣亦釋宋之圍 子犯曰 子玉無禮哉 君取一 以釋宋圍惠晉侯 臣取二 以復曹衛爲己功 不可失矣 言可伐 先軫曰 定人之謂禮 楚一言 而定三國 我一言 而亡之 我則無禮 何以戰乎 不許楚言 是棄宋也 救而棄之 謂諸侯何 言將爲諸侯所怪 楚有三施去聲 我有三怨 怨仇已多 將何以戰 不如私許復曹衛以攜之 私許二國 使告絕于楚 而後復之 攜 離也 執宛春以怒楚 既戰而後圖之 公說 乃拘宛春於衛 且私許復曹衛 曹衛 告絕于楚 子玉怒 從晉師 欒枝 使輿曳柴而僞遁 楚師馳之

原軫 以中軍公族 公所率之軍 橫擊之 楚師敗績 晉師 三日館穀 館 舍也 食楚軍之
穀三日

『(춘추)좌전』에 다음과 같이 나와 있다. 희공 27년 (동), 초자(초나라 제후)와 여러 제후들이 송나라를 포위했다. 송나라는 진으로 가 급함을 알렸다. 호언이 말하기를 "초는 처음으로 조나라를 얻었고 새로 위나라와 혼인했습니다. 만약 조와 위를 공격한다면 초가 반드시 구원할 것입니다. 그러면 제나라와 송나라는 (초의 공격을) 면할 것입니다"라 했다. 〈지난해에 초의 신숙이 곡 땅을 공격해 제나라를 핍박했다.〉 28년 (춘), 진나라 제후가 조나라를 침략하고 위나라를 공격했다. 위나라 사람들이 그 임금을 내쫓고 진나라에 아부했다. 진나라 제후가 조나라로 들어가 조백(조나라 제후)을 잡았다. 조와 위의 땅을 잘라 송나라 사람들에게 주었다. 초자는 자옥을 사신으로 송나라에 보내 말하기를 "진나라 군대를 따르지 말라"라 했다. 자옥이 완춘을 사신으로 보내 진나라 군대에게 말하기를 "위후를 복위시키고 조나라를 봉하기를 청합니다. 신 또한 송의 포위를 풀겠습니다"라 했다. 자범이 말하기를 "자옥은 무례합니다. 임금은 하나〈송의 포위를 풀어 진후의 은혜를 입음〉를 취하고 신하는 둘〈조와 위를 복위시키는 것을 자신의 공으로 함〉을 취하니 잃어서는 안 됩니다.〈공격해야 한다는 말이다.〉"라 했다. 선진이 말하기를 "사람들을 안정시키는 것을 예라 하니, 초나라의 말 한마디에 세 나라가 안정되고 내(진나라) 말 한마디에 (세 나라가) 망한다면 나는 무례한 것입니다. 무엇을 가지고 싸우겠습니까? 초나라의 말을 허락하지 않는 것은 송나라를 버리는 것입니다. 구해주고서 버리면 제후들에게 무어라 하겠습니까?〈장차 제후들이 괴이하게 여길 것이라는 말이다.〉 초나라는 세 가지를 베풀고 나는 세 가지 원한을 사 원수지는 것이 매우 많으니 장차 무엇을 가지고 싸우겠습니까? 조나라와 위나라(의 복위)를 사사로이 허락함으로써 (초와) 떨어지게 하는 것만 못합니다.〈사사로이 두 나라에 허락해 초나라에 절교한다고 알리게 한 후 복위시킨다. '휴'는 떠나는 것이다.〉 완춘을 잡아두어 초나라를 노하게 해 전쟁을 한 후에 도모하십시오"라 했다. 공이 기뻐하면서 완춘을 위나라에 구금했다. 또 사사로이 조나라와 위나라의 복위를 허락했다. 조와 위는 초에 절교한다는 것을 알렸다. 자옥이 노해 진나라 군대를 쫓아갔다. 난지가 수레로 나뭇가지를 끌게 해(먼지를 일으키며) 거짓으로 도망가는 척하자 초나라 군대가 달려왔다. 원진이 중군의 공족〈공이 이끄는 군대〉을 가지고 옆을 치자 초나라 군대가 패주했다. 진나라 군대는 사흘간 머무르며 곡식을 먹었다.〈'관'은 머무는 것이다. 초나라 군대의 곡식을 사흘간 먹었다.〉

【집주】
二君他事 亦多類此
두 군주는 다른 일도 또한 이와 비슷한 것이 많았다.

【세주】

新安陳氏曰 上引二事 以著其實 此 卽二事以推其餘

신안 진씨가 말했다. 위에서는 두 일을 인용해 그 사실을 드러내었고, 여기서는 두 일에 근거해 그 나머지를 추론했다.

【집주】

故 夫子 言此 以發其隱

그래서 공자께서는 이 말씀을 하시어 그 숨어 있는 것을 드러내셨다.

【세주】

慶源輔氏曰 桓公 責楚以包茅不貢 及昭王不復 二事 進次而不遂戰 旣服而與之盟 是 仗義執言 不由詭道也 文公 始則伐曹衛 以致楚師之救 終則復曹衛 以攜二國之交 是 伐衛以致楚 而陰謀以取勝也 就霸者之中 論桓文之事 則文 譎而不正 桓 正而不譎 若較之王者 表裏無疵 粹然一出於正者 固不可同年而語矣

경원 보씨가 말했다. 환공은 포모를 바치지 않은 것과 소왕이 돌아오지 않은 것, 두 일을 가지고 초나라를 문책했지만, 나아가 머물러 끝내 전쟁을 하지는 않았고, 이미 항복한 다음에는 동맹을 맺었으니 이는 '의에 기대어 (명분 있는) 말을 내세우고, 속임수로 말미암지 않은 것'이다. 문공은 처음에는 조나라와 위나라를 정벌해 초나라 군대가 구하러 오도록 했고, 끝에는 조와 위를 복위시켜 두 나라와의 관계를 떨어지게 했으니 이는 '위를 정벌해 초나라를 불러들이고 음모로 승리를 취한 것'이다. 패자 가운데 환공과 문공의 일을 논하자면 문공은 속이고 바르지 않았으며 환공은 바르고 속이지 않았다. (두 사람을) 만약 왕자(왕도를 실현하는 임금)의 '안팎으로 흠이 없어 순수하게 모두 바름에서 나옴'과 비교한다면 본디 같은 해에(같은 수준으로) 말할 수 없다.

○齊氏曰 二公之伯 皆以勝楚 楚罪 莫大於僭王猾夏 孔子 於春秋書齊 曰侵蔡 蔡潰 遂伐楚 而於晉 僅書曰 及楚戰於城濮 則晉之有歉於聲罪致討也 亦已著矣

제씨가 말했다. 두 공은 패자로서 모두 초를 이겼고, 초의 죄로 말하자면 왕을 참칭하고 하(중국)를 침범한 것보다 더 큰 것은 없다. 공자께서는 『춘추』에서 제에 관해 쓰시기를 '채를 침략해 채가 궤멸되자 드디어 초를 쳤다'라 하셨지만, 진에 관해서는 쓰시기를 겨우 '초나라와 성박(지명)에서 싸웠다'라 하셨으니 진나라가 성토해 죄를 묻기에도 부족하다는 것이 또한 이미 드러났다.

○新安陳氏曰 二公 心皆不正 論其彼善於此 則桓稍優於文耳 晉文 固譎齊桓 亦非純乎正者 若粹然一出於正 其惟王道乎

신안 진씨가 말했다. 두 공의 마음은 모두 바르지 않다. 저것이 이것보다 선하다는 방식으로 논하자면 환공이 문공보다 조금 나을 따름이다. 진문공은 본디 속이는 자이지만, 제환공 또한 완전히 바른 자는 아니다. 만약 순수하게 모두 바름에서 나오는 것이라면, (그것은) 오직 왕도일 뿐이리라.

14.17-1 子路曰 桓公 殺公子糾 召忽死之 管仲不死 曰未
仁乎 糾居黝反召音邵

자로가 말했다. 환공이 공자 규를 죽이자 소홀은 그를 위해 죽고 관중은 죽지 않았으니 (관중은) 인하지 못하다 해야 하는 것 아닐까요?

【집주】

按春秋傳 齊襄公 無道 鮑叔牙 奉公子小白 奔莒晉擧 及無知 弒襄公
管夷吾 召忽 奉公子糾 奔魯 魯人納之未克 而小白入 是爲桓公 使魯
殺子糾 而請管召 召忽死之 管仲請囚 鮑叔牙 言於桓公 以爲相去聲

『춘추전』을 살펴보면, 제 양공은 무도해서 포숙아가 공자 소백을 모시고 거로 도망갔다. 무지가 양공을 시해함에 이르러, 관이오(관중)와 소홀이 공자 규를 모시고 노나라로 도망갔다. 노나라 사람들이 그를 (제나라에 임금으로) 들이려 했으나 이기지 못했다. 소백이 (제나라로) 들어가니 이 사람이 환공이다. 노나라에 사신을 보내 자규를 죽이게 하고 관중과 소홀을 (잡아 보내줄 것을) 청했다. 소홀은 죽고 관중은 잡혀가기를 청했다. 포숙아가 환공에게 말해 재상으로 삼게 했다.

【세주】

○左傳 莊公 八年 齊侯 使連稱管至父 戍葵丘 二人 齊大夫 戍 守也 瓜時而往
及瓜而代 期音基成 公問不至 問命也 請代弗許 故 謀作亂 僖公之母弟 曰夷
仲年 生公孫無知 有寵於僖公 衣服禮秩如適 適太子 襄公 絀之 二人 因之以
作亂 遂弒襄公 而立無知 初 襄公立 無常 政令不常 鮑叔牙曰 君使民慢 亂
將作矣 奉公子小白襄公庶子 出奔莒 亂作 管夷吾 召忽 奉公子糾小白庶弟 來奔
九年 春 雍廩齊大夫 殺無知 夏 公 伐齊納子糾 桓公 自莒先入 秋 師及齊師
戰于乾時 我師敗績 鮑叔帥師來言曰 子糾 親也 請君討之 管召仇也 請受
而甘心焉 甘心 言欲快意戮殺之 乃殺子糾于生竇魯地 召忽死之 管仲請囚 鮑叔受
之 及堂阜齊地而稅 他活反 歸而以告曰 管夷吾 治於高傒音奚 齊卿 高敬仲也 言管
仲 治理政事之才 多於敬仲 使相可也 公 從之

『(춘추)좌전』에 다음과 같이 나와 있다. 장공 8년 (하), 제나라 제후가 연칭과 관지보로 하여금 규구를 지키게 했다. 〈두 사람은 제나라 대부이다. '수'는 지키는 것이다.〉 7월에 갔는데, (내년) 7월이 되면 바꿔주겠다고 했다. 지키는 기간이 다 되었는데도 공의 명이 오지 않았다. 〈문은 명이다.〉 바꿔주기를 청했으나 허락하지 않았다. 이 때문에 난을 일으킬 모의를 했다. 희공의 동모제(어머니가 같은 동생)가 이중년인데, 공손무지를 낳았다. 희공에게 총애를 받아 의복이나 예우를 적자와 같이 했다. 〈적은 태자이다.〉 양공이 내쳤다. 두 사람은 이 때문에 난을 일으켰다. 드디어 양공을 시해하고 무지를 세웠다. 처음 양공이 즉위했을 때 (정치가) 무상했다. 〈정령이 일정하지 않았다.〉 포숙아가 말하기를 "임금이 백성을 느슨하게 하면 장차 난이 일어납니다"라 했다. (포숙아는) 공자 소백〈양공의 서자〉을 모시고 거로 도망갔다. 난이 일어나자 관이오와 소홀은 공자 규〈소백의 서제〉를 모시고 (노나라로) 도망왔다. 9년 봄, 옹름〈제나라 대부〉이 무지를 죽였다. 여름, 공이 제나라를 공격해 자규를 (제나라 임금으로) 들이려 했다. 환공이 거로부터 먼저 들어왔다. 가을, 군대가 제나라 군대에 이르러 건시에서 싸웠다. 우리 군대가 패배했다. 포숙이 군대를 이끌고 와서 말하기를 "자규는 친족이니 (노)임금이 토벌하기를 청합니다. 관중과 소홀은 원수이니 (잡아 죽이는 것을) 달게 받아들이기를 청합니다"라 했다. 〈감심은 흔쾌히 죽이기를 바란다는 말이다.〉 이에 자규를 생두〈노나라 땅〉에서 죽였다. 소홀은 (그를 위해) 죽었고, 관중은 잡아가기를 청했고, 포숙은 (관중을) 받아들였다. 당부〈제나라 땅〉에 이르러 풀어주었다. 〈그를 살려 돌려보냈다.〉 돌아가 보고해 말하기를 "관이오는 고해보다 더 잘 다스립니다. 〈(고해는) 제나라 경 고경중이다. 관중의 정사를 다스리는 재주가 경중보다 많다는 말이다.〉 재상을 삼는 것이 좋습니다"라 했다. 공이 따랐다.

【집주】

子路 疑管仲 忘君事讐 忍心害理 不得爲仁也

자로는 관중이 주군을 잊고 원수를 섬겨 모진 마음으로 이치를 해쳤으니 인이라고 할 수 없는 것이 아닌가 의심했다.

【세주】

問 集註謂 忍心害理 不得爲仁 忍心之忍 是殘忍之忍否 朱子曰 傷其惻隱之心 便是忍心 如所謂無求生以害仁 害仁 便是忍心也

물었다. 집주에서 '인심해리(모진 마음으로 이치를 해침)해 인이라 할 수 없다'라 했는데, '인심'의 인은 '잔인하다'라 할 때의 인이 아닙니까? 주자가 답했다. 측은지심을 해치는 것이 곧 인심(모진 마음)이다. 예컨대 이른바 '삶을 구해 인을 해치는 일은 없다'라 할 때의 '인을 해치는 것'이 곧 인심이다.

○慶源輔氏曰 忘君 謂不顧糾死 事仇 謂相桓 忍心 謂心所當爲 而忍之使

不爲 害理 謂理所當然 而 咈之使不然 忘君事仇 卽忍心害理也

경원 보씨가 말했다. 주군을 잊었다는 것은 규가 죽은 것을 돌보지 않았음을 말하고, 원수를 섬겼다는 것은 환공의 재상이 되었음을 말한다. 모진 마음은 마음으로 마땅히 해야 한다고 생각하면서도 모질게도 하지 않는 것을 말하고, 이치를 해쳤다는 것은 이치상 당연한 것인데 어기고 그렇지 않게 한 것을 말한다. 주군을 잊고 원수를 섬긴 것이 곧 모진 마음으로 이치를 해친 것이다.

○程子曰 桓公兄 而子糾弟 襄公死 則桓公當立 此 以春秋知之 春秋 書桓公 則曰齊小白 言當有齊國也 於子糾 則止曰糾 不言齊 以不當有齊也 不言子 非君之嗣子也 公穀竝註四家 皆書納糾 左傳獨言子糾 誤也 然 書齊人取子糾殺之者 齊大夫常 與魯盟于蔇 旣納糾以爲君 又殺之 故 書子 是罪魯也

정자가 말했다. 환공은 형이고 자규는 아우이다. 양공이 죽으면 환공이 마땅히 즉위해야 하니, 이는 『춘추』에 의해 알 수 있다. 『춘추』에서는 환공에 대해 쓸 때는 '제나라 소백'이라 했으니 마땅히 제나라를 가져야 한다는 말이고, 자규에 대해서는 단지 규라 하고 제나라라는 말은 하지 않았으니 제나라를 가지는 것이 마땅하지 않기 때문이다. '자'라 말하지 않은 것은 임금의 뒤를 잇는 아들이 아니기 때문이다. 공(양전) 곡(량전)과 주석가 네 사람이 모두 '납규(규를 들였다)'라 했는데, 좌전만이 홀로 '(납)자규'라 했으니 잘못이다. 그러나 (『춘추』의 경문에) '제나라 사람들이 자규를 잡아 죽였다'라고 쓰신 것은 제나라 대부 상이 노나라와 기(지명)에서 맹약을 맺고 이미 규를 임금으로 받아들였으면서도 또 죽였기 때문에 자(규)라고 쓰신 것으로, 이는 노나라를 죄주신 것이다.

○問 春秋 於糾上 一無子字 一有子字 何也 雙峯饒氏曰 始以納之爲非 故去子 以明其不當納 終以殺之爲非 故 又稱子 以明其不當殺

물었다. 『춘추』에서 '규' 앞에 한 번은 '자' 자가 없고, 한 번은 '자' 자가 있는 것은 왜입니까? 쌍봉 요씨가 답했다. 처음에는 그를 들인 것이 잘못이기 때문에 '자' 자를 뺌으로써 그 들인 것이 부당함을 밝혔고, 끝에는 그를 죽인 것이 잘못이기 때문에 또 '자'를 칭함으로써 죽인 것이 부당함을 밝혔다.

14.17-2 子曰 桓公 九合諸侯 不以兵車 管仲之力也 如其仁 如其仁

공자께서 말씀하셨다. 환공이 제후를 규합하면서 무력으로 하지 않은 것은 관중의 힘 때문이니, 그 인만 하리오, 그 인만 하리오.

【집주】
九 春秋傳 作糾 督也 古字通用

'구'는 『춘추전』에는 '규'로 되어 있는데, 독려하는 것이다. 옛날 글자에서는 통용했다.

【세주】
左傳 僖公二十六年 齊孝公 伐我北鄙 公 使展喜犒師 曰 昔周公太公 股肱周室 夾輔成王 成王勞之 而賜之盟曰 世世子孫 無相害也 載載書在盟府 大師職之 職 主也 大公 爲大師 兼主同盟之官 桓公 是以 糾合諸侯 而謀其不協 彌縫其闕 而匡救其災 昭舊制也

『(춘추)좌전』에 다음과 같이 나와 있다. 희공 26년 (하), 제나라 효공이 우리 북쪽 변방을 공격했다. 공이 전희를 사신으로 보내 (제나라) 군대를 대접하면서 말하기를 "옛날에 주공과 태공은 주 왕실의 고굉이 되어 성왕을 보필했는데, 성왕이 그 노고를 생각해 맹약을 내려 말하기를 '대대로 자손들은 서로 해치지 말라'라 했습니다. (그 맹약문은) 맹부(맹약담당관청)에 보관되어 있으니, 《(맹약)서를 보관했다.》 태사가 주관합니다. 〈직'은 주관하는 것이다. 태공이 태사가 되어 동맹 담당관을 겸직해 주관했다.〉 환공은 이로써 제후를 규합해, (의견이) 일치하지 않는 것은 논의하고, 그 빠진 것은 보충해 재난을 구제했으니 옛 직책을 밝힌 것입니다"라 했다.

【집주】
不以兵車 言不假威力也 如其仁 言誰如其仁者 又再言以深許之 蓋管仲 雖未得爲仁人 而其利澤及人 則有仁之功矣

병거(무력)를 쓰지 않았다는 것은 위력을 빌리지 않았다는 말이다. '그 인만 하겠는가'라는 말은 '누가 그 인만 하겠는가'라는 말이다. 또 (그 말씀을) 거듭 하시어 깊이 인정하셨다. 대개 관중은 비록 인인이라고 할 수는 없지만 사람들에게 혜택을 미친 것으로 보자면 인의 공로가 있다.

【세주】

程子曰 管仲不死 觀其九合諸侯 不以兵車 乃知其仁也 若無此 則貪生惜死 雖匹夫匹婦之諒 亦無也

정자가 말했다. 관중이 죽지 않은 것은, 제후를 규합함에 무력을 쓰지 않은 것을 보면, 그것이 인임을 알 수 있다. 만약 이런 일이 없었다면 (죽지 않은 것은) 살기를 탐하고 죽기를 아까워한 것이니, 필부필부의 (작은) 신의마저도 또한 없는 것이다.

○朱子曰 九之爲糾 展喜之詞 而糾合宗族之類 亦其證也 說者 不考其然 乃直以爲九會諸侯 至數桓公之會 不止於九 則又因不以兵車之文 而爲之說曰 衣裳之會 九 餘則兵車之會也 公穀以來 皆爲是說 可謂鑿矣

주자가 말했다. '구(九)' 자가 '규(糾)'가 되는 것은 전희의 말(『춘추』좌전』에 나오는 전희의 말, 즉 '규합제후'라는 말)이나 '종족을 규합한다'는 말 같은 것이 또한 그 증거가 된다. 설명하는 자가 그러한 것을 고찰하지 않고 곧바로 '아홉 번 제후를 모았다'라 하고, 환공의 회합을 세어보면 아홉 번에 그치지 않자, 또 '무력을 쓰지 않았다'는 글을 근거로 설명하기를 '의상의 회합(전투복 아닌 예복의 회합)이 아홉 번이고 나머지는 군사회합이다'라 했다. 공양이나 곡량 이래 모두 이 설을 주장했으니 가히 억지라 하겠다.

○召忽之失 在輔子糾以爭國 而不在於死 管仲之得 在九合之功 而不在於不死 仲之可以不死 正以小白兄而子糾弟耳 夫子 特以忽之功 無足稱 而其死不爲過 仲之不死 亦未嘗害義 而其功有足褒爾 固非予仲之生 而貶忽之死也

소홀의 잘못은 자규를 도와서 나라를 다툰 데에 있지 죽은 데에 있지 않고, 관중이 잘한 것은 규합의 공에 있지 죽지 않은 데에 있지 않다. 관중이 죽지 않아도 되는 것은 바로 소백이 형이고 자규가 아우이기 때문일 뿐이다. 공자께서는 다만 소홀의 공은 칭찬하기에 족하지 못하지만 그 죽음은 잘못이 아니고, 관중이 죽지 않은 것은 또 의를 해친 것은 아니고 그 공은 포상하기에 족하다고 하셨으니, 본디 관중이 산 것을 인정하시거나 소홀이 죽은 것을 폄하하신 것이 아니다.

○仁之一字 以德而言 則必心無私 而事當理 乃能當之 若言其功 則推利澤

及人 有恩有惠 便可稱之 初不計德之如何也

인이라는 한 글자는, 덕으로 말하자면 반드시 마음에 사사로움이 없고 일이 이치에 합당한 후에야 비로소 해당될 수 있다. 만약 그 공으로 말하자면 혜택이 사람들에게 미쳐 은혜가 있고 은덕이 있으면 곧 그렇게 (인이라고) 부를 수 있다. (이 경우는) 애초부터 덕이 어떠한지는 따지지 않는 것이다.

○ 仲之仁 是粗處 至精處 則顔子三月之後或違之

관중의 인은 거친 것이다. 정밀한 것(으로서의 인)의 경우는 안자도 삼 개월이 지난 후에는 간혹 (그것을) 떠났다.

○ 如漢高祖 唐太宗 未可謂之仁人 然 戰國至暴秦 其禍極矣 高祖出 而平定天下 隋末 殘虐尤甚 太宗出 而掃除 以致貞觀之治 此二君 豈非仁者之功耶 仲之功 亦猶是也

한 고조와 당 태종의 경우에는 인인이라 할 수는 없다. 그러나 전국시대가 포악한 진에 이르러 그 화가 극에 달했는데 고조가 나와서 천하를 평정했고, 수나라 말에 잔학함이 더욱 심했는데 태종이 나와서 깨끗이 소제하고 '정관의 치'를 이루었다. 이 두 임금이 어찌 인자의 공이 아니겠는가. 관중의 공 또한 이와 같다.

○ 慶源輔氏曰 仁者 安仁 蓋 天理渾然 無一息之不存 無一物之不體 管仲之於德 其違闕者 多矣 顧何足以語此 然 使桓公糾合諸侯 攘夷狄 尊周室 不假威力 無所殺傷 則利澤及人 是 亦仁者之功效矣

경원 보씨가 말했다. 인자는 인을 편안히 여기니, 대개 천리가 혼연해 한순간도 보존되지 않음이 없고, 한 사물도 체현되지 않음이 없다. 관중은 덕에 있어서는 어긋나고 빠진 것이 많았으니, 생각건대 어찌 이처럼(인자라고) 말할 수 있겠는가. 그러나 환공으로 하여금 제후를 규합해 오랑캐를 물리치고 주 왕실을 받듦에 위력을 빌리지 않아 죽이거나 상하게 한 바가 없도록 했으니, 혜택이 사람들에게 미친 것, 이 또한 인자의 공효이다.

○ 蔡氏曰 子路 擧忽之死 仲之不死 是 以忽爲殺身成仁 仲爲未仁 夫子 答以仲有仁之功如此 忽 豈能如仲之仁乎 是 以忽仲比而言之 非泛許仲以仁也 下章 匹夫婦之諒 亦指忽而言

채씨가 말했다. 자로는 소홀이 죽은 것과 관중이 죽지 않은 것을 거론했는데 이는 소홀을 살신성인한 것으로, 관중을 인이 못되는 것으로 여긴 것이다. 공자께서는 관중은 이처럼 인의 공이 있으니 소홀이 어찌 관중의 인과 같을 수 있겠느냐고 대답하셨는데, 이는 소홀과 관중을 비교해 말씀하신 것이지, 관중을 인이라고 총체적으로 인정하신 것은 아니다. 다음 장의 '필부필부의 작은 신념'이란 또한 소홀을 가리켜 말씀하신 것이다.

○新安陳氏曰 仁 有以心術之精微言者 非大賢以上之安仁 不足以當之 有以事功之顯著言者 如管仲有仁者之功 亦足以爲仁矣 子路好勇 死非所難 而處死爲難 故 夫子 不非仲無死節之義 反取仲有及人之仁 亦所以曉子路而箴之也

신안 진씨가 말했다. 인은 '심술(마음 쓰는 방식)의 정밀함'이라는 뜻으로 말하는 경우가 있으니 대현 이상의 안인(인을 편안히 여김)이 아니면 해당되기에 부족하고, '일의 공로가 현저함'의 뜻으로 말하는 경우가 있으니, 예컨대 '관중은 인자의 공이 있다'라고 하는 경우, 또한 족히 인이라 할 수 있다. 자로는 용맹을 좋아해 죽는 것이 어려운 것이 아니라 죽음에 (올바른 방식으로) 처하는 것이 어려웠다. 그래서 공자께서는 관중이 '죽음으로 절개를 지키는 의리'가 없다고 비난하지 않으시고 거꾸로 관중이 사람들에게 (은혜를) 끼치는 것으로서의 인이 있음을 인정하셨으니, 또한 자로를 깨우쳐 경계시키려 하신 것이다.

14.18-1 子貢曰 管仲 非仁者與 桓公 殺公子糾 不能死 又相之 與平聲相去聲

자공이 말했다. 관중은 인자가 아닌 것 같습니다. 환공이 공자 규를 죽였는데도 (규를 위해) 죽지 못하고 또 그를 도왔습니다.

【집주】
子貢意 不死猶可 相之 則已甚矣

자공 생각에, 죽지 않은 것은 오히려 괜찮지만 (환공을) 도운 것은 너무 심하다는 것이다.

【세주】
慶源輔氏曰 子路 勇者也 故 有取於召忽之死 而以管仲之不死爲未仁 子貢 智者也 故 以仲之不死爲猶可 而以其相桓爲已甚而非仁

경원 보씨가 말했다. 자로는 용감한 자이기 때문에 소홀이 죽은 것에 대해서는 인정하는 바가 있었고, 관중이 죽지 않은 것에 대해서는 인이 못된다고 여겼다. 자로는 지혜로운 자이기 때문에 관중이 죽지 않은 것은 오히려 괜찮지만 환공을 도운 것은 너무 심한 일이라 인이 아니라고 여겼다.

14.18-2 子曰 管仲 相桓公 霸諸侯 一匡天下 民 到于今 受其賜 微管仲 吾其被髮左衽矣 被皮寄反 衽 而審反

공자께서 말씀하셨다. 관중은 환공을 도와 제후를 제패하고 천하를 한 번 바로잡아, 백성이 지금에 이르기까지 그 혜택을 받는다. 관중이 없었더라면 나는 피발좌임(머리를 풀고 옷깃을 왼쪽으로 여밈, 즉 오랑캐의 복식)을 하고 있을 것이다.

【집주】

霸 與伯同 長上聲也 匡 正也 尊周室 攘夷狄 皆所以正天下也 微 無也 衽 衣衿也 被髮左衽 夷狄之俗也

'패'는 '백'과 같으니 우두머리 노릇 하는 것이다. '광'은 바로잡는 것이다. 주 왕실을 높이고 오랑캐를 물리친 것은 모두 천하를 바로잡은 일이다. '미'는 없는 것이다. '임'은 옷깃이다. '피발좌임'은 오랑캐의 풍속이다.

【세주】

問 令尹子文 陳文子之事 則原其心 而不與其仁 至管仲 則以其功 而許其仁 若有可疑者 朱子曰 管仲之功 自不可泯沒 聖人 自許其仁者之功 且聖人論人 功過 自不相掩 功自還功 過自還過 所謂彼善於此 則有之矣 若以管仲比伊周 固不可同日語 若以當時大夫比之 則在所當取 當是之時 楚之勢 駸駸可畏 治之少緩 則中國 皆爲夷狄 故曰 微管仲 吾其被髮左衽矣

물었다. 영윤자문과 진문자의 일에 대해서는 그 마음을 근거로('그 마음이 어떤가' 라는 점을 근거로 해서) 인을 인정하지 않으셨는데, 관중의 경우에는 그 공을 가지고 인을 인정하셨으니 의심할 만한 점이 있는 것 같습니다. 주자가 답했다. 관중의 공은 본디 없앨 수 없는 것이기에 성인께서 당연히 인자의 공으로 인정하셨다. 또 성인께서 사람을 논하심에 본디 공로와 과실은 서로 덮어주지 않으니, 공은 그 자체로 공이고 과실은 그 자체로 과실이기 때문이다. (다만) 이른바 '둘 다 완전히 선한 것은 아니지만, 저 사람이 이 사람보다 선하다'라는 방식의 평가는 있을 수 있다. 만약 관중을 이윤이나 주공과 비교한다면 진정코 같은 날에 말할 수 없지만(같은 차원에서 평가할 수 없지만), 만약 당시의 대부들과 비교한다면 마땅히 취할 만한 것이 있다. 당시에 초나라의 세력은 번성해 두려워할 만했다. 조금이라도 느슨하게 다스렸다면 중국은 모두 오랑캐가 되었을 것이니, 이런 까닭에 '관중이 없었다면 나는 피발좌임을 하고 있을 것이다'라고 말씀하셨다.

○南軒張氏曰 只爲子路疑其未仁 子貢 疑其非仁 故 擧其功以告之 若二子問管仲仁乎 則所以告之者 異矣

남헌 장씨가 말했다. 자로는 다만 '인이 못된다'고 의심했고, 자공은 (아예) 인이 아니라고 의심했기 때문에 그 공을 들어서 말씀해주셨다. 만약 이 두 사람이 '관중이 인한지' 물어보았다면 알려주신 것이 이와 달랐을 것이다.

○厚齋馮氏曰 劉定公 稱禹之功 曰 微禹 吾其魚乎 吾與子 弁冕端委 以治

民 臨諸侯 禹之力也 必推至此 然後見禹之有大功 夫子 稱仲之仁 至於被髮左衽 則仲之功 大矣

후재 풍씨가 말했다. 유정공이 우임금의 공을 칭송해 말하기를 "우임금이 없었다면 나는 물고기가 되었을 것이다. 나와 그대가 변과 면을 쓰고 현단복을 입고 백성를 다스리고 제후에게 군림하는 것은 우임금의 힘이다"라 했다(『(춘추)좌전』, 소공 원년 하조). 반드시 여기까지 밀고 나간 연후에야 우임금이 큰 공이 있음을 알 수 있다. 공자께서 관중의 인을 칭송하신 것이 피발좌임에 이르렀으니 관중의 공은 크다.

14.18-3 豈若匹夫匹婦之爲諒也 自經於溝瀆而莫之知也

어찌 필부필부가 작은 신의를 위해 스스로 도랑에 목매어 죽어 아무도 몰라주는 것과 같으랴.

【집주】

諒 小信也 經 縊壹計反也 莫之知 人不知也 後漢書 引此文 莫字上 有人字

'량'은 작은 신의이다. '경'은 목매는 것이다. '막지지(아무도 모른다)'는 사람들이 몰라주는 것이다. 『후한서』에 이 글을 인용했는데, '막' 자 위에 '인' 자가 있다.

【세주】

後漢 應劭 字 仲遠 獻帝時 奏議曰 昔 召忽 親死子糾之難 而孔子曰 經於溝瀆 人莫之知

후한의 응소는 자가 중원인데, 헌제 때 의논을 올려 말하기를 "예전에 소홀이 자규의 난에 스스로 죽었는데 공자께서는 '도랑에 목매 죽었는데 사람들이 아무도 알아주지 않는다'라 하셨습니다"라 했다(『후한서』, 「응봉전 부응소전」).

【집주】

○程子曰 桓公 兄也 子糾 弟也

정자가 말했다. 환공은 형이고 자규는 동생이다.

【세주】

前漢 淮南厲王 長 高帝少子也 驕恣不用漢法 文帝 重自切責之 重難也 時帝舅薄昭 爲將軍 尊重 上 令昭與厲王書諫 數之曰 昔者 周公 誅管叔 放蔡叔 以安周 齊桓 殺其弟 以反國 秦始 殺兩弟 遷其母 以安秦

전한 회남의 여왕 (유)장은 고제(고조)의 어린 아들이다. 교만 방자해 한나라의 법을 쓰지 않았다. 문제는 스스로 그를 질책하기가 곤란했다. ('중'은 어려운 것이다.) 당시 황제의 장인 박소가 장군이 되어 존경받았다. 임금이 (박)소에게 명령해 여왕에게 간쟁하는 편지를 쓰게 했는데, (그 글에서) 책망해 말하기를 "옛날에 주공은 관숙을 죽이고 채숙을 내쳐 주나라를 안정시켰고, 제 환공은 그 아우를 죽여서 나라를 되찾고, 진시황은 두 아우를 죽이고 어머니를 옮겨서 진나라를 안정시켰다"라 했다(『한서』,「회남형산제북왕전」).

【집주】

仲 私於所事 輔之以爭國 非義也 桓公殺之 雖過 而糾之死 實當去聲 仲 始與之同謀 遂與之同死 可也 知輔之爭爲不義 將自免以圖後功 亦可也 故 聖人 不責其死而稱其功 若使桓弟而糾兄 管仲所輔者正 桓奪其國而殺之 則管仲之與桓 不可同世之讐也 若計其後功 而與其事桓 聖人之言 無乃害義之甚 啓萬世反覆不忠之亂乎 如唐之王珪魏徵 不死建成之難去聲 而從太宗 可謂害於義矣 後雖有功 何足贖哉

관중은 섬긴 바(섬길 대상을 택함)에 있어서는 사사로움이 있었고, 그의 나라 다투는 일을 보필했으니 의가 아니다. 환공이 (규를) 죽인 것은 비록 지나치지만 규의 죽음은 실로 당연한 것이다. 관중은 처음에 그와 함께 같이 모의했으니 마침내 그와 함께 죽는 것도 괜찮고, 그의 (나라) 다툼을 보필한 것이 불의한 것임을 알고 장차 스스로 벗어나 나중의 공을 도모하는 것도 또한 괜찮다. 그런 까닭에 성인께서는 그 죽음을(죽었어야 한다고) 요구하지 않고 그 공을 칭송하셨다. 만약 환공이 아우이고 규가 형이서 관중이 보필한 자가 정통이고, 환공이 그 나라를 빼앗고 죽인 것이라면, 관중에게 환공은 같이 세상을 살 수 없는 원수이다. (그런 경우인데도) 나중의 공을 계산해 환공 섬긴 일을 인정하셨다면 성인의 말씀은 의를 심히 해쳐 만세에 반복되는 불충의 난의 빌미를 연 것이 아니겠는가. 당나라의 왕규와 위징의 경우는 (형인) 건성의 난에 죽지 않고 (동생인) 태종을 따랐으니 의를 해친 것이라 하겠다. 나중에 비록 공이 있었다 하나 어찌 속죄가 되기에 충분하겠는가.

【세주】

唐書 王珪傳 建成爲皇太子 授中書舍人 遷中允 禮遇良厚 太子與秦王 建成弟世民也 有隙 帝高祖 責珪不能輔導 流嶲州 太子已誅 太宗卽秦王 召爲諫議大夫

『(신)당서』〈왕규(대주 대지덕)전〉에 다음과 같이 나와 있다. 건성이 황태자가 되어 (왕규에게) 중서사인을 제수했다가 중윤으로 옮겼는데 예우가 매우 두터웠다. 태자와 진왕〈건성의 동생 세민이다.〉이 틈이 있자, 황제〈고조〉가 잘 보필하고 인도하지 못한다고 왕규를 꾸짖고 수주로 귀양보냈다. 태자가 이미 처형당한 후 태종〈즉, 진왕〉은 (왕규를) 불러 간의대부로 삼았다.

○ 魏徵傳 太子 引爲洗馬官名 徵 見秦王功高 陰勸太子 早爲計 太子 敗 世民伏兵於玄武門 世民 射建成殺之 王 責魏曰 爾鬩吾兄弟 奈何 王 卽秦王 鬩 閒也 答曰 太子 早從徵言 不死今日之禍 王 器重也其直 無恨意 卽位太宗卽位 拜諫議大夫

〈위징전〉에 다음과 같이 나와 있다. 태자가 (위징을) 불러 세마〈관직명〉로 삼았다. 위징이 진왕이 공이 높은 것을 보고 은근히 태자에게 일찍 (제거할) 계획을 세울 것을 권했다. 태자가 패했다.〈세민이 현무문에 복병을 두었다. 세민이 건성을 쏘아 죽였다.〉(진)왕이 위징을 꾸짖어 말하기를 "네가 우리 형제를 이간했으니 어찌하랴"라 하자,〈왕은 곧 진왕이다. '혁'은 이간하는 것이다.〉 답해 말하기를 "태자가 일찍이 징의 말을 들었다면 오늘의 환난에 죽지 않았을 것이다"라 했다. 왕이 그 곧음을 평가하고,〈중시한 것이다.〉 원망하는 마음이 없었다. 즉위〈태종의 즉위〉하자 간의대부를 배수했다.

【집주】

愚謂 管仲 有功而無罪 故 聖人獨稱其功 王魏先有罪以後有功輔太宗致太平 則不以相掩 可也

내가 생각건대, 관중은 공은 있고 죄는 없다. 그런 까닭에 성인께서는 단지 그 공만 칭송하셨다. 왕규나 위징은 먼저 죄가 있고 그다음에 공〈태종을 보필해 태평에 이름〉이 있으니 서로 (공으로 죄를) 덮어주지 않는 것이 옳다.

【세주】

問 程子 可也 亦可也 二說 朱子曰 前說亦是可 但自勉以圖功 則可之大者 又問 孟子 可以死 可以無死 始見其可死 後細思之 又見其可以無死 則前之可者 爲不可矣 曰 便卽是此意

정자가 '괜찮다', '또한 괜찮다'라 한 두 말에 관해 물었다. 주자가 답했다. 앞의 말(의 경우)도 또한 괜찮지만, 단 스스로 노력해 공을 도모하는 것〈뒤의 말의 경우)은 괜찮은 것 중에 큰 것이다. 또 물었다. 맹자가 "죽어도 되고 죽지 않아도 된다(「이루 하」 23장)"라 했는데, (그 의미는) 처음에는 죽어도 된다고 보았지만 나중에 자세히 생각해보니 또 죽지 않아도 된다고 보게 되었으니, 앞에 된다 한 것은 안 되는 것입니다. 답했다. (그것이) 곧 이 (구절의) 뜻이다.

○問 仲 始同糾謀 雖有可死之道 而桓兄當立 則無不可事之理 蓋 仲 雖糾之傅 然 非糾之臣 乃齊臣也 桓公當立 則桓 乃吾君所當事也 但仲之罪 乃在不能諫糾之爭 而反輔糾以爭耳 是其不死 殆知前之爭爲不義 而非求爭之比也 故 夫子 答子路未仁之問 曰 如其仁 以爲不死之未仁 不如九合之仁也 答子貢非仁之問 則曰 豈若匹夫匹婦之爲諒 自經於溝瀆而莫之知 豈若云者 是以仲之不死 過於死也 故 嘗以程子之說爲正 而以召忽之死 爲守節 仲之不死 爲改過 曰 此論 甚善 但仲之意 未必不出於求生 然 其時 義尙有可生之道 未至於害仁耳

물었다. 관중은 처음에는 규와 함께 모의했으니 비록 죽어도 되는 이치가 있지만, 환공은 형이어서 마땅히 즉위해야 하니 섬기지 못할 이치는 없습니다. 대개 관중은 비록 규의 사부이기는 했지만 규의 신하는 아니었고, 제나라의 신하였습니다. 환공이 즉위함에, 환공은 나의 임금으로 마땅히 섬겨야 하는 것입니다. 다만 관중의 죄는 곧 규의 다툼을 간쟁하지 못하고 거꾸로 규를 다투도록 보필한 데 있을 뿐입니다. 그 죽지 않은 것은 전의 다툼이 불의임을 대략 안 것이니 [불의인 줄 모르고 계속 다투기를 구하는 것에 비할 바는 아닙니다. 그런 까닭에 공자께서는 자로의 '인이 못된다'라는 질문에 답하시기를 '그 인만 하리오'라 하셨으니, '죽지 않아 인이 못됨[거꾸로 말하자면 죽어서 인이 됨]'은 '(제후를) 규합한 (공으로서의) 인'만 못하다고 여기신 것입니다. 자공의 '인이 아니다'라는 질문에 답하시기를 '어찌 필부필부가 작은 신의를 위해 스스로 도랑에서 목을 매어 아무도 몰라주는 것과 같겠느냐'라고 하셨으니, '어찌 같겠느냐'라 하신 것은 관중이 죽지 않은 것이 죽은 것보다 낫다고 여기신 것입니다. 그래서 일찍이 정자의 설이 바르다고 생각했는데, 소홀이 죽은 것은 수절이 되고, 관중이 죽지 않은 것은 개과(허물을 고침)가 됩니다. 답했다. 이 논의는 매우 좋다. 다만, 관중의 (죽지 않은) 뜻이 꼭 삶을 구하는 데서 나오지 않은 것이라 할 수는 없다. 그러나 당시에 의리상으로는 오히려 살아도 되는 이치가 있었으니 인을 해치는 데 이르지는 않았을 뿐이다.

○雲峯胡氏曰 管仲相桓公以下 答子貢所謂又相之 豈若匹夫以下 答子貢所謂不能死 蓋 死 則於子糾 未有君臣之分 當時 未足以見其義 相 則爲天下 正華夷之分 而天下後世 皆得以被其仁 仲 蓋 有以處此矣

운봉 호씨가 말했다. '관중은 환공을 도와'라는 구절 이하는 자공이 말한 '또 도왔다'라는 말에 대해 답하신 것이고, '어찌 필부와'라는 구절 이하는 자공이 말한 '죽지 못했다'라는 말에 대해 답하신 것이다. 대개, (자규를 위해) 죽으면, 자규에 대해 군신의 분수가 없기 때문에[자규가 임금이고 관중이 신하인 관계가 아니기 때문에] 당시로는 그 의리를 보여주기에 부족하고, (환공을) 도우면, 천하를 위해 중화와 오랑캐의 구분을 바로해서 천하후세가 모두 그 인(의 혜택을)을 입는다. 관중은 대개 이렇게 처신할 이유가 있었던 것이다.

14.19-1 公叔文子之臣大夫僎 與文子 同升諸公 僎 士免反

공숙문자의 가신인 대부 선이 문자와 더불어 같이 공조(제후인 공의 조정)에 올랐다.

【집주】

臣 家臣 公 公朝音潮 謂薦之與己同進 爲公朝之臣也

'신'은 가신이다. '공'은 공조이다. 그를 천거해 자신과 함께 나아가서 공조의 신하가 되었다는 말이다.

14.19-2 子聞之曰 可以爲文矣

공자께서 그것을 듣고 말씀하셨다. (시호를) 문이라 할 만하다.

【집주】

文者 順理而成章之謂 諡法 亦有所謂錫民爵位曰文者

'문'이란 이치에 따름으로써 문채를 이룬 것(아름다운 결과를 낸 것)을 말한다. 시호법에는 또한 '백성에게 작위를 준 것을 문이라 한다'라는 것도 있다.

【세주】

見公冶長篇 孔文子何以謂之文也章

(『논어』5) 「공야장」편 〈공문자하이위문야(공문자를 왜 문이라 합니까?)〉장(의 세주)에 나온다.

○ 胡氏曰 其才德 足以爲大夫 而薦之爲大夫 順理也 以家臣之賤 而與之同列無慊焉 成章也 彼錫民爵位 特其迹爾

호씨가 말했다. 그 재주와 덕이 대부가 되기에 충분해서 그를 천거해 대부로 삼은 것은 이치를 따른 것이다. 비천한 가신인데도 그와 더불어 같은 열에 서고도 거리낌이 없었던 것은 문채를 이룬 것이다. 저 '백성에게 작위를 줌'은 다만 그 행적일 뿐이다.

【집주】

○洪氏曰 家臣之賤而引之 使與己竝 有三善焉 知人 一也 忘己 二也 事君 三也

홍씨가 말했다. 비천한 가신을 이끌어서 자신과 나란히 서도록 한 것에는 세 가지 선이 있다. 사람을 알아본 것이 하나, 자신(사적 이익)을 잊은 것이 둘, 임금을 섬긴 것이 셋이다.

【세주】

慶源輔氏曰 知人 智也 忘己 公也 事君 忠也 有是三者 則理順章成 而粲然可觀矣 安得不謂之文哉 然 文王之文 擧全體而言 此與孔文子之文 取一事而言

경원 보씨가 말했다. 사람을 아는 것은 지혜이고, 자신을 잊은 것은 공이고, 임금을 섬기는 것은 충이니, 이 세 가지가 있으면 이치를 따르고 문장을 이룬 것이니 찬란해서 볼만하다. 어찌 '문'이라고 (시호를) 칭할 수 없겠는가. 그러나 문왕의 문은 전체를 들어서 말한 것이고, 이 구절과 공문자의 문은 하나의 일을 취해서 말한 것이다.

○厚齋馮氏曰 文子卒 其子請諡 諡以貞惠文子 蓋 以修其班制 以與四鄰交 衛國之社稷不辱 故 諡以文 初不爲薦其臣僎 同升諸朝 而謂之文也 特夫子稱其可以爲文 有以見文子之不愧其諡耳

후재 풍씨가 말했다. 문자가 죽자 그 자식이 시호를 청하니 정혜문자라고 시호를 내렸다. 대개 그 관제를 정비해 사방의 이웃 나라들과 교린함으로써 위나라의 사직이 욕을 당하지 않았기 때문에 시호를 문이라고 한 것이지, 애초에 그 신하 선을 천거하여 함께 조정에 오른 것 때문에 문이라고 한 것이 아니다. 다만 공자께서는 문이라 할 만하다고 칭송하시어 문자가 그 시호에 부끄럽지 않음을 보이셨을 뿐이다.

○雙峯饒氏曰 今之所謂諡法 未必果出周公 恐後人因經傳所有 而附會之 如錫民爵位謂之文 直無意義 夫子所稱 蓋 謂文子所爲如此 是亦無愧於文之諡矣 非指此爲文也 孔文子 好學下問 是以 謂之文 却是正說所以爲文之義

쌍봉 요씨가 말했다. 지금의 시호법이라고 하는 것은 반드시 주공으로부터 나온 것은 아니다. 생각건대 후대 사람들이 경전에 있는 내용에 근거해 가져다 붙인 듯하다. 예컨대 백성에게 작위를 준 것을 문이라고 하는 것에는 본디 (문의) 의의가 없다. 공자께서 칭송하신 것은 대개 문자의 소행이 이와 같아서 또한 문의 시호에 부끄럽지 않다고 말씀하신 것이지, 이것을 가리켜 문이라고 하신 것은 아니다. 공문자는 배우기를 좋아하고 아랫사람에게 물었기 때문에 문이라 했는데 (이것이) 오히려 문이라 하는 것의 의의(왜 문이라 하는지, 그 의의)를 바로 말한 것이다.

○新安陳氏曰 說者 以文子得謚之故 見諸檀弓 夫子 聞其與家臣 同升諸公 則是文子薦僎之時 非身後也 謚法 錫民爵位 曰文 蓋 後人 用孔子之意以爲謚爾 此 過論也 蓋 孔子 於其旣謚之後 聞其嘗有此薦賢之美事 故 稱此一事 而謂可以無愧於文之謚耳 豈可於其人之身存 而預議其謚哉

신안 진씨가 말했다. 설명하는 자가 문자가 시호를 얻은 이유에 관해, "(『예기』)「단궁」편을 보면 공자께서 그 가신과 함께 공조에 오른 일을 들으신 것은 문자가 선을 천거했을 때이지 (문자가) 죽은 다음이 아니다. 시호법에 백성에게 작위를 내린 것을 문이라 하니, 대개 나중 사람이 공자의 (이 말씀의) 뜻을 이용해서 시호로 삼은 것일 뿐이다"라고 했는데, 이는 지나친 주장이다. 대개 공자께서는 이미 시호가 내려진 후에 그가 일찍이 이렇게 현자를 천거한 아름다운 일이 있었다는 것을 들으셨던 까닭에 이 일 하나를 칭송하시어 가히 문이라는 시호에 부끄러움이 없다고 말씀하셨을 뿐이다. 어찌 그 사람의 몸이 살아 있을 때에 미리 그 시호를 논의할 수 있었겠는가.

14.20-1 子言衛靈公之無道也康子曰夫如是奚而不喪 夫

音扶 喪 去聲 下同

공자께서 위 영공은 무도하다고 말씀하시자 강자가 물었다. 무릇 이와 같은데 어째서 (지위를) 잃지 않습니까?

【집주】

喪 失位也

'상'은 지위를 잃는 것이다.

14.20-2 孔子曰仲叔圉治賓客祝鮀治宗廟王孫賈治軍旅夫如是奚其喪

공자께서 답하셨다. 중숙어는 빈객의 일을 잘하고 축타는 종묘의 일을 잘하고, 왕손가는 군대의 일을 잘합니다. 무릇 이와 같은데 어째서 지위를 잃겠습니까?

【집주】

仲叔圉則孔文子也三人皆衛臣雖未必賢而其才可用靈公用之又各當去聲其才

중숙어는 공문자이다. 세 사람은 모두 위나라의 신하이며, 비록 꼭 현명한 것은 아니지만 그 재주는 쓸 만해, 영공이 그들을 등용하고 또 각각 그 재주에 맞추어 썼다.

【세주】

胡氏曰 圉 卽敏學好問者 賈 卽問奧竈者 鮀 卽以佞免於今世者 如圉幾矣 賈之竊權 鮀之善佞 治世之罪人也 然 事神治軍 各有所長 而用之 使各得以盡其所長耳

호씨가 말했다. 어는 배움에 민첩하고 묻기를 잘했다는 자이고, 가는 아랫목신과 부엌신에 관해서 질문한 자이고 타는 말을 잘해서 지금 세상에서 면했다는 자이다. 어의 경우도 거의 그렇지만 가가 권력을 훔친 것이나 타가 말 잘한 것은 다스려진 세상에서는 죄인이다. 그러나 신을 섬기거나 군대를 다스리는 일들에 각각 그 잘 하는 바가 있어, 등용해 각자 그 장점을 다하게 했을 뿐이다.

○ 鄭氏舜擧曰 子適衛者 五 蓋 有拳拳之意焉 亦以靈公善用人 庶或可以有爲爾

정순거가 말했다. 공자께서 위나라에 가신 것은 다섯 번인데 모두 간절한 뜻이 있으셨다. 또한 영공이 사람을 잘 썼기 때문에 혹시 일을 해볼 수 있을지 기대하셨다.

○ 雙峯饒氏曰 治賓客 得其人 則朝聘往來之際 無失禮於鄰國 而不至於啓釁召禍 治軍旅 得其人 則緩急有備 而敵國不敢窺 治宗廟 得其人 則籩豆靜嘉 牲牷肥腯 神人胥悅 尤繫屬人心之本也 三者 皆國之大本 故 得其人 亦可以無喪

쌍봉 요씨가 말했다. 빈객을 모시는 일에 그 마땅한 사람을 얻으면 조빙왕래를 하는 동안에 이웃 나라에 예를 잃지 않으니 틈이 벌어지거나 화를 초래하는 데까지 이르지 않는다. 군대를 다스리는 일에 그 마땅한 사람을 얻으면 늦추거나 서둘러야 하는 일에 모두 대비하니 적국이 감히 엿보지 못한다. 종묘를 섬기는 일에 그 마땅한 사람을 얻으면 변두(제기)가 아름답고 희생이 살쪄 귀신과 사람이 함께 기뻐하니 인심의 근본에 더욱 깊이 관련된다. 세 가지 일은 모두 나라의 큰 근본인 까닭에 그 마땅한 사람을 얻으면 또한 (지위를) 잃지 않을 수 있다.

○ 東陽許氏曰 夫子 平日語此三人 皆所不許 而此章之言 乃若此 可見聖人不以其所短棄其所長 至公之心也 用人 當以此爲法 但欲當其才耳

동양 허씨가 말했다. 공자께서 평소 이 세 사람에 관해 말씀하실 때에는 모두 인정하지 않으셨으나 이 장에서의 말씀은 이와 같으니, 성인께서 그 단점 때문에 그 장점을 버리지는 않으셨음을 볼 수 있다. (이는) 지극히 공정한 마음이시다. 사람을 쓰는 것은 마땅히 이것을 모범으로 삼아 다만 그 재주에 맞기를 바라야 할 뿐이다.

【집주】

○ 尹氏曰 衛靈公之無道 宜喪也 而能用此三人 猶足以保其國 而況

有道之君 能用天下之賢才者乎 詩曰 無競維人 四方其訓之

윤씨가 말했다. 위 영공은 무도해서 마땅히 지위를 잃어야 하지만 이 세 사람을 쓸 수 있었으니 오히려 그 나라를 족히 보전할 수 있었다. 그러니 하물며 도가 있는 임금이 능히 천하의 현명한 인재를 쓴다면 어떻겠는가. 『시경』에 이르기를 "가장 훌륭한 사람이면[사람을 쓰는 데 가장 훌륭하면] 사방에서 그것을 본받으리"라 했다.

【세주】

詩 大雅 抑之篇 競 强也 言莫强於用人 則四方 其以爲訓矣

『시경』, 「대아 (탕)」〈억〉편이다. 경은 강한(훌륭한) 것이다. 사람을 쓰는 일에 가장 훌륭하면 사방에서 그것을 가르침으로 삼는다는 말이다.

○南軒張氏曰 以衛靈公之無道 然 所用得其才 猶足以無喪 雖然 僅能維持 使之勿喪而已 若身正於上 而用得其人 則孰能禦焉

남헌 장씨가 말했다. 위령공의 무도함으로서도 그 재주 있는 자를 씀으로써 오히려 지위를 잃지 않기에는 충분했다. 비록 그렇지만 간신히 유지하면서 지위를 잃지 않도록 할 수 있었을 따름이다. 만약 위에서(임금으로서) 자신이 바르면서 그 마땅한 사람을 쓸 수 있다면 누가 막을 수 있겠는가.

14.21 子曰 其言之不怍 則爲之也難

공자께서 말씀하셨다. 그 말을 부끄러워하지 않는다면 실천하는 것은 어렵다.

【집주】

大言不怍 則無必爲之志 而自不度音鐸其能否矣 欲踐其言 豈不難哉

말을 크게 하고 부끄러워하지 않으면 꼭 실천하겠다는 뜻이 없어서 스스로 할 수 있는지 아닌지를 헤아리지 않는다. 그 말을 실천하고자 해도 어찌 어렵지 않겠는가.

【세주】

南軒張氏曰 易其言者 實必不至 若聽其言而不怍 則知其爲之也難矣 故 古者 言之不出 恥躬之不逮 而仁者之言 必訒

남헌 장씨가 말했다. 그 말을 쉽게 하는 자는 실천에는 반드시 이르지 못한다. 만일 (어떤 사람이) 부끄러워하지 않으면서 말하는 것을 들으면 (그 사람이) 그것을 실천하기는 어렵다는 것을 알 수 있다. 그런 까닭에 옛날에는 '말을 꺼내지 않았으니 몸이(실천이) 미치지 못하는 것을 부끄러워했기 때문이고'(『논어』4, 「이인」 22장), '인자의 말은 반드시 참는 듯이 했다'(『논어』12, 「안연」 3장)'.

○新安陳氏曰 輕於言者 必不務力於行也 此 必有爲而言

신안 진씨가 말했다. 말을 가볍게 하는 자는 반드시 행함에 힘을 쓰지 않는다. 이것(이 장의 말씀)은 틀림없이 [누구를 경계하거나 비판하는 등의] 의도(이유)가 있어서 말씀하신 것이다.

14.22-1 陳成子弑簡公
진성자가 간공을 시해했다.

【집주】
成子齊大夫名恒胡登反簡公齊君名壬事在春秋哀公十四年
성자는 제나라 대부로 이름은 항이다. 간공은 제나라 임금으로 이름은 임이다. 이 일은 『춘추』 애공 14년 (춘) 조에 (실려) 있다.

【세주】
左傳 齊簡公之在魯也 簡公 悼公陽生子壬也 時 從其父 奔在魯 闞止 有寵焉 及卽位 使爲政 陳成子 憚之 驟顧諸朝 五月壬申 成子 殺子我 卽闞止 庚辰 執公于舒州 甲午 弑之 孔丘 三日齊 而請伐齊三 公曰 魯爲齊弱 久矣 子之伐之 將若之何 對曰 陳恒弑其君 民之不與者 半 以魯之衆 加齊之半 可克也 公曰 子告季孫 孔子辭辭 不告 退而告人曰 以吾從大夫之後也 故 不敢不告

『(춘추)좌전』에 다음과 같이 나와 있다. 제나라 간공이 노나라에 있을 때〈간공은 도공 양생의 아들 임이다. 그때 그 아버지를 따라 노로 도망 와 있었다.〉 감지를 총애했다. 즉위하자 그에게 정치를 시켰다. 진성자가 그를 꺼려 번번이 조정에서 감시했다. 5월 임신, 성자가 자아〈즉, 감지〉를 죽였다. 경신, 서주에서 (간)공을 잡았다. 갑오, (공을) 죽였다. 공구(공자)가 사흘 동안 재계하고 제나라를 정벌할 것을 세 번 청했다. (애)공이 말하기를 "노나라는 제나라 때문에 약해진 것이 오래되었다. 그대가 공격해서 장차 어찌하겠는가?"라 했다. 대답해 말하기를 "진항이 그 임금을 시해했으니 백성 중에 찬성하지 않는 자가 반입니다. 노나라의 여러 사람들에 제나라의 반을 더하면 이길 수 있습니다"라 했다. 공이 말하기를 "그대는 계손에게 고하라"라 했다. 공자가 사양했다.〈사는 고하지 않는 것이다.〉 물러나 사람들에게 말하기를 "내가 대부의 뒤를 따르기 때문에(대부의 반열에 속하기 때문에) 감히 고하지 않을 수 없었다"라 했다.

14.22-2 孔子沐浴而朝 告於哀公曰 陳恒弑其君 請討之
朝音潮

공자께서 목욕하고 조정에 들어서 애공에게 고했다. 진항이 그 임금을 시해했으니 토벌하기를 청합니다.

【집주】

是時 孔子 致仕居魯 沐浴齊側皆反戒以告君 重其事而不敢忽也 臣弒其君 人倫之大變 天理所不容 人人得而誅之 況隣國乎 故 夫子雖已告老 而猶請哀公討之

이때 공자는 은퇴해 노에 계셨는데 목욕재계하고 임금께 고했으니 그 일을 중시해 감히 소홀히 하지 않으신 것이다. 신하가 그 임금을 시해하는 것은 인륜의 대변고이고 천리에 용납되지 않는 것이니 모든 사람이 다 처형할 수 있다. 하물며 이웃나라랴. 그런 까닭에 공자께서는 이미 노년으로 은퇴하셨지만 오히려 애공에게 토벌할 것을 청하셨다.

【세주】

張子曰 天子 討而不伐 諸侯 伐而不討 故 雖湯武之擧 不謂之討 而謂之伐 陳恒 弒其君 孔子 請討之 此 必因周制 鄰有弒逆 諸侯 當不請而討

장자가 말했다. 천자는 '토'하되 '벌'하지 않고 제후는 '벌'하되 '토'하지 않는다. 그러므로 비록 탕왕이나 무왕의 거사라도 '토'라 하지 않고 '벌'이라 한다. 진항이 그 임금을 시해하자 공자께서 토하기를 청하셨는데, 이는 틀림없이 주나라의 제도에 근거한 것으로, (주나라의 제도에서는) 이웃나라에 시역이 있으면 제후는 마땅히 (천자에게) 청하지 않고 토한다.

14.22-3　公曰 告夫三子 夫音扶 下告夫同

공이 말했다. 저 세 사람에게 고하라.

【집주】

三子 三家也 時政 在三家 哀公 不得自專 故 使孔子告之

세 사람은 (노의 집권) 세 가문이다. 당시의 정권은 세 가문에 있었다. 애공은 혼자 마음대로 할 수 없었던 까닭에 공자로 하여금 고하게 했다.

14.22-4 孔子曰 以吾從大夫之後 不敢不告也 君曰 告夫三子者

공자께서 말씀하셨다. 내가 대부의 뒤를 따르니(아직도 대부의 반열에 속하니) 감히 고하지 않을 수 없었는데, 임금께서는 '저 세 사람에게 고하라'고 하셨다.

【집주】
孔子 出而自言如此 意謂弑君之賊 法所必討 大夫謀國 義所當告 君乃不能自命三子 而使我告之邪

공자께서는 나와서 스스로 이처럼 말씀하셨는데, 그 뜻은 "임금을 시해한 도적은 법으로는 반드시 토벌해야 하고, 대부는 국가를 위해 (계획을) 도모하는 것이니 의리상 마땅히 고해야 하는 것이다. 임금께서 스스로 세 사람에게 명할 수 없어 나로 하여금 고하게 하셨다"라는 말씀이다.

14.22-5 之三子告 不可 孔子曰 以吾從大夫之後 不敢不告也

(공자께서) 세 사람에게 가서 고하니 불가하다고 했다. 공자께서 말씀하셨다. 나는 대부의 뒤를 따르니 감히 고하지 않을 수 없었습니다.

【집주】
以君命往告 而三子 魯之强臣 素有無君之心 實與陳氏聲勢相倚 故沮在呂反其謀 而夫子 復扶又反 下同以此應之 其所以警之者 深矣

임금의 명으로 가서 고했는데, 세 사람은 노나라의 힘센 신하로서 평소 임금을 업신여기는 마음을 가졌고, 실로 진씨와는 그 세력을 서로 의존하는 관계였기 때문에 그 계획을 저지했다. 그러자 공자께서는 다시 이 말씀으로 응대하셨으니 그들에게 경고하시려는 바가 깊다.

【세주】
問 當是之時 魯之兵柄 分屬三家 哀公 雖欲從夫子之言 然 不告三子 則兵不可出 而孔子之意 乃不欲往告 何哉 朱子曰 哀公 誠能聽孔子 以討齊亂 則亦召夫三子 而以大義詔之耳 理明義正 雖或不從 而孰敢違之哉 今無成命 而反使孔子往而告之 則是可否之權 決於三子 而不決於公也 況魯之三家 卽齊之陳氏 其不欲討之 必矣 是則不惟名義之不正 而事亦豈可得而成哉 然 夫子 以君命之重也 故 不得已而一往焉 而冀其萬一之或從也 而三子 果以爲不可 則復正言之 以明從違在彼 雖不敢必 而君臣大倫 所繫之重 雖欲不告 而不敢以已 其所以警夫三子者 亦深矣

물었다. 당시에 노나라의 병권은 세 가문에 나누어 속해 있었으니 애공이 비록 공자의 말을 따르고자 해도 세 사람에게 고하지 않으면 군대를 낼 수 없었는데, 공자의 뜻이 가서 고하고 싶지 않으셨던 것은 왜 그렇습니까? 주자가 답했다. 애공이 진정 공자의 말을 따를 수 있어서 제 나라의 난을 토벌하려 했다면 또한 저 세 사람을 불러서 대의로써 명했을 것이다. (그 명령은) 이치가 밝고 의리가 바르니 비록 혹시 따르지는 않더라도 누가 감히 거스를 수야 있겠는가. 지금 명령을 이루어내지 못하고 도리어 공자로 하여금 가서 고하도록 했으니 가부의 결정권은 세 사람에게 있었고 공에게는 없었던 것이다. 하물며 노나라의 세 가문은 곧 제 나라의 진씨이니(둘이 똑같이 역신이니) 토벌하고 싶어하지 않을 것은 필연적이다. 이러니 (세 가문에게 가서 청하는 것은) 명분과 의리가 바르지 못할 뿐만 아니고, 일 또한 어찌 성공할 수 있겠는가. 그러나 공자께서는 군명이 중하기 때문에 부득이하게 한 번 가셨다. 만에 하나 혹시 따를까 기대하셨지만 과연 세 사람은 불가하다 하니 다시 바로 말씀하시어, '따르느냐 어기느냐는 그들에게 달려 있어 비록 감히 꼭 그렇게 할 수는 없지만 군신의 큰 윤리는 관련된 것이 중요한 까닭에 비록 고하고 싶지 않아도 감히 그만두지 못했음'을 밝히셨으니, 저 세 사람을 경고하시려는 바가 또한 깊다.

○夫子 初告時 眞箇欲討陳恒 後人 知聖人此言 可以警三子 非是聖人託討成子以警三子 聖人之心 不如是迂曲

공자께서 처음에 고할 때에는 진정으로 진항을 토벌하고자 하셨다. 뒷사람들은 성인의 이 말씀이 세 사람을 경고할 수 있었다고만 알지만, 성인께서 (진)성자를 토벌하는 일을 빌려서 (수단으로 해서) 세 사람을 경고하신 것은 아니다. 성인의 마음은 이처럼 왜곡된 것이 아니다.

○新安陳氏曰 以吾已致仕 從大夫之後 尙激於義 不敢不告 則正爲君卿大夫者 當何如 警之在此

신안 진씨가 말했다. 나는 이미 은퇴해 대부의 뒤를 따르지만 오히려 의리에 북받쳐 감히 고하지 않을 수 없다고 하셨으니, 진정 군 경 대부가 된 자가 마땅히 어떻게 해야 하는지, 경계하신 것이 여기 있다.

【집주】

○程子曰 左氏記孔子之言曰 陳恒弑其君 民之不予與同者半 以魯之衆 加齊之半 可克也 此非孔子之言 誠若此言 是 以力不以義也 若孔子之志 必將正名其罪 上告天子 下告方伯 而率與國以討之 至於所以勝齊者 孔子之餘事也 豈計魯人之衆寡哉 當是時 天下之亂 極矣 因是 足以正之 周室 其復興乎 魯之君臣 終不從之 可勝平聲惜哉

정자가 말했다. 좌씨는 공자의 말을 기록하기를 "진항이 그 임금을 시해했으니 백성 중에 찬성하지 않는 자가 반입니다. 노나라의 여러 사람들에 제나라의 반을 더하면 이길 수 있습니다"라 했지만, 이는 공자의 말씀이 아니다. 진정 이 말과 같다면 이것은 힘으로 하는 것이지 의로 하는 것이 아니다. 공자의 뜻으로서는 반드시 장차 그 죄의 명분을 바로잡아 위로는 천자께 고하고 아래로는 방백에게 알려서 동맹국을 이끌어 그것을 토벌하는 것이지, 제 나라를 이기는 것은 공자로서는 여분의 일이다(직접적인 관심사가 아니다). 어찌 노나라 사람의 많고 적음을 계산하셨겠는가. 이때에 천하의 혼란은 극에 달했지만 이로 인했다면(공자의 말씀대로 했더라면) (혼란을) 바로잡기에 충분했으니, 주 왕실은 부흥했으리라. 노나라의 군신이 끝내 따르지 않았으니, 안타까움을 이길 수 있으랴.

【세주】

問 程子 以左氏所記 爲非夫子之言 然則夫子之戰 將不復計其强弱 而獨以大義驅之耶 朱子曰 程子之意 以爲夫子告魯 當明君臣之義 以見弑逆大惡 天下所不容 人人得誅之 況在鄰國而可以不討之乎 而其爲計 則必請其君 以上告天子 下告方伯 擧天下之兵 以誅之 以天下之兵 討天下之賊 彼雖衆强 奚以爲哉 固不當區區獨較齊魯之强弱 而以天下之公義 爲一國之私也 左氏所記 蓋 傳聞之謬 以衆人之腹 度聖人之心耳

물었다. 정자는 『좌씨전』의 기록이 공자의 말씀이 아니라고 했는데, 그렇다면 공자께서 하시려는 전쟁은 그 강약을 다시는 계산하지 않고 오로지 대의로써만 몰아가는 것입니까? 주자가 답했다. 정자의 뜻은 '공자께서는 노나라에 고해 마땅히 군신의 의를 밝힘으로써 시해하고 반역하는 큰 죄악은 천하에 용납될 수 없다는 것을 드러내셨다. 사람마다 그를 죽일 수 있는데 하물며 이웃 나라로서 토벌하지 않을 수 있겠는가마는, 그 계획을 세우는 것은 반드시 임금께 청해서 위로는 천자께 고하고 아래로는 방백에게 고해 천하의 군대를 일으켜 그를 베는 것이어야 한다. 천하의 군대로 천하의 도적을 치는데 저쪽이 비록 많고 강하더라도 어찌하겠는가. 구구하게 단지 제와 노의 강약을 비교해 천하의 공의를 한 나라의 사사로운 이익으로 삼아서는 결코 안 된다'라는 것이다. 『좌씨전』의 기록은 대개 전해들은 것의 오류이니 뭇사람들의 뱃속으로 성인의 마음을 헤아린 것일 뿐이다.

○ 春秋之時 三綱淪矣 孔子請討弒逆 此 天下之大幾也 斯事一正 三綱可整 天下事 可次第擧矣 沐浴而朝 敬其事 以卜天意也

춘추시대에는 삼강이 무너졌다. 공자께서 시역을 토벌하기를 청하신 것, 이는 천하의 큰 기회였다. 이 일이 한 번 바로잡히면 삼강이 정돈될 수 있고 천하의 일이 차례로 완성될 수 있었다. 목욕하고 조정에 드신 것은 그 일을 경건히 하심으로써 하늘의 뜻을 점치신 것이다.

【집주】

胡氏曰 春秋之法 弒君之賊 人得而討之 仲尼此擧 先發後聞 可也

호씨가 말했다. 춘추의 법에, 임금을 시해한 역적은 사람들이 토벌할 수 있다. 중니의 이 거사는 먼저 행동하고 나중에 보고하는 것이 가능하다.

【세주】

問 程子 以爲必告之天子 胡氏 乃以先發後聞之說 何耶 朱子曰 考之春秋 先王之時 疑必自有此法 凡弒君者 人人得而討之 如漢所謂天下共誅之者 然 事非一槩 告與不告 又在乎時義之如何 使其地 近於天子而可告 事 未迫遽而得以告 力之不足以敵 而不得不告 則告之而俟命以行 甚 則或不俟命而遂行 皆可也 使其地之相去也 遠 其事幾之來也 不可少緩 吾之力 又足以制之 而乃區區焉狗請命之小節 忘逆賊之大罪 使彼得以植其根 固其黨 或遂奔逸 而不可以復得 則任其事者 亦不免乎春秋之責矣

물었다. 정자는 천자께 반드시 고해야 한다고 여겼고, 호씨는 곧 먼저 행동하고 나중에 보고한다는 설을 주장하니 왜 그렇습니까? 주자가 답했다. 『춘추』를 고찰해 보면 선왕의 시대에는 아마도 틀림없이 원래 이러한 법이 있었던 것 같다. 무릇 임금을 시해한 자는 사람마다 그를 토벌할 수 있으니, 한나라(법)의 소위 '천하가 함께 벤다'는 것과 같다. 그러나 일은 다 같지 않으니, 고하느냐 고하지 않느냐는 또 시의

가 어떠한가에 달려 있다. 만약 그 땅이 천자에 가까워 고할 수 있고, 일이 급박하지 않아서 고할 수 있고, 힘이 대적하기에 부족해 고하지 않을 수 없으면, 고하고 명(이 내리기)을 기다려 행한다. 심하면(사태가 심각하면) 간혹 명을 기다리지 않고 수행하는 것도 모두 가능하다. 만약 그 땅의 거리가 멀고, 그 일의 기미가 오는 것이 조금도 늦출 수 없고, 나의 힘이 족히 그를 제압할 수 있는데도, 구구하게 명을 내려주기를 청해야 한다는 작은 규정을 따르느라 역적의 큰 죄를 망각하고 그로 하여금 뿌리를 내리게 하고 그 무리를 단단해지게 하거나 혹은 마침내 도망가 숨어서 다시는 잡을 수 없게 한다면, 그 일을 맡은 자는 또한 『춘추』의 꾸짖음을 면할 수 없다.

○雲峯胡氏曰 程子所謂 上告天子者 經也 胡氏所謂 先發後聞者 權也 然先發後聞 謂魯也 非謂孔子也

운봉 호씨가 말했다. 정자가 말한 '위로 천자께 고한다'는 것은 경(일반적 원칙)이고, 호씨가 말한 '먼저 행동하고 나중에 보고한다'는 것은 권(시의에 따른 변칙)이다. 그러나 먼저 행동하고 나중에 보고한다는 것은 노나라를 두고 하는 말이지 공자를 두고 하는 말이 아니다.

○厚齋馮氏曰 是年 西狩獲麟 春秋絶筆焉 而不復書陳恒之事 蓋 有所傷感焉 而魯之事 不可爲矣

후재 풍씨가 말했다. 이해에 서쪽으로 수렵가서 기린을 잡으니, 『춘추』는 절필되었고(여기서 기록이 끊어졌고), 다시는 진항의 일을 쓰지 않으셨다. 대개 마음 상하신 바가 있었고, 노나라의 일은 어찌 해보실 수가 없었다.

○新安陳氏曰 沐浴而朝 蓋 欲齋戒積誠 以感君心也 獲麟 在哀公十四年之春 請討 在是年之夏 使此請 聖人得遂其志 則三綱復正 周室復興 春秋可不必作矣 惟此請之不遂 此 春秋所以不得不作也 春秋作 而亂賊懼 雖不得扶植當世之三綱 而可以扶植萬世之三綱焉

신안 진씨가 말했다. 목욕하고 조정에 들어가신 것은 대개 재계해 성의를 쌓아 임금의 마음을 감동케 하고자 하신 것이다. 기린을 잡은 것은 애공 14년의 봄이고 토벌을 청하신 것은 이 해의 여름이다. 만일 이 청으로 성인께서 그 뜻을 이룰 수 있었다면 삼강이 다시 바로잡히고 주 왕실이 다시 흥했을 것이고, 『춘추』가 꼭 지어지지 않아도 되었을 것이다. 오직 이 청이 이루어지지 못한 것, 이것이 『춘추』가 지어지지 않을 수 없었던 까닭이다. 『춘추』가 지어져 난적이 두려워하니, 비록 당세의 삼강은 수립하지 못했지만 만세의 삼강은 수립할 수 있었다.

14.23 子路 問事君 子曰 勿欺也 而犯之

자로가 임금을 섬기는 것에 대해 물었다. 공자께서 말씀하셨다. 속이지 말고 범하라.

【집주】
犯 謂犯顔諫爭去聲

'범'은 안색을 범해서 간쟁하는 것을 말한다.

○ 范氏曰 犯 非子路之所難也 而以不欺爲難 故 夫子 告以先勿欺而後犯也

범씨가 말했다. 범하는 것은 자로에게는 어려운 일이 아니고 속이지 않는 것이 어려운 까닭에 공자께서는 먼저 속이지 말고 그런 후에 범하라고 알려주셨다.

【세주】
問 子路 勇於義 何難於不欺 特其燭理之不明 好强 其不知以爲知 是以 陷於欺耳 朱子曰 以使門人爲臣一事 觀之 子路之好勇 必勝 恐未免於欺也

물었다. 자로는 의에 용감하니 어찌 속이지 않는 것이 어렵겠습니까. 다만 그 이치를 규명하는 일에 밝지 않고, 이기기를 좋아해 모르는 것을 안다고 여기는 까닭에 속이는 데에 빠질 뿐입니다. 주자가 답했다. '문인을 가신으로 삼은(『논어』9,「자한」 11장)' 한 가지 일로 보면 자로는 용기를 좋아하고 꼭 이기려 해서, 아마도 속이는 것을 면하지 못한 것 같다.

○問 子路 豈欺君者 莫只是勇 便解恁地否 曰 是恁地 子路性勇 凡言於人君 要他聽 或至於說得太過 則近乎欺 如唐人 諫敬宗遊驪山 謂驪山不可行 若行 必有大禍 夫驪山 固是不可行 然 以爲有大禍 則近於欺矣 要之 雖不失爲愛君 而其言則欺矣

물었다. 자로가 어찌 임금을 속이는 자이겠습니까. 다만 누구보다도 용감해서 그렇게 해석되는 것이 아니겠습니까? 답했다. 그렇다. 자로는 천성이 용감해서 무릇 임금에게 말할 때에 임금이 들어주도록 하려고 간혹 너무 지나치게 말했으니 그것은 속이는 것에 가깝다. 예컨대 당나라 사람이 경종에게 여산을 유람하는 것에 대해 간하면서 '여산은 갈 수 없으며 만약 간다면 반드시 큰 화가 있을 것'이라고 했는데, 저 여산은 본디 가서는 안 되는 것이지만 큰 화가 있을 것이라고 한 것은 속이는 것에 가깝다. 요컨대 비록 임금을 사랑하지 않은 것은 아니지만 그 말은 속이는 것이다.

○勉齋黃氏曰 僞言不直 謂之欺 直言無隱 謂之犯 欺與犯 正相反也 夫子告子路之辭 推其本意 乃是一戒一勸 兩面平說之辭 若反覆以觀 則能無欺而不能犯 則未免有回互之失 能犯矣 而不能勿欺 則未免有矯飾之病 此 又不可不以爲戒也

면재 황씨가 말했다. 거짓된 말로 곧지 못한 것을 속인다고 하고, 곧은 말로 숨기지 않는 것을 범한다고 하니, 속이는 것과 범하는 것은 정반대이다. 공자께서 자로에게 알려주신 말씀은 그 본뜻을 미루어보면 곧 한편으로 경계하고 한편으로 권면하는 두 측면의 병렬적인 말씀이다. 뒤집어서 보면, 속이지 않는 것은 할 수 있지만 범하는 것은 할 수 없다면 얼버무리는 잘못을 면할 수 없고, 범하는 것은 할 수 있지만 속이지 않는 것을 할 수 없다면 거짓으로 꾸미는 병통을 면할 수 없으니, 이 또한 경계로 삼지 않을 수 없다.

○洪氏曰 忠而犯之 所謂有犯無隱 欺而犯之 是犯上也

홍씨가 말했다. 충성하면서 범하는 것은 이른바 범하면서 숨기지 않는 것이고, 속이면서 범하는 것은 윗사람을 범하는(해치는, 덤비는) 것이다.

○雙峯饒氏曰 事君 以不欺爲本 然 不欺甚難 須是平日於愼獨上 實下工夫 表裏如一 方能如此 今人 自家好色好貨 却諫其君 勿好色好貨 皆是欺君

쌍봉 요씨가 말했다. 임금을 섬기는 일은 속이지 않는 것을 근본으로 한다. 그러나 속이지 않는 것은 매우 어려우니 반드시 평소에 신독(홀로 있음을 삼감)에 관해 실질적으로 공부해서 표리가 한결같아야 비로소 그렇게 할 수 있다. 지금 사람들은 스스로는 색을 좋아하고 재물을 좋아하면서도 도리어 그 임금에게는 색을 좋아하지 말고 재물을 좋아하지 말라고 간하니, 이것은 모두 임금을 속이는 것이다.

14.24 子曰 君子上達 小人下達

공자께서 말씀하셨다. 군자는 위로 통달하고 소인은 아래로 통달한다.

【집주】

君子 循天理 故 日進乎高明 小人 徇人欲 故 日究乎汚下

군자는 천리를 따르는 까닭에 날로 높고 밝은 곳으로 나아가고, 소인은 인욕을 좇는 까닭에 날로 더럽고 낮은 곳으로 떨어진다.

【세주】

朱子曰 上達 是曉得透徹 到那總頭處 不特知到這裏 行 也到這裏了

주자가 말했다. 상달은 투철하게 깨달아 그 정점에 도달하는 것이니 단지 지(지식)만 거기에 도달하는 것이 아니라 행(실천)도 거기에 도달한다.

○ 凡百事上 皆有達處 惟君子 就中 得箇高明底道理 小人 就中 得箇汚下底道理

무릇 백 가지 일마다 모두 통달함이 있지만, 오직 군자라야 그중에서 고명한 도리를 얻고 소인은 그중에서 더럽고 낮은 도리를 얻는다.

○ 君子 一日長進似一日 小人一日沈淪似一日 究者 究竟之義 言究竟至於極也 初間 只差些子 少間 究竟將去越差得多 今人 做錯一件事 說錯一句話 不肯當下覺悟便改 若只管去救其失 少間 救得過失越大 無不是如此

군자는 하루 멀리 진보하고 또 하루 그렇게 하고, 소인은 하루 가라앉고 또 하루 그렇게 한다. '구'라는 것은 '마침내'라는 뜻이니 마침내 극한에 이른다는 말이다. 처음에는 단지 약간의 차이만 있었지만 얼마 안 되어 마침내 갈수록 차이가 많아진다. 지금 사람들은 하나의 일을 잘못하거나 한 구절의 말을 잘못 말하고서는 당장 깨닫고 고치는 것은 기꺼워하지 않는다. 만약 그 잘못을 구제해가기만 하면, 얼마 안 되어 과실이 더욱 커지는 것을 구제할 수 있으니, 이와 같지 않은 경우가 없다.

○胡氏曰 循天理 狥人欲 上達下達之原也 進高明 究汚下 上達下達之效也 人心 萬理皆具 人欲或得以奪之 故 有待於反之也 能復乎天理 而不以一毫私欲自累 則高矣 不以一毫私欲自蔽 則明矣 苟狥乎耳目口鼻四肢之欲 益趨於貪濁之地 則汚矣 益流於苟賤之域 則下矣 進則升而愈崇 究則沈而 愈卑

호씨가 말했다. 천리를 따르는 것과 인욕을 좇는 것은 상달과 하달의 근원이다. 높고 밝은 데로 나아가는 것과 더럽고 낮은 데로 떨어지는 것은 상달과 하달의 효과이다. 사람의 마음에는 만 가지 이치가 모두 구비되어 있지만, 인욕이 간혹 그것을 빼앗을 수 있으니 그것을 되돌릴 필요가 있다. 천리를 회복할 수 있어서 털끝만큼의 사욕도 자신에게 누가 되지 않으면 높은 것이고, 털끝만큼의 사욕도 자신을 가리지 않으면 밝은 것이다. 구차하게 이목구비와 사지의 욕심을 좇아 더욱 탐욕스럽고 흐린 곳을 향해 달리면 더러운 것이고, 더욱 구차하고 미천한 곳으로 흐르면 낮은 것이다. 진보하면 올라가서 더욱더 높아지지만, 떨어지면 가라앉아서 더욱더 비천해진다.

○南軒張氏曰 上達者 反本窮理也 下達者 趨末狥欲也 皆云達者 如喩義喩利 皆云喩也

남헌 장씨가 말했다. 상달이라는 것은 근본으로 돌아가 이치를 탐구하는 것이고 하달이라는 것은 말단을 추구해 욕심을 좇는 것이다. 모두 '달'한다고 한 것은 마치 의리를 깨우치는 것이나 이익을 깨우치는 것이나 모두 '깨우친다'라고 말하는 경우와 같다.

○雲峯胡氏曰 夫子嘗曰 下學而上達 其所謂上下者 天理人事之貫 此所謂 上達下達 天理人欲之分也

운봉 호씨가 말했다. 공자께서 일찍이 '하학이상달'이라고 말씀하였을 때의 그 상과 하라고 하는 것은 천리와 인사를 꿰뚫는 것이고, 여기서 말한 상달과 하달은 천리와 인욕을 구분한 것이다.

14.25 子曰 古之學者 爲己 今之學者 爲人 爲去聲

공자께서 말씀하셨다. 옛날의 배우는 자는 자신을 위해 공부했지만 지금의 배우는 자는 남을 위해 공부한다.

【집주】

程子曰 爲己 欲得之於己也 爲人 欲見知於人也

정자가 말했다. '위기'는 자신에게 얻어지기를 바라는 것이고 '위인'은 남이 알아주기를 바라는 것이다.

【세주】

慶源輔氏曰 爲己爲人之學 其差只在毫釐之間 唯欲得之於己 則不必見知於人 纔欲見知於人 則不必得之於己 欲得於己者 收斂篤實 欲見知於人者 輕浮淺露

경원 보씨가 말했다. 위기와 위인의 학문은 다만 털끝만 한 차이가 있을 따름이다. 오직 자신에게 얻어지기를 바라면 반드시 남이 알아주지는 않으며, 조금이라도 남이 알아주기를 바라면 반드시 자신에게 얻어지지는 않는다. 자신에게 얻어지기를 바라는 자는 (몸을) 단속하는 것이 독실하고, 남이 알아주기를 바라는 자는 경박해서 얄팍하다.

【집주】

○程子曰 古之學者 爲己 其終 至於成物 今之學者 爲人 其終至於喪己 去聲

정자가 말했다. 옛날의 배우는 자는 자신을 위했지만 마침내 남을 완성시키기에 이르렀고, 지금의 배우는 자는 남을 위하지만 마침내 자기를 잃기에 이른다.

【세주】

問 程子兩段不同 朱子曰 前段 是低底爲人 只欲見知於人而已 後段 是好底爲人 却是眞箇要爲人 然 不曾先去自家身己上做得工夫 非惟爲那人不得 末後 連己也喪了

물었다. 정자의 두 문단의 말씀은 서로 다릅니다. 주자가 답했다. 앞 문단은 낮은 위인으로서 다만 남이 알아주기를 바랄 따름인 것이고, 뒤 문단은 좋은 위인으로서 오히려 진짜로 남을 위하려는 것이다. 그러나 먼저 일찍이 자기 자신에 대한 공부를 하지 않으면 단지 남을 위할 수도 없을 뿐만 아니라 끝에 가서는 자신마저도 잃어버리고 만다.

【집주】

愚按 聖賢 論學者用心得失之際 其說多矣 然 未有如此言之切而要者 於此 明辨而日省悉幷反 下章同之 則庶乎其不昧於所從矣

내가 살피건대, 성현께서 배우는 자의 마음 쓰는 일의 득실에 관해 논하신 것은 그 설이 많지만, 이처럼 절실하고 긴요한 말은 아직 없었다. 이에 관해 밝게 분별하고 날마다 성찰하면, 아마도 무엇을 따라야 할지에 관해 어둡지 않을 것이다.

【세주】

朱子曰 今須先正路頭 明辯爲己爲人之別 直見得透 却旋旋下功夫 則意思自通 知識自明 踐履自正 積日累月 漸漸熟 若見不透 路頭錯了 則讀書雖多 爲文日工 終做事不得

주자가 말했다. 지금 반드시 먼저 길의 방향을 바로해서 위기와 위인의 차이를 밝게 분별해 곧바로 투철하게 보고, 이리저리(천천히 쉬지 않고) 공부해야 하니, 그리하면 의미가 저절로 통하고 지식이 저절로 밝아지고 실천이 저절로 바로잡혀서 날이 지나고 달이 감에 따라서 점점 익어간다. 만약 투철하게 보지 않아서 길의 방향이 잘못되면 비록 독서를 많이 하고 글짓는 것이 날로 교묘해지더라도 마침내 일을 해내지 못한다.

○雙峯饒氏曰 此章 當看者字 言同此一箇學 但學之者 用心不同 古之學此者 其心 要得之於己 今之學此者 其心 要求知於人 如三年學 已自是了 但志在於祿 則非爲己之學也 若如後世刑名術數記誦詞章之學 則所學者 與古人背馳 何必更論其用心之同異 孔子之時 世敎雖衰 其學之陋 尙未至此

쌍봉 요씨가 말했다. 이 장에서는 마땅히 '자' 자를 보아야 한다. 이 하나의 '학'이라고 하는 것은 동일하지만 다만 그것을 배우는 자의 마음씀이 같지 않은 것이다. 옛날에 이것을 배운 자는 그 마음이 자신에게 얻어지게 하려는 데에 있었고, 지금 이것을 배우는 자는 그 마음이 남에게 알려지는 것을 구하려는 데 있으니, 가령 삼년을 배우면 이미 스스로 옳다고 여기고 벼슬에만 뜻을 두는 것은 위기지학이 아니다. 또 예컨대 후대의 형명(법가나 명가)·술수(주문이나 부적 등의 미신)·기송(암기와 암송)·사장(문학적 글짓기)의 학문의 경우에는 배우는 내용 자체가 옛사람과 배치되니 어찌 다시 그 마음씀의 같고 다름을 논할 필요가 있겠는가. 공자의 시대에는 비록 세상의 가르침이 쇠퇴하고 학문이 누추했지만 아직 이 지경에 이르지는 않았다.

○新安陳氏曰 同一學也 爲己爲人之間 古今之不同 於此分焉 學者 當審其幾於用心之初 可也

신안 진씨가 말했다. 동일한 학문이지만 위기와 위인의 차이가 있으니, 옛날과 지금이 다른 것은 여기서(위기냐 위인이냐에 의해서) 나누어진다. 배우는 자는 마땅히 마음을 쓰기 시작할 때 그 기미를 살펴야 옳다.

14.26-1 蘧伯玉 使人於孔子 使去聲下同

거백옥이 공자께 사람을 보냈다.

【집주】

蘧伯玉 衛大夫 名瑗于眷反 孔子居衛 嘗主於其家 旣而反魯 故伯玉使人來也

거백옥은 위나라 대부이고 이름은 원이다. 공자께서 위나라에 계실 때 일찍이 그의 집에서 (그를 주인으로 삼아) 머무르셨다. 이미 노나라로 돌아가신 까닭에 백옥이 사람을 보내온 것이다.

14.26-2 孔子 與之坐 而問焉曰 夫子何爲 對曰 夫子欲寡其過而未能也 使者出 子曰 使乎使乎

공자께서 그와 더불어 앉아서 물어보셨다. 그분은 어떠하신가? (사자가) 답했다. 그분은 허물을 적게 하고자 하지만 아직 잘하지 못합니다. 사자가 나가자 공자께서 말씀하셨다. (좋은) 사자로다, 사자로다.

【집주】

與之坐 敬其主以及其使也 夫子 指伯玉也 言其但欲寡過而猶未能 則其省身克己 常若不及之意 可見矣

그와 더불어 앉은 것은 그 주인을 존경해서 그 사자에게까지 미친 것이다. '부자(그분)'는 백옥을 가리킨다. 그 허물을 줄이고자 하지만 아직 잘하지 못한다고 말했으니 '자신을 반성하고 자기(의 사욕)를 이기려 하기를 항상 미치지 못하는 듯이 하는 마음'을 볼 수 있다.

【세주】

雲峯胡氏曰 省身 常若不及 惟恐其身之有過 而常加省察也 克己 常若不及

惟恐其過未改 而常加克治也

운봉 호씨가 말했다. 자신을 반성하기를 항상 미치지 못하는 듯이 하는 것은 진정 그 몸에 허물이 있을까 두려워해 항상 성찰을 가하는 것이다. 자기를 이기기를 항상 미치지 못하는 듯이 하는 것은 진정 그 허물을 고치지 못할까 두려워해 항상 다스림을 가하는 것이다.

【집주】
使者之言 猶自卑約 而其主之賢益彰 亦可謂深知君子之心 而善於詞令者矣 故 夫子再言使乎 以重直用反美之 按莊周稱伯玉 行年五十 而知四十九年之非 又曰 伯玉 行年六十而六十化

사자의 말은 오히려 스스로 낮고 궁하지만(겸손하지만) 그 주인의 현명함이 더욱 빛나니, 또한 군자의 마음을 깊이 알고 말(외교적 언사)을 잘하는 자라고 할 수 있다. 그런 까닭에 두 번 '사자로다'라 하시어 거듭 찬미하셨다. 살피건대, 장주는 백옥을 칭찬해 산 햇수 50세에 49세 때의 잘못을 알았다고 말했고, 또 백옥이 산 햇수 60세에 60번 변했다고 말했다.

【세주】
淮南子曰 蘧伯玉 行年五十 而知四十九年非

『회남자』(1,「원도훈」)에 "거백옥은 산 햇수 50세에 49세 때의 잘못을 알았다"라 했다.

○莊子 則陽篇 蘧伯玉 行年六十而六十化 未嘗不始於是之 而卒詘與屈同之以非也

『장자』,「칙양」편에서 '거백옥이 산 햇수 60세에 60번 변했다'라 한 것은 처음에는 옳다고 여기지 않은 적이 없지만 마침내 잘못이라고 굽혔다는 것이다.

○朱子曰 化 是舊事 都消融了 無固滯

주자가 말했다. '화'란 옛일이 모두 소멸되어 정체됨이 없는 것이다.

○雙峯饒氏曰 行年五十 而知四十九年之非 非是至五十歲 頓然有悟也 化者 變化之謂 言氣質變化 一年勝似一年 至於行年六十 而猶變化未已也

쌍봉 요씨가 말했다. 산 햇수 50세가 되어 49세 때의 잘못을 알았다는 말은 50세에 이르러서 갑자기 깨달음이 있었다는 뜻이 아니다. '화'는 변화했다는 말이다. 기질이 변화해, 한 해, 더 낫게 한해, 그렇게 산 햇수가 60세에 도달했지만 오히려 변화하기를 그치지 않았다는 말이다.

【집주】
蓋 其進德之功 老而不倦 是以 踐履篤實 光輝宣著 不惟使者知之 而 夫子 亦信之也

대개 그 덕의 진보를 위한 노력이 늙어서도 게을러지지 않았기 때문에 실천이 독실하고 광휘가 선연하게 드러났다. 단지 사자만 그것을 안 것이 아니라 공자께서도 또한 그것을 믿으셨다.

【세주】
南軒張氏曰 伯玉之使 其言雖謙 而意義永 事情稱也 夫欲寡過而未能 非篤於進德修業者 莫知此味也 則伯玉之賢 可知矣 而其使之才 亦可知矣

남헌 장씨가 말했다. 백옥의 사자는 그 말이 비록 겸손하지만 그 뜻은 깊고 사실과 일치했다. 무릇 허물을 줄이고자 하지만 아직 잘하지 못한다는 것은 덕의 진보 공부에 독실한 자가 아니면 이 맛을 알 수 없다. 그러므로 백옥의 현명함을 알 수 있고 그 사자의 재주 또한 알 수 있다.

○慶源輔氏曰 使者 不以伯玉之德著見於外者言 而以伯玉之心克治於內者告 且曰 欲而未能 不獨其言謙抑卑下 而又深有得於聖賢爲己之學 常如不及之意 可謂知德而能言矣

경원 보씨가 말했다. 사자는 백옥의 덕이 밖으로 드러난 것을 말하지 않고 백옥의 마음이 안으로 다스려진 것을 말했다. 또한 하고자 하지만 아직 잘하지 못한다고 말한 것은 낮춰서 겸손하게 말한 것일 뿐만 아니라 또한 '성현의 위기지학은 항상 미치지 못하는 듯이 하는 마음으로 한다는 것'에 대해 깊이 깨달은 것이 있으니, 덕을 알고 말을 잘한다 하겠다.

○雙峯饒氏曰 欲寡其過而未能一句 意味深長 學者 常存此心 乃進德之本也

쌍봉 요씨가 말했다. 그 허물을 줄이고자 하지만 아직 잘 하지 못한다는 한 구절은 의미가 심장하니, 배우는 자는 항상 이 마음을 보존하는 것이 곧 덕이 진보하는 근본이다.

○新安陳氏曰 欲寡過 則不自是 不謂已能寡過 則不自是 此 檢身常若不及

之心也 進善 其有窮乎 非伯玉之賢 不能如此存心 非使者之賢 不能知伯玉
此心 宜 夫子 有味其言 而深賞之

신안 진씨가 말했다. 허물을 줄이고자 하는 것은 스스로 옳다고 여기지 않는 것
이며, 이미 허물을 줄일 수 있다고 말하지 않는 것도 스스로 옳다고 여기지 않는
것이다. 이는 몸을 단속함에 항상 미치지 못하는 듯이 하는 마음이다. 선으로 나
아가는 것에 끝이 있는가. 백옥의 현명함이 아니라면 이처럼 마음을 보존하지 못
하며, 사자의 현명함이 아니라면 백옥의 이러한 마음을 알 수 없다. 마땅하도다,
공자께서 그 말을 음미해서 깊이 칭찬하신 것은.

○ 吳氏曰 論語中 夫子 俟其出而稱之者 二 南宮适出 伯玉使者出 是也 俟
其出而斥之者 二 宰我出 樊遲出 是也 聖人 氣象從容 如天地之生物 陽舒
陰慘 無非教也 千載而下 猶可想見之

오씨가 말했다. 『논어』에 나가기를 기다려서 공자께서 칭찬하신 것이 두 번이
니, 남궁괄이 나갔을 때와 백옥의 사자가 나갔을 때가 그것이다. 나가기를 기다
려서 배척하신 것이 두 번이니, 재아가 나갔을 때와 번지가 나갔을 때가 그것이
다. 성인께서는 그 기상이 조용하시어 마치 천지가 사물을 살리는 것처럼 양(좋
은 일)에 대해서는 느긋하게 하시고, 음(좋지 못한 일)에 대해서는 안타까워하시
니, 가르침이 아닌 것이 없다. 천 년이 지난 후에도 아직도 상상해볼 수 있다.

14.27 子曰 不在其位 不謀其政

공자께서 말씀하셨다. 그 지위에 있지 않으면 그 정치를 도모하지 않는다.

【집주】

重出

중복해서 나왔다.

【세주】

已見泰伯篇

이미 「태백」편에 나왔다.

14.28 曾子曰 君子 思 不出其位

증자가 말했다. 군자는 생각이 그 지위를 벗어나지 않는다.

【집주】

此 艮卦之象辭也

이는 (『주역』,)「간괘」〈상전〉의 글이다.

【세주】

易 艮卦 大象傳 辭曰 兼山 艮 君子 以思不出其位

『주역』,「간괘」〈대상전〉의 글에 '겸산(겹친 산)은 간이다. 군지는 생각이 그 지위를 벗어나지 않는다'라 했다.

【집주】

曾子 蓋 嘗稱之 記者 因上章之語 而類記之也

증자가 대개 일찍이 그것을 말했는데, 기록하는 자가 앞 장의 말로 인해 비슷한 것을 기록한 것이다.

○ 范氏曰 物各止其所 而天下之理得矣 故 君子所思 不出其位 而君臣上下大小 皆得其職也

범씨가 말했다. 사물이 각각 마땅한 바에 머물면 천하의 이치가 얻어진다(제대로 된다). 그러므로 군자의 생각하는 바가 그 지위를 벗어나지 않으면 군신, 상하, 대소 모두 그 (올바른) 직분을 얻는다.

【세주】

南軒張氏曰 位 非獨職位 大而君臣父子 微而一事一物 當其時與其地 所思 止而不越 皆不出其位也 非有主於中 其能然乎

남헌 장씨가 말했다. (여기서 말하는) 지위란 단지 직위만은 아니다. 크게는 군신·부자, 작게는 하나의 일이나 하나의 물건에 대해서도, 그 때와 장소에 따라 생각하는 바가 머물러 넘어서지 않는 것, 그것이 모두 그 지위를 벗어나지 않는 것이다. 마음속에 주가 되는 것이 있는 자가 아니라면 그와 같이 할 수 있겠는가.

○勉齋黃氏曰 位 身所處之地也 爲君 則思君道 爲臣 則思臣道 此 位也 當食則思食 當寢則思寢 此 亦位也 越所處而思 則爲出其位矣

면재 황씨가 말했다. 지위는 자신이 처한 처지이다. 임금이 되면 임금의 도를 생각하고, 신하가 되면 신하의 도를 생각하는 것, 이것이 지위이다. 먹어야 하면 먹는 것을 생각하고, 자야 하면 자는 것을 생각하는 것, 이것 또한 지위이다. 처한 바(처지)를 넘어서 생각하면 곧 그 지위(처지)를 벗어나는 것이 된다.

○雙峯饒氏曰 上章 爲謀政者言 不在其位之位 指職位而言也 此章 泛言君子之所思不出其位 位字 比上章 又說得闊 如爲人子 則思孝 爲人臣 則思忠 素富貴 則思所以行富貴 素貧賤 則思所以行乎貧賤 皆是也

쌍봉 요씨가 말했다. 앞 장은 정치를 도모하는 자를 위한 말씀이니, 그 지위에 있지 않다고 할 때의 '위'는 직위를 가리켜 말한 것이다. 이 장에서는 군자의 생각하는 바가 그 지위를 벗어나지 않아야 함을 넓게 말한 것이니 '위' 자는 앞 장과 비교해보면 또한 더욱 넓게(포괄적으로) 말한 것이다. 예컨대 자식이 되면 효를 생각하고, 신하가 되면 충을 생각하고, 평소에 부귀하면 부귀를 (올바로) 행할 방식을 생각하고, 평소에 빈천하면 빈천에서[빈천한 중에] (올바로) 행할 방식을 생각하는 것이 모두 이에 해당된다.

○雲峯胡氏曰 艮 止也 思 不出其位 身之所處 止其所 心之所思 亦止其所也

운봉 호씨가 말했다. '간'은 그치는 것이다. 생각이 그 지위를 벗어나지 않는다는 것은 몸이 처하는 바가 그 (마땅한) 곳에 그치고, 마음이 생각하는 바도 또한 그 (마땅한) 곳에 그치는 것이다.

14.29 子曰 君子恥其言 而過其行 行去聲

공자께서 말씀하셨다. 군자는 그 말은 부끄러워하고 그 행동은 넘치게 한다.

【집주】

恥者 不敢盡之意 過者 欲有餘之辭

'치'는 감히 다하지 못한다는 뜻이다. '과'는 여유 있게 하려 한다는 말이다.

【세주】

朱子曰 過 猶易 喪過乎哀 用過乎儉之過 謂力行也

주자가 말했다. '과'는 『주역』(「소과괘」〈상전〉)의 "초상에 슬픔이 '과'하고(넘치고) 소비에 검소함이 '과'하다(넘친다)"라고 할 때의 '과(넘침)'와 같으니, 힘써 행하는 것을 말한다.

○勉齋黃氏曰 言放易 故 當恥 行難盡 故 當過

면재 황씨가 말했다. 말은 쉽게 나가기 때문에 마땅히 부끄러워해야 하며, 행동은 다하기 어렵기 때문에 마땅히 넘치게 해야 한다.

○胡氏曰 或謂 恥其言之過於行 固通 必如集註釋爲兩事 斯得夫子立言之本意

호씨가 말했다. 혹자는 말이 행동을 넘어서는 것을 부끄러워한다는 뜻이라고 했는데 본디 통하기는 하지만 반드시 집주와 같이 두 가지 일로 해석해야 공자께서 말씀하신 본뜻을 얻은 것이다.

○雙峯饒氏曰 過其行 與恥其言對 謂行當過於其言 如云說七分而行十分相似

쌍봉 요씨가 말했다. 그 행동을 넘치게 한다는 것은 그 말을 부끄럽게 여긴다는 것과 대응되니, 행동은 마땅히 그 말보다 넘쳐야 한다는 말이다. 예컨대 말을 7할 한다면 행동은 10할 한다는 말과 유사하다.

○厚齋馮氏曰 恥之者 恐其言之浮於行也 過之者 欲其行之浮於言也

후재 풍씨가 말했다. 부끄러워한다는 것은 그 말이 행동보다 넘치는 것을 우려하는 것이다. 넘치게 한다는 것은 그 행동이 말보다 넘치게 하고자 하는 것이다.

14.30-1 子曰 君子道者 三 我無能焉 仁者不憂 知者不惑 勇者不懼 知去聲

공자께서 말씀하셨다. 군자의 도는 세 가지이지만 나는 할 수 있는 것이 없다. 인자는 근심하지 않고, 지자는 의혹이 없고, 용자는 두려워하지 않는다.

【집주】
自責以勉人也
스스로를 책망하심으로써 사람들을 격려하신 것이다.

【세주】
三句解 見子罕篇
세 구절의 해석은 「자한」편(28장)에 나온다.

○朱子曰 道體無窮 聖人 未嘗見其有餘也 亦有勉進學者之意
주자가 말했다. 도체(도의 본체)는 무궁하니, 성인께서는 일찍이 (도를 다하고도) 남는다고 보신 적이 없다. 또한 배우는 자를 나아가도록 격려하시는 뜻이 있다.

14.30-2 子貢曰 夫子 自道也

자공이 말했다. 공자께서 스스로를 말씀하신 것이다.

【집주】
道 言也 自道 猶云謙辭
도는 말하는 것이다. '스스로를 말씀하셨다'는 것은 '겸손하게 말씀하셨다'는 뜻이다.

○尹氏曰 成德 以仁爲先 進學 以知爲先 故 夫子之言 其序有不同者 以此

윤씨가 말했다. 덕을 이루는 것은 인을 우선으로 삼고, 배워 나아가는 것은 지를 우선으로 삼는다. 그러므로 공자의 말씀이 그 순서가 같지 않은 것은 이 때문이다.

【세주】

胡氏曰 爲學之序 以智爲先 若德之成 則仁又爲百行之首

호씨가 말했다. 배움의 순서는 지혜[지식]를 우선으로 삼는다. 덕을 이루는 일의 경우에는 인이 또한 백 가지 행실의 첫머리가 된다.

○覺軒蔡氏曰 以仁爲先 猶自誠而明 以智爲先 猶自明而誠 自誠而明 夫子之事 故 子貢 以爲夫子自道也 上文我無能焉 乃是謙辭

각헌 채씨가 말했다. 인을 먼저로 삼는 것(인자를 가장 먼저 거론한 것, 즉 이 장의 말씀)은 참됨으로부터[참되기 때문에 저절로] 밝은 것이고, 지혜를 먼저로 삼는 것(지자를 먼저 거론한 것, 즉「자한」편의 말씀)은 밝음으로부터[지식에 밝아짐으로써] 참된 것이다. 참됨으로부터 밝은 것은 공자의(공자에 해당되는) 일인 까닭에 자공은 공자께서 스스로를 말씀하신 것이라고 여겼으니, 윗글에서 '나는 할 수 있는 것이 없다'고 하신 부분이 곧 겸손의 말씀이다.

○新安陳氏曰 覺軒 解自道 與集註小異 未必子貢一時聞夫子之言 便子罕篇語先後次序 不同來 比竝 而答以此言也

신안 진씨가 말했다. 각헌은 '스스로를 말함'을 집주와 조금 다르게 해석했는데, 꼭 자공이 같은 때에 공자의 말씀(본 장과「자한」편의 두 말씀)을 들은 것은 아니어서, (본 장의 말씀이)「자한」편의 말씀과 선후의 순서가 다르기에 (두 말씀을) 나란히 비교해 이 말(공자께서 스스로를 말씀하신 것이라는 말)로 답변 드린 것이다(라고 해석했다).

14.31 子貢 方人 子曰 賜也賢乎哉 夫我則不暇 夫音扶

자공이 사람을 비교하자, 공자께서 말씀하셨다. 사(자공)는 현명한 것일까? 나라면 그럴 틈이 없다.

【집주】

方 比也 乎哉 疑辭 比方人物 而較其短長 雖亦窮理之事 然 專務爲此 則心馳於外 而所以自治者疎矣 故 褒之而疑其辭 復扶又反自貶以深抑之

'방'은 비교하는 것이다. '호재'는 의문사이다. 사람을 비교해 그 장단을 견주는 것은 비록 이치를 궁구하는 일이기는 하지만, 오로지 이 일에만 전념하면 마음이 바깥으로 치달아서 자신을 다스리는 일에는 소홀해진다. 그런 까닭에 그것을 칭찬하시면서도 그 말씀을 의문의 형태로 하시고, 다시 자신을 낮춤으로써 그를 깊이 누르셨다.

○ 謝氏曰 聖人責人 辭不迫切 而意已獨至如此

사씨가 말했다. 성인께서 사람을 꾸짖으심에, 말씀이 박절하지는 않지만 뜻은 이미 단지 이처럼 지극하시다.

【세주】

朱子曰 學者 須思量不暇箇甚麼 須於自己體察 方可見

주자가 말했다. 배우는 자는 모름지기 '무엇 하느라 틈이 없는 것인지'를 생각해야 한다. 모름지기 자신에 대해 몸소 살펴보아야 비로소 알 수 있다.

○ 齊氏曰 孔子之於道也 未得之 則發憤忘食 旣得之 則樂以忘憂 而何暇於方人

제씨가 말했다. 공자께서는 도에 대해 깨닫지 못했으면 분발해서 먹는 것도 잊으셨고, 이미 깨달았으면 즐거워 시름을 잊으셨으니, 어느 틈에 사람을 비교하셨겠는가.

○ 厚齋馮氏曰 子貢 自視與夫子孰賢 而能爲夫子之所不暇爲耶

후재 풍씨가 말했다. 자공은 스스로 공자와 누가 더 현명한지 비교해보고, 공자께서 하시느라 틈이 없었던 것을 (자기는) 잘할 수 있다고 본 것인가?

○ 新安陳氏曰 我則無暇及他人　言外之意　謂方自治也
신안 진씨가 말했다. 나라면 다른 사람을 언급할 틈이 없다고 하셨는데, 말씀의 숨은 뜻은 '바야흐로 스스로를 다스린다(스스로를 다스리느라 틈이 없다)'는 말씀이다.

14.32 子曰 不患人之不己知 患其不能也

공자께서 말씀하셨다. 남이 나를 몰라주는 것을 걱정하지 말고 내가 잘하지 못함을 걱정하라.

【집주】

凡章指同 而文不異者 一言而重平聲出也 文小異者 屢言而各出也 此章 凡四見形甸反 而文皆有異

대개 장이 가리키는 뜻이 동일한 것으로서 문장이 다르지 않은 것은 같은 말씀이 중복되어 나온 것이고, 문장이 조금 다른 것은 여러 차례 말씀하신 것이 따로따로 나온 것이다. 이 장(과 같은 취지의 말씀)은 모두 네 번 나오는데 문장은 모두 다른 점이 있다.

【세주】

新安陳氏曰 四見者 學而篇 不患人之不己知 患不知人也 里仁篇 不患莫己知 求爲可知也 衛靈公篇 君子 病無能焉 不病人之不己知也 與此章爲四

신안 진씨가 말했다. 네 번 나오는 것은 「학이」편(16장)의 '남이 나를 알아주지 않는 것을 걱정하지 말고 남을 알지 못하는 것을 걱정하라', 「이인」편(14장)의 '나를 알아주지 않는 것을 걱정하지 말고 알아줄 만하기를 구하라', 「위령공」편(18장)의 '군자는 잘하지 못하는 것을 걱정하고 남이 나를 알아주지 않는 것은 걱정하지 않는다' 및 이 장이니 넷이 된다.

【집주】

則聖人 於此一事 蓋屢言之 其丁寧之意 亦可見矣

따라서 성인께서 이 한 가지 일에 대해 대개 여러 번 말씀하신 것이니, 그 정녕코 그리해야 한다는 뜻을 또한 알 수 있다.

【세주】

胡氏曰 失於務外 爲學之通患 聖人 每欲其反己以自力 故 不一言而已也

호씨가 말했다. 바깥에 힘쓰는 잘못을 저지르는 것은 배움(배우는 자)의 일반적인 병통이다. 성인께서는 매번 자신을 돌이켜 스스로 힘쓰기를 바라신 까닭에 한 번만 말씀하시고 그만두지는 않으셨다.

○ 雲峯胡氏曰 四見之中 學而篇 是一意 重在知人 餘三見 共是一意 重在能字 所以求爲可知者 求諸我之能而已

운봉 호씨가 말했다. 네 번 나온 것 중에서 「학이」편이 한 가지 뜻으로서 '남을 아는 것'에 중점이 있고, 나머지 세 번 나온 것이 같은 한 가지 뜻으로서 '능' 자에 중점이 있으니, 알아줄 만하기를 구하는 방법은 나의 능함으로부터 구하는 것(내가 잘하기 때문에 남이 알아주는 것)뿐이다.

14.33 子曰 不逆詐 不億不信 抑亦先覺者 是賢乎

공자께서 말씀하셨다. (남이) 속인다고 미리 짐작하지 않고, (남이) 불신한다고 억측하지 않는다. 그러나 또한 미리 깨닫는 자가 현명한 것이리라.

【집주】
逆 未至而迎之也 億 未見而意之也 詐 謂人欺己 不信 謂人疑己 抑 反語辭

'역'은 이르지 않았는데 맞이하는 것이다. '억'은 드러나지 않았는데 (그러리라) 생각하는 것이다. '사'는 남이 자기를 속이는 것을 말하고 '불신'은 남이 자기를 의심하는 것을 말한다. '억'은 반어사이다.

【세주】
朱子曰 凡抑字 皆略反上文之意

주자가 말했다. 보통 '억' 자는 모두 대략 앞글을 뒤집는다는 뜻이다.

【집주】
言雖不逆不億 而於人之情僞 自然先覺 乃爲賢也

비록 미리 짐작하지 않고 억측하지 않지만 사람의 진실과 거짓에 대해서는 저절로 미리 깨달아야 현명한 것이라는 말씀이다.

○楊氏曰 君子 一於誠而已 然 未有誠而不明者 故 雖不逆詐 不億不信 而常先覺也 若夫昧扶不逆不億 而卒爲小人所罔焉 斯亦不足觀也已

양씨가 말했다. 군자는 하나같이 참될 뿐이지만, 참되면서도 밝지 못한 자는 없다. 그런 까닭에, 비록 속인다고 미리 짐작하지 않고 불신한다고 억측하지는 않지만 항상 미리 깨닫는다. 만약 미리 짐작하지 않고 억측하지 않지만 끝내 소인에게 속임을 당한다면 이 또한 볼만하지 않을 뿐이다.

【세주】

朱子曰 逆詐 是那人不曾詐我 先揣摩 道那人必是詐我 億不信 是那人未有不信底意 便道那人必是不信我 先覺 則分明是見那人已詐已不信

주자가 말했다. '역사(속일 것이라 짐작함)'는 저 사람이 일찍이 나를 속인 적이 없는데도 미리 짐작해 저 사람이 반드시 나를 속일 것이라고 말하는 것이고 '억불신(불신할 것이라 억측함)'은 저 사람이 나를 불신하려는 뜻이 없는데도 곧 저 사람이 반드시 나를 믿지 않는다고 말하는 것이다. '선각(미리 깨달음)'은 분명하게 저 사람이 이미 속이고 이미 불신하고 있음을 아는 것이다.

○人有詐不信 吾之明 足以知之 是之謂先覺 彼未必詐 而逆以詐待之 彼未必不信 而先億度其不信 此 則不可也

남이 속이고 불신할 때 나의 밝음이 그것을 알기에 충분한 것, 이를 '미리 깨달음'이라 한다. 그가 아직 꼭 속이지는 않는데도 속인다고 짐작해 대우하고, 그가 아직 꼭 불신하는 것은 아닌데 미리 그가 불신한다고 억측하는 것, 이런 것은 안 된다.

○勉齋黃氏曰 未見其事 而疑其必欺 故 爲逆詐 未見其事 而度其必不實 故 爲億不信 然 詐不信 雖以事見 而可以理知 故 雖不逆不億 而以先覺爲賢者 理明 故也

면재 황씨가 말했다. 그 일이 아직 드러나지 않았는데 반드시 속인다고 의심하기 때문에 '역사'하게 되고, 그 일이 아직 드러나지 않았는데 반드시 진실하지 않다고 판단하기 때문에 '억불신'하게 된다. 그러나 속이거나 불신하는 것은 비록 일이 (이미) 드러났더라도 이치로 (헤아려) 알 수 있다. 따라서 비록 미리 짐작하거나 억측하지는 않지만 미리 깨닫는 것을 현명함이라 하는 것은 이치에 밝은 것이기 때문이다.

○雙峯饒氏曰 不逆不億 待物之誠也 先覺 燭理之明也 逆億 是有心 覺 是無心

쌍봉 요씨가 말했다. 짐작하거나 억측하지 않는 것은 남을 대우하는 참됨이고, 먼저 깨닫는 것은 이치 밝힘의 밝음이다. 짐작하고 억측하는 것은 (인위적인) 마음이 있는 것이고, 깨닫는 것은 마음이 없는 것이다.

○馮氏曰 逆億 如人在室外 而料室中之虛實 先覺 如明鏡照物 而物無遁形 此 非格物致知 洞然明知者 不能也

풍씨가 말했다. 짐작하고 억측하는 것은 사람이 방 바깥에 있으면서 방안의 허실을 헤아리는 것과 같고, 미리 깨닫는 것은 밝은 거울이 사물을 비춰서 사물이 모양을 숨기지 않는 것과 같으니, 이는 격물치지해 통철하게 환히 아는 자가 아니라면 할 수 없다.

○雲峯胡氏曰 逆億 是以意見推之 先覺 是以義理照之

운봉 호씨가 말했다. 짐작하고 억측하는 것은 의견으로써 미루어보는 것이고, 미리 깨닫는 것은 의리로써 비추어보는 것이다.

○新安陳氏曰 逆億者 私見之紛擾 先覺者 眞見之昭徹 固不先事而預料小人之爲姦 亦不臨事而墮於小人之姦 其斯爲誠明之君子乎

신안 진씨가 말했다. 짐작하고 억측하는 것은 사사로운 견해가 어지럽게 흔들리는 것이고, 미리 깨닫는 것은 진실한 견식이 밝고 투철한 것이다. 진정 일이 일어나기 전에는 소인이 간사한 일을 할 것이라 미리 짐작하지 않고, 또 일에 임해서는 소인의 간사함에 떨어지지 않는 것, 그것을 참되고 밝은 군자라 하리라.

14.34-1 微生畝 謂孔子曰 丘 何爲是栖栖者與平聲 無乃爲佞乎

미생묘가 공자께 말했다. 구는 어째서 이처럼 연연하는가. 말재주를 부리는 것이 아닌가.

【집주】
微生 姓 畝 名也 畝 名呼去聲夫子 而辭甚倨居御反 蓋有齒德而隱者 栖栖 依依也 爲佞 言其務爲口給以悅人也

미생은 성이고 묘는 이름이다. 묘는 공자의 이름을 부르고 말씨가 매우 거만하니, 대개 나이 많고 덕 있는 은둔자이다. '서서'는 연연함이다. 말재주를 부린다는 것은 말재주로 남을 즐겁게 하는 데에 힘쓰는 것을 말한다.

14.34-2 孔子曰 非敢爲佞也 疾固也

공자께서 말씀하셨다. 감히 말재주를 부리는 것이 아닙니다. 고집스러움을 싫어하는 것입니다.

【집주】
疾 惡去聲也 固 執一而不通也 聖人之於達尊 禮恭而言直 如此 其警之亦深矣

'질'은 싫어하는 것이다. '고'는 하나만 고집해 통하지 않는(융통성 없는) 것이다. 성인께서는 뛰어난 존자에게 이처럼 예를 공손히 하면서도 말은 곧게 하셨으니, 그 경계하심이 또한 깊다.

【세주】
胡氏曰 不恭 則失長幼之序 不直 則失義理之正

호씨가 말했다. 공손하지 않으면 장유의 순서를 잃고, 곧지 않으면 의리의 바름을 잃는다.

○慶源輔氏曰 爲佞以說人者 失之不及 執一而不通者 失之過 聖人 只在中道上行 微生之言 雖倨而疑 夫子之言 雖恭而決

경원 보씨가 말했다. 말재주를 부려 남을 즐겁게 하는 것은 미치지 못함의 잘못이고, 하나만 고집해 통하지 않는 것은 지나침의 잘못이다. 성인께서는 단지 중도(적정한 방식)를 가실 뿐이다. 미생의 말은 비록 거만하지만 의심스럽고, 공자의 말씀은 비록 공손하지만 결연하시다.

○雙峯饒氏曰 栖栖 如鳥之栖栖而不去 然 畝 方以退隱爲高 見孔子歷聘 疑其以口給取悅 殊不知 聖人 可仕則仕 可止則止 如天地四時之變化 豈若小丈夫之執一而不通耶

쌍봉 요씨가 말했다. '서서'는 새가 연연하여 떠나지 않는 것과 같다. 그러나 묘는 바야흐로 물러나 은거하는 것을 높은 것이라고 여겨, 공자께서 여러 나라를 방문하시는 것을 보고 말재주로 (군주를) 즐겁게 하려 하는 것이 아닌지 의심했지만, 이는 성인께서는 벼슬할 만하면 벼슬하고 그만둘 만하면 그만두는 것이 마치 천지사시의 변화와 같음을 알지 못한 것이다. 어찌 소인이 하나를 고집해 통하지 않는 것과 같겠는가.

○新安陳氏曰 以夫子 而尙謂其栖栖爲佞 則畝之耿介固執 可想矣 故 夫子 因而箴之 夫立身待人 自有中道 聖人 萬不爲柔佞之不及 亦不爲固執之太過也

신안 진씨가 말했다. 공자에 대해서 오히려 연연하여 말재주를 부린다고 했으니, 묘의 꼬장꼬장하고 고집스러움을 상상할 수 있다. 그런 까닭에 공자께서는 그로 말미암아 경계하셨다. 무릇 자신을 확립하고 남을 대우하는 것은 본디 중도가 있으니, 성인께서는 결코 부드럽게 말재주를 부려 미치지 못하는 잘못을 범하지 않으시고, 또한 고집스러워서 심하게 지나치는 잘못도 범하지 않으신다.

14.35 子曰 驥不稱其力 稱其德也

공자께서 말씀하셨다. 준마는 그 힘을 칭찬하지 않고 그 덕을 칭찬한다.

【집주】

驥 善馬之名 德 謂調良也

'기'는 좋은 말의 이름이다. '덕'은 조련되고 순한 것을 말한다.

【세주】

胡氏曰 調者 習熟而易控御也 良者 順服而不蹄齧也

호씨가 말했다. '조'는 숙달되어서 쉽게 제어되는 것이다. '양'은 순종하여 차거나 물지 않는 것이다.

【집주】

○尹氏曰 驥雖有力 其稱在德 人有才而無德 則亦奚足尚哉

윤씨가 말했다. 준마는 비록 힘이 있지만 그 칭찬은 덕에 있으니, 사람이 재주가 있어도 덕이 없으면 또한 어찌 숭상할 만하겠는가.

【세주】

南軒張氏曰 驥之得稱 爲其德 不爲其力 而況於君子 豈不以尚德爲貴乎 苟無其德 雖曰有才 其得謂之君子乎

남헌 장씨가 말했다. 준마가 칭찬받는 것은 그 덕 때문이지 힘 때문이 아니니, 하물며 군자에 대해서 어찌 덕이 높은 것을 귀하게 여기지 않겠는가. 만일 그 덕이 없으면 비록 재주가 있다고 하더라도 그를 군자라고 부를 수 있겠는가.

○慶源輔氏曰 才與德 皆本於天 然 才出於氣 德根於理 二者 雖不可闕一 然 出於氣者 固不若根於理之爲粹也

경원 보씨가 말했다. 재주와 덕은 모두 하늘(의 원리)에 근본을 둔다. 그러나 재주는 기에서 나오고 덕은 이에 근원을 두니, 두 가지는 비록 하나라도 빠질 수 없지만, 기에서 나오는 것은 결코 이에 근원하는 것의 완전함만 못하다.

○ 胡氏曰 驥之任重致遠 非力不可 然 有力者 不足言 必言其調良也 故 觀人者 不當言其才 而當言其德 人 亦不可徒恃其才 而當以德爲主也

호씨가 말했다. 준마가 무거운 것을 지고 멀리까지 가는 것은 힘이 없으면 못하지만 힘이 있다고 말하는 것만으로는 부족하며 반드시 그 조련되고 순한 것을 말해야 한다. 그런 까닭에 사람을 살피는 것은 그 재주만을 말해서는 안 되고 마땅히 그 덕을 말해야 한다. 사람은 또한 한갓 그 재주만 믿어서는 안 되고 마땅히 덕을 주로 삼아야 한다.

○ 雙峯饒氏曰 驥者 良馬之稱 馬中之驥 如人中之君子 驥 非無力 然 其所以得驥之名者 以德不以力 君子 非無才 然 其所以得君子之名者 以德不以才

쌍봉 요씨가 말했다. '기'는 좋은 말의 명칭이다. 말 중의 준마는 사람 중의 군자와 같다. 준마는 힘이 없는 것은 아니지만 기라는 이름을 얻은 까닭은 덕 때문이지 힘 때문이 아니다. 군자는 재주가 없는 것은 아니지만 군자라는 이름을 얻은 까닭은 덕 때문이지 재주 때문이 아니다.

○ 新安陳氏曰 此章與歲寒松栢章 皆如詩六義之比 實以木與馬比君子 非專言木馬也

신안 진씨가 말했다. 이 장과 〈세한송백〉장(「자한」편 27장)은 모두 시 육의(『시경』의 여섯 가지 문체, 즉 부 비 흥 풍 아 송) 중의 비(비유법)와 같다. 실지로는 나무와 말로 군자를 비유한 것이니 오로지 나무와 말에 관해 말하는 것이 아니다.

14.36-1　或曰 以德報怨 何如
혹자가 말했다. 덕으로 원한을 갚으면 어떻습니까?

【집주】

或人所稱 今見形甸反老子書 德 謂恩惠也

혹자가 한 말은 지금 노자의 책에 나온다. '덕'은 은혜를 말한다.

【세주】

老子 道德經 恩始章曰 大小多少 報怨以德 圖難於其易 爲大於其細

노자의『도덕경』(63)〈은시〉장(〈위무위〉장)에 "크거나 작거나 많거나 적거나 원한을 덕으로 갚는다. 그 쉬운 것에서 어려운 일을 꾀하고, 그 작은 것에서 큰일을 행한다"라 했다.

14.36-2　子曰 何以報德
공자께서 말씀하셨다. 덕은 무엇으로 갚겠는가?

【집주】

言於其所怨 旣以德報之矣 則人之有德於我者 又將何以報之乎

'원한이 맺힌 자에게 이미 덕으로 갚았다면 남이 나에게 덕을 베푼 것은 또 장차 무엇으로 갚겠는가'라는 말씀이다.

【세주】

朱子曰 以德報怨 不是不好 但上面更無一件 可以報德 譬如人以千金與我 我以千金酬之 便是當 然 或有人盜我千金 而吾亦以千金與之 却是何理 視與千金者 更無輕重 斷然是行不得也

주자가 말했다. 덕으로 원한을 갚는 것이 좋지 않은 것은 아니지만, 다만 덕을 갚을 수 있는 위의(더 좋은) 것이 없다. 비유컨대 남이 나에게 천금을 주었는데 내가 천금으로 보답하는 것은 곧 당연한 일이지만, 혹시 어떤 사람이 내게 천금을 도둑질해갔는데도 내가 또한 천금을 준다면 이 무슨 이치랴. 천금을 준 사람과 경중이 없이 보는 것이니 단연코 이런 일은 할 수 없다.

14.36-3 以直報怨 以德報德
곧음으로 원망을 갚고 덕으로 덕을 갚는다.

【집주】

於其所怨者 愛憎取舍上聲 一以至公而無私 所謂直也 於其所德者 則必以德報之 不可忘也

원한이 맺힌 자에 대해, 사랑하고 미워하고 취하고 버리고 하는 것이 하나같이 지극히 공정하고 사사로움이 없는 것이 소위 '직(곧음)'이다. 덕을 베푼 자에 대해서는 반드시 덕으로 보답해야 하고, 잊어서는 안 된다.

○ 或人之言 可謂厚矣 然 以聖人之言觀之 則見其出於有意之私 而怨德之報 皆不得其平也 必如夫子之言 然後二者之報 各得其所 然 怨有不讎

혹자의 말은 후하다고 할 수 있다. 그러나 성인의 말씀으로 살펴보면 (혹자의 말은) 사사로운 뜻이 있어서 나온 것임이 드러나니, 원한과 덕을 갚는 것이 모두 그 공평함을 얻지 못했다. 반드시 공자의 말씀과 같이 한 후에야 두 가지를 갚는 것이 각각 그 마땅한 바를 얻는다. 그러나 원한 중에는 원수로 삼지 않는 것이 있고,

【세주】

新安陳氏曰 讎 仇也 怨有不必報者 不以仇待之也

신안 진씨가 말했다. '수'는 원수(복수의 대상)로 삼는 것이다. 원한 중에 반드시 갚지 않아도 되는 자는 원수로 대우하지 않는다.

【집주】

而德無不報 則又未嘗不厚也 此章之言 明白簡約 而其指意 曲折反

覆芳服反 如造化之簡易 易並去聲 知而微妙無窮 學者 所宜詳玩也

덕은 갚지 않는 것이 없다면 또 후하지 않은 것이 아니다. 이 장의 말씀은 명백하고 간결하지만 그 가리키는 의미는 꺾이고 뒤집어지니(의미의 전환이나 반전이 있으니), 마치 (천지의) 조화가 간결해서 알기 쉽지만 미묘하기가 끝이 없는 것과 같다. 배우는 자는 마땅히 자세하게 감상해야 한다.

【세주】

問 以德報怨 亦可謂忠且厚矣 而夫子不之許 何哉 朱子曰 是 亦私意所爲 非天理之正也 夫有怨有德 人情所不能忘 而所以報之 各有所當 亦天理之不能已也 顧德有大小 皆所當報 而怨則有公私曲直之不同 故 聖人 教人以直報怨 以德報德 以直云者 不以私害公 不以曲勝直 當報則報 不必報則止 一觀夫理之當然 而不以己之私意加焉 是則雖曰報怨 而豈害其爲公平忠厚哉 然而 聖人 終不使人忘怨而沒其報復之名者 亦以見夫君父之仇 有不得不報者 而伸夫忠臣孝子之心耳 若或人之言 則以報怨爲薄 而必矯焉 以避其名 故 於其所怨而反報之以德 若忠厚者 而於所德 又將何以報之 以德之上無復可加 若但如所謂報怨者而已 則是所以報德者 僅適其平 而所以報怨者 反厚於德 且雖君父之仇 亦將有時而忘之也 是豈不反爲逆人情悖天理之甚哉 曰 君父之仇 亦有當報 不當報之別乎 曰 周禮有之 殺人而義者 令無仇 仇之則死 此 不當報者也 春秋傳曰 父不受誅 子復仇 可也 此 當報者也 當報而報 不當報而止 是卽所謂直也 周公之法 孔子之言 若合符節 於此 可以見聖人之心矣 曰 然則楊氏所謂 小加委曲 如庾公之斯者 如何 曰 此意 善矣 而亦有所未盡也 蓋 天下之事 有公義有私恩 二者 常相得焉 則盡其道而不爲私 可也 不幸而或至於相妨 則權輕重而處之 使公義行於上 而私恩伸於下 然後可耳 若小加委曲 而害天下之公 則亦君子所不爲也

물었다. 덕으로 원한을 갚는 것은 또한 충후하다고 말할 수 있는 것인데 공자께서 그것을 허락하지 않으신 것은 어째서입니까? 주자가 답했다. 이것은 또한 사사로운 뜻으로 하는 것이지 천리의 올바름이 아니다. 무릇 원한이 있고 덕이 있으면 사람의 정으로는 잊을 수 없는 것이지만, 그것을 갚는 방법에는 각각 마땅한 바가 있으니, 또한 천리상 그만둘 수 없는 것이다. 생각건대, 덕은 큰 것이든 작은 것이든 모두 마땅히 갚아야 하지만, 원한은 공과 사, 시와 비가 같지 않은 경우가 있다. 그런 까닭에 성인께서 사람들에게 가르치기를 곧음으로 원한을 갚고 덕으로 덕을 갚으라고 하셨다. '곧음으로'라는 말은 사적인 것으로 공적인 것을 해치지 말고, 굽은 것으로 곧은 것을 이기지 말며, 마땅히 갚아야 하면 갚되 꼭 갚지 않아도 되면 그만두라는 것이다. 한 번 저 천리의 마땅함을 살펴보고 자신의 사사로운 뜻을 더하지 않으면, 비록 '원한 갚음(복수)'이라 하지만 그것이 어찌 공평 충후함에 해가 되겠는가. 그러나 성인께서는 종내 사람으로 하여금 원한을 잊어 보복의 이름을 없애도록 하지는 않으심으로써 또한 저 임금과 부모의 원수는 갚지 않을 수 없는 것임을 보이시고, 저 충신 효자의 마음을 펴게 하셨을 뿐이다. 혹자의 말은 원한을 갚는 것을 박한 것으로 여겨 반드시 고쳐 그(복수라는) 이름을 피하고자 하는 것이다. 그런 까닭에 원한 맺힌 자에게 거꾸로 덕으로 갚으니 충후한 자 같지만, 덕 입은 자에게는 또한 장차 무엇으로 보답하겠는가. 덕의 위에 다시 더할 것이 없어서(덕보다 더 좋은 것으로 갚을 수 없어) 단지 이른바 '원한 갚기'와 똑같이 할 뿐이라면(똑같이 덕으로 갚는다면), 덕을 갚는 것은 겨우 같은 데 이르고(덕에 덕으로 같은 값으로 갚고) 원한을 갚는 것은 오히려 덕(덕 갚는 경우)보다 두텁게 된다. 또 비록 임금과 부모의 원수라 하더라도 잊는 경우가 있게 된다. 이것이 어찌 거꾸로 심히 인정을 거스르고 천리를 어기는 것이 아니겠는가. 물었다. 임금과 부모의 원수에도 또한 마땅히 갚아야 하는 것과 마땅히 갚지 않아야 하는 것의 구별이 있습니까? 답했다. 『주례』(「지관사도」〈조인〉조)에 (그런 사례가) 있으니, "사람을 죽였지만 의로운 자는 원수로 삼지 못한다. 만약 원수로 삼으면 사형에 처한다"라 했다. 이것이 마땅히 갚지 않아야 하는 것이다. 『춘추(공양)전』에는 "아버지가 (죽임을 당했는데) 처형당한 것이 아니라면 아들은 원수를 갚을 수 있다"라 했으니, 이것은 마땅히 갚아야 하는 것이다. 갚아야 하면 갚고 갚지 않아야 하면 그만두는 것, 이것이 곧 이른바 곧음이다. 주공의 법과 공자의 말씀이 부절처럼 서로 들어맞으니 여기서 성인의 마음을 볼 수 있다. 물었다. 그렇다면 양씨가 말한 바, '약간 왜곡하기를(원칙 굽히기를) 유공지사(자신이 활쏘기를 배운 사람의 스승과 싸울 때 화살촉을 빼고 쏘았다는 사람처럼 한다'는 것은 어떻습니까? 이 뜻은 좋지만 또한 미진한 점이 있다. 대개 천하의 일에는 공적 의로움이 있고 사적 은혜가 있는데, 두 가지를 항상 같이하는 것이 가능하면(양립 가능하면) 그 도를 다해도 사사로움이 되지 않으니, 괜찮다. 불행히 간혹 서로 모순되면 경중을 헤아려서 처리해야 하니 위로는 공의가 행해지고 아래로는 사은이 펼쳐지게 한 연후라야 옳을 뿐이다. 만약 조금 왜곡하는 것이 천하의 공공성에 해가 된다면 (그런 일은) 또한 군자가 하지 않는 것이다.

○ 以德報怨 於怨者 厚矣 而無物可以報德 則於德者 不亦薄乎 以直報怨 則不然 如此人 舊與吾有怨 今果賢邪 則引薦之 果不肖耶 則棄之絶之 是蓋未嘗有怨矣

덕으로 원한을 갚는 것은 원한 맺힌 자에게는 후한 것이지만, 덕을 갚을 방법이 없어지니 덕 입은 자에게는 또한 박한 것이 아니겠는가. 곧음으로 원한을 갚으면 그렇지 않다. 만약 이 사람이 옛날에 나와 원한이 있더라도 지금 과연 현명하다면 그를 천거하고, 과연 어리석으면 버리고 끊는 것, 이것은 대개 일찍이 원한이 없었던 것[과 마찬가지]이다.

○ 雙峯饒氏曰 直 是直道 當報則報 不當報則不報 是之謂直 老氏之說 不問道理曲直 只是不欲與人結怨而已 以德報怨說殺了 不若以直報怨之語中間 有涵蓄 當報而報 與不當報而不報 皆在其中 學者 玩味其意 觸類而長 則可爲處事之權衡矣

쌍봉 요씨가 말했다. '직(곧음)'은 곧은 도이다. 갚아야 하면 갚고, 갚지 않아야 하면 갚지 않는 것, 이것을 곧음이라 한다. 노씨(노자)의 말은 도리의 시비를 묻지 않은 채 단지 남과 원한을 맺지 않으려 할 뿐이니, 덕으로 원한을 갚는다고 말해 버리는 것은, 곧음으로 원한을 갚는다는 말이 그 가운데에 함축성이 있어서 갚아야 하면 갚는다는 것과 갚지 않아야 하면 갚지 않는다는 것이 모두 그 속에 있는 것만 못하다. 배우는 자가 그 의미를 감상하면서 비슷한 사례들과 접촉해 (견식이) 성장한다면 일을 처리하는 준거가 될 수 있다.

14.37-1　子曰 莫我知也夫 夫音扶

공자께서 말씀하셨다. 아무도 나를 알지 못하는구나.

【집주】

夫子 自歎 以發子貢之問也

공자께서 스스로 탄식하시어 자공의 질문을 일으키신 것이다.

14.37-2　子貢曰 何爲其莫知子也 子曰 不怨天 不尤人 下學而上達 知我者 其天乎

자공이 말했다. 왜 아무도 선생님을 알지 못한다고 하십니까? 공자께서 답하셨다. 하늘을 원망하지 않고 사람을 탓하지 않고 하학하여 상달하니, 나를 아는 자는 하늘일 것이다.

【집주】

不得於天 而不怨天 不合於人 而不尤人 但知下學而自然上達 此但 自言其反己自修 循序漸進耳 無以甚異於人而致其知也 然 深味其 語意 則見其中 自有人不及知 而天獨知之之妙

하늘로부터 얻지 못해도 하늘을 원망하지 않고, 사람과 맞지 않아도 사람을 탓하지 않으며, 다만 하학하여 자연히 상달하는 것만 안다. 이는 다만 '자신을 돌이켜 스스로 닦고 순서에 따라 점차 나아갈 뿐, 남과 매우 다르게 해 알아줄 것을 바라지는 않는다'고 (공자) 스스로 말씀하신 것이다. 그러나 그 말의 의미를 깊이 음미해보면, 그 (말씀) 중에 본디 '사람은 미처 알지 못하고 하늘만이 홀로 아는 묘함'이 있음을 알 수 있다.

【세주】

朱子曰 不怨不尤 則不責之人 而責之己 下學人事 則不求之遠 而求之近

此 固無與於人 而不駭於俗矣 人 亦何自而知之也耶 及其上達 而與天爲一
焉 則又有非人之所及者 此 所以人莫之知而天獨知之也

주자가 말했다. 원망하지 않고 탓하지 않는 것은 남을 책망하지 않고 자기를 책망하는 것이다. 아래로 사람의 일을 배우는 것은 먼 데서 구하지 않고 가까운 데서 구하는 것이다. 이는 본디 남에게 인정받지도 않고 세상을 놀라게 하지도 않는 것이니, 남들이 또한 무엇을 통해 알겠는가. 그 상달함에 이르러 하늘과 하나가 되면, 또 사람이 미치지 못하는(알 수 없는) 것이 있다. 이것이 사람은 아무도 알 수 없고 하늘만이 홀로 아는 이유이다.

○勉齋黃氏曰 窮通榮辱 天也 用舍予奪 人也 常人之情 置事於淺近 索理
於渺茫 足以惑人之耳目 而以爲能 此 所以人知之也 聖人 渾然天理 窮通
榮辱用舍予奪 皆理之所不能無者 順而受之 又何怨尤之有 人事之中 便是
天理 又何必捨人事 而求之於渺茫哉 如是 則泊然若不見其所長者 然 天理
流行 而聖人與之無間 如此 所以人不知而天知也

면재 황씨가 말했다. 궁하고 통하고 영화롭고 욕된 것은 하늘(이 정하는 일)이고 쓰고 버리고 주고 뺏는 것은 사람(이 하는 일)이다. 보통 사람의 마음은, 얕고 가까운 곳의 일을 버려두고 아득하고 먼 데서 이치를 찾으면 사람의 이목을 미혹시키기 충분하니, (그런 사람을) 유능하다고 여긴다. 이것이 사람들이 알아주는 방식이다. 성인은 혼연한 천리여서, 궁하고 통하고 영화롭고 욕되고 쓰고 버리고 주고 뺏는 것을 모두 이치상 없을 수 없는 것으로 순종해 받아들이니, 또한 무슨 원망이나 탓함이 있겠는가. 사람의 일 중에 곧 천리가 들어 있으니 또 하필 사람의 일을 버리고 아득히 먼 데서 구하겠는가. 이리하면 담백해서 그 장점이 드러나지 않을 것 같지만, 그러나 천리는 흐르고 성인께서는 그것과 아무 틈이 없으니, 이런 것이 사람은 모르고 하늘만이 아는 이유이다.

○慶源輔氏曰 己與天人 只是一理 在己者 旣盡 則天人 無有不應者 聖人
與理爲一 自然無所怨尤

경원 보씨가 말했다. 자신과 하늘이나 사람은 다만 하나의 이치일 뿐이다. 자신에게 있는 이치를 이미 완전히 하면 하늘이나 사람이 응하지 않는 것이 없다. 성인께서는 이치와 하나이니 저절로 원망하거나 탓하는 것이 없다.

【집주】
蓋 在孔門唯子貢之智 幾足以及此 故 特語吾御以發之 惜乎 其猶有所
未達也

대개 공자의 문하에서는 오직 자공의 지혜만이 거의 여기에 미치기에 족했던 까닭에 특별히 말씀하시어 (질문을) 내게 하셨다. 아깝다, 그가 아직 깨닫지 못한 것이 있음은.

【세주】
朱子曰 聖門自顔曾以下 唯子貢 儘曉得聖人 多是將這般話與他說 他 若未曉 聖人 豈肯說與 但他 知得箇頭耳 惜乎 見夫子說 便自住了 如予欲無言 予一以貫之也 只如此住了 只是不曾有默契省悟 觸動他那意思處 他 若有所默契 須發露出來 不但已也 如曾子聞貫語 便曰唯 子貢 便無這處

주자가 말했다. 성인의 문하에서는 안자와 증자 이하로는 오직 자공만이 성인을 가장 잘 깨달았기에, 이런 이야기를 그에게 말씀해주시는 일이 많았다. 만약 그가 깨닫지 못했다면 성인께서 어찌 그와 더불어 기꺼이 말씀하셨겠는가. 다만 그는 첫머리만 알았을 뿐이다. 아깝다, 공자께서 말씀하시는 것을 보고(듣고) 곧 스스로 (질문이나 탐구 등을) 중단하고 만 것은. 예컨대 '나는 말하지 않고자 한다(『논어』17, 「양화」19장)'라거나 '나는 하나로써 꿰뚫는다(『논어』15, 「위령공」2장)'는 말씀 등의 경우처럼, 단지 이처럼 중단하고 말았던 것은 말없는 일치[공자의 말에 완전히 동의해 의심 없음]나 성찰의 깨달음이 그에게 그런[옳다고 대답을 하거나 새로운 질문을 제기하거나 하는 등의] 의사를 불러일으키는 일이 있은 적이 없기 때문일 뿐이다. 그가 만약 말없이 일치하는 것이 있었다면 반드시 드러났을 것이니, 그치지만은(가만히 있지만은) 않았을 것이다. 증자의 경우는 '꿰뚫는다'는 말씀을 듣고 곧 '예'라고 답했지만(『논어』4, 「이인」15장) 자공은 곧 그런 것이 없었다.

【집주】
○ 程子曰 不怨天 不尤人 在理當如此 又曰 下學上達 意在言表 又曰 學者 須守下學上達之語 乃學之要 蓋 凡下學人事 便是上達天理 然 習而不察 則亦不能以上達矣

정자가 말했다. 하늘을 원망하지 않고 사람을 탓하지 않는 것, 이치상 마땅히 이와 같아야 한다. 또 말했다. 하학상달의 뜻은 말의 밖에 있다. 또 말했다. 배우는 자는 반드시 하학상달의 말씀을 지켜야 하니, (이는) 곧 배움의 요체이다. 대개 아래로 사람의 일을 배우는 것이 곧 위로 하늘의 이치에 통달하는 것이다. 그러나 익히기만 하고 살피지 않으면 상달할 방법이 없다.

【세주】

問 下學而上達者 言始也下學 而卒之上達云爾 今 程子 以爲下學人事 便是上達天理 何耶 朱子曰 學者 學夫人事 形而下者也 而其事之理 則固天之理也 形而上者也 學是事而通其理 卽夫形而下者 而得夫形而上者焉 非達天理而何哉

물었다. 하학하여 상달한다는 것은 처음에는 하학으로 시작해 끝내는 상달한다는 말씀일 뿐인데 지금 정자는 사람의 일을 하학하는 것이 곧 천리를 상달하는 것이라 했으니 어째서입니까? 주자가 답했다. 배운다는 것은 사람의 일을 배우는 것이니 형이하의 것이지만, 그 일의 이치는 본디 하늘의 이치이니 형이상의 것이다. 이 일을 배워 그 이치에 통하는 것은 형이하의 것에 근거해 형이상의 것을 깨닫는 것이니, 천리를 깨닫는 것이 아니고 무엇이겠는가.

○問 聖人 恐不自下學中來 曰 不要高了聖人 高 後學者 如何企及 說得聖人低 越有意思 聖人 雖生知 亦未嘗不學 如十五志學 每事問 便是學也

물었다. 성인께서는 아마도 하학하는 것으로부터 비롯하지는 않으신 것 같습니다(하학을 통해 성인이 되신 것은 아닌 것 같습니다). 답했다. 성인을 높게 만들어 버리지 말라. 높으면 뒤에 배우는 자들이 어떻게 미치려 해보겠는가. 성인이 낮다고 말하는 것이 더욱 의미 있다. 성인께서는 비록 나면서부터 아시지만 또한 일찍이 배우지 않은 적이 없으시니, '15세에 학문에 뜻을 두신 것'이나 '매사에 물으신 것'은 곧 배우신 것이다.

○須是下學 方能上達 然 人 亦有下學 而不能上達者 只緣下學得不是當 若下學得是當 未有不能上達者 聖門下學而上達 至於窮神知化 亦不過德盛仁熟而自至耳 如釋氏 理須頓悟 不假漸修之云 是只說上達 更不理會下學 然 不理會下學 如何上達

반드시 하학해야 비로소 상달할 수 있지만 사람들 중에는 또한 하학해도 상달하지 못하는 자가 있으니 다만 하학이 마땅함을 얻지 못했기 때문이다. 만일 하학이 마땅함을 얻었다면 상달하지 못하는 자는 없다. 성인의 문하에서 하학해서 상달해, 귀신을 궁구하고 조화를 아는 데에 도달하는 것은 또한 덕이 성하고 인이 무르익어 저절로 도달하는 것에 불과하다. 석가의 '이치는 모름지기 돈오(문득 깨달음)해야 하고 점수(점진적으로 닦음)를 빌릴 필요가 없다'라는 말은 단지 상달을 설명한 것뿐이고 다시 하학은 이해하지 못한 것이다. 그러나 하학을 이해하지 못하고 어찌 상달하겠는가.

○問 下學 只是切近處求否 曰 也不須揀 事到面前 便與理會 且如讀書 讀第一章 便與理會第一章 讀第二章 亦然 今日撞著這事來 便與理會這事 明日撞著那事來 便與理會那事 萬事 只一理 不是揀那大底要理會 其他却不管

물었다. 하학은 다만 절실하고 가까운 곳에서 구하는 것 아닙니까? 답했다. 또한 고르지 말아야 하니, (무슨 일이든) 일이 눈앞에 오면 곧 또한 이해해야 한다. 또 예컨대 책을 읽을 때 제1장을 읽으면 곧 제1장을 이해하고 제2장을 읽으면 또한 그리한다. 오늘 이 일에 부딪히면 곧 이 일을 이해하고, 내일 저 일에 부딪히면 곧 저 일을 이해한다. 만사는 다만 하나의 이치이니, (공부란) 저 큰 것만 골라 이해하려 하고 그 나머지는 상관하지 않는 것이 아니다.

○問 有一節之上達 有全體之上達否 曰 不是全體 只是這一件理會得透 那一件又理會得透 積累多 便會貫通 不是別有一箇大底上達 又不是下學中便有上達 須是下學 方能上達 今之學者 於下學中 便要求玄妙 則不可

물었다. 한 부분의 상달이 있고 전체의 상달이 있습니까? 답했다. 전체(전체를 한꺼번에 이해하는 것)가 아니다. 다만 이 하나의 일을 투철하게 이해하고, 저 하나의 일을 또 투철하게 이해해서, 쌓인 것이 많으면 곧 관통할 수 있는 것이지, 따로 하나의 큰 상달이 있는 것이 아니다. 또 하학 중에 곧 상달이 있는 것이 아니라, 반드시 하학해야 비로소 상달할 수 있는 것이다. 오늘날의 배우는 자가 하학하는 중에 곧 현묘함을 구하는 것은 옳지 않다.

○問 下學上達 意在言表 是如何 曰 如下學 只是下學 如何便會上達 自是言語形容不得 下學上達 雖是兩件 理會得透 厮合只是一件 下學是事 上達是理 理在事中 事不在理外 一物之中 皆具一理 就那物中 見得箇理 便是上達 如大而化之之謂聖 聖而不可知之之謂神 然 亦不離乎人倫日用之中 但恐人不能盡所謂學耳 果能學 安有不上達者

물었다. '하학상달은 뜻이 말의 바깥에 있다'는 것은 무슨 뜻입니까? 답했다. 만일 하학이 다만 하학일 뿐이라면 어떻게 곧 상달할 수가 있는지, (이에 관해서는) 본래 언어로 표현할 수 없다. 하학상달은 비록 두 가지 일이지만 투철하게 이해하면 서로 통합되어 다만 하나의 일이 된다. 하학(의 대상)은 일이고 상달(의 대상)은 이치이다. 이치는 일 속에 있고 일은 이치 바깥에 있지 않다. 하나의 사물 속에는 모두 하나의 이치를 구비하고 있으니, 저 사물 중에서 이치를 알게 된 것이 곧 상달이다. 예컨대 위대해서 변화시키는 것을 일컬어 성(성스러움)이라고 하고, 성스러우면서 알 수 없는 것을 신(신령함)이라고 하지만『맹자』14,「진심하」25장), (성이나 신) 또한 매일 쓰이는 인륜 가운데를 벗어나지 않으니, 다만 사람이 이른바 배움을 다하지 못하는 것이 걱정일 뿐, 만약 능히 배울 수 있다면 어찌 상달하지 못하는 자가 있겠는가.

○方其學時 雖聖人 亦須下學 如孔子問禮 問官名 未識 須問 問了 也須記 及到達處 雖下愚 也會達 便不愚了

바야흐로 배울 때에는 비록 성인이라도 또한 반드시 하학해야 한다. 예컨대 공자께서 예를 묻고 관직명을 물으신 것처럼, 모르면 반드시 묻고, 물었으면 또 반드시 기억해야 한다. (그리해서) 통달함에 이르면 비록 하우라도 통달할 수 있으니 곧 어리석지 않게 된다.

○孔子 當初嘆無有知我者 子貢 因問何爲莫知子 夫子所答辭 只是解何爲莫知子一句 大凡 不得乎天 則怨天 不得乎人 則尤人 我 不得乎天 亦不怨天 不得乎人 亦不尤人 與世都不相干涉 方其下學人事之卑 衆人所共 又無奇特聳動人處 及其上達天理之妙 忽然上達去 人 又捉摸不著 如何能知得我 知我者 畢竟只是天理與我默契爾 以此 見孔子渾是天理

공자께서 애초에 나를 아는 자가 없다고 탄식하시니 자공이 그로 인해 '왜 아무도 선생님을 모른다고 하시는지' 여쭈었다. 공자께서 대답하신 말씀은 다만 '왜 아무도 선생님을 모른다고 하시는지'라는 한 구절을 풀어주신 것일 뿐이다. 대개 하늘에서 얻지 못하면 하늘을 원망하고 사람에게서 얻지 못하면 사람을 탓하지만, 나는 하늘에서 얻지 못해도 또한 하늘을 원망하지 않고 사람에게서 얻지 못해도 또한 사람을 탓하지 않아, 세상과 모두 서로 상관하지 않는다. 바야흐로 비천한 사람의 일을 하학하는 것은 뭇사람들이 함께하는 것이어서 또 특별히 기이하거나 남을 놀라게 하는 것이 없고, 오묘한 천리를 상달함에 이르러서는 홀연히 상달해나가 사람들이 또 포착해낼 수 없으니, 어떻게 나를 알 수 있겠는가. 나를 아는 자는 필경 단지 천리와 내가 말없이 일치한다는 것(을 아는 자)일 뿐이다. 이로써 공자께서는 혼연히 천리이심이 드러난다.

○問 子貢 不曾問 孔子告之 必有深意 曰 論語中 自有如此等處 如告子路 知德者鮮 告曾子一以貫之 皆是一類 此 是大節目 要當自得 這 却是箇有思量底事 要在不思量處得

물었다. 자공이 일찍이 묻지 않았는데도 공자께서 알려주신 것은 반드시 깊은 뜻이 있습니다. 답했다. 『논어』 중에는 본래 이와 같은 곳이 있다. 가령 자로에게 '덕을 아는 자가 드물다(『논어』15, 「위령공」 3장)'라고 알려주신 것이나 증자에게 '하나로써 꿰뚫는다'라고 알려주신 것이 모두 같은 종류이다. 이것은 (공부의) 큰 항목이니 마땅히 스스로 깨달아야 한다. 그러나 이는 오히려 (의도적으로 노력해)

생각하고 헤아리는 것이 있는 일이고, 핵심은 생각하고 헤아리지 않는 것(의도적 노력 없이 저절로 깨닫는 경지)을 얻는 데 있다.

○ 當時 不惟門人 知夫子 別人 也知道是聖人 今 夫子 却恁地說時 是如何 如子貢之聰明 想是也大 故 知聖人 但尙有知未盡處 故 如此說 子貢曰 何爲其莫知子也 子貢 也是說他不爲不知夫子 所以 怪而問之 夫子 便說下面三句 便與葉公問孔子於子路處相似 皆是退後一步說 不怨天 是於天無所逆 不尤人 是於人無所忤 下學 只恁地就平易去做 上達 便是做後自理會得 只這平易 便是人不能及處 如發憤忘食 樂以忘憂 看著似平 只是恁地平說 但是人自不可及 人 旣不能知 則只有天知者 是道理與天相契合也

당시에 문인들만이 공자를 안 것이 아니라 다른 사람도 (공자가) 성인임을 알았다. (그런데도) 지금 공자께서 그렇게(아무도 모른다고) 말씀하셨을 때 왜 그러셨는가? 자공의 총명함은 아마도 대단한 것일 터이니 성인을 알았을 것이지만 다만 (자공의 성인에 대한) 앎이 아직도 미진한 점이 있었기에 이처럼 말씀하신 것이다. 자공이 '왜 아무도 선생님을 알지 못한다고 하십니까'라 한 것은 자공 또한 그가 공자를 모르는 것은 아니라고 말한 것이니, 그런 까닭에 괴이하게 여겨 여쭈어본 것이다. 공자께서 곧 아래의 세 구절을 말씀하신 것은 곧 섭공이 공자에 대해 자로에게 물은 일(『논어』7, 「술이」 18장)과 유사하니, 모두 뒤로 일보 물러나서(겸손하게) 말씀하신 것이다. 하늘을 원망하지 않는다는 것은 하늘에 거역하는 것이 없는 것이고 사람을 탓하지 않는 것은 사람을 거스르는 것이 없는 것이다. 하학은 다만 그렇게 평이하게 해나가는 것이고, 상달은 곧 (하학공부를) 해낸 후 저절로 이해하게 된 것이다. 다만 이 평이함이 곧 사람들이 미칠 수 없는 것이다. 예컨대 '분발해서 먹기를 잊고, 즐거워해 시름을 잊는다'라는 말씀은, 평이한 말씀 같이 보이지만, 단지 그렇게 평이하게 말씀하신 것일 뿐으로, 그러나 사람들이 원래 미칠 수 없는 것이다. 사람들이 이미 알 수 없으니 다만 하늘의 앎만 있을 뿐으로, 이는(하늘의 앎이란) (공자의) 도리가 하늘과 서로 부합한다는 것이다.

○ 南軒張氏曰 下學人事而上達天理 天理 初不外乎人事 知我其天 所謂天者 理而已 聖人 純乎天理 故 其自言 如此

남헌 장씨가 말했다. 아래로 사람의 일을 배워 위로 하늘의 이치를 통달한다. 천리는 애초에 사람의 일 바깥에 있는 것이 아니다. '나를 아는 것은 하늘'이라는 말에서 이른바 하늘이라는 것은 이치일 뿐이다. 성인께서는 천리에 순수하신 까닭에 스스로 말씀하신 것이 이와 같다.

○ 問 何謂下學上達 潛室陳氏曰 下學人事 自然上達天理 若不下下學工夫

直欲上達 則如釋氏覺之之說 是也 吾儒 有一分學問 則磨得一分障礙去心
裏 便見得一分道理 有二分學問工夫 則磨得二分障蔽去心裏 便見得二分
道理 從此惺惺 恁地不令走作 則心裏統體光明 渣滓淨盡 便是上達境界

물었다. 무엇을 하학상달이라 합니까? 잠실 진씨가 답했다. 아래로 사람의 일을 배워 자연히 위로 천리에 통달하는 것이다. 만일 하학공부를 하지 않고 곧바로 상달하고자 한다면, 불교의 '[직관적] 깨달음의 설'이 그에 해당된다. 우리 유가는 한 푼의 학문이 있으면 한 푼의 장애를 마음에서 제거해 곧 한 푼의 도리를 알게 되고, 두 푼의 학문공부가 있으면 두 푼의 장애를 마음에서 제거해 두 푼의 도리를 알게 된다. 이(방법)를 따라 항상 깬 정신으로 그렇게 [정신이 딴 곳으로] 달아나지 않게 하면 마음 안의 통체[통합된 본체, 즉 원래 하나의 원리로 통합되어 있는 마음]는 밝게 빛나고 찌꺼기는 깨끗이 사라지니, 곧 이것이 상달의 경지이다.

14.38-1 公伯寮ㅣ 愬子路於季孫이어늘 子服景伯이 以告曰 夫子ㅣ 固有惑志於公伯寮하나니 吾力이 猶能肆諸市朝니이다 朝는 音潮라

공백료가 계손에게 자로를 참소하니 자복경백이 (공자께) 고하기를, '그분(계손)이 본디 공백료 때문에 (자로를) 의심하는 생각이 있지만, 나의 힘은 아직도 (공백료를 죽여) 저자나 조정에 시체를 늘어놓을 수 있습니다'라 했다.

【집주】

公伯寮는 魯人이라 子服은 氏요 景은 諡요 伯은 字니 魯大夫 子服何也라 夫子는 指季孫이라 言其有疑於寮之言也라 肆는 陳尸也니 言欲誅寮라

공백료는 노나라 사람이다. 자복은 성이고 경은 시호이고 백은 자이니, 노나라 대부 자복하이다. '부자(그분)'는 계손을 가리킨다. 공백료의 말 때문에 의심을 품었다는 말이다. '사'는 시체를 늘어놓는 것이니, 공백료를 처형하고 싶다는 말이다.

【세주】

周禮註 有罪旣殺 陳其尸 曰肆

『주례』의 주에, "죄가 있어서 이미 죽인 후에 그 시체를 늘어놓는 것을 '사'라고 한다"라 했다.

○吳氏曰 市朝 不過連言之 左傳 晉殺三郤 尸諸朝 殺董安于 尸諸市 賤者 在市也

오씨가 말했다. '시조'는 (저자와 조정을) 이어서 말한 것에 불과하다. 『(춘추)좌전』에는 '진나라가 세 극씨를 죽이고 시체를 조정에 늘어놓았다(성공 17년)'라 했고, '동안우를 죽이고 시체를 저자에 늘어놓았다(정공 14년)'라 했다. 천한 자는 저자에 놓는다.

○胡氏曰 大夫以上 於朝 士以下 於市

호씨가 말했다. 대부 이상은 조정에 늘어놓고 사 이하는 저자에 늘어놓는다.

○新安陳氏曰 愬 譖譖也 惑志 疑心也

신안 진씨가 말했다. '소'는 참소하는 것이다. '혹지'는 의심하는 마음이다.

14.38-2 子曰 道之將行也與 命也 道之將廢也與 命也 公伯寮 其如命何 與平聲

공자께서 말씀하셨다. 도가 장차 행해지는 것도 (천)명이고 도가 장차 폐해지는 것도 명이다. 공백료가 그 명을 어찌하겠는가.

【집주】

謝氏曰 雖寮之愬行 亦命也 其實寮無如之何 愚謂 言此以曉景伯 安子路 而警伯寮耳 聖人於利害之際 則不待決於命而後泰然也

사씨가 말했다. 비록 (공백)요의 참소대로 실행된다 한들 그 또한 명이니, 사실은 요도 어찌할 수 없다. 내가 생각건대, 이 말씀을 하시어 경백을 깨우치고, 자로를 안심시키고, 백료를 경고하셨을 뿐이다. 성인께서는 이해관계에 대해, 명에 의해 결판나는 것을 기다린 후에야 태연하신 것이 아니다.

【세주】

朱子曰 聖人 不言命 凡言命者 皆爲衆人言也 到無可奈何處 始言命 如此章命也 是爲景伯說 如曰有命 是爲彌子瑕說 聖人 用之則行 舍之則藏 未嘗到無可奈何處 何須說命 如下一等人 不知有命 又一等人 知有命 猶自去計較 中人以上 便安於命 到得聖人 便不消得言命

주자가 말했다. 성인께서는 명을 말씀하시지 않는다. 무릇 명을 말씀하신 것은 모두 뭇사람 때문에 말씀하신 것이다. (보통의 경우는) 어쩔 수 없는 처지에 이르러서야 비로소 명을 말하는 것이다. 이 장의 '명이다'라는 것은 경백 때문에 말씀하신 것이고, '명이 있다'라 하신 것(『맹자』9, 「만장 상」8장)은 미자하(미자하가 공자를 영공에게 추천해주겠다 하자 거부하신 일) 때문에 말씀하신 것이다. 성인께서는 쓰이면 행하고 버려지면 숨어서, 일찍이 어쩔 수 없는 처지에 놓이신 적이 없으니, 어찌 명을 말씀하실 필요가 있겠는가. 낮은 한 부류의 사람들은 명이 있음을 알지 못하고, 또 한 부류의 사람들은 명이 있음은 알지만 오히려 스스로 (명을 어떻게 해보려고) 계산하고 비교하고, 중인 이상은 곧 명을 편안히 여기고, 성인에 도달하면 곧 명을 말할 필요가 없게 된다.

○ 問 或以命爲天理 何也 曰 命者 天理流行 付於萬物之謂也 然 其形而上者 謂之理 形而下者 謂之氣 自其理之體而言之 則元亨利貞之德 具于一時而萬古不易 自其氣之運而言之 則消息盈虛之變 如循環之無端 而不可窮也 萬物 受命於天以生 而得其理之體 故 仁義禮智之德 根於心而爲性 其旣生也 則隨其氣之運 故 廢興厚薄之變 唯所遇而莫逃 此章之所謂命 蓋指氣之所運爲言 以天理釋之 則於二者之分 亦不察矣

물었다. 혹자가 명을 천리라 했는데 왜입니까? 답했다. 명이라는 것은 천리가 유행해 만물에 부여된 것을 말한다. 그러나 그 형이상자는 '이'라 하고 형이하자는 '기'라고 한다. 이의 본체의 측면에서 말하자면 원형이정의 덕이 한시에 갖추어지되 만고에 바뀌지 않는다. 기의 운동의 측면에서 말하자면 소멸하고 그치고 차고 비는 변화는 마치 고리 돌리듯이 시작점이 없어 끝이 있을 수 없다. 만물은 하늘에서 명을 받아 태어나 그 이의 본체를 얻는 까닭에 인의예지의 덕은 마음에 뿌리를 내려 '성'이 된다. 이미 태어나면(태어난 다음에는) 그 기의 운동을 따르는 까닭에 폐하고 흥하고 두텁고 박한 변화가 있으니, 오직 마주칠 뿐이지 피할 수 없다. 이 장에서 말하는 명은 대개 기의 운동을 가리켜 말한 것이니, 천리를 가지고 해석하면 두 가지(이와 기)의 구분을 또한 살피지 못하는 것이다.

○ 吳氏曰 命 指氣而言 陰陽之氣 運行不齊 治亂 皆有定數 如命令然 景伯欲肆寮者 義之激也 夫子歸之於命者 分之安也 疑季氏有惑志 子路 遂同子羔仕衛

오씨가 말했다. 명은 기를 가리켜 말한 것이다. 음양의 기의 운행은 가지런하지 않으니, 다스려지고 어지러워지는 것은 모두 정해진 운수가 있어, 마치 명령과 같다. 경백이 요를 죽여서 늘어놓고자 한 것은 의리의 격분이고, 공자께서 명으로 돌리신 것은 분수의 편안함이다. 아마도 계씨가 의심을 품었기에 자로가 마침내 자고와 함께 위나라에 벼슬했을 것이다.

○ 齊氏曰 子路 非王佐之才 家臣 非卿相之位 而孔子 以公伯寮之愬 爲關於吾道之行止 何也 魯爲公室之蠹者 莫如季氏 孔子 爲政於魯 大率欲裁其僭 而勇於承令 以出藏甲 墮郈費者 子路也 公伯寮 愬子路 固將假以沮孔子也 故 孔子 不爲子路禍福計 而爲吾道興廢計 然 子服景伯 欲肆寮於市朝 而孔子 以爲寮如命何 蓋 以吾道行與不行 繫於天之祐與不祐 而不繫於

寮之愬與不愬也 景伯 尤諸人 而孔子 委之天 孟氏 於臧倉之沮魯侯 亦歸
之天焉

제씨가 말했다. 자로는 왕을 보필할 인재가 아니고 가신은 재상의 지위가 아닌데
도, 공자께서 공백료의 참소를 가지고 자신의 도가 행해질지 그칠지에 관련된다
고 여기신 것은 어째서인가? 노나라에서 공실의 해충이 되는 것은 계씨만 한 것
이 없다. 공자께서는 노나라에서 정치를 하면서 대개 그 참람함을 자르고자 하셨
는데, 용감하게 명령을 받들어 무장을 내어 후와 비(지명)를 함락시킨 것은 자로
이다. 공백료가 자로를 참소한 것은 본디 이를 빌려 공자를 저지하려는 것이었
다. 그런 까닭에 공자는 자로를 위하여 화복을 헤아리신 것이 아니라 자신의 도
가 흥할지 폐해질지 헤아리신 것이다. 그러나 자복 경백이 요를 죽여 저자나 조
정에 늘어놓고자 함에 공자께서 '요가 명을 어찌하겠는가'라 하신 것은 대개 자신
의 도가 행해질지 아닐지는 하늘이 도울지 말지에 달린 것이지 요가 참소하는지
않는지에 달린 것이 아니라고 하신 것이다. 경백은 사람을 탓했지만, 공자께서는
하늘에 맡기셨다. 맹씨(맹자)는 장창이 노나라 제후 만나는 것을 저지하자 또한
하늘(의 명)로 돌렸다(『맹자』2,「양혜왕 하」16장).

○慶源輔氏曰 聖人 純是義理 義所當行 則行 義所當止 則止 處利害之際
唯其義而已 更不問命之如何 今此言命者 以曉景伯 警伯寮耳

경원 보씨가 말했다. 성인은 순수한 의리이니 의리상 행해야 하는 것이면 행하시
고 의리상 그쳐야 하는 것이면 그치셨다. 이해관계에 처해도 오직 그 의리일(의
리를 따를) 따름이니, 다시 명이 어떤지는 묻지 않으셨다. 지금 여기서 말한 명이
라는 것은 경백을 깨우치고 백료를 경고하기 위한 것일 뿐이다.

○新安陳氏曰 天 將使道之行 寮 不能使之廢 使寮之愬得行 是天未欲道之
行耳 聖人 不怨天 又何尤於寮哉

신안 진씨가 말했다. 하늘이 장차 도가 행해지게 하면 요는 그것을 폐해지게 할
수 없다. 만약 요의 참소가 실행된다면 하늘이 도가 행해지는 것을 아직 바라지
않는 것일 뿐이다. 성인께서는 하늘을 원망하지 않는데, 또 어찌 요를 탓하시겠
는가.

14.39-1 子曰 賢者 辟世 辟去聲下同

공자께서 말씀하셨다. 현명한 자는 세상을 피하고,

【집주】

天下無道而隱 若伯夷太公 是也

천하에 도가 없으면 은둔하니, 백이나 태공 같은 경우가 이에 해당된다.

【세주】

辟紂 而居東北海之濱

주왕을 피해서 동북해의 물가에 거처했다.

14.39-2 其次 辟地

그다음은 땅을 피하고,

【집주】

去亂國 適治去聲邦

어지러운 나라를 떠나서 잘 다스려진 나라로 간다.

【세주】

如百里奚 去虞 之秦

예컨대 백리해는 우를 떠나서 진으로 갔다.

14.39-3 其次 辟色

그다음은 안색을 (보고) 피하고,

【집주】

禮貌衰 而去

예를 갖춘 모습이 없어지면 떠난다.

【세주】

如衛靈公 顧蜚鴈 而色不在孔子 遂去之

예컨대 위령공이 날아가는 기러기를 돌아보느라 얼굴을 공자께 두지 않으니 마침내 떠나셨다.

14.39-4 其次 辟言
그다음은 말을 (듣고) 피한다.

【집주】

有違言 而後去也

어그러진 말이 있으면 떠난다.

【세주】

如衛靈問陳 而孔子遂行

예컨대 위령공이 군진에 관해 묻자 공자께서 마침내 떠나셨다.

【집주】

○ 程子曰 四者雖以大小次第言之 然非有優劣也 所遇不同耳

정자가 말했다. 네 가지는 비록 대소의 순서로 말씀하셨지만 우열이 있는 것이 아니고 경우가 다를 뿐이다.

【세주】

問 四者 固非優劣 然 賢者之處世 豈不能超然高舉 見幾而作 乃至發見於言色 而後辟之耶 勉齋黃氏曰 出處之義 自非一端 隨其所遇之時 而酌其所

處之宜 可也 衛靈公 顧蜚鴈 則辟色矣 問陳 則辟言矣 豈夫子於此爲劣乎
此 所以不可以優劣言也

물었다. 네 가지는 본디 우열이 없지만, 현자가 처세함에 어찌 초연히 고상하게
행동해 기미를 보고 (미리) 행동하지 못하고, 오히려 말과 안색에 드러난 후에야
피하겠습니까? 면재 황씨가 답했다. 나아가고 머무르는(벼슬하거나 하지 않는) 의
리는 본래 한 가지 방식이 아니어서 그 만난 때를 따르고 그 처지의 마땅함을 참
작해야 한다. 위령공이 날아가는 기러기를 돌아본 일은 안색을 보고 피한 것이
고, 군진에 관해 물은 일은 말을 듣고 피한 것이다. 어찌 공자께서 이 경우에 (하
신 일 때문에) 열등하겠는가. 이것이 우열로 말할 수 없는 까닭이다.

○厚齋馮氏曰 桀溺 謂子路 豈若從辟世之士 夫子 爲之憮然 至是 乃賢辟
世 則道不行而無仕志也

후재 풍씨가 말했다. 걸닉이 자로에게 '어찌 세상을 피하는 선비를 따르는가'라 하
자 공자께서는 그 때문에 서운해 하셨다(『논어』18, 「미자」6장). 이에 이르러 곧 '현
자는 세상을 피한다'라 하셨으니, 도가 행해지지 않아 벼슬할 뜻이 없으신 것이다.

○吳氏曰 世與地 以地勢廣狹言 色與言 以人事淺深言 若夫子 則辟地辟色
辟言 而終不忍於辟世 觀其論沮溺 可見矣

오씨가 말했다. '세(세상)'와 '지(땅)'는 지세의 넓고(세) 좁음(지)을 가지고 말한
것이고, '색(안색)'과 '언(말)'은 사람의 일의 깊고 얕음을 가지고 말한 것이다. 공
자의 경우에는 피지, 피색, 피언은 하셨지만 끝내 차마 피세하지는 못하셨으니,
장저와 걸닉을 논하신 것을 보면 알 수 있다.

○雲峯胡氏曰 天下爲大 邦國爲小 辟世辟地 是辟其國 辟色辟言 是辟其人
此 程子所謂大小次第 而非以賢者之德 爲有優劣也

운봉 호씨가 말했다. 천하는 크고 나라는 작지만, 피세와 피지는 (모두) 그 나라
를 피하는 것이며, 피색과 피언은 그 사람을 피하는 것이다. 이것이 정자가 말한
대소의 순서로, 현자의 덕에 우열이 있다고 여기신 것이 아니다.

14.40 子曰 作者 七人矣
공자께서 말씀하셨다. 일어난 사람은 일곱 명이다.

【집주】

李氏曰 作 起也 言起而隱去者 今七人矣 不可知其誰 何必求其人以實之 則鑿矣

이씨가 말했다. '작'은 일어나는 것이니, 일어나서 은둔하러 간 사람이 지금 일곱 명이라는 말이다. 누군지는 알 수 없으니 구태여 그 사람들을 찾아 밝히려고 한다면 지나치게 천착하는 것이다.

【세주】

慶源輔氏曰 凡書所載 有當深索者 不深索之 則失之略 有不必過求者 過求之 則失之鑿 所謂當深索者 義理 是也 所謂不必過求者 此處 是也

경원 보씨가 말했다. 보통 책에 실린 내용 중에는 마땅히 깊이 탐색해야 하는 것이 있으니, (그 경우) 깊이 탐색하지 않으면 대충하는 잘못을 저지르는 것이고, 꼭 지나치게 구할 필요가 없는 것이 있으니, (그 경우) 지나치게 구하면 천착하는 잘못을 저지르는 것이다. 소위 '마땅히 깊이 탐색해야 한다'는 것은 의리가 해당되고, 소위 '꼭 지나치게 구할 필요가 없다'는 것은 이 대목이 해당된다.

14.41 子路宿於石門 晨門曰 奚自 子路曰 自孔氏 曰 是知其不可而爲之者與 與平聲

자로가 석문에서 머물렀는데 신문이 '어디에서 왔는가'라고 물었다. 자로가 '공씨 집에서 왔다'고 답했다. (그가) '안 되는 줄 알면서도 하는 자인가'라 했다.

【집주】

石門 地名 晨門 掌晨啓門 蓋賢人隱於抱關者也 自 從也 問其何所從來也 胡氏曰 晨門 知世之不可而不爲 故 以是譏孔子 然 不知聖人之視天下 無不可爲之時也

'석문'은 지명이다. '신문'은 새벽에 문을 여는 일을 맡은 자이니, 대개 현인으로서 문지기로 은둔한 자이다. '자'는 '~로부터'라는 뜻이니 어디에서 왔는지를 물은 것이다. 호씨가 말했다. 신문은 세상이 어찌해볼 수 없음을 알고 (세상 구하는 일을) 하지 않았기 때문에 이 말로 공자를 기롱했다. 그러나 성인께서 천하를 보심에 할 수 없는 때는 없다는 것은 알지 못했다.

【세주】

問 聖人無不可爲之時 且以人君言之 堯 所以處丹朱而禪舜 舜 所以處父母弟之間 與所以處商均而禪禹 以人臣言之 伊尹 所以處太甲 周公 所以處管蔡 可見聖人無不可爲之時 朱子曰 然

물었다. '성인께서 할 수 없는 때는 없다'는 것은, 또 임금으로 말하자면 요임금이 단주(요의 아들)를 머물게 하고(임금 자리를 물려주지 않고) 순에게 선양한 것, 순임금이 [선양을 피해] 부모와 동생 사이에 머문 것과 상균을 머물게 하고 우임금에게 선양한 것, 신하로 말하자면 이윤이 태갑을 머물게 한 것과 주공이 관숙과 채숙을 머물게 한 것에서 성인께서는 할 수 없는 때가 없음을 알 수 있습니다. 주자가 답했다. 그렇다.

○南軒張氏曰 聖人 非不知道之不行 而皇皇於斯世者 天地生物之心也 晨門 賢而隱於抱關 知世之不可爲 而遂已 而未知道之不可以已 然 玩其辭意 緩而不迫 所養 有過於荷蕢之果者歟

남헌 장씨가 말했다. 성인께서 도가 행해지지 않을 것임을 모르지 않으면서도 이 세상에 황급해 하신 것은 천지가 사물을 살리는 마음이다. 신문은 현명한 자로 문지기로 은둔했는데, 세상이 어찌할 수 없음을 알고 마침내 그만두었으니, 도가 그만둘 수 없는 것임은 알지 못했다. 그러나 그 말뜻을 살펴보면 완곡하고 급박하지 않으니, 기른 바(닦은 교양)가 삼태기를 지고 간 자의 과감함(본 편 42장)보다는 나은 것이 있으리라.

○勉齋黃氏曰 晨門 見己而不見聖人 故云然 然 無孔子之聖 則寧自處於抱關耳 其言聖人 則非 而自處其身 則是 亦賢也已

면재 황씨가 말했다. 신문은 자신은 알고 성인은 알지 못한 까닭에 그렇게 말했다. 그러나 만약 (자신에게) 공자의 성스러움이 없다면 차라리 문지기로 자처하는 것이 나을 뿐이다. 그가 성인에 대해서 한 말은 그릇되지만 스스로 처신한 것은 옳으니, 또한 현명하다.

○慶源輔氏曰 賢者之視天下 有不可爲之時 才力有限也 聖人視天下 無不可爲之時 其道 無所不可也

경원 보씨가 말했다. 현자가 천하를 봄에 할 수 없는 때가 있는 것은 재주와 힘에 한계가 있기 때문이다. 성인께서 천하를 보심에 할 수 없는 때가 없는 것은 그 도가 불가능한 것이 없기 때문이다.

14.42-1 子擊磬於衛 有荷蕢 而過孔氏之門者 曰 有心哉
擊磬乎 荷去聲

공자께서 위나라에서 경쇠를 치실 때 삼태기를 지고 공씨 집의 문을 지나던 자가 말했다. 마음이 있구나, 경쇠 치는 것을 들으니.

【집주】
磬 樂器 荷 擔也

'경'은 악기이다. '하'는 짊어지는 것이다.

【세주】
按韻書 負荷之荷 在上聲 下可反 又去聲

운서를 살펴보면, '부하(짐을 진다)'라고 할 때의 '하'는 상성에 속하고 하와 가의 반절이다. 또 거성도 있다.

【집주】
蕢 草器也 此荷蕢者 亦隱士也 聖人之心 未嘗忘天下 此人 聞其磬聲 而知之 則亦非常人矣

'괴'는 풀로 만든 기구이다. 삼태기를 진 이 사람은 또한 숨은 선비이다. 성인의 마음은 일찍이 천하를 잊은 적이 없는데, 이 사람이 경쇠 소리를 듣고 그것을 알았으니 또한 보통 사람이 아니다.

【세주】
問 聞磬聲 如何便知夫子之心 不忘天下 朱子曰 他那人煞高 如古人 於琴聲中 知有殺心耳

물었다. 경쇠의 소리를 듣고 어떻게 곧 공자의 마음이 천하를 잊지 않는다는 것을 알 수 있습니까? 주자가 답했다. 그 사람은 매우 높으니 예컨대 옛사람이 거문고 소리에 살의가 있음을 안 것과 같다.

14.42-2 既而曰 鄙哉 硜硜乎 莫己知也 斯已而已矣 深則
厲 淺則揭 硜 苦耕反 莫己之己 音紀 餘音以 揭 起例反

조금 있다가 말했다. 비루하구나, (세상에 참여하려는 마음이) 확고하니. 아무도 나를 알아주지 않으면 그만둘 뿐이다. 물이 깊으면 옷을 벗고, 얕으면 걷어 올린다.

【집주】
硜硜 石聲 亦專確之意 以衣涉水曰厲 攝衣涉水曰揭 此兩句 衛風匏有苦葉之詩也 譏孔子人不知己而不止 不能適淺深之宜

'경경'은 돌의 소리이니 또한 확고하다는 뜻이다. 옷을 입고겉옷을 벗고 물을 건너는 것을 '여'라 하고, 옷을 걷고 물을 건너는 것을 '게'라 한다. 이 두 구절은 『시경』, 「위풍」의 〈포유고엽〉의 시(의 구절)이다. 공자께서 남이 자기를 알아주지 않는데도 그치지 않으시는 것이 깊고 얕음의 마땅함에 맞게 하지 못하시는 것(세상일이 가능한지 불가능한지에 따라 적의하게 대처하지 못하시는 것)이라고 기롱했다.

14.42-3 子曰 果哉 末之難矣

공자께서 말씀하셨다. 과감하도다, 어려운 것이 없겠구나.

【집주】
果哉 嘆其果於忘世也 末 無也 聖人心同天地 視天下猶一家 中國猶一人 不能一日忘也 故 聞荷蕢之言 而嘆其果於忘世 且言人之出處上聲 若但如此 則亦無所難矣

과감하다고 한 것은 과감하게 세상을 잊은 것을 탄식하신 것이다. '말'은 없는 것이다. 성인께서는 마음이 천지와 같아서 천하를 한집안처럼 보시고 중국을 한 사람처럼 보시어, 하루도 잊지 못하셨다. 그런 까닭에 삼태기를 진 자의 말을 듣고 그 세상 잊음의 과감함을 탄식하셨고, 또 사람이 나오고 머무는 것을 다만 이처럼 한다면 또한 어려운 일이 없을 것이라고 말씀하셨다.

【세주】

慶源輔氏曰 果於忘世 決去不反者 能之 何難之有 若聖人之出處 因時卷舒 與道消息 而憂世之心 終不能已 濟世之用 其出無窮 此 豈荷蕢所能與哉

경원 보씨가 말했다. 과감하게 세상을 잊고 결연히 떠나 돌아오지 않는 일을 능히 할 수 있으니 무슨 어려움이 있으랴. 성인의 나가고 머무심은 때에 맞추어 진퇴하시어 도의 성쇠와 함께하시지만, 세상을 염려하는 마음은 끝내 그칠 수 없으셨고 세상을 구제하는 방도는 무궁하게 내놓으셨다. 이것이 어찌 삼태기를 진 자가 능히 관여할 수 있는 것이겠는가.

○雙峯饒氏曰 聖人之道 有出有處 便如天地有陰有陽 荷蕢之徒 見得一邊 遺了一邊 所以 只知獨善 而果於忘世矣

쌍봉 요씨가 말했다. 성인의 도는 나옴이 있고 머무름이 있으니 곧 천지에 음이 있고 양이 있는 것과 같다. 삼태기를 진 자 같은 무리들은 한쪽만을 보고 한쪽은 버려두니 그런 까닭에 단지 '독선(자신만 홀로 선하기)'만 알고 과감하게 세상을 잊는다.

○新安陳氏曰 聖人之心 不能一日忘天下 亦如天地之心 不能一日忘萬物 天地生物之心 不以閉塞成冬之時而息 聖人道濟天下之心 不以天地閉賢人隱之時而息也 聖人不能忘世之心 荷蕢 初聞其磬聲而知之 然 觀其旣而曰 以下之言 則非深知聖人之心者 要之 果於忘世之人 豈能深知聖人所以不能忘世之心哉

신안 진씨가 말했다. 성인의 마음은 하루도 천하를 잊을 수 없으니 또한 천지의 마음이 하루도 만물을 잊지 못하는 것과 같다. 천지가 사물을 살리는 마음은 닫히고 막힌 한겨울이라 해서 쉬지는 않는다. 성인께서 천하를 이끌어 구제하시려는 마음은 천지가 닫히고 현인이 숨는 때라 해서 쉬지는 않는다. 성인의 세상을 잊지 못하는 마음은 삼태기를 진 자가 처음에 그 경쇠소리를 듣고 알 수 있었지만 (경문의) '조금 있다가 말했다' 이하의 말을 보면 성인의 마음을 깊이 아는 자는 아니다. 요컨대 세상을 잊는 데에 과감한 자이니, 어찌 성인의 세상을 잊지 못하는 마음의 이유를 깊이 알 수 있겠는가.

14.43-1 子張曰 書云 高宗諒陰三年不言 何謂也

자장이 물었다.『서경』에 말하기를 '고종이 상을 치름에 3년 동안 말하지 않았다'라 했는데, 무슨 말입니까?

【집주】
高宗 商王 武丁也 諒陰 天子居喪之名 未詳其義

'고종'은 상나라 왕 무정이다. '양음'은 천자가 상을 치르는 것의 이름(단어)인데 그 뜻은 상세하지 않다.

【세주】
問 諒陰之說 朱子曰 孔氏曰 諒 信也 陰 默也 邢氏 釋之曰 信 謂信任冢宰 胡氏 釋之曰 信能默而不言也 二家 皆用孔訓 而爲說不同 鄭氏 於禮記 又讀作諒闇 言居倚廬 大抵 古者 天子居喪之名

'양음'의 설에 관해 물었다. 주자가 답했다. 공씨(공안국)는 '양'은 믿는 것이고 '음'은 침묵하는 것이라 했다. 형씨(형병)는 '신'은 총재에게 믿고 맡기는 것이라 해석했고, 호씨(호인)는 믿어 능히 침묵하고 말하지 않는 것이라고 해석했다. 두 사람은 모두 공씨의 해석을 채택했지만 그 설은 같지 않다.『예기』에서 정씨는 또 '양암'으로 읽고 초막에 거처하는 것이라 했다. 대개 옛날에 천자가 상을 치르는 것의 이름(단어)이다.

○ 覺軒蔡氏曰 喪服四制 諒闇三年 鄭注云 諒 古作梁 楣 謂之梁 闇 讀如鶉鷂之鷂 闇 謂廬也 卽倚廬之廬 儀禮 剪屛柱楣 鄭氏謂 柱楣 所謂梁闇 是也 書云 王宅憂諒陰 言居喪於梁闇也 按諒陰之義 先人 得於先師 晚年面命者 如此

각헌 채씨가 말했다. (『예기』49)「상복사제」에 '양암삼년'이라 했는데, 정주(정현의 주)에서는 "'양(諒)'은 옛날에는 '양(梁)'이라 썼는데, 도리를 '양'이라 한다. '암'은 '순암(메추리)'의 암처럼 읽는다. '암'은 초막을 말하니 곧 '의려'의 '여'이다"라 했다.『의례』(「상복」)에 '전병주미(초막의 남는 짚을 자름)'라 했는데, 정씨는 "'주미'는 이른바 '양암'이 그것이다"라 했다.『서경』(「상서·열명 상」)에 '왕택우양음(왕은 양음에서 거상함)'이라 했는데 양암에서 거상한다는 말이다. 양음의 뜻에 관해 살펴보니, 옛사람들이 스승에게서 얻은 것을 만년에 얼굴을 마주하고 [제자들에게] 알려준 것이 이와 같다.

14.43-2 子曰 何必高宗 古之人 皆然 君薨 百官 總己 以聽 於冢宰三年

공자께서 답하셨다. 하필 고종이겠는가. 옛사람들은 모두 그러하였다. 임금이 죽으면 백관은 자기 직무를 총괄해서 3년 동안 총재(섭정)에게 명을 들었다.

【집주】

言君薨 則諸侯亦然 總己 謂總攝己職 冢宰 大音泰宰也 百官 聽於冢宰 故 君 得以三年不言也

'임금이 죽으면'이라 했으니 제후의 경우도 또한 그러하다. '총기'는 자신의 직무를 총괄한다는 말이다. '총재'는 태재이다. 백관이 총재에게 명을 듣기 때문에 임금은 3년 동안 말하지 않을 수 있다.

○ 胡氏曰 位有貴賤 而生於父母 無以異者 故 三年之喪 自天子達於庶人 子張 非疑此也 殆以爲人君三年不言 則臣下無所稟令 禍亂或由以起也 孔子 告以聽於冢宰 則禍亂非所憂矣

호씨가 말했다. 지위에는 귀천이 있지만 부모에게서 태어난 것은 다르지 않은 까닭에 3년의 상은 천자로부터 서인에게까지 이른다. 자장은 이것을 의심한 것이 아니라, 임금이 3년 동안 말하지 않으면 신하가 명령을 품신할 곳이 없어서 혹시 화란이 이로 말미암아 일어나지 않을까 의심한 것이다. 공자께서는 총재에게 명을 들으니 화란은 걱정할 것이 아니라고 알려주셨다.

【세주】

問 胡氏云 以聽宰 則禍亂 非所憂 然 主少國疑之際 得人 如伊周霍葛 則可 不幸如莽操之姦 豈不大可憂邪 雙峯饒氏曰 使嗣君剛明 而冢宰有莽操之姦 則必能易而置之 如其不能 雖不總己以聽 亦何益哉 且天下之事 有常有變 聖人 只論其常耳

물었다. 호씨는 총재에게 듣기 때문에 화란은 걱정할 바가 아니라고 했습니다. 그러나 임금이 어리고 나라가 의심스러운 때에 사람을 얻은 것이 이(이윤) 주(주공) 곽(곽광) 갈(제갈량)과 같으면 괜찮겠지만, 불행히도 망(왕망) 조(조조) 같은 간신이라면 어찌 크게 걱정하지 않을 수 있겠습니까? 쌍봉 요씨가 답했다. 만약 뒤를 잇는 임금이 강건하고 밝은데 총재에게 왕망이나 조조의 간사함이 있으면 반드시 갈아치울 수 있다. 만일 그렇게 할 수 없다면 비록 자기의 일을 총괄해서 명을 듣도록 하지 않더라도 또한 무슨 이익이 있겠는가. 또 천하의 일에는 통상적인 것이 있고 변칙적인 것이 있으니 성인께서는 다만 그 통상적인 것을 논하셨을 따름이다.

○ 新安陳氏曰　居喪　而冢宰攝政　則嗣君　雖不言　亦無失政矣

신안 진씨가 말했다. 거상할 때 총재가 섭정하면, 뒤를 잇는 임금이 비록 말하지 않더라도 또한 정치가 잘못되는 일은 없다.

14.44 子曰 上好禮 則民易使也 好易皆去聲

공자께서 말씀하셨다. 위에서 예를 좋아하면 백성은 부리기 쉽다.

【집주】
謝氏曰 禮達而分去聲定此句 出禮運 故 民易使

사씨가 말했다. 예가 (아래까지) 도달해 직분이 정해지는 까닭에 〈이 구절은 『예기』「예운」편에 나온다.〉 백성을 부리기 쉽다.

【세주】
慶源輔氏曰 達 謂達於下也 上好禮 則品節分明 而誠意退遜 故 觀感於下者 亦皆安己之分 聽上之命而易使

경원 보씨가 말했다. '달'이란 아래에 도달하는 것을 말한다. 위에서 예를 좋아하면 품절(신분에 따른 의례)이 분명해지고, 뜻이 참되어 겸손해진다. 그런 까닭에 아래에서 보고 느끼는 자는 또한 모두 자신의 직분을 편안히 여겨서 윗사람의 명을 들으니 부리기 쉽다.

○問 禮 何以使之達 雙峯饒氏曰 官府之政 學校之教 皆所以達之

물었다. 예를 어떻게 도달하게 합니까? 쌍봉 요씨가 답했다. 관청의 정사와 학교의 가르침은 모두 도달하게 하려는 것이다.

○雲峯胡氏曰 禮也者 所以辨上下而定民志也 民之志定 民之力 可使也

운봉 호씨가 말했다. 예라는 것은 상하를 분별해 백성의 뜻을 정하기 위한 것이다. 백성의 뜻이 정해지면 백성의 힘은 부릴 수 있다.

○厚齋馮氏曰 聖人言使民 曰 上好禮 曰 小人學道 使之知上下之分 而樂於從命 不以勢力强之也

후재 풍씨가 말했다. 성인께서 백성을 부리는 것에 관해 말씀하시면서 '위에서 예를 좋아하면', '소인이 도를 배우면(『논어』17, 「양화」4장)'이라 하셨으니, 상하의 구분을 알게 해 명에 따르는 것을 즐거워하도록 하는 것이지 힘으로 억지로 시키는 것이 아니다.

14.45 子路問君子 子曰修己以敬 曰如斯而已乎 曰修
己以安人 曰如斯而已乎 曰修己以安百姓 修己
以安百姓 堯舜 其猶病諸

자로가 군자에 대해서 물었다. 공자께서 답하셨다. 경(경건함)으로 스스로를 닦는다. 물었다. 그런 것으로 그만입니까? 답하셨다. 스스로를 닦아서 남을 편안하게 한다. 물었다. 그런 것으로 그만입니까? 답하셨다. 스스로를 닦아서 백성을 편안하게 한다. 스스로를 닦아서 백성을 편안하게 하는 일은 요순도 오히려 그것을 걱정하셨다.

【집주】
修己以敬 夫子之言 至矣盡矣 而子路 少之故 再以其充積之盛 自然及物者 告之 無他道也 人者 對己而言 百姓 則盡乎人矣 堯舜猶病 言不可以有加於此 以抑子路 使反求諸近也 蓋聖人之心 無窮 世雖極治去聲下同 然 豈能必知四海之內 果無一物不得其所哉 故 堯舜猶以安百姓爲病 若曰吾治已足 則非所以爲聖人矣

'경으로 스스로를 닦는다'는 공자의 말씀은 지극하고 완전한 것인데, 자로가 그것을 모자란다고 여긴 까닭에 '(내면에) 가득 차고 쌓인 것(덕)이 저절로 남에게 미친다'는 것을 다시 알려주셨으니, 다른 길은 없다. '인(남)'이란 자기와 대응해 말하는 것이니, 백성이라 하면 남을 모두 다 포괄하는 것이다. '요순도 오히려 그것을 걱정하셨다'는 것은 '여기에 더할 수 있는 것이 없다'는 말씀이니, 이로써 자로를 눌러 돌이켜 가까운 곳에서 구하도록 하신 것이다. 대개 성인의 마음은 무궁하시니, 세상이 비록 지극하게 다스려졌다 해도 어찌 사해 안에 과연 하나의 사물도 원하는 바를 얻지 못하는 일이 없다고 꼭 알(확신할) 수 있겠는가. 그런 까닭에 요순도 오히려 백성을 편안하게 하는 것을 걱정으로 삼았다. 만약 나의 다스림이 이미 충분하다고 말한다면 성인이 될 수 없는 것이다.

【세주】
朱子曰 敬字 聖學之所以成始成終者 皆由此 故曰 脩己以敬 下面安人安百

姓 皆由於此 只緣子路問不置 故 夫子 復以此答之 要之 只是箇脩己以敬 則其事皆了

주자가 말했다. '경'이라는 글자(개념), 성인의 학문의 처음과 끝을 이루는 것은 모두 이로부터 말미암는 것이다. 그러므로 경으로 스스로를 닦으라고 말씀하셨다. 아래쪽의 '남을 편안하게 하는 것'과 '백성을 편안하게 하는 것'은 모두 이로부터 말미암는다. 다만 자로가 질문을 그치지 않았기 때문에 공자께서 다시 이 말씀으로 답해주셨다. 요컨대 단지 '경으로 스스로를 닦음' 하나면 그 일은 모두 끝난다.

○問 脩己以敬 曰 敬者 非但是外面恭敬而已 須是要裏面無一毫不直處 方是 所謂敬以直內者 是也

경으로 스스로를 닦는 것에 관해 물었다. 답했다. 경이라는 것은 단지 겉으로 공경하는 것일 뿐만 아니라 반드시 안으로 털끝만 한 비뚤어진 곳도 없어야 비로소 옳다. 이른바 '경으로 안을 바르게 한다'는 것이 그것이다.

○脩己以敬 語雖至約 而所以齊家治國平天下之本 舉積諸此 子路 不喩而少其言 於是 告以安人 安百姓之說 蓋 言脩己以敬 而極其至 則心平氣和 靜虛動直 而所施爲 無不自然各當其理 是以 其治之所及者 群黎百姓 莫不各得其安也 是 皆本於脩己以敬之一言 其功效之自然及物者耳 或問 然則夫子之言 豈其略無大小遠近之差乎 曰 脩己以敬 貫徹上下 包舉遠近 而統言之也 安人安百姓 則因子路之問 而以功效之及物者言也 然 曰安人 則脩己之餘而敬之至也 安百姓 則脩己之極而安人之盡也 是 雖若有小大遠近之差 然 皆不離於脩己以敬之一言 而非有待於擴之而後大 推之而後遠也

경으로 스스로를 닦는다는 것은 말은 비록 지극히 간략하지만 제가 치국 평천하의 근본이 되는 것이 모두 여기에 쌓여(들어) 있다. 자로가 깨닫지 못하고 그 말씀을 모자란다고 여기니, 이에 남을 편안하게 하고 백성을 편안하게 한다는 설을 알려주셨다. '대개 경으로 스스로를 닦아 그 지극함을 다하면, 마음이 평안하고 기가 조화롭고, 조용하면(가만히 있을 때는) 비고 움직이면(활동하면) 곧아서, 시행하는 것이 저절로 각각 그 이치에 합당하지 않는 것이 없게 된다. 그런 까닭에 그 다스림이 미치는 것(다스림의 효과)은 여러 머리 검은 백성들이 각각 그 평안함을 얻지 못하는 일이 없는 것이다'라는 말씀이다. 이는 모두 경으로 스스로를 닦는다는 한마디 말씀에 근본을 둔 것으로서, 그 효과가 저절로 사물에 미치는 것일 뿐이다. 혹자가 물었다. 그렇다면 공자의 말씀에 어찌 그 대소 원근의 차이가 거의 없습니까? 답했다. 경으로 스스로를 닦는다는 것은 상하를 관통하고 원근을 포함해 통합해서 말씀하신 것이다. 남을 편안하게 하고 백성을 편안하게 한다는 것은, 자로의 질문으로 인해, 공효가 사물에 미치는 것을 말씀하신 것이다. 그러나 '안인(남을 편안하게 함)'이라 하는 것은 스스로를 닦은 것이 넉넉해서 경이 지극한 것이며, '안백성(백성을 편안하게 함)'이라 하는 것은 스스로를 닦은 것이 지극해서 남을 편안하게 하는 것이 완전한 것(모든 사람을 다 편안하게 하는 것)이다. 이는 비록 대소원근의 차이가 있는 듯하지만 모두 경으로 스스로를 닦는다는 한마디 말에서 벗어나지 않으니, 넓히기를 기다린 후에야 커지고 미루기를 기다린 후에야 멀리 가는 것이 아니다.

○ 勉齋黃氏曰 非謂脩己以敬之外 又有充積之功也 脩己以敬而可謂君子 則是充積之盛 在其中矣 特言其功效之遠 則指夫自其充積之盛者而出耳 脩己以安人 猶曰脩己以敬而可以安人也 脩己以安百姓 猶曰脩己以敬而可以安百姓也 子路 疑脩己以敬之一言 不足以盡君子 故 夫子 指其效驗之大者而言 以見決非君子不足以當之也

면재 황씨가 말했다. 경으로 스스로를 닦는 것 이외에 또 채우고 쌓는 공부가 있다는 말이 아니다. 경으로 스스로를 닦으면 군자라고 할 수 있으니 이는 가득히 채우고 쌓은 것이 그 내면에 있는 것이다. 특히 그 효과가 원대하다고 말한 것은 가득히 채우고 쌓은 것으로부터 나온다는 점을 가리킨 것일 따름이다. 스스로를 닦아서 남을 편안하게 한다는 것은 경으로 스스로를 닦으면 남을 편안하게 할 수 있다는 말과 같고, 스스로를 닦아서 백성을 편안하게 한다는 것은 경으로 스스로를 닦으면 백성을 편안하게 할 수 있다는 말과 같다. 자로가 경으로 스스로를 닦는다는 한마디 말씀이 군자를 다 (표현)하기에 부족하다고 의심했던 까닭에, 공자께서는 그 효과 중의 큰 것을 가리켜 말씀하심으로써 (이 말씀이) 결코 군자(라는 이름)를 감당하기에 부족하지 않다는 것을 보이셨다.

【집주】

○ 程子曰 君子 修己以安百姓 篤恭而天下平 唯上下一於恭敬 則天地自位 萬物自育 氣無不和 而四靈畢至矣

정자가 말했다. 군자는 자신을 닦아서 백성을 편안하게 하고, 독실하게 공경해서(공손하고 경건해서) 천하를 평안하게 한다. 오로지 위아래가 하나같이 공경하면 천지가 저절로 제 자리를 잡고, 만물이 저절로 자라고, 기가 조화되지 않음이 없어 네 영물이 반드시 온다.

【세주】

記 禮運 四靈以爲畜許六反 故 飮食有由也 何謂四靈 麟鳳龜龍謂之四靈

『예기』, 「예운」편에 "네 영물이 가축이 된 까닭에 음식이 나오게 되었다. 무엇을 네 영물이라 하는가? 기린, 봉황, 거북, 용을 네 영물이라 한다"라 했다.

【집주】
此體信達順之道 聰明睿知 皆由是出 以此事天饗帝
이것이 믿음을 체현하고 조화에 도달하는 방법이니 총명과 예지가 모두 이로 말미암아 나오고, 이것으로써 하늘을 섬기고 상제(하느님)를 제향한다.

【세주】
朱子曰 上下一於恭敬 這 却是上之人 有以感發而興起之 信 是實理 順 是和氣 體信 是致中意 達順 是致和意 言能恭敬 則能體信達順 聰明睿知 皆由此出者 言能恭敬 自然心便開明

주자가 말했다. 위아래가 하나같이 공경한다는 것, 이는 오히려 윗사람이 (아랫사람을) 감동시키는 것이 있어 흥기하게 하는 것이다. '신'은 진실한 이치이고 '순'은 조화로운 기운으로, '체신'은 '치중(중정함을 다함)'의 뜻이고, '달순'은 '치화(조화로움을 다함)'의 뜻이니, 능히 공경할 수 있으면 체신 달순할 수 있다는 말이다. 총명과 예지가 모두 이로부터 나온다는 것은 능히 공경할 수 있으면 저절로 마음이 밝게 열린다는 말이다.

○體信 是實體此道於身 達順 是發而中節 推之天下而無所不通也 體信 是忠 無一毫之僞 達順 是恕 無一物不得其所 聰明睿知 皆由是出 是自誠而明意思

믿음을 체현한다는 것은 이 도를 실제로 몸에 체현하는 것이고, 조화에 도달한다는 것은 행동하면 절도에 맞는 것이니, 천하에까지 밀고 나가도 통하지 않는 바가 없다. 믿음을 체현하는 것은 '충(마음의 진실함)'이니, 털끝만 한 거짓도 없고, 조화에 도달하는 것은 '서(관대함)'이니 하나의 사물도 그 원하는 바를 얻지 못하는 일이 없다. 총명과 예지가 모두 이로부터 나온다는 것은 '참됨으로부터(참되기 때문에 저절로) 밝다'는 의미이다.

○敬 則自然聰明 人所以不聰不明 止緣身心惰慢 便昏塞了 敬 則虛靜 自然通達

경하면 저절로 총명해진다. 사람이 총명하지 못한 까닭은 단지 심신이 태만해 곧 어둡고 막혀버렸기 때문이다. 경하면 텅 비고 고요하니, 자연히 통달한다.

○問 上下一於恭敬 則天地自位 萬物自育 四靈畢至 如此 則敬之功用 又不止於安百姓矣 雙峯饒氏曰 天地位 萬物育 與安百姓也 只是一事 初無大小 若陰陽不和 五穀不熟 百姓何由而安

물었다. '위아래가 하나같이 공경하면 천지가 저절로 제 자리를 잡고 만물이 저절로 자라고 네 영물이 반드시 온다'라 했는데, 그렇다면 경의 효과는 또 백성을 편안히 하는 데에 그치지 않습니다. 쌍봉 요씨가 답했다. 천지가 자리 잡고 만물이 자라는 것과 백성을 편안하게 하는 것은 다만 한 가지 일이니, 애초에 (효과의) 크고 작은 것(의 구별)은 없다. 만일 음과 양이 조화롭지 않아 오곡이 익지 않는다면 백성이 무엇으로 말미암아 편안하겠는가.

○新安陳氏曰 夫子 爲見子路勇躁 輕視脩己以敬之言 故 推極其功以抑之 程子此條 亦推贊恭敬之極功 以發明夫子之意云

신안 진씨가 말했다. 공자께서는 자로가 용감하고 조급해 경으로 스스로를 닦는다는 말을 경시하는 것을 보신 까닭에 그 효과를 극단까지 미루어 자로를 억누르셨다. 정자의 이 구절 또한 공경의 지극한 효과를 미루어 찬미함으로써 공자의 뜻을 드러내 밝혀 말한 것이다.

○東陽許氏曰 聖人 言脩己以安百姓 而程子 乃言上下一於恭敬 蓋 治道非一人所能獨成 必君臣上下 皆能恭敬 然後有天地位以下之應 然 下人能敬 亦在乎上之人 有以感之 漸漬而成恭敬 以至於天下平 程子此段 是推極而言 以見敬之功用無窮

동양 허씨가 말했다. 성인께서는 스스로를 닦아서 백성을 편안하게 한다고 말씀하셨고, 정자는 이에 위아래가 하나같이 공경해야 한다고 말했다. 대개 다스림의 도는 한 사람이 홀로 이룰 수 있는 것이 아니고, 반드시 군신상하가 모두 공경할 수 있은 이후라야 '천지가 자리 잡음' 이하(구절)와 같은 응함(결과)이 있다. 그러나 아랫사람이 공경할 수 있는 것은 또한 윗사람에 달려 있으니, (윗사람이) 감동시키는 것이 있어 (아랫사람에게) 점차 스며들어 공경이 이루어지고 그리하여 천하의 태평에 이른다. 정자의 이 문단은 극단까지 미루어 말함으로써 경의 효과가 무궁함을 보인 것이다.

14.46

原壤夷俟子曰幼而不孫弟長而無述焉老而不死是爲賊以杖叩其脛 孫弟 竝去聲 長 上聲 叩 音口 脛 其定反

원양이 쭈그려 앉아 기다리니 공자께서 말씀하셨다. 어려서 공손하지 않고, 커서 칭찬할 것이 없고, 늙어서 죽지 않으니, 이는 도적이다. 지팡이로 (원양의) 정강이를 치셨다.

【집주】

原壤 孔子之故人 母死而歌

원양은 공자의 옛 지인인데, 어머니가 죽자 노래를 불렀다.

【세주】

記 檀弓下 孔子之故人 曰原壤 其母死 孔子 助之木槨 原壤 登木曰 久矣予之不託於音也 歌曰 貍首之斑然 執女手之卷然 夫子 爲弗聞也者 而過之

『예기』, 「단궁 하」편에 다음과 같이 나와 있다. 공자의 옛 지인으로서 원양이라 하는 자가 있는데, 그 어머니가 죽자 공자께서 목곽(나무 덧널)을 부조하셨다. 원양이 나무에 올라 '오래되었구나, 내가 음악에 (뜻을) 기탁하지 않은 것'이라 하고, 노래 부르기를 '살쾡이 머리처럼 얼룩덜룩하구나, 잡아보니 여자 손처럼 부드럽구나'라 했다. 그러나 공자께서 못 들은 척하고 지나치셨다.

【집주】

蓋 老氏之流 自放於禮法之外者 夷 蹲踞音存據也

대개 노자의 부류로서 스스로 예법의 바깥으로 풀려난 자이다. '이'는 쭈그려 앉는 것(땅에 엉덩이를 대고 무릎을 세워 기대앉는 것)이다.

【세주】

雙峯饒氏曰 蹲踞 鴟烏好蹲 故 謂之蹲鴟 又或謂之鴟夷 夷卽蹲也

쌍봉 요씨가 말했다. '준거'는 솔개와 까마귀가 발을 잘 쭈그리는 까닭에 '준치'라 하고, 또 혹은 '치이'라고도 하니, '이'는 곧 '준'이다.

【집주】

俟 待也 言見孔子來 而蹲踞以待之也 述猶稱也 賊者害人之名 以其自幼至老 無一善狀 而久生於世 徒足以敗常亂俗 則是賊而已矣 脛 按韻書 形定反 集註云 其定反 音小異 足骨也 孔子旣責之 而因以所曳之杖 微擊其脛 若使勿蹲踞然

'사'는 기다리는 것이니, 공자가 오는 것을 보고 쭈그려 앉아 기다렸다는 말이다. '술'은 칭찬하는 것이다. '적'이라는 것은 남을 해치는 자의 이름(단어)이다. 그 어릴 적부터 늙음에 이르기까지 단 하나의 좋은 모습도 없으면서 세상에 오래 살아, 한갓 관습을 해치고 풍속을 어지럽히기에 족하다면 곧 도적일 따름이다. '경'은 다리 뼈(정강이)이다. 공자께서 이미 그를 꾸짖으시고 이어서 끄시던 지팡이로 가볍게 그 정강이를 치셨는데, 마치 쭈그려 앉지 못하게 하시려는 것처럼 하셨다.

【세주】

朱子曰 胡氏 以爲原壤之喪母而歌 孔子 爲弗聞者矣 今乃責其夷俟 何舍其重 而責其輕耶 蓋 數其喪母而歌 則壤當絶 叩其箕踞之脛 則壤 猶爲故人 盛德中禮 見乎周旋 此亦可見

주자가 말했다. 호씨는 원양이 어머니의 상에 노래를 부르자 공자께서는 못 들은 척하셨다고 했다. 지금 그 쭈그려 앉아 기다린 것을 힐책하셨는데, 어찌 그 무거운 것을 놓아두고 그 가벼운 것을 힐책하신 것인가? (답하자면) 대개 그 어머니를 잃고 노래 부른 것을 따지면 원양은 당연히 절교할 것이고, 그 쭈그려 앉은 정강이를 치면 원양은 아직도 옛 친구가 될 수 있다. 덕의 융성함과 예에 맞음이 동작에 드러나는 것을 여기서도 또한 볼 수 있다.

○鄭氏舜擧曰 聖人之接物 各稱其情 惡之而遜其辭 外之也 遇陽貨 是也 惡之而斥其罪 親之也 遇原壤 是也

정순거가 말했다. 성인께서는 사물에 접하실 때 각각 그 실정에 맞추어 하신다. 미워하면서 그 말을 겸손하게 하신 것은 멀리하신 것이니, 양화를 만난 것이 그 예이다. 미워하면서 그 죄를 물리치신 것은 친하게 하신 것이니, 원양을 만난 것이 그 예이다.

○新安陳氏曰 幼壯孝弟 耆耋好禮 則久生 可以儀風俗 故 敬其爲壽 幼壯無稱 老徒傲惰 則久生適以敗風俗 故 名其爲賊 壤 良可戒哉

신안 진씨가 말했다. 어리고 젊어서는 효제하고 늙어서는 예를 좋아하면 오래 사는 것이 풍속의 본보기가 될 수 있으니, 그런 까닭에 그 장수를 공경한다. 어리고 젊어서는 칭찬할 일이 없고 늙어서는 한갓 오만하고 게으르면 오래 사는 것이 풍속을 무너지게 하기 꼭 맞으니, 그런 까닭에 도적이라 이름한다. 원양은 참으로 경계할 만하도다.

14.47-1 闕黨童子將命 或問之曰 益者與 與平聲

궐당의 동자가 말을 전하는 일을 맡자 혹자가 물었다. 진보가 있는 자입니까?

【집주】

闕黨 黨名 童子 未冠去聲者之稱 將命 謂傳賓主之言 或人 疑此童子 學有進益 故 孔子使之傳命 以寵異之也

'궐당'은 당의 이름이다. 동자는 관례를 올리지 않은 자를 부르는 이름이다. '장명'은 손님과 주인의 말을 전하는 것을 말한다. 혹자는 이 동자가 배움에 진보가 있기 때문에 공자께서 그에게 말 전하는 일을 시켜 총애해 달리 (대우)하시는 것이 아닌가 의심했다.

14.47-2 子曰 吾 見其居於位也 見其與先生竝行也 非求益者也 欲速成者也

공자께서 말씀하셨다. 나는 그가 자리(좌석)에 앉아 있는 것을 보았고, 그가 선생(어른)과 나란히 가는 것을 보았다. 그는 (학문의) 진보를 구하는 자가 아니라 빨리 이루기를 바라는 자이다.

【집주】

禮 童子當隅坐隨行

예에, 동자는 마땅히 구석에 앉고 뒤따라가야 한다.

【세주】

記檀弓 曾子 疾 童子 隅坐而執燭 又王制 父之齒 隨行

『예기』, 「단궁」편에는 '증자가 병들자 동자가 구석에 앉아서 촛불을 들었다'라 했고, 또 「왕제」편에는 '아버지 동년배이면 뒤따라간다'라 했다.

【집주】
孔子言 吾 見此童子 不循此禮
공자께서는 '내가 이 동자를 보건대, 이 예를 따르지 않으니

【세주】
新安陳氏曰 居位 是不循隅坐之禮 並行 是不循隨行之禮
신안 진씨가 말했다. 자리에 앉은 것은 구석에 앉아야 하는 예를 따르지 않은 것이고, 나란히 간 것은 뒤따라가야 하는 예를 따르지 않은 것이다.

【집주】
非能求益 但欲速成爾 故 使之給使令平聲之役 觀長上聲少去聲之序 習揖遜之容 蓋 所以抑而教之 非寵而異之也
진보를 구하지 못하고 다만 빨리 이루기를 바랄 뿐이다. 그런 까닭에 그에게 급사령(말 전하는 심부름꾼)의 역할을 시켜 장유의 순서를 보게 하고, 읍하고 사양하는 모습을 익히도록 하였다'라 말씀하셨다. 대개 억눌러서 가르치려 하신 것이지, 총애해 달리 (대우)하신 것은 아니다.

【세주】
南軒張氏曰 不止乎童子之所 而自進於成人之列 有躐等之意 無自卑之心 烏能以求益乎 欲速成而已 如物之生 循序而生 理達焉 若欲速成 反害其生矣 故 聖門之學 先之以洒掃應對進退之事 所以長愛敬之端 防傲惰之萌 而使之循序以進也
남헌 장씨가 말했다. 동자의 자리에 머물지 않고 스스로 성인의 대열에 나아가는 것은 순서를 뛰어넘으려는 뜻이 있고 스스로를 낮추는 마음은 없는 것이니 어찌 진보를 구할 수 있겠는가, 빨리 이루고자 할 따름이다. 예컨대 사물이 생겨남에 순서에 따라 생긴다면 이치에 맞는 것이지만, 만약 빨리 이루고자 하면 도리어 그 생겨남을 해친다. 그러므로 성인 문하의 학문에서 쇄소응대진퇴의 일을 먼저 하는 것은, 사랑과 존경의 단서를 기르고 오만과 게으름의 싹을 막아 순서에 따라 나아가도록 하려는 것이다.

○勉齋黃氏曰 禮之於人 大矣 老者無禮 則足以爲人害 少者無禮 則足以自

害 夫子 於原壤 童子 皆以是敎之 述論語者 以類相從 所以著人無老少 皆不可以無禮儀也

면재 황씨가 말했다. 예는 사람에게 큰 것이다. 늙은 자가 예가 없으면 남을 해치기에 족하고, 어린 자가 예가 없으면 자신을 해치기에 족하다. 공자께서는 원양이나 동자에게 모두 이것(예)으로써 가르치셨다.『논어』를 기록한 자는 종류가 비슷한 것끼리 서로 모아, 사람은 노소와 관계없이 모두 예의가 없어서는 안 된다는 것을 드러내려 했다.

○ 慶源輔氏曰 求益 則浸長而不知 欲速 則亟進而無序 聖門之敎 雖以敏行爲先 而又以躐等爲戒

경원 보씨가 말했다. 진보를 구하면 차차 자라서 깨닫지 못하고(모르는 사이에 점차 성장하고), 빠르고자 하면 급히 나아가 순서가 없다. 성인 문하의 가르침은 비록 민첩하게 행하는 것을 먼저로 하지만, 또 순서를 뛰어넘는 것을 경계로 삼았다.

○ 雲峯胡氏曰 原壤 老而爲賊 是從幼不遜弟來 今 童子 得以馴揉其氣 而閑習於禮 則庶可以免於原壤之弊也歟

운봉 호씨가 말했다. 원양이 늙어서 도적이 된 것은 어릴 때부터 겸손하지 못해서이다. 지금 동자가 그 기질을 순치해 예에 익숙해진다면 아마도 원양의 잘못을 면할 수 있으리라.

衛靈公第十五

【집주】

凡四十一章

모두 41장이다.

15.1-1 衛靈公 問陳於孔子 孔子對曰 俎豆之事 則嘗聞之矣 軍旅之事 未之學也 明日遂行 陳去聲

위 영공이 공자께 진법에 관해 물었다. 공자께서 대답하셨다. 조두의 일이라면 일찍이 들어보았습니다만 군대의 일은 아직 배우지 못했습니다. 다음날 마침내 떠나셨다.

【집주】
陳 謂軍師行伍抗伍之列 俎豆 禮器 尹氏曰 衛靈公 無道之君也 復扶又反 有志於戰伐之事 故 答以未學而去之

'진'은 군대 대열의 배치를 말한다. '조두'는 의례에 쓰는 그릇이다. 윤씨가 말했다. 위 영공은 무도한 임금이고, 또 전쟁의 일에 뜻이 있었다. 그런 까닭에 아직 배우지 않았다고 답하시고 떠나셨다.

【세주】
史記世家 孔子 適衛 主蘧伯玉家 他日 靈公 問兵陳于孔子 明日 與孔子語 見蜚鴈 仰視之 色不在孔子 遂行 復如陳 是歲 魯哀公三年 孔子年 六十矣

『사기』, 「(공자)세가」에 다음과 같이 나와 있다. 공자께서 위나라에 가셨을 때 거백옥의 집에 머물렀는데, 어느 날 영공이 공자에게 군대의 진법에 대해 물었고, 그다음날 공자와 더불어 말하면서도 날아가는 기러기를 우러러보느라 얼굴을 공자에게 두지 않았다. (공자께서) 드디어 떠나셔서 다시 진나라로 가셨다. 그 해는 노 애공 3년으로, 공자의 연세는 60세였다.

○問 靈公問陳 而夫子遽行 何也 朱子曰 爲國以禮 戰陳之事 非人君所宜問也 況靈公無道 夫子固知之矣 特以其禮際之善 庶幾可與言者 是以 往來於衛 爲日最久 而所以啓告之者 亦已詳矣 乃於夫子之言 一無所入 至是而猶問陳焉 則其志可知矣 故 對以未學 而去之 然 不徒曰未學而已 猶以俎豆之事告之 則夫子之去 蓋 亦未有必然之意也 使靈公有以發悟於心 而改事焉 則夫子之行 孰謂其不可留哉

물었다. 영공이 진법에 관해 묻자 공자께서 성급히 떠나신 것은 어째서입니까? 주자가 답했다. 나라를 다스리는 것은 예로써 하는 것이니 전쟁과 진법의 일은 임금이 마땅히 질문해야 할 것이 아니다. 하물며 영공의 무도함을 공자께서 본디 아셨음에랴. 다만 예로써 잘 대우했기 때문에 더불어 말할 만하다고 기대하셨다. 그래서 위나라에 오가며 보낸 날이 가장 길었고, 알려주신 것도 역시 매우 상세했다. 그런데도 공자의 말씀이 하나도 받아들여진 것이 없었고, 이에 이르러 오히려 진법을 물으니 그(영공)의 뜻을 알 수 있었다. 그래서 아직 배우지 않았다고 답하고 떠나셨다. 그러나 배우지 않았다고 말씀하셨던 것만은 아니고, 또한 조두의 일을 알려주셨으니, 공자의 떠나심은 대개 또한 꼭 그리할 의사가 있으셨던 것은 아니었다. 만약 영공이 마음으로 깨달아서 행동을 고쳤다면 공자의 떠나심에 대해 누가 '머물러서는 안 된다'라고 말하겠는가?

○南軒張氏曰 夫子之在衛 靈公 雖無道 然 亦當側聞夫子之所趣矣 顧乃以問陳爲言 與夫子之意 可謂背馳 夫子所以答之者 則以己之所學者 在此 而不在彼 以其不合也 故 明日而行焉 夫自春秋之時言之 諸國 以强弱爲勝負 軍旅之事 宜在所先 而俎豆之事 疑若不急者矣 曾不知國之所以爲國者 以夫天敍天秩者 實維持之也 爲國者 志存乎典禮 則孝順和睦之風興 叶力一心 尊君親上 其强 孰禦焉 不然 三綱淪廢 人有離心 國誰與立 軍旅雖精 果何所用哉 俎豆之於禮教 猶陳之於軍旅 實理之所寓 而教之所由興也 使靈公而有志乎俎豆之間 則推而達之 必有不可已也

남헌 장씨가 말했다. 공자께서 위나라에 계실 때 영공이 비록 무도했지만 또한 곁에서 공자의 취지를 들었는데, 도리어 진법을 물었으니 공자의 뜻과 배치된다고 할 만했다. 공자께서 대답하신 말의 뜻은 자신이 배운 것은 여기에 있지 저기에 있지 않아서 (영공의 뜻과) 합치되지 않는다는 것이다. 그래서 다음날 떠나셨다. 무릇 춘추시대로 말하자면, 여러 나라들이 힘의 강약을 승부처로 여겨, 군대의 일이 당연히 우선이고 조두의 일은 급하지 않은 것은 아닐까 생각했으니, 나라가 나라로서 성립하는 것은 저 천서천질(하늘의 질서와 그에 따른 예)에 의해 실제로 유지된다는 것을 알지 못했다. 나라를 다스리는 자가 그 뜻이 전례에 있으면 효순하고 화목한 기풍이 일어나 한마음으로 힘을 합쳐 임금을 존숭하고 윗사람을 친애할 것이니 그 강함을 누가 막을 수 있겠는가? 그렇지 않으면 삼강은 무너지고 사람들은 떠날 마음을 가질 것이니 나라는 누구와 더불어 설(유지될) 것이며, 군대가 비록 강하더라도 과연 무슨 소용이 있겠는가? 예교(예에 의한 교육)에서의 조두는 군대에서의 진법과 같으니, 참된 이치가 깃든 곳이며 가르침이 일어나기 시작하는 곳이다. 만약 영공으로 하여금 조두의 사이에 뜻을 두도록 했다면 나아가 통달해서 반드시 멈출 수 없게 되었을 것이다.

○勉齋黃氏曰 夫子 對靈公 以軍旅之事未之學 答孔文子 以甲兵之事未之聞 及觀夾谷之會 則以兵加萊人而齊侯懼 費人之亂 則命將士以伐之 而費

又北 又嘗曰 我戰則克 夫子 豈有未學未聞者哉 特以軍旅之事 非所以爲訓耳 然 欲以俎豆之事啓之 則夫子之拳拳於衛 亦可知矣

면재 황씨가 말했다. 공자께서 영공에게는 군대의 일은 아직 배우지 못했다고 대답하시고, 공문자에게는 군대의 일은 아직 듣지 못했다고 대답하셨는데(『(춘추)좌전』애공 11년 동), 협곡의 회맹을 보면 무기를 준비해 내 땅 사람들을 압박함으로써 제나라 제후가 두려워했고, 비 땅 사람들의 반란에는 장사들에게 명해 정벌하시니 비 땅 사람들 역시 패배했다. 또 일찍이 말씀하시기를 '내가 전쟁을 하면 이긴다(『예기』, 「예기」)'고 하셨으니, 공자께서 어찌 배우지 않거나 듣지 않으신 것이 있겠는가? 다만 군대의 일은 가르침으로 삼지 않으셨을 뿐이다. 그러나 조두의 일을 알려주시려 했으니, 공자께서 위나라에 대해 간곡하셨음을 또한 알 수 있다.

15.1-2 在陳絶糧 從者病 莫能興 從去聲

진나라에 계실 때 식량이 떨어져 따르는 자들이 병들어 일어날 수 없었다.

【집주】
孔子 去衛適陳 興 起也

공자께서 위나라를 떠나 진나라로 가셨다. '흥'은 일어나는 것이다.

【세주】
問 明日遂行 在陳絶糧 想見孔子 都不計較 所以 絶糧 朱子曰 若計較 則不成行矣

물었다. 다음날 드디어 떠나셨는데 진에서 식량이 떨어졌습니다. 아마도 공자께서는 전혀 아무런 계산이 없으셨기에 식량이 떨어진 듯합니다. 주자가 답했다. 만약 계산을 했다면 떠나실 수 없었을 것이다.

○齊氏曰 孟子曰 孔子 厄於陳蔡之間 考春秋 則其時 陳服楚 蔡服吳 吳楚交戰 無虛歲 孔子 蓋 爲楚昭王 徘徊陳蔡 而絶糧於兵間也

제씨가 말했다. 맹자는 "공자께서 진나라와 채나라 사이에서 어려움을 당하셨다(『맹자』14, 「진심 하」18장)"라 했고, 『춘추』를 살펴보면 그 당시 진나라는 초나라에 복종하고 채나라는 오나라에 복종했는데 오나라와 초나라는 서로 전쟁하여 빈해(전쟁이 없는 해)가 없었다. 공자께서는 대개 초나라 소왕 때문에 진나라와 채나라 사이를 배회하다가 전쟁 틈에 식량이 떨어진 것이다.

15.1-3 子路慍見曰 君子 亦有窮乎 子曰 君子 固窮 小人 窮斯濫矣 見賢遍反

자로가 성난 모습으로 물었다. 군자도 역시 곤궁할 때가 있습니까? 공자께서 답하셨다. 군자도 물론 곤궁할 때가 있다. 소인은 곤궁하면 넘친다.

【집주】
何氏曰 濫 溢也 言君子 固有窮時 不若小人窮 則放溢爲非 程子曰 固窮者 固守其窮 亦通

하씨는 '남'은 넘치는 것이라 했으니, 군자도 물론 곤궁할 때가 있지만 소인처럼 곤궁하다고 해서 제멋대로 넘쳐서 잘못을 저지르지는 않는다는 말씀이다. 정자는 "'고궁'이란 그 곤궁함을 굳게 지키는 것이다"라고 했는데, 역시 통한다.

【세주】
或問 固窮 有二義 朱子曰 固守其窮 恐聖人一時答問之辭 未遽及此 蓋子路方問 君子 亦有窮乎 答曰 君子 固是有窮時 不如小人窮則濫耳 以固字答上文亦有字 文勢 乃相應

혹자가 물었다. '고궁'은 두 가지 뜻이 있는 듯합니다. 주자가 답했다. "그 곤궁함을 굳게 지킨다(『주역』, 「곤괘」)"는 것은 성인께서 한때 질문에 대답하신 말씀으로서, 여기에 성급히 적용시킬 수는 없는 듯하다. 대개 자로가 '군자도 역시 곤궁할 때가 있습니까?'라고 막 물었을 때, '군자도 물론 곤궁할 때가 있지만 소인처럼 곤궁하다 해서 넘치지는 않는다'라고 답하셨을 뿐이다. '고(물론)' 자를 써서 윗글(자로의 질문)의 '역유(또한 있습니까?)' 자에 답하셨으니 문세가 이래야 상응한다.

○ 南軒張氏曰 子路之慍 以爲夫子之德之盛 疑其不當窮也 此 不幾於不受命乎 夫子答之之意 以爲命之不齊 君子小人 皆有窮也 特君子能守 而小人失其守也

남헌 장씨가 말했다. 자로가 성낸 것은 공자께서는 덕이 성하시니 당연히 곤궁하지 않아야 한다고 생각했기 때문이다. 이(자로의 성냄)는 명(운명, 천명)을 받아들이지 않는 것에 가깝지 않은가? 공자께서 답하신 뜻은 명이 가지런하지 않아서 군자와 소인 모두 곤궁할 때가 있지만, 다만 군자는 능히 지킬 수 있고 소인은 그 지킴을 잃어버린다는 것이다.

【집주】

○ 愚謂 聖人 當行而行 無所顧慮 處上聲困而亨

내가 생각건대, 성인께서는 마땅히 떠나야 하면 떠나셔서 (이것저것) 고려하는 바가 없으셨고, 곤궁함에 처하셔도 형통해서

【세주】

易困卦云 困 亨貞 又云 困而不失其所亨

『역』, 「곤괘」에 "곤은 형통하고 정절하다〈괘사〉"라고 했고, 또 "곤하되 그 형통한 바를 잃지 않는다〈상전〉"라고 했다.

【집주】

無所怨悔 於此可見 學者 宜深味之

원망하고 후회하는 바가 없으셨음을 여기에서 알 수 있다. 배우는 자들은 마땅히 깊이 음미해야 할 것이다.

【세주】

慶源輔氏曰 當行而行 無所顧慮 義之勇也 處困而亨 無所怨悔 義之安也

경원 보씨가 말했다. 마땅히 떠나야 하면 떠나셔서 고려하는 바가 없으셨음은 의에 용감함이고, 곤궁함에 처해서도 형통해서 원망하고 후회하는 바가 없으셨음은 의에 편안함이다.

○ 胡氏曰 當行而行 惟理是視者 無所顧慮 不計其後也 處困而亨 身雖窮而道則通也 無所怨悔 觀固窮之語 可見也 學者之進退 能於是而取則焉 則

不爲利害所奪 窮達所移矣

호씨가 말했다. 마땅히 떠나야 하면 떠나셨음은 오직 이치만을 보신 것이고, 고려하신 바가 없으셨음은 뒷일을 계산하지 않으신 것이다. 곤궁함에 처해서도 형통하셨다는 것은 몸은 비록 궁해도 도는 통한다는 것이고, 원망하고 후회하는 바가 없으셨다는 것은 '고궁'이라는 말씀을 보면 알 수 있다. 배우는 자가 진퇴에 관해서 여기로부터 원칙을 취할 수 있다면 이익과 손해에 의해 (마음을) 빼앗기거나, 곤궁함과 현달함에 의해 (마음을) 옮기게 되지는 않을 것이다.

○雙峯饒氏曰 當行而行 無所顧慮 是說明日遂行 處困而亨 無所怨悔 是說在陳絶糧以下 顧 是顧後 慮 是慮前 怨 是怨人 悔 是自悔

쌍봉 요씨가 말했다. '마땅히 떠나야 하면 떠나서서 고려하는 바가 없으셨다'는 것은 '다음 날 드디어 떠나셨다'는 말을 설명한 것이고, '곤궁함에 처해서도 형통하여 원망하고 후회하는 바가 없으셨다'는 것은 '진나라에 계실 때 식량이 떨어졌다'는 구절 이하를 설명한 것이다. ('고려'의) '고(돌아본다)'는 뒤(과거)를 돌아보는 것이고, '여(염려한다)'는 앞(미래)을 염려하는 것이다. ('원회'의) '원(원망한다)'은 남을 원망하는 것이고 '회(후회한다)'는 자신을 후회하는 것이다.

○禮 有大於俎豆者 夫子 且自謙讓 說其小者也 蓋 靈公 以軍陳爲問 故夫子 以禮器爲對 君子 成德之人 安於貧賤 若固守其窮 似下君子一等矣

예에는 조두보다 더 큰 것이 있지만, 공자께서는 또 스스로 겸양하시어 그 작은 것을 말씀하신 것이다. 대개 영공이 군진에 관해 물었기 때문에 공자께서는 예에 쓰이는 기물로써 대답하셨다. 군자는 덕을 이룬 사람이니 빈천을 편히 여긴다. 그 곤궁함을 굳게 지키는 사람의 경우는 군자보다 한 등급 아래인 듯하다.

15.2-1 子曰 賜也 女以予爲多學而識之者與 女 音汝 識 音志
與 平聲 下同

공자께서 말씀하셨다. 사야, 너는 내가 많이 배워 기억하는 자라고 생각하느냐?

【집주】
子貢之學 多而能識矣 夫子 欲其知所本也 故 問以發之

자공의 학문은 많이 배워 잘 기억하는 것이었다. 공자께서는 그에게 근본이 되는 것을 알게 하고자 하셨기 때문에 질문을 던져 (의문을) 촉발하셨다.

【세주】
新安陳氏曰 所本 指萬殊之一本處也

신안 진씨가 말했다. '소본(근본이 되는 것)'이란 만수(서로 다른 모든 존재)의 단 하나의 근본이 되는 바를 가리킨다.

15.2-2 對曰 然 非與

(자공이) 대답했다. 그렇습니다. 아닙니까?

【집주】
方信而忽疑 蓋 其積學功至 而亦將有得也

바야흐로 믿고 있다가 홀연히 의문이 생긴 것이니, 대개 배움이 쌓이고 노력이 지극해 또한 장차 얻을 바가 있게 된 것이다.

【세주】
雲峯胡氏曰 集註 於曾子 曰 夫子 知其眞積力久 將有所得 以行言也 此 則曰 積學功至 亦將有得 以知言也 曾子 行而將有所得 子貢 亦知而將有所

得 亦字 是從曾子說來

운봉 호씨가 말했다. (『논어』4, 「이인」 15장의) 집주에서, 증자에 대해 '공자께서 그가 참됨이 쌓이고 힘쓴 것이 오래되어 장차 얻을 바가 있을 것임을 아셨다'라고 말한 것은 행위(실천)의 측면에서 말한 것이고, 여기서 '배움이 쌓이고 노력이 지극해 장차 얻을 바가 있게 된 것이다'라고 말한 것은 지식의 측면에서 말한 것이다. 증자는 실천하여 장차 얻을 바가 있게 된 것이고 자공도 역시 앎을 추구하여 장차 얻을 바가 있게 된 것이니, (집주의) '역' 자는 증자 때문에 (자공 또한 그렇다고) 나온 말이다.

○新安陳氏曰 於能疑 見其將有得

신안 진씨가 말했다. 의문을 가질 수 있었다는 점에서 그가 장차 얻을 바가 있음을 알 수 있다.

15.2-3 曰 非也 予 一以貫之

답하셨다. 아니다. 나는 하나로써 꿰뚫는다.

【집주】

說見形甸反第四篇 然 彼以行言 而此以知言也

이 말씀은 제 4편(15장)에 나온다. 그러나 그것은 행위(실천)의 측면에서 말한 것이고 이것은 앎(지식)의 측면에서 말한 것이다.

【세주】

朱子曰 聖人 也不是不理會博學多識 只聖人之所以爲聖 却不在博學多識 而在一以貫之 今人 博學多識 而不能至於聖者 只是無一以貫之 然 不博學多識 則又無物可貫 孔子 實是多學 無一事不理會過 只是於多學中 有一以貫之耳

주자가 말했다. 성인도 (하나하나) 이해해 박학다식하지 않은 것은 아니지만, 단 성인이 성인이 되는 까닭은 오히려 박학다식에 있지 않고 '일이관지(하나로써 꿰뚫음)'에 있다. 요즈음 사람들이 박학다식하되 성인에 이르지 못하는 것은 단지 일이관지가 없기 때문이다. 그러나 박학다식하지 않으면 또 꿸 수 있는 대상이 없다. 공자께서는 실로 많이 배우시어 한 가지 일도 이해하지 않고 지나치는 법이 없으시지만, 다만 많이 배우는 중에 일이관지가 있으셨을 뿐이다.

○曾子 領會夫子一貫之旨 發出忠恕 是從源頭上面流下來 子貢 是從下面推上去

증자는 공자의 하나로써 꿰뚫는다는 말씀의 뜻을 이해해 충서라고 표현했으니, 이는 원천인 위로부터 아래로 흘러간 것이고, 자공은 아래로부터 위로 밀고 나아간 것이다.

○子貢 尋常就知識而入道 故 夫子警之曰 予 一以貫之 蓋 言吾之多識不過一理耳 但 子貢 多是曉得了便了 更沒收殺 曾子 尋常自踐履入 事親 便眞箇行此孝 爲人謀 則眞箇忠 與朋友交 則眞箇信 故 夫子警之曰 吾平日之所行者 皆一理耳 惟曾子 領會於片言之下 故曰 忠恕而已矣 以夫子之道無出於此也

자공은 보통 지식을 통해 도로 들어갔기 때문에 공자께서 그것을 경계하시어 '나는 하나로써 꿰뚫는다'라고 말씀하셨는데, 대개 나의 많은 지식은 하나의 이치에 불과할 뿐이라는 말씀이다. 그러나 자공은 깨달으면 곧 그것으로 그치고 다시 (보다 일반적인 원리로) 수렴하지는 않는 경우가 많았다. 증자는 보통 실천으로부터 (도로) 들어갔으니, 부모를 모시면 곧 진정 이 효를 행하고, 남을 위해 일을 도모할 때면 진정 진심을 다하고, 벗들과 사귈 때는 진정 그 믿음을 다했다. 그래서 공자께서 그것을 경계하시어 '내 평소 행하는 것은 모두 하나의 이치일 뿐이다'라고 말씀하셨다. 오직 증자만이 한마디 말씀이 있자마자 이해했기에 '충서일 뿐이다(「이인」 15장)'라고 말했으니, 공자의 도는 이것(충서)에서 벗어나지 않는다는 것이다.

○新安陳氏曰 彼 以吾道冠於一以貫之之上 此 自多學而識說起 而但云予一以貫之 可見彼言行此言知也

신안 진씨가 말했다. 저 구절(「이인」 15장)에서는 '내 도는'이라는 말을 '일이관지'의 위에 두었고, 이 구절에서는 '다학이지'라는 말로부터 시작하여 단지 '나는 하나로써 꿰뚫는다'라고만 말씀하셨으니, 저 구절은 행위(실천)를 말씀하신 것이고, 이 구절은 앎(지식)을 말씀하신 것임을 알 수 있다.

【집주】

○謝氏曰 聖人之道 大矣 人 不能遍觀而盡識 宜其以爲多學而識如字

之也 然 聖人 豈務博者哉 如天之於衆形 匪物物刻而雕之也 故曰 予一以貫之 德輶如毛 毛猶有倫 上天之載 無聲無臭 至矣

사씨가 말했다. 성인의 도는 커서 사람들이 두루 보고 다 알 수는 없으니, 많이 배워 기억하는 사람이라고 생각하는 것이 당연하다. 그러나 성인이 어찌 넓음(박학)에 힘쓰는 자이리오. 마치 하늘이 뭇 형상들에 대해 사물 하나하나마다 새기고 쪼고 하지는 않는 것과 같다. 그런 까닭에 '나는 하나로써 꿰뚫는다'라고 말씀하신 것이다. "'덕이 털처럼 가벼워도(『시경』,「대아」〈증민〉)'라 했는데, 털은 (아무리 가벼워도) 오히려 (무엇인가) 실체가 있는 것이니, '하늘이 하는 일은 소리도 없고 냄새도 없다'라고 해야 지극하다(『중용』33장)."

【세주】

問 如天之於衆形 匪物物刻而雕之也 朱子曰 天 只是一氣流行 萬物 自生自長自形自色 豈是粧點得如此 聖人 只是一箇大本大原裏出 視自然明 聽自然聰 色自然溫 貌自然恭 在父子 則爲仁 在君臣 則爲義 從大本中流出 便成許多道理 只是這箇一 便貫將去

'마치 하늘이 뭇 형상들에 대해 사물 하나하나마다 새기고 쪼고 하지는 않는 것과 같다'라는 말에 대해 물었다. 주자가 답했다. 하늘은 단지 하나의 기의 흐름일 뿐으로, 만물은 저절로 나서 저절로 자라고 저절로 형태를 갖추고 저절로 색을 드러내는 것이지, 어찌 이처럼 일부러 꾸며낼 수 있겠는가? 성인은 단지 하나의 큰 근본과 원천으로부터 나오는 것이니, 보는 것은 자연히 밝고 듣는 것은 자연히 또렷하고, 안색은 자연히 따스하고, 모습은 자연히 공손하고, 부자 관계가 되면 (자연히) 인을 행하고, 군신 관계가 되면 (자연히) 의를 행한다. (이런 모든 일들은) 큰 근본으로부터 흘러나와 허다한 도리들을 이루지만, 다만 이 하나(큰 근본)가 꿰뚫어 나아가는 것일 뿐이다.

○問 謝氏 解此章 末擧中庸引詩語 只是贊其理之妙耳 曰 固是 到此 則無可得說了 然 此 須是去涵泳 只恁說過 也不濟事 多學而識 也不可謂不是 故 子貢 先曰然 又曰非與 固有當多學而識之者 又自有一貫底道理 但 多學而識之 則可說 到一以貫之 則不可說矣

물었다. 사씨가 이 장을 해석하면서 끝에 『시경』 구절을 인용한 『중용』을 들었는데, (그 인용문은) 단지 그 이치의 오묘함을 찬미한 것일 뿐입니다. 답했다. 물론 그렇다. 여기에 이르면 말로 설명할 방법이 없다. 그러나 이는 모름지기 함영(학문의 세계에 푹 젖어 헤엄침)해나가야 하는 것이지, 그렇게(사씨처럼) 말하고 지나간다 해서 일이 해결되지는 않는다. 많이 배워 기억한다는 것도 틀렸다고 할 수는 없다. 그래서 자공이 먼저 "그렇습니다"라고 말하고 또 "아닙니까?"라고 물은 것이다. 본디 많이 배워 기억해야 할 것이 있고, 또 응당 일관의 도리도 있다. 단, 많이 배워 기억함은 설명할 수 있지만, 일이관지는 설명할 수 없다.

○陳氏曰 此 以中庸語證 乃形容天理自然流行之妙 無雕刻之迹 卽所以結前意耳

진씨가 말했다. 이는『중용』의 말을 증거로 들어 천리의 자연스러운 흐름이 오묘하여 새기거나 쫀 흔적이 없음을 형용한 것이니, 곧 앞글의 뜻을 마무리한 것일 뿐이다.

【집주】
尹氏曰 孔子之於曾子 不待其問而直告之以此 曾子 復扶又反深喩之曰 唯 若子貢 則先發其疑 而後告之 而子貢 終亦不能如曾子之唯也 二子所學之淺深 於此可見 愚按 夫子之於子貢 屢有以發之

윤씨가 말했다. 공자께서는 증자에게 그 질문을 기다리지 않고 곧바로 이것(일이관지)을 알려주셨다. 증자는 다시 깊이 깨달아 '예'라고 대답했다. 자공의 경우에는 먼저 의문을 촉발하신 후에 알려주셨는데도 자공은 끝내 역시 증자처럼 '예'라고 대답할 수 없었다. 이 두 사람의 배움의 높낮이를 여기에서 알 수 있다. 내가 생각건대, 공자께서 자공에게는 누차 (의문을 갖도록) 촉발시키셨고

【세주】
新安陳氏曰 如莫我知也夫 及予欲無言之類

신안 진씨가 말했다. (의문을 가지게 한 것이란) 예컨대 "아무도 나를 알지 못하는구나(『논어』14, 「헌문」37장)"나 "나는 말하고 싶지 않다(『논어』17, 「양화」19장)"와 같은 것이다.

【집주】
而他人不與音預焉 則顔曾以下諸子 所學之淺深 又可見矣

다른 사람들은 (여기에) 참여하지 못했으니, 안자와 증자 이하 여러 제자들의 배움의 높낮이를 또 알 수 있다.

【세주】
或問 此章之說 朱子曰 聖人生知 不待多學 子貢 以己觀夫子 故 以爲亦多

551

學也 夫子 以一貫告之 此 雖聖人之事 然 因己以告子貢 使知夫學者 雖不
可以不多學 然 亦有所謂一以貫之 然後爲至耳 蓋 子貢之學 亦博矣 然 意
其特於一事一物之中 各有以知其理之當然 而未能知夫萬理之爲一 而廓然
無所不通也 聖人 以此告之 使之知所謂衆理者 本一理也 以是而貫通之 則
天下事物之多 皆不外乎是 而無不通矣

혹자가 이 장의 설에 대해 물었다. 주자가 답했다. 성인께서는 나면서부터 아는 분이시니 다학(많이 배움)을 기다릴 필요가 없다. 자공은 자신의 수준에서 공자를 보았기 때문에 (공자도) 역시 다학하신다고 여겼다. (이에) 공자께서는 '일관(하나로 꿰뚫음)'을 알려주셨다. 이것(일관)은 비록 성인의 일이지만, 그러나 자신으로 말미암아[공자 자신의 입장 내지는 경지에서] 자공에게 알려주심으로써 저 배우는 자로 하여금 비록 다학하지 않을 수는 없지만 또한 이른바 '일이관지'함이 있은 연후라야만 지극해진다는 것을 알게 하셨다. 대개 자공의 배움도 역시 넓었다. 그렇지만 아마도 다만 하나하나의 사물 중의 당연한 이치를 알았을 뿐, 저 만 가지 이치가 하나(하나의 근본 원리)여서 널리 통하지 않는 바가 없다는 것은 아직 알지 못했던 것 같다. 성인께서 이것을 알려주심으로써 그로 하여금 이른바 뭇 이치들은 하나의 이치에 근본을 두는 것이며, 이것(하나의 이치)으로 꿰뚫으면 많은 천하의 사물이 모두 여기에서 벗어나지 않고 통하지 않는 것이 없다는 것을 알게 하셨다.

○問 語子貢一貫之理 謂五常百行人倫物理 紛紜雜揉 不可名狀 是可謂有
萬而不同者矣 然 一體 該攝乎萬有 而萬殊 歸乎一原 循其本而觀之 則固
一矣 卽其用而驗之 則是其本 行乎事物之間 斯 所謂一以貫之者也 聖人生
知 固不待多學而識 學者 非由多學 則固無以識其全也 故 必格物窮理 以
致其博 主敬力行 以反諸約 及夫積慮旣久 豁然貫通 則向之多學而得之者
始有以知其一本而無二矣 子貢 致知之功 已至 其於事物之間 灼然知天理
之所在而不疑 特未究夫一之爲妙耳 夫子 當其可而問之 發其疑而告之 故
能聞言而悟 不逆於心 觀夫子 於曾子之外 獨以告子貢 則其不躐等而施者
抑可見矣 曰 此說 亦善

물었다. 자공에게 말씀하신 일관의 이치는 (다음과 같은 것을) 말합니다. 오상, 백행, 인륜, 물리가 어지러이 뒤섞여 있어 이름 붙이거나 형용할 수 없는 것, 이는 만 가지(존재)가 있어 같지 않은 것이라 할 수 있습니다. 그러나 하나의 본체는 만 가지 존재를 포섭하며, 만 가지 다른 존재는 하나의 본원으로 귀결됩니다. 그 근본(근본적 원리)을 따라 살펴보면 본디 하나이고, 그 쓰임(원리의 구체적 적용)에 나아가 징험해보면 그 근본이 사물의 사이에 유행하는 것입니다. 이것이 이른바 '일이관지'라는 것입니다. 성인께서는 나면서부터 아시는 분이기에 원래 많이 배워 기억할 필요가 없지만, 배우는 자는 다학을 통하지 않으면 진실로 그 전체를 알 수 없습니다. 그러므로 반드시 격물 궁리하여 넓음을 다하고, 주경(경건함에 주력함) 역행(힘써 행함)하여 (배운 것들을) 돌이켜 요약하고, (그 결과로) 생각을 쌓은 것이 이미 오래되어 훤하게 관통하면, 전에 많이 배워 얻은 것들이 하나의 근본이며 둘이 아님을 비로소 알게 될 것입니다. 자공의 치지 공부는 이미 지극해 사물 사이에 천리가 있음을 분명히 알아 의심하지 않았고, 다만 하나(의 근본)의 오묘함을 궁구하지 못했을 뿐입니다. 공자께서는 (자공이) 해낼(이해할) 수 있는 때에 이르러 물으시고 그 의문을 일으켜 알려주셨으니, 그런 까닭에 말씀을 듣고 깨달아 마음에 거슬리지 않을 수 있었습니다. 공자께서 증자 이외에는 오직 자공에게만 (일관에 대해) 알려주신 것을 보면, 엽등하여(배움의 단계를 뛰어넘어) 가르치지 않으셨음을 또한 알 수 있습니다. 답했다. 이 설도 좋다.

○ 慶源輔氏曰 子貢 以通達之資 聞一知二 則其所學固多 而能識矣 然 務博者 多徇外 如方人屢中之事 可見 夫子 每有以抑之 無非使之反求其本者 子貢 至此 則眞積力久 亦將有得矣 故 夫子 先設爲疑辭以發之 俟其言 以觀其志 然後告之

경원 보씨가 말했다. 자공은 통달의 자질로서, 하나를 들으면 둘을 알았으니 그 배운 바는 진정 많았고 능히 기억할 수 있었다. 그러나 넓음(박학)에 힘쓰는 자는 바깥의 것을 좇는 경우가 많으니, 예컨대 '사람을 비교함' '번번이 맞힘'의 일(모두 자공의 평소 행동) 같은 곳에서 (그러함을) 알 수 있다. 공자께서는 매번 (자공의 박학에 힘쓰는 것을) 억제하심으로써 돌이켜 근본을 구하게 하지 않음이 없으셨다. 자공은 이에 이르러 진실함이 쌓이고 힘쓴 것이 오래되어 또한 장차 얻을 것이 있었다. 그래서 공자께서는 먼저 의도적으로 의문스러운 말씀을 하심으로써 (질문을) 일으키시고, 그의 말(답변)을 기다려 그 뜻을 보시고, 그런 다음 알려주셨다.

○ 或問 夫子 告子貢以一貫 與曾子同 朱子謂 告曾子 以行言 告子貢 以知言 潛室陳氏曰 旣是一貫 本不可分知行 只緣子貢以知識入道 故 聖人 從他明處 點化他 猶自領會不去 以忠恕而明一貫 驗得是行 以知識而明一貫 驗得是知 一貫 固不可分 但 向人語處 入頭各有塗轍

혹자가 물었다. 공자께서 자공에게 일관을 알려주셨는데, (이는) 증자(에게 알려준 것)와 같습니다. 그런데, 주자는 증자에게 알려주신 것은 행위(실천)의 측면에서 말씀하신 것이고 자공에게 알려주신 것은 지식의 측면에서 말씀하신 것이라고 했습니다. 잠실 진씨가 답했다. 이미 (같은) 일관인 이상, 본디 지식과 실천으로 나눌 수 없다. 다만 자공은 지식을 통해 도로 들어갔기 때문에 성인께서 그가 잘 아는 곳에서부터 그를 새롭게 변화시키셨으나 아직 스스로 이해해나가지는 못했다. 충서로 일관을 밝힘으로써 이 행을 체득하고, 지식으로 일관을 밝힘으로써 이 지를 체득한다. 일관은 본디 나눌 수 없지만, 단 남에게 말해주는 경우에는 (듣는 사람에 따라) 들어가는 곳에 각각 궤도(다른 설명의 방식)가 있다.

○ 袁氏曰 曾子 聞一貫之說 卽唯而無疑 固已深領聖道之妙 子貢 雖未能如曾子之唯 而亦未始如門人有何謂之問 是 則子貢 蓋 亦默會於言下矣

원씨가 말했다. 증자는 일관의 설명을 듣고 곧 '예'라고 답하고 의심하지 않았으니 진실로 이미 성인의 도의 오묘함을 깊이 깨달았다. 자공은 비록 증자가 '예'라 한 것처럼 하지는 못했지만, 또한 처음부터 문인이 '무슨 말씀입니까?'라고 물은 것처럼 하지는 않았다. 이는 곧 자공도 대개 역시 말씀이 있자 말없이 이해했기 때문이리라.

○ 雲峯胡氏曰 集註 於參乎章 引程子 曰維天之命於穆不已 是 以天字釋一字 此章 引謝氏 曰天之於衆形匪物刻雕之也 亦以天釋一字 蓋 天之於萬物 是一氣之貫 聖人之於萬事 是一理之貫 但 彼之所謂貫者 曰泛應曲當用各不同 是 以行言 此 由博學而識之說來 是 以知言 況曾子之篤實 能力於行 子貢明達 能求其知 所以 告之者 若不同 而所謂一者 未嘗不同也

운봉 호씨가 말했다. 집주는 〈삼호〉장(「이인」 15장)에서 정자를 인용해 "하늘의 명은 심원하여 그치지 않는다"라 했는데, 이는 '천(하늘)' 자로 '일' 자를 해석한 것이다. 이 장에서는 사씨를 인용해 "하늘이 뭇 형상에 대해 사물마다 새기고 쪼지는 않는다"라 했는데, 역시 '천'으로 '일' 자를 해석했다. 대개 하늘은 모든 사물에 대해 하나의 기로 꿰뚫고 성인은 모든 일에 대해 하나의 이로 꿰뚫는다. 단 저기(증자의 경우)의 이른바 '관'이라는 것에 대해서는 '세세한 모든 사태에 각각 올바른 방식으로 대응하시어 그 쓰임이 각각 다르다'라고 말했으니, 이는 행위(실천)의 측면에서 말한 것이고, 여기(의 '관')는 널리 배워 기억한다는 말에서부터 왔으니, 이는 지식의 측면에서 말한 것이다. 하물며 증자는 독실해서 실천에 힘쓸 수 있었고 자공은 밝고 통달해서 지식을 구할 수 있었음에랴. 그러므로 알려주신 것은 다른 것 같지만, 그러나 이른바 '일(하나)'이라는 것은 일찍이 같은 않은 적이 없다.

○ 新安陳氏曰 顏曾以下諸子 天資之敏 學問之進 皆 無如子貢 更觀其聞性與天道 及子張篇末三章 稱孔子處 足以見矣

신안 진씨가 말했다. 안자와 증자 이하의 여러 제자들 중에 선천적 자질의 영민함과 학문의 진보가 모두 자공만 한 사람이 없었다. 또 성과 천도에 관해 들은 일(「공야장」 13장)과 「자장」편 마지막 세 장(23, 24, 25장)에서 공자를 칭송한 곳을 보면 충분히 알 수 있다.

15.3 子曰 由 知德者 鮮矣 鮮上聲

공자께서 말씀하셨다. 유야, 덕을 아는 자는 드물다.

【집주】

由呼去聲子路之名 而告之也 德謂義理之得於己者 非己有之 不能知其意味之實也

'유'는 자로의 이름을 불러 말해주신 것이다. 덕은 의리가 자신(의 내면)에 얻어진 것이니, 자신이 그것을 가지고 있지 않으면 그 의미의 실제를 알 수 없다.

○ 自第一章 至此 疑皆一時之言 此章 蓋爲去聲慍見發也

1장에서부터 이 장까지는 아마 모두 같은 때의 말씀인 듯하다. 이 장(의 말씀)은 대개 (자로가) 성난 모습으로 뵌 일(본 편 1장) 때문에 나온 것이다.

【세주】

南軒張氏曰 知德者鮮 以其踐履之未至 故 不能眞知其味 夫子 以此告子路 使之勉進於德

남헌 장씨가 말했다. '덕을 아는 자가 드물다', (이 말씀은) (자로의) 실천이 아직 지극하지 못해 그 맛을 진정으로 알 수가 없었기 때문에 (하신 말씀으로), 공자께서는 이 말씀을 자로에게 알려주시어 그로 하여금 덕의 진보에 힘쓰도록 하셨다.

○ 慶源輔氏曰 聖門之學 不以徒知爲尙 要在實有諸己

경원 보씨가 말했다. 성인 문하의 학문은 헛되이 앎만을 숭상한 것이 아니고, 핵심은 실지로 (덕이) 자기(의 내면)에 있도록 하는 데에 있었다.

○ 覺軒蔡氏曰 夫子 呼子路 告以知德者鮮矣之說 謂義理有得於己 則死生禍福得喪 自不能亂其所守 所以釋其慍見之惑 夫子 當造次顚沛之中 所以告門人弟子者 各隨其所蔽而開發 無以異於洙泗雍容講論之素 吁 此 其所以爲聖人也與

각헌 채씨가 말했다. 공자께서 자로를 불러 '덕을 아는 자가 드물다'는 말씀을 알려주신 것은, '의리를 자신(의 내면)에 얻어 가지고 있으면 저절로 생사, 화복, 득상(얻거나 잃음)이 (자신의) 지키는 바를 어지럽힐 수 없다'는 것을 말씀하시어 자로가 성내며 뵐 때의 의혹을 풀어주시려 한 것이다. 공자께서는 곤경에 처하고 황급한 순간에도 문인 제자들에게 알려주시는 방식은 각자의 가려진 바에 따라 열어주시는 방식이었으니, 수사(공자의 평소거처)에서의 평소의 온화한 강론과 다를 것이 없었다. 아, 이것이 성인이신 까닭이리라.

○ 雙峯饒氏曰 夫子 不曰知道 而曰知德 何也 德與道 不同 知在行先 曰知道 知在行後 則曰知德 知在行先 則道未爲我有 猶未親切 知在行後 則此道 實爲我有 而知之也深 旣知得這裏面滋味 則外面世味 自不足以奪之 孟子曰 飽乎仁義 所以不願人之膏梁之味也 子路 未能實有是德於己 所以 纔絶糧 便慍見

쌍봉 요씨가 말했다. 공자께서 '지도(도를 안다)'라 말씀하시지 않고 '지덕(덕을 안다)'이라 말씀하신 것은 어째서인가? 덕과 도는 같지 않다. 앎이 실천 이전에 있는 것을 '도를 안다'라 하고, 앎이 실천 이후에 있는 것을 '덕을 안다'라 한다. 앎이 실천 이전에 있으면 도가 아직 나의 소유가 되지는 않아서 아직 가깝고 절실하지 못하다. 앎이 실천 이후에 있으면 이 도가 실지로 나의 소유가 되어서 아는 것도 깊어진다. 이미 이 내면의 깊은 맛을 알았다면 외면의 세상의 맛은 저절로 그것을 빼앗기에 부족해진다. 맹자는 "인과 의를 배불리 먹었기에 남의 기름진 음식을 원하지 않는다(『맹자』11, 「고자 상」 17장)"라고 했다. 자로는 아직 이 덕을 자기 내면에 실지로 소유할 수 없었다. 그래서 식량이 떨어지자마자 곧 성난 기색으로 뵈었다.

○ 雲峯胡氏曰 詳集註之意 不徒重在知字 而重在德字 蓋 義理之味 無窮 必實得於己 而後眞知其味之實 不然 臆度之知 非眞知也 夫苟眞知之 區區窮達 豈足爲欣戚哉

쌍봉 호씨가 말했다. 집주의 뜻을 자세히 살펴보면, 중요점이 단지 '지' 자에만 있는 것이 아니라 중요점이 '덕' 자에도 있다. 대개 의리의 맛은 무궁하니, 반드시 실지로 자신(의 내면)에 얻은 이후에야 그 맛의 실제를 진정 알 수 있다. 그렇지 않으면 억측의 앎이니 진정한 앎이 아니다. 만약 진정 그것을 안다면 구구한 궁달(궁핍함과 현달함)이 어찌 기쁨과 슬픔이 되기에 족하겠는가.

15.4 子曰 無爲而治者 其舜也與 夫何爲哉 恭己正南
面而已矣與平聲夫音扶

공자께서 말씀하셨다. 작위하지 않고 다스린 자는 순이로
다. 무릇 무슨 일을 했겠는가? 스스로 공손히 하면서 바로
남면하고 있었을 뿐이다.

【집주】
無爲而治去聲者 聖人 德盛而民化 不待其有所作爲也 獨稱舜者紹堯
之後 而又得人以任衆職 故 尤不見其有爲之迹也 恭己者 聖人敬德
之容 旣無所爲 則人之所見 如此而已

작위(의도를 가지고 애써 일을 함)하지 않고 다스린다는 것은 성인께서는 덕이
융성하시어 백성이 교화되니 작위하는 바가 있을 필요가 없다는 것이다. 오직
순임금만을 든 것은 (순임금이) 요임금의 뒤를 이은 후 또 사람을 얻어 여러 관
직을 맡겼기에 더욱더 그 작위의 흔적을 볼 수 없기 때문이다. '공기(스스로 공
손히 함)'란 성인의 '덕을 공경하는' 모습이다. 이미 작위가 없으니 사람들이 볼
수 있는 것이란 이런 것뿐이다.

【세주】
或問 恭己 爲聖人敬德之容 以書傳考之 舜之爲治 朝覲巡狩 封山濬川 擧
元凱 誅四凶 非無事也 此 其曰無爲而治者 何耶 朱子曰 卽書而考之 則舜
之所以爲治之迹 皆在攝政二十八載之間 及其踐天子之位 則書之所載 不
過命九官十二牧而已 其後 無他事也 雖書之所記 簡古稀闊 然 亦足以見當
時之無事也

혹자가 물었다. '공기'란 성인의 덕을 공경하는 모습이라 했습니다. 『서경』의 전으
로 고찰해보면, 순의 통치는 (제후의) 조알을 받고 (지방을) 순시하고, 산을 봉(지정)
하고 내를 준설하고, 원개를 등용하고 4흉을 주살했으니 일이 없었던 것이 아닙니
다. 여기서 '작위하지 않고 다스린다'라 한 것은 왜입니까? 주자가 답했다. 『서경』에
근거해 고찰해보면, 순의 통치의 자취는 모두 섭정한 28년 동안에 있었고, 천자의
지위에 오른 다음에는 『서경』에 실려 있는 것이란 9관과 12목을 임명한 것에 불과
할 뿐이다. 그 후에는 다른 일은 없었다. 비록 『서경』에 기록된 것이 소략하고 오래

되고 드물기는 하지만 또한 당시에 일이 없었음을 보기에는 충분하다.

○雙峯饒氏曰 集註 分兩節 一節 說聖人德盛而民化 不待其有所作爲 此是衆聖人之所同 一節 說舜紹堯之後 又得人以任衆職 故 尤不見其有爲之迹 此 是舜之所獨 稱舜 與無憂者其惟文王乎 相似

쌍봉 요씨가 말했다. 집주에서는 두 구절로 나누었다. 한 구절에서는 '성인의 덕이 성대해 백성이 교화되니 작위하는 바가 있을 필요가 없다'라고 했는데, 이는 여러 성인의 공통점이다. 한 구절에서는 '순이 요의 뒤를 이은 후 또 사람을 얻어 여러 관직을 맡겼기에 더욱더 그 작위의 흔적을 볼 수 없다'라 했는데, 이는 순만이 홀로 그런 것이어서 순을 든 것으로, '근심이 없는 자는 오직 문왕이리라(『중용』 18장)'라는 구절과 (그 방식이) 비슷하다.

○新安陳氏曰 人 不見其有爲之迹 可得見者 臨御敬德之容耳 胡氏 謂敬德之容 由外而知其內 是也

신안 진씨가 말했다. 사람들이 그 작위의 흔적을 볼 수 없었고, 볼 수 있는 것이라고는 임금 자리에 임해 덕을 공경하는 모습일 뿐이었다. 호씨가 덕을 공경하는 모습에 대해 '겉으로 말미암아 그 안을 안다'라 한 것이 바로 그것이다.

15.5-1　子張問行

자장이 행(행세함)에 관해 물었다.

【집주】

猶問達之意也

'달(현달함)'에 관해 물은 것과 같은 뜻이다.

15.5-2　子曰 言忠信 行篤敬 雖蠻貊之邦 行矣 言不忠信 行不篤敬 雖州里 行乎哉 行篤 行不之行 去聲 貊 亡百反

공자께서 말씀하셨다. 말이 진실하고 믿음직하고, 행동이 돈독하고 경건하면 비록 오랑캐의 나라에서도 행세할 수 있다. 말이 진실하고 믿음직하지 못하고, 행동이 독실하고 경건하지 못하면 비록 (중국의) 향리에서인들 행세할 수 있겠는가.

【집주】

子張 意在得行於外 故 夫子 反於身而言之 猶答干祿問達之意也 篤厚也 蠻 南蠻 貊 北狄

자장은 그 뜻이 밖으로 행세하는 데 있었다. 그런 까닭에 공자께서는 자신으로 돌이켜보는 것에 관해 말씀해주셨으니, (자장의) '녹을 구함(『논어』2, 「위정」18장)', '현달함에 관한 질문(『논어』12, 「안연」20장)'에 대답하셨던 의미와 같다. '독'은 두터운 것이다. '만'은 남쪽 오랑캐이고, '맥'은 북쪽 오랑캐이다.

【세주】

周禮 夏官 職方氏 四夷八蠻七閩九貉五戎六狄 鄭司農 註 東方曰夷 南方曰蠻 西方曰戎 北方曰貉狄

『주례』, 「하관」 〈직방씨〉조에 "4이 8만 7민 9맥 5융 6적"이라 했는데, 정사농(정중)은 주에서 "동쪽은 이라 하고, 남쪽은 만이라 하고, 서쪽은 융이라 하고, 북쪽은 맥적이라 한다"라 했다.

【집주】
二千五百家 爲州

2,500가가 1주가 된다.

【세주】
朱子曰 篤 有重厚深沈之意 敬而不篤 則有拘迫之患

주자가 말했다. '독(돈독함)'에는 중후하고 심후하다는 뜻이 있다. 경건하되 돈독하지 않으면 구애되고 급박해질 우려가 있다.

○南軒張氏曰 篤敬者 敦篤於敬也 言忠信 則言有物 行篤敬 則行有恒 以是而行 何往不可

남헌 장씨가 말했다. '독경'이란 경건함에 돈독한 것이다. 말이 진실하고 믿음직하면 말에 실질이 있고, 행동이 돈독히 경건하면 행동에 항상성이 있다. 이로써 행세하면 어디 간들 안 되랴.

○雙峯饒氏曰 凡事 詳審不輕發 是篤底意思 戒謹恐懼 惟恐失之 是敬底意思 篤自篤 敬自敬

쌍봉 요씨가 말했다. 범사에 자세히 살펴 경솔히 나서지 않는 것이 '독'의 의미이고, 삼가고 두려워해 잃을 것을 두려워하듯이 하는 것이 '경'의 의미이다. '독'은 그 자체로 독이고 '경'은 그 자체로 경이다(각각의 독립적 의미가 있다).

○問 言思忠 言而有信 此 合忠信來 言上說 如何 曰 忠信 都訓實 忠 是出於心者 信 是見於事者 如口裏如此說 心下不如此 是不忠也 口裏如此說 驗之於事 却不如此 是不信也 忠 是前一截事 信 是後一截事 若前一截實 後一截虛 便不可

물었다. '말을 함에 진실할 것을 생각한다'(『논어』16, 「계씨」10장)', '말을 함에 믿음이 있다'(『논어』1, 「학이」7장)'라 했는데, 여기서는 충(진실함)과 신(믿음)을 합쳐서 말에 관해 설명했습니다. 왜 그렇습니까? 답했다. 충과 신은 모두 '진실함'으로 해석된다. 충은 마음에서 나오는 것이고, 신은 일에 드러나는 것이다. 만약 입으로는 그렇게 말하면서 마음속은 그렇지 않다면 불충(진실하지 않음)이다. 입으로는 그렇게 말하면서 일에서 겪게 되는 것은 그렇지 않다면 불신(믿음직하지 않음)이다. 충은 앞의 한 단계 일이고, 신은 뒤의 한 단계 일이다. 앞의 한 단계는 있지만 뒤의 한 단계가 없으면 곧 옳지 않다(마음속은 진실하다 해도 실제 행동에서 믿음직하지 않다면 옳지 않다).

15.5-3　立 則見其參於前也 在輿 則見其倚於衡也 夫然後行 參七南反 夫音扶

서서는 그것이 눈앞에 끼어 있는 듯이 보이고, 수레를 타서는 그것이 멍에에 기대고 있는 듯이 보아야 한다. 무릇 그런 후에야 행세할 수 있다.

【집주】
其者 指忠信篤敬而言 參 讀如毋往參焉之參

'기(그것)'란 충신과 독경을 가리키는 말이다. '참'은 '무왕참언(가서 끼어들지 말라)'라 할 때의 '참'처럼 읽으니,

【세주】
記 曲禮 離坐離立 毋往參焉 離 麗也 謂兩人相附麗 而竝坐或竝立 我 毋往參之爲三焉

『예기』, 「곡례」편에 '(둘이) 짝지어 앉았거나 서 있으면 가서 끼어들지 말라'라 했다. 〈'이'는 짝이다. '두 사람이 서로 짝을 이루어 나란히 앉아 있거나 나란히 서 있는데 내가 가서 끼어들어 셋이 되어서는 안 된다'라는 말이다.〉

【집주】
言與我相參也 衡 軛音厄也 言其於忠信篤敬 念念不忘 隨其所在 常若有見 雖欲頃刻離去聲下同之 而不可得 然後一言一行去聲 自然不離於忠信篤敬 而蠻貊可行也

'나와 함께 서로 참여하고 있다'는 말이다. '형'은 멍에이다. '충신독경에 대해 항상 생각해 잊지 않고 (자신이) 있는 곳에 따라 항상 마치 보이는 듯이 해, 비록

잠시나마 떠나려 해도 그럴 수 없게 된 다음에야 말 한마디 행동 하나가 저절로 충신독경에서 떠나지 않아, 오랑캐 나라에서도 행세할 수 있다'는 말씀이다.

【세주】
朱子曰 參前倚衡 只是見得理如此 不成是有一塊物事 光輝輝 在那裏

주자가 말했다. '앞에 끼어들어 있는 듯, 멍에에 기대고 있는 듯'이란 단지 이치(충신독경)를 이처럼 볼 수 있다는 것이지, 한 덩이 물건이(실체로서) 번쩍이며 거기 있다는 말은 아니다.

○此謂 言 必欲其忠信 行 必欲其篤敬 念念不忘 而有以形於心目之間耳

이는 말을 하면 반드시 진실하고 믿음직하기를 바라고, 행동하면 반드시 독실하고 경건하기를 바라, 항상 생각해 잊지 않기에 마음의 눈에 나타난다는 말일 뿐이다.

○問 參前倚衡 何物參倚 坐立所見 何物可見 潛室陳氏曰 參前倚衡 不是有箇外來物事 便是忠信篤敬 坐立所見 要常常目在之耳 此 是學者存誠工夫 令自家實有這箇道理 鎭在眼前 不相離去

물었다. '앞에 끼어들어 있는 듯, 멍에에 기대고 있는 듯'이란 무슨 물건이 끼어들고 기대어 있다는 것이며, '앉아서나 서서 보는 것'이란 무슨 물건을 볼 수 있다는 것입니까? 잠실 진씨가 답했다. '앞에 끼어들어 있는 듯, 멍에에 기대고 있는 듯'이란 바깥에서 온 물건이 있는 것이 아니고, 곧 충신독경이다. '앉아서나 서서 보는 것'이란 항상 눈을 거기 두어야 한다는 것일 뿐이다. 이는 배우는 자의 '참됨을 보존하는 공부'이니, 스스로 이 도리를 실지로 가지고 있어 항상 눈앞에 두어 서로 떠나지 않도록 해야 한다.

○鄭氏舜擧曰 子張 務外者也 故 問干祿 問行 皆以言行告之 忠信篤敬 視寡尤寡悔 淺深不侔 子張之學 進矣

정순거가 말했다. 자장은 밖의 것에 힘쓰는 자이다. 그러므로 봉록 구하는 것과 행세하는 것을 물었을 때 모두 말과 행동에 관해 알려주셨다. (공자께서 지금 알려주신) '충신독경'을 (전에 알려주신) '과우과회(허물이 적고 후회가 적음.『논어』2,「위정」18장)'와 비교해보면 (그 수준의) 얕고 깊음이 같지 않으니, 자장의 배움은 진보했다.

○新安陳氏曰 忠信篤敬 乃言行當然之理 工夫 全在忠信篤敬念念不忘八字上 惟念念不忘於心 而後常如有見於目 忠信篤敬 吾心此理也 州里之人

563

與蠻貊之人 亦皆此心此理也 盡吾之心 則通乎人心 雖遠而可行 不盡吾心 則無以通乎人心 雖近而不可行矣

신안 진씨가 말했다. 충신독경은 언행의 당연한 이치이다. 공부는 오로지 '충신독경념념불망(진실하고 믿음직하고 독실하고 경건하기를 항상 생각해 잊지 않는다)' 여덟 글자에 있다. 오직 마음으로 항상 생각해 잊지 않은 다음에야 항상 마치 눈에 보이는 듯이 할 수 있다. 충신독경은 내 마음의 이 이치이고, 향리의 사람이나 오랑캐 나라의 사람이나 또한 모두 이 마음의 이 이치이다. 내 마음을 다하면 인심에 통해서 비록 먼 곳이라 하더라도 행세할 수 있고, 내 마음을 다하지 않으면 인심에 통할 수 없어 비록 가까운 곳이라 하더라도 행세할 수 없다.

15.5-4 子張 書諸紳
자장이 (그 말씀을) 허리띠에 적었다.

【집주】
紳 大帶之垂者 書之 欲其不忘也

'신'은 늘어뜨리는 큰 띠이다. 적었다는 것은 잊지 않으려 했다는 것이다.

【세주】
雙峯饒氏曰 書紳 見他佩服之切 子張 到晚年 儘切實 如言執德不弘之類 可見

쌍봉 요씨가 말했다. 허리띠에 적었다는 것은 그가 옷에 달고 다니려 할 정도로 절실했다는 것을 보여준다. 자장은 만년에 이르러 극히 절실해졌으니, 예컨대 '집덕불홍(덕을 지킴에 넓지 않으면, 『논어』19, 「자장」 2장)'이라 한 것 같은 데서 알 수 있다.

○ 新安陳氏曰 書上文夫子所言於紳也

신안 진씨가 말했다. 윗글의 공자 말씀을 허리띠에 적었다.

【집주】
○ 程子曰 學要鞭辟晉璧近裏 著直略反己而已 博學而篤志切問而近思

정자가 말했다. 배움이란 채찍질해 가까운 곳으로 몰아 내 몸에 붙이려는 것일 뿐이다. 널리 배우되 뜻을 독실히 하고, 절실하게 묻되 가까이 생각하고,

【세주】
此 致知之鞭辟近裏著己者
이는 치지(지식의 추구)의 '채찍질해 가까운 곳으로 몰아 내 몸에 붙임'이다.

【집주】
言忠信 行篤敬 立 則見其參於前 在輿 則見其倚於衡
말은 진실하고 믿음직하게 하고 행동은 독실하고 경건히 해, 서 있을 때는 눈앞에 끼어들어 있는 듯이 보고 수레에 탔을 때는 멍에에 기대 있는 듯이 보는 것,

【세주】
此 力行之鞭辟近裏著己者也
이는 역행(힘써 실천함)의 '채찍질해 가까운 곳으로 몰아 내 몸에 붙임'이다.

【집주】
卽此是學 質美者 明得盡 査滓壯里反 便渾上聲化 却與天地同體 其次 惟莊敬以持養之 及其至 則一也
이것이 곧 배움이다. 자질이 아름다운 자는 완전하게 밝아져[지식이 완전해져] 찌꺼기가 다 녹아 없어지니 천지와 한몸이 되고, 그다음인 자는 오직 단정함과 경건함으로 지키고 기르지만 그 지극함에 이르러서는 (자질이 아름다운 자와) 마찬가지이다.

【세주】
朱子曰 鞭辟近裏 此 是洛中語 辟 如驅辟一般 一處說作鞭約 是要鞭督向裏去 今人 皆就外面做工夫 下云 切問近思 言忠信 行篤敬 何嘗有一句說向外去 只就身上理會 便是近裏著己
주자가 말했다. '편벽근리', 이는 낙양의 말(방언)이다. '벽'은 '구벽(몰아감)'이라는 말과 같다. 어떤 데는 '편약'이라 했는데, 채찍질해 안으로 몰아가려 한다는 뜻이다. 요즘 사람들은 모두 외면에 대해서만 공부하지만, 아래에서 말한 '절실히 묻되 가까이 생각하고, 말은 진실하고 믿음직하게 하고, 행동은 독실하고 경

건하게 한다'는 말 중에 어찌 한 구절이라도 밖을 향해 나가는 것을 말한 것이 있 겠는가? 단지 자신에 관해 이해하는 것이 곧 '근리착기(가까이해 몸에 붙임)'이다.

○ 天地同體處 是義理之精英 查滓 是私意人欲之未消滅者 人與天地 本一體 只緣渣滓未去 所以 有間隔 若無渣滓 便與天地同體 如克己復禮爲仁 己 是查滓 復禮 便是天地同體處 如曾子不忠不信不習 漆雕開言 吾斯之未能信 皆是有些查滓處 只是質美者 見得透徹 那查滓處 便都盡化了 若未到此 須當莊敬持養 旋旋磨擦去敎盡 卽此是學 只爭箇做得徹與不徹耳

'천지와 한몸임'은 의리의 정화이며 찌꺼기는 사의와 인욕이 아직 사라지지 않은 것이다. 사람과 천지는 본디 한몸이지만 단지 찌꺼기가 제거되지 않은 까닭에 간격이 있을 뿐이다. 만약 찌꺼기가 없다면 곧 천지와 한몸이 된다. 예컨대 '극기복례위인(자신을 극복해 예를 회복하는 것이 인이다)'라 할 때, '기(자신)'는 찌꺼기이며 '복례(예를 회복함)'는 곧 천지와 한몸이 되는 것이다. 예컨대 증자의(증자가 반성했다는) 진실하지 않은 것, 믿음직하지 않은 것, 익히지 않은 것이나 칠조개가 '저는 아직 확신할 수 없습니다'라 한 것은 모두 약간의 찌꺼기가 있는 것이다. 단지 기질이 아름다운 자만이 투철하게 알아 저 찌꺼기가 곧 모두 사라진다. 만약 이 경지에 도달하지 못했다면, 모름지기 단정함과 경건함으로 지키고 길러, 계속해서 닦아내어 다 없어지게 해야 한다. 이것이 곧 배움이다. 단지 차이점은 투철하게 해내었는가 투철하지 못한가에 있을 뿐이다.

○ 問 竊謂 切問近思 是主於致知 忠信篤敬 是主於力行 知與行 不可偏廢 而程子謂 隨人資質 各用其力 而其至則一 如是 則亦有行不假於知者 未知如何 曰 切問忠信 只是泛引切己底意思 非以爲致知力行之分也 質美者 固是知行俱到 其次 亦豈有全不知而能行者 但因持養 而所知愈明耳

물었다. 제가 가만히 생각건대, 절실히 묻고 가까이 생각하는 것은 치지(앎의 추구)를 주로 하는 것이고, 진실하고 믿음직하고 독실하고 경건한 것은 역행(힘써 실천함)을 주로 하는 것입니다. 지와 행은 한쪽을 폐할 수 없습니다. 그런데 정자는 사람의 자질에 따라 각각 그 힘을 쓰지만 지극하게 되면 마찬가지라 했습니다. 그렇다면 또한 행만 있고 지는 빌리지 않는 경우(실천 공부만 하고 지식 공부는 하지 않는 경우)도 있게 되니 어떤지 모르겠습니다. 답했다. '절실히 묻는 것'이나 '진실하고 믿음직함'(을 말한 것)은 단지 '자신에게 절실한 것'을 널리 인용하려는 의사였지, 치지와 역행의 구분이라고 생각한 것은 아니다. 기질이 아름다운 자는 본디 지와 행이 모두 지극하지만, 그다음의 수준이라 해서 어찌 전혀 모르면서 행할 수 있는 자가 있겠는가? 다만 지키고 기름으로써 아는 바가 더욱 밝아질 뿐이다.

○ 胡氏曰 明得盡 查滓化 却天資高 知之 卽能行之 而私意 無所容也 莊主容 敬主心 內外交致其力 常常操守 以涵養之 然後可使私意消釋 程子此條 專爲學者言 不主於釋經也

호씨가 말했다. 완전하게 밝아져 찌꺼기가 녹아 없어지는 것은 곧 선천적 자질이 높은 것이니 알면 곧 능히 행할 수 있고, 사의는 용납될 곳이 없다. '장(단정함)'은 모습을 위주로 하는 말(외모에 관한 용어)이고, '경(경건함)'은 마음을 위주로 하는 말(마음에 관한 용어)이다. 안팎이 서로 그 힘을 다해 항상 붙들고 지켜 함양한 후에야 사의를 녹여 없앨 수 있다. 정자의 이 구절은 오로지 배우는 자를 위한 말이지, 경전의 해석에 주력한 것이 아니다.

15.6-1　子曰 直哉 史魚 邦有道 如矢 邦無道 如矢

공자께서 말씀하셨다. 곧구나, 사어여. 나라에 도가 있어도 화살 같고, 나라에 도가 없어도 화살 같구나.

【집주】

史 官名 魚 衛大夫 名 鰌音秋 如矢 言直也 史魚 自以不能進賢退不肖 旣死 猶以尸諫

'사'는 관직명이다. '어'는 위나라 대부로서 이름은 추이다. '여시(화살 같음)'는 곧다는 말이다. 사어는 스스로 현인을 등용하고 못난이를 물리치지 못했기에 죽은 후에도 오히려 주검으로써 간했다.

【세주】

新安陳氏曰 擧此一事 可見其餘

신안 진씨가 말했다. 이 일 하나를 들었으니 나머지도 알 수 있다.

【집주】

故 夫子 稱其直 事見形甸反家語

그런 까닭에 공자께서 그 곧음을 칭찬하셨다. 이 일은 『(공자)가어』에 보인다.

【세주】

家語 困誓篇 衛 蘧伯玉 賢 而靈公 不用 彌子瑕 不肖 反任之 史魚 驟諫而不從 病將卒 命其子曰 吾在衛朝 不能進蘧伯玉 退彌子瑕 是 吾生不能正君 死無以成禮 我死 汝置屍牖下 於我畢矣 禮 飯於牖下 小斂於戶內 大斂於阼 殯於客位也 其子 從之 靈公弔焉 怪而問之 其子 以父言告公 公 愕然失容曰 是 寡人之過也 於是 命之殯於客位 進蘧伯玉而用之 退彌子瑕而遠之 孔子 聞之曰 古之諫者 死則已矣 未有若史魚死而尸諫 忠感其君者也 可不謂直乎

『(공자)가어』, 「곤서」편에 다음과 같이 나와 있다. 위나라 거백옥은 현명했는데 영공이 쓰지 않았다. 미자하는 못났는데 거꾸로 썼다. 사어가 급히 간했으나 따르지 않았다. 병이 들어 장차 죽으려 함에 그 아들에게 명하기를 "내가 위나라 조정에서 거백옥을 나오게 하지 못하고 미자하를 물리치게 하지 못했다. 이는 내가 살아서 임금을 바로잡지 못한 것이니 죽어서 예를 다할 수 없다. 내가 죽으면 너는 시체를 창문 아래에 안치하라. 나로서는 (그것으로) 끝이다"라 했다. 〈예에, 창문 아래에서 상을 올리고 문 안에서 소렴을 하고 동쪽 계단에서 대렴을 하고 손님 자리에 안치한다.〉 그 아들이 이를 따랐다. 영공이 조문을 와 괴이하게 여겨 묻자 그 아들이 아버지의 말을 공에게 알렸다. 공이 놀라 실색하며 말하기를 "이는 과인의 잘못이다"라 했다. 이에 손님 자리에 안치할 것을 명하고, 거백옥을 나오게 해 쓰고, 미자하를 물러나게 해 멀리했다. 공자께서 그것을 듣고 말씀하시기를 "옛날의 간쟁하는 자들은 죽으면 그만이었지, 사어처럼 죽어서 주검으로써 간해 그 임금을 충성으로 감동하게 한 자는 없었다. 곧다고 하지 않을 수 있겠는가?"라 하셨다.

15.6-2 君子哉蘧伯玉邦有道則仕邦無道則可卷而懷之
군자로다, 거백옥은. 나라에 도가 있으면 벼슬하고, 나라에 도가 없으면 (자신의 몸을, 또는 재능을) 거두어들여 숨길 수 있다.

【집주】

伯玉出處上聲 合於聖人之道 故曰 君子 卷古轉反 收也 懷 藏也 如於孫林父晉甫 甯殖常職反 放弑之謀 不對而出 亦其事也

백옥의 나오고 머무름은 성인의 도에 합치했다. 그래서 '군자로다'라 하셨다. '권'은 거두어들이는 것이다. '회'는 숨기는 것이다. 예컨대 손임보와 영식의 (그 임금을) 몰아내고 죽이려는 음모에 대해 대꾸하지 않고 나온 것 또한 그 사례이다.

【세주】

左傳 襄公十四年 衛獻公 戒孫文子甯惠子食 皆服而朝 日旰不召 而射鴻於囿 二子從之 不釋皮冠 而與之言 皮冠 田獵之冠也 二子怒 孫文子 如戚 孫蒯 入使 公飮之酒 使太師歌巧言之卒章 蒯 懼告文子 文子曰 君忌我矣 弗先必死 幷帑於戚 而入見蘧伯玉 曰 君之暴虐 子所知也 大懼社稷之傾覆 將若之何 對曰 君制其國 臣敢奸之 雖奸之 庸知愈乎 遂行 從近關出 公 使子蟜子伯子皮 與孫盟于丘宮 孫子 皆殺之 四月 公 出奔齊 衛人 立公孫剽 孫林父

甯殖 相之 二十年 甯惠子卒 二十六年 衛獻公 求復 謂甯喜曰 苟反 政由甯氏 祭則寡人 甯喜 告蘧伯玉 伯玉曰 瑗不得聞君之出 敢聞其入 遂行 五月 甯喜 攻孫氏 克之 殺子叔 衛侯 剽也 言子叔 剽無諡 故 書曰 甯喜 弑其君剽 言罪之在甯氏也 孫林父 以戚如晉 書曰 入于戚以叛 罪孫氏也 甲午 衛侯衎 復歸于衛

『(춘추)좌전』에 다음과 같이 나와 있다. 양공 14년, 위 헌공이 손문자와 영혜자에게 (같이) 식사를 하자고 알려 모두 조복을 입고 조정에 나왔는데 (헌공은) 날이 저물도록 부르지 않고 동산에서 기러기 사냥을 했다. 두 사람이 따라가자 피관〈피관은 사냥할 때 쓰는 관이다.〉을 벗지도 않고 말을 나누었다. 두 사람이 노했다. 손문자는 척 땅으로 갔다. 손괴가 심부름 들어가자 공이 술을 마시게 하고 태사로 하여금 〈교언〉(『시경』, 「소아 소민」)의 마지막 장을 노래하게 했다. 괴가 두려워 문자에게 알렸다. 문자가 말하기를 "임금은 나를 싫어한다. 먼저 (공격)하지 않으면 반드시 죽을 것이다"라 했다. 모든 가족을 척 땅으로 옮기고 들어와 거백옥을 만나 말하기를 "임금의 포악함은 그대도 아는 바입니다. 사직이 무너질까 크게 두려우니 장차 어찌합니까?"라 했다. (거백옥이) 대답하기를 "임금이 나라를 다스리는데 신하가 감히 간여하리오. 비록 간여한들 더 나을지 어찌 알리오"라 하고 드디어 떠나 가까운 관문을 통해 나왔다. 공이 자교 자백 자피를 시켜 구궁에서 손자와 회맹하게 했는데, 손자가 모두 죽였다. 4월에 공이 제나라로 도망갔다. 위나라 사람들이 공손표를 세우고 손임보와 영식을 재상으로 삼았다. 20년, 영혜자가 죽었다. 26년, 위 헌공이 복위하려고 영희에게 말하기를 "만약 돌아온다면 정치는 영씨가 맡을 것이고 제사는 과인이 맡겠다"라 했다. 영희가 거백옥에게 알리자 거백옥이 말하기를 "원(거백옥의 이름)이 임금이 나가신 것도 못 들었는데 감히 그 들어오시는 것을 들었습니다"라 하고 드디어 떠났다. 5월, 영희가 손씨를 공격해 이기고 자숙을 죽였다. 〈〈자숙은〉 위나라 제후 표이다. 자숙이라 한 것은 표가 시호가 없기 때문이다. 그러므로 (춘추의 경문에) '영희가 그 임금 표를 죽였다'라 쓴 것은 죄가 영씨에게 있다는 말이다. 손임보는 척 땅을 가지고 진나라로 갔는데, (경문에) '척에 들어가 반란을 일으켰다'라 쓴 것은 손씨를 죄준 것이다.〉 갑오에, 위나라 제후 간(헌공의 이름)이 위나라로 복귀했다.

○ 新安陳氏曰 卷懷 皆指此道而言 引此事以爲證

신안 진씨가 말했다. '권'이니 '회'니 하는 것은 모두 이 도를 가리켜 하는 말이니, 이 일을 인용해 증거로 삼았다.

【집주】

○ 楊氏曰 史魚之直 未盡君子之道 若蘧伯玉 然後可免於亂世 若史魚之如矢 則雖欲卷而懷之 有不可得也

양씨가 말했다. 사어의 곧음은 군자의 도를 다한 것이 못된다. 거백옥 같아야 난세에 면할 수 있다. 만약 사어의 화살 같은 곧음이라면 비록 거두어들여 숨기고자 해도 그럴 수 없다.

【세주】

朱子曰 直 固好 然 一向直 便是偏 豈得如伯玉之君子

주자가 말했다. '직(곧음)'은 본디 좋은 것이지만, 그러나 내내 곧기만 하면 곧 치우친 것이다. 어찌 거백옥 같은 군자일 수 있겠는가.

○南軒張氏曰 史魚 只可謂之直 能伸而不能屈 未盡君子之道 若伯玉 則能因時屈伸 故 謂之君子

남헌 장씨가 말했다. 사어는 단지 곧다고 할 수 있을 뿐이다. 펼 수는 있지만 굽히지는 못하니 군자의 도를 다한 것이 못된다. 거백옥의 경우는 때에 따라 펴거나 굽힐 수 있으니 그런 까닭에 군자라 한다.

○胡氏曰 直者 德之一端 君子者 成德之名

호씨가 말했다. '직'이란 덕의 한 항목이고, 군자란 덕이 완성된 사람을 부르는 이름이다.

○新安陳氏曰 史魚之直 不以有道無道而變 治世 雖可行 亂世 欲卷而不可得矣 伯玉 有道則仕 無道卷懷 近於夫子之用則行舍則藏 集註 以爲出處合於聖人之道 蓋 謂此也

신안 진씨가 말했다. 사어의 곧음은 도가 있느냐 없느냐에 따라 변하지 않으니 치세에는 비록 행세할 수 있지만 난세에는 거두어들이려 해도 그럴 수 없다. 백옥은 도가 있으면 벼슬하고 도가 없으면 거두어들여 숨기니 공자의 '쓰이면 행세하고 버려지면 숨음'과 가깝다. 집주에서 '나오고 머무는 것이 성인의 도에 합치한다'라 한 것은 대개 이를 말한 것이다.

15.7 子曰 可與言而不與之言 失人 不可與言而與之言 失言 知者 不失人 亦不失言 知去聲

공자께서 말씀하셨다. 더불어 말할 만한데도 더불어 말하지 않으면 사람을 잃고, 더불어 말할 만하지 않은데도 더불어 말하면 말을 잃는다. 지자는 사람을 잃지 않고, 또 말을 잃지 않는다.

【세주】

勉齋黃氏曰 不與之言 不知其可與言也 與之言 不知其不可與言也 故 惟知者 不失人 亦不失言

면재 황씨가 말했다. 더불어 말하지 않는 것은 더불어 말할 만한지 모르기 때문이고, 더불어 말하는 것은 더불어 말할 만하지 않은 것을 모르기 때문이다. 그러므로 오직 지자만이 사람을 잃지 않고 또 말을 잃지 않는다.

○新安陳氏曰 惟智者 爲能知人 知其人之可與言 或不可與言 不知人 則當語而默 當默而語 非失人 則失言矣

신안 진씨가 말했다. 오직 지혜로운 자만이 사람을 알 수 있기 때문에 그 사람이 더불어 말할 만한지 혹은 더불어 말할 만하지 않은지 안다. 사람을 모르면 마땅히 말해야 하는데 침묵하고, 마땅히 침묵해야 하는데 말하니, 사람을 잃거나 아니면 말을 잃는다.

15.8 子曰 志士 仁人 無求生以害仁 有殺身以成仁

공자께서 말씀하셨다. 지사와 인인은 삶을 구해 인을 해치는 경우는 없고, 몸을 죽여 인을 이루는 경우는 있다.

【집주】
志士 有志之士 仁人 則成德之人也 理當死而求生 則於其心有不安矣 是 害其心之德也 當死而死 則心安而德全矣

'지사'는 뜻있는 선비이다. '인인'은 덕이 완성된 사람이다. 이치상 마땅히 죽어야 하는데 삶을 구하면 그 마음에 편안하지 않은 것이 있다. 이는 그 마음의 덕을 해치는 것이다. 마땅히 죽어야 해서 죽으면 마음이 편안하고 덕이 온전하다.

【세주】
朱子曰 志士仁人 所以不求生以害仁 乃其心中 自有打不過處 不忍就彼以害此 所以 成仁者 但以遂其良心之所安而已

주자가 말했다. 지사와 인인이 삶을 구해 인을 해치지 않는 까닭은 그 마음속에 본디 무너뜨릴 수 없는 것이 있어 차마 저것을 위해 이것을 해치지 못하기 때문이다. 그러므로 인을 이룬 자는 다만 그 양심에 편안한 바를 따를 뿐이다.

○仁 只是吾心之正理 求生害仁 雖以無道得生 却是抉破吾心中之全理 殺身成仁時 吾身雖死 却得此理完全也

인은 단지 내 마음의 바른 이치일 뿐이다. 삶을 구해 인을 해치는 것은 비록 도 아닌 것으로 삶을 얻기는 하지만 오히려 내 마음 안의 온전한 이치를 깨트리는 것이다. 몸을 죽여 인을 이룰 때, 내 몸은 비록 죽지만 오히려 이 이치의 완전함을 얻는다.

○求生 如何便害仁 殺身 如何便成仁 只是爭箇安與不安而已

삶을 구하는 것이 왜 인을 해치게 되는지, 몸을 죽이는 것이 왜 인을 이루게 되는지, (이는) 단지 편안한가 편안하지 않은가의 차이일 뿐이다.

○問 死生 是大關節 要之 工夫 却不全在那一節上 學者 須是於日用之間

不問事之大小 皆欲卽於義理之安 然後臨死生之際 庶幾不差 若平常應事
義理合如此處 都放過 到臨大節 未有不可奪也 曰 然

물었다. 죽고 사는 것은 큰 문제이니, 요컨대 공부가 오로지 저 한 구절에만 있는 것은 아닙니다. 배우는 자는 모름지기 일상생활에서 일의 대소를 묻지 않고 모두 의리의 편안함에 나아가려 한 연후에야 죽고 사는 때에 임해 거의 잘못이 없을 것입니다. 만약 (어떤 사람이) 평상시 일에 대응함에 의리상 마땅히 이러해야 하는 곳을 모두 (그냥) 놓아두고 지나쳐버렸다면 큰 절개(가 걸려 있는 문제)에 임했을 때 (그의 절개를) 뺏을 수 없는 경우는 없습니다(언제나 그 절개를 뺏을 수 있습니다). 답했다. 그렇다.

○胡氏曰 當死而死 於理爲是 於心始安 故 謂之成仁 然 必曰志士仁人者
有志之士 慷慨就死 成德之人 從容就死也

호씨가 말했다. 마땅히 죽어야 해서 죽으면 이치에는 올바르게 되고 마음은 비로소 편안하다. 그러므로 그것을 '인을 이룸'이라 한다. 그러나 반드시 지사 인인이라 한 것은 뜻있는 선비는 비분강개해 죽음으로 나아가고, 덕이 완성된 사람은 조용히 죽음으로 나아가기 때문이다.

○鄭氏舜擧曰 志士 不以死生爲懼 仁人 則明死生之理 唯曰不懼 或未免於
徒死 故 以志士仁人兼言之

정순거가 말했다. 지사는 죽고 사는 것을 두려워하지 않고, 인인은 죽고 사는 이치에 밝다. 단지 (지사는) '두려워하지 않는다'라 하면 혹시 헛된 죽음을 면치 못하는 경우가 있기 때문에 지사와 인인을 겸해 말씀하셨다.

○雙峯饒氏曰 仁人 與仁爲一 仁爲我有矣 志士 與仁猶二 但有志於爲仁
仁人者 自然無求生害仁 有殺身成仁 志士 亦能勉而爲之 比干 是仁人 豫
讓 張巡 是志士

쌍봉 요씨가 말했다. 인인은 인과 하나이니 인은 자신이 가지고 있는 것이다. 지사는 아직 인과 둘이니 다만 인을 행하는 데 뜻이 있을 뿐이다. 인인인 사람은 자연히 삶을 구해 인을 해치는 경우가 없고, 몸을 죽여 인을 이루는 경우는 있다. 지사 또한 힘써 이를 행할 수는 있다. 비간은 인인이고, 예양(춘추시대 진나라의 의인)과 장순(당 현종 때의 의인)은 지사이다.

○新安陳氏曰 志士 志於仁而勉行 不及仁人之安行 然 不以生死動心而虧
此仁 則一也

신안 진씨가 말했다. 지사는 인에 뜻을 두고 힘써 행하는 자이니 인인이 편안히 행하는 것에는 미치지 못한다. 그러나 죽고 사는 것 때문에 마음이 흔들려 이 인을 이지러뜨리지 않는 것은 마찬가지이다.

【집주】
○ 程子曰 實理 得之於心 自別 實理者 實見得是 實見得非也 古人 有捐軀隕命反命者 若不實見得 惡音烏能如此 須是實見得生不重於義 生不安於死也 故 有殺身以成仁者 只是成就一箇是而已

정자가 말했다. 진실한 이치를 마음에 얻으면 저절로 [그렇지 못한 사람과] 구별된다. 진실한 이치(를 얻은 것이)란, 진정으로 옳음을 알고 진정으로 그름을 아는 것이다. 옛사람 중에 몸을 바쳐 생명을 버린 자가 있었는데, 만약 진정으로 알지 못했다면 어찌 그럴 수 있었겠는가? 틀림없이 삶이 의보다 중요하지 않고 사는 것이 죽는 것보다 편안하지 않음을 진정으로 알았기 때문이다. 그러므로 몸을 죽여 인을 이루는 경우가 있는 것은 단지 이 하나의 옳음을 성취한 것일 뿐이다.

【세주】
或問 有殺身以成仁 無求生以害仁 竊謂 苟所利者大 一身 何足惜也 程子曰 但看生與仁 孰重 夫子曰 朝聞道夕死可矣 人 莫重於生 至於捨得死 道須大段好如生也 曰 旣死矣 敢問好處如何 曰 聖人 只睹一箇是

혹자가 물었다. 몸을 죽여 인을 이루는 경우는 있고 삶을 구해 인을 해치는 경우는 없다 했는데, 제가 가만히 생각건대, 만약 이익이 되는 것이 크다면 일신이 어찌 아까울 것이 있겠습니까? 정자가 답했다. 다만 삶과 인 중에 어느 것이 중요한지(가치 있는지) 보아야 한다. 공자께서는 '아침에 도를 들으면 저녁에 죽어도 괜찮다(『논어』4, 「이인」8장)'라 하셨다. 사람에게 삶보다 소중한 것은 없는데, (삶을) 버리고 죽는데 이르니, 도는 틀림없이 삶만큼이나 대단히 좋은 것이리라. 물었다. 감히 묻건대, 이미 죽었는데 좋을 것이 무엇이 있겠습니까? 답했다. 성인께서는 단지 '옳음' 하나만을 보셨다.

○ 朱子曰 曾見人解殺身成仁 言殺身者 所以全性命之理 人 當殺身時 何暇更思量我是全性命之理 只爲死便是 生便不是 不過就一箇是 故 伊川說 生不安於死 至於全其性命之理 乃是傍人看他說的話 非是其人 殺身時有此意也 或謂 殺身者 只是要成這仁 曰 若說要成這仁 却不是 只是行所當行而已

주자가 말했다. 일찍이 어떤 사람이 '살신성인'을 해석하면서 '살신'이란 성명의 이치(품부받은 올바른 본성으로서의 이)를 온전히 하려는 것이라 말하는 것을 본 적이 있다. 사람이 제 몸을 죽이는 때를 당해 어느 틈에 자신이 성명의 이치를 온전히 하는지 헤아리겠는가? 단지 죽는 것이 옳고 사는 것이 옳지 않기 때문에 하나의 옳음으로 나아가는 것에 불과하다. 그런 까닭에 이천은 '사는 것이 죽는 것보다 편안하지 않다'라 했다. 그 성명의 이치를 온전히 한다는 것은 곧 옆에 있는 사람이 그를 보고 설명하는 말이지, 그 사람이 죽을 때 이런 생각을 가지고 있는 것은 아니다. 혹자는 '살신이란 단지 이 인을 이루려 하는 것'이라 했는데, 답하자면, 만약 이 인을 이루려 하는 것이라고 설명한다면 곧 옳지 않다. 단지 마땅히 해야 할 것을 하는 것일 뿐이다.

○ 或問此章 曰 仁者 心之德 而萬理具焉 一有不合於理 則心 不能安 而害於德矣 順此理而不違 則身雖可殺 而此心之全 此理之正 浩然充塞天地之間 夫孰得而亡之哉 曰 其謂殺身成仁 而不曰義 何也 曰 仁義 體一而用殊 故 君子之於事 有以仁決者 有以義決者 以仁決者 此章之言 是也 以義決者 孟子謂 欲有甚於生 惡有甚於死 是也 蓋 仁人 不以所惡 傷所好之體 義士 不以所賤 易所貴之宜

혹자가 이 장에 관해 물었다. 답했다. 인이란 마음의 덕이고 만 가지 이치가 갖추어져 있다. 하나라도 이치에 맞지 않는 것이 있으면 마음이 편안해질 수 없어 덕을 해친다. 이 이치에 순종해 어기지 않으면, 몸은 비록 죽일 수 있지만 이 마음의 온전함과 이 이치의 올바름은 하늘과 땅 사이를 가득 채울 것이니 무릇 누가 없앨 수 있겠는가? 물었다. '살신성인'이라 하고 '의'라고(살신성의라고) 하지 않은 것은 왜입니까? 답했다. 인과 의는 본체는 하나이고 그 쓰임이 다르다. 그러므로 군자는 일에 있어서 인으로써(인을 기준으로 삼아) 결정하는 것이 있고, 의로써(의를 기준으로 삼아) 결정하는 것이 있다. 인으로 결정하는 것은 이 장의 말이 그 예이다. 의로 결정하는 것은 맹자가 "원하는 것이 삶보다 큰 것이 있고, 싫어하는 것이 죽음보다 큰 것이 있다(「고자 상」 10장)"라 한 것이 그 예이다. 대개 인인은 싫어하는 것을 가지고 좋아하는 것의 본질을 해치지 않고, 의사는 천한 것을 가지고 귀한 것의 마땅함을 바꾸지 않는다.

○ 南軒張氏曰 人 莫不重於其生也 君子 亦何以異於人哉 然 以害仁 則不敢以求生 以成仁 則殺身而不避 蓋 其死 有重於生 故也 夫仁者 人之所以生者也 苟虧其所以生者 則其生也 亦何爲哉 曾子 所以得正而斃者 正此義也 志士 志於仁者 與仁人 淺深雖有間 然 是則同也

남헌 장씨가 말했다. 사람에게 사는 것보다 더 중요한 것은 없다. 군자 또한 어찌 남들과 다르리오. 그러나 인을 해치는 일이면 감히 삶을 구하지 않고, 인을 이루는 일이면 몸을 죽이는 것도 피하지 않으니, 대개 그 죽음이 삶보다 가치 있기 때문이다. 무릇 인이란 사람이 사는 이유이다. 만약 그 사는 이유를 이지러뜨린다면 산들 또 무엇하리오. 증자가 올바름을 얻고 죽으려 했던 것은 바로 이 뜻이다. 지사는 인에 뜻을 둔 자이니 인인과는 (그 수준의) 깊고 얕음의 차이가 있지만, 그러나 옳다는 점에서는 같다.

○慶源輔氏曰 志士 於此二者 勉之者也 仁人 於此二者 安之者也 心與理一 理當死而以生 則咈於天理 忍於吾心 而傷害於吾仁矣 心之德 卽所謂仁也 理當死而死 則吾之心 順適而無傷 吾之仁 亦全而無闕矣

경원 보씨가 말했다. 지사는 이 두 가지에 대해 노력하는 자이다. 인인은 이 두 가지에 대해 편안히 여기는 자이다. 마음과 이치는 하나이다. 이치상 마땅히 죽어야 하는데 살면, 천리를 어기고 내 마음을 모질게 해 내 인을 해치게 된다. 마음의 덕이 곧 소위 인이다. 이치상 마땅히 죽어야 해서 죽으면, 내 마음은 (이치에) 순응해 다치지 않고, 내 인 또한 온전해 빠진 것이 없게 된다.

○潛室陳氏曰 謂之成仁 則必如是 而後天理人倫 無虧欠處 生順死安 無可悔憾 當此境界 但見義理 而不見己身 更管甚名譽耶

잠실 진씨가 말했다. '인을 이룸'이라 했으니, 반드시 이와 같은 다음에야(인을 이룬 다음에야) 천리와 인륜에 이지러지거나 빠진 것이 없고, 살아서는 순응하고 죽어서는 편안해 후회스럽거나 유감스러운 것이 없다. 이 경지에 도달하면 다만 의리를 볼 뿐 자신의 몸은 보지 않는데, 또 무슨 명예를 상관하리오.

○汪氏曰 程子 是因夫子之言 更推出實見二字 謂必先能眞實見得 死便定是 不死便定不是 方肯甘心就死 以成就這箇是 若不曾眞實見得 定合如此 則必不肯甘心就死矣 此 又推聖人所以言此之意 以曉人也

왕씨가 말했다. 정자는 공자의 말씀에 근거해 다시 '실견(진정으로 앎)' 두 글자를 추론해내어 "반드시 먼저 '죽는 것이 틀림없이 옳고 죽지 않는 것은 틀림없이 옳지 않다'는 것을 진정으로 알아야 비로소 달게 죽음으로 나아가 이 '옳음'을 성취한다. 만약 일찍이 진정으로 '반드시 이러해야 한다'는 것을 알지 못했다면 반드시 달게 죽으려 하지 않을 것이다"라 했다. 이는 또 성인께서 이 말씀을 하신 이유를 추론해 사람들을 깨우쳐 준 것이다.

○新安陳氏曰 志士仁人 能得實理於心 方能有實見 實見得是與非 方能殺身成仁 以成就箇是 而不求生害仁 以成就箇非也

신안 진씨가 말했다. 지사와 인인은 진실한 이치를 마음에 얻을 수 있기에 비로소 진정으로 알 수 있다. 옳음과 그름을 진정으로 알 수 있기에 비로소 살신성인해 옳음을 성취할 수 있고, 삶을 구해 인을 해쳐 그름을 성취하지 않을 수 있다.

○問 殺身成仁 與舍生取義 何別 曰 仁義 一理耳 仁 以心之全德言 義 以身之大節言 成仁 包得取義 取義 卽所以成仁 孔子 就本心安適處言 故曰成仁 孟子 就切身斷制處言 故曰取義 其爲成就一箇是 則一而已 所以 程子 於此 謂實見得生不重於義 可見仁與義 一理也

물었다. '살신성인'과 '사생취의(삶을 버리고 의를 취함)'는 어떻게 구별됩니까? 답했다. 인과 의는 하나의 이치일 따름이다. 인은 마음의 완전한 덕에 관한 말이고, 의는 몸의 큰 절조에 관한 말이다. '성인(인을 이룸)'은 '취의(의를 취함)'를 포함하니, 의를 취하는 것은 곧 인을 이루는 방법이다. 공자께서는 본심의 편안함에 관해 말씀하셨기에 '성인'이라 하셨고, 맹자는 몸에 절실하게 끊고 통제해야 하는 것에 관해 말했기에 '취의'라 했지만, 그 하나의 옳음을 성취한다는 점에서는 마찬가지일 뿐이다. 그래서 정자는 여기서 '삶이 의보다 중요하지 않다는 것을 진정으로 알면'이라 했으니, (정자가 인 대신 의라는 글자를 쓴 것으로 보아) 인과 의가 하나의 이치임을 알 수 있다.

15.9 子貢 問爲仁 子曰 工欲善其事 必先利其器 居是
邦也 事其大夫之賢者 友其士之仁者

자공이 인을 행하는 것에 관해 물었다. 공자께서 답하셨
다. 장인이 그 일을 잘하려 하면 반드시 먼저 그 연장을 벼
려야 한다. 이 나라에 거처하면서 그 대부 중에 현명한 자
를 섬기고, 그 선비 중에 인한 자를 벗하라.

【집주】
賢 以事言 仁 以德言

'현(현명함)'이란 일에 관한 말이고, '인'은 덕에 관한 말이다.

【세주】
勉齋黃氏曰 大夫 言賢 以見於行事者也 士 言仁 方見於修身者也

면재 황씨가 말했다. 대부가 현명하다 하는 것은 행사(정무의 수행)에서 드러나
는 것을 가지고 하는 말이고, 선비가 인하다 하는 것은 바야흐로 수신에서 드러
나는 것을 가지고 하는 말이다.

【집주】
夫子 嘗謂子貢 悅不若己者 故 以是告之 欲其有所嚴憚切磋 以成其
德也

공자께서는 일찍이 자공에 대해 자기만 못한 사람을 좋아한다고 하셨다. 그러
므로 이 말씀을 알려주시어, 조심하고 삼가고 갈고 닦는 것이 있어 그 덕을 이
루기를 바라셨다.

【세주】
家語 孔子曰 吾死之後 則商也 日益 賜也 日損 曾子曰 何謂也 子曰 商也
好與賢己者處 賜也 好與不若己者處 與善人居 如入芝蘭之室 久不聞其香
則與之化矣 與不善人居 如入鮑魚之肆 久不聞其臭 亦與之化矣 丹之所藏
者 赤 漆之所藏者 黑 是以 君子 必愼其所與處焉

『(공자)가어』(「육본」 15장)에 다음과 같이 나와 있다. 공자께서 말씀하셨다. 내

가 죽은 후에 상(자장)은 날로 늘어날 것이고 사(자공)는 날로 줄어들 것이다. 증자가 물었다. 무슨 말씀이십니까? 공자께서 답하셨다. 상은 자기만큼 현명한 자와 같이 있기를 좋아하고, 사는 자기만 못한 자와 같이 있기를 좋아한다. 선한 사람과 같이 있는 것은 마치 향기로운 난초의 방에 들어간 것과 같아 그 향을 오래 맡지 않아도 더불어 동화되고, 선하지 않은 사람과 같이 있으면 마치 생선 가게에 들어간 것과 같아 그 냄새를 오래 맡지 않아도 또한 더불어 동화된다. 단(단사. 겉으로는 빨갛지 않으나 만지면 빨간 색이 묻어나는 광물)이 숨기고 있는 것은 붉은 색이고 칠(옻칠)이 숨기고 있는 것은 검은 색이다. 그런 까닭에 군자는 반드시 그 같이 있는 것을 신중히 한다.

○朱子曰 大夫 必要事其賢者 士 必要友其仁者 便是要琢磨勉勵 以至於仁 如欲克己 而未能克己 欲復禮 而未能復禮 須要更相勸勉 乃爲有益

주자가 말했다. 대부는 반드시 그 현명한 자를 섬기려 하고 선비는 반드시 그 인한 자를 벗하려 하는 것은 곧 갈고 닦고 (서로) 격려해 인에 이르려는 것이다. 예컨대 극기하려 하지만 아직 극기하지 못하고, 복례하려 하지만 아직 복례하지 못했다면, 반드시 서로 권장하고 격려해야 유익하게 된다.

○事賢友仁 也是箇入德之方 問 事與友 孰重 曰 友爲親切 賢 只是統言 友 徑指仁上說

현명한 이를 섬기는 것과 인한 이를 벗하는 것은 또한 덕으로 들어가는 하나의 방법이다. 물었다. 섬기는 것과 벗하는 것 중에 어느 것이 더 중요합니까? 답했다. 벗이 가깝고 절실하다. 현명하다는 것은 단지 포괄적인[꼭 대부만이 아니라 누구에게나 두루 적용되는] 말이고, 벗하라는 것은 직접적으로 인[인한 자]를 가리켜 하는 말이다[벗하는 것은 반드시 인한 자여야 한다는 말이다].

○欲爲仁 而先親仁賢 猶工欲善其事 而先利其器 欲其取諸仁賢 以成其德也

인을 행하려 함에 먼저 인한 자와 현명한 자를 가까이하는 것은 장인이 그 일을 잘하려 할 때 먼저 그 연장을 벼리는 것과 같으니, 인한 자와 현명한 자로부터 얻어 그 덕을 이루려는 것이다.

○慶源輔氏曰 事大夫之賢者 則有所觀法 而起嚴憚之心 友其士之仁者 則有所切磋 而生勉勵之意 則其所以爲仁者 力矣

경원 보씨가 말했다. 대부 중에 현명한 자를 섬기면 모범을 보는 것이 있어 조심하고 삼가는 마음이 일어나고, 선비 중에 인한 자를 벗하면 갈고 닦는 것이 있어 격려하고 권장하는 마음이 생긴다. 그리하면 인을 행하는 것이 힘 있게 된다.

○新安陳氏曰 嚴憚 指事大夫之賢 切磋 指友士之仁

신안 진씨가 말했다. '엄탄(조심하고 삼감)'이란 대부 중에 현명한 자를 섬기는 것에 해당되고, '절차(갈고 닦음)'란 선비 중에 인한 자를 벗하는 것에 해당된다.

【집주】

○程子曰 子貢問爲仁 非問仁也 故 孔子告之以爲仁之資而已

정자가 말했다. 자공이 위인(인을 행함)을 물었다는 것은 인을(인이 무엇인지를) 물은 것이 아니다. 그런 까닭에 공자께서는 인을 행하는 데 도움이 되는 것을 알려주셨을 뿐이다.

【세주】

汪氏曰 此 專挑爲字發明之 問意 重在此字 故 夫子答之 只從此字發明其意也

왕씨가 말했다. 이(정자의 말)는 오로지 '위(행함)' 자를 드러내어 (그 의미를) 밝힌 것이다. 물어본 뜻의 핵심은 이 글자('위' 자)에 있었다. 그런 까닭에 공자께서 답하신 것은 단지 이 글자로부터 그 의미를 밝혀 드러내신 것이다.

○新安陳氏曰 資 助也

신안 진씨가 말했다. (정자의 말 중) '자'는 '도움'이라는 뜻이다.

15.10-1 顔淵問爲邦

안연이 나라 다스리는 것에 관해 물었다.

【집주】

顔子 王佐之才 故 問治天下之道 曰爲邦者 謙辭

안자는 왕(중국 전체의 통치자)을 보좌할 인재이다. 그러므로 천하를 다스리는 도를 물은 것이다. (그런데도) '위방(나라 다스림. 이때 나라는 제후국)'이라 말한 것은 겸손의 말이다.

【세주】

朱子曰 顔子之問 有二 一問仁 一問爲邦 須從克己復禮上來 方可及爲邦之事

주자가 말했다. 안자의 질문은 둘이 있다. 하나는 인을 물은 것이고, 하나는 나라 다스리는 것을 물은 것이다. 모름지기 극기복례로부터 나아가야 비로소 나라 다스리는 일에 미칠 수 있다.

15.10-2 子曰 行夏之時

공자께서 답하셨다. 하나라의 역법을 시행하고,

【집주】

夏時 謂以斗柄初昏建寅之月 爲歲首也 天開於子 地闢於丑 人生於寅 故 斗柄建此三辰之月 皆可以爲歲首 而三代迭用之 夏 以寅爲人正 商 以丑爲地正 周 以子爲天正也

'하시(하나라의 역법)'란 북두칠성의 자루 부분이 초저녁에 '인' 방향이 되는 달을 한 해의 처음으로 삼은 것(역법)을 말한다. 하늘은 '자' 방향에서 열리고 땅은 '축' 방향에서 열리고 사람은 '인' 방향에서 생긴다. 그러므로 북두칠성의 자루 부분이 이 세 신(세 방위, 즉 자, 축 인 방향)으로 향한 달은 모두 한 해의 처음으로 삼을 수 있는데, 3대(하 은 주)는 그것을 번갈아 사용했다. 하나라는 인(방향인 달)을 '인정(사람 기준 정월)'으로 삼았고, 상(은)나라는 축(방향인 달)을 '지정(땅 기준 정월)'으로 삼았고, 주나라는 자(방향인 달)를 '천정(하늘 기준 정월)'으로 삼았다.

【세주】

朱子曰 邵子 皇極經世書 以元統會 十二會爲一元 一萬八百年爲一會 以會統運 以運統世 三十年爲一世 十二世爲一運 三十運爲一會 初間一萬八百年 而天始開 又一萬八百年 而地始成 又一萬八百年 而人始生 邵子 於寅上 方註一開物字 蓋 初間未有物 只是氣塞 及天開些子後 便有一塊査滓 在其中 漸漸凝結而成也 初則溶軟 後漸堅實 今山 形自高而下 便如水漾沙之勢 以此 知必是先有天 方有地 有天地交感 方始生人物出來 邵子言 到子上 方有天 未有地 到丑上 方有地 未有人 到寅上 方有人 子丑寅 皆天地人之始 故 三代 建以爲正 夫子 以寅月人可施功 故 從其時

주자가 말했다. 소자(소옹)는 『황극경세서』에서 원으로 회를 통산해 12회가 1원이 되고, 1만 800년이 1회가 된다고 했고, 회로 운을 통산하고 운으로 세를 통산해 30년이 1세가 되고 12세가 1운이 되고 10운이 1회가 된다고 했다. 처음 1만 800년 만에 하늘이 처음 열리고, 또 1만 800년 만에 땅이 처음 이루어지고 또 1만 800년 만에 사람이 처음 생겨난다. 소자는 '인' 자 위에 '개물'이라는 글자를 방주(글자 옆에 붙이는 작은 주석)로 달았는데, (개물이란) 대개 처음에는 아직 사물이 없이 다만 기가 가득 차 있다가 하늘이 약간 열린 후 곧 한 덩이 찌꺼기가 그 가운데 있다가 점차 응결되어 (사물이) 이루어지는 것이다. 처음에는 녹아 부드럽다가 차츰 단단하고 실해진다. 지금의 산은 높은 데서 낮은 데로 (흘러내려) 형성된 것이니 곧 마치 물이 모래를 흔들어 쌓는 것과 같은 형세이다. 이로써 틀림없이 하늘이 먼저 있고 그다음에 땅이 있고, 천지가 교감한 후 비로소 사람과 사물이 나왔음을 알 수 있다. 소자는 '자'에 이르러 비로소 하늘이 있고 땅은 아직 없었고, '축'에 이르러 비로소 땅이 있고 사람은 아직 없었고, '인'에 이르러 비로소 사람이 있게 되었다고 했다. 자 축 인은 모두 하늘, 땅, 사람의 시작이다. 그러므로 3대는 (그것을) 세워 정월로 삼았다. 공자께서는 인의 달에 사람이 일을 할 수 있기 때문에 그 때(하나라 역법)를 따르셨다(사람이 (농사) 일 시작할 때를 정월로 삼는 것이 옳기 때문에 인월을 정월로 삼는 하나라 역법이 옳다고 보고 따르셨다).

【집주】

然 時以作事四字 出左氏傳 則歲月 自當以人爲紀 故 孔子嘗曰 吾得夏時焉 而說者 以爲夏小正之屬

그러나 때로써(때를 기준으로) 일을 하는 것이니, 《(시이작사) 네 글자는 『좌씨전』에 나온다.》 세월(역법)은 본디 마땅히 사람(사람의 하는 일)으로 기준을 삼아야 한다. 그러므로 공자께서는 일찍이 말씀하시기를 "내가 하나라 역법을 얻었다"라 하셨고, 해설하는 자는 (이 하나라 역법이)「하소정」(하나라 역서로 『대대례』의 한 편) 종류라고 여겼다.

【세주】

記 禮運 子曰 我 欲觀夏道 是故 之杞 而不足證也 吾 得夏時焉

『예기』,「예운」편에 다음과 같이 나와 있다. 공자께서 말씀하셨다. 내가 하나라의 도를 보고 싶었다. 그런 까닭에 기나라에 갔으나 증거가 부족했다. (거기서) 내가 하나라의 역법을 얻었다.

○夏小正 夏時書名 今存戴德註

「하소정」은 하나라 역서의 이름이다. 지금은 대덕의 주(『대대례』)에 남아 있다.

【집주】

蓋取其時之正 與其令之善 而於此 又以告顔子也

대개 그 때의 올바름과 그 월령(달마다 해야 할 일의 규정)의 훌륭함을 취하신 것으로, 여기서 또 이에 대해 안자에게 알려주셨다.

【세주】

朱子曰 陽氣 雖始於黃鍾 而其月爲建子 然 猶潛於地中 而未有以見其生物之功也 歷丑轉寅 而三陽始備 於是 協風乃至 盛德在木 而春氣應焉 古之聖人 以是爲生物之始 改歲之端 蓋 以人之所共見者言之 至商周 始以征伐有天下 於是 更其正朔 定爲一代之制 以新天下之耳目 而有三統之說 然 以言乎天 則生物之功未著 以言乎地 則改歲之義 不明 而凡四時五行之序 皆不得其中正 此 孔子 所以考論三王之制 而必行夏之時也

주자가 말했다. 양기는 비록 황종에서 시작되고 그 달은 (북두칠성 자루가) '자' 방향이지만, 그러나 아직도 땅 속에 숨어 있어 사물을 살리는 힘은 드러나지 않는다. 축을 지나 인으로 바뀌어야 삼양(세 가지 양기)이 비로소 갖추어진다. 이에 협풍(입춘 경에 부는 동풍)이 이르고 왕성한 덕이 나무에 있고 봄 기운이 응한다. 옛 성인은 이때를 사물이 살아나는 시작점이자 해가 바뀌는 시작점으로 삼았으니, 대개 사람들이 다 같이 볼 수 있는 것을 가지고 말한 것이다. 상과 주에 이르러 비로소 정벌을 통해 천하를 소유하게 되었다. 이에 그 정삭(역법)을 고쳐 한 시대의 제도로 정해 천하의 이목을 갱신했고, (그에 따라) 3통(천통 지통 인통)의 설이 있게 되었다. 그러나 천통으로 말하자면 사물이 살아나는 힘은 아직 현저하지 않고, 지통으로 말하자면 해가 바뀌는 의의가 명확하지 않아, 4시와 5행의 모든 순서가 다 중정함을 얻지 못했다. 이것이 공자께서 3왕의 제도를 논하시면서 반드시 하나라의 역법을 시행해야 한다고 하신 이유이다.

○所謂行夏時者 蓋 由歷數以來 授時之法 如堯典敎民事者 至夏而悉備也 諸家之歷 久而皆差 惟夏小正之書 授時爲無差 故曰 行夏時也

소위 하나라 역법을 시행하라고 하신 것은, 대개 역법이 생겨난 이래, 때를 알려주는 법, 예컨대 (『서경』)「요전」에서 백성에게 일을 가르친 것 같은 것은 하나라에 이르러 모두 갖추어졌기 때문이다. 여러 전문가들의 역법은 오래되고 또 모두 차이가 있었다. 오직 「하소정」의 역서만 때를 알려줌에 차이가 없었다. 그러므로 '하나라의 역법을 시행하라'고 하신 것이다.

○問 集註 斗柄初昏 建寅之月 何獨取初昏爲定 雙峯饒氏曰 天象 難捉摸 只有初昏可見 日已落 星初明 於是時 推測方有定 若其他時候 周流四方 無可捉摸 凡測星辰 都用初昏 測日影 却用日中

물었다. 집주에서는 '북두칠성의 자루가 초저녁에 인 방향이 되는 달'이라 했는데, 왜 하필 초저녁으로 정했습니까? 쌍봉 요씨가 답했다. 하늘의 형상은 파악하기 어려우니, 단지 초저녁에만 볼 수 있는 것이 있다. 해는 이미 떨어지고 별은 처음으로 밝아지니 이때에 관측해 방향을 정한다. 다른 때의 경우는 사방으로 두루 흘러 파악할 수 없다. 무릇 성신을 관측하는 것은 모두 초저녁에 하고, 해 그림자를 측정하는 것은 반대로 해가 남중했을 때 한다.

○行字 兼令說了 古人 每月有政令 觀夏小正 可見 行夏之時 不特改正朔 乃是兼每月政令行了 所以 集註說 時之正與其令之善 以堯曆日中星鳥以殷仲春 推之 亦是夏時 想夏之前 皆用建寅之月 至湯 始改以新天下之觀聽

'행' 자는 '영(정령)'을 겸해 말한 것이다. 옛사람은 매월 정령이 있었는데, 「하소정」을 보면 알 수 있다. 하나라의 역법을 시행한다는 것은 단지 역법을 고치는 것 뿐 아니라 매월의 정령을 시행하는 것도 겸하는 것이다. 그래서 집주에서는 때의 올바름과 월령의 훌륭함이라 설명했다. 요임금의 역법에 '날은 가운데(밤낮 길이가 같은 춘분)이고 별은 오성이니 이로써 중춘(한봄)을 맞는다(『서경』,「우서 요전」 2장)'라 한 것으로 미루어보면 (요의 역법) 또한 하나라 역법이다. 아마도 하나라 전에는 모두 인 방향의 달을 (정월로) 썼고, 탕임금(은의 시조)에 이르러 비로소 고쳐 천하의 이목을 일신한 것 같다.

○問 春秋 書王正月 是 以十一月爲春 如何 曰 然 天時參差 自是周制 夫子 不敢擅改王制 但如此書 而於對顔子 發此言 則人見得合用夏時 方與天時當對 此 是夫子微意

물었다. 『춘추』에서는 왕정월이라 썼는데, 이는 11월을 봄으로 삼은 것입니다. 왜 그렇습니까? 답했다. 그렇다. 천시가 차이가 나는 것은 주대에서 비롯되었다. 공자께서는 감히 왕제(주 왕실에서 정한 제도)를 마음대로 바꾸려 하지 않으시어 다만 (춘추에서는) 이렇게 쓰셨고(주나라 역법을 따라 쓰셨고), 안연에게 대답하실 때는 이 말씀을 하셨으니, (그 결과) 사람들이 마땅히 하나라 역법을 써야 비로소 천시와 맞아떨어진다는 것을 알게 되었다. 이는 공자의 숨은 뜻이다[주의 제도가 잘못임을 은연중에 비판하신 것이다].

15.10-3 乘殷之輅 輅音路 亦作路
은나라의 수레를 타고,

【집주】

商輅 木輅也 輅者 大車之名 古者 以木爲車而已 至商 而有輅之名 蓋始異其制也 周人 飾以金玉 則過侈而易去聲敗 不若商輅之朴素渾上聲堅 而等威已辨 爲質而得其中也

상(은)나라의 수레는 나무 수레이다. '노'란 큰 수레의 이름이다. 옛날에는 나무로 수레를 만들었을 뿐이다. 상에 이르러 '노'라는 이름이 생겼다. 대개 처음으로 그 제도를 달리한 것이다. 주나라 사람들은 금과 옥으로 장식해 지나치게 사치스럽고 쉽게 망가졌으니, 상의 수레가 소박하면서 견고하고, 신분의 위엄이 잘 구분되고, 질박하면서도 그 중정함을 얻은 것만 못했다.

【세주】

或問 周輅爲過侈 何也 朱子曰 輅者 身之所乘 足之所履 其爲用也 賤矣 運用震動 任重致遠 其爲物也 勞矣 且一器而工聚焉 其爲費也 廣矣 賤用而

貴飾之 則不稱 物勞而華飾之 則易壞 費廣而又增費之 則傷財 此 周輅之
所以爲過侈歟

혹자가 물었다. 주나라의 수레가 지나치게 사치스럽다고 한 것은 왜 그렇습니
까? 주자가 답했다. 수레란 몸이 타는 것이고 발이 밟는 것이니 그 쓰임새는 천
하다. 움직이면 진동하고 무거운 짐을 싣고 멀리 가니 물건으로서의 성격은 수고
스럽다. 또 하나의 기구이면서 (여러) 수공이 모인 것이니 그 비용은 크다. 천한
쓰임새인데 귀하게 장식하면 걸맞지 않는다. 수고로운 물건인데 화려하게 장
식하면 쉽게 망가진다. 비용이 많이 드는데 또 비용을 더 들이면 재물이 손상된
다. 이것이 주나라 수레가 지나치게 사치스럽다고 하는 까닭이리라.

○正義曰 路 大也 君之所在 以大爲號 門 曰路門 寢 曰路寢 車 曰路車
左氏傳曰 大路越席 昭其儉也

『(논어)정의』에서는 " '노'는 큰 것이다. 임금이 있는 곳에 대해서는 '대(크다)'라
고 이름 붙이니, (임금이 있는 곳의) 문을 '노문'이라 하고, 침(침소)을 '노침'이라
하고 차를 '노차'라 한다"라 했다. 『(춘추)좌씨전』(환공 2년 하)에서는 "큰 나무수
레와 갈포 좌석은 그 검소함을 드러낸 것이다"라 했다.

○勿軒熊氏曰 按記明堂位 鸞車 有虞氏之輅也 鈎車 夏后氏之輅也 大輅
殷輅也 乘輅 周輅也 註曰 漢 祭天 乘殷之輅 今謂之桑根車 周禮 春官 巾
車 掌王之五輅 曰玉輅 金輅 象輅 革輅 木輅 註曰 金 玉 象 以飾諸末 革輅
鞔之以革而漆之 木輅 漆之而已

물헌 웅씨가 말했다. 『예기』, 「명당위」편을 살펴보면 "난차는 유우씨의 수레이
다. 구차는 하후씨의 수레이다. 대로는 은나라의 수레이다. 승로는 주나라의 수
레이다"라 했고, 그 주에 "한나라에서는 하늘에 제사지낼 때 은나라의 수레를 탔
는데 지금 그것을 '상근차'라 한다"라 했다. 『주례』, 「춘관」〈건차〉조를 보면
"(건차는) 왕의 다섯 가지 수레를 관장하니, 옥로, 금로, 상로, 혁로, 목로이다"라
했고, 그 주에 "금(로), 옥(로), 상(로)은 (금, 옥, 상으로) 여러 끝부분(수레의 목재
의 끝부분)을 장식한 것이고, 혁로는 끄는 끈을 가죽으로 만들고 옻칠을 한 것이
고, 목로는 옻칠만 한 것이다"라 했다.

○雲峯胡氏曰 商尙質 亦有過於質者 商之輅 則得乎質之中者也

운봉 호씨가 말했다. 상은 질(질박함)을 숭상했는데, 또한 지나치게 질박한 것이
있었다. 상의 수레는 질의 중정함을 얻은 것이다.

15.10-4 服周之冕
주나라의 면류관을 쓰고,

【집주】

周冕有五祭服之冠也冠上有覆敷救反前後有旒音流黃帝以來蓋已有
之 而制度儀等 至周始備

주나라의 면류관은 다섯 가지가 있었는데 제사 복장에 쓰는 관이다. 관 위에 덮개가 있고, 앞뒤로 옥술이 있다. 황제 이래로 대개 이미 있었지만 그 제도와 의례등급은 주에 와서 비로소 갖추어졌다.

【세주】

何晏曰 世本云 黃帝作冕 周禮 弁師 掌王五冕 其制 蓋 以木爲幹 以布衣之
上玄下朱 取天地之色 阮諶 三禮圖云 長尺六寸 廣八寸 天子以下 皆同 前
圓後方 前垂四寸 後垂三寸 鄭云 天子之袞冕 十二旒 鷩冕 九旒 毳冕 七旒
絺冕 五旒 玄冕 三旒 旒各十二玉 公之袞冕 九旒九玉 侯伯 七旒七玉 子男
五旒五玉 孤 三旒三玉 大夫 二旒二玉 士以弁 庶人以冠

하안이 말했다. 『세본』(전국시대의 역사서)에는 "황제가 면을 만들었다"라 했고, 『주례』(「하관」〈변사〉조)에는 "변사가 왕의 다섯 가지 면을 관장한다"고 했다. 그 제도는 대개 나무로 틀을 만들고 포를 입힌 것으로, 위는 검고 아래는 붉은 색인데 하늘과 땅의 색을 취한 것이다. 완심의 『삼례도』에서는 "길이는 한 자 여섯 치, 폭은 여덟 치로 천자 이하 모두 같다. 앞은 둥글고 뒤는 모나고, 앞 술은 네 치, 뒷 술은 세치이다"라 했다. 정(현)은 "천자의 곤면(곤룡포와 함께 착용하는 면류관)은 술이 12개이고, 별면은 9개, 취면은 7개, 치면은 5개, 현면은 3개인데, 술은 각각 옥 12개로 되어 있다. 공의 곤면은 9술9옥이고, 후와 백은 7술7옥, 자와 남은 5술5옥, 고(삼공 밑의 벼슬)는 3술3옥, 대부는 2술2옥, 사는 변을 쓰고, 서인은 관을 쓴다"라 했다.

○周禮 春官 司服 王之吉服 祀昊天上帝 則服大裘而冕 祀五帝 亦如之 享
先王 則袞冕 享先公饗射 則鷩冕 祀四望山川 則毳冕 祭社稷五祀 則絺冕
祭群小祀 則玄冕 六服同冕者 首飾尊也 大裘 羔裘也 袞冕 卷龍衣也 九章
初一曰龍 次二曰山 次三曰華蟲 次四曰火 次五曰宗彛 皆畫以爲繢 次六曰
藻 次七曰粉米 次八曰黼 次九曰黻 皆絺以爲繡 則袞之衣 五章 裳 四章 凡

九章也 鷩 畵以雉 謂華蟲也 其衣三章 裳四章 凡七章也 毳 畵虎雌 謂宗彝也 其衣三章 裳二章 凡五章也 絺 刺粉米無畵也 其衣一章 裳二章 凡三章也 玄者 衣無文 裳刺黻而已 是以 謂之玄焉 凡冕服 皆玄衣纁裳

『주례』, 「춘관」〈사복〉조에 "왕의 길복(제사지낼 때의 복장)은 호천상제를 제사지낼 때는 대구와 면을 입고, 5제를 제사지낼 때도 또한 같이 한다. 선왕을 제사지낼 때는 곤면을 입고, 선공을 제사지내거나 향사(손님을 접대하며 활을 쏘는 의례)할 때는 별면을 입고, 4망(해 달 별 바다)과 산천을 제사지낼 때는 취면을 입고, 사직과 5사에 제사지낼 때는 치면을 입고, 여러 작은 제사를 제사지낼 때는 현면을 입는다"라 했다. (이에 관한 정현의 주에는) "6복에 같은 면을 쓰는 것은 머리 장식이 존귀하기 때문이다. 대구는 검은 양 갖옷이다. 곤면은 권룡의(구부러진 용을 새긴 옷)이다. 9장은, 첫째는 용이고, 다음 둘째는 산이고, 다음 셋째는 화충이고, 다음 넷째는 불이고, 다음 다섯째는 종이(호랑이)이니 모두 그림을 그려 수를 놓는다. 다음 여섯째는 마름이고, 다음 일곱째는 쌀가루이고, 다음 여덟째는 보(도끼문양)이고, 다음 아홉째는 불(아자문양)이니 모두 치(칡 실)로 수를 놓는다. 그러므로 곤복의 윗옷은 5장이고 치마는 4장으로 모두 9장이다. '별'은 암꿩을 그린 것이니 화충이라 한다. 그 윗옷은 3장이고 치마는 4장으로 모두 7장이다. '취'는 암호랑이를 그린 것이니 종이라 한다. 그 윗옷은 3장이고 치마는 2장으로 모두 5장이다. '치'는 쌀가루 모양을 수놓은 것으로 그림은 없고, 윗옷은 1장이고 치마는 2장으로 모두 3장이다. '현'이란 윗옷에는 문양이 없고 치마에 불(아자문양)을 수놓을 뿐이니 이런 까닭에 '현'이라 한다. 모든 면복은 검은 색 윗옷과 분홍색 치마로 한다"라 했다.

【집주】

然 其爲物小 而加於衆體之上 故 雖華而不爲靡 雖費而不及奢 夫子取之 蓋 亦以爲文而得其中也

그러나 작은 물건이고 몸뚱이 여러 부분 중 가장 위에 쓰는 것인 까닭에, 비록 화려하나 호사스러움이 되지는 않고, 비록 비용이 들지만 사치에 이르지는 않는다. 공자께서 채택하신 것은 대개 또한 문채가 있으면서도 그 중정함을 얻었기 때문이다.

【세주】

或問 周冕之不爲侈 何也 朱子曰 加之首 則體嚴而用約 詳其制 則等辨而分明 此 周冕所以雖文而不爲過也 夏商之制 雖不可考 然 意其必有未備者矣

혹자가 물었다. 주나라의 면이 사치함이 되지 않는 이유는 무엇입니까? 주자가 답했다. 머리에 쓰면 몸은 단정하게 하지만 비용은 적다. 그 제도를 자세히 (규정)하면 등급이 구분되고 신분이 명확해진다. 이것이 주나라 면이 비록 문채가 있지만 지나친 것이 되지는 않는 까닭이다. 하나라와 상나라의 제도는 비록 고찰할 수 없지만, 그러나 아마도 틀림없이 미비한 것이 있었을 것이다.

○雲峯胡氏曰 周尙文 則有過於文者 周之冕 則得乎文之中者也

운봉 호씨가 말했다. 주나라는 문(문채, 장식성)을 숭상했으니 문에 지나친 것이 있었겠지만, 주나라의 면(만큼)은 문으로서의 중정함을 얻은 것이다.

15.10-5 樂則韶舞
음악은 소무를 연주하고,

【집주】

取其盡善盡美

그 진선진미함을 취하셨다.

【세주】

問 顏子問爲邦 孔子 止告之以四代之禮樂 却不及治國平天下之道 莫是此事 顏子平日講究有素 不待夫子再言否 朱子曰 固是如此 顏子 事事了得了 只欠這些子 故 聖人 斟酌禮樂而告之

물었다. 안자가 나라 다스리는 것을 물었는데 공자께서는 단지 4대의 예악을 알려주셨을 뿐, 치국평천하의 도는 언급하지 않으셨습니다. 이 일은 안자가 평소 연구해 소양이 있었던 것으로 공자께서 다시 말씀해주시기를 기다릴 필요가 없지 않습니까? 주자가 답했다. 물론 그렇다. 안자는 일일이 다 이해해 깨달았지만 단지 이 몇 가지가 부족했기에 성인께서 예악을 참작해 알려주셨다.

○顏子 資禀極聰明 凡是涵養得來都易 如聞一知十 如於吾言無所不說 如亦足以發 如問爲邦 一時將許多大事分付與他 是他大段了得 看問爲邦 而孔子 便以四代禮樂告之 想是所謂夏時商輅周冕韶舞 當博我以文之時 都

理會得了 唯是顔子有這本領 方做得 若無這本領 禮樂 安所用哉

안자는 자질이 극히 총명해 모든 것을 함양해 다 이해했다. 예컨대 '하나를 들으면 열을 안다', '내 말에 기뻐하지 않는 것이 없다', '또한 (내 말의 뜻을) 드러내기에 족하다', '나라 다스리는 일을 물었다' 등의 구절에서, 일시에 허다한 큰일들을 그에게 (공부하거나 이해하라고) 분부해주시면 그는 대단하게 다 깨달았다. 나라 다스리는 것을 묻자 공자께서 곧 4대의 예악을 알려주신 것을 보면, 아마도 소위 '하시·상로·주면·소무'는 '나를 문으로 넓혀주셨을' 때에 모두 다 이해했겠지만, 다만 안자가 이 본령(핵심이 되는 요령)이 있어야 비로소 해낼 수 있기 때문인 것 같대안자는 제도의 구체적인 내용은 이미 다 배웠겠지만 그중에서 이 네 가지 핵심이 있어야 나라를 다스릴 수 있기 때문이다). 만약 이 본령이 없다면 예악이 무슨 소용이 있으랴.

○ 新安陳氏曰 韶舞 以樂聲兼樂容而言也

신안 진씨가 말했다. '소무'는 음악의 소리(곡조)와 음악의 모습(춤)을 겸해 말한 것이다.

15.10-6 放鄭聲 遠佞人 鄭聲淫 佞人殆 遠去聲

정나라 음악을 몰아내고 말 잘하는 사람을 멀리하라. 정나라 음악은 음란하고 말 잘하는 사람은 위태롭다.

【집주】

放 謂禁絶之 鄭聲 鄭國之音 佞人 卑諂辨給之人 殆 危也

'방'은 금해 끊는 것을 말한다. '정성'은 정나라의 음악이다. '영인'은 비굴하게 아첨하면서 말을 잘하는 사람이다. '태'는 위태로운 것이다.

【세주】

雲峯胡氏曰 集註 前訓佞字 但謂其辨給 此 則先之以卑諂 蓋 辨給在口 卑諂在心 此 所謂巧言令色孔壬者也

운봉 호씨가 말했다. 집주에서 전에 '영' 자를 해석하면서 다만 '말 잘하는 것'이라 했는데, 여기서는 '비굴하게 아첨한다'는 말을 앞에 두었다. 대개 말 잘하는 것은 입에 달렸고, 비굴하게 아첨하는 것은 마음에 달렸다. 이는 소위 교언영색으로 심히 아첨하는 자이다.

【집주】

○ 程子曰 問政 多矣 惟顔淵 告之以此 蓋 三代之制 皆因時損益 及其久也 不能無弊 周衰 聖人不作 故 孔子斟酌先王之禮 立萬世常行之道 發此以爲之兆耳 由是求之 則餘皆可考也

정자가 말했다. 정치를 물은 것은 많지만 오직 안자에게만 이를 알려주셨다. 대개 3대의 제도는 모두 때에 따라 덜고 더한 것이지만 오래되면 폐단이 없을 수 없다. 주나라가 쇠해 성인이 일어나지 않은 까닭에 공자께서는 선왕의 예를 참작하시어 만세에 언제나 행할 도를 세우시고자, 이 말씀을 하시어 기준으로 삼으셨다. 이로부터 찾는다면 그 나머지도 모두 고찰할 수 있을 것이다.

【세주】

朱子曰 發此爲之兆 兆 猶準則也 非謂爲邦之道 盡於此四者 略說四件 作一箇準則 則餘事 皆可依倣此而推行之耳

주자가 말했다. '이 말씀을 하시어 조(兆, 기준)로 삼으셨다'라 할 때의 '조'는 준칙이다. 나라 다스리는 방도는 이 네 가지 일이 전부라는 말씀이 아니고, 네 가지를 하나의 준칙으로 삼으면 나머지 일은 모두 이에 의거하고 모방해 미루어나갈 수 있음을 대략 설명하셨을 뿐이다.

○ 雲峯胡氏曰 須看斟酌二字 以三代正朔斟酌之 不如夏之時得其正 輅 至周而過侈 斟酌之 不如從殷之爲得其中 冕 自黃帝已有之 至周而其制始備 斟酌之 不如從周爲得其中 自堯舜湯武 皆有樂 斟酌之 不如韶樂之盡善盡美 夫子 姑擧此四者以例 其餘 皆當如此斟酌而行之也

운봉 호씨가 말했다. 모름지기 '짐작(참작하다)' 두 글자를 보아야 한다. 3대의 책력을 참작해보면 하나라 역법이 그 올바름을 얻은 것이 더 낫고, 노(수레)는 주나라에 이르러 지나치게 사치스러워졌으니 (그 점을) 참작해보면 은나라의 그 중정함을 얻은 것을 따르는 것이 더 낫고, 면은 황제 이래 있었지만 주나라에 이르러 그 제도가 비로소 완비되었으니 (그 점을) 참작해보면 주나라의 그 중정함을 얻은 것을 따르는 것이 더 낫고, 요순탕무가 모두 음악이 있었지만 참작해보면 소악의 진선진미함이 더 낫다. 공자께서는 잠시 이 네 가지를 예로 드셨으니, 그 나머지도 모두 마땅히 이처럼 참작해 행해야 한다는 것이다.

【집주】

張子曰 禮樂治去聲下同之法也 放鄭聲 遠佞人 法外意也 一日不謹 則法壞矣 虞夏君臣 更平聲相戒飭意蓋如此 又曰 法立而能守 則德可久 業可大 鄭聲佞人 能使人喪去聲其所守 故 放遠之

장자가 말했다. 예악은 다스림의 법이다. 정나라 음악을 몰아내고 말 잘하는 사람을 멀리하는 것은 법 바깥쪽의 뜻[법 내부의 조문이 아니고 입법이나 법 운용의 정신이다. 하루 삼가지 않으면 법은 무너진다. 우나라(요순시절)와 하나라 때 군신이 서로 경계하고 당부한 것은 그 뜻이 대개 이와 같다. 또 말했다. 법이 확립되어 능히 지키면 덕이 오래갈 수 있고 업적이 커질 수 있다. 정나라 음악과 말 잘하는 사람은 사람으로 하여금 그 지키는 바를 잃게 할 수 있다. 그러므로 몰아내고 멀리해야 한다.

【세주】

或問 鄭衛之音 皆爲淫奔 夫子 獨欲放鄭 何也 朱子曰 衛詩三十九 淫奔之詩 纔四之一 鄭詩四十一 淫奔之詩 已不啻七之五 衛 猶男悅女之詞 鄭 皆女惑男之語 衛 猶多譏刺懲創之意 鄭 幾蕩然 無復羞愧悔悟之萌 鄭聲之淫 甚於衛矣 夫子 獨以鄭聲爲戒 而不及衛 擧重而言也

혹자가 물었다. 정나라와 위나라의 음악이 모두 음란한데 공자께서 유독 정나라 음악만을 몰아내고자 하신 것은 왜입니까? 주자가 답했다. 위나라는 시 39개가 음란한 시이니 겨우 4분의 1이지만 정나라는 시 41개가 음란한 시이니 7분의 5를 더 넘는다. 위나라(시)는 남자가 여자를 기뻐하는 가사지만, 정나라는 모두 여자가 남자를 유혹하는 가사이다. 위나라는 오히려 비판하고 풍자하고 경계하는 뜻이 많고, 정나라는 거의 방탕해서 다시는 부끄러워하거나 후회하는 싹이 없다. (그러니) 정나라 음악의 음란함은 위나라보다 심하다. 공자께서 유독 정나라 음악을 경계하시고 위나라를 언급하지 않으신 것은 심한 것을 들어 말씀하신 것이다.

○張氏好古曰 小人之禍國家 柔惡 尤可畏於剛惡 剛惡 桀黠强暴 中才之主 猶畏而遠之 爲害猶淺 惟柔佞者 諂諛側媚 使人喜愛親暱 聰明之君 猶爲所惑 有覆亡而終不悟者 夫子擧佞人 亦以小人之尤者言也 是知有百王之大法 有萬世之大戒 四代禮樂 爲百王立此法也 戒以鄭聲佞人 爲萬世保此法也

장호고가 말했다. 소인이 국가에 화를 미치는 것으로는 부드러운 악이 강파른 악보다 더 두려워할 만하다. 강파른 악이란 흉포하고 강포한 것으로, 중간 정도의 재질인 왕도 오히려 두려워해 멀리하니 그 해 됨은 오히려 적다. 다만 부드럽게 말 잘하는 자는 아첨하면서 옆에서 꾀어 사람으로 하여금 기뻐하고 사랑하고 가까이하게 하니 총명한 군주라도 오히려 미혹되는 바가 있어 패망하더라도 끝내 깨닫지 못하는 경우가 있다. 공자께서 말 잘하는 사람을 드신 것은 또한 소인 중에 더 심한 자를 말씀하신 것이다. 이에 백왕의 대법이 있고 만세의 대계(크게 조심해야 할 것)가 있음을 알겠다. 4대의 예악은 백왕을 위해 이 법을 세우신 것이고, 정나라 음악과 말 잘하는 사람을 경계하신 것은 만세를 위해 이 법을 보존하신 것이다.

○ 慶源輔氏曰 治道 成於樂 鄭聲 樂之淫者 能搖蕩人之性情 以壞其成 故放絶之 治道 係於人才 佞人 人才之賊也 利口辨給 能變亂是非 以移奪人之心志 而喪其所守 故 屛絶之

경원 보씨가 말했다. 다스림의 도는 음악에서 이루어진다. 정나라 음악은 음악 중에 음란한 것이니 능히 사람의 성정을 뒤흔들어 그 완성을 방해한다. 그런 까닭에 몰아내고 끊으셨다. 다스림의 도는 인재에 달려 있다. 말 잘하는 사람은 인재 중의 도적이다. 교묘한 입으로 말을 잘하니 능히 옳고 그름을 뒤바꾸어 사람의 심지를 옮기거나 빼앗아 그 지키는 바를 잃게 한다. 그런 까닭에 막아 끊으셨다.

○ 雙峯饒氏曰 法外意者 意在法之表 意 所以立此法 所以用此法 亦所以守此法 先王 有不忍人之心 斯有不忍人之政 有關雎麟趾之意 然後可以行周官之法度 卽此意也

쌍봉 요씨가 말했다. '법외의(법 바깥쪽의 뜻)'란 뜻이 법의 바깥에 있는 것으로, 뜻이란 이 법을 세우는 이유이고, 이 법을 쓰는 이유이고, 또 이 법을 지키는 이유이다. 선왕은 남에게 차마 그리하지 못하는 마음이 있어 이에 남에게 차마 그리하지 못하는 정치가 있었다. 〈관저〉와 〈인지〉의 뜻이 있은 다음이라야 주나라 관제의 법도를 행할 수 있다(『근사록』, 「치체」편에 인용된 정호의 말)'는 것이 곧 이 뜻이다.

【집주】

尹氏曰 此 所謂百王不易之大法 孔子之作春秋 蓋 此意也 孔顔 雖不得行之於時 然 其爲治之法 可得而見矣

윤씨가 말했다. 이것이 소위 백왕이 바꾸지 않을 대법이다. 공자께서 『춘추』를 지으신 것은 대개 이 뜻이다. 공자와 안자가 비록 그 당시에 시행하지는 못했지만, 그러나 그 다스림의 법은 (지금) 볼 수 있다.

【세주】

程子曰 擧前代之善者 準此以損益之 此 成法也 鄭聲 使人淫溺 佞人 使人

危殆 放遠之 然後可守成法

정자가 말했다. 전대의 좋은 것을 들어 이를 기준으로 덜고 더하면 이것이 곧 완성된 법이다. 정나라 음악은 사람을 음란에 빠뜨리고, 말 잘하는 사람은 사람을 위태롭게 한다. 몰아내고 멀리한 다음에야 완성된 법을 지킬 수 있다.

○ 三王之法 各是一王之法 故 三代 損益文質 隨時之宜 若孔子所立之法 乃通萬世不易之法 孔子 於他處亦不見說 獨答顏回云 行夏之時 乘殷之輅 服周之冕 樂則韶舞 此 是於四代中 擧這一箇法式 其詳細 雖不可見 而孔子 但示其大法 使後人就上脩之 又曰 鄭聲佞人 最爲治之害 放遠 亦人之所難

세 왕조의 법은 각각 한 왕조의 법이다. 그러므로 3대가 문과 질을 덜고 더한 것은 때에 따른 적의함이지만, 공자께서 세우신 법의 경우는 곧 만세를 통해 바뀌지 않을 법이다. 공자께서 다른 곳에서는 또한 드러내 말씀하지 않고 유독 안회에게 답하시면서 '하나라의 역법을 시행하고, 은나라의 수레를 타고, 주나라의 면류관을 쓰고, 음악은 소무를 연주하라'라 하셨다. 이는 4대 중에 이 하나(씩)의 법식을 드신 것이다. 그 상세한 것은 비록 알 수 없지만, 공자께서 다만 그 큰 법을 보이시어 뒷사람으로 하여금 위를 향해 닦게 하셨다. 또 말했다. 정나라 음악과 말 잘하는 사람은 정치에 가장 해가 되지만, 몰아내고 멀리하는 것 또한 사람에게는 어려운 일이다.

○ 和齋尹氏曰 孔子 告顏子以四代禮樂 而繼以放鄭聲遠佞人 蓋 此事 易惑人也

화재 윤씨가 말했다. 공자께서 안자에게 4대의 예악을 알려주시고는, 이어 정나라 음악을 몰아내고 말 잘하는 사람을 멀리할 것을 알려주신 것은 대개 이 일이 쉽게 사람을 미혹시키기 때문이다.

○ 問 伊川 春秋傳序 引夫子答爲邦之語 惟顏子 嘗聞春秋大法 何也 朱子曰 此 不是孔子將春秋大法向顏子說 蓋 三代制作 極備矣 孔子 更不可復作 故 告以四代禮樂 只是集百王不易之大法 其作春秋 善者 則取之 惡者 則誅之 要 亦明聖王之大法 意 亦只是如此 故 伊川 引之爲樣耳

물었다. 이천이 『춘추전』 서문에서, 공자께서 나라 다스리는 것에 대해 답하신 것을 인용해서 오직 안자만이 일찍이 『춘추』의 대법을 들었다고 한 것은 무슨 이유입니까? 주자가 답했다. 이는 공자께서 『춘추』의 대법을 안자에게 설명하셨다는 말이 아니다. 대개 3대의 제작은 극히 완비되었으니 공자께서 다시 지으실 수는 없었다. 그런 까닭에 4대의 예악을 알려주신 것은 단지 백왕이 바꾸지 않을

595

대법을 모으신 것일 뿐이다. 『춘추』를 지으심에, 착한 자는 취하시고 악한 자는 비판하신 것은 그 바람이 또한 (4대의 예악을 알려주신 것과 마찬가지로) 성왕의 대법을 밝히시려는 것이었고, 의도 또한 단지 그러했을 뿐이다. 그래서 이천이 그것을 인용해 본보기로 삼았던 것뿐이다.

○ 南軒張氏曰 聖人 監四代之事 而損益之 以爲百王不易之典 此 其大綱也 其綱 見於此 而其目 則著於春秋 以此答顏淵 惟顏子 可以與於斯也 放鄭聲 遠佞人 以爲邦之大法也 以其易溺而難防 故 重言之 鄭聲淫 佞人殆 聖人 每致戒於斯者 非聖人必待戒乎此也 於此設戒 是乃聖人之道也 放鄭聲 遠佞人 而後四代之法度 可以興行 而無斁矣

남헌 장씨가 말했다. 성인께서 4대의 일을 살펴 덜고 더해 백왕이 바꾸지 않을 법을 만드셨으니, 이는 그 대강이다. 그 대강은 여기 나타났지만 그 세목은 춘추에 드러났다. 이로써 안연에게 답하신 것은 오직 안연만이 이에 참여할 수 있었기 때문이다. 정나라 음악을 몰아내고 말 잘하는 사람을 멀리하는 것은 나라 다스리는 대법이 되는 것으로서, 빠지기는 쉽고 막기는 어렵기 때문에 정나라 음악은 음란하고 말 잘하는 사람은 위태롭다고 거듭 말씀하셨다. 성인께서 매번 이에 대해 경계를 다하신 것은 성인께서(성인 자신이) 이에 대해 꼭 경계하실 필요가 있어서가 아니라 이에 대해 (남들이 경계하도록) 경계를 베푸시는 것이 곧 성인의 도이기 때문이다. 정나라 음악을 몰아내고 말 잘하는 사람을 멀리한 후에야 4대의 법도가 흥해 끝없이 행해질 수 있다.

○ 或問 孔子 言王道 只言禮樂 如夏時商輅周冕 是也 孟子 言王道 只言政事 如衣帛食肉經界井地 是也 意者 孔子 言王道之本 孟子 言王道之務 潛室陳氏曰 孔子 爲學者言 止言經世之大綱 孟子 爲時君言 當論濟時之急務

혹자가 물었다. 공자께서는 왕도를 말씀하시면서 다만 예악을 말씀하셨으니 '하시(하나라 역법), 상로(은나라 수레), 주면(주나라 면류관)'이 그것입니다. 맹자는 왕도를 말하면서 단지 정사를 말했으니 '의백식육(비단옷을 입고 고기를 먹음), 경계정지(토지의 경계를 바로하고 정전법을 시행함)'가 그것입니다. 아마도 공자께서는 왕도의 근본을 말씀하신 것이고, 맹자는 왕도의 실무를 말한 것 같습니다. 잠실 진씨가 답했다. 공자께서는 배우는 자를 위해 말씀하셨기에 단지 경세의 대강을 말씀하셨고, 맹자는 당시의 임금을 위해 말했기 때문에 당연히 시대를 구할 급무를 논했다.

15.11　子曰 人無遠慮 必有近憂

공자께서 말씀하셨다. 사람이 멀리 생각하지 않으면 반드시 가까운 근심이 있다.

【집주】
蘇氏曰 人之所履者 容足之外 皆爲無用之地 而不可廢也 故 慮不在千里之外 則患 在几席之下矣

소씨가 말했다. 사람이 밟는 것으로 치면 발 둘 곳 말고는 모두 쓸모없는 땅이지만 버릴 수는 없다. 그러므로 생각이 천 리의 밖에 있지 않으면 근심이 앉은 자리 밑에 있게 된다.

【세주】
程子曰 人無遠慮 必有近憂 思慮 當在事外

정자가 말했다. 사람이 멀리 생각하지 않으면 반드시 가까운 근심이 있다. 사려는 마땅히 (당장의) 일 밖에 있어야 한다.

○南軒張氏曰 慮之不遠 其憂必至 故曰 近憂 易 於履霜 卽曰 堅氷至 以見其憂之在近也 慮患於履霜之初 則有以弭憂矣

남헌 장씨가 말했다. 생각이 멀지 않으면 그 근심이 반드시 온다. 그러므로 '가까운 근심'이라 했다. 『역』(「곤괘 초륙」)에서 '서리를 밟음'에 대해 곧 '단단한 얼음이 온다'라 해 그 근심이 가까이 있음을 보였다. 염려하고 걱정하기를 서리 내리기 시작할 때 하면 근심을 잊을 수 있다.

○覺軒蔡氏曰 按蘇氏之說 遠近 以地言 若遠近以時言 恐亦可通 如國家立一法度 若不爲長遠之慮 則目前卽有近憂矣

각헌 채씨가 말했다. 소씨의 설을 살펴보면 원근은 장소에 관한 말인데, 만약 원근을 때에 관한 말로 보더라도 아마도 또한 통할 수 있는 것 같다. 예컨대 국가가 하나의 법도를 세움에, (시간상) 길고 멀리 생각하지 않으면 목전에 즉시 가까운 근심이 있다.

○雙峯饒氏曰 蘇氏 只說得地之遠近 欠說時之遠近 若云慮不及千百年之

遠 則患在旦夕之近矣 意方足

쌍봉 요씨가 말했다. 소씨는 단지 장소의 원근을 말했을 뿐, 때의 원근은 빠뜨리고 말했다. 예컨대 생각이 천백 년 멀리까지 미치지 않으면 근심이 조석의 가까움에 있다고 해야 뜻이 비로소 완전하다.

○厚齋馮氏曰 慮 在事未來之先 憂 在事旣至之後 慮不遠 則備不豫 而憂近矣 慮遠而備豫 則有以弭憂矣

후재 풍씨가 말했다. 생각은 일이 아직 일어나기 전에 있는 것이고, 근심은 일이 이미 일어난 다음에 있는 것이다. 멀리 생각하지 않으면 미리 준비가 안 되어 근심이 가깝게 된다. 멀리 생각해 미리 준비하면 근심을 잊을 수 있다.

15.12 子曰 已矣乎 吾 未見好德如好色者也 好去聲

공자께서 말씀하셨다. 그만이로구나. 나는 덕을 좋아하기를 색을 좋아하듯이 하는 자를 보지 못했다.

【집주】

已矣乎 歎其終不得而見之也

'이이호(그만이로구나)'는 끝내 볼 수 없었음을 탄식하신 것이다.

【세주】

南軒張氏曰 世之誠於好德者鮮 夫子所以歎也

남헌 장씨가 말했다. 진정 세상에 덕을 좋아하는 자가 드문 것, 그것이 공자께서 탄식하신 까닭이다.

○ 慶源輔氏曰 自恐其終不獲見 所以 警人 使知自勉也

경원 보씨가 말했다. 끝내 얻어 볼 수 없을까 우려하셨기 때문에, 그래서 사람들을 경계하시어 스스로 노력할 것을 알게 하셨다.

○ 新安陳氏曰 吾未見好德如好色者也 已見子罕篇 此 加上三字 而警人之意 愈切

신안 진씨가 말했다. '나는 덕을 좋아하기를 색을 좋아하듯이 하는 자를 보지 못했다'는 말씀은 이미 「자한」편(17장)에 나온다. 여기서는 앞에 세 글자(이이호)를 더했으니 사람을 경계하시는 뜻이 더욱 절실하다.

15.13 子曰 臧文仲 其竊位者與 知柳下惠之賢 而不與
立也 者與之與 平聲

공자께서 말씀하셨다. 장문중은 지위를 훔친 자이다. 유하혜가 현명한 줄 알면서도 같이 서지 않았다.

【집주】

竊位 言不稱去聲其位 而有愧於心 如盜得而陰據之也 柳下惠 魯大夫 展獲 字 禽 食邑柳下 謚曰惠 與立 謂與之竝立於朝音潮 范氏曰 臧文仲 爲政於魯 若不知賢 是不明也 知而不擧 是蔽賢也 不明之罪 小 蔽賢之罪 大 故 孔子 以爲不仁

'절위(지위를 훔침)'란 그 지위를 잘 해내지 못해 마음에 부끄러움이 있는 것으로, 마치 도둑질해 몰래 가지고 있는 것과 같다는 말이다. 유하혜는 노나라 대부 전획으로, 자는 금이고, 식읍은 유하였는데 시호를 혜라 했다. '여립(같이 섬)'은 더불어 나란히 조정에 서는 것을 말한다. 범씨가 말했다. 장문중이 노나라에서 정치를 하면서, 만약 현명한 자를 알아보지 못했다면 이는 밝지 못한 것이고, 알았으면서도 등용하지 않았다면 이는 현명한 자를 가린 것이다. 밝지 못한 죄는 작고, 현명한 자를 가린 죄는 크다. 그러므로 공자께서 불인하다 여기시고,

【세주】

張氏存中曰 見公冶長篇 子産有君子之道四焉章

장존중이 말했다. 「공야장」편 〈자산유군자지도사언〉장(15장)을 보라. [그 장에 이 일에 관한 장존중 자신의 세주가 실려 있음.]

【집주】

又以爲竊位

또 지위를 훔쳤다고 여기셨다.

【세주】

慶源輔氏曰 爵位 天之所以待人才 有才德者之所宜居也 豈一己 可得而私

有哉 如盜得而陰據之 則蔽賢抑能 悖天行私而不自知其非矣

경원 보씨가 말했다. 작위는 하늘이 인재를 대우하는 수단이니 재주와 덕이 있는 자가 가져야 마땅한 것이다. 어찌 한 개인이 얻어 사사로이 가질 수 있으랴. 만약 도둑질해 몰래 가지고 있으면 현명한 자를 가리고 유능한 자를 억압해 하늘을 거스르고 사욕을 행하면서도 스스로는 그 잘못을 모르는 것이다.

○ 或謂 竊人之物者 惟恐人見而奪之 竊人之位者 惟恐賢者見用而逼己 雙峯饒氏曰 恐有此等意思 竊人物者 恐人見得 便證出他來 臧文仲 自居上位 亦自有所長 若與柳下惠竝立 便被他形出己之短 所以 蔽而不進之

혹자가 말하기를 '남의 물건을 훔치는 자는 다만 남이 보고 뺏을까 염려한다. 남의 자리를 훔치는 자는 다만 현명한 자가 등용되어 자신을 핍박할까 염려한다'라 했다. (혹자의 말에 대해) 쌍봉 요씨가 말했다. 아마도 그런 생각이 있었을 것이다. 남의 물건을 훔치는 자는 남이 보고 곧 그(의 죄)를 증언하려 나설까 염려할 것이다. 장문중은 본디 윗자리에 있었으니 또한 본디 장점이 있었겠지만, 만약 유하혜와 나란히 선다면 곧 그에 의해 자신의 단점이 드러나게 될 것이다. 그래서 가리고 못 나오게 했다.

○ 勿軒熊氏曰 公叔文子 與大夫僎同升 則稱其文 臧文仲 知柳下惠 而不與立 則譏其竊位 蓋 在上位 以薦賢爲重也

물헌 웅씨가 말했다. 공숙문자는 (자신의 가신이었던) 대부 선과 함께 (조정에) 같이 올랐으니 '문'이라 칭찬하셨고,(『논어』14, 「헌문」18장), 장문중은 유하혜를 알아보고서도 같이 서지 않았으니 지위를 훔쳤다고 비판하셨다. 대개 윗자리에 있으면 현명한 자를 추천하는 것이 중요하다.

○ 新安陳氏曰 不明者 知識之暗 不智也 蔽賢 則心術之私 不仁也 豈非偸竊職位 以爲己之私有 而不復以職位爲國家待賢之公器歟 文仲 魯賢大夫 夫子 不雷同而賢之 大公至正之心也

신안 진씨가 말했다. '밝지 못함'이란 지식에 어두운 것이니 지혜롭지 못함이다. 현명한 자를 가리는 것은 마음 쓰는 것이 사사로운 것이니 불인함이다. 어찌 직위를 훔쳐 개인의 사유로 삼아 다시는 직위를 국가가 현명한 자를 대우하는 공기(공적 도구)로 삼지 않은 것이 아니겠는가. 문중은 노나라의 현명한 대부로 알려졌는데, 공자께서는 부화뇌동해 현명하다고 여기지 않으셨으니, 대공지정(크고 지극히 공정함)의 마음이시다.

15.14 子曰 躬自厚 而薄責於人 則遠怨矣 遠去聲

공자께서 말씀하셨다. 스스로를 무겁게 책하고 남을 가벼이 책하면 원망을 멀리할 수 있다.

【집주】
責己厚 故 身益脩 責人薄 故 人易從 所以 人 不得而怨之

자신을 무겁게 책하는 까닭에 몸이 더욱 닦이고, 남을 가벼이 책하는 까닭에 남이 쉽게 따른다. 그런 까닭에 남이 원망하지 못한다.

【세주】
朱子曰 厚 是自責得重 責了又責 積而不已之意 呂伯恭 性褊急 只因病中 讀論語 至躬自厚而薄責於人 遂一向如此 寬厚和易 此 可謂變化氣質之法

주자가 말했다. '후(두텁게, 즉 무겁게)'는 무겁게 자책하는 것이니 책하고 또 책하기를 거듭해 그치지 않는다는 뜻이다. 여백공(여조겸)은 성질이 좁고 급했는데, 단지 병중에 『논어』를 읽다가 '스스로를 무겁게 책하고 남을 가벼이 책한다'는 구절에 이르렀던 것으로 인해 드디어 내내 이처럼 해 관대하고 온화해졌다. 이는 가히 기질을 변화시키는 법이라 할 만하다.

○ 新安陳氏曰 此 卽成湯 檢身若不及 與人不求備之意 脩己待人 當然之理也 非爲求遠怨而後爲之 遠怨 乃自然之效耳

신안 진씨가 말했다. 이는 곧 탕임금의 '자신을 단속하기를 미치지 못하는 듯이 하고, 남에게는 갖추어지기를 바라지 않은'(『서경』, 「상서 이훈」 2장)' 뜻이다. (이는) 자신을 닦고 남을 대우하는 당연한 이치이지, 원망을 멀리하기를 바라서 하는 것이 아니다. 원망을 멀리하는 것은 곧 저절로 생기는 효과일 뿐이다.

15.15 子曰 不曰如之何如之何者 吾 末如之何也已矣

공자께서 말씀하셨다. '어찌할까, 어찌할까'라 말하지 않는 자는 나도 어찌할 수 없을 뿐이다.

【집주】

如之何如之何者 熟思而審處上聲之辭也 不如是而妄行 雖聖人 亦無如之何矣

'어찌할까, 어찌할까'란 깊이 생각해 세밀히 대처할 때 하는 말이다. 이처럼 하지 않고 함부로 행동하면 비록 성인이라 하더라도 또한 어찌할 수 없다.

【세주】

朱子曰 只是要再三反覆思量 若率意妄行 雖聖人 亦無奈他何

주자가 말했다. 단지 재삼 반복해 생각해야 한다. 만약 경솔한 생각으로 함부로 행동하면 비록 성인이라 하더라도 그를 어찌할 수 없다.

○雙峯饒氏曰 上言如之何 是思而處之 下言如之何 是思之熟而處之審也

쌍봉 요씨가 말했다. 윗쪽의 '여지하'는 생각해 대처하는 것이고, 아랫쪽의 '여지하'는 깊이 생각해 세밀히 대처하는 것이다.

15.16　子曰 群居終日 言不及義 好行小慧 難矣哉 好 去聲
　　　　공자께서 말씀하셨다. 여럿이 함께 종일토록 있으면서 의
　　　　는 언급하지 않고 작은 지혜 행하기를 좋아한다면, (앞으
　　　　로) 어려울 것이다.

【집주】
小慧私智也 言不及義 則放辟僻同邪侈之心滋 好行小慧 則行險僥倖
之機 熟 難矣哉者 言其無以入德而將有患害也
'소혜(작은 지혜)'는 사사로운 지혜이다. 의를 언급하지 않으면 제멋대로 하고
사악하고 사치스러운 마음이 무성해지고, 작은 지혜 행하기를 좋아하면 위험
한 짓을 해 요행을 바라는 기술에 익숙해진다. '난의재(어려울 것이다)'란 덕으
로 들어갈 방법이 없어 장차 걱정과 손해가 있을 것이라는 말씀이다.

【세주】
朱子曰 下三句 雖從第一句帶下來 必群居終日而如此 尤見得下二句爲亂
道 言不及義 無學識之村人 多如此 旣言不及義 而惟止好行小慧 則其爲邪
惡傾險之小輩 審矣 欲免於罪過 難矣哉
주자가 말했다. 아래 세 구는 비록 첫 구로부터 따라 나온 것이지만, 반드시 '여
럿이 함께 있으면서 종일토록 이렇게 한다면'이라 해야(이런 방식으로 해석해야)
더욱 아래 두 구(언불급의 호행소혜)가 도를 어지럽히는 일임이 드러날 수 있다.
의를 언급하지 않는 것은 무식한 촌사람이 그런 경우가 많지만, 이미 의를 언급
하지 않으면서 또 단지 작은 지혜 행하기를 좋아하는 것은 사악하고 위험한 일에
기울어진 소인배임에 틀림없다. 죄과를 면하려 하지만, 어려울 것이다.

○ 或問 慧 固明智之稱 曰 小慧 則不本於義理 而發於計較利欲之私耳
혹자가 물었다. '혜(지혜)'는 본디 밝은 지혜를 지칭하는 것입니다. 답했다. 작은
지혜란 의리에 근본을 두지 않은 것으로, 이익과 욕심을 셈하고 따지는 사사로운
마음에서 나온 것일 뿐이다.

○ 南軒張氏曰 義者 天理之公 小慧 則繆巧之私而已 小慧之好 義之賊也
남헌 장씨가 말했다. '의'란 천리의 공(공공성)이고, '작은 지혜'란 사악하고 교묘한

604

사사로움일 뿐이다. 작은 지혜를 좋아하는 것은 의의 도둑(의를 해치는 자)이다.

○雙峯饒氏曰 此 雖兩事 其實相因
상봉 요씨가 말했다. 이는 비록 두 가지 일이지만 그 실제는 서로 연결된다.

○胡氏曰 集註所謂滋 則其心 日甚一日 熟 則其機 日深一日 所以 至此者 以其群居而終日如此也 言不及義 故 無以入德 好行小慧 故 將有患害焉
호씨가 말했다. 집주에서 말한 '자(무성함)'란 그 마음이 하루 하루 더 심해지는 것이고, '숙(익숙해짐)'이란 그 기술이 하루 하루 더 깊어지는 것이다. 그러므로 이에 이르는 것(무성해지고 익숙해지는 것)은 여럿이 함께 있으면서 종일토록 그렇게 하기 때문이다. 의를 언급하지 않으므로 덕에 들어갈 방법이 없고, 작은 지혜 행하기를 좋아하므로 장차 걱정과 손해가 있게 된다.

15.17 子曰 君子 義以爲質 禮以行之 孫以出之 信以成之 君子哉 孫去聲

공자께서 말씀하셨다. 군자는 의를 바탕으로 삼으면서, 예로써 그것(의)을 행하고, 겸손함으로써 그것(의)을 내고(표현하고), 믿음으로써 그것(의)을 이루니, (진정) 군자로다.

【집주】
義者制事之本 故 以爲質幹而行之 必有節文 出之 必以退遜 成之 必在誠實 乃君子之道也

'의'란 일을 규제하는 근본이다. 그러므로 (의를) 근간으로 삼으면서, (의를) 행함에 있어서는 반드시 절문(예의 성문화된 규정)이 있고, 냄(표현함)에 있어서는 반드시 겸손함으로써 하고, 이룸에 있어서는 반드시 성실함에 있는 것(성실하게 하는 것)이 곧 군자의 도이다.

○程子曰 義以爲質 如質幹然 禮行此 孫出此 信成此 此四句 只是一事 以義爲本

정자가 말했다. 의를 바탕으로 삼는다는 것은 마치 근간인 것처럼 하는 것이다. 예는 이것(의)을 행하는 것이고, 겸손함은 이것(의)을 내는 것이고, 믿음은 이것(의)을 이루는 것이다. 이 네 구절은 단지 하나의 일로서, 의를 근본으로 삼는다.

【세주】
朱子曰 義以爲質 是制事 先決其當否了 其間節文次第 須要皆具 此 是禮以行之 然 徒知盡其節文 而不能孫以出之 則亦不可 且如人知尊卑之分 須當讓他 然 讓之時 辭氣 或不能婉順 便是不能孫以出之 信以成之者 是終始誠實 以成此一事 却非是遜以出之後 方信以成之也

주자가 말했다. 의를 바탕으로 삼는다는 것은 일을 규제함에 먼저 그것이 마땅한지 아닌지를 판단하는 것이다. 그 (일) 사이의 규정과 순서를 반드시 모두 갖추려 하는 것, 이것이 예로써 행하는 것이다. 그러나 단지 그 규정을 다하는 것만 알고 겸손함으로써 내지 못하면 또한 안 된다. 또 만약 사람이 높고 낮음의 구분을 알았다면 모름지기 마땅히 그에게 양보해야 하지만, 그러나 양보할 적에 어조가 혹 부드럽고 유순하지 못하다면 이는 곧 겸손함으로써 내지 못한 것이다. 믿음으로써 이룬다는 것은 처음부터 끝까지 성실히 해서 이 하나의 일을 이루는 것이지, 겸손함으로써 낸 후에 비로소 믿음으로써 이루는 것이 아니다.

○義 則是合宜 義 有剛決意思 然 不直撞去 禮 有節文度數 故 用禮以行之 孫以出之 是用和爲貴 義不和 用禮以行之 已自和 然 禮又嚴 故 遜以出之 便從容不迫 信 是朴實頭做 無信 則義禮遜 皆是僞

의는 마땅함에 합치하는 것이니, 의에는 굳세고 단호하다는 뜻이 있다. 그러나 곧바로 부딪혀 나가서는 안 된다. 예에는 규정과 횟수가 있으니 예를 써서 행한다. 겸손함으로써 내는 것은 조화를 귀히 여기는 것이다. 의는 조화롭지 않지만, 예를 써서 행하면 이미 저절로 조화롭다. 그러나 예는 또 엄격한 것인 까닭에 겸손으로써 내면 온화하고 급박하지 않다. 믿음은 박실(성실)하게 하는 것이다. 믿음이 없으면 의나 예나 겸손함이나 모두 거짓이다.

○問 禮行遜出 何別 曰 行 是安排恁地行 出 是從此發出 禮而不遜 則不免矯世以威嚴加人

물었다. 예로써 행하는 것과 겸손함으로써 내는 것은 어떻게 구별됩니까? 답했다. (예로써) 행한다는 것은 (예를) 안배해서 그렇게 행하는 것이고, (겸손함으로써) 낸다는 것은 이(겸손함)로부터 나오는 것이다. 예로써 하되 겸손하지 않으면 세상을 바로잡는답시고 남에게 위엄을 부리는 것을 면하지 못한다.

○陳氏曰 事到面前 便斷可否 此在先 是義以爲質 可否旣定 或從或違 所以區處 須中節文無過不及 是禮以行之 於其區處 或出辭氣 須遜順而無峻厲 方不忤人 是遜以出之 其總歸須誠實 則此事之成 無欠缺可悔處 是信以成之 四者 皆一套事 只於日用問驗之 自見

진씨가 말했다. 일이 면전에 있으면 곧 그 가부를 판단한다. 이것을 먼저 하는 것이 의를 바탕으로 삼는 것이다. 가부가 이미 정해져 혹은 따르거나 혹은 어기거나 할 때, 그 대처하는 방식이 모름지기 규범에 맞아 지나치거나 모자람이 없는 것이 예로써 행하는 것이다. 그 대처함에 있어서, 혹 어조를 내거나 할 때, 모름지기 겸손하고 유순해서 준엄하지 않아 바야흐로 남을 불쾌하게 하지 않는 것이 겸손함으로써 내는 것이다. 그 모든 것이 모름지기 성실함으로 귀결되어, 이 일이 이루어짐에 빠진 것이나 후회할 만한 것이 없는 것이 믿음으로써 이루는 것이다. 네 가지는 모두 같은 방식의 일이니, 단지 일상생활에서 겪어보면 저절로 드러난다.

○雙峯饒氏曰 當然處 是義 質 是箇坯朴子 君子 以義作箇坯朴 却以禮來文這義 擺布敎恁地有條理 然 義 有圭角 又須遜順以出之 使之無圭角 然旣如此 又恐失了義之本眞 故 又須信以成之 不易其當然之則 又曰 義以爲質 而非禮行遜出 則質而不文 禮行遜出 而不成之以信 則文勝而滅質 皆非君子之道

쌍봉 요씨가 말했다. 당연한 것이 의이다. 질은 (유약 바르지 않은) 바탕그릇(질그릇) 같은 것이다. 군자는 의로써 바탕그릇으로 삼지만 예로써 이 의를 장식해 그렇게 조리가 있도록 벌려놓는다. 그러나 의에는 뾰쪽한 모서리가 있으니 또 모름지기 겸손함으로써 내어 뾰족한 모서리를 없앤다. 그러나 이미 그렇게 하고도 또 의의 본질을 잃을까 염려하는 까닭에 또 모름지기 믿음으로써 이루고 그 당연한 원칙을 바꾸지 않는다. 또 말했다. 의를 바탕으로 삼으면서도 예로써 행하거나 겸손함으로써 내지 않으면 질박하기는 해도 문채가 없고, 예로써 행하고 겸손함으로써 내더라도 믿음으로써 이루지 않으면 문이 지나쳐 질을 없애니, 모두 군자의 도가 아니다.

○雲峯胡氏曰 義 不可以直遂 行之 出之 在禮遜 義 不可以僞爲 成之 在信實 然 非禮遜之後 又加以信也 曰義 曰禮孫 始終一實而已矣

운봉 호씨가 말했다. 의는 곧바로 행해서는 안 되니, (의를) 행하는 것과 내는 것은 예와 겸손함에 있다. 의는 거짓으로 할 수 없으니, (의를) 이루는 것은 신실함에 있다. 그러나 예와 겸손함으로써 한 다음에 또 믿음을 더하는 것은 아니다. 의라 하고, 예와 겸손함이라 하지만 (이는 모두) 처음부터 끝까지 하나의 성실함일 뿐이다.

【집주】
又曰敬以直內 則義以方外 義以爲質 則禮以行之 孫以出之 信以成之

또 말했다. 경(경건함)으로써 안을 곧게 하면, 의로써 밖을 반듯하게 하게 된다. 의를 바탕으로 삼으면, 예로써 그것(의)를 행하고, 겸손함으로서 그것을 내고, 믿음으로써 그것을 이루게 된다.

【세주】
朱子曰 義以爲質 便是自義以方外處說起 若無敬以直內 也不知義之所在

주자가 말했다. (바로 위 집주의 정자의 말 중) '의를 바탕으로 삼으면'이라는 말은 곧 '의로써 밖을 반듯하게 함'으로부터 말하기 시작한 것이다['경이직내'는 생략하고 말한 것이다]. 만약 '경으로써 안을 곧게 함'이 없다면 또한 의가 어디 있는지 알지 못한다.

○南軒張氏曰 義以方外 是義爲用也 而此章 則以義爲體 蓋 物則森然 具於秉彛之內 此 義之所以爲體也 必有是體 而後品節生焉 故 禮者 所以行此者也 其行之也以遜順 則和而不失 故 遜 所以出此者也 而信者 又所以成此者也 蓋 義爲體 而禮與孫 所以爲用 而信者 又所以成終者也 信 則義行乎事事物物之中 而體 無不具矣

남헌 장씨가 말했다. 의로써 밖을 반듯하게 하는 것은 의가 쓰임이 되는 것이다. 그런데 이 장에서는 의를 (쓰임이 아닌) 본체로 보았다. 대개 무수한 사물과 그 법칙이 떳떳한 본성 안에 갖추어진 것, 이것이 의가 본체가 되는 방식이다. 반드시 이 본체가 있은 후에야 품절(신분에 따른 예의 규정)이 생겨난다. 그러므로 예란 이를 행하는 방법이다. 그것을 행함에 겸손함으로써 하면 조화로워 잃지 않는다. 그러므로 겸손함은 이것을 내는 방법이다. 믿음은 또 이것을 이루는 방법이다. 대개 의는 본체가 되고 예와 겸손함은 쓰임이 되는 것이지만, 믿음은 또 끝을 완성하는 방법이다. 믿음이 있으면 의가 모든 사물 중에 행해져 본체가 갖추어지지 않음이 없다.

○慶源輔氏曰 敬以直內 義以方外 是從內說出外 義以爲質 禮以行之 孫以出之 信以成之 是由外說入內

경원 보씨가 말했다. '경으로써 안을 곧게 하고 의로써 밖을 반듯하게 한다'는 것은 안으로부터 말해 밖으로 나간 것이고, '의를 바탕으로 삼고 예로써 행하고 겸손함으로써 내고 믿음으로써 이룬다'는 것은 밖으로부터 말해 안으로 들어간 것이다.

○胡氏曰 必敬存而後 義立 義者 事之質 而敬 又義之本 推而上之也

호씨가 말했다. 반드시 경이 있은 다음에야 의가 선다. 의란 일의 바탕이고 경은 또 의의 근본이니, 미루어 올라가는 것이다.

○潛室陳氏曰 敬以直內 則義乃方外 是敬爲體 而義爲用 若以義爲質 則禮行此義者也 孫 出此義者也 信 成此義者也 是義爲體 而三者爲用矣

잠실 진씨가 말했다. '경으로써 안을 곧게 하면 의는 곧 밖을 바르게 한다'라 하면, 경이 본체가 되고 의가 쓰임이 된다. 만약 '의를 바탕으로 삼으면 예는 이 의

를 행하는 것이고, 겸손함은 이 의를 내는 것이고, 믿음은 이 의를 이루는 것이다'
라 하면 의는 본체가 되고 셋은 쓰임이 된다.

○ 新安陳氏曰　此章　本無敬以直內意　程子　又推本言之

신안 진씨가 말했다. 이 장에는 본디 '경으로써 안을 곧게 한다'는 뜻이 없지만, 정자가 또 근본을 미루어 말한 것이다.

15.18 子曰 君子 病無能焉 不病人之不己知也

공자께서 말씀하셨다. 군자는 무능한 것을 걱정하지, 남이 자기를 알아주지 않는 것을 걱정하지 않는다.

【세주】

南軒張氏曰 病無能者 非他也 病夫履行之無其實也

남헌 장씨가 말했다. '무능을 걱정한다'는 것은 다름 아니라, 실천에 그 실질이 없음을 걱정하는 것이다.

○問 旣謂之君子 又緣何病其無能 雙峯饒氏曰 若自以爲有能 則不足以爲君子 如云君子道者三 我無能焉 君子之道四 丘未能一焉 夫子 豈是無能者

물었다. 이미 군자라 했는데 또 무슨 까닭에 그 무능함을 걱정합니까? 쌍봉 요씨가 답했다. 만약 스스로 유능하다고 생각한다면 군자라 하기에 부족하다. 예컨대 '군자의 도는 셋인데, 나는 능하지 못하다(『논어』14,「헌문」28장)', '군자의 도는 넷인데 나는 아직 그 하나도 능하지 못하다(『중용』13장)'라 하셨지만, 공자께서 어찌 무능한 자이랴.

15.19 子曰 君子疾沒世而名不稱焉

공자께서 말씀하셨다. 군자는 죽은 후에 이름이 일컬어지지 않는 것을 싫어한다.

【집주】
范氏曰 君子學以爲去聲己 不求人知 然沒世而名不稱焉 則無爲善之實 可知矣

범씨가 말했다. 군자는 자신을 위해 배우므로 남이 알아주기를 바라지 않는다. 그러나 죽은 후에 이름이 일컬어지지 않는다면 선을 행한 사실이 없었음을 알 수 있다.

【세주】
南軒張氏曰 有是實 則有是名 名者 所以命其實也 終其身而無實之可名 君子疾諸 非謂求名於人也

남헌 장씨가 말했다. 이 사실이 있으면 이 이름이 있다. 이름이란 그 사실을 이름 붙인 것이다. 그 몸을 마침에 이름 붙일 만한 사실이 없는 것, 군자는 그것을 싫어한다는 것이지, 남에게 이름나기를 구한다는 말이 아니다.

○雙峯饒氏曰 言沒世者 蓋 棺事乃定 生前 或可干名 沒後 却粧點不得 公論方定 非有可稱之實者 必不見稱於人 沒後 有名可稱 則眞有善 可知 大學 沒世不忘 亦此意

쌍봉 요씨가 말했다. '몰세(죽은 후)'라 하는 것은 대개 관 뚜껑을 덮은 다음에야 정해진다는 것이다. 생전에는 혹 이름나기를 구할 수 있지만 죽은 다음에는 꾸밀 수 없으니 공론이 바야흐로 정해진다. 일컬어질 만한 사실이 없는 자는 반드시 사람들에게 (그 이름이) 일컬어지지 못한다. 죽은 다음에 일컬어질 만한 이름이 있으면 진정 선이 있었음을 알 수 있다. 『대학』의 '죽은 뒤에도 잊히지 않는다(『대학』 전3장)'라는 말 또한 이 뜻이다.

○厚齋馮氏曰 病之者 病我也 疾之者 疾人也

후재 풍씨가 말했다. (앞장의) '병지(걱정한다)'란 나를 걱정하는 것(내가 무능함을 걱정함)이고, (이 장의) '질지(싫어한다)'란 남을 싫어하는 것(남이 일컬어주지 않는 것을 싫어함)이다.

○齊氏曰 求有爲善之名 固君子之所羞 終無爲善之實 亦君子之所惡 故 長而無述 孔子責之 四十五十而無聞 孔子歎之 沒世而無稱 孔子疾之 然則學者 亦可以勉矣

제씨가 말했다. 선을 행한다는 이름이 있기를 구하는 것은 본디 군자가 부끄럽게 여기는 것이고, 끝내 선을 행한 사실이 없는 것 또한 군자가 싫어하는 것이다. 그러므로 어른이 되어서도 칭찬할 만한 일이 없는 것(『논어』14, 「헌문」 46장)을 공자께서는 꾸짖으셨고, 40, 50이 되어서도 이름이 나지 않는 것(『논어』9, 「자한」 22장)을 공자께서는 탄식하셨고, 죽은 후에 이름이 일컬어지지 않는 것을 공자께서는 싫어하셨다. 그러니 (이 점을 보고) 배우는 자는 또한 힘쓸 수 있으리라.

15.20 子曰 君子 求諸己 小人 求諸人

공자께서 말씀하셨다. 군자는 자신에게서 구하고 소인은 남에게서 구한다.

【집주】

謝氏曰 君子 無不反求諸己 小人 反是 此君子小人所以分也

사씨가 말했다. 군자는 돌이켜 자신에게서 구하지 않는 경우가 없고, 소인은 이와 반대이다. 이것이 군자와 소인이 나누어지는 이유이다.

○ 楊氏曰 君子 雖不病人之不己知 然 亦疾沒世而名不稱也 雖疾沒世而名不稱然 所以求者 亦反諸己而已 小人 求諸人 故 違道干譽 無所不至 三者 文不相蒙 而意實相足 亦記言者之意

양씨가 말했다. 군자는 비록 남이 자신을 알아주지 않는 것을 걱정하지는 않지만 그러나 또한 죽은 후에 이름이 일컬어지지 않는 것은 싫어한다. 비록 죽은 후에 이름이 일컬어지지 않는 것을 싫어하지만 (그것을) 구하는 방식은 또한 돌이켜 자신에게서 구하는 것일 뿐이다. 소인은 남에게서 구하는 까닭에 도를 어기고 명예를 구해 이르지 않는 곳이 없다. 세 가지는 글은 서로 겹치지 않지만 의미는 실로 서로 보완되니 또한 말씀을 기록한 자의 의도이다.

【세주】

或問 楊氏之說 似太巧 朱子曰 雖巧 而有益于學者

혹자가 물었다. 양씨의 설은 지나치게 교묘한(기교적인) 것 같습니다. 주자가 답했다. 비록 교묘하지만 배우는 자에게 도움이 된다.

○ 以好名爲戒 此 固然矣 然 偏持此論 將恐廉隅毁頓 其弊 有甚於好名 故 君子 疾沒世而名不稱焉 而又曰 君子求諸己 詳味此言 不偏不倚 表衷該備 此 其所以爲聖人之言歟 學者 要當如此玩心 則勿忘勿助之間 天理卓然矣

이름나기 좋아하는 것을 경계하는 것, 이는 본디 옳지만, 그러나 편벽되게 이 논의를 고집하는 것은 장차 염우(염치, 올바른 몸가짐)를 훼손할 우려가 있으니 그 폐단은 이름나기 좋아하는 것보다 더 심하다. 그러므로 군자는 죽은 후에 이름이

614

일컬어지지 않는 것은 싫어한다. 그렇지만 또 군자는 자신에게서 구한다고 말씀하셨다. 이 말씀을 자세히 감상해보면, 어느 한쪽으로도 치우치지 않고 안과 밖이 충실하게 갖추어져 있으니 이것이 성인의 말씀이 되는 이유이리라. 배우는 자가 마땅히 이처럼 마음을 쓰면, 잊지도 않고 억지로 키우지도 않는 사이에 천리가 확연해질 것이다.

○ 南軒張氏曰 君子 無適而非求諸己 小人 無適而非求諸人 求諸己 則德日進 求諸人 則欲日肆 君子小人之分 蓋 如此也

남헌 장씨가 말했다. 군자는 어디가든 자신에게서 구하지 않는 적이 없고, 소인은 어디가든 남에게서 구하지 않는 적이 없다. 자신에게서 구하면 덕이 날로 진보하고, 남에게서 구하면 욕심이 날로 거리낌 없어진다. 군자와 소인의 나누어짐은 대개 이와 같다.

○ 胡氏曰 范氏 合上二章爲一意 楊氏 於此 又合三章爲一意 文意反覆 互相周備 雖非夫子立言之旨 記者 取而相足也

호씨가 말했다. 범씨는 위 두 장을 합해 하나의 뜻으로 보았고, 양씨는 여기서 또 세 장을 합해 하나의 뜻으로 보았다. 글의 뜻이 반복되어 서로 두루 보완하니, 비록 공자께서 말씀하시려 한 본뜻은 아니지만 기록하는 자가 취해서 서로 보완되게 한 것이다.

15.21 子曰 君子 矜而不爭 群而不黨

공자께서 말씀하셨다. 군자는 긍지가 있지만 다투지는 않고, 무리 짓지만 패거리 짓지는 않는다.

【집주】

莊以持己 曰矜 然 無乖戾之心 故 不爭 和以處上聲衆 曰群 然 無阿比毗至反之意 故 不黨

장중함으로 스스로를 지키는 것을 '긍(긍지, 자존심 있음)'이라 한다. 그러나 (남을) 어기고 해치려는 마음이 없으므로 다투지 않는다. 조화로움으로 무리에 처하는 것을 '군(무리 지음)'이라 한다. 그러나 아부하는 마음이 없으므로 패거리 짓지 않는다.

【세주】

程子曰 君子 以矜莊自持 不與人爭

정자가 말했다. 군자는 긍지와 장중함으로 스스로를 지키고, 남과 다투지 않는다.

○龜山楊氏曰 矜者 矜莊之矜 非謂矜伐也

구산 양씨가 말했다. '긍'이란 '긍장(긍지 있고 장중함)'이라 할 때의 긍이지, 뽐내고 자랑하는 것을 말하는 것이 아니다.

○朱子曰 矜 是自把捉底意思 故 書曰 不矜細行 終累大德

주자가 말했다. '긍'은 스스로를 붙든다(단속한다)는 뜻이다. 그러므로 『서경』(「주서 여오」 2장)에 '세세한 행동을 단속하지 않으면 종내 큰 덕에 누가 된다'라 했다.

○南軒張氏曰 矜莊自持 易至絶物 而失於爭 群居相與 易至徇物 而失於黨 君子 非與人異也 處己嚴 而不失於和 故 矜而不爭 非不與人同也 待物平 而不失於公 故 群而不黨

남헌 장씨가 말했다. 긍지와 징중함으로 스스로를 지키면 남을 거부해 다투는 잘못을 저지르기 쉽고, 무리지어 (남과) 함께하면 남을 좇아 패거리 짓는 잘못을 저지르기 쉽다. 군자는 남과 (자신을) 달리 여기는 것은 아니지만, 스스로의 처신을 엄히 하면서도 조화로움을 잃지 않는다. 그러므로 긍지를 가지지만 다투지는 않는다. 남과 (자신을) 같다고 여기지 않는 것은 아니지만, 남을 편안하게 대우하면서도 공(공정성)을 잃지 않는다. 그러므로 무리 짓지만 패거리 짓지는 않는다.

○ 慶源輔氏曰 莊以持己 理也 然 用意或過 則便至乖戾之心生 而與人爭 和以處衆 理也 然 用意或過 則便至阿比之意起 而與人黨 天理存亡 只在 一息之間 夫子言 君子如此 所以使學者 於持己處衆之際 戒謹恐懼 務盡其理 而防私意之或萌也

경원 보씨가 말했다. 장중함으로 스스로를 지키는 것은 이치이다. 그러나 (거기에) 마음 쓰는 것이 혹 지나치면 곧 어기고 해치려는 마음이 생겨 남과 다투게 된다. 조화로움으로 무리에 처하는 것은 이치이다. 그러나 마음 쓰는 것이 혹 지나치면 곧 아부하는 마음이 일어나 남과 패거리 짓게 된다. 천리가 보존되느냐 없어지느냐는 단지 한순간에 달려 있다. 공자께서 군자는 이러하다고 말씀하신 것은 배우는 자로 하여금 스스로를 지키거나 무리 가운데 처할 때 삼가고 두려워해 그 이치를 다하기에 힘쓰도록 함으로써 사사로운 뜻이 혹 일어나는 것을 막으려 하신 것이다.

○ 新安陳氏曰 矜也忿戾 則矜而爭矣 可以群 群而不流於黨也

신안 진씨가 말했다. '긍야분려(〈오늘날의〉 '긍'은 성내고 다투는 것이다. 『논어』17, 「양화」16장)'는 뽐내고 다투는 것이다. '가이군(무리 지을 수 있다. 『논어』17, 「양화」9장)'은 무리 짓되 패거리 짓는 데로 흐르지는 않는 것이다.

15.22 子曰 君子 不以言擧人 不以人廢言

공자께서 말씀하셨다. 군자는 말 때문에 사람을 등용하지도 않고, 사람 때문에 말을 버리지도 않는다.

【세주】

南軒張氏曰 以言擧人 則行不踐者進矣 此 固不可也 然而 雖使小人言之而善 亦不害其爲善者也 以人廢之 則善言棄矣 故 君子 雖不以言擧人 而亦不以人廢言 公心無蔽也

남헌 장씨가 말했다. 말 때문에 사람을 등용하면 실천하지 않는 자가 나오니 이는 본디 안 되는 일이다. 그러나 비록 설사 소인이 말했다 하더라도 (그 말이) 선하면 또한 (그 말이) 선한 것이 되는 데는 아무 문제가 없다. 사람 때문에 그것(그 말)을 버리면 선한 말이 버려진다. 그러므로 군자는 비록 말 때문에 사람을 등용하지는 않지만 또한 사람 때문에 말을 버리지는 않으니, 가려짐 없는 공정한 마음이다.

○新安陳氏曰 君子 不以其言之善而遽擧用其人 以人之行多不及言 故也 亦不以其人之惡 而廢其言之善 以一言之善自不可沒 故也 如孔子 因宰予晝寢 而聽言必觀行 孟子 不沒陽虎爲富不仁之言 聖賢之心 公而無蔽 故如此

신안 진씨가 말했다. 군자는 그 말의 선함 때문에 성급하게 그 사람을 등용하지는 않으니, 사람의 행동은 말에 미치지 못하는 경우가 많기 때문이다. 또한 그 사람의 악함 때문에 그 말의 선함을 버리지는 않으니, 말 하나의 선함도 본디 없애서는 안 되기 때문이다. 예컨대 공자께서는 재여가 낮잠을 잔 것으로 인해 말을 듣고는 반드시 그 행동을 보셨고(『논어』5, 「공야장」 9장), 맹자는 양호의 '부자가 되려면 인하지 않아야 한다'(『맹자』5, 「등문공 상」 3장)라는 말을 없애지 않았다. 성현의 마음은 공정하고 가려짐이 없는 까닭에 이와 같았다.

15.23 子貢問曰 有一言而可以終身行之者乎 子曰 其恕
乎 己所不欲 勿施於人

자공이 물었다. 한마디 말로서 종신토록 행할 만한 것이
있습니까? 공자께서 답하셨다. 그것은 '서'이리라. 자신이
바라지 않는 것을 남에게 베풀지 말라.

【집주】
推己及物 其施不窮 故 可以終身行之

나를 미루어 남에게 미치는 것, 그것을 시행하는 것은 끝이 있을 수 없다. 그러므로 종신토록 행할 수 있다.

○尹氏曰 學 貴於知要 子貢之問 可謂知要矣 孔子 告以求仁之方也

윤씨가 말했다. 배움은 핵심을 아는 것을 귀히 여긴다. 자공의 질문은 핵심을 안 것이라 할 만하다. 공자께서는 인을 구하는 방법을 알려주셨으니,

【세주】
新安陳氏曰 恕者 求仁之方 語曰 能近取譬 可謂仁之方也已 孟子曰 强恕
而行 求仁莫近焉

신안 진씨가 말했다. '서'란 인을 구하는 방법이다. 『논어』에서는 '능히 가까이서 취해 깨달을 수 있다면 인의 방도라 할 수 있다(「옹야」 28장)'라 하셨고, 맹자는 '힘써 서를 행하는 것은 인을 구하는 가장 가까운 방법이다 (「진심 상」 4장)'라 했다.

【집주】
推而極之 雖聖人之無我 不出乎此 終身行之 不亦宜乎

이를 끝까지 밀고 나가면 비록 성인의 무아의 경지라도 이를 벗어나지 않는다. 종신토록 행하는 것이 또한 마땅하지 않으랴.

【세주】
問 言恕 必兼言忠 如何此只言恕 朱子曰 不得忠時 不成恕 獨說恕時 忠 在

裏面了

물었다. '서'를 말할 때는 반드시 '충'을 함께 말하는데, 왜 여기서는 단지 '서'만 말했습니까? 주자가 답했다. '충'하지 못할 때는 '서'도 이루어지지 않는 것이니, '서'만을 홀로 말할 때는 '충'이 그 이면에 (전제되어) 있다.

○問 終身行之 其恕乎 絜矩之道 是恕之端否 曰 絜矩 正是恕

물었다. 종신토록 행할 만한 것은 서라 했는데, 혈구지도(나의 입장을 헤아려 남을 대우하는 도리. 『대학』, 「전 10장」)는 서의 단서 아닙니까? 답했다. 혈구가 바로 서이다.

○南軒張氏曰 人之患 莫大於自私 恕者 所以克其私 而擴公理也 己所不欲 勿施於人 恕之方也 是 所當終身而行之者 極其至 則仁也 忠恕 體用也 獨言行恕者 蓋 於其用力處言之 行恕 則忠可得而存矣

남헌 장씨가 말했다. 사람의 병 중에 자신의 사욕보다 큰 것이 없다. '서'란 그 사욕을 극복하고 공리를 확충하는 것이다. 자신이 바라지 않는 것을 남에게 베풀지 않는 것은 서의 방법이다. 이는 마땅히 종신토록 행해야 하는 것이니, 그 지극함을 다하면 곧 인이다. 충과 서는 체와 용이다. 서를 행하는 것만 말한 것은 대개 힘을 써야 하는 곳에 대해 말했기 때문이다. 서를 행하면 충은 보존될 수 있다.

○慶源輔氏曰 推己及物 卽己所不欲 勿施於人之恕也 非有資於人 在我施之而已 烏有窮盡 故 可以終身行之 此 蓋 指其用而言之 又曰 始則推己及物 終則爲聖人之無我 不出乎一恕字而已 終身行之 豈不爲宜 此 又極其效而言之 知要之說 尤爲有警於學者 蓋 聖學 以仁爲先 而恕 則求仁之方也

경원 보씨가 말했다. '추기급물(자신을 미루어 남에게 미침)'은 곧 '자신이 바라지 않는 것을 남에게 베풀지 않음'으로서의 '서'이다. 남에게 의존하는 것이 아니라 나에게 있는 것을 베푸는 것일 뿐이니 어찌 끝이 있으리오. 그러므로 종신토록 그것을 행할 수 있다. 이는 대개 그 쓰임을 가리켜 하는 말이다. 또 말했다. 처음에 추기급물하는 것부터 끝에 가서 성인의 무아의 경지가 되는 것까지, (모두) '서' 자 하나에서 벗어나지 않을 뿐이니, 종신토록 행하는 것이 어찌 마땅하지 않으랴. 이는 또 그 효과의 극단을 말한 것이다. (자공이) 핵심을 안다는 설은 더욱 배우는 자에게 경계가 되는 것이 있다. 대개 성학은 인을 먼저로 삼는데, 서는 인을 구하는 방법이다.

○陳氏曰 己所不欲 勿施於人 只就一邊論 其實 不止勿施所不欲者 凡己所欲者 須要施於人 方可 如己欲孝欲弟 人亦欲孝欲弟 必推己所欲孝欲弟者

以及人 使人亦得以遂其欲孝欲弟之心 便是恕 只是推己之心 流行到那物而已 恕之義 甚闊大 自漢以來 恕字之義 不明 有謂善恕己量主 范忠宣 亦謂以恕己之心恕人 不知恕字 就己上著不得 據他說 恕字 只似饒人的意思 恰似今人說 且恕之不輕恕之意 如此 是己有過 且自恕 人有過 又倂恕人 乃相率爲不肖之歸 豈推己如心之義乎

진씨가 말했다. '자신이 바라지 않는 것을 남에게 베풀지 말라'는 말은 단지 한 측면의 논의일 뿐이다. 기실, 바라지 않는 것을 베풀지 않는 것에 그치지 않고 무릇 자신이 바라는 것을 반드시 남에게 베풀어야 비로소 옳다. 예컨대 내가 효도하고 우애하기를 바라면 남도 또한 효도하고 우애하기를 바라니, 반드시 나의 효도하고 우애하고 싶은 마음을 미루어 남에게 미쳐, 남으로 하여금 또한 그 효도하고 우애하고 싶은 마음을 완수할 수 있도록 하는 것이 곧 서이니, 단지 내 마음을 미루어 저 사물에게 흘러가게 하는 것일 뿐이다. 서의 뜻은 매우 넓고 큰데, 한나라 이래 '서' 자의 의미가 밝혀지지 않아 (심지어는) '자신을 용서하고 임금을 헤아리기를 잘하는 것'이라고 한 경우도 있었다. 범충선공(범순인)도 또한 '자신을 용서하는 마음으로 남을 용서하는 것'이라 했으니 '서' 자는 '기' 자 위에 붙일 수 있는 것이 아님('서기'라는 말은 성립되지 않음)을 몰랐다. 그의 설에 의하면 '서' 자는 단지 남에게 너그럽게 한다는 뜻과 비슷할 뿐이니, 흡사 요즈음 사람들이 말하는 '또 용서하라', '가벼이 용서하지 말라'라 할 때의 뜻과 같다. 이렇다면 자신이 허물이 있으면 또 스스로 용서하고 남이 허물이 있으면 또 똑같이 남을 용서하는 것이니 이는 곧 서로 이끌어 어리석음으로 귀결되는 것이다. (그것이) 어찌 '자신의 마음과 같이 미룸'의 뜻이랴?

○雙峯饒氏曰 此問 在未聞一貫之先 子貢多學 欲知博中之約 遂發此問 一言 是一字 所以 只以一恕字答之

쌍봉 요씨가 말했다. 이 질문은 '일관(하나로 꿰뚫음)'의 말씀을 아직 듣기 전에 한 것이다. 자공은 많이 배웠기에 넓음 가운데의 핵심을 알고 싶어 드디어 이 질문을 내놓았다. '한마디 말'이라는 것은 '한 글자'이다. 그러므로 단지 '서' 자 한 글자로 답하셨다.

○新安陳氏曰 視人猶己 一視同仁 此 聖人之無我也 惟其略無私己 故 仁之用 自然如此

신안 진씨가 말했다. 남을 나와 같이 보고, 같게 보고 같게 사랑하는 것, 이는 성인의 무아의 경지이다. 오직 개인의 사사로운 욕심이 조금도 없기 때문에 인의 쓰임이 저절로 이처럼 된다.

15.24-1 子曰 吾之於人也 誰毁 誰譽 如有所譽者 其有所
試矣 譽平聲

공자께서 말씀하셨다. 내가 남에 대해 누구를 헐뜯고 누구를 과찬하겠는가. 만약 과찬한 자가 있다면 (이미) 시험해본 바가 있기 때문이다.

【집주】
毁者 稱人之惡而損其眞 譽者 揚人之善而過其實 夫子無是也 然 或有所譽者 則必嘗有以試之 而知其將然矣 聖人 善善之速 而無所苟如此 若其惡惡 則已緩矣 是以 雖有以前知其惡 而終無所毁也

'훼(헐뜯음)'란 남의 악을 말하면서 그 사실보다 더 깎아내리는 것이고, '예(과찬함)'란 남의 선을 띄우면서 그 사실보다 더 과장해 말하는 것이다. 공자께서는 이런 일이 없으셨다. 그러나 혹시 과찬한 자가 있다면 틀림없이 일찍이 시험해 본 적이 있어서 장차 그러할 것임을 아셨기 때문이다. 성인께서 (남의) 선을 좋게 여기시는 것은 빠르되 구차함이 없기가 이와 같았고, (남의) 악을 미워하는 경우는 매우 느리셨다. 그런 까닭에 비록 전에 그 악을 아신 것이 있더라도 끝내 헐뜯지는 않으셨다.

【세주】
朱子曰 毁者 人 本未有十分惡 將做十分惡說他 便是毁 若只據他之惡說之 不謂之毁 如一物 本完全 今打破了 便是毁 若那物 元破了 不可謂之毁 譽亦是稱獎得過當 有所試者 邢人 雖未有十分善 我試之 知得將來如此 若毁人 則不如此也

주자가 말했다. '훼'란 사람이 본디 완전히 악하지는 않은데도 그를 완전히 악하다고 말하는 것, 그것이 곧 '훼'이다. 만약 단지 그의 악(실제 악한 정도)에 의거해 말한다면 '훼'라 하지 않는다. 예컨대 한 물건이 본디는 완전했는데 지금 부서뜨렸다면 곧 '훼'이다. 만약 그 물건이 원래 부서진 것이라면 '훼'라 할 수 없다. '예' 또한 지나치게 칭찬하는 것이다. '시험해본 바가 있다'는 것은 그 사람이 비록 아직 완전히 선하지는 않으나 내가 시험해보니 장래에 그러할(완전히 선할) 줄 알게 되었다는 것이다. 남을 헐뜯는 경우는 그렇지 않다(시험해보지도 않고 장래에 완전히 악할 것이라고 지레 비난하는 것이다).

○或問 毀譽之說 曰 毀者 惡未著而遽詆之 譽者 善未著而亟稱之也 試者 驗其將然之辭 聖人之心 光明正大 稱物平施 無毫髮之差 故 人之善惡 稱之 未有少有過其實者 然 以欲人之善也 故 但有試而知其賢 則善雖未顯 已進 而譽之矣 不欲人之惡也 故 惡之未著者 雖有以決知其不善 而卒未嘗遽詆 之也 此 所以言譽而不言毀 蓋 非若後世 所謂恥言人過而全無黑白者 但有 先褒之善 而無豫詆之惡 則是聖人之心耳 曰 若有譽而無毀 則聖人之心 爲 有所倚矣 曰 有譽無毀 是 乃善善速 惡惡緩之意 正書所謂 與其殺不辜 寧失 不經 罪疑惟輕 功疑惟重 春秋傳所謂 善善長 惡惡短 孔子 樂道人之善 惡 稱人之惡之意 而仁包五常 元包四德之發見證驗也 聖人之心 雖至公至平 無私好惡 然 此意 未嘗不存 是乃天地生物之心也 若以是爲有倚 而以恝然 無情者爲至 則恐其高者 入於老佛荒唐之說 而下者 流於申商慘酷之科矣

혹자가 '훼'와 '예'의 설을 물었다. 답했다. '훼'란 악이 아직 현저하지 않은데 성급하게 비난하는 것이고, '예'란 선이 아직 현저하지 않은데 급히 칭찬하는 것이다. '시(시험함)'란 장차 그러할 것임을 시험해본다는 말이다. 성인의 마음은 광명정대해 사물을 평가하심에 공평하게 베푸시어 털끝만 한 차이도 없다. 그러므로 사람의 선악을 평가하심에 조금이라도 그 실제를 넘는 경우가 없으셨다. 그러나 남이 선하기를 바라시기 때문에 다만 시험해 그 현명함을 아시면 비록 선이 아직 현저하지 않아도 더 앞서나가 칭찬하셨다. 남이 악하기를 바라지 않으셨기 때문에 악이 아직 현저하지 않으면 비록 그 불선함을 분명히 아셨더라도 끝내 성급하게 비난하신 적은 없으셨다. 이것이 '예'는 말씀하시고 '훼'는 말씀하지 않으신 이유이다. 대개 후세의 이른바 '남의 허물 말하는 것을 부끄러워할 뿐, 흑백은 전혀 없는 것(선인지 악인지는 전혀 따지지 않는 것)'과는 같지 않다. 다만 미리 선을 칭찬하는 경우는 있어도 미리 악을 비난하는 경우는 없다면, 이는 성인의 마음일 뿐이다. 물었다. 만약 과찬하는 경우는 있어도 헐뜯는 경우는 없다면 성인의 마음이 치우친 것이 있는 것 아닙니까? 답했다. 과찬하는 경우는 있어도 헐뜯는 경우는 없는 것은 곧 선을 좋게 여기기는 빨리하고 악을 미워하기는 느리게 한다는 뜻이다. 바로 『서경』에서 말한 '무고한 사람을 죽이기보다는 차라리 법을 지키지 못하는 것이 낫다, 죄가 의심스러우면 가볍게 처벌하고 공이 의심스러우면 무겁게 시상한다(「우서 대우모」 4장)'라는 말이나 『춘추(공양)전』(소공20년 하)에서 말한 '선을 좋게 여기는 것은 길게 하고 악을 미워하는 것은 짧게 한다'라는 말이나 공자께서 '남의 선을 말하기를 즐긴다(『논어』16, 「계씨」 6장)', '남의 악을 말하기를 싫어한다(『논어』17, 「양화」 24장)'라 하신 말의 뜻이니, 인이 오상을 포괄하고 원이 사덕(원형이정)을 포괄하는 것이 드러나 증명된 것이다. 성인의 마음은 지공지평해 비록 사사로이 좋아하거나 싫어하거나 하심이 없지만 그러나 이 생각이 없으신 적은 없었다. 이는 곧 천지가 만물을 살리는 마음이다. 만약 이를 치우친 것이라 생각하고 (반대로) 냉정하게 무정한 것이 지극한 것이라 생각한다면, 아마도 (그런 생각을 하는 자 중에) 높은 자는 노자나 불가의 황당한 설로 들어갈 것이고, 낮은 자는 신불해나 상앙의 참혹한 계열(법가)로 흐를 것이다.

○ 胡氏曰 毁 云損其眞 若叔孫武叔之毁仲尼 是也 譽 云過其實 孟子所謂 聲聞過情 是也

호씨가 말했다. '훼'는 그 사실보다 더 깎아내리는 것을 말하니, 예컨대 숙손무숙이 중니를 헐뜯은 것(『논어』19,「자장」24장)이 그 예이다. '예'란 그 사실보다 더 과장하는 것을 말하니, 맹자가 말한 '명성이 사실보다 지나침(「이루 하」18장)'이 그 예이다.

15.24-2 斯民也 三代之所以直道而行也

이 백성이야말로 3대에 곧은 도를 행했던 것(그 백성)이다.

【집주】

斯民者 今此之人也 三代 夏商周也 直道 無私曲也 言吾之所以無所毁譽者 蓋 以此民 卽三代之時 所以善其善 惡其惡 而無所私曲之民

'사민(이 백성)'이란 지금의 이 백성이다. 3대는 하 상(은) 주이다. '직도'는 사사로운 왜곡이 없는 것이다. '내가 헐뜯거나 과찬하지 않는 이유는 대개 이 백성이 곧 3대 때 그 선을 좋게 여기고 그 악을 미워해 사사로운 왜곡이 없었던 그 백성(과 본질적으로 동일한 백성)이기 때문이다.

【세주】

朱子曰 所以字 本虛 然 意味 乃在此

주자가 말했다. '소이' 자는 본디 허사(의미 없는 글자)이다. 그러나 의미는 곧 여기에 있다.

【집주】

故 我 今亦不得而枉其是非之實也

그러므로 내가 지금 또한 그 옳고 그름의 실제를 왜곡할 수 없다'라는 말씀이다.

【세주】

新安陳氏曰 此句 繳上一截 誰毀誰譽之意

신안 진씨가 말했다. (집주의) 이 구절은 (경문의) 위쪽 한 구절 '누구를 헐뜯고 누구를 과찬하리오'의 뜻을 엮은 것이다.

【집주】

○ 尹氏曰 孔子之於人也 豈有意於毀譽之哉 其所以譽之者 蓋試而知其美 故也 斯民也 三代所以直道而行 豈得容私於其間哉

윤씨가 말했다. 공자께서 남들에 대해 어찌 헐뜯거나 과찬하려는 생각이 있으셨겠는가. 과찬하신 까닭은 대개 시험해보고 그 아름다움을 아셨기 때문이다. 이 백성은 3대에 곧은 도를 행했던 바(백성)이니 어찌 그 사이에(그 백성에 대해) 사사로움(개인의 왜곡된 판단)이 용납될 수 있으랴.

【세주】

朱子曰 斯民 是今此之民 卽三代之時 所以爲善之民 聖人說一句話 便是恁地闊 便是從頭說下來 此民 便是三代時直道而行之民 我 今若有所毀譽 亦不得迂曲而枉其是非之實

주자가 말했다. 이 백성이란 지금의 이 백성이니 곧 3대 때 선을 행했던 백성이다. 성인께서 말하신 한 구절 말씀은 곧 이렇게 넓고, 그리고 곧 위로부터 아래로 말씀해 가신 것이니, '이 백성은 곧 3대 때에 곧은 도를 행하던 백성이니 내가 지금 만약 헐뜯거나 과찬할 것이 있다 해도 또한 휘거나 굽혀 그 옳고 그름의 실제를 왜곡할 수는 없다'는 말씀이다.

○ 南軒張氏曰 誰毀誰譽 謂吾於人 初無毀譽之意也 而有所譽者 必有所試也 因其有是實而稱之 春秋之時 風俗 雖不美 然 民 無古今之異 三代所以直道而行者 亦斯民也 順理之謂直 可毀可譽 在彼 循其理而已 先王 命德討罪 亦若是也

남헌 장씨가 말했다. '누구를 헐뜯고 누구를 과찬하리오'라는 말씀은 나는 애초에 사람을 헐뜯거나 과찬할 뜻이 없다는 말씀이다. 그렇지만 과찬한 자가 있다면 틀림없이 시험해본 바가 있어 그 실제가 있기 때문에 칭찬하신 것이다. 춘추의 시대에 풍속은 비록 아름답지 않았으나 백성은 고금의 차이가 없으니 3대에 곧은 도를 행했던 자(백성) 또한 이 백성이다. 이치에 따르는 것을 '직(곧음)'이라 한다. 헐뜯거나 과찬할 만한 것이 그들에게 있어도 (함부로 그렇게 하지 않고) 그 이치를 따를 뿐이다. 선왕이 덕 있는 자를 벼슬주시고 죄 있는 자를 토벌하신 것 또한 이처럼 하셨다.

○雙峯饒氏曰 下面民字 卽上面人字 但人 對己而言 民 對君而言 緣有三代字在上 故 言今此之民 與三代之民 一般 但三代 化行俗美 好惡得其眞 後世 敎化不明 風俗不美 直變爲枉 所以 有稱人惡而損其眞 揚人善而過其實者 吾之於人 則不然 蓋 視今此之人 爲三代直道之民 而不視之爲後世枉道之民也

쌍봉 요씨가 말했다. 아래쪽(경문 2절)의 '민' 자는 곧 위쪽(경문 1절)의 '인' 자이다. 단, '인'은 자신(공자)과 대응해 하는 말(남)이고, '민'은 임금에 대응해 하는 말(백성)이니, '3대'라는 글자가 위(경문 2절)에 있기 때문이다. 그러므로 "지금 이 백성은 3대의 백성과 마찬가지이다. 다만 3대는 교화가 행해지고 풍속이 아름다워 호오(좋아하고 싫어함)가 그 진정함을 얻었지만, 후세에는 교화가 밝지 않고 풍속이 아름답지 않아 곧은 것이 변해 굽은 것이 되었으니 그 때문에 남의 악을 말하면서 그 사실을 깎아내리고 남의 선을 띄우면서 그 사실을 과장하는 자가 있다. 내가 남을 대하는 것은 그렇지 않으니, 대개 오늘의 이 사람들을 3대의 곧은 도의 백성으로 보고 후세의 굽은 도의 백성으로 보지 않는다"라는 말씀이다.

○雲峯胡氏曰 朱子云 所以二字 有味 蓋 善善惡惡 無所私曲 今之民 與三代之民 皆然 是必有所以然者矣

운봉 호씨가 말했다. 주자는 '소이' 두 글자에 의미가 있다고 했다. 대개 선을 좋게 여기고 악을 미워해 사사로운 왜곡이 없는 것은 지금의 백성이나 3대의 백성이나 모두 그러하니, 이는 반드시 그러한 까닭이 있다.

○新安陳氏曰 尹氏之意 略而未明 朱子 就其說 而發明得精切至到耳 善善惡惡 無所私曲 乃人心天理所在 萬世 如一日也 三代之人心 如此 今日之人心 亦如此 聖人 不得容私於其間也 然 有先褒之善 而無豫詆之惡 善善急 惡惡緩之心 未嘗不行乎其間焉 好善忠厚之心 與善善惡惡無私曲之心 竝行而不相悖也

신안 진씨가 말했다. 윤씨의 뜻은 소략하고 밝지 못하다. 주자는 그 설에 대해 정밀하게 밝혀 드러내어 지극함에 도달했을 뿐이다. 선을 좋게 여기고 악을 미워해 사사로운 왜곡이 없는 것은 곧 인심과 천리가 있는 것이니, 만세가 하루 같다(언제나 마찬가지이다). 3대의 인심이 이러했고, 오늘의 인심 또한 이러하니, 성인도 그 사이에 사사로움을 개입시킬 수 없다. 그러나 선을 미리 칭찬하는 경우는 있어도 악을 미리 비난하는 경우는 없으셨으니, 선을 좋게 여기는 것은 급히 하고 악을 미워하는 것은 늦게 하는 마음이 그 사이에 행해지지 않은 적이 없으셨다.

선을 좋아하는 충후한 마음(관용의 마음)과 선을 좋게 여기고 악을 미워해 사사로이 왜곡하지 않는 마음(비판적 마음)은 양립 가능하고 서로 모순되지 않는다.

15.25 子曰 吾猶及史之闕文也 有馬者 借人乘之 今亡
矣夫 夫音扶 ○亡 與無同

공자께서 말씀하셨다. 나는 아직도 사관이 기록을 빼는
것과 말이 있는 자가 남에게 빌려주어 타게 하는 것을 본
적이 있다. 지금은 (그런 일이) 없구나.

【집주】
楊氏曰 史闕文 馬借人 此二事孔子猶及見之 今亡與無通矣夫悼時之
益偸也 愚謂 此必有爲去聲而言

양씨가 말했다. 사관이 기록을 빼는 것과 말을 남에게 빌려주는 것, 이 두 가지
일을 공자께서는 아직도 목격하셨다. '지금은 없구나'라는 말씀은 당시에 각박
함이 더 심해진 것을 슬퍼하신 것이다. 내가 생각건대, 이는 틀림없이 의도(이
유)가 있어 하신 말씀이다.

【세주】
意必偶見有此事

아마도 틀림없이 우연히 이런 일이 있는 것을 보셨을 것이다.

【집주】
蓋雖細故 而時變之大者 可知矣

대개 비록 작은 일이지만 시대의 변화가 크다는 것을 알 수 있다.

【세주】
南軒張氏曰 有馬 借人乘之 己雖有馬 不能乘 則借人乘之 史有闕文 以待
來者 其意 亦猶是也 言始猶及見而今則亡 歎風俗之日趨於薄也

남헌 장씨가 말했다. '말이 있는데 남에게 빌려주어 타게 한다'는 것은 자신이 비
록 말이 있어도 탈 수가 없어 남에게 빌려주어 타게 한다는 것이다. 사관이 기록
을 빠뜨리고 나중에 올 자를 기다리는 것(사관이 의심스러운 것을 자의적으로 기록
하지 않고 뺌으로써 후대 역사가의 올바른 해석을 기다리는 것)은 그 의미가 또한 이
(말 빌려주는 것)와 같다. '처음에는 아직도 목격했지만 지금은 없구나'라는 말씀

은 풍속이 날로 각박한 데로 쏠리는 것을 탄식하신 것이다.

○勉齋黃氏曰 今亡矣夫 歎古人謙厚之意 不復見也
면재 황씨가 말했다. '지금은 없구나'라는 말씀은 옛사람들의 겸손하고 후덕한 마음을 다시는 볼 수 없음을 탄식하신 것이다.

○葉氏少蘊曰 古者 六書 皆掌於史官 班孟堅言 古制 書必同文 不知必闕 問諸故老 至於衰世 是非無正 人用其私 故 子曰 吾猶及史之闕文也 今亡矣夫 雖略去有馬者借人乘之之語 其傳 必有自矣
섭소온이 말했다. 옛날에 6서는 모두 사관이 관장했다. 반맹견(반고)이 말하기를 "옛 제도에, 글은 반드시 같은 글자체를 쓰고, 모르는 것은 반드시 빼두고 나이 많은 노인에게 물었다. 쇠퇴한 세상에 이르러 시비에 올바름이 없어져 사람들이 사사로운 판단을 썼다. 그런 까닭에 공자께서 '내가 아직도 사관이 기록을 빼는 것을 보았는데, 지금은 없구나'라 하셨다(『한서』,「예문지 육예」〈소학〉조)"라 했다. 비록 '말이 있는 자가 남에게 빌려주어 타게 한다'라는 말을 (반고는) 생략했지만 그 전함(반고가 전한 것)은 틀림없이 출처(근거)가 있다.

○齊氏曰 三代 無乘馬者 所謂乘 如詩言 乘乘鴇 乘乘黃 蓋 四馬駕車而乘之也 借人乘之 蓋 有子路車馬與朋友共之意
제씨가 말했다. 3대에는 승마라는 것이 없었다. 소위 '승(타다)'이란 시에서 말하는 '승승보(얼룩무늬 마차를 타다), 승승황(누런 마차를 타다)(『시경』,「국풍 정풍」〈태숙우전〉)' 같은 것으로 대개 네 마리 말을 마차에 매어 타는 것이다. 남에게 빌려주어 타게 한다는 것은 대개 자로가 마차를 친구와 함께 쓰겠다고 한, 그런 뜻이 있다.

○雲峯胡氏曰 史闕文 猶不挾己所見以自是 馬借人 猶不挾己所有以自私
운봉 호씨가 말했다. '사관이 기록을 빼는 것'은 자신의 소견을 믿고 스스로 옳다고 생각하지 않는 것이고, '말을 남에게 빌려주는 것'은 자신의 소유를 끼고 자기 마음대로 하지 않는 것이다.

○新安陳氏曰 疑以傳疑 物與人共 皆人心近古處 二事雖小 而人心之不古 亦可見
신안 진씨가 말했다. 의심스러운 것을 의심스러운 것으로 전하는 것, 물건을 남과 함께 쓰는 것, (이는) 모두 인심이 옛날과 가까운 것이다. 두 일은 비록 작지만 인심이 옛날 같지 않음은 또한 알 수 있다.

【집주】

○ 胡氏曰 此章義疑 不可强上聲解

호씨가 말했다. 이 장의 의미는 의심스러우니 억지로 해석해서는 안 된다.

【세주】

趙氏曰 二事 大小精粗 實不相竝 故 又載胡氏說于後 亦闕疑之意

조씨가 말했다. 두 일은 크고 작음, 정밀하고 거침이 실로 서로 나란하지 않다. 그런 까닭에 또 호씨의 설을 뒤에 실었으니, 또한 의심스러운 것은 뺀다는 뜻이다.

15.26　子曰 巧言亂德 小不忍 則亂大謀
　　　　공자께서 말씀하셨다. 교묘한 말은 덕을 어지럽힌다. 작은 것을 참지 못하면 큰 계책을 어지럽힌다.

【집주】
巧言 變亂是非 聽之使人喪去聲其所守 小不忍 如婦人之仁 匹夫之勇 皆是

'교언(교묘한 말)'은 옳고 그름을 바꾸고 어지럽히니 듣고 있으면 사람으로 하여금 그 지키는 바를 잃게 한다. '소불인(작은 것을 참지 못함)'이란 부인의 인이나 필부의 용맹이 모두 그에 해당된다.

【세주】
或問 婦人之仁 匹夫之勇 强弱不同 同爲不忍 何也 朱子曰 忍之義 禁而不發之謂 婦人之仁 不能忍其愛也 匹夫之勇 不能忍其忿也

혹자가 물었다. 부인의 인과 필부의 용맹은 강약이 서로 다른데 같이 불인(못참음)이 되는 것은 왜입니까? 주자가 답했다. '인(참음)'의 뜻은 막아서 나오지 않게 하는 것을 말한다. 부인의 인은 그 사랑을 참지 못한 것이고, 필부의 용맹은 그 분노를 참지 못한 것이다.

○慶源輔氏曰 婦人之仁 失於不斷 匹夫之勇 失於輕決 二者之失 不同 而皆足以亂大謀 蓋 大謀雖斷 而輕決 則又失之

경원 보씨가 말했다. 부인의 인은 끊지 못하는 데서 잘못을 저지르고, 필부의 용맹은 가벼이 결행하는 데서 잘못을 저지른다. 두 경우의 잘못은 같지 않지만 모두 큰 계책을 어지럽히기에 족하다. 대개 큰 계책은 비록 결단을 내려야 하지만 가벼이 결단하면 또 잘못을 저지르게 된다.

○雲峯胡氏曰 亂大謀 彼自亂彼之事 亂德 非唯自亂其心術 且能亂人之心術 是非 有定理 而彼 以是爲非 以非爲是 使聽者失其所守 爲人心之害 莫大焉 婦人之仁 柔惡 爲無斷 匹夫之勇 剛惡 爲强梁

운봉 호씨가 말했다. 큰 계책을 어지럽히는 것은 그 스스로 그 자신의 일을 어지럽히는 것이다. 덕을 어지럽히는 것은 단지 스스로 자신의 심술(마음 쓰는 방식)을 어지럽힐 뿐 아니라 또 남의 심술을 어지럽힐 수 있다. 옳고 그름은 정해진 이치가 있는 것인데 그는 옳은 것을 그르다 하고 그른 것을 옳다 해, 듣는 자로 하여금 그 지키는 바를 잃게 하니 인심에 해가 되는 것이 막대하다. 부인의 인은 부드러운 악이어서 무단함(끊지 못함)이 되고, 필부의 용기는 강파른 악이어서 횡포함이 된다.

15.27 子曰 衆惡之 必察焉 衆好之 必察焉 好惡 竝去聲

공자께서 말씀하셨다. 뭇사람이 미워해도 반드시 살펴보고, 뭇사람이 좋아해도 반드시 살펴본다.

【집주】

楊氏曰 惟仁者 能好惡人 衆好惡之 而不察 則或蔽於私矣

양씨가 말했다. 오직 인자만이 사람을 좋아하고 미워할 수 있다. 뭇사람이 좋아하고 미워한다 해서 살펴보지 않으면 혹시 사사로움(사사로운 판단)에 가려질 수 있다.

【세주】

南軒張氏曰 天下之善惡 有如黑白之易明者 衆之好惡 固所同也 至於事若善 而其情則有害 事若不善 而其情或可取 此 衆人之所惑 而君子之所察也 孟子 於仲子匡章 是也

남헌 장씨가 말했다. 천하의 선과 악은 흑과 백처럼 쉽게 밝힐 수 있는 것이 있으니, (이런 경우) 뭇사람이 좋아하고 미워하는 것은 본디 같이하는(동일하게 판단되는) 것이다. (그러나) 일은 선한 것 같은데 그 마음은 해로운 경우가 있고, 일은 불선한 것 같은 데 그 마음은 혹시 인정할 만한 경우가 있으니, 이는 뭇사람이 미혹되는 것이고 군자가 살펴보아야 하는 것이다. 맹자가 중자와 광장에 관해 말한 것(「등문공 하」 10장 및 「이루 하」 30장)이 그 예이다.

○胡氏曰 察者 詳審之謂 非謂衆人之好惡皆非也 特恐其或蔽於私 故 加詳審耳

호씨가 말했다. '살핀다'는 것은 상세하게 살피는 것을 말하지, 뭇사람이 좋아하고 미워하는 것이 모두 틀렸다는 말은 아니다. 다만 혹시 사사로움에 가려질 우려가 있는 까닭에 상세한 살핌을 더하는 것일 뿐이다.

○雙峯饒氏曰 南軒所引 仲子匡章事 甚切 齊人 皆以仲子爲廉 孟子 獨能辨其不廉 此 其衆好必察處 匡章 通國 皆稱其不孝 孟子 獨不以不孝目之 此 是衆惡必察處 又曰 衆好惡 固當察 然 我心 無私意 方能察之 若有私意 則衆好惡之得其當者 我 反以爲非矣 所以 惟仁者 能好惡人也

쌍봉 요씨가 말했다. 남헌이 인용한 중자와 광장의 일은 매우 절실하다. 제나라 사람들이 모두 중자를 청렴하다고 여겼지만 맹자는 홀로 그 청렴하지 못함을 분별할 수 있었다. 이는 '뭇사람이 좋아하는 것을 반드시 살핀' 곳이다. 광장은 나라 전체가 모두 불효라고 말했지만 맹자 홀로 불효로 지목하지 않았으니 이는 '뭇사람이 미워하는 것을 반드시 살핀' 곳이다. 또 말했다. 뭇사람이 좋아하고 미워하는 것은 본디 마땅히 살펴야 하지만 그러나 내 마음에 사사로운 뜻이 없어야 비로소 능히 살필 수 있다. 만약 사사로운 뜻이 있으면 뭇사람의 좋아하고 미워하는 것이 그 마땅함을 얻은 것인데도 나는 거꾸로 잘못이라고 생각하게 된다. 그러므로 오직 인자만이 능히 사람을 좋아하고 미워할 수 있다.

○ 新安陳氏曰 惟仁者 無私心 而好惡 當於理 方能爲衆人之衡鑑焉
신안 진씨가 말했다. 오직 인자만이 사심이 없어 좋아하고 미워함이 이치에 합당하니, (그래야만) 비로소 뭇사람의 저울이나 거울(표준)이 될 수 있다.

15.28 子曰 人能弘道 非道弘人

공자께서 말씀하셨다. 사람이 도를 넓힐 수 있는 것이지 도가 사람을 넓힐 수 있는 것이 아니다.

【집주】

弘 廓苦郭反而大之也 人外無道 人之身卽道之所寓 道外無人 道卽人之所以爲人之理 然 人心有覺 而道體無爲 故 人能大其道 道不能大其人也

'홍(넓힘)'은 확장해 키우는 것이다. 사람 밖에 도 없고 〈사람의 몸은 곧 도가 깃드는 곳이다.〉 도 밖에 사람 없다. 〈도는 곧 사람이 사람이 되는 이치이다.〉 그러나 사람의 마음은 지각이 있지만 도의 본체는 활동(작용)이 없다. 그러므로 사람은 그 도를 크게 만들 수 있지만 도는 그 사람을 크게 만들 수 없다.

○ 張子曰 心 能盡性 人 能弘道也 性 不知檢其心 非道弘人也

장자가 말했다. 마음은 본성을 다할 수 있으니 사람은 도를 넓힐 수 있다. 본성은 마음을 단속할 줄 모르니 도가 사람을 넓힐 수 있는 것이 아니다.

【세주】

問 人能弘道 朱子曰 道如扇 人如手 手能搖扇 扇如何搖手

'사람이 도를 넓힐 수 있음'에 관해 물었다. 주자가 답했다. 도는 부채와 같고 사람은 손과 같다. 손은 부채를 흔들 수 있지만 부채가 어찌 손을 흔들 수 있겠는가?

○ 問 性不知檢其心 潛室陳氏曰 性指道 心指人

'본성은 마음을 단속할 줄 모름'에 관해 물었다. 잠실 진씨가 답했다. '성(본성)'은 도를 가리키고 '심(마음)'은 사람을 가리킨다.

○ 雙峯饒氏曰 此道字 是就自家心上說 若就道體上說 則道自際天蟠地 何待人弘 又曰 四端甚微 擴而充之 則不可勝用 此之謂人能弘道

쌍봉 요씨가 말했다. 이 '도' 자는 자신의 마음에 관한 말이다. 만약 도의 본체에 관해 말하자면 도는 그 자체로 천지간에 퍼져 있는 것이니 어찌 사람이 넓히기를 기다리겠는가? 또 말했다. 4단(인의예지의 단서)은 매우 작지만 확충한다면 이루다 쓸 수 없다. 이를 '사람이 도를 넓힐 수 있음'이라 한다.

○ 四如黃氏曰 弘有二義 人之得是道於心也 方其寂然而無一理之不備 亦無一物之不該 這是容受之弘 及感而通 無一事非是理之用 亦無一物而非是理之推 這是廓大之弘 其容受也 人心攬之 若不盈掬 而萬物皆備於我 此弘之體 其廓大也 四端雖微 火然泉達 充之 足以保四海 此 弘之用 性分之所固有者 一一盡收入來 職分之所當爲者 一一便推出去 方是弘

사여 황씨가 말했다. '홍(넓힘)'에는 두 가지 뜻이 있다. 사람이 이 도를 마음에 얻음에, 바야흐로 고요하면서도 하나의 이치도 갖추지 않음이 없고, 또 하나의 사물도 갖추지 않음이 없는 것, 이는 '받아들임'의 '홍'[(도를 내 마음에) 넓게 받아들임]이다. (사물에) 감응하고 통함에 이르러서는 하나의 일도 이 이치의 쓰임이 아닌 것이 없고, 하나의 물건도 이 이치의 적용이 아닌 것이 없는 것, 이는 '확장함'의 '홍'[(사물에 대한 도의 적용을) 넓게 확장함]이다. 받아들임에 관해 말하자면, 사람의 마음이 그것[도]을 가짐에 마치 가득 차지 않는 것 같지만 만물이 모두 나에게 갖추어져 있는 것, 이는 홍의 본체[도의 본체에 관한 홍, 즉 도의 본체를 (넓게) 받아들이는 것으로서의 홍]이다. 확장함에 관해 말하자면, 4단이 비록 미묘하지만 불이 타오르고 샘이 솟듯이 채워나가면 족히 4해(온 세상)를 보유할 수 있는 것, 이것이 홍의 쓰임[도의 쓰임에 관한 홍, 즉 도를 세상만사에 확대해 적용하는 것으로서의 홍]이다. 본성에 원래부터 있는 것을 하나하나 다 거두어들이고(받아들임의 홍), 직분상 마땅히 해야 하는 것을 하나하나 곧 추진해나가는 것(확장함의 홍), 그것이 바로 홍이다.

15.29 子曰 過而不改 是謂過矣

공자께서 말씀하셨다. 허물이 있으면서도 고치지 않는 것, 이를 허물이라 한다.

【집주】

過而能改 則復於無過 唯不改 則其過遂成 而將不及改矣

허물이 있지만 능히 고친다면 '허물없음'으로 회복된다. 오직 고치지 않기 때문에 그 허물이 마침내 완성되어 장차 고침이 미치지 못하게 된다(결코 고칠 수 없게 된다).

【세주】

新安陳氏曰 過而肯改 則過泯於無 過而不改 則過成而有

신안 진씨가 말했다. 허물이 있지만 즐겨 고치면 허물이 소멸되어 없어지고, 허물이 있으면서도 고치지 않으면 허물이 완성되어 있게 된다.

15.30 子曰 吾嘗終日不食 終夜不寢以思句 無益句 不如
學也

공자께서 말씀하셨다. 내가 일찍이 종일토록 먹지 않고
밤새도록 자지 않고 생각을 했지만 이익이 없었으니, (생
각하는 것은) 배우는 것만 못하다.

【집주】
此 爲去聲思而不學者言之 蓋勞心以必求 不如遜志而自得也 李氏曰
夫子 非思而不學者 特垂語以敎人爾

이는 생각만 하고 배우지는 않는 자를 위해 말씀하신 것이다. 대개 마음을 괴롭
혀 꼭 구하려는 것은 뜻을 겸손히 해 저절로 깨닫는 것만 못하다. 이씨가 말했
다. 공자는 생각만 하고 배우지 않는 자는 아니다. 다만 (이) 말씀을 내리시어
사람을 가르치셨을 뿐이다.

【세주】
朱子曰 思 是硬要去做 學 是依這本子 小著心 隨事順理去做

주자가 말했다. '사(생각함)'는 억지로 해나가려는 것이다. '학(배움)'은 이 책에 의존
하면서 집착심[깨달으려는 욕심]을 작게 해 일에 따라 순리대로 해나가는 것이다.

○ 遜志 是卑遜其志 放退一著 寬廣以求之 不忒恁地迫窄 便要一思而必得

'손지(뜻을 겸손히 함)'는 그 뜻을 낮고 겸손하게 해 한 발짝 물러나 편안하고 넓은
마음으로 구하는 것으로, 지나치게 그렇게 좁고 꽉 막힌 마음으로 한 번 생각해
서 반드시 얻으려 하지는 않는 것이다.

○ 問 聖人 眞箇終日不食 終夜不寢 以思否 曰 聖人 也曾恁地來 聖人說
發憤忘食 却是眞箇 惟橫渠 知得此意 嘗言 孔子 煞喫辛苦來

물었다. 성인께서 진짜로 종일토록 먹지도 않고 밤새도록 자지도 않고 생각하셨
습니까? 답했다. 성인께서도 일찍이 그렇게 해오셨다. 성인께서 '발분해 먹는 것
을 잊었다'라 하셨으니 진짜로 그렇다. 오직 횡거(장재)만이 이 뜻을 깨닫고, 일
찍이 '공자께서는 고통을 심히 겪으시면서(매우 고생스럽게) 해오셨다'라 했다.

○南軒張氏曰 此章 非以思爲無益也 以思而不學 則無益耳

남헌 장씨가 말했다. 이 장은 생각하는 것이 무익하다는 것이 아니다. 생각만 하고 배우지 않으면 무익하다는 것뿐이다.

○雲峯胡氏曰 書 說命 惟學遜志一句 六經言學 所從始 非特取卑遜之義 不凌節而施之謂遜 蓋 勉勉循循 其學 有自得之益 勞心以必求 徒思而未必有得也

운봉 호씨가 말했다. 『서경』, 「(상서) 열명(하)」편(2장)의 '유학손지(배움은 뜻을 겸손히 하는 것)'라는 한 구절은 6경에서 배움을 말한 것이 시작되는 곳으로, 단지 낮추고 겸손히 한다는 뜻을 취한 것만은 아니고, '규범을 범하지 않고 시행하는 것'도 '손'이라 한다. 대개 (배움에) 힘써 힘쓰고 (순서를) 따르고 따르면 그 배움은 저절로 깨닫는 이익이 있고, 마음을 괴롭혀 꼭 구하려 하면 헛되이 생각만 해 꼭 깨닫지는 못한다.

15.31

子曰 君子謀道 不謀食 耕也 餒在其中矣 學也 祿在其中矣 君子 憂道 不憂貧 餒奴罪反

공자께서 말씀하셨다. 군자는 도를 도모하지, 먹는 것을 도모하지는 않는다. 농사에는 굶주림이 그 안에 있고, 배움에는 봉록이 그 안에 있다. 군자는 도를 걱정하지, 가난을 걱정하지는 않는다.

【집주】

耕所以謀食而未必得食 學所以謀道而祿在其中 然其學也 憂不得乎道而已 非爲去聲憂貧之故 而欲爲是以得祿也

농사는 먹는 것을 도모하려는 것이지만 꼭 먹게 되는 것은 아니다. 배움은 도를 도모하려는 것이지만 봉록이 그 안에 있다. 그러나 그 배움이란, 도를 얻지 못하는 것을 걱정할 따름이지, 가난을 걱정하는 까닭에 이것(공부)을 해서 봉록을 얻으려는 것은 아니다.

○ 尹氏曰 君子 治其本 而不恤其末 豈以自外至者爲憂樂音洛哉

윤씨가 말했다. 군자는 그 근본을 다스리지, 그 말단을 돌보지는 않는다. 어찌 밖에서 오는 것을 가지고 걱정이나 즐거움으로 삼으리오.

【세주】

朱子曰 君子 謀道不謀食 是將一句統說中 又分兩脚說 耕也餒在其中 學也祿在其中 又恐人錯認此意 似教人謀道以求食 故 下面又繳一句 謂君子所以爲學者 所憂在道爾 非憂貧而學也

주자가 말했다. '군자는 도를 도모하지 먹는 것을 도모하지 않는다'는 말은 하나의 구절을 가지고 통설하는 중에 또 두 부분으로 나누어 말한 것이다. '농사에는 굶주림이 그 안에 있고, 배움에는 봉록이 그 안에 있다'라는 말은 사람들이 이 뜻을 오해해 마치 사람들에게 도를 도모해 먹는 것을 구하라고 가르치는 것처럼 생각할 우려가 있다. 그런 까닭에 아래쪽에 또 한 구절을 엮어 '군자가 배우는 까닭은 그 걱정이 도에 있기 때문이지 가난을 걱정해 배우는 것은 아니다'라 하셨다.

○ 學 固不爲謀祿 然 未必不得祿 如耕 固不求餒 然 未必得食 雖是如此 然 君子之心 却只見道 不見祿

배움은 본디 봉록을 도모하기 위한 것이 아니지만, 그러나 꼭 봉록을 얻지 못하는 것은 아니다. 농사는 본디 굶주림을 구하지 않지만, 그러나 꼭 먹게 되는 것은 아니다. 비록 이러하나, 군자의 마음은 도만 볼 뿐, 봉록은 보지 않는다.

○ 凡言在其中 蓋 言不必在其中而在焉者矣

모든 '그 안에 있다'라는 말은 대개 '반드시 그 안에 있는 것은 아니지만 (있을 수) 있다'라는 말이다.

○ 問 耕也餒在其中 學也祿在其中 兩句 似相反 潛室陳氏曰 耕本謀食 却有時而餒 學非謀食 却可以得祿

물었다. '농사에는 굶주림이 그 안에 있고, 배움에는 봉록이 그 안에 있다'라는 두 구절은 서로 상반되는 것 같습니다. 잠실 진씨가 답했다. 농사는 본디 먹는 것을 도모하는 것이지만 오히려 때로는 굶주림이 있다. 배움은 먹는 것을 도모하는 것이 아니지만 오히려 봉록을 얻을 수 있다.

○ 雙峯饒氏曰 首句 重在謀字上 末句 重在憂字上 謀 以事言 憂 以心言 憂道 自然不憂貧 到不憂貧地位 也是難事 學者 縱未能不憂貧也 且以此等意思 存之胷中 久久自別

쌍봉 요씨가 말했다. 첫 구절의 중점은 '모(도모함)' 자에 있고, 끝 구절의 중점은 '우(걱정함)' 자에 있다. '모'는 일에 관한 말이고, '우'는 마음에 관한 말이다. 도를 걱정하면 저절로 가난을 걱정하지 않는다. 가난을 걱정하지 않는 경지에 도달하는 것은 또한 어려운 일이다. 배우는 자가 설령 가난을 걱정하지 않을 수는 없더라도 또 이런 뜻을 가슴속에 보존하면 오래오래 저절로 (그렇지 못한 사람과) 구별된다.

○ 雲峯胡氏曰 凡學而謀食者 只爲貧富關打不透爾 果不憂貧 自不謀食

운봉 호씨가 말했다. 무릇 배우면서 먹는 것을 도모하는 것은 단지 빈부의 관문을 투철하게 극복하지 못했기 때문이다. 만약 가난을 걱정하지 않는다면 저절로 먹는 것을 도모하지 않게 된다.

○ 新安陳氏曰 謀食之食 以食祿言 與祿字相關 耕也餒在其中 一句 自是引

喩 此章 夫子 始終教學者 以審內外之輕重也 君子 惟謀學以明道 而不謀食 以得祿 譬之 耕本不求餒 而餒自在其中 是 學本不求祿 而祿自在其中 學焉 而聽祿之自至 可也 末又申言之 憂道 以見其謀道 不憂貧 以見其不謀食 憂 出於心 謀見於事 憂之深 然後謀之熟 無非欲學者 知內之重而外之輕耳

신안 진씨가 말했다. '모식(먹는 것을 도모함)'이라 할 때의 '식'은 식록(봉록)을 말하니 '녹' 자와 상관된다. '농사에는 굶주림이 그 안에 있다'라는 한 구절은 본디 비유이다. 이 장은 처음부터 끝까지 공자께서 배우는 자에게 안과 밖의 경중을 살피라고 가르치신 것이다. '군자는 오직 배워서 도에 밝기를 도모하지, 먹는 것을 위해 녹봉 얻기를 도모하지는 않는다'라는 것을 '농사는 본디 굶주림을 구하는 것이 아니지만 굶주림이 본디 그 안에 있다'라는 것에 비유한 것이니, 이는 배우는 것은 본디 봉록을 구하는 것이 아니지만 봉록이 본디 그 안에 있으니 배웠는데 봉록이 저절로 오는 것은 허용해도 괜찮다(막을 필요는 없다)는 것이다. 끝에서는 또 거듭 말씀하셨으니, '도를 걱정한다'는 말씀으로 도를 도모한다는 것을 보이시고, '가난을 걱정하지 않는다'는 말씀으로 먹는 것을 도모하지 않는다는 것을 보이셨다. 걱정은 마음에서 나오고 도모하는 것은 일에 드러나니, 걱정이 깊은 연후에 도모하는 것이 심해진다. 배우는 자가 안의 소중함과 밖의 가벼움을 알기를 바라지 않으신 것이 없다.

15.32-1 子曰 知及之 仁不能守之 雖得之 必失之 知去聲

공자께서 말씀하셨다. 지(지식)가 (이치에) 미치더라도 인(그 사람이 가진 덕)이 그것(이치)을 지킬 수 없다면[지식은 충분하나 덕이 모자라면], 비록 얻었다 하더라도 반드시 잃어버린다.

【집주】
知 足以知如字此理 而私欲間去聲下同之 則無以有之於身矣

지가 족히 이 이치를 알 만해도 사욕이 끼어들면 (이 이치를) 몸에 가지고 있을 수 없다.

【세주】
程子曰 知及之 仁不能守之 無得也

정자가 말했다. 지가 미치더라도 인이 지킬 수 없다면 얻은 것이 없는 것이다.

○知及之 仁不能守之 此 言中人以下也 若夫眞知 未有不能守者

'지가 미치더라도 인이 지킬 수 없다'는 이 말은 보통 사람 이하의 경우를 말하는 것이다. 만약 진정 알았다면 지키지 못하는 경우가 없다.

○新安陳氏曰 好學 近乎知 力行 近乎仁 學而知之明 則知及而得之矣 不能無私 力行而守之不固 雖得之 必失之也

신안 진씨가 말했다. 배움을 좋아하는 것은 지(지성)에 가깝다. 힘써 행하는 것은 인에 가깝다. 배워서 명확하게 알면 지가 미치어 얻은 것이지만, 사사로움이 없지 못해 '힘써 행해 지키는 것'이 굳건하지 못하면 비록 얻었더라도 반드시 잃게 된다.

15.32-2 知及之 仁能守之 不莊以涖之 則民不敬
지가 미치고 인이 지킬 수 있어도 장엄함으로 군림하지
못하면 백성은 존경하지 않는다.

【집주】

涖 臨也 謂臨民也 知此理 而無私欲以間之 則所知者 在我而不失矣
然 猶有不莊者 蓋氣習之偏 或有厚於內而不嚴於外者 是以民不見
其可畏 而慢易去聲之 下句 放上聲此

'이'는 임하는 것이니 백성에게 임하는 것을 말한다. 이 이치를 알고 또 사욕이
끼어들지 않으면 아는 것은 내게 있어 잃지 않는다. 그러나 그러고서도 장엄하
지 못한 경우가 있으니, 대개 기습(기질과 습관)이 치우쳐 안으로는 두텁지만
밖으로는 엄숙하지 못한 경우가 간혹 있을 수 있다. 이런 까닭에 백성은 그것
(군주)이 두려워할 만한 것임을 알지 못하고 소홀하고 쉽게 여긴다. 아래 구절
도 이와 (구조가) 유사하다.

【세주】

張子曰 所謂知及之必欲仁守之者 恐其難得必失耳 知之非艱 行之惟艱 此
守所以貴乎篤也

장자가 말했다. 소위 '지가 미치면 반드시 인이 지키기를 바란다'는 것은 그 '어렵
게 얻은 것을 반드시 잃게 됨'을 우려하는 것일 뿐이다. 아는 것이 어려운 것이
아니라 행하는 것이 진정 어렵다. 이것이 지킴에 있어서 독실함을 귀히 여기는
이유이다.

○問 知及之 仁不能守之 固不可 仁旣能守之 而猶有不莊之戒 集註謂 有
氣習之偏 何耶 潛室陳氏曰 蓋 雖是有仁能持守 然 當臨涖之時 擧動之際
此心少懈 卽妄念便生 須是逐時照管 令罅縫不開 才有罅縫 便有氣習之偏
此 是聖賢點檢身上工夫周密處 雖是本體已造醇美 猶恐節目上有疵 又須
逐節照管 要令盡善盡美

물었다. '지가 미치더라도 인이 지키지 못함', 이는 본디 안 되는 것입니다. 이미
인이 지킬 수 있는데도 아직도 장엄하지 못한 경우가 있을 수 있다는 경계의 말
씀에 대해, 집주에서는 기습의 치우침이 있는 것이라 했는데, 왜 그렇습니까? 잠

실 진씨가 답했다. 대개 비록 인이 지킬 수는 있다 하더라도 군림하는 때나 거동하는 때 이 마음이 조금이라도 해이해지면 곧 망령된 생각이 일어나니, 모름지기 때에 따라(각각의 상황에 맞추어) 비추어보아 틈이 벌어지지 않게 해야 한다. 틈이 벌어지기만 하면 곧 기습의 치우침이 있게 된다. 이는 성현의 신상을 점검하는 공부의 주밀함이다. 비록 본체는 이미 순후하고 아름답게 이루어졌지만 아직도 규범의 항목상 하자가 있을 우려가 있으니 또 모름지기 (각각의) 규범에 따라 비추어보아 진선진미하도록 해야 한다.

15.32-3 知及之 仁能守之 莊以涖之 動之不以禮 未善也

지가 미치고 인이 지킬 수 있고 장엄함으로 군림한다 하더라도 예로써 움직이게 하지 않으면 아직 선하지는 못하다(완전히 선한 것은 아니다).

【집주】

動之 動民也 猶曰鼓舞而作興之云爾 禮 謂義理之節文

'동지(움직이게 하다)'는 백성을 움직이는 것이니, '고무해서 일어나게 한다'는 말과 같다. '예'는 의리가 성문화된 규범이다.

【세주】

朱子曰 動字 不是感動之動 是使民底意思 謂使民去做這件事 亦有禮 是使之以禮 下箇禮字 歸在民身上

주자가 말했다. '동' 자는 '감동'이라 할 때의 '동'이 아니고 백성을 부린다는 의미로서, 백성을 부려 이 일 하나를 해내게 하는 것에도 또한 예가 있다는 말이니, 이것이 예로써 부리는 것이다. 사용된 '예' 자는 백성의 몸으로 귀착된다[예가 백성의 몸에 있다는 의미로 쓴 글자이다, 즉 임금이 예를 수단으로 해서 백성을 부린다는 말이 아니라 백성에게 예가 있도록 부린다는 말이다].

○ 動之 是指民說 如蒐苗獮狩 就其中 教之少長有序之事 便是使之以禮 蓋使他以此事 此事 有禮存也

'동지(움직이게 한다)'는 백성을 가리켜 하는 말이다. 예컨대 모내기나 수렵할 때 그 (활동) 중에 장유유서의 일을 가르치는 것이 곧 예로써 부리는 것이다. 대개 그들을 이 일로 부릴 때, 이 일에는 예가 들어 있다.

【집주】
○愚謂 學至於仁 則善有諸己 而大本立矣 涖之不莊 動之不以禮 乃其氣稟學問之小疵 然 亦非盡善之道也

내가 생각건대, 배워서 인에 이르면 선이 자신에게 있어 큰 근본이 선 것이다. 장엄함으로 군림하지 못하고 예로써 움직이게 하지 못하는 것은 곧 기질과 학문의 작은 흠결이다. 그러나 또한 완전히 선한 도는 아니다.

【세주】
朱子曰 固有生成底 然 亦不可專主氣質 蓋 亦有學底

주자가 말했다. 본디 태어날 때 형성된 것(선천적인 것)이 있지만 또한 오로지 기질만 내세워서는 안 된다. 대개 또한 배우는 것(후천적인 것)도 있으니까.

○慶源輔氏曰 不莊 氣質之偏也 不以禮 學問之闕也

경원 보씨가 말했다. 장엄하지 못한 것은 기질의 치우침 때문이고, 예로써 하지 못하는 것은 학문의 결여 때문이다.

【집주】
故 夫子歷言之 使知德愈全 則責愈備 不可以爲小節而忽之也

그러므로 공자께서 차례로(단계별로) 말씀하시어, 덕이 더욱 완전할수록 (작은 것도) 더욱 갖추기를 요구받으니, 작은 규범이라 여기고 소홀히 해서는 안 된다는 것을 알게 하셨다.

【세주】
朱子曰 知及之 如大學知至 仁守之 如意誠 涖不莊動不以禮 如所謂不得其正 所謂敖惰而辟之類 知及 仁守 是明德工夫 下面 是新民工夫

주자가 말했다. 지가 미친다는 것은 『대학』의 '지지(지식이 경지에 도달함)' 같은 것이고, 인이 지킨다는 것은 (『대학』의) '의성(뜻이 참되어짐)' 같은 것이고, 장엄함으로 군림하지 못하고 예로써 움직이게 하지 못하는 것은 소위 '그 올바름을 얻지 못함'이나 소위 '오만하고 게을러 편벽됨(『대학』〈전 8장〉)' 같은 것들이다. 지가 미치고 인이 지키는 것은 명덕(덕을 밝힘) 공부이고, 아래쪽은 신민(백성을 새롭게 함) 공부이다.

○ 問 知及仁守 到仁 是極了 却又要莊涖動以禮底工夫 如何 曰 人 自有此心 純粹不走失 而於接物治民時 少些莊嚴意思 自不足以使人敬 此 便是未盡善處 又問 此 是要本末工夫兼備否 曰 固是 但須先有知及仁守 做箇根本 方好去檢點其餘 便無處無事不善 若根本不立 又有何可點檢處

물었다. 지가 미치고 인이 지키면 인에 도달한 것이 지극한 것인데 아직도 또 장엄하게 군림하고 예로써 움직이게 하는 공부를 해야 하는 것은 왜입니까? 답했다. 사람은 본디 이 마음이 있으니 순수(완전)해서 도망가거나 잃어버리지는 않지만, 남을 대하고 백성을 다스릴 때 장엄한 생각(장엄하게 하려는 생각)이 약간 부족하면 당연히 사람으로 하여금 존경하게 하기에 부족하다. 이것이 곧 완전히 선하지는 못한 곳이다. 또 물었다. 이는 본과 말의 공부를 겸비해야 한다는 것 아닙니까? 답했다. 물론 그렇다. 다만 반드시 먼저 지의 미침과 인의 지킴이 있어 근본을 형성한 후 장차 그 나머지를 잘 점검해나가면 곧 어디가든, 무슨 일이든 선하지 않음이 없다. 만약 근본이 서지 않았다면 또 무슨 점검할 만한 것이 있으리오.

○ 或問 知及仁守 爲學之事也 莊涖禮動 爲政之事也 然 爲學之事 雖未及乎爲政 至於接物處家之際 亦非莊涖禮動 不能爲也 爲政者 雖不專於爲學 然 非知識之明 而持守之固 亦無以爲臨政之地矣

혹자가 물었다. [질문 내용은 생략되어 있음. 원 질문은 정자나 범씨가 이 장을 정치에 임하는 것과 스스로의 처신을 겸해 말한 것으로 해석한 이유가 무엇인지를 물은 것임.] (답했다.) 지의 미침과 인의 지킴은 배움의 일이고 장엄하게 임하고 예로 움직이는 것은 정치의 일이다. 그러나 배움의 일이 비록 정치에는 미치지 못했더라도 남을 대하고 집에 거처할 때도 또한 장엄하게 임하고 예로 움직이지 않으면 해낼 수 없다. 위정자가 비록 오로지 배우기만 하는 것은 아니지만, 그러나 지식이 밝고 지키는 것이 굳건하지 않으면 또한 정치에 임하는 바탕이 될 만한 것이 없다.

○ 此一章 當以仁爲主 所謂知及之 所以求吾仁 涖之動之 所以持養吾仁者

이 한 장은 마땅히 인을 위주로 해야 한다. 소위 '지의 미침'이라는 것은 내 인을 구하려는 것이고, '임함과 움직이게 함'이라는 것은 내 인을 지키고 기르려는 것이다.

○ 或問此章 曰 大抵 發明內外本末之序 極爲完備 而其要 以仁爲重 仁能守之 則大本已立 雖臨民不以莊 動民不以禮 亦其支節之小失耳 然 亦不可不自警省 以求盡善而全其德也

혹자가 이 장에 관해 물었다. 답했다. 대저 안과 밖, 본과 말의 순서를 밝혀 드러내었으니 극히 완비한 것이지만, 그 핵심은 인을 중시하는 것이다. 인이 지킬 수 있다면 큰 근본은 이미 선 것이다. 비록 장엄함으로 백성에게 임하지 못하고 예로써 백성을 움직이게 하지 못해도 또한 지엽적인 규범의 작은 실수일 뿐이다. 그러나 또한 스스로 경계하고 반성함으로써 선을 다하고 그 덕을 완전하게 하기를 구하지 않으면 안 된다.

○ 南軒張氏曰 知及之 仁不能守之 則未能保之也 仁能守之 則在己者 實矣 又須莊以涖之 而動之則以禮 動之以禮者 以禮敎民 則民作興也 此 雖統言爲政之道 至此而後善 然 所以成己 亦一而已

남헌 장씨가 말했다. 지가 미치더라도 인이 지키지 못하면 보존할 수 없다. 인이 지킬 수 있으면 자신에게 있는 것이 충실하지만, 또 모름지기 장엄함으로 군림하고, 움직이게 할 때는 예로써 해야 한다. 예로써 움직이게 한다는 것은 예로써 백성을 가르치면 백성이 흥기한다는 것이다. 이는 비록 정치의 도리가 이에 이르러야 선하다는 것을 통합적으로 말한 것이지만, 그러나 자신(개인으로서의 자기 자신)을 완성하는 방법 또한 마찬가지일 뿐이다.

○ 雙峯饒氏曰 此章 六箇之字 要分別 及之守之得之失之 此四之字 指理而言 涖之動之 此二之字 指民而言

쌍봉 요씨가 말했다. 이 장의 여섯 개의 '지' 자는 구분해야 한다. '급지, 수지, 득지, 실지'의 이 네 '지' 자는 이치를 가리켜 하는 말이고, '이지, 동지'의 이 두 '지' 자는 백성을 가리켜 하는 말이다.

○ 雲峯胡氏曰 仁者 心德之全 知及仁守 而猶曰 不莊以涖之則民不敬者 德之全而責之備也 知及仁守莊涖 而猶曰 動之不以禮爲未善者 德愈全而責愈備也 大本已立 固足以見其心德之全 小節未善 亦足以爲全德之累

운봉 호씨가 말했다. 인이란 마음의 덕의 완전함이다. 지가 미치고 인이 지키는데도 오히려 '장엄함으로 군림하지 못하면 백성이 존경하지 않는다'라 한 것은 덕이 완전하면 갖추기를 요구받는다는 것이다. 지가 미치고 인이 지키고 장엄함으로 임하는데도 '예로써 움직이게 하지 못하면 아직 선하지 않다'라 한 것은 덕이 더욱 완전해질수록 더욱 갖추기를 요구받는다는 것이다. 큰 근본이 이미 선 것은 본디 그 마음의 덕의 완전함을 보여주기에 충분하지만, 작은 규범에 선하지 못한 것 또한 완전한 덕에 누가 되기에 충분하다.

15.33 子曰 君子 不可小知 而可大受也 小人 不可大受 而可小知也

공자께서 말씀하셨다. 군자는 작은 일로 알아볼 수는 없고, 큰일을 받을(맡을) 수는 있다. 소인은 큰일을 받을 수는 없고, 작은 일로 알아볼 수는 있다.

【집주】
此言觀人之法 知我知之也 受彼所受也 蓋君子於細事 未必可觀而材德 足以任重 小人 雖器量~~去聲~~淺狹 而未必無一長可取

이는 사람 관찰하는 법을 말한 것이다. '지'는 내가 알아보는 것이고, '수'는 그가 받는 것이다. 대개 군자는 작은 일에 있어서는 꼭 볼만한 것은 아니지만, 재주와 덕이 무거운 일을 맡기에는 족하다. 소인은 비록 기량이 얕고 좁지만 반드시 취할 만한 하나의 장점도 없는 것은 아니다.

【세주】
朱子曰 一事之能否 不足以盡君子之蘊 然 能任天下之重而不懼 小人 一才之長 亦可器使 但不可以任大事耳

주자가 말했다. 일 하나를 잘하는지 아닌지는 군자의 축적(된 역량)을 다하기(다 알기)에 부족하다. 그러나 (군자는) 능히 천하의 중대사를 맡아 두려워하지 않을 수 있다. 소인은 한 가지 재주를 잘하는 것이 있으니 또한 그릇(특정한 기예를 가진 인재)으로 부릴 수 있다. 다만 대사를 맡길 수는 없을 뿐이다.

○吳氏曰 方舜之耕稼時 視之猶人也 一旦受堯之天下 若素有之 小人 有立談之間而其材可知者 至委以國 則未有不敗

오씨가 말했다. 바야흐로 순이 농사짓고 있었을 때는 (천하) 보기를 마치 (상관없는) 남처럼 했지만, 어느 날 요의 천하를 받고서는 마치 평소 가지고 있었던 것처럼 했다. 소인은 서서 이야기하는 사이에 그 재주를 알 수 있는 경우가 있지만 나라를 맡겨서는 실패하지 않는 경우가 없다.

○南軒張氏曰 君子 所存者 大 故 不可以小者測知 而可以當其大者 小人

局於狹小 其長易見 故 不可以任大 而可以小知之 大受 如學者之學聖人 有爲者之當大任 是也 事而可以小知之 小人 用過其量 則敗矣

남헌 장씨가 말했다. 군자는 보존하고 있는 것이 큰 까닭에, 작은 일을 가지고 헤아려 알 수는 없고 큰일을 맡을 수는 있다. 소인은 협소한 데에 국한되어 있으니 그 장점은 쉽게 드러난다. 그런 까닭에 큰일을 맡길 수는 없고 작은 일로 알아볼 수는 있다. '대수(큰 것을 받음)'란 배우는 자로서는 성인을 배우는 것, 실제적 활동(정치)을 하는 자로서는 큰 임무를 맡는 것이 그것이다. (소인은) 일의 경우라면 작은 것으로 알아볼 수는 있지만, 소인을 그 역량을 초과해 쓰면 실패한다.

○ 雙峯饒氏曰 君子 於小事上 有拙處 小人 於小事上 有長處 所以 不可以一節觀之 或問 君子 才全德備 何爲於小事上有拙處 曰 不可以一槪論 君子 亦有等降 但其大體正當 雖細微處 有未盡 亦不害其爲君子 又曰 此小人 是小有才之人 非庸常之小人

쌍봉 요씨가 말했다. 군자는 작은 일에 있어서는 졸렬한 점이 있고, 소인은 작은 일에 있어서는 잘하는 점이 있다. 그러므로 같은 방식으로 살필 수는 없다. 혹자가 물었다. 군자는 재주가 완전하고 덕이 완비된 자인데 어째서 작은 일에 졸렬한 점이 있습니까? 답했다. (군자라 해서) 다 같다고 할 수는 없으니, 군자 또한 등급이 떨어지는 경우가 있다. 다만 그 대체(전체적인 바탕)가 정당하다면 비록 세세한 곳에 미진한 점이 있다 해도 군자가 되는 데는 지장이 없다. 또 말했다. 여기서의 소인은 작은 재주가 있는 사람을 말하지, 용렬한 소인을 말하는 것이 아니다.

○ 雲峯胡氏曰 小節 可以知小人 不足以知君子 大受 可以許君子 不可以許小人 材之所成爲器 德之所充爲量 君子之所以可大受者 材與德 俱大 小人之不可大受者 器與量 俱小 故也

운봉 호씨가 말했다. 작은 일을 가지고서 소인을 알 수는 있지만 군자를 알기에는 부족하다. 크게 받는 것은 군자는 허용될 수 있지만 소인은 허용될 수 없다. 재주가 이루어진 것을 '기'라 하고 덕이 채워진 것을 '양'이라 한다. 군자가 크게 받을 수 있는 까닭은 재주와 덕이 모두 크기 때문이고, 소인이 크게 받을 수 없는 것은 기와 양이 모두 작기 때문이다.

15.34 子曰 民之於仁也 甚於水火 水火 吾 見蹈而死者 矣 未見蹈仁而死者也

공자께서 말씀하셨다. 백성들에게 있어서 인은 물이나 불보다 더하다(더 중요하다). 물이나 불은 내가 그것을 밟고 죽은 자를 보았어도 인을 밟고 죽은 자는 아직 보지 못했다.

【집주】

民之於水火 所賴以生 不可一日無 其於仁也 亦然 但水火外物 而仁在己 無水火 不過害人之身 而不仁 則失其心 是 仁有甚於水火 而尤不可一日無者也 況水火 或有時而殺人 仁 則未嘗殺人 亦何憚而不爲哉 李氏曰 此 夫子 勉人爲仁之語 下章 放上聲此

백성들에게 있어서 물과 불은 의존해 살아가는 것이기 때문에 하루도 없을 수 없다. (이 점에 있어서는) 인도 또한 그러하다. 다만 물과 불은 바깥의 물건이고 인은 내 안에 있는 것이다. 물과 불이 없으면 사람의 몸뚱이를 해치는 데 불과하지만 인하지 않으면 그 마음을 잃는다. 이것이 인이 물이나 불보다 더한 것이 있어 더욱 하루라도 없어서는 안 되는 이유이다. 하물며 물과 불은 간혹 때때로 사람을 죽이지만 인은 사람을 죽이는 경우가 없으니, 또한 무엇을 꺼려서 행하지 않겠는가? 이씨가 말했다. 이는 공자께서 사람들에게 인을 행할 것을 격려하신 말씀이니, 다음 장도 이와 유사하다.

【세주】

問 夫子言 吾未見蹈仁而死者也 後又言 志士仁人有殺身以成仁者 潛室陳氏曰 蹈仁 有益無害 人 何憚而不爲 此 勉人爲善之語 若到殺身成仁處 是時不管利害 但求一箇是而已 學者 患不蹈仁爾 蹈仁 則心無計較之私 若義所當死而死 雖比干 不害爲正命

물었다. 공자께서는 '내가 아직 인을 밟고 죽은 자를 보지 못했다'라 하셨고, 뒤에는 또 '지사와 인인은 살신성인하는 경우가 있다'라 하셨습니다. [살신성인은 인을 밟고 죽은 것 아닙니까?] 잠실 진씨가 답했다. 인을 밟는 것은 이익만 있고 해는 없으니 사람이 무엇을 꺼려 행하지 않으리오. 이는 사람들에게 선을 행할 것을 격려하신 말씀이다. 살신성인 하는 곳에 이른 경우, 이때는 이해를 상관하지 않고 다만 하나의 옳음만을 구할 뿐이니, 배우는 자는 인을 밟지 못하는 것을 걱정해야 할 뿐이다. 인을 밟으면 마음에 계산하고 비교하는 사사로움이 없어, 만약 의리상 마땅히 죽어야 하면 죽는다. 비록 비간이라 하더라도(비간처럼 제 명에 죽지 못했다 하더라도) 정명(올바른 운명)이라 하기에 지장이 없다.

15.35 子曰 當仁 不讓於師
공자께서 말씀하셨다. 인을 맡는 것은 스승에게도 사양하지 않는다.

【집주】

當仁 以仁爲己任也 雖師 亦無所遜 言當勇往而必爲也 蓋仁者人所自有 而自爲之 非有爭也 何遜之有

'당인(인을 맡음, 담당함)'이란 인을 자신의 임무로 삼는 것이다. 비록 스승이라 하더라도 또한 사양하는 바가 없다는 것은 마땅히 용감하게 나아가 반드시 행한다는 말이다. 대개 인이란 사람이 원래부터 가지고 있는 것이고 스스로 행하는 것으로, 경쟁하는 것이 아니니 무슨 사양함이 있으리오.

○ 程子曰 爲仁在己 無所與遜 若善名在外 則不可不遜

정자가 말했다. 인을 행하는 것은 나에게 달려 있으니 더불어(누구에게) 사양할 바가 없다. 만약 밖에 있는 좋은 이름(선하다는 외부의 평가)이라면 사양하지 않을 수 없다.

【세주】

朱子曰 當仁 擔當之當 這仁字 是指大處難做處說 這般處 須著擔當 不可說道自家做不得 是師長所做底事

주자가 말했다. '당인(인을 맡음)'의 당은 '담당'의 당이다. 이 '인' 자는 큰 것, 하기 어려운 것을 가리켜 말한 것이다. 이런 곳은 모름지기 (스스로) 꽉 잡아 담당해야지, 자신은 할 수 없고 스승이 하는 일이라고 말해서는 안 된다.

○ 弟子於師 每事必讓 而不敢先 至於仁以爲己任 則當自勉而勇爲 不可以有讓也 蓋 仁者 己所有而自爲之 非奪諸彼而先之也 何讓之有 所謂不讓 猶程子所謂 不可將第一等事 讓與別人做者 其事 則顏子所謂 舜何人也 予何人也 有爲者 亦若是者 是已 此與上章 皆勉人爲仁之辭 上章 爲凡民 都不知仁而憚於爲之者發 此章 爲學者 粗知仁之爲美而不知勇於有爲者發

제자는 스승에 대해 매사를 반드시 양보해 감히 앞서지 않지만, 인을 스스로의 임무로 삼는 것에 있어서는 마땅히 스스로 힘써 용감하게 행해야지, 사양이 있어서는 안 된다. 대개 인이란 자신이 가지고 있는 것이고 스스로 행하는 것으로, 남의 것을 빼앗아 먼저 하는 것이 아니니 무슨 사양함이 있으리오. 소위 '불양(사양하지 않음)'이란 정자가 말한 '제일 첫 번째의 일을 다른 사람에게 하도록 양보해 주어서는 안 된다'는 것이다. (양보할 수 없다는) 그 일이란, 안자가 말한 '순은 어떤 사람이고 나는 어떤 사람인가? 행함이 있는 자는 또한 이(순)와 같아진다(『맹자』5, 「등문공 상」1장)'라는 것이 그것이다. 이 장과 앞 장은 모두 사람들에게 인을 행할 것을 격려하시는 말씀인데, 앞 장이 평범한 백성으로서 인이 무엇인지 전혀 몰라 행하기를 꺼리는 자를 위해 하신 말씀이라면, 이 장은 배우는 자로서 인이 아름답다는 것을 대강은 알지만 용감히 행할 줄 모르는 자를 위해 하신 말씀이다.

○南軒張氏曰 夫子嘗曰 有能一日用其力於仁矣乎 我未見力不足者 又曰 我欲仁 斯仁至矣 又曰 爲仁由己 於此 又明不讓於師之義 蓋 道不遠人 爲之在己 雖所尊敬 亦無所與讓 聖人 勉學者 使之用其力也

남헌 장씨가 말했다. 공자께서 일찍이 말씀하시기를 "능히 하루 동안 인에 힘쓸 수 있는 자가 있는가? 나는 아직 힘이 부족한 자를 보지 못했다(『논어』4, 「이인」6장)"라 하셨고, 또 "내가 인을 바라면 이에 인이 온다(『논어』7, 「술이」29장)"라 하셨고, 또 "인을 행하는 것은 자신으로 말미암는다(『논어』12, 「안연」1장)"라 하셨고, 여기서는 또 스승에게도 사양하지 않는다는 뜻을 밝히셨으니, 대개 '도는 사람을 멀리하지 않으니 (도를) 행하는 것은 자신에게 달렸다. (스승은) 비록 존경하는 바이지만 또한 더불어 양보할 것이 없다'는 말씀으로, 성인께서 배우는 자를 격려해 그 힘을 쓰게 하신 것이다.

○爲仁在我 雖師不暇遜 此 便是仁以爲己任

인을 행하는 것은 나에게 달렸으니 비록 스승이라도 사양할 틈이 없다. 이것이 곧 인을 자신의 임무로 삼는 것이다.

○慶源輔氏曰 遜者 禮之實也 德之善也 凡自外來者 固不可不遜 如善名 是也 至於爲仁在己 則何遜哉 蓋 非不遜也 乃無所與遜也

경원 보씨가 말했다. '손(사양함)'은 예의 실질이고 덕의 선함이다. 밖에서 오는 모든 것은 본디 사양하지 않을 수 없으니, 예컨대 좋은 이름 같은 것이 그것이다. '인을 행하는 것은 자신에게 달려 있음'의 경우에 무슨 사양함이 있겠는가? 대개 사양하지 않으려 해서가 아니라 더불어 사양할 것이 없는 것이다.

○雲峯胡氏曰 當字 大有力量 不弘者 當不起 不毅者 當不去 請事斯語 顏子當之 仁爲己任 曾子當之 顏曾 遜於夫子之門 未嘗以當仁之事 而遜於夫子也

운봉 호씨가 말했다. '당(맡음)' 자는 크게 역량이 있다(는 뜻이다). 넓지 않은 자는 맡아서 (짐을 지고) 일어서지 못하고, 굳세지 않은 자는 맡아서 (짐을 지고 길을) 가지 못한다. '이 말씀을 일삼겠습니다(『논어』12, 「안연」 1장)'라 한 것은 안자가 (인을 임무로) 맡은 것이고, '인을 자신의 임무로 삼는다(『논어』8, 「태백」 7장)'라 한 것은 증자가 (인을 임무로) 맡은 것이다. 안자와 증자는 공자의 문하에서 겸손했지만, 인을 맡는 일에 있어서는 공자께도 사양한 적이 없었다.

15.36 子曰 君子 貞而不諒

공자께서 말씀하셨다. 군자는 꼿꼿하지만 (작은 신념을 위해) 고집스럽지는 않다.

【집주】
貞 正而固也 諒 則不擇是非 而必於信

'정'은 바르면서 굳센 것이다. '양'은 시비를 가리지 않은 채 반드시 믿는 대로만 하려는 것이다.

【세주】
問 君子不諒 可乎 龜山楊氏曰 惟貞固 可以不諒 所謂貞者 惟義所在也

물었다. 군자가 고집스럽지 않으면 되겠습니까? 구산 양씨가 답했다. 오직 꼿꼿하고 굳기 때문에 고집스럽지 않을 수 있다. 소위 '정(꼿꼿함)'이란 오직 의(올바름)가 있는 곳(을 따르는 것)이다.

○朱子曰 貞者 見得道理是如此 便只恁地做去 所謂知斯二者弗去 是也 爲正字說不盡 故 更加固字 如易所謂 貞固足以幹事 若諒者 是不擇是非 必要如此 故 貞者 是正而固守之意 諒 則有固必之意焉

주자가 말했다. '정'이란 도리가 이와 같다는 것을 알면 곧 단지 그렇게 해나가는 것이니 소위 '이 두 가지를 알고 버리지 않는다(『맹자』7, 「이루 상」 27장)'라는 것이 그것이다. (집주에서는) '정(바름)' 자만으로는 (그 뜻을) 다할 수 없기 때문에 다시 '고(굳음)' 자를 더했으니, 예컨대 『주역』(「건괘」 〈문언전〉)에서 말한 " '정고(꼿꼿하고 굳셈)'하면 족히 일을 주관할 수 있다"와 같은 것이다. '양'의 경우는 옳고 그름을 가리지 않은 채 반드시 이처럼 하려는 것이다. 그러므로 '정'이란 바르면서 굳건하게 지킨다는 뜻이고, '양'은 고집스레 꼭 그리하려 한다는 뜻이 있다.

○南軒張氏曰 貞 則信在其中 但執小信 而於義有蔽 則失其正 而反害於信矣

남헌 장씨가 말했다. '정'하면 믿음이 그 안에 있다. 다만 작은 믿음을 고집해 의리에 잘못이 있으면 바름을 잃어 오히려 믿음에 해가 된다.

○ 覺軒蔡氏曰 諒有二訓 則止訓信者 友諒 是也 有訓必信者 此諒 是也 諒似貞而實非 故 夫子 特別而言之

각헌 채씨가 말했다. '양'에는 두 가지 훈이 있으니, 단지 '믿음'이라고 훈을 다는 것은 '우량(믿음 있는 사람을 친구함.『논어』16,「계씨」4장))'이 그 예이고, '반드시 믿음 있으려 함'으로 훈을 다는 것은 여기서의 '양'이 그 예이다. '양'은 '정'과 비슷하지만 실제로는 틀린다. 그런 까닭에 공자께서 특별히 구별해 말씀하셨다.

○ 雙峯饒氏曰 貞者 正而固守 諒 則固而未必正 言必信 行必果 而不知惟義所在者也

쌍봉 요씨가 말했다. '정'이란 바르면서 굳게 지키는 것이다. '양'은 굳기는 하나 꼭 바르지는 않은 것이니, '말하면 반드시 믿음이 있으려 하고, 행동하면 반드시 성과가 있으려 하지만 진정 의가 있는 곳을 알지는 못하는 것'이다.

○ 厚齋馮氏曰 歷萬變而不失其正者 貞也 諒 則固守而不知變者也 故曰 貞者 事之幹也 豈若匹夫匹婦之爲諒也

후재 풍씨가 말했다. 만 번의 변화를 겪으면서도 그 바름을 잃지 않는 것이 '정'이다. '양'은 굳게 지키지만 변화를 모르는 것이다. 그러므로 '정은 일의 근간이다(『주역』,「건괘」〈문언전〉)'라 한다. ('정'이) 어찌 필부필부의 고집스러움과 같겠는가?

15.37 子曰 事君 敬其事而後其食

공자께서 말씀하셨다. 임금을 섬김에 그 일을 경건히 하고 봉록을 뒤로 한다.

【집주】

後 與後獲之後 同

'후'는 '후획(얻는 것을 나중으로 함)'의 후와 같다.

【세주】

雙峯饒氏曰 此後字 如先難後獲 先事後得之後 後獲 謂不計其效也 蓋 爲人臣者 但知盡其職分而已 祿 非所計也 所謂正其誼 不謀其利之意

쌍봉 요씨가 말했다. 이 '후' 자는 '선난후획(어려움을 먼저 하고 얻는 것을 나중으로 함)', '선사후득(일을 먼저 하고 얻는 것을 나중으로 함)'의 '후'와 같다. '후획'은 그 효과를 (미리) 계산하지 않는 것을 말한다. 대개 신하가 된 자는 다만 그 직분을 다하는 것만 알 뿐, 봉록은 계산할 바 아니다. 소위 '그 도리를 바르게 하고 그 이익은 도모하지 않는다(『한서』,「열전」〈동중서전〉)'는 뜻이다.

【집주】

食 祿也 君子之仕也 有官守者 修其職 有言責者 盡其忠 皆以敬吾之事而已 不可先有求祿之心也

'식'은 봉록이다. 군자가 벼슬함에, 관청(지방관)을 맡은 자는 그 직무를 잘 다스리고, 언론의 책임을 맡은 자는 그 충성을 다함으로써 모두 자신의 일을 경건히 할 뿐이지, 먼저 봉록을 구하는 마음을 가져서는 안 된다.

【세주】

南軒張氏曰 事君者 主於敬其事而已 官有尊卑 位有輕重 而敬其事之心 則一也 後其食 猶後獲之意 然則爲貧而仕 則奈何 孔子 嘗爲委吏矣 亦曰 會計當而已矣 嘗爲乘田矣 亦曰 牛羊茁壯長而已矣 蓋 亦以敬其事爲主也 若曰 爲貧而仕 食焉而已 遑恤其事 則失其義矣

남헌 장씨가 말했다. 임금을 섬기는 것은 그 일을 경건히 하는 것을 주로 삼을 뿐이다. 벼슬은 높고 낮음이 있고, 자리(직책)는 가볍고 무거움이 있지만 그 일을 경건히 하는 마음은 하나이다. '봉록을 나중으로 함'은 '얻는 것을 나중으로 함'의 뜻과 같다. 그렇다면 가난 때문에 벼슬을 하는 경우는 어찌하는가? 공자께서 일찍이 위리(회계 담당 서리)가 되셨을 때 또한 '회계를 마땅하게 할 뿐이다'라 하셨고, 승전(목축 담당 서리)이 되셨을 때 또한 '소와 양이 튼튼하게 자라게 할 뿐이다'라 하셨으니(『맹자』10,「만장 하」 5장), 대개 또한 그 일을 경건히 하는 것을 위주로 하신 것이다. 만약 '가난 때문에 벼슬하니 봉록만 받아먹을 뿐이다'라 하고 그 일 돌보기를 게을리 하면 그 올바름을 잃은 것이다.

○胡氏曰 後其食者 蓋 委置之 不存乎念慮之間 非纔任其事 而即有得祿之心繼之也 若曰 先敬其事 而後有計祿之心 則義利雜揉 公私交戰 其不爲利心所勝者 幾希

호씨가 말했다. '봉록을 나중으로 한다'는 것은 대개 (봉록은) 내버려 두고 관심의 범위에 두지 않는다는 것이지, 그 일을 맡기만 하면 (그다음) 즉시 봉록을 얻으려는 마음이 이어진다는 것이 아니다. 만약 '먼저 그 일을 경건히 하고 다음에 봉록을 계산하는 마음을 갖는다'라 한다면 의리와 이익이 뒤섞이고 공과 사가 서로 싸워, 이익의 마음이 이기지 않는 자가 거의 드물다.

○勉齋黃氏曰 敬事後食 臣之道也 餼稟稱事 君之道也

면재 황씨가 말했다. 일을 경건히 하고 봉록을 나중으로 하는 것은 신하의 도리이다. 일에 걸맞게 봉록을 주는 것은 임금의 도리이다.

○慶源輔氏曰 有官守者 修其職 有言責者 盡其忠 是皆天理之當然 而在人之所當爲者也 豈可有一毫僥求覬幸之意 於其先哉

경원 보씨가 말했다. 관청을 맡은 자는 그 직무를 잘 다스리고 언론의 책임을 맡은 자는 그 충성을 다하는 것은 모두 천리의 당연함이고 사람이 마땅히 해야 할 것에 드니, 어찌 털끝만큼이라도 요행을 구하고 바라는 마음이 그에 앞서 있을 수 있겠는가?

15.38 子曰 有敎無類
공자께서 말씀하셨다. 가르침이 있으면 (사람의) 종류는 없어진다.

【집주】

人性皆善 而其類 有善惡之殊者 氣習之染也 故 君子有敎 則人皆可以復如字反也於善 而不當復扶又反又也論其類之惡矣

사람의 본성은 모두 선한데 그(사람의) 종류에 선한 자와 악한 자의 차이가 있는 것은 기습에 물든 때문이다. 그러므로 군자의 가르침이 있으면 사람은 모두 선으로 돌아갈 수 있으니 다시 그 종류의 악함을 논하는 것은 부당하다.

【세주】

南軒張氏曰 人所稟之資 雖有不同 然 無有善惡之類一定而不可變者 蓋 均是人也 原其降衷 何嘗不善 故 聖人 有敎焉 所以反之於善也 敎之行 愚者可使之明 柔者 可使之强 豈有氣質之不可變者乎 然 堯舜之子 不肖 則氣類 又若有異 何也 蓋 氣 有可反之理 人 有能反之道 而敎 有善反之功 其卒莫之能反者 則以其自暴自棄而已

남헌 장씨가 말했다. 사람이 품부받은 자질은 비록 다르지만 그러나 선악의 종류가 일정해 바뀔 수 없는 자는 없으니, 대개 모두 사람이기 때문이다. 원래 하늘로부터 받은 마음에 어찌 불선함이 있으리오. 그러므로 성인께서 가르치심이 있는 것은 선으로 되돌리려 하시기 때문이다. 가르침이 행해지면 어리석은 자는 밝게 할 수 있고, 유약한 자는 강하게 할 수 있으니 어찌 변할 수 없는 기질이 있으리오. 그러나 요순의 아들이 못난 것을 보면 기질의 종류에 또 차이가 있는 것 같으니 웬일인가? 대개 기질에는 되돌릴 수 있는 이치가 있고, 사람에게는 되돌릴 수 있는 방법이 있고, 가르침에는 선으로 되돌릴 수 있는 효과가 있지만, 끝내 되돌리지 못하는 자는 자포자기하기 때문일 뿐이다.

○慶源輔氏曰 人之性 同乎一理而已 然 其品類 則有善惡之異者 何哉 蓋於其始生也 已有氣稟淸濁之分 及其少長也 又有習染邪正之異 苟欲合其異 而反其同 則在乎敎耳 故 君師有敎化之妙 則人 皆可以復其善 而自無爲惡之人 豈可復論其類之惡哉

경원 보씨가 말했다. 사람의 본성은 하나의 이치를 같이할 뿐이다. 그러나 그 품질의 종류에 선악의 차이가 있는 것은 왜인가? 대개 처음 태어났을 때 이미 기품에 청탁의 차이가 있고, 조금 자라서는 또 옳고 그른 것에 물든 습관이 다르기 때문이다. 만약 그 차이를 합쳐 같은 것으로 되돌리려 한다면 (그 방법은) 가르침에 있을 뿐이다. 그러므로 임금과 스승의 오묘한 교화가 있으면 사람은 모두 그 선으로 돌아갈 수 있어 저절로 악을 행하는 사람이 없어진다. 어찌 다시 그 종류의 악함을 따질 수 있으리오.

○ 洪氏曰 聖人之敎 如雨露之於萬物 夫豈有所擇哉

홍씨가 말했다. 성인의 가르침은 '만물에 있어서의 비와 이슬(어느 것에나 고루 내리는 은택)' 같으니 무릇 어찌 가리는 것이 있으리오.

15.39 子曰 道不同 不相爲謀 爲去聲

공자께서 말씀하셨다. (추구하는) 도가 같지 않으면 서로를 위해 (일을) 도모하지 않는다.

【집주】

不同 如善惡邪正之類

같지 않다는 것은 선이나 악, 정도와 사도 같은 것(이 같지 않다는 것)이다.

【세주】

南軒張氏曰 君子以義 小人以利 義利之所趨 不同 烏能相爲謀乎

남헌 장씨가 말했다. 군자는 의를 추구하고, 소인은 이익을 추구한다. 의리냐 이익이냐, 좇는 것이 다른데 어찌 서로를 위해 도모할 수 있으리오.

○新安陳氏曰 善惡 謂君子小人 邪正 謂吾道異端 如陰陽氷炭之相反 此不能爲彼謀 彼亦不能爲此謀也

신안 진씨가 말했다. (집주의) 선과 악은 군자와 소인을 말하고, 정도와 사도는 우리 도(유가)와 이단을 말한다. 음과 양, 얼음과 숯처럼 서로 상반되니, 이것은 저것을 위해 도모할 수 없고, 저것 또한 이것을 위해 도모할 수 없다.

15.40 子曰 辭 達而已矣

공자께서 말씀하셨다. 말은 (그 뜻이) 전달되면 그만이다.

【집주】

辭取達意而止 不以富麗爲工

말은 '뜻의 전달'을 채택하는 것으로 그치고, 많고 화려한 것을 잘하는 것으로 치지 않는다.

【세주】

勉齋黃氏曰 此 爲學者喜於工言辭者設 然 其曰 達而已矣 則非通於理者 亦不能達也 聖人之言 未嘗有所偏也

면재 황씨가 말했다. 이는 배우는 자로서 말 잘하는 것을 기뻐하는 자를 위해 하신 말씀이다. 그러나 '전달되면 그만이다'라 하셨으니 이치에 통하지 않는 것은 또한 전달될 수 없다(는 말씀이기도 하다). 성인의 말씀은 치우친 것이 있은 적이 없다.

○胡氏曰 富者 欲其贍也 麗者 欲其華也

호씨가 말했다. (집주의) '부'란 많기를 바라는 것이고, '여'란 화려하기를 바라는 것이다.

○新安陳氏曰 惟達理者 辭能達意 達意之外 而過求之 非以繁多爲富 則以華美爲麗 正理 反爲所蔽 本意 反以不達矣 達之一字 命辭之法也 東坡 與人論文 每以夫子此言爲主

신안 진씨가 말했다. 오직 이치에 통달한 자라야만 말이 뜻을 전달할 수 있다. 뜻을 전달하는 것 이외에 지나치게 바라면, 번다한 것을 풍부한 것이라고 생각하거나 그렇지 않으면 화려하고 아름다운 것을 수려한 것이라고 생각하게 되니, 옳은 이치는 거꾸로 가려지게 되고, 본의는 거꾸로 전달되지 않는다. '달' 한 글자는 말의 법칙을 정의한 것이다. 동파(소식)는 사람들과 글을 논할 때 매번 공자의 이 말씀을 주로 삼았다.

15.41-1 師冕見及階子曰階也及席子曰席也皆坐子告之曰某在斯某在斯 見賢遍反

악사 면이 뵈올 때, 계단에 이르자 공자께서 '계단입니다'라 하시고, 자리에 이르자 공자께서 '자리입니다'라 하시고, 모두 앉자 공자께서 알려주시기를 '누구는 여기 있고, 누구는 여기 있습니다'라 하셨다.

【집주】
師 樂師 瞽者

'사'는 악사로서 소경이다.

【세주】
胡氏曰 周禮 樂師太師 皆以師名 磬鐘笙鎛龠篪 皆曰師

호씨가 말했다. 『주례』에 악사와 태사는 모두 모두 '사'로 이름 붙였다. 경(편경) 종(편종) 생(생황) 박(종) 매(가죽 악기) 약(피리)은 모두 '사'라 했다[예컨대 편경을 다루는 악사는 경사라 했다].

○ 吳氏曰 古者 樂師 皆用瞽 以其廢視而聽專 且令天下無廢人也

오씨가 말했다. 옛날에 악사는 모두 소경을 썼는데 시력은 버렸지만 청력은 온전하기 때문이었고, 또 천하에 버려진 사람이 없도록 하기 위해서였다.

【집주】
冕 名 再言某在斯 歷擧在坐去聲之人以詔之

'면'은 (악사의) 이름이다. '누구는 여기 있다'라고 두 번 말씀하신 것은 좌석에 있는 사람을 차례로 들어 알려주신 것이다.

15.41-2　師冕出 子張問曰 與師言之道與 與平聲

악사 면이 나가자 자장이 물었다. (그렇게 하는 것이) 악사와 대화하는 도리입니까?

【집주】

聖門學者 於夫子之一言一動 無不存心省察幷反察 如此

성인 문하의 배우는 자들이 공자의 말씀 하나 동작 하나에 대해 마음을 두고 성찰하지 않는 것이 없음이 이와 같다.

【세주】

吳氏曰 論語中 子張之問 比諸弟子爲多

오씨가 말했다. 『논어』 중에는 자장의 질문이 다른 여러 제자들에 비해 많다.

○新安陳氏曰 不可以子張之問 作閑語看 聖人一言一動 無非敎也 學者 善觀之 則見得皆出於聖心天理之流行者矣

신안 진씨가 말했다. 자장의 질문을 한가한 이야기로 보아서는 안 된다. 성인의 말씀 하나, 동작 하나가 가르침 아닌 것이 없다. 배우는 자가 잘 살펴보면 모든 것이 성인의 마음의 천리의 흐름에서 나온 것임을 알 수 있다.

15.41-3　子曰 然 固相師之道也 相去聲

공자께서 말씀하셨다. 그렇다. 본디 악사를 보조하는 도리이다.

【집주】

相 助也 古者 瞽 必有相 其道如此

'상'은 돕는 것이다. 옛날에 소경 악사는 반드시 보조자가 있었으니 그 도리가 이와 같았다.

【세주】

周禮 春官 大師 下大夫二人 少師 上士四人 瞽矇 三百人 眂_{音示}瞭_{音了 明目也} 三百人 眂瞭 掌太師之縣_{音玄 鐘磬之類} 凡樂事 相瞽

『주례』, 「춘관」(〈예관지속〉)에 다음과 같이 나와 있다. 태사는 하대부로 2인이고, 소사는 상사로 4인이고, 고몽(소경악사)은 3백인이고, 시료〈눈이 밝은 사람이다.〉는 3백인이다. (〈시료〉조에는 다음과 같이 나와 있다.) 시료는 태사가 〈편종이나 편경 등을〉 거는 일을 맡는다. 모든 음악의 일에 소경악사를 돕는다.

【집주】

蓋 聖人 於此 非作意而爲之 但盡其道而已

대개 성인께서 이 일에 대해 일부러 그리하신 것이 아니고, 다만 그 도리를 다하신 것일 뿐이다.

○尹氏曰 聖人處_{上聲}己爲_{去聲}人 其心一致 無不盡其誠 故也 有志於學者 求聖人之心 於斯亦可見矣 范氏曰 聖人 不侮鰥寡 不虐無告 可見於此 推之天下 無一物不得其所矣

윤씨가 말했다. 성인께서 스스로 처신하는 것이나 남을 위하는 것이나 그 마음이 일치하는 것은 그 참됨을 다하지 않음이 없기 때문이다. 배움에 뜻을 둔 자가 성인의 마음(이 어떠한지)을 구한다면 여기서 또한 볼 수 있다. 범씨가 말했다. 성인께서 과부나 홀아비를 업신여기지 않으시고 하소연할 데 없는 자를 학대하지 않으신 것을 여기서 볼 수 있다. (이 마음을) 천하에 미루어간다면 그 원하는 바를 얻지 못하는 사물이 하나도 없을 것이다.

【세주】

南軒張氏曰 道 無往而不存 聖人之動靜語默 無往而非道 蓋 各止於其所而已 師冕之見 及階 則告之階 及席 則告之席 旣坐 則歷告之以在坐者 蓋 待瞽者之道當然耳 子張 竊窺而有問焉 夫子 以爲固相師之道 辭則近 而意亦無不盡矣 事事物物 莫不有其道 夫一日之間 起居 則有起居之道 飮食 則有飮食之道 見是人 則有待是人之道 遇是事 則有處是事之道 道 不可須臾離也 夫惟天下之至誠 一以貫之 道之所在 如影之隨形 蓋 無往而非是矣

남헌 장씨가 말했다. 도는 어디 간들(어떤 경우에도) 없는 경우가 없고, 성인의 동

667

정어묵(움직이고 멈추고 말하고 침묵함, 즉 모든 행동거지)은 어디 간들 도 아닌 경우가 없으니, 대개 각각 그 마땅한 바에서 그칠 뿐이다. 악사 면이 뵈올 때, 계단에 이르러서는 계단이라 알려주시고 자리에 이르러서는 자리라 알려주시고 이미 다 앉아서는 앉아 있는 자를 차례로 알려주신 것은 대개 소경악사를 대우하는 도리의 당연함일 뿐이다. 자장이 가만히 살펴보고 질문을 함에, 공자께서 '본디 악사를 보조하는 도리이다'라 하셨는데, 말은 가깝고(친절하고) 뜻 또한 다하지 않음이 없다. 모든 사물은 그 도를 가지고 있지 않는 경우가 없다. 무릇 하루 사이에, 기거하는 것은 기거하는 도가 있고, 먹고 마시는 것은 먹고 마시는 도가 있고, 이 사람을 만나면 이 사람을 대우하는 도가 있고, 이 일을 마주치면 이 일을 처리하는 도가 있으니, 도는 잠시도 떠날 수 없는 것이다. 무릇 (공자께서는) 천하의 지극한 참됨으로 일이관지하심에, 도 있음은 마치 그림자가 몸체를 따르는 것과 같으니, 대개 어디 간들 옳지 않음이 없으시다.

○胡氏曰 瞽 必有相 荀子所謂 猶瞽無相 春秋傳所謂 其相曰 朝也 冕之來見 適無相者 坐必作 過必趨 哀矜之念 乃聖人之素心 至此 自不能已也 故代相者告之

호씨가 말했다. 소경은 반드시 보조자가 있으니, 순자가 말한 "소경에게 보조자가 없는 것과 같다", 『춘추전』에서 말한 "그 보조자가 '아침이다'라 했다" 등이 그 예이다. 면이 뵈러 옴에 마침 보조자가 없었는데, '앉아 있다가 반드시 일어나고, 지나갈 때는 반드시 빨리 가시는(『논어』9, 「자한」9장)' 불쌍하고 어여삐 여기시는 마음이 곧 성인의 평소 마음이니, 이에 이르러 (그 마음이) 저절로 그만둘 수 없으셨다. 그런 까닭에 보조자를 대신해 알려주셨다.

○厚齋馮氏曰 使瞽者 若能視然 是謂相師之道 豈特與師言之道 如此

후재 풍씨가 말했다. 소경으로 하여금 마치 능히 보는 듯이 해주는 것을 일러 소경악사를 보조하는 도리라 한다. 어찌 단지 소경악사와 대화하는 도리만 이와 같겠는가?

○新安陳氏曰 瞽者之來 未必無相 夫子 自矜之 且敬之 故 節節謹告之 有目者待無目者之誠心曲禮也

신안 진씨가 말했다. 소경이 왔을 때 반드시 보조자가 없었던 것은 아닐 수도 있다. 공자께서 스스로 불쌍히 여기시고 또 존경하신 까닭에 구절구절 삼가 알려주셨으니, 눈 있는 자가 눈 없는 자를 대우하는 참된 마음의 세세한 예절이다.

부록

별호색인 | 인용 학자 소개

***활용방법**
인용 학자에 대해 알아보려면 먼저 [별호색인]에서 본명을 확인하고, 그 이름을 [인용 학자 소개]에서 찾아본다.

별호색인

· 각헌 채씨(覺軒蔡氏) → 채모(蔡模)
· 강릉 항씨(江陵項氏) → 항안세(項安世)
· 격암 조씨(格菴趙氏) → 조순손(趙順孫)
· 겸산 곽씨(兼山郭氏) → 곽충후(郭忠厚)
· 경원 보씨(慶源輔氏) → 보광(輔廣)
· 고씨(顧氏) → 고원상(顧元常)
· 공씨(孔氏) → 공영달(孔穎達)
· 괄창 섭씨(栝蒼葉氏) → 섭하손(葉賀孫)
· 광평 유씨(廣平游氏) → 유초(游酢)
· 교봉 방씨(蛟峯方氏) → 방봉진(方逢辰)
· 구봉 채씨(九峯蔡氏) → 채심(蔡沈)
· 구산 양씨(龜山楊氏) → 양시(楊時)
· 구양씨(歐陽氏) → 구양현(歐陽玄)
· 구양씨(歐陽氏) → 구양겸지(歐陽謙之)
· 낙암 이씨(樂菴李氏) → 이형(李衡)
· 남전 여씨(藍田呂氏) → 여대림(呂大臨)
· 남헌 장씨(南軒張氏) → 장식(張栻)
· 노재 왕씨(魯齋王氏) → 왕통(王侗)
· 노재 허씨(魯齋許氏) → 허형(許衡)
· 능양 이씨(陵陽李氏) → 미상
· 단양 홍씨(丹陽洪氏) → 홍흥조(洪興祖)
· 담씨(譚氏) → 담유인(譚惟寅)
· 동래 여씨(東萊呂氏) → 여조겸(呂祖謙)
· 동양 허씨(東陽許氏) → 허겸(許謙)
· 동창 이씨(東窓李氏) → 미상
· 등씨(鄧氏) → 등명세(鄧名世)
· 매암 호씨(梅巖胡氏) → 호차염(胡次焱)
· 면재 황씨(勉齋黃氏) → 황간(黃榦)
· 몽재 원씨(蒙齋袁氏) → 원보(袁甫)
· 물재 정씨(勿齋程氏) → 정약용(程若庸)

· 물헌 웅씨(勿軒熊氏) → 웅화(熊禾)
· 미산 소씨(眉山蘇氏) → 소식(蘇軾)
· 번양 심씨(番陽沈氏) → 심귀요(沈貴瑤)
· 번양 이씨(番陽李氏) → 이정옹(李靖翁)
· 번양 제씨(番陽齊氏) → 제몽룡(齊夢龍)
· 번양 추씨(番陽鄒氏) → 추계우(鄒季友)
· 범씨(范氏) → 범조우(范祖禹)
· 북계 진씨(北溪陳氏) → 진순(陳淳)
· 사수 정씨(沙隨程氏) → 정형(程逈)
· 사씨(謝氏) → 사양좌(謝良佐)
· 사여 황씨(四如黃氏) → 황중원(黃仲元)
· 산음 육씨(山陰陸氏) → 육전(陸佃)
· 삼산 반씨(三山潘氏) → 반병(潘柄)
· 삼산 진씨(三山陳氏) → 진공석(陳孔碩)
· 상산 육씨(象山陸氏) → 육구연(陸九淵)
· 상채 사씨(上蔡謝氏) → 사양좌(謝良佐)
· 서산 진씨(西山眞氏) → 진덕수(眞德秀)
· 선씨(宣氏) → 미상
· 섭씨(葉氏) → 섭몽득(葉夢得)
· 소씨(蘇氏) → 소식(蘇軾)
· 소씨(邵氏) → 소갑(邵甲)
· 소자(邵子) → 소옹(邵雍)
· 신안 예씨(新安倪氏) → 예사의(倪士毅)
· 신안 오씨(新安吳氏) → 오호(吳浩)
· 신안 왕씨(新安王氏) → 왕염(王炎)
· 신안 진씨(新安陳氏) → 진력(陳櫟)
· 쌍봉 요씨(雙峯饒氏) → 요노(饒魯)
· 안씨(晏氏) → 미상
· 안정 호씨(安定胡氏) → 호원(胡瑗)
· 양씨(楊氏) → 양시(楊時)

- 여씨(呂氏) → 여대림(呂大臨)
- 연평 이씨(延平李氏) → 이통(李侗)
- 영가 설씨(永嘉薛氏) → 미상
- 예씨(倪氏) → 미상
- 예장 나씨(豫章羅氏) → 나종언(羅從彥)
- 오씨(吳氏) → 오우(吳迂)
- 옥계 노씨(玉溪盧氏) → 노효손(盧孝孫)
- 온릉 진씨(溫陵陳氏) → 진지유(陳知柔)
- 왕씨(汪氏) → 왕염창(汪炎昶)
- 왕씨(汪氏) → 왕정직(汪廷直)
- 왕씨(王氏) → 왕회(王回)
- 운봉 호씨(雲峯胡氏) → 호병문(胡炳文)
- 유씨(游氏) → 유초(游酢)
- 유씨(劉氏) → 유팽수(劉彭壽)
- 윤씨(尹氏) → 윤돈(尹焞)
- 인산 김씨(仁山金氏) → 김이상(金履祥)
- 인수 이씨(仁壽李氏) → 이도전(李道傳)
- 임소영(林少穎) → 임지기(林之奇)
- 임씨(林氏) → 임지기(林之奇)
- 임천 오씨(臨川吳氏) → 오징(吳澄)
- 잠실 진씨(潛室陳氏) → 진식(陳埴)
- 장존중(張存中) → 장용(張庸)
- 장씨(張氏) → 장구성(張九成)
- 장씨(張氏) → 장옥연(張玉淵)
- 장씨(張氏) → 장정견(張庭堅)
- 장씨(張氏) → 장용(張庸)
- 장씨(張氏) → 장팽로(張彭老)
- 장씨(張氏) → 장호고(張好古)
- 장자(張子) → 장재(張載)
- 절재 채씨(節齋蔡氏) → 채연(蔡淵)

- 정씨(鄭氏) → 정남승(鄭南升)
- 정씨(鄭氏) → 정여해(鄭汝諧)
- 정씨(鄭氏) → 정현(鄭玄)
- 정자(程子) → 정이(程頤)
- 정자(程子) → 정호(程顥)
- 제갈씨(諸葛氏) → 제갈태(諸葛泰)
- 조씨(趙氏) → 미상
- 주씨(朱氏) → 주신(朱伸)
- 주씨(朱氏) → 주조의(朱祖義)
- 주자(周子) → 주돈이(周敦頤)
- 주자(朱子) → 주희(朱熹)
- 지재 진씨(止齋陳氏) → 진부량(陳傅良)
- 진씨(陳氏) → 미상
- 천태 반씨(天台潘氏) → 반시거(潘時擧)
- 첩산 사씨(疊山謝氏) → 사방득(謝枋得)
- 치당 호씨(致堂胡氏) → 호인(胡寅)
- 포전 황씨(莆田黃氏) → 황사의(黃士毅)
- 하동 후씨(河東侯氏) → 후중량(侯仲量)
- 하씨(何氏) → 하몽귀(何夢貴)
- 형씨(邢氏) → 형병(邢昺)
- 호씨(胡氏) → 호영(胡泳)
- 호씨(胡氏) → 호인(胡寅)
- 홍씨(洪氏) → 홍흥조(洪興祖)
- 화양 범씨(華陽范氏) → 범조우(范祖禹)
- 화정 윤씨(和靖尹氏) → 윤돈(尹焞)
- 황씨(黃氏) → 황연(黃淵)
- 후씨(侯氏) → 후중량(侯仲量)
- 후재 풍씨(厚齋馮氏) → 풍의(馮椅)
- 휘암 정씨(徽菴程氏) → 정약용(程若庸)

인용 학자 소개

· 고원상(顧元常): 남송의 학자며, 자는 평보(平甫)이다. 예학의 연구자로서 『예기의소(禮記義疏)』를 주해했다.
· 공영달(孔穎達, 574~648): 당의 경학가다. 자는 충원(冲遠) 또는 중달(仲達)이다. 그가 주편한 『오경정의(五經正義)』는 한대 이후 훈고학을 집대성한 것으로, 이후 성리학이 일어나기 전까지는 유가 경전 해석의 표준이 되었다.
· 곽충후(郭忠厚): 북송의 학자며 일명 곽충효(郭忠孝)라고도 한다. 자는 입지(立之)며 하남인이다. 정이에게 『역(易)』과 『중용(中庸)』 등을 배웠다. 이후 학문적으로 강서학파에게 큰 영향을 미쳤다.
· 구양겸지(歐陽謙之): 남송의 이학가로서 자는 희손(希遜)이며 여릉인이다. 주희의 문인이다.
· 구양현(歐陽玄, 1273~1357): 원의 학자로서 자는 원공(原功)이며 호는 규재(圭齋)다. 유양인이다. 어려서 장관에게 배웠으며 문장으로 유명했다. 원 순제 때 한림직학사로서 요·금·원 3사의 수찬 총재관을 맡았다. 저서로 『규재문집(圭齋文集)』이 있다.
· 김이상(金履祥, 1232~1303): 송말 원초의 이학가로서 자는 길부(吉父)고 호는 차농(次農)이며, 난계인이다. 인산(仁山) 밑에 살았으므로 인산 선생이라고 불렸다. 왕백·하기 등에게 배웠으며 이학에 조예가 깊었다. 소위 금화 주학의 중요 인물로서 원초의 대표적 학자다. 저서로 『논어맹자집주고증(論語孟子集注考證)』이 있다.
· 나종언(羅從彦, 1072~1135): 북송의 이학가로서 자는 중소(仲素)며 예장(豫章) 선생이라 불렸다. 소위 남검삼선생(南劍三先生) 중 한 사람이다. 오의·양시 등에게 배웠으며, 정호·정이의 학문은 남검삼선생인 양시·나종언·이통을 거쳐 주자에게 전해졌다. 저서로 『중용설(中庸說)』·『어맹해(語孟解)』 등이 있다.
· 노효손(盧孝孫): 남송의 학자로서 자는 신지(新之)며 옥계(玉溪) 선생이라 불렸다. 태학박사를 지냈고 퇴직 후 제자들을 가르쳤다.
· 담유인(譚惟寅): 남송의 학자로서 자는 자흠(子欽)이며 호는 태재(蛻齋)다. 태학박사를 지냈다.
· 등명세(鄧名世): 남송의 학자로서 일명 등명아(鄧名亞)라고도 한다. 자는 원아(元亞)며 임천인이다. 경사에 밝았으며 특히 『춘추(春秋)』에 정통했다. 주희의 친구며 저작좌랑을 지냈다. 저서로 『춘추논설(春秋論說)』이 있다.
· 반병(潘柄): 남송의 이학가로서 자는 겸지(謙之)다. 회안인이며 과산(瓜山) 선생이라 불렸다. 주희의 제자며, 저서로 『역해(易解)』·『상서해(尙書解)』 등이 있다.
· 반시거(潘時擧): 남송의 이학가로서 자는 자선(子善)이며 임해인이다. 주희의 제자로서 육

경에 대해 많은 질문과 답변을 해 주희로부터 칭찬을 들었다. 무위군 교수를 지냈다.
· **방봉진**(方逢辰, 1221~1291): 송말 원초의 학자로서 일명 방몽괴(方夢魁)라고도 한다. 자는 군석(君錫)이며 교봉(蛟峯) 선생이라 불렸다. 가학을 이었기에 특별히 배운 선생은 없다. 화정서원에서 강의했으며, 그 외 금화 순안 등지에서 강학했다. 사서(四書)와 육경(六經)을 존중했으며, 사양좌의 학문을 흠모했다. 저서로『대학중용주석(大學中庸注釋)』이 있다.
· **범조우**(范祖禹, 1041~1089): 북송의 사학가·경학가로서 화양인이다. 자는 순보(淳甫)인데, 순부(淳夫)·몽득(夢得) 등의 자도 썼다. 사마광을 따라『자치통감(資治通鑑)』의 편찬 작업에 참여했으며,『중용(中庸)』을 깊이 연구해『중용론(中庸論)』다섯 편을 지었다.
· **보광**(輔廣): 남송의 이학가로서 자는 한경(漢卿)이고 호는 잠암(潛菴)이다. 만년에 전이(傳貽)서원을 짓고 제자들을 가르쳤기에 전이 선생이라 불렸다. 여조겸과 교유했으며, 주희에게 배워 문인이 되었다. 주희의 학설을 충실히 전달하는 데 기여했으며, 이익과 의리의 문제를 깊이 연구했다. 저서로『어맹학용문답(語孟學庸問答)』·『사서찬소(四書纂疎)』등이 있다.
· **사방득**(謝枋得, 1226~1289): 남송의 학자로서 자는 군직(君直)이며, 첩산(疊山) 선생이라 불렸다. 송이 망한 후 원 조정에 억지로 불려갔으나 음식을 거부하고 죽음을 맞았다. 서림에게 배웠으며 육학(陸學)을 전수했다. 저서로『첩산문집(疊山文集)』이 있다.
· **사양좌**(謝良佐, 1050~1103): 북송의 이학가로서 상채인이다. 자는 현도(顯道)며, 상채(上蔡) 선생이라 불렸다. 소위 정문사선생(程門四先生)의 한 사람으로 정호·정이의 고제다. 특히 '인(仁)'의 개념을 정립하는 데 크게 기여했다. 주희가 젊었을 때 그의 학설에 도움을 많이 받았다고 하며, 후대에 주희 학설의 선하가 된다는 평을 들었다. 저서로『논어설(論語說)』·『상채어록(上蔡語錄)』등이 있다.
· **섭몽득**(葉夢得, 1077~1148): 북송의 문학가이자 경학가로서 오현인이다. 자는 소온(少蘊)이며 호는 석림(石林)이다. 문학은 사(詞)에 능했고 경학은『춘추(春秋)』에 정통해서,『춘추전(春秋傳)』·『춘추고(春秋考)』·『춘추얼(春秋讞)』등의 저서가 있다.
· **섭하손**(葉賀孫): 남송의 학자로서 일명 섭미도(味道)라고도 한다. 자는 하손 또는 지도(知道)며, 온주인이다. 주희에게 배웠으며, 주자학이 탄압을 받을 때 과거 답안을 주자학에 의거해 써냈다가 낙방했다. 주자학이 해금된 후 진사에 급제하고 악주 교수, 태학박사 겸 숭정전설서·비서저작좌랑 등을 지냈다. 설서의 직을 맡았을 때『논어(論語)』를 선강해야 한다고 주장했다. 저서로『사서설(四書說)』·『예해(禮解)』·『대학강의(大

學講義)』등이 있다.
· 소갑(邵甲): 남송의 학자로서 양간의 제자다. 진순과 학문을 논했으나 의견이 맞지 않았다고 한다.
· 소식(蘇軾, 1036~1101): 북송의 학자이자 문학가로서 미산인이다. 자는 자첨(子瞻)이며, 스스로 동파거사(東坡居士)라 호를 지었다. 진사에 등제한 이래 여러 관직을 역임했으며, 정치적으로 사마광 등을 도우면서 왕안석의 신법당과 대립했다. 문학에서「적벽부(赤壁賦)」등의 운문 작품으로 유명하며, 당송팔대가(唐宋八大家)의 한 사람에 들 정도로 산문이 뛰어났다. 경학에도 조예가 깊어『역전(易傳)』·『논어설(論語說)』·『서전(書傳)』등의 저서를 남겼다. 주희는 소식의 학문에 불교나 도교의 설이 혼입되어 있다는 점을 비판했으나, 집주에서 소식의 설을 상당수 채택했다.
· 소옹(邵雍): 북송의 이학가이자 상수학자다. 자는 요부(堯夫)며, 강절(康節)이라는 시호를 받아 소강절이라고도 불렸다. 백원(百源) 선생이라 불렸으며 스스로 안락(安樂) 선생이라 칭하기도 했다. 남송 도종 함순 초에 공묘에 배향되어 신안백(新安伯)으로 추봉되었고, 명 가정 연간에 선유(先儒) 소자(邵子)로 칭해졌다. 주돈이·장재·정이·정호 등과 함께 소위 북송오자(北宋五子)로서 성리학 창시자의 한 사람이다. 벼슬을 한 적이 없으며, 일생 학문에 매진해 당시의 명사인 부필·사마광 등의 존숭을 받았다. 저서로『황극경세(皇極經世)』·『격양집(擊壤集)』이 있다.
· 심귀요(沈貴瑤): 남송의 학자로서 자는 성숙(誠叔)이며, 의재(毅齋) 선생이라 불렸다. 동몽정의 고제며, 저서로『정몽의해(正蒙疑解)』·『사서요의(四書要義)』가 있다.
· 양시(楊時, 1053~1135): 북송의 이학가로서 자는 중립(中立)이다. 만년에 구산(龜山)에 은거해 구산 선생이라 불렸고, 시호는 문정(文靖)이다. 처음에는 정호에게 배웠고, 정호가 죽자 정이에게 배웠다. 소위 정문사선생(程門四先生) 중 한 사람이다. 정호·정이의 학문이 그를 통해 주희·장식 등에 연결되었으므로 동남학자소위 남도(南渡) 낙학(洛學)]의 대종이라는 평을 들었다. 저서로『구산문집(龜山文集)』·『구산어록(龜山語錄)』등이 있다.
· 여대림(呂大臨, 1042~1092): 북송의 학자로서 자는 여숙(輿叔)이며, 남전인이다. 처음에는 장재에게 배웠으나 장재가 죽은 후 정호·정이에게 배워 고제가 되었다. 소위 정문사선생(程門四先生) 중 한 사람이다. 저서로『논어해(論語解)』·『대학해(大學解)』·『중용해(中庸解)』·『노자주(老子注)』등이 있다.
· 여조겸(呂祖謙, 1137~1181): 남송의 이학가이자 문헌학자로서 무주인이다. 자는 백공(伯

恭)이며, 동래(東萊) 선생이라 불렸다. 그의 아버지 여본중을 대동래, 그를 소동래라
구분하기도 한다. 주희·장식과 함께 동남삼현(東南三賢) 중 한 사람이다. 학문적으로
주희와 달리서 역사와 문헌에 밝았으며, 소위 여학(呂學)이라는 독자적인 학문 경향
을 보였다. 애택서원을 창설해 후학을 가르쳤다. 저서로『동래집(東萊集)』·『동래좌
전박의(東萊左傳博議)』·『동래서설(東萊書說)』등이 있다.

· 예사의(倪士毅, 1303~1348): 원의 학자로서 자는 중홍(仲弘)이며, 휴녕인이다. 일찍이 진
력에게 배웠다. 관련 저서로『사서집석(四書集釋)』이 있는데, 이는『사서집주대전(四
書集註大全)』을 편찬하는 데 기본이 된 책으로 평가받는다.

· 오우(吳迕): 원의 이학가로서 부량인이다. 자는 중우(仲迕)며, 호는 가당(可堂)이다. 요노
의 제자로서 누차 응거했으나 합격하지 못하고 은거 독서했다. 저서로『사서어록(四
書語錄)』·『오경발명(五經發明)』·『공자세가(孔子世家)』등이 있다.

· 오징(吳澄, 1249~1333): 원의 학자로서 자는 유청(幼淸)인데, 만년에는 백청(伯淸)이라 했
다. 남송 말에 과거에 응시했으나 불합격해 초옥에 은거했으므로 초려 선생이라 불렸
다. 원 무종 때 국자감승, 사업 등의 국자감관을 지냈고 한림학사가 되었다.『영종실
록(英宗實錄)』을 수찬했으며 실록 완성 후 벼슬을 버리고 낙향해 후학을 교육했다. 저
서로『역찬언(易纂言)』·『예기찬언(禮記纂言)』·『춘추찬언(春秋纂言)』등이 있다.

· 오호(吳浩): 남송의 학자로서 휴녕인이다. 자는 의보(義父)며, 호는 직헌(直軒)이다. 은거
해 벼슬하지 않았으며, 저서로『직헌대학의(直軒大學義)』가 있다.

· 왕염(王炎, 1137~1218): 남송의 학자로서 무원인이다. 자는 회숙(晦叔)이며, 호는 쌍계(雙
溪)다. 장식의 지우를 받아 벼슬했으며 담주 교수를 지냈다. 저서로『쌍계집(雙溪集)』
이 있다.

· 왕염창(汪炎昶, 1261~1338): 원의 학자로서 무원인이다. 자는 무원(茂遠)이고, 어릴 때 송
의 유민 손숭에게 배웠으며, 은거해 원에 벼슬하지 않았다.

· 왕정직(汪廷直): 북송의 학자로서 무원인이다. 진사에 등제하고 둔전원외랑을 지냈다.

· 왕통(王侗): 원의 학자로서 호는 노재(魯齋)다. 저서로『대학장구(大學章句)』·『대학혹문
(大學或問)』·『중용구(中庸九)』·『중용혹문(中庸或問)』이 있다.

· 왕회(王回, 1023~1065): 북송의 관리로서 자는 심보(深甫)고 후관인이다. 구양수의 학문
을 모범으로 삼았다.

· 요노(饒魯): 남송의 이학가로서 여간인이다. 자는 백여(伯輿) 또는 중니(仲尼)며, 스스로 호
를 쌍봉(雙峯)이라 했다. 황간과 이번 등에게 배웠으며 특히 황간 문하의 중요 인물이

었다. 석동서원을 세워 강학했으며 후대에 끼친 학문적 영향이 컸다. 그의 학문은 주희를 근본으로 했으나 주희의 설을 묵수하지만은 않았으며, 그 때문에 오징에 의해 "육씨(육구연)를 종주로 하고 주희를 등졌다"라는 평을 받았다. 저서로『오경강의(五經講義)』·『어맹기문(語孟紀聞)』·『학용찬술(學庸纂述)』 등이 있지만 현존하는 것은『요쌍봉강의(饒雙峯講義)』뿐이다.

- 웅화(熊禾, 1253~1312): 송말 원초의 학자로서 건양인이다. 자는 거비(去非)며 호는 물재(勿齋) 또는 퇴재(退齋)다. 어려서부터 염락학(濂洛學: 주돈이와 정호·정이의 학문, 즉 성리학)에 뜻을 두어 주희의 문인인 보광과 교유했으며, 후에 무이산으로 들어가 오봉서당을 짓고 강학했다. 저서로『삼례고이(三禮考異)』·『춘추논고(春秋論考)』·『물헌집(勿軒集)』 등이 있다.
- 원보(袁甫): 남송의 학자로서 은현인이다. 자는 광미(廣微)며 몽재(蒙齋) 선생이라 불렸다. 어려서는 아버지 원섭에게 배웠으며 후에 양간에게 배웠다. 육학을 종지로 한다는 평을 들었으며, 저서로『중용강의(中庸講義)』·『효설(孝說)』·『맹자해(孟子解)』 등이 있다.
- 유초(游酢, 1053~1123): 북송의 이학가로서 자는 정부(定夫)며 녹산(鹿山) 선생이라 불렸다. 정호·정이에게 배웠으며 소위 정문사선생(程門四先生) 중 한 사람이다. 정이의 설을 이어받아 인(仁)의 개념을 설명하는 데 크게 기여했다. 불학에 조예가 깊었는데, 호광이 이를 정문의 죄인이라고 평했다. 관련 저서로『역설(易說)』·『중용의(中庸義)』·『논어맹자잡해(論語孟子雜解)』 등이 있다.
- 유팽수(劉彭壽): 원대의 학자로서 미주인이다. 경술을 근본으로 삼아 제자들을 가르쳤다. 저서로 『사서제요(四書提要)』·『춘추택존(春秋澤存)』·『춘추정경구석(春秋正經句釋)』이 있다.
- 육구연(陸九淵, 1139~1192): 남송의 이학가로서 금계인이다. 심학의 대표적 인물이다. 자는 자정(子靜)이며, 스스로 호를 존재(存齋)라 했다. 중년 이후에는 상산(象山)에 살면서 강학했기에 스스로 상산옹이라 했고, 상산 선생이라 불렸다. 정주학의 '성즉리(性卽理)'설과는 달리 '심즉리(心卽理)'설을 내세워 심학의 창시자가 되었다. 학문 방법론적으로도 주희와 달리 주로 존덕성에 중점을 두었다. 그러나 황종희에게서 육구연과 주희는 근본적으로 공맹을 종주로 삼았다는 점에서 동일하다는 평을 들었다. 그의 학문은 양간 등이 계승했고 명 왕수인이 집대성해 소위 육왕심학으로 완성되었다. 저서로『상산선생전집(象山先生全集)』이 있다.

677

· 육전(陸佃, 1042~1102): 북송의 학자로서 산음인이다. 자는 농사(農師)며 호는 도산(陶山)이다. 왕안석에게 배웠으며 국자감 직강을 지냈고, 『신종실록(神宗實錄)』·『철종실록(哲宗實錄)』 등의 편수에 참여했다. 저서로 『예상(禮象)』·『춘추후전(春秋後傳)』·『도산집(陶山集)』 등이 있다.

· 윤돈(尹焞, 1071~1142): 북송 말 남송 초의 이학가로서 낙인이다. 자는 명언(明彥) 또는 덕충(德充)이며, 흠종이 화정(和靖)처사라는 호를 사여했다. 일생 응거하지 않았으나 시강을 역임해 윤시강이라 불린다. 어려서 정이에게 배웠으며 정이의 인정을 받았다. 학문적으로는 실체역행을 주로 했으며, 경전 중에 특히 『논어(論語)』를 중시했다. 저서로 『논어해(論語解)』·『맹자해(孟子解)』 등이 있다.

· 이도전(李道傳): 남송의 학자로서 자는 관지(貫之)며, 정연인이다. 봉주 교수, 태학박사·태상박사 등을 역임했다. 어려서부터 정이·정호의 책을 읽고 의리를 탐색하는 데 침식을 잊었다고 한다. 주희의 문인은 못 되었으나 주희 제자들과 학문을 논했으며 주희의 저서를 탐독했다. 주희의 『사서집주(四書集註)』 및 『사서혹문(四書或問)』 등을 태학에 반포하기를 청하고, 주돈이·소옹·정이·정호·장재 5인을 공묘에 종사할 것을 상소했다.

· 이정옹(李靖翁): 『중용(中庸)』의 주석가다.

· 이통(李侗, 1093~1163): 남송의 이학가로서 주희의 스승이다. 자는 원중(愿中)이며 연평(延平) 선생이라 불렀다. 시호는 문정(文靖)이며 검포인이다. 나종언에게 사서(四書)를 배웠으며, 이를 주희에게 전했다. 저서로 『이연평선생문집(李延平先生文集)』이 있다.

· 이형(李衡, 1100~1178): 남송의 관리이자 학자로서 강도인이다. 자는 언평(彥平)이며 호는 낙암(樂庵)이다. 감찰어사·시어사 등을 역임했으며, 비서각 수찬으로 치사했다. 만년에 곤산에 정거해 만 권의 책을 모았다.

· 임지기(林之奇, 1112~1176): 남송의 학자로서 후관인이다. 자는 소영(少穎) 또는 졸재(拙齋)이며 삼산(三山) 선생이라 불렀다. 비서성 정자 및 교서랑을 역임했다. 여본중에게 배웠으며 왕안석의 『삼경신의(三經新義)』에 반대했다. 저서로 『서설(書說)』·『춘추설(春秋說)』·『논맹강의(論孟講義)』 등이 있다.

· 장구성(張九成, 1092~1159): 남송의 이학가로서 전당인이다. 자는 자소(子韶)며, 스스로 호를 횡포거사(橫浦居士)·무구거사(無垢居士)라 했고, 시호는 문충(文忠)이다. 태상박사·시강 등을 역임했다. 당시 재상이던 진회를 거슬러 남안군에 귀양갔는데, 거기서 경전을 연구하고 많은 저작을 남겼다. 양시에게 배워 그의 문인이 되었으며 정호·정

이의 재전제자다. 사양좌의 설과 불가의 설을 종합하여 인의 개념을 정리했다. 그의 학설은 심즉리설을 내세워 정호·정이의 학을 유학으로 연결하는 중간 고리에 해당한다는 평을 받았고, 이 때문에 주희의 비판을 받았다. 저서로『맹자전(孟子傳)』·『중용설(中庸說)』등이 있다.

· 장식(張栻, 1133~1180): 남송의 이학가로서 면죽인이다. 자는 경부(敬夫) 또는 낙재(樂齋)며 호는 남헌(南軒)이다. 남송 이종 경정 연간에 공묘에 종사되었다. 주희·여조겸 등과 어깨를 나란히 하는 명유로서, 소위 동남삼현(東南三賢) 중 한 사람이다. 호굉에게 배웠으며 악록(岳麓)서원에서 강의했다. 학설로는 의(義)와 이(利)의 구분을 강조했으며 주희의 존경을 받았다. 저서로『논어해(論語解)』·『맹자설(孟子說)』등이 있으며, 그 외『남헌집(南軒集)』이 있다.

· 장옥연(張玉淵): 미상

· 장재(張載, 1020~1077): 북송의 이학가로서 미현인이다. 성리학 창시자의 한 사람으로, 자는 자후(子厚)며 횡거진(橫渠鎭)에 거주해서 횡거 선생이라 불렸다. 시호는 명공(明公)이며, 남송 이종 때 미백(郿伯)으로 봉해지고 공묘에 종사되었다. 범중엄에게『중용(中庸)』을 배운 이래 경학에 전심했으며 일생의 대부분을 관중(關中)에서 강학과 저작에 바쳤기에 그의 학문을 관학이라 하기도 한다. 그의 학설은 성(性)을 천지지성과 기질지성으로 구분함으로써 이후 성리학의 이론적 골격을 형성했다. 그의『서명(西銘)』은 정문의 필독서로 취급되었으며, 그 외『정몽(正蒙)』·『역설(易說)』·『경학리굴(經學理窟)』·『어록(語錄)』등의 저서가 있고, 이 모든 것은 명대에『장자전서(張子全書)』로 출간되었다.

· 장정견(張庭堅): 북송의 관리로서 광안군인이다. 자는 재숙(才叔)이며 시호는 절민(節愍)이다. 사마광 등을 존숭했으며 소식을 천거했다.

· 장용(張庸): 원의 관리로서 자는 존중(存中)이며 온주인이다. 병부상서를 지냈다.

· 장팽로(張彭老): 맹자의 주석가다.

· 장호고(張好古, ?~1262): 원의 관리로서 자는 신보(信甫)며 남궁인이다. 어려서부터 독서와 글짓기로 유명했다.

· 정남승(鄭南升): 남송의 학자로서 자는 문진(文振)이며 조양인이다. 주희의 문인이며,『논어(論語)』·『맹자(孟子)』등을 깊이 연구했다. 그의 설은 주희에게 인정을 받았으며, 동문들이 존숭했다.

· 정약용(程若庸): 남송의 이학가로서 휴녕인이다. 자는 봉원(逢原)이며 호는 물재(勿齋)고

휘암(徽菴) 선생이라 불렀다. 요노·심귀진 등에게 배웠으며 성리학의 전수에 공이 있다. 안정서원의 산장을 지냈으며 임여서원을 창건했다. 진사에 등제한 후 무이서원의 산장으로 임명되어 강의했다. 정단몽의 『성리자훈(性理字訓)』을 해설한 그의 『성리자훈강의(性理字訓講義)』는 이후 성리학의 초학 교재로 중요하게 취급되었다.

- 정여해(鄭汝諧): 남송의 학자로서 청전인이다. 자는 순거(舜擧)며 호는 동곡거사(東谷居士)다. 저서로『동곡역익전(東谷易翼傳)』·『논어의원(論語意源)』이 있다.
- 정이(程頤, 1033~1107): 북송의 이학가로서 낙양인이다. 성리학 창시자 중 한 사람으로 자는 정숙(正叔)이고 호는 이천(伊川)이며, 남송 이종 때 이천백으로 봉해지고 공묘에 종사되었다. 그의 형 정호와 함께 이정자(二程子)라 불린다. 이 이정자가 성리학의 기초를 세웠는데, 그 학문을 낙학이라 한다. 태학에서 유학해 호원의 중시를 받았으며 서경 국자감 교수, 관구국자감 등의 국자감관을 지냈다. 그는 성즉리설을 내세웠는데, 주희는 이 설을 받아들여 발전시킴으로써 성리학을 완성했으며 이후 정통 학문이 되었다. 저서로『역전(易傳)』·『춘추전(春秋傳)』·『안자소학하론(顏子所學何論)』·『어록(語錄)』등이 있으며, 제자들이 그의 저서와 그의 형 정호의 저작을 모아『이정전서(二程全書)』를 펴냈다.
- 정현(鄭玄, 127~200): 후한의 학자로서 훈고학의 집대성자다. 자는 강성(康成)이며 고밀인이다. 장공조·마융 등에게 수학했으며, 고문을 위주로 했으나 금문도 일부 채택·종합했다. 삼경(三經)의 주석을 달았으며, 논어의 주석도 달았으니 그것이 소위 정주(鄭注)다.
- 정형(程逈): 남송의 학자로서 영릉인이다. 자는 가구(可久)며 호는 사수(沙隨)다. 왕보 등에게 배웠고 호학하는 것으로 유명했으며, 저서로『고역고(古易考)』등이 있다.
- 정호(程顥, 1032~1085): 북송의 이학가로서 낙양인이다. 성리학 창시자 중 한 사람이다. 자는 백순(伯淳)이고 호는 명도(明道)며, 남송 이종 때 하남백으로 봉해지고공묘에 종사되었다. 그의 동생 정이와 함께 이정자(二程子)라 불린다. 정이의 학문과 큰 차이는 없으나, 심즉리의 설을 인정해 심학의 선구가 되었다는 점에서 약간의 차이가 있다. 저서로는『식인편(識仁篇)』·『정성서(定性書)』·『어록(語錄)』등이 있으며, 후에 그 동생 정이의 저작과 합쳐져『이정전서(二程全書)』로 출간되었다.
- 제갈태(諸葛泰): 원의 학자로서 자는 형보(亨甫)며 진강인이다. 힘써 연구해 경전의 깊은 뜻을 많이 밝혔다고 한다.
- 제몽룡(齊夢龍): 남송의 학자로서 소옹의 역학을 연구했다.

- 조순손(趙順孫): 남송의 학자로서 진운인이다. 자는 화중(和仲)이며 격재(格齋) 선생이라 불렸다. 비서랑에서 시어사에 이를 때까지 항상 강독을 겸했다. 저서로『사서찬소(四書纂疏)』가 있다.
- 주돈이(周敦頤, 1017~1073): 북송의 이학가로서 연도인이다. 자는 무숙(茂叔)이고 호는 염계(濂溪)다. 원명은 돈실(敦實)인데 영종의 이름을 피휘하느라 돈이로 개명했다. 남송 영종이 원공(元公)의 호칭을 사여했으며, 이종 때 여남(汝南)백에 봉해지고 공묘에 종사되었다. 원 인종 때 도국공(道國公)으로 봉해졌고, 명 세종 때 선유(先儒) 주자(周子)로 칭해졌다. 연도에 있는 염계를 호로 썼으므로 염계 선생이라 불렸고, 그 학문을 염학이라 한다. 소위 북송오자(北宋五子) 중 한 사람이다. 성리학의 진정한 창시자로, 주희·장식 등이 도학의 종주로서 받들었다. 중용의 성(誠)의 개념을 확립함으로써 성리학의 기본적인 이론적 골격을 세웠으며, 그 외 태극·이·기·성(性)·명(命)·주정(主靜) 등 성리학의 핵심 개념들을 정립했다. 이 점에서 그의『태극도설(太極圖說)』은 성리학의 기본 이론서라 할 만하다. 그 외의 저서로『통서(通書)』가 있으며, 후대에『주자전서(周子全書)』가 간행되었다.
- 주신(朱伸): 미상
- 주조의(朱祖義): 원의 학자로서 자는 자유(子由)며 노릉인이다. 여러 경전에 구해(句解)를 달았으며, 저서로『상서구해(尙書句解)』·『주역구해(周易句解)』 등이 있다.
- 주희(朱熹, 1130~1200): 남송의 이학가로서 성리학의 집대성자다. 자는 원회(元晦) 또는 중회(仲晦)고 무원인이다. 건양에 초당을 지어 회암(晦庵)으로 이름 짓고 회옹(晦翁)이라 칭했다. 만년에는 둔옹(遯翁), 또는 거주 지명을 따서 고정(考亭)이라 하기도 했다. 시호가 문(文)이어서 주문공이라고 불리기도 한다. 남송 이종 때 공묘에 종사되었으며, 명 신종 때 선유 주자(朱子)로 칭해졌다. 이통에게 배웠으며 일생의 대부분을 학자와 교육자로서 보냈다. 지방관으로 재직할 때에도 항상 서원을 세우거나 복건해 강학했는데, 남강군에 있을 때는 백록동서원을 복건해 강학했고, 장주에서는 주학을 자주 방문해 강학했고, 담주에서는 악록서원을 복건해 강학했다. 만년에는 복건 건양의 고정에 창주정사를 짓고 문인들을 가르쳤다. 그는 주돈이·정호·정이의 학설을 계승하고 장재·소옹 등을 흡수·종합했으며, 불교와 도교의 설까지도 융합해 광대한 신유학의 체계를 완성했다. 이 과정에서 그는 성리학의 근간이 되는 이기론·심성론·공부론을 확립해 이후 신유학의 새로운 시대를 열었다. 저서로『태극도설해(太極圖說解)』·『통서해(通書解)』·『서명해의(西銘解義)』·『근사록(近思錄)』·『주문공문집(朱

文公文集)』·『주자어류(朱子語類)』·『사서집주(四書集註)』·『사서혹문(四書或問)』등과
그 외 많은 저서가 있으며, 이는 후대에 『주자전서(朱子全書)』·『주자대전(朱子大全)』
등으로 간행되었다. 그의 직접적인 저서 이외에 그가 참여하거나 감수한 다른 책들
도 무수히 많다.

· 진공석(陳孔碩): 남송의 이학가로서 후관인이다. 자는 부중(膚仲) 또는 숭청(崇淸)이며, 북
산(北山) 선생이라 불렸다. 처음에는 장식과 여조겸에게 배웠으나 이후 주희를 스승
으로 모셨다. 처주 교수를 지냈고 예부낭중을 역임했다.

· 진덕수(眞德秀, 1178~1235): 남송의 이학가로서 자는 경원(景元) 또는 희원(希元)인데, 나
중에 경희(景希)라 했다. 호는 서산(西山)이고 시호는 문충(文忠)이며, 포성인이다. 주
희의 학문을 모범으로 해서 『대학연의(大學衍義)』를 지었고, 탄압받던 성리학을 다시
번성하게 하는 데 기여했다. 저서로 『진문충공집(眞文忠公集)』이 있다.

· 진력(陳櫟, 1252~1334): 원의 경학가이자 이학가로서 휴녕인이다. 자는 수옹(壽翁)인데
노년에는 동부노인(東阜老人)이라 했고, 정우(定宇) 선생이라 불렸다. 할머니와 아버
지에게 경사를 배웠다. 주희를 종주로 삼아 주희 사후의 학문적 혼란을 정리하기 위
해 『사서발명(四書發明)』을 지었으며, 이로써 주자학의 전수에 공이 크다는 평을 들
었다. 그 외의 저서로 『서집전찬소(書集傳纂疏)』·『예기집의(禮記集義)』·『정우문집
(定宇文集)』 등이 있다.

· 진부량(陳傅良, 1137~1203): 남송의 학자로서 서안인이다. 영가학파의 중요 인물이며, 자
는 군거(君擧)고 호는 지제(止齋)다. 영가의 정백웅·설계선 등에게 배웠으며 태학에서
장식·여조겸 등과 교유했다. 학문적으로 역사 연구를 중시하고 경세치용을 제창했
다. 저서로 『시해고(詩解詁)』·『주례설(周禮說)』·『춘추후전(春秋後傳)』·『좌씨장지(左
氏章指)』·『지제문집(止齋文集)』 등이 있다.

· 진순(陳淳, 1153~1217): 남송의 이학가로서 용계인이다. 자는 안경(安卿) 또는 공부(功夫)
며, 북계(北溪) 선생이라 불렸다. 주희 만년의 고제로서 주희가 장주의 지방관이었을
때부터 배웠다. 주희의 학설을 철저하게 추종했으며 육구연에 반대했다. 저서로 『논
맹학용구의(論孟學庸口義)』·『사서성리자의(四書性理字義)』·『북계전집(北溪全集)』 등
이 있고, 그의 문인 진기가 기록한 『균곡뢰구금산소문(筠谷瀨口金山所聞)』이 있다.

· 진식(陳埴): 남송의 이학가로서 영가인이다. 자는 기지(器之)며 잠실(潛室) 선생이라 불렸
다. 처음에는 섭적에게 배웠고 나중에 주희에게 배웠으며, 섭적과 주희의 문인이다.
명도서원의 산장으로서 많은 제자를 길렀고, 그 제자들과 문답한 내용을 엮은 『목종

집(木鐘集)』이 있다. 학설은 심(心)을 강조해 정호·육구연 쪽으로 기우는 경향이 있다.
· 진지유(陳知柔, ?~1184): 남송의 이학가로서 영춘인이다. 자는 체인(體仁)이며 호는 휴재(休齋) 또는 약옹(弱翁)이다. 저서로 『역본지(易本旨)』·『역대전(易大傳)』·『논어후전(論語後傳)』 등이 있다.
· 채모(蔡模): 남송의 이학가로서 건양인이다. 자는 중각(仲覺)이고 호는 각헌(覺軒)이며, 채심의 아들이다. 은거 독학했으며, 건안서원의 석장을 지냈다. 주희의 설을 모아 『속근사록(續近思錄)』을 편집했으며, 그 외 『역전집해(易傳集解)』·『대학연설(大學衍說)』·『논맹집소(論孟集疏)』 등의 저서가 있다.
· 채심(蔡沈, 1167~1230): 남송의 이학가로서 건양인이다. 자는 중묵(仲默)이며 구봉(九峰) 선생이라 불렸다. 채원정의 아들이다. 어려서 가학을 이었고, 주희에게 배웠다. 주희의 명을 받아 『상서(尙書)』를 주해해 『서집전(書集傳)』을 완성했다.
· 채연(蔡淵, 1156~1236): 남송의 이학가로서 건양인이다. 자는 백정(伯靜)이며 호는 절재(節齋)다. 채원정의 아들이다. 가학을 이었고, 주희에게 배웠다. 저서로 『주역훈해(周易訓解)』·『시사문(詩思問)』·『논맹사문(論孟思問)』 등이 있다.
· 추계우(鄒季友): 원의 학자로서 채심의 『서집전(書集傳)』에 음석을 달았다.
· 풍의(馮椅): 남송의 이학가로서 도창인이다. 자는 의지(儀之) 또는 기지(奇之)며, 호는 후재(厚齋)다. 주희의 문인으로 만년에는 집에서 제자를 받아 가르쳤다. 『역(易)』·『서(書)』·『시(詩)』·『논어(論語)』·『맹자(孟子)』 등을 주석했으며, 그 외 『효경장구(孝經章句)』·『서명집설(西銘輯說)』·『공자제자전(孔子弟子傳)』 등의 저서가 있다.
· 하몽귀(何夢貴): 남송의 학자로서 방일기의 스승이다.
· 항안세(項安世, ?~1208): 남송의 학자이자 관리다. 자는 평부(平夫)이며 강릉인이다. 주희를 변호하다 탄핵된 적이 있다. 저서로 『역완사(易玩辭)』·『항씨가설(項氏家說)』 등이 있다.
· 허겸(許謙, 1270~1337): 원대의 이학가로서 금화인이다. 자는 익지(益之)며, 스스로 호를 백운산인(白雲山人)이라 해 백운 선생이라 불렸다. 소위 금화 주학의 대표적 인물로서 금화사선생(金華四先生) 중 한 사람이다. 북쪽의 허형과 더불어 남북이허(南北二許)라 칭해졌다. 어려서 어머니 도씨에게 배웠고 나중에 김이상에게 배웠다. 저서로 『춘추온고관규(春秋溫故管窺)』·『자성록(自省錄)』·『허백운선생문집(許白雲先生文集)』 등이 있다.
· 허형(許衡, 1209~1281): 송말 원초의 이학가로서 하내인이다. 자는 중평(仲平)이며, 노재

683

(魯齋) 선생이라 불렸다. 시호는 문정(文正)이며 원 인종 때 공묘에 종사되었다. 국자좨
주를 지냈다. 요추·보묵 등과 함께 성리 제서를 연구했다. 여러 경전과 자사·예악·명
물 등 모든 분야에 박통했지만, 특히 『소학(小學)』과 『사서(四書)』를 중시했다. 하북
의 학문의 대종이라는 평을 받았으며, 원 초기를 대표하는 학자로서 원이 성리학을 정
통 관학으로 수용하는 데 크게 기여했다. 저서로 『허문정공유서(許文正公遺書)』·『허
노재집(許魯齋集)』이 있다.

· 형병(邢昺, 932~1010): 북송의 경학가로서 자는 숙명(叔明)이며 제음인이다. 국자감승·국
자좨주 등의 국자감관을 역임했고 예부상서를 지냈다. 여러 왕부의 시강직을 맡아 『효
경(孝經)』·『예기(禮記)』·『논어(論語)』·『시(詩)』·『서(書)』·『역(易)』·『춘추(春秋)』 등
을 강의했으며, 칙명에 의해 경전의 교정 작업에 참여했다. 저서로는 『논의정의(論語
正義)』·『효경정의(孝經正義)』·『이아주소(爾雅注疏)』 등이 있다.

· 호병문(胡炳文, 1250~1333): 송말 원초의 이학가로서 무원인이다. 자는 중호(仲虎)며 운봉
(雲峯) 선생이라 불렸다. 도일서원의 산장을 지냈다. 그의 아버지 두원이 주자의 종손
으로부터 『서(書)』·『역(易)』을 전수받았고, 병문은 이를 아버지로부터 전수받았다.
이후 주희가 집주한 『사서(四書)』의 연구에 진력했으며, 특히 요노의 설이 주희의 원
뜻과 다른 점을 비판하면서 『사서통(四書通)』을 지어 그 잘못을 바로잡았다. 그 외 『역
본의통석(易本義通釋)』·『서집전(書集傳)』·『춘추집해(春秋集解)』 등의 저서가 있다.

· 호영(胡泳): 남송의 이학가로서 자는 백량(伯量)이며 호는 동원(洞源) 또는 동원(桐源)이
다. 주희의 문인으로서 응거하지 않고 학문에 전념했다. 저서로는 『사서연설(四書衍
說)』이 있다.

· 호원(胡瑗, 993~1059): 북송의 경학가이자 교육가로서 해릉인이다. 자는 익지(翼之)며 안
정(安定) 선생이라 불렸다. 시호는 문소(文昭)고, 명 세종 때 선유 호자(胡子)라 칭해지
고 공묘에 종사되었다. 손복·석개 등과 같이 수학했으며 이들과 함께 성리학의 선구
자로서 송초삼선생(宋初三先生)이라 불린다. 소주와 호주의 교수, 국자감 직강 등의
교관직을 역임했고, 천장각대제로서 태학을 관리했다. 태학을 경술과 치사 양재로 나
누어 교학했으며 태학법을 세우고 태학을 진흥시켰다. 저서로 『논어설(論語說)』·『주
역구의(周易口義)』 등이 있다.

· 호인(胡寅, 1098~1156): 남송의 이학가로서 자는 명중(明仲)이고 호는 중호(仲虎) 또는 중
강(仲岡)이며, 치당(致堂) 선생이라 불렸다. 호안국의 아들로서 가학을 이었다. 양시
에게 배웠으며 정호·정이의 재전제자다. 저서로 『숭정변(崇正辯)』·『독사관견(讀史管

見)』・『논어상설(論語詳說)』 등이 있다.
- 호차염(胡次焱, 1229~1306): 남송의 학자로서 무원인이다. 자는 제정(濟鼎)이며 호는 매암(梅岩) 또는 여학(餘學)이다. 원의 침구를 당해 벼슬을 버리고 귀가한 뒤 향리에서 『역(易)』을 가르쳤다. 저서로 『매암문집(梅岩文集)』이 있다.
- 홍흥조(洪興祖, 1090~1155): 남송의 경학가로서 자는 경선(慶善)이고 단양인이다. 일생 경전을 연구했다. 저서로 『주역통의(周易通義)』・『고문효경서찬(古文孝經序贊)』 등이 있다.
- 황간(黃榦, 1152~1221): 남송의 이학가로서 민현인이다. 자는 직경(直卿)이며 호는 면재(勉齋)고 시호는 문숙(文肅)이다. 어려서 유청지에게서 사사했고 그 명으로 주희에게 배웠다. 주희의 사위다. 주희를 도와 각종의 서적을 편찬했으며 주희 저작의 정리에도 기여했다. 주희가 임종에 이르러 학문의 전수를 그에게 맡길 정도로 신임을 받았다. 학술적으로 존덕성과 도문학의 조화를 주장해 주희와 육구연의 학설을 절충했다는 평을 받는다. 저서로 『경해(經解)』・『중용총론(中庸總論)』・『성현도통전수총서설(聖賢道統傳授總敍說)』・『면재문집(勉齋文集)』 등이 있다.
- 황사의(黃士毅): 남송의 이학가로서 포전인이다. 자는 자홍(子洪)이며 호는 호산(壺山)이다. 주희의 문인으로서 『의례(儀禮)』를 주석하고 주희의 『서설(書說)』・『문집(文集)』・『어록(語錄)』 등의 편찬에 참여했다.
- 황연(黃淵): 황중원의 개명 후의 이름이다.
- 황중원(黃仲元, 1231~1312): 남송의 학자로서 포전인이다. 자는 선보(善甫)며 호는 사여(四如)다. 송이 망한 후 이름을 연(淵)으로 바꾸고 자를 천수(天叟), 호를 운향노인(韻鄉老人)이라 하면서 향리에서 강학했다. 저서로는 『사여강고(四如講稿)』・『경사변의(經史辨疑)』・『사여문집(四如文集)』 등이 있다.
- 후중량(侯仲良): 북송의 학자로서 하동인이다. 자는 사성(師聖)이며 형문(荊門) 선생이라 불렸다. 후가의 손자다. 경론을 강학했으며 주희로부터 그 학문이 명백하다는 평을 들었다.

옮긴이

• 김동인(金東仁)

서울대학교 동양사학과를 졸업하고, 동 대학원에서 교육학 박사학위를 취득했다. 현재 서울대학교에서 동양교육사를 강의하고 있으며, 이인서원을 개설해 운영하고 있다. 주요 논문으로는 「당송대 진사과에서 추구된 문학적 교양의 성격」, 「논어의 문질론과 그 교육적 함의」, 「이인의 세계와 안인의 세계」, 「위기지학 위인지학」 등이 있다.

• 지정민(池政敏)

서울대학교 교육학과를 졸업하고, 동 대학원에서 교육학 박사학위를 취득했다. 현재 대구가톨릭대학교 교수이며, 이인서원에서 『논어』 연구에 참여하고 있다. 주요 논문으로는 「한비자 법치사상의 교육학적 해석」, 「조선 전기 교육진흥책 분석: 성균관 교관정책을 중심으로」, 「교사의 무언과 무은: 논어의 교수론적 해석」 등이 있다.

이인서원(利仁書院)은 2006년 5월 8일 개원했다. 본 서원은 『논어』를 비롯한 동양고전을 강독하고 연구하는 공동체로서 첫 연구과제인 『논어집주대전』의 번역작업을 진행하고 있다. 서원의 명칭인 '이인'은 『논어』의 '仁者安仁 知者利仁'이라는 구절에서 따온 것으로, 성인의 경지를 감히 넘보지 못하는 평범한 인간의 학문적 노력을 의미한다. 강남구 역삼동 도심 속의 작은 연구실로, 고전의 향기를 느끼고 싶은 사람이라면 누구에게나 열려 있는 공간이다.

한울아카데미 1190

동양철학의 향연
세주 완역 **논어집주대전 3**
ⓒ 김동인·지정민, 2011

옮긴이 | 김동인·지정민
펴낸이 | 김종수
펴낸곳 | 도서출판 한울

편집책임 | 배은희
편집 | 이가양

초판 1쇄 인쇄 | 2011년 12월 15일
초판 1쇄 발행 | 2011년 12월 30일

주소 | 413-756 파주시 문발동 535-7 302(본사)
　　　121-801 서울시 마포구 공덕동 105-90 서울빌딩 1층(서울 사무소)
전화 | 영업 02-326-0095, 편집 031-955-0606, 02-336-6183
팩스 | 02-333-7543
홈페이지 | www.hanulbooks.co.kr
등록 | 1980년 3월 13일, 제406-2003-051호

Printed in Korea.
ISBN 978-89-460-5190-4 94150 (양장)
　　　978-89-460-4184-4 94150 (양장 세트)
　　　978-89-460-4182-0 94150 (학생판)
　　　978-89-460-4179-0 94150 (학생판 세트)

* 책값은 겉표지에 있습니다.
* 이 책은 강의를 위한 학생판 교재를 따로 준비했습니다.
　강의 교재로 사용하실 때에는 본사로 연락해주십시오.
* 1권 정오표는 도서출판 한울 홈페이지(http://www.hanulbooks.co.kr/tot_book/content.asp?pBID=3427)와 블로그(http://blog.naver.com/hanulblog)에서 받으실 수 있습니다.